"博学而笃志,切问而近思。"
(《论语》)

博晓古今,可立一家之说;
学贯中西,或成经国之才。

主编简介

赵建勇，上海财经大学会计学院教授、博士、博士生导师。国家财政部会计准则委员会咨询专家。上海市人大常委会咨询专家。美国伊利诺大学芝加哥分校访问学者。获得教育部优秀青年教师资助计划、上海市曙光计划、上海市浦江人才资助计划资助。上海市高校优秀青年教师。独立或主编著作和教材5本，独立或主译著作和教材2本。发表论文60余篇。主持国家级和省部级课题5项。主讲《中级财务会计》、《高级财务会计》、《政府与非营利组织会计》、《政府会计研究》等课程。

普通高等教育"十一五"国家级规划教材

21世纪高等院校会计专业主干课系列

政府与非营利组织会计

（第二版）

赵建勇　主编

Governmental and Nonprofit Accounting

复旦大学出版社

内容提要

本书是普通高等教育"十一五"国家级规划教材。本书全面介绍了至2007年末止的中国和美国的政府与非营利组织会计以及国际公共部门会计准则的主要内容。全书共分为三篇。**第一篇为中国的政府与非营利组织会计**。该篇内容包括财政总预算会计、行政单位会计、事业单位会计和民间非营利组织会计等章节。**第二篇为美国的政府与非营利组织会计**。该篇内容包括州和地方政府会计概述、日常政务活动会计、资本资产购建与偿债活动会计、商务活动、代理与信托活动会计、政府财务报表和非营利组织会计等章节。**第三篇为国际公共部门会计准则**。该篇内容包括国际公共部门会计准则简介一章。全书内容覆盖全面，文字阐述通俗，理论与实务相结合。本书主要供高等院校会计学专业和公共管理学专业本科学生和研究生使用，也可供会计学专业硕士（MPAcc）、工商管理硕士（MBA）、公共管理硕士（MPA）的学生使用。

与本书配套的《政府与非营利组织会计习题集》稍后推出。

前言（第二版）

PREFACE

本书是普通高等教育"十一五"国家级规划教材。之前，本书也列入普通高等教育"十五"国家级规划教材。本书主要供高等院校会计学专业和公共管理学专业的本科学生和研究生使用，也可供会计学专业硕士（MPAcc）、工商管理硕士（MBA）、公共管理硕士（MPA）的学生使用。本书还可供会计学专业或公共管理学专业的专科学生或其他财经类专业本、专科学生或研究生使用。在职财会人员尤其是在职预算会计或政府与非营利组织会计人员在业余专业进修提高时也可使用本教材。

本教材具有如下主要特点：

1. 内容覆盖全面

本教材覆盖了中国的政府与非营利组织会计、美国的州和地方政府与非营利组织会计、国际公共部门会计准则等三个方面的内容。其中，中国的政府与非营利组织会计覆盖了财政总预算会计、财政预算外资金会计、行政单位会计、事业单位会计、民间非营利组织会计。美国的州和地方政府与非营利组织会计覆盖了美国的州和地方政府会计、美国的非营利组织会计。由于目前中国的政府与非营利组织会计与美国的政府与非营利组织会计存在较大差别，国际公共部门会计准则的内容还比较概要且与中国和美国的政府会计都存在一定差异，因此，本教材采用分别介绍中国、美国和国际准则的方法。这样，读者可以分别了解中国、美国和国际准则的原汁原味的内容。

2. 文字阐述通俗

本教材在阐述有关的专业内容时，尽量采用最通俗的文字、最简洁的语言将主要意思介绍清楚。在中国的政府与非营利组织会计部分，近年来随着改革的不断深化，出现了不少全新的会计核算内容和会计核算方法，也产生了不少全新的基本概念和核算理念。在美国的政府与非营利组织会计部分，由于环境和传统的差异，其中的基本概念和基本会计核算方法都与中国的相应内容存在较大差别，较难用中国的基本概念和基本会计核算方法去理解。在国际公共部门会计准则部分，由于其需要考虑各国的具体情况，有不少内容同时有别于中国和美国的内容。本教材在阐述以上三部分内容时，都力求文字通俗、语言简洁、意思清楚。

前言（第二版）

3. 理论与实务相结合

本教材在介绍有关的专业内容时，同时注重对基本理论的介绍和对主要实务处理的介绍，并努力将基本理论的内容与实务处理的内容进行紧密结合。政府与非营利组织会计经过半个多世纪的发展，尤其是近十多年来的发展，已经形成了一套基本理论。这套基本理论对实务处理具有指导意义，并且随着实践的发展还在不断地向前发展。将基本理论与主要实务相结合，有利于掌握政府与非营利组织会计的本质内容，也有利于灵活掌握政府与非营利组织会计的基本方法。

本教材由上海财经大学会计学院教授赵建勇博士任主编。赵建勇编写第一章至第八章、第十二章，财政部财政科学研究所博士后流动站张国生博士编写第十章，中国石油大学工商管理学院戚艳霞博士编写第十一章，中国政法大学余宇莹博士编写第九章。最后，赵建勇对本书作了总纂。

复旦大学出版社经济管理分社王联合先生对本书的出版一直给予积极的鼓励和大力的帮助，并对本书的总体框架构建提出了非常有用的建议。在此，作者向他表示由衷的感谢。美国伊利诺伊大学芝加哥分校工商管理学院的 James L. Chan 教授为本书的"美国的州和地方政府与非营利组织会计"部分的框架构建提出了建设性指导意见，并为该部分内容的写作提供了大量有用的参考资料。在此，作者也向他表示由衷的感谢。

由于我们的学识和时间有限，因此，本书很可能会存在不足或疏漏，恳请读者以任何方式随时向我们提出批评和建议，或与我们进行交流和讨论。电子邮件可发送至作者的如下邮箱：zhaojianyong05@hotmail.com。

本教材配有《政府与非营利组织会计习题集》。该《习题集》为教材中的各章配备了复习题和练习题，并为所有练习题配备了参考答案。该《习题集》由复旦大学出版社单独出版发行。

赵建勇
2008 年 3 月于
上海财经大学会计学院

目录

前言(第二版) ·· 1

第一编　中国的政府与非营利组织会计

第一章　财政总预算会计 ·· 1
第一节　概述 ·· 1
第二节　收入 ·· 4
第三节　支出 ·· 17
第四节　净资产 ·· 30
第五节　资产和负债 ·· 36
第六节　财政国库支付执行机构会计 ·· 45
第七节　会计报表 ·· 47

第二章　财政预算外资金会计 ·· 53
第一节　概述 ·· 53
第二节　收入、支出和结余 ·· 54
第三节　资产和负债 ·· 59
第四节　会计报表 ·· 62

第三章　行政单位会计 ·· 64
第一节　概述 ·· 64
第二节　收入 ·· 67
第三节　支出 ·· 72
第四节　净资产 ·· 79
第五节　资产和负债 ·· 84
第六节　会计报表 ·· 98

第四章　事业单位会计 ·· 107
第一节　概述 ·· 107
第二节　收入 ·· 110
第三节　支出 ·· 120

第四节	净资产	131
第五节	资产和负债	142
第六节	会计报表	162

第五章　民间非营利组织会计……171

第一节	概述	171
第二节	收入	174
第三节	费用	185
第四节	净资产	189
第五节	资产和负债	192
第六节	会计报表	198

第二编　美国的州和地方政府与非营利组织会计

第六章　州和地方政府会计概述……204

第一节	州和地方政府会计的概念	204
第二节	州和地方政府会计的目标	205
第三节	州和地方政府会计的一般原则	206
	主要专业名词英汉对照	211

第七章　日常政务活动会计……212

第一节	收入	212
第二节	支出和费用	233
第三节	基金余额或净资产	253
第四节	资产和负债	255
第五节	日常政务活动中的内部有偿服务	258
	主要专业名词英汉对照	265

第八章　资本资产购建与偿债活动会计……267

第一节	收入	267
第二节	支出和费用	279
第三节	基金余额或净资产	290

第四节　资产和负债……………………………………… 291
　　第五节　政府层面政务活动中收入和费用的年终结账……… 297
　　主要专业名词英汉对照……………………………………… 301

第九章　商务活动、代理与信托活动会计……………… 302
　　第一节　商务活动…………………………………………… 302
　　第二节　代理与信托活动…………………………………… 312
　　主要专业名词英汉对照……………………………………… 325

第十章　政府财务报表…………………………………… 327
　　第一节　政府层面财务报表………………………………… 327
　　第二节　基金财务报表……………………………………… 331
　　第三节　财务报表注释和管理讨论与分析………………… 345
　　主要专业名词英汉对照……………………………………… 354

第十一章　非营利组织会计……………………………… 356
　　第一节　概述………………………………………………… 356
　　第二节　收入………………………………………………… 358
　　第三节　费用………………………………………………… 368
　　第四节　净资产……………………………………………… 375
　　第五节　资产和负债………………………………………… 376
　　第六节　财务报表…………………………………………… 380
　　主要专业名词英汉对照……………………………………… 387

第三编　国际公共部门会计准则

第十二章　国际公共部门会计准则简介………………… 389
　　第一节　国际公共部门会计准则概述……………………… 389
　　第二节　权责发生制会计基础下的通用财务报表………… 392
　　第三节　收付实现制会计基础下的通用财务报表………… 403
　　主要专业名词英汉对照……………………………………… 410

主要参考文献………………………………………………… 412

第一编　中国的政府与非营利组织会计

第一章　财政总预算会计

第一节　概　　述

一、财政总预算会计的概念

财政总预算会计是各级政府财政部门核算、反映和监督政府财政总预算执行情况和结果的一门专业会计。财政总预算会计的主体是各级政府,具体执行机构是各级政府的财政部门。财政总预算会计核算、反映和监督的对象是政府财政总预算资金及其运动,具体包括政府财政总预算收入、总预算支出和总预算结余,以及总预算资产、总预算负债和总预算净资产等。各级政府通过收取税收、行政事业性收费、政府性基金、企业上缴利润等形式取得财政总预算收入,通过向有关单位拨付预算资金等形式发生财政总预算支出,财政总预算收入超过财政总预算支出的部分形成财政总预算结余。各级政府在取得财政总预算收入、发生财政总预算支出时形成财政总预算资产、总预算负债,财政总预算资产减去财政总预算负债为财政总预算净资产。财政总预算结余是财政总预算净资产的重要组成部分。财政总预算会计的平衡等式是:资产－负债＝净资产。财政总预算会计结余的计算公式是:收入－支出＝结余。

我国实行一级政府一级预算。为核算、反映和监督各级政府的预算执行情况和结果,各级政府在财政部门均设立相应的财政总预算会计。具体为:中央政府财政部设立中央财政总预算会计;省、自治区、直辖市财政厅(局)设立省(自治区、直辖市)财政总预算会计;设立区的市、自治州财政局设立市(州)财政总预算会计;县、自治县、不设区的市、市辖区财政局设立县(市、区)财政总预算会计;乡、民族乡、镇财政所设立乡(镇)财政总预算会计。各级财政总预算会计在全国组成一个相互联系的信息网络。

与政府与非营利组织会计中的行政单位会计、事业单位会计和民间非营利组织会计相比,财政总预算会计具有反映信息的宏观性和不存在实物资产核算内容的特点。具体来说,财政总预算会计反映的信息为一级政府行政区域范围内的信息,行政单位会计、事业单位会计和民间非营利组织会计反映的信息为该单位范围内的信息;财政总预算会计核算的内容全部为诸如国库存款、其他财政存款等非实物资产,行政单位会计、事业单位会计和民间非营利组织会计都存在诸如固定资产、库存材料等实物资产的核算内容。

财政总预算会计与行政单位会计、事业单位会计之间存在着密切的联系。首先,财政总预算会计在业务管理上负责组织和指导行政单位会计和事业单位会计。行政单位会计和事业单位会计从编制单位预算、执行单位预算一直到编制单位决算,都需要在财政总预算会计的参与和组织下进行。财政总预算会计在除民间非营利组织会计外的政府与事业单位会计中居主导地位。其次,财政总预算会计信息与行政单位会计信息、事业单位会计信息之间存在依存关系。例如,财政总预算会计直接为行政单位或事业单位支付购货款项,此时,财政总预算会计的支出直接构成行政单位会计或事业单位会计的支出。再如,财政总预算会计将预算资金拨付到行政单位或事业单位的银行存款账户上,供行政单位或事业单位使用,此时,财政总预算会计的支出构成行政单位会计或事业单位会计的收入。在一级政府中,财政总预算会计、行政单位会计、事业单位会计组成一个相互联系的信息网络。在我国,财政总预算会计、行政单位会计、事业单位会计通常合称为预算会计。

二、财政总预算会计的一般原则

财政总预算会计在进行会计核算时应当遵循如下一般原则:

(1) 客观性原则。指财政总预算会计应当以实际发生的经济业务为依据,如实反映财政收支执行情况和结果。

(2) 符合性原则。指财政总预算会计提供的信息应当符合有关预算法规的要求,适应国家宏观经济管理和上级财政部门及本级政府对财政管理的需要。

(3) 可比性原则。指财政总预算会计应当按照国家统一规定的会计处理方法进行会计核算,保证各级政府财政总预算会计的核算口径相互一致,所提供的信息相互可比。

(4) 整体性原则。指由财政总预算会计管理的各项资金,包括一般预算资金、基金预算资金、专用基金、财政周转金等,都应当纳入财政总预算会计的核算范围。随着部门预算和国库集中收付制度的深入推行,财政总预算会计还需要将预算外资金纳入其核算范围。

(5) 一致性原则。指财政总预算会计前后各期使用的会计处理方法应当保持一致,不能随意改变。如确有必要进行改变,应当将改变的情况、原因以及对会计报表的影响在预算执行报告中进行说明。

(6) 及时性原则。指财政总预算会计的核算应当及时进行。具体包括:财政总预算会计应当及时收集会计信息、及时处理会计信息,并按规定时间及时报送会计信息。

(7) 明晰性原则。指财政总预算会计提供的会计信息应当清晰明了,便于理解。对于重要的经济业务,应当单独反映。

(8) 收付实现制原则。指财政总预算会计在确认收入和支出时,一般应当以实际收到或者付出货币资金为标准,而不是以应收或者应付总预算资金为标准。财政总预算会计采用收付实现制原则,有利于将财政总预算会计的核算基础与政府财政总预算的编制基础保持一致,进而有利于财政总预算会计如实反映政府财政总预算的执行情况和结果。

(9) 专款专用原则。指财政总预算会计对于有指定用途的资金应当按照规定的用途安排使用,并分别进行单独的核算和反映。在财政总预算会计管理的预算资金中,一般预算资金和基金预算资金应当分别进行核算和反映,各种不同种类的基金预算资金也应当分别进行核算和反映。

三、财政总预算会计科目

财政总预算会计科目是对财政总预算会计核算的经济业务内容所作的分类,是财政总预算会计进行会计核算的基础。财政总预算会计科目分成资产类、负债类、净资产类、收入类和支出类等五类。各级政府财政总预算会计统一适用的会计科目如表 1-1 所示。

表 1-1　财政总预算会计科目表

类　别	科目编码	科　目　名　称
一、资产类		
	101	国库存款
	102	其他财政存款
	103	财政零余额账户存款
	104	有价证券
	105	在途款
	111	暂付款
	112	与下级往来
	121	预拨经费
	122	基建拨款
	131	财政周转金放款
	132	借出财政周转金
	133	待处理财政周转金
二、负债类		
	211	暂存款
	212	与上级往来
	213	已结报支出
	222	借入款
	223	借入财政周转金
三、净资产类		
	301	预算结余
	305	基金预算结余
	307	专用基金结余
	321	预算周转金
	322	财政周转基金
四、收入类		
	401	一般预算收入
	405	基金预算收入
	407	专用基金收入
	411	补助收入

续表

类　别	科目编码	科目名称
	412	上解收入
	414	调入资金
	425	财政周转金收入
五、支出类		
	501	一般预算支出
	505	基金预算支出
	507	专用基金支出
	511	补助支出
	512	上解支出
	514	调出资金
	524	财政周转金支出

各级政府财政总预算会计应当按照如表1-1所示的财政总预算会计科目表选择和使用会计科目。财政总预算会计在使用会计科目时，应当同时使用科目编码和科目名称；不能只使用科目编码，不使用科目名称。

第二节　收　入

收入是指一级财政根据法律法规所取得的非偿还性资金，是一级财政的资金来源。财政总预算会计核算的收入包括一般预算收入、基金预算收入、专用基金收入、补助收入、上解收入、调入资金和财政周转金收入等。其中，补助收入、上解收入和调入资金可合称为转移性收入。

一、一般预算收入

（一）一般预算收入的概念与种类

一般预算收入是指各级政府财政部门组织的纳入预算管理的各项收入。一般预算收入可以综合地安排用于政府的各项一般预算支出，是各级政府最主要的财力来源。

财政总预算会计核算的一般预算收入应当按照《政府收支分类科目》进行分类。按照现行《政府收支分类科目》，一般预算收入科目分设类、款、项、目四级科目。四级科目逐级递进，内容也逐渐细化。财政总预算会计核算的一般预算收入分成如下种类。

1. 税收收入

反映政府从开征的各种税收中取得的收入。该类级科目分设如下21个款级科目：

（1）增值税。反映按《中华人民共和国增值税暂行条例》征收的国内增值税、进口货物增值税和经审批退库的出口货物增值税。该科目分设国内增值税、进口货物增值税、出口货物退增值税等3个项级科目。

(2)消费税。反映按《中华人民共和国消费税暂行条例》征收的国内消费税、进口消费品消费税和经审批退库的出口消费品消费税。该科目分设国内消费税、进口消费品消费税、出口消费品退消费税等3个项级科目。

(3)营业税。反映按《中华人民共和国营业税暂行条例》征收的营业税。该科目分设铁道营业税、金融保险业营业税(中央)、金融保险业营业税(地方)、一般营业税等多个项级科目。

(4)企业所得税。反映按《中华人民共和国企业所得税暂行条例》征收的企业所得税以及依照《中华人民共和国外商投资企业和外国企业所得税法》征收的外商投资企业和外国企业所得税。该科目分设国有冶金工业所得税、国有有色金属工业所得税、国有煤炭工业所得税、国有电力工业所得税、集体企业所得税、股份制企业所得税等多个项级科目。

(5)企业所得税退税。反映财政部门按"先征后退"政策审批退库的企业所得税。其口径与"企业所得税"相同。

(6)个人所得税。反映按《中华人民共和国个人所得税法》、《对储蓄存款利息所得征收个人所得税的实施办法》征收的个人所得税。该科目分设个人所得税以及个人所得税税款滞纳金、罚款收入等2个项级科目。

(7)资源税。反映按《中华人民共和国资源税暂行条例》征收的资源税。该科目分设海洋石油资源税、其他资源税以及资源税税款滞纳金、罚款收入等3个项级科目。

(8)固定资产投资方向调节税。反映按《中华人民共和国固定资产投资方向调节税暂行条例》补征的固定资产投资方向调节税。该科目分设国有企业固定资产投资方向调节税、集体企业固定资产投资方向调节税、股份制企业固定资产投资方向调节税等多个项级科目。

(9)城市维护建设税。反映按《中华人民共和国城市维护建设税暂行条例》征收的城市维护建设税。该科目分设国有企业城市维护建设税、集体企业城市维护建设税、股份制企业城市维护建设税等多个项级科目。

(10)房产税。反映按《中华人民共和国房产税暂行条例》征收的房产税以及依照《城市房地产税暂行条例》征收的城市房地产税。该科目分设国有企业房产税、集体企业房产税、城市房地产税等多个项级科目。

(11)印花税。反映按《中华人民共和国印花税暂行条例》征收的印花税。该科目分设证券交易印花税、其他印花税以及印花税税款滞纳金、罚款收入等3个项级科目。

(12)城镇土地使用税。反映按《中华人民共和国城镇土地使用税暂行条例》征收的城镇土地使用税。该科目分设国有企业城镇土地使用税、集体企业城镇土地使用税、股份制企业城镇土地使用税等多个项级科目。

(13)土地增值税。反映按《中华人民共和国土地增值税暂行条例》征收的土地增值税。该科目分设国有企业土地增值税、集体企业土地增值税、股份制企业土地增值税等多个项级科目。

(14)车船税。反映按《中华人民共和国车船税暂行条例》征收的车船税。该科目分设车船税以及车船税税款滞纳金、罚款收入等2个项级科目。

(15)船舶吨税。反映船舶吨税收入。该科目分设船舶吨税以及船舶吨税税款滞纳金、罚款收入等2个项级科目。

(16)车辆购置税。反映按《中华人民共和国车辆购置税暂行条例》征收的车辆购置税。该科目分设车辆购置税以及车辆购置税税款滞纳金、罚款收入等2个项级科目。

(17)关税。反映按《中华人民共和国进出口关税条例》征收的关税,按《中华人民共和国反倾销条例》征收的反倾销税,按《中华人民共和国反补贴条例》征收的反补贴税,按《中华人民共和国保障措施条例》征收的保障措施关税以及财政部按"先征后退"政策审批退税的关税。该科目分设关税、特定区域进口自用物资关税、关税退税等多个项级科目。

(18)耕地占用税。反映按《中华人民共和国耕地占用税暂行条例》征收的耕地占用税。该科目分设耕地占用税以及耕地占用税税款滞纳金、罚款收入等2个项级科目。

(19)契税。反映按《契税暂行条例》征收的契税。该科目分设契税以及契税税款滞纳金、罚款收入等2个项级科目。

(20)烟叶税。反映按《中华人民共和国烟叶税暂行条例》征收的烟叶税。该科目分设烟叶税以及烟叶税税款滞纳金、罚款收入等2个项级科目。

(21)其他税收收入。反映除上述项目以外的其他税收收入。

以上有关税收收入的项级科目,再根据情况分设若干目级科目。例如,"国内增值税"项级科目再分设"国有企业增值税"、"集体企业增值税"、"股份制企业增值税"等目级科目;"国有冶金工业所得税"项级科目再分设"武钢集团所得税"、"宝钢集团所得税"等目级科目;如此等等。

税收收入主要体现政府与纳税人之间的非交换性交易关系。即政府在向纳税人征收税收的同时,并不直接向具体的纳税人提供相应的物品或服务;纳税人在向政府交纳税收的同时,也并不直接从政府那里取得相应的物品或服务。政府征收的税收收入,综合地安排用于社会经济的发展。

2. 非税收入

反映政府从开征的各种税收之外取得的各种收入。该类级科目分设如下6个款级科目:

(1)专项收入。反映按照有关规定,如按照《排污费征收使用管理条例》、《矿产资源补偿费征收管理规定》等规定征收的专项收入。该科目分设排污费收入、水资源费收入、教育费附加收入、矿产资源补偿费收入、公路运输管理费收入、水路运输管理费收入等多个项级科目。

(2)行政事业性收费收入。反映依据法律、行政法规、国务院有关规定、国务院财政部门与计划部门共同发布的规章或者规定,以及省、自治区、直辖市的地方性法规、政府规章或者规定,省、自治区、直辖市人民政府财政部门与计划(物价)部门共同发布的规定,收取的各项收费收入。该科目分设公安行政事业性收费收入、法院行政事业性收费收入、司法行政事业性收费收入、工商行政事业性收费收入、财政行政事业性收费收入、税务行政事业性收费收入、审计行政事业性收费收入、教育行政事业性收费收入、建设行政事业性收费收入、交通行政事业性收费收入、卫生行政事业性收费收入、民政行政事业性收费收入、证监会行政事业性收费收入等多个项级科目。

(3)罚没收入。反映执法机关依法收缴的罚款、没收款、赃款,没收物资、赃物的变价款收入。该科目分设一般罚没收入、缉私罚没收入等多个项级科目。

(4)国有资本经营收入。反映经营、使用国有财产等取得的收入。该科目分设国有资本投资收益、国有企业计划亏损补贴、产权转让收入等多个项级科目。

(5)国有资源(资产)有偿使用收入。反映有偿转让国有资源(资产)使用费而取得的收入。该科目分设海域使用金收入、场地和矿区使用费收入、非经营性国有资产出租收入等多个项级科目。

(6)其他收入。该科目分设捐赠收入、主管部门集中收入、乡镇自筹和统筹收入、免税商品特许经营费收入等多个项级科目。

以上有关非税收入的项级科目,再根据情况分设若干目级科目。例如,"教育费附加收入"项级科目再分设"教育费附加收入"、"教育费附加滞纳金、罚款收入"两个目级科目;"公安行政事业性收费收入"项级科目再分设"外国人签证费"、"居民身份证工本费"、"机动车行驶证工本费"等目级科目;"工商行政事业性收费收入"项级科目再分设"集贸市场管理费"、"企业注册登记费"、"经济合同示范文本工本费"等目级科目;"税务行政事业性收费收入"项级科目再分设"税务发票工本费"、"税务登记工本费"等目级科目;"建设行政事业性收费收入"项级科目再分设"房屋所有权登记费"、"证书工本费"、"考试考务费"等目级科目;"一般罚没收入"项级科目再分设"公安罚没收入"、"法院罚没收入"、"工商罚没收入"、"交通罚没收入"等目级科目;"国有企业计划亏损补贴"项级科目再分设"工业企业计划亏损补贴"、"农业企业计划亏损补贴"等目级科目;如此等等。

政府征收的非税收入总体上体现政府与缴款人之间直接的物品或服务非等价交换关系或成本补偿关系,如收取的税务发票工本费、证书工本费、考试考务费、企业注册登记费等;或体现直接的行政管理关系,如收取的公安罚没收入、工商罚没收入等;或体现缴款人直接经营国有资本或使用国有资产的利益关系,如收取的国有资本投资收益、场地和矿区使用费收入等;或体现政府所从事的专门活动的成本补偿关系,如收取的教育费附加收入、三峡库区移民专项收入等。

《政府收支分类科目》中的一般预算收入科目,是财政总预算会计进行一般预算收入核算的直接依据。

在现行《政府收支分类科目》中,一般预算收入科目包括税收收入、非税收入、贷款转贷回收本金收入和转移性收入四类。该四类科目都表示政府可以用来安排一般预算支出的资金来源。因此,它们在政府编制财政总预算时都作为一般预算收入来处理。但作为财政总预算会计进行核算的一般预算收入只包括以上四类科目中的税收收入和非税收入两类。财政总预算会计在收到贷款转贷回收本金收入时,可以将它作为收回债权进行处理,而不作为一般预算收入进行处理。财政总预算会计在收到上、下级政府转入本级政府一般预算的资金时,以及在将本级政府诸如基金预算资金、预算外资金转入一般预算时,应当将它们单独作为转移性收入类别进行处理,而不作为一般预算收入进行处理。这是财政总预算会计科目与政府预算收支科目的一个重要区别。

(二) 一般预算收入的收缴方式和程序

在现行财政国库单一账户制度下,一般预算收入的收缴方式有直接缴库和集中汇缴两种。

1. 直接缴库

这是指缴款单位或缴款人按照有关法律和法规的规定,直接将应缴款项缴入财政国库的收缴方式。在直接缴库方式下,直接缴库的税收收入,由纳税人或税务代理人提出纳税申报,经征收机关审核无误后,由纳税人通过开户银行将税款缴入财政部门在人民银行开设的国库单一账户。人民银行国库在经对税收收入进行划分后,向财政总预算会计报送预算收入日报表。财政总预算会计以收到的预算收入日报表为依据,确认一般预算收入的增加,并同时确认国库存款的增加。直接缴库的其他收入,比照上述程序缴入国库单一账户。

2. 集中汇缴

这是指由征收机关按照有关法律和法规的规定,将所收取的应缴款项汇总缴入财政国库的收缴方式。在集中汇缴方式下,小额零散税收和其他有关应缴非税收入,尤其是非税现金收入等,由征收机关于收到应缴款项的当日汇总缴入财政部门在人民银行开设的国库单一账户。人民银行国库在经对收到的应缴款项进行划分后,向财政总预算会计报送预算收入日报表。财政总预算会计根据人民银行国库报来的预算收入日报表,确认一般预算收入的增加,并同时确认国库存款的增加。

人民银行国库向财政总预算会计报送的预算收入日报表的参考格式可如表1-2所示。

表1-2 预算收入日报表

年　月　日

预算科目	本日收入金额	预算科目	本日收入金额

人民银行国库(盖章)　　　　　　　　　复核　　　　　　　　　制表

无论是直接缴库还是集中汇缴,征收机关都不需要设立应缴款项的过渡账户。也即征收机关不需要将收到的应缴款项先存入自行在银行开立的专门账户,然后,再通过该专门账户将应缴款项缴入财政国库。

尚未实行财政国库单一账户制度改革的有关地区或单位,征收机关仍然可以暂时保留应缴款项的过渡账户。随着财政国库单一账户制度改革的深入推行,资金缴拨以财政国库集中收付为主要形式的财政国库管理制度将进一步确立。征收机关传统上使用的应缴款项的过渡账户也将随之逐渐取消。

(三) 一般预算收入的划分和报解

无论是采用直接缴库方式,还是采用集中汇缴方式,人民银行国库在收到一般预算收入后,都需要按照财政管理体制的要求,将一般预算收入在中央财政与地方财政之间,以及在地方各级财政之间进行划分。按照现行有关规定,一般预算收入在中央财政与地方财政之间的划分情况为:

(1) 中央财政固定收入。包括:消费税(含进口环节海关代征的部分)、车辆购置税、关税、海关代征的进口环节增值税等。

(2) 地方财政固定收入。包括:城镇土地使用税、耕地占用税、土地增值税、房产税、城市房地产税、车船税、契税等。

(3) 中央财政与地方财政共享收入。包括:

① 增值税(不含进口环节由海关代征的部分):中央财政分享75%,地方财政分享25%。

② 营业税:铁道部、各银行总行、各保险总公司集中缴纳的部分归中央财政,其余部分归地方财政。

③ 企业所得税、外商投资企业和外国企业所得税:铁道部、各银行总行及海洋石油企业缴

纳的部分归中央财政,其余部分中央财政与地方财政按60%和40%的比例分享。

④个人所得税:除储蓄存款利息所得的个人所得税外,其余部分的分享比例与企业所得税相同。

⑤资源税:海洋石油企业缴纳的部分归中央财政,其余部分归地方财政。

⑥城市维护建设税:铁道部、各银行总行、各保险总公司集中缴纳的部分归中央财政,其余部分归地方财政。

⑦印花税:证券交易印花税收入的94%归中央财政,其余6%和其他印花税收入归地方财政。

一般预算收入在地方各级财政之间的划分情况,由上一级财政制定本级财政与下一级财政之间的财政管理体制,规定划分方法,并按规定的方法执行。

人民银行在对收到的一般预算收入进行划分后,将相应的一般预算收入以预算收入日报表的形式报送给相应的政府财政总预算会计。同时,将相应的一般预算收入款项解入相应级别政府的国库存款账户。

(四) 一般预算收入的核算

为核算一般预算收入业务,财政总预算会计应设置"一般预算收入"总账科目。财政总预算会计收到人民银行国库报来的预算收入日报表时,根据所列一般预算收入科目和一般预算收入的数额,借记"国库存款"科目,贷记该科目;当日预算收入数额为负数时,以红字记入或负数反映。年终结账将该科目贷方余额全数转入"预算结余"科目时,借记该科目,贷记"预算结余"科目。该科目平时贷方余额,表示一般预算收入的累计数。该科目应根据《政府收支分类科目》中的一般预算收入科目设置相应的明细账。

例1 某市财政收到人民银行国库报来的预算收入日报表。其中,一般预算收入合计180 500元,具体科目和金额为:"税收收入——增值税——国内增值税"85 500元,"税收收入——营业税——一般营业税"44 800元,"税收收入——企业所得税——股份制企业所得税"32 600元,"税收收入——城市维护建设税——私营企业城市维护建设税"6 100元,"税收收入——房产税——国有企业房产税"7 300元,"税收收入——印花税——证券交易印花税"4 200元。财政总预算会计应编制如下会计分录:

借:国库存款——一般预算存款　　　　　　　　　180 500
　　贷:一般预算收入　　　　　　　　　　　　　　　　180 500

同时,在一般预算收入明细账的贷方登记如下:

税收收入——增值税——国内增值税　　　　　　　　　85 500
税收收入——营业税——一般营业税　　　　　　　　　44 800
税收收入——企业所得税——股份制企业所得税　　　　32 600
税收收入——城市维护建设税——私营企业城市维护建设税　6 100
税收收入——房产税——国有企业房产税　　　　　　　7 300
税收收入——印花税——证券交易印花税　　　　　　　4 200

例2 某市财政收到人民银行国库报来的预算收入日报表。其中,一般预算收入合计－3 120元,具体科目和金额为:"税收收入——企业所得税退税——国有外贸企业所得税退税"－8 500元,"税收收入——个人所得税——个人所得税税款滞纳金、罚款收入"780元,"税

收收入——城镇土地使用税——联营企业城镇土地使用税"4 600元。财政总预算会计应编制如下会计分录:

　　借:国库存款——一般预算存款　　　　　　　　　　　　－3 120
　　　　贷:一般预算收入　　　　　　　　　　　　　　　　　　　　－3 120
　　同时,在一般预算收入明细账的贷方登记如下:
　　税收收入——企业所得税退税——国有外贸企业所得税退税　　　－8 500
　　税收收入——个人所得税——个人所得税税款滞纳金、罚款收入　　780
　　税收收入——城镇土地使用税——联营企业城镇土地使用税　　　4 600

例3　某市财政收到人民银行国库报来的预算收入日报表。其中,一般预算收入合计24 700元,具体科目和金额为:"非税收入——专项收入——排污费收入"8 500元,"非税收入——行政事业性收费收入——公安行政事业性收费收入"5 600元,"非税收入——行政事业性收费收入——工商行政事业性收费收入"3 400元,"非税收入——行政事业性收费收入——税务行政事业性收费收入"1 900元,"非税收入——行政事业性收费收入——教育行政事业性收费收入"3 800元,"非税收入——罚没收入——一般罚没收入"1 500元。财政总预算会计应编制如下会计分录:

　　借:国库存款——一般预算存款　　　　　　　　　　　　24 700
　　　　贷:一般预算收入　　　　　　　　　　　　　　　　　　　　24 700
　　同时,在一般预算收入明细账的贷方登记如下:
　　非税收入——专项收入——排污费收入　　　　　　　　　　　　8 500
　　非税收入——行政事业性收费收入——公安行政事业性收费收入　5 600
　　非税收入——行政事业性收费收入——工商行政事业性收费收入　3 400
　　非税收入——行政事业性收费收入——税务行政事业性收费收入　1 900
　　非税收入——行政事业性收费收入——教育行政事业性收费收入　3 800
　　非税收入——罚没收入——一般罚没收入　　　　　　　　　　　1 500

例4　某市财政收到人民银行国库报来的预算收入日报表。其中,一般预算收入合计5 490元,具体科目和金额为:"非税收入——国有资本经营收入——国有资本投资收益"6 700元,"非税收入——国有资本经营收入——国有企业计划亏损补贴"－2 130元,"非税收入——国有资源(资产)有偿使用收入——有价证券利息收入"920元。财政总预算会计应编制如下会计分录:

　　借:国库存款——一般预算存款　　　　　　　　　　　　5 490
　　　　贷:一般预算收入　　　　　　　　　　　　　　　　　　　　5 490
　　同时,在一般预算收入明细账的贷方登记如下:
　　非税收入——国有资本经营收入——国有资本投资收益　　　　　6 700
　　非税收入——国有资本经营收入——国有企业计划亏损补贴　　　－2 130
　　非税收入——国有资源(资产)有偿使用收入——有价证券利息收入　920

例5　某市财政年终将"一般预算收入"科目贷方余额324 500元全数转入"预算结余"科目。财政总预算会计应编制如下会计分录:

　　借:一般预算收入　　　　　　　　　　　　　　　　　　324 500
　　　　贷:预算结余　　　　　　　　　　　　　　　　　　　　　　324 500

同时,财政总预算会计应结清所有一般预算收入科目的明细账。

二、基金预算收入和专用基金收入

(一) 基金预算收入的概念与种类

基金预算收入是指各级政府财政部门管理的政府性基金收入。基金预算收入应当按照设置政府性基金的目的专门用于规定的用途,不能随意移作他用。

财政总预算会计核算的基金预算收入应当按照《政府收支分类科目》进行分类。按照现行《政府收支分类科目》,政府性基金收入款级科目设置如下50余个项级科目:三峡工程建设基金收入、农网还贷资金收入、能源建设基金收入、库区建设基金收入、煤代油基金收入、铁路建设基金收入、铁路建设附加费收入、民航基础设施建设基金收入、民航机场管理建设费收入、养路费收入、公路客货运附加费收入、燃油附加费收入、水运客货运附加费、转让政府还贷道路收费权收入、港口建设费收入、下放港口以港养港收入、散装水泥专项资金收入、新型墙体材料专项基金收入、中央对外贸易发展基金收入、旅游发展基金收入、援外合资合作项目基金收入、对外承包工程保函风险专项资金收入、国家茧丝绸发展风险基金收入、烟草商业税后利润收入、文化事业建设费收入、地方教育附加收入、地方教育基金收入、国家电影事业发展专项资金收入、农业发展基金收入、新菜地开发建设基金收入、新增建设用地土地有偿使用费收入、林业基金收入、育林基金收入、森林植被恢复费、中央水利建设基金收入、地方水利建设基金收入、南水北调工程基金收入、灌溉水源灌排工程补偿费收入、水资源补偿费收入、残疾人就业保障金收入、政府住房基金收入、城市公用事业附加收入、国有土地使用权出让金收入、国有土地收益基金收入、农业土地开发资金收入、大中型水库移民后期扶持基金收入、大中型水库库区基金收入、三峡库区非农业户口移民扶助基金收入、其他政府性基金收入。

在以上政府性基金收入的项级科目中,有些还根据需要设置目级科目。例如,"农网还贷资金收入"项级科目分设"中央农网还贷资金收入"和"地方农网还贷资金收入"两个目级科目;"公路客货运附加费收入"项级科目分设"客运站场建设费"、"公路货运发展建设基金"、"客运车辆公路基础设施建设费"等多个目级科目;如此等等。

与一般预算收入科目一样,当政府性基金在上、下级财政以及在本级财政不同性质资金之间进行转移时,所形成的政府性基金收入,在《政府收支分类科目》中作为基金预算收入科目处理;财政总预算会计在进行会计核算时,作为转移性收入处理。

政府性基金收入应当按照有关法规的规定进行收取。例如,农网还贷资金收入的征收依据是《农网还贷资金征收使用管理办法》,民航机场管理建设费收入的征收依据是《关于征收民航机场管理建设费的通知》,文化事业建设费收入的征收依据是《文化事业建设费征收管理暂行办法》,如此等等。

政府性基金收入也区分中央收入和地方收入。例如,民航基础设施建设基金收入、中央对外贸易发展基金收入、旅游发展基金收入等为中央政府性基金收入;养路费收入、地方教育基金收入、新菜地开发建设基金收入等为地方政府性基金收入;民航机场管理建设费收入、育林基金收入、南水北调工程基金收入等为中央和地方共有政府性基金收入。

按照现行财政预算资金的管理模式,一般预算和基金预算应当分别管理,并分别平衡。不仅如此,在基金预算中,各项基金预算也需要分别管理,并分别平衡。如果一般预算资金与基金预算资金之间需要调剂使用,应当经过批准,并分别在一般预算和基金预算中作为转移性收入或转移性支出处理。

基金预算收入的收缴方式、收缴程序、划分和报解方法等,都比照一般预算收入。

(二) 基金预算收入的核算

为核算基金预算收入业务,财政总预算会计应设置"基金预算收入"总账科目。财政总预算会计收到人民银行国库报来的预算收入日报表时,根据所列基金预算收入科目和基金预算收入的数额,借记"国库存款"科目,贷记该科目;年终结账将该科目贷方余额全数转入"基金预算结余"科目时,借记该科目,贷记"基金预算结余"科目。该科目平时贷方余额,表示当年基金预算收入的累计数。该科目应根据《政府收支分类科目》中的基金预算收入科目设置明细账。

例1 某市财政收到人民银行国库报来的预算收入日报表。其中,基金预算收入合计13 000元,具体科目和金额为:"民航机场管理建设费收入"6 300元,"养路费收入"4 500元,"政府住房基金收入——计提廉租住房资金"2 200元。财政总预算会计应编制如下会计分录:

  借:国库存款——基金预算存款   13 000
    贷:基金预算收入   13 000

同时,在基金预算收入明细账的贷方登记如下:

  民航机场管理建设费收入   6 300
  养路费收入   4 500
  政府住房基金收入——计提廉租住房资金   2 200

例2 某市财政年终将"基金预算收入"科目贷方余额34 500元全数转入"基金预算结余"科目。财政总预算会计应编制如下会计分录:

  借:基金预算收入   34 500
    贷:基金预算结余   34 500

同时,财政总预算会计应结清所有基金预算收入科目的明细账。

(三) 专用基金收入的概念与核算

专用基金收入是指财政部门按规定取得或安排的有专门用途的资金来源,如粮食风险基金收入等。专用基金收入的主要来源渠道,一是上级财政部门拨入,二是本级政府预算安排。专用基金收入一般都需要通过开设银行存款专户进行存储,实施单独管理。

为核算专用基金收入业务,财政总预算会计应设置"专用基金收入"总账科目。财政总预算会计按规定取得或安排专用基金收入时,借记"其他财政存款"科目,贷记该科目;年终结账将该科目贷方余额全数转入"专用基金结余"科目时,借记该科目,贷记"专用基金结余"科目。该科目平时贷方余额,表示当年专用基金收入的累计数。该科目应根据专用基金的种类设置明细账。

例1 某市财政根据经批准的政府预算从本级一般预算支出中安排专用基金6 500元,以增加粮食风险基金的数额。财政总预算会计应编制如下会计分录:

  借:一般预算支出   6 500
    贷:国库存款   6 500

同时：
借：其他财政存款——专用基金存款　　　　　　　　　6 500
　　贷：专用基金收入——粮食风险基金　　　　　　　　　　　6 500

例2　续上例，该市财政年终将"专用基金收入——粮食风险基金"科目贷方余额6 500元全数转入"专用基金结余"科目。财政总预算会计应编制如下会计分录：
借：专用基金收入——粮食风险基金　　　　　　　　　6 500
　　贷：专用基金结余——粮食风险基金　　　　　　　　　　　6 500

三、转移性收入

转移性收入是指预算资金在上、下级政府之间以及在本级政府不同性质资金之间进行转移所形成的收入。具体包括补助收入、上解收入和调入资金三个种类。

（一）补助收入

补助收入是指上级财政按财政管理体制的规定或因其他专门原因对本级财政进行补助而形成的收入。包括返还性补助收入、财力性转移支付补助收入、专项转移支付补助收入、政府性基金转移支付补助收入等。补助收入属于上级财政对本级财政的财力转移。补助收入会减少上级财政的财力，增加本级财政的财力，但不会增加或减少上级财政和本级财政的财力合计数。主要是由于这个原因，财政总预算会计将一般预算收入、基金预算收入与补助收入进行区分，分别组织会计核算。财政总预算会计核算的一般预算收入和基金预算收入，都只会增加本级财政的财力，不会减少上级财政的财力。

为核算补助收入业务，财政总预算会计应设置"补助收入"总账科目。财政总预算会计收到上级财政拨入的补助款项时，借记"国库存款"科目，贷记该科目；退还上级财政拨入的补助款项时，借记该科目，贷记"国库存款"科目；年终结账将该科目贷方余额转入"预算结余"或"基金预算结余"科目时，借记该科目，贷记"预算结余"或"基金预算结余"科目。该科目平时贷方余额，表示取得的上级补助收入的累计数。该科目应按《政府收支分类科目》中的转移性收入科目设置明细账。

例1　某市财政收到人民银行国库报来的预算收入日报表。其中，补助收入合计159 600元，具体科目和金额为："财力性转移支付收入——体制补助收入"53 200元，"财力性转移支付收入——一般性转移支付补助收入"36 400元，"专项转移支付收入——专项补助收入"68 000元，"政府性基金转移收入——政府性基金补助收入"2 000元。财政总预算会计应编制如下会计分录：

借：国库存款——一般预算存款　　　　　　　　　157 600
　　国库存款——基金预算存款　　　　　　　　　　2 000
　　贷：补助收入　　　　　　　　　　　　　　　　　　　159 600
同时，在补助收入明细账的贷方登记如下：
财力性转移支付收入——体制补助收入　　　　　　　　　53 200
财力性转移支付收入——一般性转移支付补助收入　　　　36 400
专项转移支付收入——专项补助收入　　　　　　　　　　68 000

政府性基金转移收入——政府性基金补助收入　　　　　　　　　　　　　　　　2 000

例 2　某市财政年终将"补助收入"总账科目的贷方余额 448 000 元分别转入"预算结余"和"基金预算结余"科目。在"补助收入"总账科目的贷方余额 448 000 元中,除了 15 000 元属于政府性基金补助收入外,其他 433 000 元均属于一般预算补助收入。财政总预算会计应编制如下会计分录:

借:补助收入　　　　　　　　　　　　　　　　　　　　　448 000
　　贷:预算结余　　　　　　　　　　　　　　　　　　　　　　433 000
　　　　基金预算结余　　　　　　　　　　　　　　　　　　　　 15 000

同时,财政总预算会计应结清所有补助收入科目的明细账。

(二) 上解收入

上解收入是指按照财政管理体制的规定由下级财政上交给本级财政的收入。包括财力性转移支付上解收入、专项转移支付上解收入、政府性基金转移上解收入等。上解收入属于下级财政对本级财政的财力转移。上解收入会减少下级财政的财力,增加本级财政的财力,但不会增加或减少下级财政和本级财政的财力合计数。主要是由于这个原因,财政总预算会计将一般预算收入、基金预算收入与上解收入进行区分,分别组织会计核算。

为核算上解收入业务,财政总预算会计应设置"上解收入"总账科目。财政总预算会计收到下级财政上解给本级财政的款项时,借记"国库存款"科目,贷记该科目;退还收到的上解收入款项时,作相反的会计分录;年终将该科目贷方余额转入"预算结余"或"基金预算结余"科目时,借记该科目,贷记"预算结余"或"基金预算结余"科目。该科目平时贷方余额,表示下级财政上解本级财政收入的累计数。该科目应按《政府收支分类科目》中的转移性收入科目设置明细账。该科目还应按上解款项的下级政府财政名称设置明细账。

例 1　某市财政收到人民银行国库报来的预算收入日报表。其中,上解收入合计 18 550 元,具体科目和金额为:"财力性转移支付收入——出口退税专项上解收入"8 200 元,"专项转移支付收入——专项上解收入"9 800 元,"政府性基金转移收入——政府性基金上解收入"550 元。财政总预算会计应编制如下会计分录:

借:国库存款——一般预算存款　　　　　　　　　　　　　18 000
　　国库存款——基金预算存款　　　　　　　　　　　　　　 550
　　贷:上解收入　　　　　　　　　　　　　　　　　　　　　 18 550

同时,在上解收入明细账的贷方登记如下:

财力性转移支付收入——出口退税专项上解收入　　　　　　　8 200
专项转移支付收入——专项上解收入　　　　　　　　　　　　9 800
政府性基金转移收入——政府性基金上解收入　　　　　　　　 550

例 2　某市财政年终将"上解收入"总账科目的贷方余额 64 600 元分别转入"预算结余"和"基金预算结余"科目。在"上解收入"总账科目的贷方余额 64 600 元中,除了 3 000 元属于政府性基金上解收入外,其他 61 600 元均属于一般预算上解收入。财政总预算会计应编制如下会计分录:

借:上解收入　　　　　　　　　　　　　　　　　　　　　 64 600
　　贷:预算结余　　　　　　　　　　　　　　　　　　　　　 61 600

  基金预算结余   3 000
同时,财政总预算会计应结清所有上解收入科目的明细账。

(三) 调入资金

  调入资金是指一级政府中不同性质资金之间的调入收入。包括一般预算调入资金、政府性基金预算调入资金等。调入资金可以发生在一般预算中,也可以发生在基金预算中。如果发生在一般预算中,一般预算可以从基金预算、预算外资金中调入资金。如果发生在基金预算中,基金预算也可以从一般预算、预算外资金中调入资金。调入资金的目的,是为了平衡一般预算或基金预算。如果一般预算发生缺口,基金预算发生余额,为平衡一般预算,一般预算可能会考虑从基金预算余额中调入一部分资金,以弥补其发生的缺口。反之,亦然。调入资金需要经过有关部门的批准。

  调入资金不影响上、下级财政和本级财政各自的财力,但会影响本级财政不同性质财政性资金的数额。因此,调入资金不同于补助收入和上解收入,也不同于一般预算收入和基金预算收入。主要是由于这个原因,财政总预算会计将补助收入、上解收入、一般预算收入、基金预算收入与调入资金进行区分,分别组织会计核算。

  为核算调入资金业务,财政总预算会计应设置"调入资金"总账科目。财政总预算会计调入资金时,借记"国库存款"科目,贷记该科目;年终结账将该科目贷方余额转入"预算结余"或"基金预算结余"科目时,借记该科目,贷记"预算结余"或"基金预算结余"科目。该科目应按《政府收支分类科目》中的转移性收入科目设置明细账。

  例1 某市财政为平衡一般预算,从基金预算结余中调入资金25 000元。按照现行《政府收支分类科目》,该项调入资金应当在"调入资金——一般预算调入资金"科目中反映。财政总预算会计应编制如下会计分录:

  借:调出资金   25 000
    贷:国库存款——基金预算存款   25 000
同时,
  借:国库存款——一般预算存款   25 000
    贷:调入资金   25 000
同时,在调入资金明细账的贷方登记如下:
  一般预算调入资金   25 000

  例2 某市财政年终将"调入资金"科目贷方余额58 000元全数转入"预算结余"科目。该"调入资金"科目的贷方余额全部为一般预算调入资金。财政总预算会计应编制如下会计分录:

  借:调入资金   58 000
    贷:预算结余   58 000
同时,财政总预算会计应结清调入资金科目的明细账。

四、财政周转金收入

(一) 财政周转金的概念与管理原则

财政周转金是指财政部门设置的采用信用方式供有关单位有偿使用的财政资金。财政周转金是财政部门分配财政资金的一种辅助形式。设置财政周转金的目的,是为了调动用款单位的积极性,促使用款单位合理节约的使用财政资金,提高财政资金使用效益。

财政周转金作为财政资金中有偿使用的资金,财政部门必须对其加强管理。财政周转金管理的原则是:(1)控制规模。即财政周转金的规模应控制在一定的指标之内,不能让财政周转金这种财政资金的有偿分配形式影响财政资金无偿分配的基本分配形式。(2)限定投向。即财政周转金的投入方向应与财政无偿分配的方向相一致,不能投向非财政项目。(3)健全制度。即财政周转金的各种管理和核算制度必须全面完整,统一规范。(4)加强监督。即必须建立相应的制约机制,对财政周转金的运行过程进行监督。

(二) 财政周转金收入的概念与核算

财政周转金收入是指财政周转金在周转过程中,财政部门按规定向财政周转金的使用单位收取的资金占用费,以及财政周转金在银行的存款利息收入。财政周转金不以增值为目的,财政部门向财政周转金的使用单位收取的资金占用费一般应低于银行放款的利息。

为核算财政周转金收入,财政总预算会计应设置"财政周转金收入"总账科目。财政总预算会计取得财政周转金收入时,借记"其他财政存款"科目,贷记该科目;年终结账将"财政周转金支出"科目借方余额转入该科目时,借记该科目,贷记"财政周转金支出"科目。该科目余额为当年财政周转金收支结余数,应全数转入"财政周转基金"科目,借记该科目,贷记"财政周转基金"科目。结账后,该科目无余额。该科目应分别"利息收入"和"占用费收入"设置两个明细账。

例1 某市财政收到某财政周转金使用单位缴来的资金占用费 2 400 元。财政总预算会计应编制如下会计分录:

借:其他财政存款——财政周转金存款　　　　　　　2 400
　贷:财政周转金收入——占用费收入　　　　　　　　　　　2 400

例2 某市财政收到银行转来的财政周转金存款利息收入 230 元。财政总预算会计应编制如下会计分录:

借:其他财政存款——财政周转金存款　　　　　　　230
　贷:财政周转金收入——利息收入　　　　　　　　　　　　230

例3 某市财政年终将"财政周转金支出"科目借方余额 2 100 元转入"财政周转金收入"科目;然后,再将"财政周转金收入"科目贷方余额 780 元转入"财政周转基金"科目。

(1) 将"财政周转金支出"科目借方余额转入"财政周转金收入"科目时,财政总预算会计应编制如下会计分录:

借:财政周转金收入　　　　　　　　　　　　　　　2 100
　贷:财政周转金支出　　　　　　　　　　　　　　　　　　2 100

(2) 将"财政周转金收入"科目贷方余额转入"财政周转基金"科目时,财政总预算会计应编制如下会计分录:

借:财政周转金收入　　　　　　　　　　　　　　780
　　贷:财政周转基金　　　　　　　　　　　　　　　　　780

同时,财政总预算会计应结清所有财政周转金收入科目的明细账。

以上例3中的会计分录具有一定的特殊性,"财政周转金收入"科目需要先与"财政周转金支出"科目进行对冲,得出财政周转金净收入或净支出;然后,再将财政周转金净收入或净支出转入财政周转基金,作为财政周转基金的增加或减少。

第三节 支 出

支出是指一级财政为实现政府职能,依法对财政资金进行的分配和使用。财政总预算会计核算的支出包括一般预算支出、基金预算支出、专用基金支出、补助支出、上解支出、调出资金和财政周转金支出等。其中,补助支出、上解支出和调出资金可合称为转移性支出。

一、一般预算支出

(一) 一般预算支出的概念与种类

一般预算支出是指一级政府对取得的一般预算收入有计划地进行分配和使用所形成的支出。一般预算支出是各级政府履行行政职能的最主要的财力保证,也是各级政府最主要的支出。

财政总预算会计核算的一般预算支出应当按照《政府收支分类科目》进行分类。按照现行《政府收支分类科目》,一般预算支出科目分设类、款、项三级科目。三级科目逐级递进,内容也逐渐细化。财政总预算会计核算的一般预算支出分成如下种类。

1. 一般公共服务

该科目反映政府提供一般公共服务的支出。该类级科目分设如下31个款级科目:(1)人大事务;(2)政协事务;(3)政府办公厅(室)及相关机构事务;(4)发展与改革事务;(5)统计信息事务;(6)财政事务;(7)税收事务;(8)审计事务;(9)海关事务;(10)人事事务;(11)纪检监察事务;(12)人口与计划生育事务;(13)商贸事务;(14)知识产权事务;(15)工商行政管理事务;(16)食品和药品监督管理事务;(17)质量技术监督与检验检疫事务;(18)国土资源事务;(19)海洋管理事务;(20)测绘事务;(21)地震事务;(22)气象事务;(23)民族事务;(24)宗教事务;(25)港澳台侨事务;(26)档案事务;(27)共产党事务;(28)民主党派及工商联事务;(29)群众团体事务;(30)国债事务;(31)其他一般公共服务支出。

2. 外交

反映政府外交事务支出。该类级科目分设如下8个款级科目:(1)外交管理事务;(2)驻外机构;(3)对外援助;(4)国际组织;(5)对外合作与交流;(6)对外宣传;(7)边界勘界联检;(8)其他外交支出。

3. 国防

反映政府用于国防事务支出。该类级科目分设如下6个款级科目：(1)现役部队；(2)预备役部队；(3)民兵；(4)国防科研事业；(5)专项工程；(6)其他国防支出。

4. 公共安全

反映政府维护社会公共安全方面的支出。该类级科目分设如下11个款级科目：(1)武装警察；(2)公安；(3)国家安全；(4)检察；(5)法院；(6)司法；(7)监狱；(8)劳教；(9)国家保密；(10)缉私警察；(11)其他公共安全支出。

5. 教育

反映政府教育事务支出。该类级科目分设如下10个款级科目：(1)教育管理事务；(2)普通教育；(3)职业教育；(4)成人教育；(5)广播电视教育；(6)留学教育；(7)特殊教育；(8)教师进修及干部继续教育；(9)教育附加及基金支出；(10)其他教育支出。

6. 科学技术

反映用于科学技术方面的支出。该类级科目分设如下9个款级科目：(1)科学技术管理事务；(2)基础研究；(3)应用研究；(4)技术研究与开发；(5)科技条件与服务；(6)社会科学；(7)科学技术普及；(8)科技交流与合作；(9)其他科学技术支出。

7. 文化体育与传媒

反映政府在文化、文物、体育、广播影视、新闻出版等方面的支出。该类级科目分设如下6个款级科目：(1)文化；(2)文物；(3)体育；(4)广播影视；(5)新闻出版；(6)其他文化体育与传媒支出。

8. 社会保障和就业

反映政府在社会保障和就业方面的支出。该类级科目分设如下19个款级科目：(1)社会保障和就业管理事务；(2)民政管理事务；(3)财政对社会保险基金的补助；(4)补充全国社会保障基金；(5)行政事业单位离退休；(6)企业改革补助；(7)就业补助；(8)抚恤；(9)退役安置；(10)社会福利；(11)残疾人事业；(12)城市居民最低生活保障；(13)其他城镇社会救济；(14)农村社会救济；(15)自然灾害生活救助；(16)红十字事业；(17)农村最低生活保障；(18)其他农村社会救济；(19)其他社会保障和就业支出。

9. 医疗卫生

反映政府医疗卫生方面的支出。该类级科目分设如下10个款级科目：(1)医疗卫生管理事务；(2)医疗服务；(3)社区卫生服务；(4)医疗保障；(5)疾病预防控制；(6)卫生监督；(7)妇幼保健；(8)农村卫生；(9)中医药；(10)其他医疗卫生支出。

10. 环境保护

反映政府环境保护支出。该类级科目分设如下10个款级科目：(1)环境保护管理事务；(2)环境监测与监察；(3)污染防治；(4)自然生态保护；(5)天然林保护；(6)退耕还林；(7)风沙荒漠治理；(8)退牧还草；(9)已垦草原退耕还草；(10)其他环境保护支出。

11. 城乡社区事务

反映政府城乡社区事务支出。该类级科目分设如下7个款级科目：(1)城乡社区管理事务；(2)城乡社区规划与管理；(3)城乡社区公共设施；(4)城乡社区住宅；(5)城乡社区环境卫生；(6)建设市场管理与监督；(7)其他城乡社区事务支出。

12. 农林水事务

反映政府农林水事务支出。该类级科目分设如下7个款级科目：(1)农业；(2)林业；(3)水利；(4)南水北调；(5)扶贫；(6)农业综合开发；(7)其他农林水事务支出。

13. 交通运输

反映政府交通运输方面的支出。该类级科目分设如下4个款级科目：(1)公路水路运输；(2)铁路运输；(3)民用航空运输；(4)其他交通运输支出。

14. 工业商业金融等事务

反映政府工业、商业、金融等事务支出。该类级科目分设如下18个款级科目：(1)采掘业；(2)制造业；(3)建筑业；(4)电力；(5)信息产业；(6)旅游业；(7)涉外发展；(8)粮油事务；(9)商业流通事务；(10)物资储备；(11)金融业；(12)烟草事务；(13)安全生产；(14)国有资产监管；(15)中小企业事务；(16)可再生能源；(17)能源节约利用；(18)其他工业商业金融等事务支出。

15. 其他支出

反映不能划分到上述功能科目的其他政府支出。

在以上有关一般预算支出的款级科目下，还根据情况设置相应的项级科目。项级科目的设置主要分如下两种情况。

(1)按功能设置。即按政府从事公共服务的种类设置。例如，在教育类级科目的普通教育款级科目下，设置学前教育、小学教育、初中教育、高中教育、高等教育等项级科目；在文化体育与传媒类级科目的文化款级科目下，设置图书馆、文化展示及纪念机构、艺术表演场所、艺术表演团体等项级科目；在医疗卫生类级科目的医疗服务款级科目下，设置综合医院、中医医院、传染病医院、口腔医院等项级科目。这种项级科目的设置方法，着重反映政府所从事的某种公共服务的完整支出，一般表现为用在预算单位上的完整支出。例如，通过小学教育项级科目，可以了解政府用在小学教育方面的所有支出，包括基本建设支出、日常办公经费支出、人员经费支出等。

(2)按活动设置。即按政府履行相关职能时所从事的具体活动的种类设置。例如，在一般公共服务类级科目的人大事务款级科目下，设置行政运行、机关服务、人大会议、人大立法、人大监督、代表培训、代表工作、事业运行等项级科目。其中，行政运行科目反映人大行政单位的基本支出；机关服务科目反映为人大行政单位提供后勤服务的各类后勤服务中心、医务室等附属事业单位的支出；人大会议、人大立法、人大监督、代表培训、代表工作等科目反映人大相应活动的项目支出；事业运行科目反映除为人大行政单位提供后勤服务的各类后勤服务中心、医务室等附属事业单位外的其他事业单位的基本支出。再如，在公共安全类级科目的公安款级科目下，设置行政运行、机关服务、治安管理、刑事侦查、经济犯罪侦查、道路交通管理、居民身份证管理、事业运行等项级科目。其中，行政运行科目反映公安行政单位的基本支出；机关服务反映为公安行政单位提供后勤服务的各类后勤服务中心、医务室等附属事业单位的支出；治安管理、刑事侦查、经济犯罪侦查、道路交通管理、居民身份证管理等科目反映公安相应活动的项目支出；事业运行科目反映除为公安行政单位提供后勤服务的各类后勤服务中心、医务室等附属事业单位外的其他事业单位的基本支出。这种项级科目的设置方法，着重反映政府在履行相关职能时所从事的具体活动种类的支出。例如，通过人大会议项级科目，可以了解人大在召开人代会等专门会议方面的支出；通过治安管理项级科目，可以了解公安机关在开展治安管理工作方面的支出。按活动设置项级科目的方法，从某种意义上讲，也可以认为是按细化了的按功能设置项级科目的方法。

以上一般预算支出科目的设置是按照政府的功能或职能来分类的。它们着重反映政府在做什么。由此所形成的一般预算支出科目也相应地称为一般预算支出功能分类科目。这是我国建国以来对政府预算收支科目所进行的一次最重大的改革。它使得政府预算收支科目更加通俗易懂,政府预算更加透明,更加科学。同时,它也标志着我国政府预算收支科目的设计已经从原来的建设型预算模型转向了现在的公共预算模型。

需要说明的是,功能分类不同于部门分类。部门分类是机构分类,着重明确支出的责任主体;功能分类是职能分类,着重说明政府在做什么。例如,高等学校归入教育职能,高等学校所属的医院归入医疗卫生职能,高等学校所属的出版社归入文化体育与传媒职能;铁道部门归入交通运输职能,铁道部门所属的公安部门归入公共安全职能;公安部门归入公共安全职能,公安部门所属的公安学校归入教育职能;如此等等。另外,同时包含小学教育和初中教育的实验学校等学校,需要按照学生人数比例等方法将有关的公共支出在小学教育职能与初中教育职能间进行拆分;同时包含初中教育和高中教育的完全中学,也需要按照学生人数比例等方法将有关的公共支出在初中教育职能和高中教育职能间进行拆分;如此等等。

《政府收支分类科目》中的一般预算支出科目,是财政总预算会计进行一般预算支出核算的直接依据。

在现行《政府收支分类科目》中,一般预算支出科目除了包括以上 15 个类级科目外,还包括转移性支出类级科目。如同其他一般预算支出科目一样,转移性支出也是一级政府预算资金的流出。因此,它在政府编制财政总预算时也作为一般预算支出来处理。但财政总预算会计核算的一般预算支出不包括转移性支出。财政总预算会计在向上、下级政府转出本级政府的一般预算资金时,以及在将本级政府的一般预算资金转出至基金预算时,应当将它们单独作为转移性支出类别进行处理,而不作为一般预算支出进行处理。这种处理方法,与财政总预算会计处理转移性收入一样。

(二) 一般预算支出的支付方式和程序

一般预算支出的支付方式有财政直接支付、财政授权支付和财政实拨资金三种。三种支付方式的概念和支付程序分别如下:

1. 财政直接支付

财政直接支付是指由财政部门开具支付令,通过国库单一账户体系,直接将一般预算资金支付到收款人的支付方式。这种支付方式主要适用于支付工资、工程采购款、物品和服务采购款、转移支出等。财政直接支付的具体支出项目由财政部门在确定部门预算或资金支付方式时予以确定。

在财政直接支付方式下,预算单位按照经批准的部门预算和资金使用计划,在需要使用一般预算资金时,向财政国库支付执行机构提出财政直接支付申请。财政国库支付执行机构在对预算单位提出的财政直接支付申请审核无误后,向财政国库支付执行机构的代理银行开具支付令,通过财政国库支付执行机构在代理银行开设的财政零余额账户将资金直接支付给收款人。财政国库支付机构代理银行于支付资金的当日与财政部门在人民银行开设的国库存款账户进行资金清算,收回其垫付的资金。财政国库支付执行机构按日向财政国库管理机构报送预算支出结算清单,其中列明财政直接支付的内容和数额。财政总预算会计在收到财政国库支付执行机构报来的预算支出结算清单并经与有关方面核对无误后,确认一般预算支出,并同时确认一般预算存款的减少。在财政直接支付方式下,财政部门在代理银行开设的财政零余额账户不是实存财政资金账户,它只是财政部门与代理银行间的一个临时结算过渡账户。每日终了,该账户余额为零。

2. 财政授权支付

财政授权支付是指预算单位根据财政部门的授权,自行向其代理银行开具支付令,通过国库单一账户体系将预算资金支付到收款人的支付方式。财政授权支付主要适用于未纳入财政直接支付的购买支出和零星支出。财政授权支付的具体支出项目由财政部门在确定部门预算或资金支付方式时予以确定。

在财政授权支付方式下,预算单位按照经批准的部门预算和资金使用计划,在需要使用一般预算资金时,直接向其代理银行开具支付令。代理银行在对预算单位开具的支付令按照其预先从财政部门获得的财政授权支付通知书等有关凭证进行审核无误后,通过预算单位开设的单位零余额账户将款项支付给收款人。预算单位的代理银行按日与财政部门在人民银行开设的国库存款账户进行资金清算,收回其垫付的资金;并按日向财政国库支付执行机构报送财政支出日报表。财政国库支付执行机构也按日向财政国库管理机构报送预算支出清算清单。财政总预算会计在收到财政国库支付执行机构报来的预算支出结算清单并经与有关方面核对无误后,确认一般预算支出,并同时确认一般预算存款的减少。在财政授权支付方式下,人民银行国库与预算单位零余额账户进行资金清算。因此,不需要使用财政零余额账户。财政零余额账户仅适用于财政直接支付。在财政授权支付方式下,预算单位在代理银行开设的单位零余额账户不是实存财政资金账户,它只是预算单位、代理银行与财政部门间的一个临时结算过渡账户。每日终了,该账户余额为零。

财政国库支付执行机构向财政总预算会计报送的预算支出结算清单的参考格式可如表1-3所示。

表1-3 预算支出结算清单

年 月 日

预算科目	本日支出金额	预算科目	本日支出金额

国库支付中心(盖章)　　　　　　　　　　复核　　　　　　　　制表

3. 财政实拨资金

财政实拨资金是指财政部门将预算资金拨付到预算单位在商业银行开设的银行存款账户,供预算单位在需要使用预算资金时直接从其银行存款账户中进行使用的支付方式。财政实拨资金支付方式是一种传统的财政资金支付方式。它与现代财政国库单一账户制度下的财政直接支付方式和财政授权支付方式形成对比。

在财政实拨资金支付方式下,预算单位根据经批准的部门预算和资金使用计划,按照规定的程序和时间向财政部门提交预算经费拨款申请。财政部门对预算单位提交的预算经费拨款申请审核无误后,将一般预算资金从人民银行国库存款账户拨付至预算单位在商业银行开设的银行存款账户。预算单位在需要使用一般预算资金时,从其银行存款账户中提出或通过转账将款项支付给收款人。在财政实拨资金方式下,当一般预算资金从国库存款账户拨付至预算单位的银行存款账户时,财政总预算会计确认一般预算支出,同时确认一般预算存款的减少。在财政实拨资金方式下,预算单位在商业银行开设的银行存款账户,是财政资金的实存账户。

财政实拨资金方式与财政直接支付方式、财政授权支付方式的根本区别是:在财政实拨资金方式下,财政资金分散在各预算单位的银行存款账户上;在财政直接支付和财政授权支付方式下,财政资金集中在财政国库存款账户上。财政直接支付方式和财政授权支付方式可合称为财政国库集中支付方式,所形成的制度也称为财政国库集中支付制度。它是现代财政国库单一账户制度的一个重要方面。随着我国现行财政国库集中支付制度"横向到边、纵向到底"改革的深入推行,财政实拨资金方式将逐渐被财政直接支付方式和财政授权支付方式所取代。

无论是采用财政直接支付方式、财政授权支付方式,或采用财政实拨资金方式,财政总预算会计在为预算单位支付预算资金或向预算单位拨付预算资金时,与预算单位间都不存在经济交易关系。财政总预算会计所代表的政府财政部门与政府其他各预算单位之间,是预算资金的分配关系。各预算单位才是预算资金的实际使用单位。

(三) 一般预算支出的核算

为核算一般预算支出业务,财政总预算会计应设置"一般预算支出"总账科目。财政总预算会计确认一般预算支出时,借记该科目,贷记"国库存款"科目;年终将该科目借方余额全数转入"预算结余"科目时,借记"预算结余"科目,贷记该科目。该科目平时借方余额,表示一般预算支出的累计数。该科目应根据《政府收支分类科目》中的一般预算支出科目设置明细账。

例1 某市财政总预算会计收到财政国库支付执行机构报来的预算支出结算清单。财政国库支付执行机构以财政直接支付的方式,通过财政零余额账户为有关预算单位支付了一般预算资金共计68 300元。具体科目和金额为:"一般公共服务——人大事务——行政运行"5 400元,"一般公共服务——纪检监察事务——大案要案查处"6 800元,"一般公共服务——工商行政管理事务——工商行政管理专项"3 700元,"公共安全——公安——治安管理"11 600元,"教育——普通教育——初中教育"25 500元,"文化体育与传媒——文物——博物馆"1 600元,"社会保障和就业——城市居民最低生活保障"3 900元,"交通运输——公路水路运输——行政运行"4 800元,"一般公共服务——国债事务——国外债务付息"5 000元。财政总预算会计经与有关方面核对无误后,确认一般预算支出。财政总预算会计应编制如下会计分录:

借:一般预算支出　　　　　　　　　　　　　　　　　　　68 300
　　贷:国库存款——一般预算存款　　　　　　　　　　　　68 300

同时,在一般预算支出明细账的借方登记如下:

一般公共服务——人大事务——行政运行　　　　　　　　5 400
一般公共服务——纪检监察事务——大案要案查处　　　　6 800
一般公共服务——工商行政管理事务——工商行政管理专项　3 700
公共安全——公安——治安管理　　　　　　　　　　　　11 600

教育——普通教育——初中教育	25 500
文化体育与传媒——文物——博物馆	1 600
社会保障和就业——城市居民最低生活保障	3 900
交通运输——公路水路运输——行政运行	4 800
一般公共服务——国债事务——国外债务付息	5 000

例2 某市财政总预算会计收到财政国库支付执行机构报来的预算支出结算清单。有关预算单位通过财政授权支付方式从单位零余额账户中支付了一般预算资金共计18 030元。具体科目和金额为:"一般公共服务——政府办公厅(室)及相关机构事务——行政运行"4 520元,"一般公共服务——财政事务——预算编制业务"3 870元,"一般公共服务——审计事务——事业运行"2 980元,"科学技术——基础研究——自然科学基金"3 250元,"医疗卫生——医疗服务——综合医院"2 650元,"工业商业金融等事务——建筑业——机关服务"760元。财政总预算会计经与有关方面核对无误后,确认一般预算支出。财政总预算会计应编制如下会计分录:

借:一般预算支出　　　　　　　　　　　　　　　18 030
　　贷:国库存款——一般预算存款　　　　　　　　　　　18 030

同时,在一般预算支出明细账的借方登记如下:

一般公共服务——政府办公厅(室)及相关机构事务——行政运行	4 520
一般公共服务——财政事务——预算编制业务	3 870
一般公共服务——审计事务——事业运行	2 980
科学技术——基础研究——自然科学基金	3 250
医疗卫生——医疗服务——综合医院	2 650
工业商业金融等事务——建筑业——机关服务	760

例3 某市财政根据尚未纳入财政国库单一账户制度改革的有关预算单位提交的预算经费拨款申请,经审核批准,采用财政实拨资金方式向其拨付一般预算资金16 710元。汇总的具体科目和金额为:"一般公共服务——食品和药品监督管理事务——行政运行"7 540元,"环境保护——退耕还林——退耕还林粮食费用补贴"3 600元,"城乡社区事务——城乡社区管理事务——城管执法"4 680元,"农林水事务——农业——农村及农业宣传"890元。财政总预算会计应编制如下会计分录:

借:一般预算支出　　　　　　　　　　　　　　　16 710
　　贷:国库存款——一般预算存款　　　　　　　　　　　16 710

同时,在一般预算支出明细账的借方登记如下:

一般公共服务——食品和药品监督管理事务——行政运行	7 540
环境保护——退耕还林——退耕还林粮食费用补贴	3 600
城乡社区事务——城乡社区管理事务——城管执法	4 680
农林水事务——农业——农村及农业宣传	890

例4 年终,中央某行政单位由于用款进度的原因,中央财政对其未能实现部分预算资金的财政直接支付,具体金额为3 500元。这部分预算资金留在了财政总预算会计的账上。该行政单位的该项支出属于"一般公共服务——人口与计划生育事务——人口规划与发展战略研究"科目的反映内容。中央财政总预算会计应编制如下会计分录:

借:一般预算支出　　　　　　　　　　　　　　　　　　　　　3 500
　　贷:暂存款　　　　　　　　　　　　　　　　　　　　　　　　　3 500
同时,在一般预算支出明细账的借方登记如下:
一般公共服务——人口与计划生育事务——人口规划与发展战略研究　　　3 500
在以上例4中,中央财政总预算会计采用了权责发生制会计基础。根据有关规定,以上核算方法仅限于中央财政总预算会计使用。地方财政总预算会计不比照执行。

例5 某市财政总预算会计年终将一般预算支出科目的借方余额184 500元全数转入预算结余科目。财政总预算会计应编制如下会计分录:
借:预算结余　　　　　　　　　　　　　　　　　　　　　　　184 500
　　贷:一般预算支出　　　　　　　　　　　　　　　　　　　　　　184 500
同时,财政总预算会计应结清所有一般预算支出科目的明细账。

二、基金预算支出和专用基金支出

(一) 基金预算支出的概念与种类

基金预算支出是指各级政府财政用基金预算收入安排发生的支出。基金预算支出与基金预算收入存在着对应关系。基金预算支出的管理原则是:(1)先取得收入,再发生支出,并实行量入为出。(2)各项政府性基金均实行专款专用,不能随意相互调剂使用。

财政总预算会计核算的基金预算支出应当按照《政府收支分类科目》进行分类。按照现行《政府收支分类科目》,政府性基金支出款级科目设置如下50余个项级科目:三峡工程建设基金支出、农网还贷资金支出、能源建设基金支出、库区建设基金支出、煤代油基金支出、铁路建设基金支出、铁路建设附加费支出、民航基础设施建设基金支出、民航机场管理建设费支出、养路费支出、公路客货运附加费支出、燃油附加费支出、水运客货运附加费支出、转让政府还贷道路收费权支出、港口建设费支出、下放港口以港养港支出、散装水泥专项资金支出、新型墙体材料专项基金支出、中央对外贸易发展基金支出、旅游发展基金支出、援外合资合作项目基金支出、对外承包工程保函风险专项资金支出、国家蚕丝绸发展风险基金支出、烟草商业税后利润支出、文化事业建设费支出、地方教育附加支出、地方教育基金支出、国家电影事业发展专项资金支出、农业发展基金支出、新菜地开发建设基金支出、新增建设用地土地有偿使用费支出、林业基金支出、育林基金支出、森林植被恢复费支出、中央水利建设基金支出、地方水利建设基金支出、南水北调工程基金支出、灌溉水源灌排工程补偿费支出、水资源补偿费支出、残疾人就业保障金支出、政府住房基金支出、城市公用事业附加支出、国有土地使用权出让金支出、国有土地收益基金支出、农业土地开发资金支出、大中型水库移民后期扶持基金支出、大中型水库库区建设基金支出、三峡库区非农业户口移民扶助基金支出、其他政府性基金支出。

在以上政府性基金支出的项级科目中,有些还根据需要设置目级科目。例如,"农网还贷资金支出"项级科目分设"中央农网还贷资金支出"和"地方农网还贷资金支出"两个目级科目;"公路客货运附加费支出"项级科目分设"客运站场建设费支出"、"公路货运发展建设基金支出"、"客运车辆公路基础设施建设费支出"等多个目级科目;如此等等。

以上政府性基金支出科目的设置,与政府性基金收入科目的设置相互对应。

与一般预算支出科目一样,当政府性基金在上、下级财政以及在本级财政不同性质资金之间进行转移时,所形成的政府性基金支出,在《政府收支分类科目》中作为基金预算支出科目处理;财政总预算会计在进行会计核算时,作为转移性支出处理。

在《政府收支分类科目》中,基金预算支出科目分散在各种支出功能分类科目中,与一般预算支出科目混合排列。例如,"三峡工程建设基金支出"科目排列在"工业商业金融等事务"类级科目的"电力"款级科目中;"库区建设基金支出"科目排列在"农林水事务"类级科目的"水利"款级科目中;"铁路建设基金支出"科目排列在"交通运输"类级科目的"铁路运输"款级科目中;"地方教育附加支出"科目排列在"教育"类级科目的"教育附加及基金支出"款级科目中;如此等等。将基金预算支出科目分散在各种支出功能分类科目中,可以使得政府的各种功能支出在内容和数额上都比较全面和完整。

基金预算支出的支付方式和程序,比照一般预算支出。

(二)基金预算支出的核算

为核算基金预算支出业务,财政总预算会计应设置"基金预算支出"总账科目。财政总预算会计确认基金预算支出时,借记该科目,贷记"国库存款"科目;年终将该科目借方余额全数转入"基金预算结余"科目时,借记"基金预算结余"科目,贷记该科目。该科目平时借方余额,表示基金预算支出的累计数。该科目应按照《政府收支分类科目》中的基金预算支出科目设置明细账。

例1 某市财政总预算会计收到财政国库支付执行机构报来的预算支出结算清单。财政国库支付执行机构以财政直接支付的方式,通过财政零余额账户为有关预算单位支付了基金预算资金共计14 800元。具体科目和金额为:"教育——教育附加及基金支出——地方教育基金支出"6 700元,"文化体育与传媒——其他文化体育与传媒支出——文化事业建设费支出"3 800元,"城乡社区事务——城市公用事业附加支出"4 300元。财政总预算会计经与有关方面核对无误后,确认基金预算支出。财政总预算会计应编制如下会计分录:

借:基金预算支出 14 800
 贷:国库存款——基金预算存款 14 800

同时,在基金预算支出明细账的借方登记如下:

教育——教育附加及基金支出——地方教育基金支出 6 700
文化体育与传媒——其他文化体育与传媒支出——文化事业建设费支出 3 800
城乡社区事务——城市公用事业附加支出 4 300

例2 某市财政总预算会计年终将基金预算支出科目的借方余额26 400元全数转入基金预算结余科目。财政总预算会计应编制如下会计分录:

借:基金预算结余 26 400
 贷:基金预算支出 26 400

同时,财政总预算会计应结清所有基金预算支出科目的明细账。

(三)专用基金支出的概念与核算

专用基金支出是指各级财政用专用基金收入安排的支出。专用基金支出与专用基金收入存在着对应关系。财政总预算会计在安排使用专用基金时,应做到先收后支,量入为出,并做到按规定的用途安排使用。专用基金支出一般从其他财政存款账户中进行支付,而不从国库存款账户中进行支付。

为核算专用基金支出业务,财政总预算会计应设置"专用基金支出"总账科目。财政总预算会计安排使用专用基金时,借记该科目,贷记"其他财政存款"科目;年终转账将该科目借方余额全数转入"专用基金结余"科目时,借记"专用基金结余"科目,贷记该科目。该科目平时借方余额,表示专用基金支出的累计数。该科目应根据专用基金的种类设置明细账。

例 1 某市财政根据有关文件规定从其他财政存款账户中安排使用粮食风险基金 4 500 元。财政总预算会计应编制如下会计分录:

借:专用基金支出——粮食风险基金　　　　　　　　　　　　4 500
　　贷:其他财政存款——专用基金存款　　　　　　　　　　　　　　4 500

例 2 续上例,该市财政总预算会计年终将"专用基金支出——粮食风险基金"科目的借方余额 4 500 元全数转入专用基金结余科目。财政总预算会计应编制如下会计分录:

借:专用基金结余——粮食风险基金　　　　　　　　　　　　4 500
　　贷:专用基金支出——粮食风险基金　　　　　　　　　　　　　　4 500

三、转移性支出

转移性支出是指预算资金在上、下级政府之间以及在本级政府不同性质资金之间进行转移所形成的支出。具体包括补助支出、上解支出和调出资金三个种类。

(一) 补助支出

补助支出是指本级财政按财政管理体制的规定或因其他专门原因对下级财政进行补助所形成的支出。包括返还性补助支出、财力性转移支付补助支出、专项转移支付补助支出、政府性基金转移支付补助支出等。补助支出属于本级财政对下级财政的财力转移。补助支出会减少本级财政的财力,增加下级财政的财力,但不会增加或减少本级财政和下级财政的财力合计数。主要是由于这个原因,财政总预算会计将一般预算支出、基金预算支出与补助支出进行区分,分别组织会计核算。财政总预算会计核算的一般预算支出和基金预算支出,都只会减少本级财政的财力,不会增加下级财政的财力。补助支出的业务与补助收入的业务对应。

为核算补助支出业务,财政总预算会计应设置"补助支出"总账科目。财政总预算会计向下级财政拨付补助款项时,借记该科目,贷记"国库存款"科目;收到下级财政退还的补助款项时,借记"国库存款"科目,贷记该科目;年终结账将该科目借方余额转入"预算结余"或"基金预算结余"科目时,借记"预算结余"或"基金预算结余"科目,贷记该科目。该科目平时借方余额,表示拨付给下级财政的补助支出的累计数。该科目应按《政府收支分类科目》中的转移性支出科目设置明细账。该科目还应按接受补助的下级政府财政名称设置明细账。

例 1 某市财政根据规定向所属某县财政拨付一般预算补助支出合计 129 700 元。其中,返还所得税基数 36 200 元,农村义务教育补助支出 88 500 元,专项补助支出 5 000 元。财政总预算会计应编制如下会计分录:

借:补助支出　　　　　　　　　　　　　　　　　　　　　129 700
　　贷:国库存款——一般预算存款　　　　　　　　　　　　　　　129 700

同时,在补助支出明细账的借方登记如下:
返还性支出——所得税基数返还支出   36 200
财力性转移支付——农村义务教育补助支出   88 500
专项转移支付——专项补助支出   5 000

例 2　某市财政年终将"补助支出"总账科目的借方余额 375 000 元分别转入"预算结余"和"基金预算结余"科目。在"补助支出"总账科目的借方余额 375 000 元中,除了 23 000 元属于政府性基金补助支出外,其他 352 000 元均属于一般预算补助支出。财政总预算会计应编制如下会计分录:

借:预算结余   352 000
　　基金预算结余   23 000
　　贷:补助支出   375 000

同时,财政总预算会计应结清所有补助支出科目的明细账。

(二) 上解支出

上解支出是指按照财政管理体制的规定由本级财政上交给上级财政的支出。包括财力性转移支付上解支出、专项转移支付上解支出、政府性基金转移上解支出等。上解支出属于本级财政对上级财政的财力转移。上解支出会减少本级财政的财力,增加上级财政的财力,但不会增加或减少本级财政和上级财政的财力合计数。主要是由于这个原因,财政总预算会计将一般预算支出、基金预算支出与上解支出进行区分,分别组织会计核算。财政总预算会计核算的一般预算支出和基金预算支出,都只会减少本级财政的财力,不会增加上级财政的财力。上解支出的业务与上解收入的业务对应。

为核算上解支出业务,财政总预算会计应设置"上解支出"总账科目。财政总预算会计向上级财政上交上解支出的款项时,借记该科目,贷记"国库存款"科目;收到退还的上解支出款项时,作相反的会计分录;年终将该科目借方余额转入"预算结余"或"基金预算结余"科目时,借记"预算结余"或"基金预算结余"科目,贷记该科目。该科目平时借方余额,表示本级财政上解上级财政支出的累计数。该科目应按《政府收支分类科目》中的转移性支出科目设置明细账。

例 1　某市财政按财政管理体制的要求向上级某省财政上解一般预算款项合计 79 600 元。其中,属于体制上解支出的款项计 23 400 元,属于专项上解支出的款项计 56 200 元。市财政总预算会计应编制如下会计分录:

借:上解支出   79 600
　　贷:国库存款——一般预算存款   79 600

同时,在上解支出明细账的借方登记如下:
财力性转移支付——体制上解支出   23 400
专项转移支付——专项上解支出   56 200

例 2　某市财政年终将"上解支出"总账科目的借方余额 165 000 元分别转入"预算结余"和"基金预算结余"科目。在"上解支出"总账科目的借方余额 165 000 元中,除了 3 000 元属于政府性基金上解支出外,其他 162 000 元均属于一般预算上解支出。财政总预算会计应编制如下会计分录:

借:预算结余 162 000
　　基金预算结余 3 000
　贷:上解支出 165 000

同时,财政总预算会计应结清所有上解支出科目的明细账。

(三) 调出资金

调出资金是指一级政府中不同性质资金之间的调出支出。包括一般预算调出资金、政府性基金预算调出资金等。调出资金可以发生在一般预算中,也可以发生在基金预算中。如果发生在一般预算中,一般预算资金可以调出至基金预算。如果发生在基金预算中,基金预算资金可以调出至一般预算。调出资金的目的,是为了平衡一般预算或基金预算。如果一般预算发生缺口,基金预算发生余额,为平衡一般预算,可能会考虑从基金预算余额中调出一部分资金至一般预算,以弥补一般预算发生的缺口。反之,亦然。调出资金需要经过有关部门的批准。调出资金的业务与调入资金的业务对应。

调出资金不影响上、下级财政和本级财政各自的财力,但会影响本级财政不同性质财政性资金的数额。因此,调出资金不同于补助支出和上解支出,也不同于一般预算支出和基金预算支出。主要是由于这个原因,财政总预算会计将补助支出、上解支出、一般预算支出、基金预算支出与调出资金进行区分,分别组织会计核算。

为核算调出资金业务,财政总预算会计应设置"调出资金"总账科目。财政总预算会计调出资金时,借记该科目,贷记"国库存款"科目;年终结账将该科目借方余额转入"预算结余"或"基金预算结余"科目时,借记"预算结余"或"基金预算结余"科目,贷记该科目。该科目应按《政府收支分类科目》中的转移性支出科目设置明细账。

例1 某市财政为平衡一般预算,将一部分基金预算结余计6 800元调出至一般预算。按照现行《政府收支分类科目》,该项调出资金应当在"调出资金——政府性基金预算调出资金"科目中反映。财政总预算会计应编制如下会计分录:

借:调出资金 6 800
　贷:国库存款——基金预算存款 6 800

同时,

借:国库存款——一般预算存款 6 800
　贷:调入资金 6 800

同时,在调出资金明细账的借方登记如下:
政府性基金预算调出资金 6 800

例2 某市财政年终将"调出资金"科目借方余额9 500元全数转入"基金预算结余"科目。该"调入资金"科目的借方余额全部为政府性基金预算调出资金。财政总预算会计应编制如下会计分录:

借:基金预算结余 58 000
　贷:调出资金 58 000

同时,财政总预算会计应结清调出资金科目的明细账。

在现行《政府收支分类科目》中,收入分类科目除了包含以上一般预算收入科目和基金预算收入科目外,还包含社会保险基金收入科目和债务收入科目;支出功能分类科目除了包含以上一般预算支出科目和基金预算支出科目外,还包含社会保险基金支出科目和债务支出科目中有关偿还债务本金的科目。由于社会保险基金目前不由政府财政部门管理,而由政府其他职能部门管理,因此,财政总预算会计不使用社会保险基金收入科目和社会保险基金支出科目。至于债务收入科目和债务支出科目中有关偿还债务本金的科目,财政总预算会计将它们作为负债而不是作为收入和支出进行核算。这是政府预算收支科目与财政总预算会计科目之间的又一个区别。

在现行《政府收支分类科目》中,收入分类科目除了包含以上预算内资金收入科目外,还包含了预算外资金收入科目。由于预算外资金实行财政专户管理,并进行单独会计核算,因此,有关预算外资金收入以及支出、净资产、资产和负债的核算,将在单独的章节中进行介绍。在现行《政府收支分类科目》中,不单独设置预算外资金支出科目。发生的预算外资金支出混合在支出功能分类科目和支出经济分类科目中。这体现了政府在从事某项职能时,同时混合地使用一般预算资金、基金预算资金和预算外资金的财政性资金使用方法。

现行《政府收支分类科目》全面汇总了政府各种性质的财政性收支业务活动。它是财政总预算会计、财政预算外资金专户会计以及行政事业单位会计进行会计核算的基础。

四、财政周转金支出

财政周转金支出是指本级政府财政部门从上级政府财政部门借入财政周转金所发生的相关支出,包括向上级财政部门支付的资金占用费,以及本级财政部门在财政周转金管理和使用过程中按规定开支的相关管理费用和业务费用等。

为核算财政周转金支出业务,财政总预算会计应设置"财政周转金支出"总账科目。财政总预算会计支付有关财政周转金支出项目时,借记该科目,贷记"其他财政存款"科目;年终结账将该科目借方余额转入"财政周转金收入"科目冲销时,借记"财政周转金收入"科目,贷记该科目。该科目应设置"占用费支出"和"业务费支出"两个明细账科目。

例 1 某市财政按规定向上级省财政支付借入财政周转金的资金占用费 7 500 元。市财政总预算会计应编制如下会计分录:

借:财政周转金支出——占用费支出　　　　　　　　　　　　7 500
　　贷:其他财政存款——财政周转金存款　　　　　　　　　　　　7 500

例 2 某市财政向财政周转金开户银行支付委托财政周转金放款的手续费 450 元。财政总预算会计应编制如下会计分录:

借:财政周转金支出——业务费支出　　　　　　　　　　　　450
　　贷:其他财政存款——财政周转金存款　　　　　　　　　　　　450

例 3 某市财政年终将"财政周转金支出"科目借方余额 9 800 元转入"财政周转金收入"科目。财政总预算会计应编制如下会计分录:

借:财政周转金收入　　　　　　　　　　　　　　　　　　　　9 800
　　贷:财政周转金支出　　　　　　　　　　　　　　　　　　　　9 800

同时,财政总预算会计应结清所有财政周转金支出的明细账。

第四节 净 资 产

净资产是指资产减去负债后的差额。财政总预算会计核算的净资产包括结余、预算周转金和财政周转基金等。

一、结余

结余是指收入减去支出后的差额。财政总预算会计核算的结余包括预算结余、基金预算结余和专用基金结余等。

(一) 预算结余

1. 预算结余的概念

预算结余是指一般预算类收入减去一般预算类支出后的差额。其中,一般预算类收入包括一般预算收入和转移性收入中的一般预算转移性收入。转移性收入中的一般预算转移性收入包括补助收入、上解收入和调入资金等三种。一般预算类支出包括一般预算支出和转移性支出中的一般预算转移性支出。转移性支出中的一般预算转移性支出包括补助支出、上解支出和调出资金等三种。预算结余是各级政府财政执行一般预算的结果。预算结余每年年终结算一次,平时不结算。

2. 预算结余的核算

为核算预算结余,财政总预算会计应设置"预算结余"总账科目。财政总预算会计年终结账将一般预算收入和转移性收入中的一般预算转移性收入科目的贷方余额转入该科目时,借记"一般预算收入"、"补助收入"、"上解收入"和"调入资金"等科目,贷记该科目;将一般预算支出和转移性支出中的一般预算转移性支出科目的借方余额转入该科目时,借记该科目,贷记"一般预算支出"、"补助支出"、"上解支出"和"调出资金"等科目。该科目年终贷方余额,表示本年末的一般预算滚存结余或一般预算历年累计结余。

例 1 某市财政 2008 年年终结账时,有关一般预算类收入科目总分类账户的贷方余额为:"一般预算收入"205 050 元,"补助收入"58 300 元,"上解收入"24 300 元,"调入资金"250 元。"一般预算收入"有关明细分类账户的贷方余额为:"税收收入——增值税——国内增值税"86 400 元,"税收收入——营业税——一般营业税"28 300 元,"税收收入——企业所得税——股份制企业所得税"46 500 元,"税收收入——房产税——国有企业房产税"6 700 元,"税收收入——印花税——证券交易印花税"2 400 元,"非税收入——专项收入——教育费附加收入"1 600 元,"非税收入——行政事业性收费收入——工商行政事业性收费收入"680 元,"非税收入——行政事业性收费收入——教育行政事业性收费收入"950 元,"非税收入——罚没收入——一般罚没收入"320 元,"非税收入——国有资本经营收入——国有资本投资收益"31 200 元;"补助收入"有关明细分类账户的贷方余额为:"财力性转移支付收入——一般性转移支付补助收入"58 300 元;"上解收入"有关明细分类账户的贷方余额为:"财力性转移支付收入——体制上解收入"24 300元;"调入资金"有关明细分类账户的贷方余额为:"一般预算调入资金"250元。财政总预算会计将上述一般预算类收入科目的贷方余额转入"预算结余"科目。财政总预算会计应编制如下会计分录:

借:一般预算收入	205 050	
补助收入	58 300	
上解收入	24 300	
调入资金	250	
贷:预算结余		287 900

同时,在一般预算收入、补助收入、上解收入和调入资金明细账的借方登记如下:

税收收入——增值税——国内增值税	86 400
税收收入——营业税——一般营业税	28 300
税收收入——企业所得税——股份制企业所得税	46 500
税收收入——房产税——国有企业房产税	6 700
税收收入——印花税——证券交易印花税	2 400
非税收入——专项收入——教育费附加收入	1 600
非税收入——行政事业性收费收入——工商行政事业性收费收入	680
非税收入——行政事业性收费收入——教育行政事业性收费收入	950
非税收入——罚没收入——一般罚没收入	320
非税收入——国有资本经营收入——国有资本投资收益	31 200
财力性转移支付收入——一般性转移支付补助收入	58 300
财力性转移支付收入——体制上解收入	24 300
一般预算调入资金	250

例2 续上例1,该市财政2008年年终结账时,有关一般预算类支出科目总分类账户的借方余额为:"一般预算支出"191 360元,"补助支出"56 400元,"上解支出"8 500元。"一般预算支出"有关明细分类账户的借方余额为:"一般公共服务——人大事务——行政运行"8 800元,"一般公共服务——人大事务——机关服务"560元,"一般公共服务——人大事务——人大立法"13 200元,"一般公共服务——政府办公厅(室)及相关机构事务——行政运行"15 600元,"一般公共服务——发展与改革事务——社会事业发展规划"14 700元,"一般公共服务——统计信息事务——事业运行"2 800元,"一般公共服务——审计事务——审计业务"6 900元,"一般公共服务——人事事务——公务员管理"4 680元,"一般公共服务——共产党事务——行政运行"6 450元,"公共安全——检察——公诉和审判监督"5 630元,"教育——普通教育——高中教育"34 600元,"文化体育与传媒——文化——图书馆"3 840元,"社会保障和就业——社会保障和就业管理事务——劳动保障监察"4 800元,"医疗卫生——医疗服务——综合医院"26 580元,"环境保护——自然生态保护——生态保护"8 720元,"城乡社区事务——城乡社区管理事务——城管执法"4 950元,"农林水事务——水利——水利工程建设"15 330元,"交通运输——公路水路运输——公路新建"13 220元;"补助支出"有关明细分类账户的借方余额为:"财力性转移支付——缓解县乡困难转移支付补助支出"56 400元;"上解支出"有关明细分类账户的借方余额为:"专项转移支付——专项上解支出"8 500元。财政总预算会计将上述一般预算类支出科目借方余额转入"预算结余"科目。财政总预算会计应编制如下会计分录:

借:预算结余 256 260
　　贷:一般预算支出 191 360
　　　　补助支出 56 400
　　　　上解支出 8 500

同时,在一般预算支出、补助支出和上解支出明细账的贷方登记如下:

一般公共服务——人大事务——行政运行 8 800
一般公共服务——人大事务——机关服务 560
一般公共服务——人大事务——人大立法 13 200
一般公共服务——政府办公厅(室)及相关机构事务——行政运行 15 600
一般公共服务——发展与改革事务——社会事业发展规划 14 700
一般公共服务——统计信息事务——事业运行 2 800
一般公共服务——审计事务——审计业务 6 900
一般公共服务——人事事务——公务员管理 4 680
一般公共服务——共产党事务——行政运行 6 450
公共安全——检察——公诉和审判监督 5 630
教育——普通教育——高中教育 34 600
文化体育与传媒——文化——图书馆 3 840
社会保障和就业——社会保障和就业管理事务——劳动保障监察 4 800
医疗卫生——医疗服务——综合医院 26 580
环境保护——自然生态保护——生态保护 8 720
城乡社区事务——城乡社区管理事务——城管执法 4 950
农林水事务——水利——水利工程建设 15 330
交通运输——公路水路运输——公路新建 13 220
财力性转移支付——缓解县乡困难转移支付补助支出 56 400
专项转移支付——专项上解支出 8 500

在以上例 1 和例 2 中,"一般预算收入"和"一般预算支出"科目的余额,与属于一般预算的转移性收入和转移性支出科目的余额一起,转入"预算结余"科目。这样,"预算结余"科目的口径与编制一般预算的口径保持了一致。"预算结余"科目可以反映政府一般预算的执行结果。

(二) 基金预算结余

1. 基金预算结余的概念

基金预算结余是指基金预算类收入减去基金预算类支出后的差额。其中,基金预算类收入包括基金预算收入和转移性收入中的基金预算转移性收入。转移性收入中的基金预算转移性收入包括补助收入、上解收入和调入资金等三种。基金预算类支出包括基金预算支出和转移性支出中的基金预算转移性支出。转移性支出中的基金预算转移性支出包括补助支出、上解支出和调出资金等三种。基金预算结余是各级政府财政执行基金预算的结果。基金预算结余每年年终结算一次,平时不结算。

2. 基金预算结余的核算

为核算基金预算结余,财政总预算会计应设置"基金预算结余"总账科目。财政总预算会计年终结账将基金预算收入和转移性收入中的基金预算转移性收入科目的贷方余额转入该科目时,借记"基金预算收入"、"补助收入"、"上解收入"和"调入资金"等科目,贷记该科目;将基金预算支出和转移性支出中的基金预算转移性支出科目的借方余额转入该科目时,借记该科目,贷记"基金预算支出"、"补助支出"、"上解支出"和"调出资金"等科目。该科目年终贷方余额,表示本年末的基金预算滚存结余或基金预算历年累计结余。该科目应根据基金预算收入科目所列的基金项目逐一结出各项基金的结余。

例1 某市财政2008年年终结账时,有关基金预算类收入科目总分类账户的贷方余额为:"基金预算收入"25 600元,"补助收入"3 500元。"基金预算收入"有关明细分类账户的贷方余额为:"能源建设基金收入——电源基地建设基金收入"5 640元,"养路费收入"8 650元,"民航机场管理建设费收入"4 800元,"地方教育基金收入"3 650元,"地方水利建设基金收入——地方其他水利建设基金收入"2 860元;"补助收入"有关明细分类账户的贷方余额为:"政府性基金转移收入——政府性基金补助收入"3 500元。财政总预算会计将上述基金预算类收入科目贷方余额转入"基金预算结余"科目。财政总预算会计应编制如下会计分录:

借:基金预算收入 25 600
 补助收入 3 500
 贷:基金预算结余 29 100

同时,在基金预算收入和补助收入明细账的借方登记如下:

能源建设基金收入——电源基地建设基金收入 5 640
养路费收入 8 650
民航机场管理建设费收入 4 800
地方教育基金收入 3 650
地方水利建设基金收入——地方其他水利建设基金收入 2 860
政府性基金转移收入——政府性基金补助收入 3 500

例2 续上例1,该市财政2008年年终结账时,有关基金预算类支出科目总分类账户的借方余额为:"基金预算支出"25 030元,"补助支出"1 100元。"基金预算支出"有关明细分类账户的借方余额为:"能源建设基金支出——电源基地建设基金支出"5 380元,"养路费支出"8 450元,"民航机场管理建设费支出"4 780元,"地方教育基金支出"3 590元,"地方水利建设基金支出——地方其他水利建设基金支出"2 830元;"补助支出"有关明细分类账户的借方余额为:"政府性基金转移支付——政府性基金补助支出"1 100元。财政总预算会计将上述基金预算类支出科目借方余额转入"基金预算结余"科目。财政总预算会计应编制如下会计分录:

借:基金预算结余 26 130
 贷:基金预算支出 25 030
  补助支出 1 100

同时,在基金预算支出和补助支出明细账的贷方登记如下:

能源建设基金支出——电源基地建设基金支出 5 380
养路费支出 8 450
民航机场管理建设费支出 4 780
地方教育基金支出 3 590
地方水利建设基金支出——地方其他水利建设基金支出 2 830

政府性基金转移支付——政府性基金补助支出　　　　　　　　　　　　　　　　1 100

在以上例1和例2中,"基金预算收入"和"基金预算支出"科目的余额,与属于基金预算的转移性收入和转移性支出科目的余额一起,转入"基金预算结余"科目。这样,"基金预算结余"科目的口径与编制基金预算的口径保持了一致。"基金预算结余"科目可以反映政府基金预算的执行结果。

在以上例1和例2中,各项基金预算收入与各项基金预算支出保持对应关系。各项基金都可以单独地计算出基金预算结余。这与各项基金都需要单独编制预算、需要单独反映预算执行情况的要求相一致。

(三) 专用基金结余

1. 专用基金结余的概念

专用基金结余是指专用基金收入减去专用基金支出后的差额。它是财政部门按规定取得和使用专用基金的结果。专用基金结余每年年终结算一次,平时不结算。

2. 专用基金结余的核算

为核算专用基金结余,财政总预算会计应设置"专用基金结余"总账科目。财政总预算会计年终结账将专用基金收入科目的贷方余额转入该科目时,借记"专用基金收入"科目,贷记该科目;将专用基金支出科目的借方余额转入该科目时,借记该科目,贷记"专用基金支出"科目。该科目年终贷方余额,表示本年末的专用基金滚存结余或专用基金历年累计结余。该科目应根据专用基金收入科目所列的收入项目逐一结出各项专用基金的结余。

例　某市财政2008年年终结账时,将"专用基金收入——粮食风险基金"科目的贷方余额4 400元转入"专用基金结余"科目;同时,将"专用基金支出——粮食风险基金"科目的借方余额4 200元转入"专用基金结余"科目。财政总预算会计应编制如下会计分录:

借:专用基金收入——粮食风险基金　　　　　　　　　　　　　　　4 400
　　贷:专用基金结余——粮食风险基金　　　　　　　　　　　　　　　　　4 400
同时:
借:专用基金结余——粮食风险基金　　　　　　　　　　　　　　　4 200
　　贷:专用基金支出——粮食风险基金　　　　　　　　　　　　　　　　　4 200

二、预算周转金

(一) 预算周转金的概念

预算周转金是指各级财政为调剂预算年度内预算收支的季节性差异,保证及时供应预算资金而设置的预算周转资金。

各级财政的预算收支往往存在着季节性差异。虽然预算年度内的预算收支在总额上可以做到基本平衡,但年度内各月份或各季度之间的预算收支通常是不平衡的,不是收大于支,就是支大于收。各级财政为了平衡预算收支的季节性差异,保证按计划及时供应预算资金,需要按规定设置相应的预算周转金。

预算周转金的来源渠道主要有两个:一是由上级财政部门拨入,二是从本级财政的年度预算结余中安排设置或补充。一般来说,新成立的一级财政,由于原来没有预算周转金,上级财政在财力许可的范围内会拨入相应数额的预算周转金。之后,该级财政一般应从本级财政预算结余中逐步补充预算周转金。

由于预算周转金是供预算周转使用的,因此,它不能用来安排支出,也不能随意减少。预算周转金存入国库存款账户,不另设其他存款账户。动用预算周转金时,作为国库存款的减少,不作为预算周转金的减少。如果国库存款的余额小于预算周转金的数额,表明预算周转金已经动用。

(二)预算周转金的核算

为核算预算周转金业务,财政总预算会计应设置"预算周转金"总账科目。财政总预算会计收到上级财政拨入的预算周转金时,借记"国库存款"科目,贷记该科目;从本级财政预算结余中设置或补充预算周转金时,借记"预算结余"科目,贷记该科目。该科目贷方余额表示设置的预算周转金的数额。该科目借方一般无发生额。

例1 某镇财政收到上级某市财政拨来的预算周转金65 000元。该镇财政总预算会计应编制如下会计分录:

借:国库存款——一般预算存款　　　　　　　　　　　65 000
　　贷:预算周转金　　　　　　　　　　　　　　　　　　　65 000

例2 某市财政从年度预算结余中安排18 000元补充预算周转金。财政总预算会计应编制如下会计分录:

借:预算结余　　　　　　　　　　　　　　　　　　　18 000
　　贷:预算周转金　　　　　　　　　　　　　　　　　　　18 000

三、财政周转基金

(一)财政周转基金的概念

财政周转基金是指各级财政部门按规定设置的供有偿周转使用的资金。它反映一级财政设置的财政周转金的规模。

财政周转基金的来源渠道主要有两个:一是由财政预算安排,即通过列报预算支出转入;二是由财政周转金净收入转入,即由财政周转金收入减去财政周转金支出后的差额转入。财政周转基金的设置和补充,应按照国家有关规定办理。各级财政不能随意设置或补充财政周转基金。财政周转基金实行财政专户管理。

(二)财政周转基金的核算

为核算财政周转基金业务,财政总预算会计应设置"财政周转基金"总账科目。财政总预算会计用预算资金设置或补充财政周转基金时,借记"一般预算支出"等科目,贷记"国库存款"科目,同时,借记"其他财政存款"科目,贷记该科目;收回财政周转基金时,作相反的会计分录;用财政周转金净收入补充财政周转基金时,借记"财政周转金收入"科目,贷记该科目。该科目贷方余额,表示财政部门设置的财政周转基金的总数。该科目可根据实际需要设置相应的明细账。

例1 某市财政根据经批准的预算,从一般预算资金中转出23 000元,用于设置财政周转基金。财政总预算会计应编制如下会计分录:

借:一般预算支出　　　　　　　　　　　　　　　　23 000
　　贷:国库存款——一般预算存款　　　　　　　　　　　　23 000
同时:
借:其他财政存款——财政周转金存款　　　　　　　23 000
　　贷:财政周转基金　　　　　　　　　　　　　　　　　　23 000

例2 某市财政经有关部门批准,核减财政周转基金5 000元。财政总预算会计应编制如下会计分录:

借:国库存款——一般预算存款　　　　　　　　　　5 000
　　贷:一般预算支出　　　　　　　　　　　　　　　　　　5 000
同时:
借:财政周转基金　　　　　　　　　　　　　　　　5 000
　　贷:其他财政存款——财政周转金存款　　　　　　　　　5 000

第五节　资产和负债

一、资产

资产是指一级财政掌管或控制的能以货币计量的经济资源。财政总预算会计核算的资产包括国库存款、其他财政存款、有价证券、在途款、暂付款、与下级往来、预拨经费、基建拨款、财政周转金放款、借出财政周转金和待处理财政周转金等。

(一)国库存款、其他财政存款和有价证券

1. 国库存款

国库存款是指财政总预算会计存放在人民银行国库的预算资金存款,包括一般预算资金存款和基金预算资金存款。

国库存款是各级政府行使政府职能的资金保证。国库存款的支配权属于一级政府财政部门,具体由财政总预算会计负责管理,统一收付。财政总预算会计应当要加强对国库存款的管理,确保国库存款的安全,具体应当遵循如下管理要求:(1)集中支付,统一调度。国库存款由财政总预算会计进行集中支付,统一调度。其他职能部门不能支付国库存款,也不能调度国库存款中的资金。(2)严格控制国库存款的开户。国库存款由财政总预算会计统一在人民银行或指定的其他银行开立存款账户。财政总预算会计不能随意将国库存款转出至其他金融机构。(3)根据年度预算和季度分月用款计划拨付资金。财政总预算会计应当根据经批准的部门预算和单位季度分月用款计划从国库存款中拨付财政资金,不能办理超预算、无计划的资金拨付。(4)办理转账结算,不提取现金。财政总预算会计的各种资金拨付凭证,只能用于办理转账结算,不能用于提取现金。财政总预算会计行使的是财政资金的分配职能,它不是财政资金的具体使用者。财政资金的具体使用者是各有关预算单位。(5)在存款余额内支付,不得透支。财政总预算会计只能在国库存款的余额内办理资金拨付,不能办理超余额的资金拨付。

为核算国库存款业务,财政总预算会计应设置"国库存款"总账科目。财政总预算会计收到国库存款时,借记该科目,贷记"一般预算收入"、"基金预算收入"等科目;拨付国库存款时,借记"一般预算支出"、"基金预算支出"等科目,贷记该科目。该科目平时借方余额,表示国库存款的结存数。该科目可分别设置"一般预算存款"和"基金预算存款"两个明细科目。

例1 某市财政收到人民银行国库报来的预算收入日报表。其中,一般预算收入合计63 100元,基金预算收入合计2 200元。财政总预算会计应编制如下会计分录:

借:国库存款——一般预算存款　　　　　　　　　　　　63 100
　　国库存款——基金预算存款　　　　　　　　　　　　 2 200
　　贷:一般预算收入　　　　　　　　　　　　　　　　　　63 100
　　　　基金预算收入　　　　　　　　　　　　　　　　　　 2 200

例2 某市财政总预算会计收到财政国库支付执行机构报来的预算支出结算清单。财政国库支付执行机构以财政直接支付的方式,通过财政零余额账户为有关预算单位支付了一般预算资金共计55 800元,基金预算资金共计1 500元。财政总预算会计经与有关方面核对无误后,确认国库存款的减少。财政总预算会计应编制如下会计分录:

借:一般预算支出　　　　　　　　　　　　　　　　　　55 800
　　基金预算支出　　　　　　　　　　　　　　　　　　 1 500
　　贷:国库存款——一般预算存款　　　　　　　　　　　　55 800
　　　　国库存款——基金预算存款　　　　　　　　　　　　 1 500

2. 其他财政存款

其他财政存款是指各级财政总预算会计未列入国库存款核算的各项财政性存款,包括财政周转金存款、未设国库的乡(镇)财政在专业银行的预算资金存款以及部分由财政部指定存入专业银行的专用基金存款、特设账户存款等。

为核算其他财政存款业务,财政总预算会计应设置"其他财政存款"总账科目。财政总预算会计收到经办银行报来的收入日报表或银行收款通知时,借记该科目,贷记"一般预算收入"、"专用基金收入"等科目;拨付其他财政存款时,借记"一般预算支出"、"专用基金支出"等科目,贷记该科目。该科目借方余额,表示其他财政存款的结存数。该科目应按资金性质设置明细账。

例1 某市财政收到上级某省财政拨入的专用基金25 500元,款项按规定存入某专业银行。市财政总预算会计应编制如下会计分录:

借:其他财政存款——专用基金存款　　　　　　　　　　25 500
　　贷:专用基金收入　　　　　　　　　　　　　　　　　　25 500

例2 某市财政根据有关文件规定从其他财政存款账户中安排使用专用基金14 200元。财政总预算会计应编制如下会计分录:

借:专用基金支出　　　　　　　　　　　　　　　　　　14 200
　　贷:其他财政存款　专用基金存款　　　　　　　　　　14 200

3. 有价证券

有价证券是指中央财政以信用方式发行的国家公债。发行有价证券是政府调节宏观经济、平衡预算、集中财力、筹集国家重点建设项目建设资金的一种手段。

财政总预算会计管理和核算有价证券的主要要求是:(1)只能用财政结余资金购买国家指定的有价证券。(2)支付购买有价证券的资金应当作为"有价证券"反映,不能列为支出。(3)兑付有价证券的利息,以及转让有价证券取得的收入与有价证券账面成本的差额,应按购入有价证券时的资金来源分别作为一般预算收入或基金预算收入等入账。(4)购入的有价证券应视同货币一样妥善保管,防止损失。

为核算有价证券业务,财政总预算会计应设置"有价证券"总账科目。财政总预算会计购入有价证券时,借记该科目,贷记"国库存款"科目;到期兑付有价证券时,兑付的本金部分,借记"国库存款"科目,贷记该科目,利息部分,借记"国库存款"科目,贷记"一般预算收入"、"基金预算收入"等科目。该科目平时借方余额,表示有价证券的实际库存数。该科目应按有价证券的种类设置明细账。

例 1 某市财政用一般预算结余资金购买有价证券 15 800 元。财政总预算会计应编制如下会计分录:

借:有价证券　　　　　　　　　　　　　　　　　　　　　15 800
　　贷:国库存款——一般预算存款　　　　　　　　　　　　　15 800

例 2 某市财政兑付到期有价证券,共收到兑付款项 22 400 元。其中,本金部分 14 300 元,兑付利息 8 100 元。财政总预算会计应编制如下会计分录:

借:国库存款——一般预算存款　　　　　　　　　　　　　22 400
　　贷:有价证券　　　　　　　　　　　　　　　　　　　　14 300
　　　　一般预算收入　　　　　　　　　　　　　　　　　　 8 100

以上国库存款、其他财政存款和有价证券三项资产都属于财政总预算会计管理的货币性资产。它们都可以随时用来满足财政部门对支付预算支出的需要。

(二) 在途款、暂付款和与下级往来

1. 在途款

根据人民银行国库管理制度的规定,在每年年度终了后,各支库应设置十天的库款报解整理期。在库款报解整理期内,尚未入库的属于上年度的收入需要补充入库,上年度已经拨付的不合规定的支出需要收回。设置库款报解整理期的目的,是为了正确反映上年度的财政收支数额。在途款是指在库款报解整理期内,财政总预算会计收到的属于上年度的收入、收回的不属于上年度的支出和其他需要作为在途款过渡的款项。

为核算在途款业务,财政总预算会计应设置"在途款"总账科目。财政总预算会计在库款报解整理期内收到属于上年度收入的款项时,在上年度账上借记该科目,贷记"一般预算收入"、"基金预算收入"等科目,同时在新年度账上借记"国库存款"科目,贷记该科目;收回不属于上年度支出的款项时,在上年度账上借记该科目,贷记"一般预算支出"、"基金预算支出"科目,同时在新年度账上借记"国库存款"科目,贷记该科目。在记入新年度账后,该科目无余额。

例 某市财政在库款报解整理期内收到属于上年度的一般预算收入 4 500 元。财政总预算会计应编制如下会计分录:

在上年度账上：
借：在途款　　　　　　　　　　　　　　　　　　　　　　4 500
　　贷：一般预算收入　　　　　　　　　　　　　　　　　　　　　　4 500
同时，在新年度账上：
借：国库存款——一般预算存款　　　　　　　　　　　　　4 500
　　贷：在途款　　　　　　　　　　　　　　　　　　　　　　　　　4 500

在上例中，通过在上年度账上和新年度账上分别编制会计分录，一般预算收入的增加归入了上年度，国库存款的增加归入了新年度。"在途款"账户的余额为零。

2. 暂付款

暂付款是指各级财政部门因临时和急需的原因而借给所属预算单位或其他单位的款项。暂付款有可能收回，也有可能转化为支出。暂付款属于债权性质，财政总预算会计应及时组织清理，不能长期挂账。

为核算暂付款业务，财政总预算会计应设置"暂付款"总账科目。财政总预算会计借出款项时，借记该科目，贷记"国库存款"科目；收回或转作预算支出时，借记"国库存款"、"一般预算支出"等科目，贷记该科目。该科目平时借方余额，表示尚未清理的暂付款数额。该科目应按资金性质和借款单位设置明细账。

例1　某市财政因所属某预算单位临时急需资金，借给该预算单位一般预算款项25 000元。财政总预算会计应编制如下会计分录：

借：暂付款——某预算单位　　　　　　　　　　　　　　25 000
　　贷：国库存款——一般预算存款　　　　　　　　　　　　　　25 000

例2　续上例1，经研究，该市财政借给该预算单位的25 000元，其中，20 000元已经落实预算，应转作一般预算支出，其余5 000元已由该预算单位归还，存入国库。财政总预算会计应编制如下会计分录：

借：一般预算支出　　　　　　　　　　　　　　　　　　20 000
　　国库存款——一般预算存款　　　　　　　　　　　　　5 000
　　贷：暂付款——某预算单位　　　　　　　　　　　　　　　　25 000

3. 与下级往来

与下级往来是指本级财政与下级财政间由于财政体制结算或借给下级财政周转款项等原因而形成的待结算款项。与下级往来的款项，财政总预算会计应及时组织清理结算，不能长期挂账。

为核算与下级往来业务，财政总预算会计应设置"与下级往来"总账科目。财政总预算会计计算出财政体制结算中应由下级财政上解给本级财政的款项时，借记该科目，贷记"上解收入"科目；计算出财政体制结算中本级财政应补助给下级财政的款项时，借记"补助支出"科目，贷记该科目；借给下级财政周转款项时，借记该科目，贷记"国库存款"科目；收回借给下级财政的款项或将借给下级财政的款项转作补助支出时，借记"国库存款"、"补助支出"等科目，贷记该科目。该科目借方余额，表示下级财政欠本级财政的款项；贷方余额表示本级财政欠下级财政的款项。该科目应按下级财政的名称设置明细账。

例1　某市财政根据财政体制结算的规定，年终计算出下级某县财政应上解本市财政的一般预算款项计5 500元。市财政总预算会计应编制如下会计分录：

借：与下级往来——某县财政　　　　　　　　　　　　　　　　　5 500
　　贷：上解收入　　　　　　　　　　　　　　　　　　　　　　　　　5 500

例2　某市财政根据财政体制结算的规定，年终计算出本市财政应补助给下级某区财政的一般预算款项计6 800元。市财政总预算会计应编制如下会计分录：

借：补助支出　　　　　　　　　　　　　　　　　　　　　　　　6 800
　　贷：与下级往来——某区财政　　　　　　　　　　　　　　　　　6 800

以上在途款、暂付款和与下级往来三项业务内容都具有预算资金待结算或待清理的性质。在途款体现财政部门与人民银行国库、所属预算单位的预算资金待结算或待清理关系；暂付款体现财政部门与所属预算单位的预算资金待结算或待清理关系；与下级往来体现本级财政与下级财政的预算资金待结算或待清理关系。

（三）预拨经费和基建拨款

1. 预拨经费

预拨经费是指财政部门预拨给所属预算单位但尚未列作支出的经费。预拨经费业务的形成主要有如下两种情况：一是财政总预算会计在预算年度末预拨给所属预算单位在下个预算年度初需要使用的预算资金，二是财政总预算会计在预算年度中预拨给所属预算单位在以后期间需要使用的预算资金。由于预算年度采用日历年度，即每年的1月1日至12月31日，而人民代表大会批准预算的时间一般在每年3月份左右的人民代表大会召开期间，因此，为满足有关预算单位在下年初对使用预算资金的需求，财政总预算会计在预算年度末需要按一定的标准向所属预算单位预拨下年度初的预算经费。对于财政总预算会计在预算年度中向所属预算单位预拨经费的业务，财政总预算会计应当按照有关规定严格控制。例如，只有对于那些距离财政部门路途很远、交通和通讯都不方便、财政部门当期汇款不能及时到达的所属预算单位，财政总预算会计才可以考虑对其预拨经费。预拨经费应当在规定的期间及时转作预算支出，不能长期挂账。

为核算预拨经费业务，财政总预算会计应设置"预拨经费"总账科目。财政总预算会计预拨经费时，借记该科目，贷记"国库存款"科目；转列预算支出时，借记"一般预算支出"科目，贷记该科目。该科目借方余额，表示尚未转列预算支出的预拨经费数。该科目应按拨款单位设置明细账。

例1　某市财政2007年末按照规定采用财政实拨资金方式向所属某预算单位预拨下年度初部分一般预算经费55 000元。财政总预算会计应编制如下会计分录：

借：预拨经费——某预算单位　　　　　　　　　　　　　　　　55 000
　　贷：国库存款——一般预算存款　　　　　　　　　　　　　　　55 000

例2　续上例1，该市财政总预算会计在2008年1月按照规定将预拨给该预算单位的一般预算经费55 000元转作一般预算支出。财政总预算会计应编制如下会计分录：

借：一般预算支出　　　　　　　　　　　　　　　　　　　　　55 000
　　贷：预拨经费——某预算单位　　　　　　　　　　　　　　　　55 000

2. 基建拨款

基建拨款是指财政部门按照基本建设计划拨付给经办基本建设支出的专业银行或基本建设财务管理部门的基本建设拨款数。财政总预算会计将基本建设款项拨付给经办基本建设支出的专业银行或基本建设财务管理部门时,财政总预算会计的支出尚未形成。基建拨款表现为财政总预算会计的债权。财政总预算会计收到经办基本建设支出的专业银行或基本建设财务管理部门报来的基本建设款项支出报表时,相应的基建拨款数转为预算支出数。随着政府采购制度和财政国库单一账户制度的深入推行,基本建设款项的支付方式逐渐转向由财政总预算会计直接向施工单位拨付的财政直接支付方式。财政总预算会计将基建款项拨付到经办基本建设支出的专业银行或基本建设财务管理部门账上,再由他们向建设单位支付基本建设款项的财政资金中间过渡支付方式将逐渐不再存在。基建拨款的上述核算内容也将随之逐渐消失。

为核算基建拨款业务,财政总预算会计应设置"基建拨款"总账科目。财政总预算会计向受托专业银行或基本建设财务管理部门拨出基本建设款项时,借记该科目,贷记"国库存款"科目;收到受托专业银行或基本建设财务管理部门报来的拨付建设单位基本建设款项报表时,借记"一般预算支出"科目,贷记该科目;收到受托专业银行或基本建设财务管理部门缴回基本建设拨款时,借记"国库存款"科目,贷记该科目。该科目借方余额,表示尚未列报预算支出的基本建设拨款数。该科目应按拨款单位设置明细账。

例1 某市财政总预算会计根据基本建设计划用一般预算存款向市财政局基本建设财务管理处拨付基本建设款 68 500 元。财政总预算会计应编制如下会计分录:

借:基建拨款——基本建设财务管理处　　　　　　68 500
　　贷:国库存款——一般预算存款　　　　　　　　　　68 500

例2 续上例1,该市财政总预算会计收到基本建设财务管理处报来的基本建设款项拨付报表,基本建设财务管理处向某建设单位拨付基本建设款 54 000 元。财政总预算会计应编制如下会计分录:

借:一般预算支出　　　　　　　　　　　　　　54 000
　　贷:基建拨款——基本建设财务管理处　　　　　　　54 000

以上预拨经费和基建拨款在业务内容上都属于预拨财政款项的性质。财政总预算会计在拨付款项时,将它们作为债权处理。有关单位或部门在按规定可以使用或按规定使用了收到的拨款时,财政总预算会计再将拨付的款项转作预算支出处理。

(四)财政周转金放款、借出财政周转金和待处理财政周转金

1. 财政周转金放款

财政周转金放款是指财政贷放给用款单位的财政周转金,财政对此拥有债权。财政周转金放款一般统一由财政总预算会计组织会计核算。财政周转金放款的项目、贷放的数额和期限、放款的回收等事项,一般由财政部门的相应职能机构负责。财政周转金放款应当使用其他财政存款中的财政周转金存款贷放。财政周转金放款和财政周转金支出是两个不同的概念。前者为本级财政贷放给用款单位的财政周转金的数额,后者为本级财政向上级财政支付的借入财政周转金的资金占用费等支出。

为核算财政周转金放款业务,财政总预算会计应设置"财政周转金放款"总账科目。财政总预算会计将财政周转金贷放给用款单位时,借记该科目,贷记"其他财政存款"科目;收回贷放给用款单位的财政周转金时,借记"其他财政存款"科目,贷记该科目。该科目借方余额,表示财政总预算会计掌管的财政周转金放款的数额。该科目应按放款单位设置明细账。

例1 某市财政向某用款单位贷放财政周转金4 500元。财政总预算会计应编制如下会计分录：

借：财政周转金放款——某用款单位　　　　　　　　　　　　4 500
　　贷：其他财政存款——财政周转金存款　　　　　　　　　　　　　4 500

例2 某市财政收回向某用款单位贷放的一部分财政周转金3 800元。财政总预算会计应编制如下会计分录：

借：其他财政存款——财政周转金存款　　　　　　　　　　　　3 800
　　贷：财政周转金放款——某用款单位　　　　　　　　　　　　　　3 800

2. 借出财政周转金

借出财政周转金是指本级财政部门借给下级财政部门的财政周转金。借出财政周转金与财政周转金放款的主要区别有如下两个：(1)财政周转金放款是财政部门实际投入使用的财政周转金；借出财政周转金是财政周转金在本级财政与下级财政之间的融通，而不是实际投入使用。(2)借出财政周转金形成本级财政与下级财政间的资金结算关系；财政周转金放款形成本级财政与用款单位的资金结算关系。

为核算借出财政周转金业务，财政总预算会计应设置"借出财政周转金"总账科目。财政总预算会计借给下级财政部门财政周转金时，借记该科目，贷记"其他财政存款"科目；收到下级财政部门归还的财政周转金时，借记"其他财政存款"科目，贷记该科目。该科目借方余额，表示借出并尚未收回的财政周转金数额。该科目应按借款单位设置明细账。

例1 某市财政借给所属某县财政部门财政周转金6 500元。该市财政总预算会计应编制如下会计分录：

借：借出财政周转金——某县财政　　　　　　　　　　　　　　6 500
　　贷：其他财政存款——财政周转金存款　　　　　　　　　　　　　6 500

例2 某市财政收到所属某区财政归还的财政周转金5 200元。该市财政总预算会计应编制如下会计分录：

借：其他财政存款——财政周转金存款　　　　　　　　　　　　5 200
　　贷：借出财政周转金——某区财政　　　　　　　　　　　　　　　5 200

3. 待处理财政周转金

待处理财政周转金是指经审核已经成为呆账，但尚未按规定程序报批核销的逾期财政周转金放款的数额。待处理财政周转金的处理结果，可能会收回一部分资金，核销一部分资金，也可能会核销全部资金。

为核算待处理财政周转金业务，财政总预算会计应设置"待处理财政周转金"总账科目。财政总预算会计确认财政周转金放款已经成为呆账时，借记该科目，贷记"财政周转金放款"科目；按规定程序报批核销时，借记"财政周转基金"科目，贷记该科目。该科目借方余额，表示待核销的待处理财政周转金。该科目应按欠款单位设置明细账。

例1 某市财政贷放给某用款单位的财政周转金8 800元，经初步审核已成呆账。财政总预算会计应编制如下会计分录：

借：待处理财政周转金——某用款单位　　　　　　　　　　　　8 800
　　贷：财政周转金放款——某用款单位　　　　　　　　　　　　　　8 800

例2 续上例1，该市财政按规定程序，经报批，核销向该用款单位贷放的财政周转金

8 800元。财政总预算会计应编制如下会计分录：

  借：财政周转基金   8 800
    贷：待处理财政周转金——某用款单位   8 800

财政周转金放款、借出财政周转金和待处理财政周转金都属于与财政周转金相关的资产。

二、负 债

负债是指一级财政所承担的能以货币计量、需要以资产偿付的债务。财政总预算会计核算的负债包括暂存款、与上级往来、借入款和借入财政周转金等。

（一）暂存款

暂存款是指各级财政临时发生的应付、暂收和收到性质不明的款项。暂存款属于待结算款项，结算时可能需要退还，也可能会转作收入。暂存款必须及时清理，不能长期挂账。

为核算暂存款业务，财政总预算会计应设置"暂存款"总账科目。财政总预算会计收到暂存款项时，借记"国库存款"、"其他财政存款"科目，贷记该科目；冲转、退还或转作收入时，借记该科目，贷记"国库存款"、"其他财政存款"、"一般预算收入"等科目。该科目贷方余额，表示尚未结清的暂存款项。该科目应按资金性质、债权单位或款项来源设置明细账。

例1 某市财政一般预算存款账户收到某单位性质不明的缴款2 800元。财政总预算会计应编制如下会计分录：

  借：国库存款——一般预算存款   2 800
    贷：暂存款——某单位   2 800

例2 续上例1，经查明，该款项属于误入，予以退回。财政总预算会计应编制如下会计分录：

  借：暂存款——某单位   2 800
    贷：国库存款——一般预算存款   2 800

（二）与上级往来

与上级往来是指本级财政与上级财政间由于财政体制结算或向上级财政借入财政周转款项等原因而形成的待结算款项。与上级往来的业务内容和与下级往来的业务内容是一样的。它们是同一种业务内容在上、下级财政两个方面的不同体现。与上级往来的款项，财政总预算会计应及时组织清理结算，不能长期挂账。

为核算与上级往来业务，财政总预算会计应设置"与上级往来"总账科目。财政总预算会计计算出财政体制结算中应由上级财政补助给本级财政的款项时，借记该科目，贷记"补助收入"科目；计算出财政体制结算中本级财政应上解上级财政的款项时，借记"上解支出"科目，贷记该科目；向上级财政借入财政周转款项时，借记"国库存款"科目，贷记该科目；向上级财政归还借入的财政周转款项或将向上级财政借入的财政周转款项转作收入时，借记该科目，贷记"国库存款"、"补助收入"科目。该科目借方余额，表示上级财政欠本级财政的款项；贷方余额，表示本级财政欠上级财政的款项。该科目应按资金性质设置明细账。

例1 某市财政根据财政体制结算的规定，年终计算出本级财政应向上级某省财政上解的一般预算款项计 7 600 元。市财政总预算会计应编制如下会计分录：

借：上解支出　　　　　　　　　　　　　　　　　　　　　　　7 600
　　贷：与上级往来——一般预算资金　　　　　　　　　　　　　　　　7 600

例2　某市财政因预算资金周转的需要，向上级某省财政借入一般预算款项 4 500 元。市财政总预算会计应编制如下会计分录：

借：国库存款——一般预算存款　　　　　　　　　　　　　　　4 500
　　贷：与上级往来——一般预算资金　　　　　　　　　　　　　　　　4 500

例3　续上例2，经上级该省财政批准，该市财政将向上级该省财政借入的一般预算周转款项 4 500 元转作一般预算补助收入。市财政总预算会计应编制如下会计分录：

借：与上级往来——一般预算资金　　　　　　　　　　　　　　4 500
　　贷：补助收入　　　　　　　　　　　　　　　　　　　　　　　　　4 500

暂存款和与上级往来在反映本级财政向上级财政借款业务时，其主要差别是：暂存款反映本级财政因临时、紧急情况而向上级财政借款的业务；与上级往来反映本级财政因日常预算资金周转需要而向上级财政借款的业务。不同的借款原因，应当在不同的总账科目中进行反映。

（三）借入款

借入款是指中央财政和地方财政按照国家有关法律法规的规定，以发行债券等方式向社会举借债务取得的款项。

为核算借入款业务，财政总预算会计应设置"借入款"总账科目。中央财政或地方财政按照规定发行债券或举借债务收到款项时，借记"国库存款"科目，贷记该科目；到期偿还债务本金时，借记该科目，贷记"国库存款"科目。该科目贷方余额，表示尚未偿还的债务本金。该科目应按债务收入的种类或债权人设置明细账。

例1　中央财政经全国人民代表大会批准在国内发行某种类国库券，收到款项 256 000 元。中央财政总预算会计应编制如下会计分录：

借：国库存款——一般预算存款　　　　　　　　　　　　　　256 000
　　贷：借入款——国内债务——某种类国库券　　　　　　　　　　　256 000

例2　中央财政在国内发行的某种类国库券到期，以一般预算存款偿还该种类国库券本金 185 000 元。中央财政总预算会计应编制如下会计分录：

借：借入款——国内债务——某种类国库券　　　　　　　　　185 000
　　贷：国库存款——一般预算存款　　　　　　　　　　　　　　　　185 000

在现行《政府收支分类科目》中，政府从国内外取得的债务收入列入收入分类科目中的"债务收入"科目反映。这是因为政府从国内外取得的债务收入，在可以用作安排预算支出这一点上，与其他收入分类科目如税收收入科目等是一样的。因此，债务收入也是政府的预算收入。但债务收入在需要偿还这一点上，又与诸如税收收入等是不一样的。因此，财政总预算会计将政府预算中的债务预算收入作为负债进行核算。这是政府预算与政府财政总预算会计在反映债务收入方法上的差别。

（四）借入财政周转金

借入财政周转金是指本级财政向上级财政借入的财政周转金。借入财政周转金的业务，与借出财政周转金的业务相对应。

为核算借入财政周转金业务,财政总预算会计应设置"借入财政周转金"总账科目。财政总预算会计向上级财政部门借入财政周转金时,借记"其他财政存款"科目,贷记该科目;归还上级财政部门财政周转金时,借记该科目,贷记"其他财政存款"科目。该科目贷方余额,表示借入并尚未归还的财政周转金数额。

例 1　某市财政向上级某省财政借入财政周转金 3 600 元。该市财政总预算会计应编制如下会计分录:

借:其他财政存款——财政周转金存款　　　　　3 600
　　贷:借入财政周转金　　　　　　　　　　　　　　3 600

例 2　某市财政向上级某省财政归还财政周转金 2 200 元。该市财政总预算会计应编制如下会计分录:

借:借入财政周转金　　　　　　　　　　　　　　2 200
　　贷:其他财政存款——财政周转金存款　　　　　　2 200

第六节　财政国库支付执行机构会计

一、财政国库支付执行机构的业务特点

财政国库支付执行机构是财政部门审核、监督财政资金收付工作的延伸。目前,在国家财政部层面,财政国库支付执行机构称为国库支付中心;在地方层面,有的称国库支付局,有的也称国库支付中心。财政国库支付执行机构的主要业务特点,是按规定办理财政资金的支付,并及时将财政资金的支付情况向财政国库管理机构报告。财政国库支付执行机构办理财政资金支付的方式有财政直接支付、财政授权支付和财政实拨资金三种。在财政直接支付方式下,财政国库支付执行机构通过财政部门在商业银行开设的财政零余额账户将财政资金支付给收款人;在财政授权支付方式下,财政国库支付执行机构通过预算单位在商业银行开设的单位零余额账户将财政资金支付给收款人;在财政实拨资金方式下,财政国库支付执行机构直接通过国库存款账户将财政资金拨付到预算单位的银行存款账户。财政直接支付方式和财政授权支付方式为财政国库单一账户制度下的两种财政资金支付方式。财政国库支付执行机构在办理财政资金支付业务时,一方面,需要加强对有关预算单位预算执行的监督,使有关预算单位切实按照经批准的部门预算和资金使用计划以及财政资金支付方式使用财政资金;另一方面,需要加强与人民银行国库、财政零余额账户代理银行、预算单位零余额账户代理银行、预算单位等相关单位的合作,确保财政资金及时、有效、正确地实现支付,并确保财政资金支付信息的正确无误。财政国库支付执行机构在按规定办理了财政资金的支付业务后,需要及时将财政资金的支付情况,通过报送《预算支出结算清单》及其他相关凭证的方式,向财政国库管理机构或财政总预算会计报告。在中央政府层面,财政国库管理机构为财政部国库司;在地方政府层面,财政国库管理机构为财政厅或财政局国库处、国库科等。财政总预算会计设在财政国库管理

机构。

二、财政国库支付执行机构的会计核算

财政国库支付执行机构会计是财政总预算会计的延伸,其会计核算执行《财政总预算会计制度》。根据财政国库支付执行机构的业务特点,会计核算时需要设置"财政零余额账户存款"和"已结报支出"两个特殊总账科目。其中,"财政零余额账户存款"科目用于核算财政部门在代理银行开设的财政零余额账户发生的结算业务。"已结报支出"科目用于核算已用财政国库资金结清的支出业务。财政国库支付执行机构通过财政零余额账户直接向收款人拨付财政资金时,借记"一般预算支出"、"基金预算支出"科目,贷记"财政零余额账户存款"科目;财政零余额账户代理银行于向收款人划款当日向人民银行国库清算资金、收回垫付款项,财政国库支付执行机构按日向财政国库管理机构报送预算支出结算清单、报告已用财政国库资金结清代理银行垫付款项时,借记"财政零余额账户存款"科目,贷记"已结报支出"科目。当天资金结算后,"一般预算支出"、"基金预算支出"科目的借方余额合计数等于"已结报支出"科目的贷方余额合计数,"财政零余额账户存款"科目的余额为零。年终结账财政国库支付执行机构将"已结报支出"科目与"一般预算支出"、"基金预算支出"科目对冲时,借记"已结报支出"科目,贷记"一般预算支出"、"基金预算支出"科目。结账后,"一般预算支出"、"基金预算支出"、"已结报支出"科目的余额均为零。"财政零余额账户存款"科目和"已结报支出"科目均为财政资金结算过渡科目。其中,"财政零余额账户存款"科目反映财政零余额账户代理银行与财政资金的收款人间,以及财政零余额账户代理银行与人民银行国库间的财政资金结算关系;"已结报支出"科目反映财政零余额账户代理银行与人民银行国库间的财政资金结算关系。"财政零余额账户存款"科目每日资金清算后余额均为零;"已结报支出"科目年终结账后余额为零。

例1 某市财政国库支付执行机构通过财政零余额账户采用财政直接支付方式为某预算单位支付以一般预算安排的款项 68 500 元。财政国库支付执行机构应编制如下会计分录:

  借:一般预算支出   68 500
    贷:财政零余额账户存款   68 500

例2 续上例1,该市财政国库支付执行机构于财政直接支付当日编制《预算支出结算清单》。其中,采用财政直接支付方式支付的财政资金数为 68 500 元。该《预算支出结算清单》已与人民银行国库划款凭证核对无误。财政国库支付执行机构向财政国库管理机构报送该《预算支出结算清单》。财政国库支付执行机构应编制如下会计分录:

  借:财政零余额账户存款   68 500
    贷:已结报支出   68 500

例3 财政国库支付执行机构收到预算单位代理银行报来的《财政支出日报表》。其中,预算单位以财政授权支付方式使用了一般预算资金 14 600 元。经与人民银行国库划款凭证核对无误后,财政国库支付执行机构应编制如下会计分录:

  借:一般预算支出   14 600
    贷:已结报支出   14 600

例4 年终,财政国库支付执行机构将预算支出与有关方面核对一致。有关账户的余额为:"已结报支出" 337 000 元,"一般预算支出" 322 000 元,"基金预算支出" 15 000 元。财政国

库支付执行机构应编制如下会计分录：
　　借：已结报支出　　　　　　　　　　　　　　337 000
　　　　贷：一般预算支出　　　　　　　　　　　　　　322 000
　　　　　　基金预算支出　　　　　　　　　　　　　　 15 000

第七节　会　计　报　表

　　财政总预算会计报表是反映各级政府预算收支执行情况及其结果的定期书面报告，是各级政府和上级财政部门了解情况、掌握政策、指导预算执行工作的重要书面资料，也是编制下年度预算的基础。财政总预算会计报表包括预算执行情况表、资产负债表和财政周转金报表等。

一、预算执行情况表

　　预算执行情况表是反映政府财政总预算收支执行情况及其结果的定期书面报告。按照编报时间，预算执行情况表可分为旬报、月报和年报等。其中，旬报反映每个月份上、中、下旬预算收支执行情况及其结果，月报反映一个预算年度中各月份预算收支执行情况及其结果，年报反映一个预算年度的预算收支执行情况及其结果。一般情况下，旬报的内容比较简单，但要求报送及时、迅速。年报的内容比较详细、全面，并需要配上预算执行情况的分析和说明。各级财政总预算会计应当按照国家财政部的统一部署和要求，在规定的时间内，按照规定的报表格式向本级政府和上级财政部门报送预算执行情况表。

　　财政总预算会计编制的预算执行情况表的年报一般由财政收支决算总表、收入决算明细表、支出决算明细表、基金预算收支决算总表和基金收支明细表等组成。

　　1. 财政收支决算总表

　　财政收支决算总表是反映各级财政部门决算收入、决算支出以及决算结余总体情况的报表。它是各级财政决算的主体表。该表应按《政府收支分类科目》中的一般预算收支科目分类填列预算数和决算数。其中，预算数根据当年安排的收支预算数额填列，决算数根据年终结账前一般预算收入明细账和一般预算支出明细账中的全年预算收入数和全年预算支出数填列。财政收支决算总表中的各项收入数和支出数对"收入决算明细表"和"支出决算明细表"中的有关数字起统驭作用。同时，财政收支决算总表中的收支结余的数字与资产负债表中相应结余的数字存在着钩稽关系。

　　财政收支决算总表的具体内容和编制方法，应根据财政部有关决算编报的规定办理。地方政府使用的财政收支决算总表的一般格式可如表1-4所示。

表 1-4 _____ 年财政收支决算总表

编报单位：某市财政局　　　　　　　　　　　　　　　　　　　　　金额单位：万元

收　入			支　出		
预算科目	预算数	决算数	预算科目	预算数	决算数
一、税收收入			一、一般公共服务		
增值税			二、外交		
营业税			三、国防		
企业所得税			四、公共安全		
企业所得税退税			五、教育		
个人所得税			六、科学技术		
资源税			七、文化体育与传媒		
固定资产投资方向调节税			八、社会保障和就业		
城市维护建设税			九、医疗卫生		
房产税			十、环境保护		
印花税			十一、城乡社区事务		
城镇土地使用税			十二、农林水事务		
土地增值税			十三、交通运输		
车船税			十四、工业商业金融等事务		
耕地占用税			十五、其他支出		
契税					
其他税收收入					
二、非税收入					
专项收入					
行政事业性收费收入					
罚没收入					
国有资本经营收入					
国有资源(资产)有偿使用收入					
其他收入					
本年收入合计			本年支出合计		
转移性收入			转移性支出		
收入总计			支出总计		

2. 收入决算明细表

收入决算明细表是反映各级财政部门决算收入明细情况的报表。该表的数字应根据财政总预算会计登记的一般预算收入明细账的全年预算收入数填列。在该表中，预算科目一般需要填列到一般预算收入科目的"项"级科目，对于诸如"增值税"等科目还需要填列到一般预算收入科目的"目"级科目。收入决算明细表的具体内容与编制方法，应根据财政部有关编制决算报表的规定办理。地方政府使用的收入决算明细表的一般格式可如表1-5所示。

表 1-5　　　　年收入决算明细表

编表单位：某市财政局　　　　　　　　　　　　　　　　　　　　　　　　金额单位：万元

预 算 科 目	决 算 数
一、税收收入	
增值税	
国内增值税	
国有企业增值税	
……	
营业税	
金融保险业营业税（地方）	
……	
企业所得税	
国有工业企业所得税	
……	
……	
其他税收收入	
二、非税收入	
专项收入	
排污费收入	
……	
行政事业性收费收入	
公安行政事业性收费收入	
……	
……	
其他收入	
本年收入合计	

3. 支出决算明细表

支出决算明细表是反映各级财政部门决算支出明细情况的报表。该表的数字应根据财政总预算会计登记的一般预算支出明细账的全年预算支出数填列。在该表中，预算科目一般需要填列到一般预算支出科目的"款"级科目。支出决算明细表的具体内容与编制方法，应根据财政部有关编制决算报表的规定办理。地方政府使用的支出决算明细表的一般格式可如表 1-6 所示。

表1-6　　　　年支出决算明细表

编表单位：某市财政局　　　　　　　　　　　　　　　　　　　　　　　金额单位：万元

预算科目	决算数
一、一般公共服务	
人大事务	
……	
二、外交	
三、国防	
四、公共安全	
武装警察	
……	
五、教育	
教育管理事务	
……	
六、科学技术	
科学技术管理事务	
……	
……	
十五、其他支出	
本年支出合计	

如表1-5所示的收入决算明细表和如表1-6所示的支出决算明细表，是如表1-4所示的财政收支决算总表的明细报表。因此，表1-5和表1-6中有关收支项目的合计数，应等于表1-4中相应项目的数字。

4. 基金预算收支决算总表与基金收支明细表

基金预算收支决算总表是反映各级财政部门管理的政府性基金决算收入、决算支出以及决算结余总体情况的报表。该表应按《政府收支分类科目》中的基金预算收支科目分类填列预算数和决算数。其中，预算数根据当年安排的基金预算收支数填列，决算数根据年终结账前财政总预算会计基金预算收入明细账和基金预算支出明细账中的全年实际收入数和全年实际支出数填列。基金预算收支决算总表中的各项收入数和支出数对"基金收支明细表"中的相应数字起统驭作用。基金预算收支决算总表的具体内容和编制方法，应根据财政部有关编制决算报表的规定办理。地方政府使用的基金预算收支决算总表的一般格式可如表1-7所示。

表1-7　　　　年基金预算收支决算总表

编报单位：某市财政局　　　　　　　　　　　　　　　　　　　　　　　金额单位：万元

收入			支出		
预算科目	预算数	决算数	预算科目	预算数	决算数
农网还贷资金收入			农网还贷资金支出		
能源建设基金收入			能源建设基金支出		
库区建设基金收入			库区建设基金支出		
铁路建设附加费收入			铁路建设附加费支出		

续表

收　　　入			支　　　出		
预算科目	预算数	决算数	预算科目	预算数	决算数
民航机场管理建设费收入			民航机场管理建设费支出		
养路费收入			养路费支出		
……			……		
本年收入合计			本年支出合计		
转移性收入			转移性支出		
收入总计			支出总计		

基金收支明细表是反映各级财政部门管理的政府性基金决算收入和决算支出明细情况的报表。该表的数字应根据财政总预算会计登记的基金预算收入明细账和基金预算支出明细账的数字填列。基金收支明细表的具体内容与编制方法，应根据财政部有关编制决算报表的规定办理。基金收支明细表的一般格式可参照以上表1-5"收入决算明细表"和表1-6"支出决算明细表"的一般格式。

二、资产负债表

资产负债表是反映某一特定时日一级财政所实际拥有的财力状况的会计报表。按照编报的时间，资产负债表可分为月报和年报两种。其中，月报反映每月份末一级财政实际拥有的财力状况，年报反映预算年度末一级财政实际拥有的财力状况。

资产负债表的月报，采用"资产＋支出＝负债＋净资产＋收入"的平衡等式。资产负债表的年报，采用"资产＝负债＋净资产"的平衡等式。这是因为财政总预算会计各月份末不结转各项收支账户的余额，待年终一次将各项收支账户的余额结转至有关净资产账户。财政总预算会计以执行政府财政总预算为中心，在预算年度中期，会计报表主要用以反映收支预算的执行情况，并通过反映收支预算的执行情况反映一级财政的财力变化情况。预算年度末，会计报表在注重年度收支预算的执行情况的同时，也关注一级财政的财力状况。资产负债表年报的一般格式可如表1-8所示。

如表1-8所示的资产负债表的一般格式中包含了财政周转金部分的相应内容。如果财政周转金由专门的机构管理，财政总预算会计也可单独编报财政周转金部分的资产负债表。

各级财政总预算会计在编报资产负债表时，应先编出本级财政的资产负债表，然后再将其与经审核无误的所属下级财政总预算会计编报的资产负债表进行汇总，编出本级财政的汇总资产负债表。在编报汇总资产负债表时，财政总预算会计应将本级财政的"与下级往来"科目与下级财政的"与上级往来"科目等核对无误后相互冲销，以免重复汇总。

表 1-8 资产负债表(年报)

编报单位:某市财政局 年 月 日 金额单位:万元

资 产 部 类			负 债 部 类		
科目名称	年初数	年末数	科目名称	年初数	年末数
资产			负债		
国库存款			暂存款		
其他财政存款			与上级往来		
有价证券			借入款		
在途款			借入财政周转金		
暂付款			负债合计		
与下级往来			净资产		
预拨经费			预算结余		
基建拨款			基金预算结余		
财政周转金放款			专用基金结余		
借出财政周转金			预算周转金		
待处理财政周转金			财政周转基金		
			净资产合计		
资产部类总计			负债部类总计		

三、财政周转金报表

财政周转金报表是反映财政总预算会计核算的财政周转金情况的会计报表,主要包括财政周转金收支情况表、财政周转金投放情况表、财政周转基金变动情况表等。

财政周转金收支情况表用于反映各级财政管理的财政周转金的收入、支出和结余情况。财政周转金投放情况表用于反映年度财政周转金规模、财政周转金放款、财政周转金借出和回收情况。财政周转基金变动情况表用于反映财政周转基金年度内增减变动情况。财政周转金报表的具体编报要求应按财政部的规定办理。

第二章 财政预算外资金会计

第一节 概 述

一、财政预算外资金的概念

财政预算外资金,是指国家机关、事业单位和社会团体为履行或代行政府职能,依据国家法律、法规和具有法律效力的规章而收取、提取和安排使用的未纳入政府预算管理的各种财政性资金,简称预算外资金。财政预算外资金的范围主要包括:

(1) 行政事业性收费。指单位依据法律和行政法规收取的未纳入预算管理的行政事业性收费。

(2) 主管部门集中的收入。指主管部门,包括代行政府职能的行业组织,依照国家的规定,从所属事业单位,包括所属服务中心及下属单位和社会团体中集中的管理费用和其他资金。

(3) 乡镇自筹和统筹收入。指乡镇政府自筹和统筹的收入。

(4) 其他财政预算外资金。指其他未纳入预算管理的收入,如财政专户存款利息收入等。

财政预算外资金的收取或提取,必须严格依照有关的法律、法规和有法律效力的规章制度所规定的项目、范围、标准和程序执行。不可以擅自扩大财政预算外资金的收取项目和收取范围,也不可以擅自提高财政预算外资金的收取或提取标准。

财政预算外资金是国家的财政性资金,不是部门或单位的自有资金。财政预算外资金的使用应当纳入行政单位或事业单位的部门预算,实行统筹安排、统一使用。财政部门对财政预算外资金实行预决算管理制度,从而加强对财政预算外资金的计划管理。

随着财政预算外资金逐步纳入预算内管理,财政预算外资金的范围和数额将逐渐减少。

二、财政预算外资金银行存款专户

财政预算外资金实行收支两条线的管理方法。财政部门在商业银行开设财政预算外资金银行存款专户,简称财政预算外资金专户或预算外资金财政专户。行政单位和事业单位在收取财政预算外资金时,应当及时、足额地将所收取的财政预算外资金上缴财政预算外资金专户。行政单位和事业单位根据部门预算和用款计划,在需要使用财政预算外资金时,向财政部门提出申请。财政部门经审核同意后,从财政预算外资金专户向用款单位拨付财政预算外资金,供其使用。

中央单位的财政预算外资金收入收缴实行直接缴库和集中汇缴两种方式。直接缴库是指缴款人按照有关规定,持执收单位开具的《非税收入一般缴款书》到财政预算外资金专户的代理银行,直接将应缴款项缴入财政预算外资金专户的缴款方式。集中汇缴是指由执收单位按照有关的规定,将所收取的款项按日汇总开具《非税收入一般缴款书》,集中缴入财政预算外资金专户的缴款方式。

根据财政预算外资金的改革目标,财政预算外资金将逐步纳入财政国库单一账户制度管理。届时,财政预算外资金的收缴和支付方式,将比照财政预算内资金。

三、财政预算外资金会计

财政预算外资金会计是专门核算财政预算外资金收支业务及其结果的一门专业会计。它独立于财政总预算会计。财政总预算会计是专门核算财政预算内资金收支业务及其结果的一门专业会计。尽管如此,无论是财政预算外资金会计,还是财政总预算会计,它们核算的对象都属于财政性资金的运动及其结果。财政预算外资金会计实行独立的核算,并编制独立的会计报表。

财政预算外资金会计的基本任务是核算和反映预算外资金的收支活动,监督预算外资金收支计划的执行。与财政总预算会计核算基础一样,财政预算外资金会计核算也采用收付实现制基础。

第二节 收入、支出和结余

一、财政预算外资金收入

根据收入的来源渠道,财政预算外资金收入一般可分为一般预算外资金收入、补助收入、上解收入等。

(一)一般预算外资金收入

一般预算外资金收入是指部门或单位按规定缴入财政预算外资金专户的各项预算外资金。包括缴入财政预算外资金专户、未纳入财政预算管理的行政事业性收费、主管部门集中收入、乡镇自筹和统筹资金收入、财政预算外资金专户存款利息收入、彩票资金收入等。

为核算一般预算外资金收入业务,财政预算外资金会计应设置"一般预算外收入"总账科目。财政预算外资金会计收到一般预算外收入时,借记"财政专户存款"科目,贷记该科目。年终结账将该科目贷方余额全数转入"预算外结余"科目时,借记该科目,贷记"预算外结余"科目。该科目平时贷方余额,反映当年一般预算外收入的累计数。该科目应按《政府收支分类科目》中"收入分类科目"设置明细账。同时,根据管理需要,可按缴款部门和单位进行明细核算。

例1 某市财政预算外资金专户收到有关预算单位上缴的一般预算外资金收入共计1 630元,具体科目和金额为:"非税收入——行政事业性收费收入——交通行政事业性收费收入"850元,"非税收入——行政事业性收费收入——劳动保障行政事业性收费收入"780元。财政预算外资金会计应编制如下会计分录:

借:财政专户专款　　　　　　　　　　　　　　　　　　1 630
　　贷:一般预算外收入　　　　　　　　　　　　　　　　　　　1 630

同时,在一般预算外收入明细账的贷方登记如下:

非税收入——行政事业性收费收入——交通行政事业性收费收入　　　　850
非税收入——行政事业性收费收入——劳动保障行政事业性收费收入　　780

例2 某市财政预算外资金专户收到有关预算单位上缴的一般预算外资金收入共计3 740元,具体科目和金额为:"非税收入——行政事业性收费收入——教育行政事业性收费收入"3 200元,"非税收入——行政事业性收费收入——体育行政事业性收费收入"540元。财政预算外资金会计应编制如下会计分录:

借:财政专户专款　　　　　　　　　　　　　　　　　　3 740
　　贷:一般预算外收入　　　　　　　　　　　　　　　　　　　3 740

同时,在一般预算外收入明细账的贷方登记如下:

非税收入——行政事业性收费收入——教育行政事业性收费收入　　　3 200
非税收入——行政事业性收费收入——体育行政事业性收费收入　　　　540

例3 某市财政预算外资金专户收到有关单位上缴的一般预算外资金收入共计6 540元,具体科目和金额为:"非税收入——其他收入——主管部门集中收入"6 540元。财政预算外资金会计应编制如下会计分录:

借:财政专户专款　　　　　　　　　　　　　　　　　　6 540
　　贷:一般预算外收入　　　　　　　　　　　　　　　　　　　6 540

同时,在一般预算外收入明细账的贷方登记如下:

非税收入——其他收入——主管部门集中收入　　　　　　　　　　6 540

例4 某乡财政预算外资金专户收到有关单位上缴的一般预算外资金收入共计4 200元,具体科目和金额为:"非税收入——其他收入——乡镇自筹和统筹收入"4 200元。财政预算外资金会计应编制如下会计分录:

借:财政专户专款　　　　　　　　　　　　　　　　　　4 200
　　贷:一般预算外收入　　　　　　　　　　　　　　　　　　　4 200

同时,在一般预算外收入明细账的贷方登记如下:

非税收入——其他收入——乡镇自筹和统筹收入　　　　　　　　　4 200

(二) 补助收入

补助收入是指本级财政从上级财政获得的财政预算外资金。补助收入属于上级财政与本级财政间的转移性收入,是上级财政向本级财政的财力转移。

为核算补助收入业务,财政预算外资金会计应设置"补助收入"总账科目。财政预算外资金会计收到补助收入时,借记"财政专户存款"科目,贷记该科目。年终结账将该科目贷方余额全数转入"预算外结余"科目时,借记该科目,贷记"预算外结余"科目。该科目平时贷方余额,反映当年补助收入的累计数。该科目应按《政府收支分类科目》中"收入分类科目"设置明细账。

例 某市财政预算外资金专户收到上级某省财政拨入补助资金一笔,具体科目和金额为:"预算外转移收入——预算外补助收入"2 630元。市财政预算外资金会计应编制如下会计分录:

借:财政专户专款　　　　　　　　　　　　　　　　　　　　2 630
　贷:补助收入　　　　　　　　　　　　　　　　　　　　　　　　2 630

同时,在补助收入明细账的贷方登记如下:

预算外转移收入——预算外补助收入　　　　　　　　　　　　　　2 630

(三) 上解收入

上解收入是指本级财政从下级财政获得的财政预算外资金。上解收入属于本级财政与下级财政间的转移性收入,是下级财政向本级财政的财力转移。

为核算上解收入业务,财政预算外资金会计应设置"上解收入"总账科目。财政预算外资金会计收到下级上解收入时,借记"财政专户存款"科目,贷记该科目。年终结账将该科目贷方余额全数转入"预算外结余"科目时,借记该科目,贷记"预算外结余"科目。该科目平时贷方余额,反映当年上解收入的累计数。该科目应按《政府收支分类科目》中"收入分类科目"设置明细账。

例 某市财政预算外资金专户收到下级某县财政上解资金一笔,具体科目和金额为:"预算外转移收入——预算外上解收入"980元。市财政预算外资金会计应编制如下会计分录:

借:财政专户专款　　　　　　　　　　　　　　　　　　　　　980
　贷:上解收入　　　　　　　　　　　　　　　　　　　　　　　　980

同时,在上解收入明细账的贷方登记如下:

预算外转移收入——预算外上解收入　　　　　　　　　　　　　　　980

二、财政预算外资金支出

财政预算外资金支出按照用途一般可分为一般预算外资金支出、政府调剂支出、补助支出、上解支出等。

(一) 一般预算外资金支出

一般预算外资金支出是指各级财政部门用取得的一般预算外资金收入安排的支出。一般预算外资金支出的用途,应当与一般预算内资金支出的用途相一致。也即无论是一般预算外资金收入,还是一般预算内资金收入,一级政府在取得相应的资金收入后,统筹安排用于政府开展的各项职能活动。

为核算一般预算外资金支出业务,财政预算外资金会计应设置"一般预算外支出"总账科目。财政预算外资金会计从财政预算外资金专户中拨付预算外资金时,借记该科目,贷记"财政专户存款"科目。年终结账将该科目借方余额全数转入"预算外结余"科目时,借记"预算外结余"科目,贷记该科目。该科目平时借方余额,反映本年一般预算外支出的累计数。该科目应按《政府收支分类科目》中"支出功能分类"科目设置明细账。同时,根据管理需要,可按部门和单位进行明细核算。

例 1 某市财政预算外资金会计通过财政预算外资金专户向有关预算单位拨付预算外资金共计 1 180 元,具体科目和金额为:"一般公共服务——食品和药品监督管理事务——食品药品安全"760 元,"公共安全——司法——司法统一考试"420 元。财政预算外资金会计应编制如下会计分录:

  借:一般预算外支出   1 180
    贷:财政专户存款   1 180

同时,在一般预算外支出明细账的借方登记如下:

  一般公共服务——食品和药品监督管理事务——食品药品安全   760
  公共安全——司法——司法统一考试   420

例 2 某市财政预算外资金会计通过财政预算外资金专户向有关预算单位拨付预算外资金共计 16 500 元,具体科目和金额为:"教育——普通教育——高中教育"6 700 元,"教育——普通教育——高等教育"9 800 元,"交通运输——公路水路运输——车辆通行费支出"3 000 元。财政预算外资金会计应编制如下会计分录:

  借:一般预算外支出   19 500
    贷:财政专户存款   19 500

同时,在一般预算外支出明细账的借方登记如下:

  教育——普通教育——高中教育   6 700
  教育——普通教育——高等教育   9 800
  交通运输——公路水路运输——车辆通行费支出   3 000

(二) 政府调剂支出

政府调剂支出是指财政部门经批准从一般预算外资金中统筹安排的款项,包括调入财政预算内的款项。政府调剂支出属于政府内部不同性质资金之间的转移性支出。它不是上下级政府之间的财力转移。政府调剂支出不影响一级政府的财力总数。

为核算政府调剂支出业务,财政预算外资金会计应设置"政府调剂支出"总账科目。财政预算外资金会计将一般预算外资金统筹调剂、拨出财政专户款项时,借记该科目,贷记"财政专户存款"科目。年终结账将该科目借方余额全数转入"预算外结余"科目时,借记"预算外结余"科目,贷记该科目。该科目平时借方余额,反映本年累计调剂使用预算外资金的数额。该科目应按《政府收支分类科目》中"支出功能分类科目"设置明细账。同时,该科目还可以根据调剂用途进行明细核算。

例 某市财政预算外资金会计经批准将一般预算外资金进行统筹调剂,从财政预算外资金专户中调出款项一笔至政府一般预算内使用,具体科目和金额为:"政府调剂支出——其他调出资金"6 650 元。财政预算外资金会计应编制如下会计分录:

  借:政府调剂支出   6 650
    贷:财政专户存款   6 650

同时,在政府调剂支出明细账的借方登记如下:

| 其他调出资金 | 6 650 |

(三) 补助支出

补助支出是指本级财政对下级财政进行预算外资金补助所发生的支出。补助支出属于本级财政与下级财政间的转移性支出,是本级财政向下级财政的财力转移。

为核算补助支出业务,财政预算外资金会计应设置"补助支出"总账科目。财政预算外资金会计向下级财政拨付预算外资金补助时,借记该科目,贷记"财政专户存款"科目。年终结账将该科目借方余额全数转入"预算外结余"科目时,借记"预算外结余"科目,贷记该科目。该科目平时借方余额,反映本年累计补助下级财政预算外资金的数额。该科目应按《政府收支分类科目》中的"支出功能分类科目"设置明细账。同时,该科目还可以按补助单位进行明细核算。

例 某市财政预算外资金会计经批准从财政预算外资金专户中向下级某县财政拨付预算外资金补助款项一笔,具体科目和金额为:"补助支出——预算外补助支出"3 650元。市财政预算外资金会计应编制如下会计分录:

借:补助支出　　　　　　　　　　　　　　　　　　　　　　　3 650
　　贷:财政专户存款　　　　　　　　　　　　　　　　　　　　　3 650

同时,在补助支出明细账的借方登记如下:

预算外补助支出　　　　　　　　　　　　　　　　　　　　　　3 650

(四) 上解支出

上解支出是指本级财政向上级财政上解预算外资金所发生的支出。上解支出属于本级财政与上级财政间的转移性支出,是本级财政向上级财政的财力转移。

为核算上解支出业务,财政预算外资金会计应设置"上解支出"总账科目。财政预算外资金会计向上级财政上解预算外资金时,借记该科目,贷记"财政专户存款"科目。年终结账将该科目借方余额全数转入"预算外结余"科目时,借记"预算外结余"科目,贷记该科目。该科目平时借方余额,反映本年累计上解上级财政预算外资金的数额。该科目应按《政府收支分类科目》中的"支出功能分类科目"设置明细账。

例 某市财政预算外资金会计经批准从财政预算外资金专户中向上级某省财政上解预算外资金款项一笔,具体科目和金额为:"上解支出——预算外上解支出"2 690元。市财政预算外资金会计应编制如下会计分录:

借:上解支出　　　　　　　　　　　　　　　　　　　　　　　2 690
　　贷:财政专户存款　　　　　　　　　　　　　　　　　　　　　2 690

同时,在上解支出明细账的借方登记如下:

预算外上解支出　　　　　　　　　　　　　　　　　　　　　　2 690

三、财政预算外资金结余

财政预算外资金结余是财政预算外资金收入减去财政预算外资金支出后的余额。财政预算外资金结余是财政预算外资金会计执行财政预算外资金收支计划的结果。

为核算财政预算外资金结余业务,财政预算外资金会计应设置"预算外结余"总账科目。

财政预算外资金会计年终结账将"一般预算外收入"、"补助收入"、"上解收入"科目贷方余额转入该科目时,借记"一般预算外收入"、"补助收入"、"上解收入"科目,贷记该科目;将"一般预算外支出"、"政府调剂支出"、"补助支出"、"上解支出"科目借方余额转入该科目时,借记该科目,贷记"一般预算外支出"、"政府调剂支出"、"补助支出"、"上解支出"科目。该科目年终贷方余额,反映财政预算外资金累计结余数额。该科目可根据管理需要,按部门和单位进行明细核算。

例 某市财政预算外资金会计进行年终结账。有关预算外资金收入科目的贷方余额为:"一般预算外收入"56 400元,"补助收入"5 000元,"上解收入"8 600元;有关预算外资金支出科目的借方余额为:"一般预算外支出"55 200元,"政府调剂支出"4 100元,"补助支出"3 800元,"上解支出"2 700元。财政预算外资金会计将以上有关预算外资金收入科目和预算外资金支出科目的年末余额转入"预算外结余"科目。财政预算外资金会计应编制如下会计分录:

借:一般预算外收入　　　　　　　　　　　　56 400
　　补助收入　　　　　　　　　　　　　　　5 000
　　上解收入　　　　　　　　　　　　　　　8 600
　　贷:预算外结余　　　　　　　　　　　　　　　70 000
同时:
借:预算外结余　　　　　　　　　　　　　　65 800
　　贷:一般预算外支出　　　　　　　　　　　　　55 200
　　　　政府调剂支出　　　　　　　　　　　　　　4 100
　　　　补助支出　　　　　　　　　　　　　　　　3 800
　　　　上解支出　　　　　　　　　　　　　　　　2 700

同时,财政预算外资金会计应结平所有有关预算外资金收入和预算外资金支出的明细账。

在以上例题中,预算外结余的年末余额为4 200元(70 000-65 800)。财政预算外资金会计可根据需要对"预算外结余"科目按部门和单位进行明细核算,分别核算出各部门或各单位的预算外资金结余数额。

第三节　资产和负债

一、资产

财政预算外资金会计管理和核算的资产主要包括财政专户存款和有价证券等。财政专户存款和有价证券都属于货币性资产。

(一) 财政专户存款

财政专户存款是指财政部门在国有商业银行开设的财政预算外资金专户中的各项预算外资金存款。

为核算财政专户存款业务,财政预算外资金会计应设置"财政专户存款"总账科目。财政预算外资金会计收到有关部门或单位上缴、上解或拨入的预算外资金时,借记该科目,贷记"一般预算外收入"、"上解收入"、"补助收入"等科目;按批准的预算外资金收支计划拨付预算外资金时,借记"一般预算外支出"、"上解支出"、"补助支出"等科目。该科目平时借方余额,表示财政预算外资金专户存款的结存数。

例1 某市财政预算外资金会计收到有关预算单位上缴的一般预算外资金450元,具体科目和金额为:"非税收入——行政事业性收费收入——农业行政事业性收费收入"450元。财政预算外资金会计应编制如下会计分录:

借:财政专户专款　　　　　　　　　　　　　　　　　　450
　　贷:一般预算外收入　　　　　　　　　　　　　　　　450

同时,在一般预算外收入明细账的贷方登记如下:

非税收入——行政事业性收费收入——农业行政事业性收费收入　　450

例2 某市财政预算外资金会计通过财政预算外资金专户向有关预算单位拨付预算外资金370元,具体科目和金额为:"农林水事务——农业——技术推广"370元。财政预算外资金会计应编制如下会计分录:

借:一般预算外支出　　　　　　　　　　　　　　　　　370
　　贷:财政专户存款　　　　　　　　　　　　　　　　　370

同时,在一般预算外支出明细账的借方登记如下:

农林水事务——农业——技术推广　　　　　　　　　　　370

(二) 有价证券

有价证券是指财政部门用以前年度预算外资金结余购买的尚未变现的国债等证券。

为核算有价证券业务,财政预算外资金会计应设置"有价证券"总账科目。财政预算外资金会计按规定用以前年度预算外资金结余购买国债等有价证券时,按发生的实际成本借记该科目,贷记"财政专户存款"科目;兑付到期有价证券时,按实际收到的款项借记"财政专户存款"科目,按有价证券的实际成本贷记该科目,按实际收到款项与有价证券实际成本的差额贷记"一般预算外收入"科目。该科目平时借方余额,表示尚未变现的有价证券的实际成本。该科目应按有价证券的种类设置明细账。

例1 某市财政预算外资金会计按规定用以前年度预算外资金结余购买国债6 000元。财政预算外资金会计应编制如下会计分录:

借:有价证券　　　　　　　　　　　　　　　　　　　6 000
　　贷:财政专户存款　　　　　　　　　　　　　　　　6 000

例2 某市财政预算外资金会计兑付以前年度购买的国债5 000元,获得兑付收入合计5 800元。财政预算外资金会计应编制如下会计分录:

借:财政专户存款　　　　　　　　　　　　　　　　　5 800
　　贷:有价证券　　　　　　　　　　　　　　　　　　5 000
　　　　一般预算外收入　　　　　　　　　　　　　　　　800

二、负债

财政预算外资金会计管理和核算的负债主要包括应缴代收上级财政专户款和暂存款等。

(一) 应缴代收上级财政专户款

应缴代收上级财政专户款是指本级财政部门代上级财政部门收取、应上缴上级财政专户的预算外资金。应缴代收上级财政专户款应及时上缴上级财政。

为核算应缴代收上级财政专户款业务,财政预算外资金会计应设置"应缴代收上级财政专户款"总账科目。财政预算外资金会计代上级财政部门收取预算外资金时,借记"财政专户存款"科目,贷记该科目;向上级财政部门上缴代收取的预算外资金时,借记该科目,贷记"财政专户存款"科目。该科目平时贷方余额,表示本级财政专户应缴未缴上级财政专户的预算外资金数额。该科目可按应缴预算外资金的种类设置明细账。

例1 某市财政预算外资金会计代上级某省财政收取预算外资金 640 元,款项已存入市财政预算外资金专户。市财政预算外资金会计应编制如下会计分录:

借:财政专户存款   640
  贷:应缴代收上级财政专户款   640

例2 续上例1,该市财政预算外资金会计将代上级该省财政收取的预算外资金 640 元上缴上级省财政预算外资金专户。市财政预算外资金会计应编制如下会计分录:

借:应缴代收上级财政专户款   640
  贷:财政专户存款   640

(二) 暂存款

暂存款是指财政预算外资金会计收到的性质不明的待结算款项。暂存款应当及时查明性质,并及时作出相应的处理。

为核算暂存款业务,财政预算外资金会计应设置"暂存款"总账科目。财政预算外资金会计收到性质不明的待结算款项时,借记"财政专户存款"科目,贷记该科目;查明原因后对暂存款项作出处理时,借记该科目,贷记"财政专户存款"、"一般预算外收入"等科目。该科目平时贷方余额,表示待结算的暂存款项。该科目可按资金来源渠道设置明细账。

例1 某市财政预算外资金会计收到一笔性质不明的缴款 520 元。财政预算外资金会计应编制如下会计分录:

借:财政专户存款   520
  贷:暂存款   520

例2 续上例1,经查明,该笔款项 520 元属于误入,现予以退回。财政预算外资金会计应编制如下会计分录:

借:暂存款   520
  贷:财政专户存款   520

第四节 会 计 报 表

一、财政预算外资金会计报表的概念和种类

财政预算外资金会计报表是财政预算外资金收支计划执行情况及其结果的定期书面报告,是各级政府和上级财政部门了解情况、掌握政策、指导财政预算外资金管理工作的重要资料,也是编制下年度财政预算外资金收支计划的基础。财政预算外资金会计报表主要包括资产负债表、财政预算外资金收支情况表等。

二、资产负债表

资产负债表是反映某一特定日期一级财政预算外资金财务状况的会计报表。资产负债表的参考格式可如表 2-1 所示。

表 2-1 资产负债表

编报单位:某市财政局　　　　　　　　　　年　月　日　　　　　　　　　　金额单位:元

资产部类			负债部类		
科目名称	年初数	期末数	科目名称	年初数	期末数
资产			负债		
财政专户存款			暂存款		
有价证券			应缴代收上级财政专户款		
			负债合计		
			净资产		
			预算外结余		
			净资产合计		
资产部类总计			负债部类总计		

在表 2-1 中,财政专户存款和预算外结余是最主要的内容。如果一级财政没有用财政预算外资金结余购买过有价证券,或购买的有价证券已经全部变现,暂存款和应缴代收上级财政专户款也已经全部结清,那么,该资产负债表中就只剩下财政专户存款和预算外结余两个项目。此时,财政专户存款的数额等于预算外结余的数额。

三、财政预算外资金收支情况表

财政预算外资金收支情况表是反映财政预算外资金收支情况的报表。财政预算外资金收

支情况表的参考格式可如表 2-2 所示。

表 2-2　财政预算外资金收支情况表

编报单位：某市财政局　　　　　　　　　　年　月　日　　　　　　　　　　金额单位：元

部门	以前年度结余	本年收入				本年支出					年末结余
		合计	一般预算外收入	上级补助收入	其他收入	合计	一般预算外支出	政府调剂支出	补助下级支出	其他支出	
一、行政事业性收费											
1.××部门											
2.××部门											
二、部门集中											
1.××部门											
2.××部门											
三、其他											
1.××部门											
2.××部门											
合计											

在表 2-2 中，财政预算外资金收入和财政预算外资金支出的具体项目，都区分具体部门列示。一般情况下，部门或单位上缴的财政预算外资金收入，应纳入部门或单位的部门预算。然后，由财政预算外资金会计根据部门预算从财政预算外资金专户中返还给上缴财政预算外资金的部门或单位。

除以上资产负债表和财政预算外资金收支情况表外，财政预算外资金会计还可以编制财政预算外资金收支项目表。在财政预算外资金收支项目表中，详细列示各财政预算外资金的收入项目和支出项目，并可以分别列示各项目的计划数和实际数以及计划数与实际数之间的差额数。财政预算外资金收支项目表，可以帮助有关方面了解财政预算外资金收支的详细情况。

第三章 行政单位会计

第一节 概 述

一、行政单位会计的概念

行政单位会计是核算、反映和监督各级行政机关以及实行行政财务管理的其他机关、政党组织预算执行情况及其结果的专业会计。行政单位会计的具体适用组织包括:

(1) 行政机关。指从事国家行政工作的机关,即各级人民政府及其所属各行政部门。行政机关是国家权力机关的执行机关,通常也称政府机关。国务院是国家最高行政机关。

(2) 国家权力机关。指行使国家权力的机关,即各级人民代表大会及其常务委员会。全国人民代表大会是国家最高权力机关。

(3) 审判机关和检察机关。指行使国家审判职能和检察职能的机关,即各级人民法院和各级人民检察院。最高人民法院是国家最高审判机关,最高人民检察院是国家最高检察机关。

(4) 政党组织。指中国共产党、各民主党派以及共青团、妇联、工会等组织。

以上各组织尽管名称不同,但它们都有一个共同的特点,即这些组织都属于非物质生产部门,它们本身并不能在市场上通过交换获得足够的资金来源,以满足其开展业务活动的需要,财政对它们拨付或分配预算资金是它们的主要资金来源。为此,对这些组织来说,执行部门预算,按照预算取得和使用财政资金,使财政资金发挥其应有的社会效益,是它们进行财务管理和组织会计核算时应当遵循的基本要求。

行政单位的会计要素有资产、负债、净资产、收入和支出五个。行政单位的会计平衡等式是:资产=负债+净资产;收入和支出的关系是:收入-支出=结余。结余构成净资产的一个组成部分。行政单位在从财政部门获得拨付预算资金时获得收入,在按经批准的部门预算使用财政资金时形成支出,在获得收入和发生支出的过程中形成资产和负债。资产和负债的差额为净资产。

二、行政单位会计组织系统

根据行政隶属和经费申报关系,行政单位会计组织系统分为主管会计单位、二级会计单位和基层会计单位等三级。

(一) 主管会计单位

主管会计单位是指向同级财政部门申报经费,并发生预算管理关系,有下级会计单位的行政单位。主管会计单位的主要任务是:

(1) 编制本单位预算草案,审核所属各单位预算草案,在此基础上编制本单位和所属各单位汇总的部门预算草案,并按规定及时报送同级财政部门审核。

(2) 根据同级财政部门转批的部门预算,严格监督本单位和所属各单位执行经批准的部门预算。

(3) 编制本单位决算草案,审核所属各单位决算草案,在此基础上编制本单位和所属各单位汇总的部门决算草案,并按规定及时报送同级财政部门审核。

(4) 核算本单位各项资产和负债,保护国有资产的安全完整,及时清算各项待结算款项。

(二) 二级会计单位

二级会计单位是指向主管会计单位或上级会计单位申报经费,并发生预算管理关系,有下级会计单位的行政单位。二级会计单位的主要任务是:

(1) 编制本单位预算草案,审核所属各单位预算草案,在此基础上编制本单位和所属各单位汇总的部门预算草案,并按规定及时报送主管会计单位或上级会计单位审核。

(2) 根据主管会计单位或上级会计单位转批的部门预算,严格监督本单位和所属各单位执行经批准的部门预算。

(3) 编制本单位决算草案,审核所属各单位决算草案,在此基础上编制本单位和所属各单位汇总的决算草案,并按规定及时报送主管会计单位或上级会计单位审核。

(4) 核算本单位各项资产和负债,保护国有资产的安全完整,及时清算各项待结算款项。

(三) 基层会计单位

基层会计单位是指向上级会计单位申报经费,并发生预算管理关系,没有下级会计单位的行政单位。向同级财政部门申报经费,没有下级会计单位的,视同基层会计单位。基层会计单位的主要任务是:

(1) 编制本单位预算,并按规定及时报送上级会计单位或同级财政部门审核。

(2) 根据上级会计单位或财政部门转批的部门预算,严格监督本单位执行经批准的部门预算。

(3) 编制本单位决算草案,并按规定及时报送上级会计单位或同级财政部门审核。

(4) 核算本单位各项资产和负债,保护国有资产的安全完整,及时清算各项待结算款项。

主管会计单位、二级会计单位和基层会计单位实行独立的会计核算,即负责核算本单位所有的经济业务,并编制本单位完整的会计报表。不具备独立核算条件的行政单位,实行单据报账制度,作为"报销单位"管理。

三、行政单位会计的一般原则

行政单位在进行会计核算时,应当遵循如下一般原则:

(1) 客观性原则。指行政单位会计应当以实际发生的经济业务为依据,客观真实地记录和反映各项经济业务的发生情况及其结果。

(2) 适应性原则。指行政单位会计提供的会计信息应当符合国家宏观经济管理的要求,适应预算管理和有关方面了解行政单位财务状况及收支结果的需要,有利于行政单位加强内部财务管理。

(3) 可比性原则。指行政单位应当按照规定的会计方法进行处理,同类行政单位会计指标应当口径一致,相互可比。

(4) 一致性原则。指行政单位会计处理方法应当前后各期一致,不得随意变更。如确有必要变更,应当将变更情况、变更原因以及对行政单位财务收支情况和结果的影响在会计报表中说明。

(5) 及时性原则。指行政单位的会计核算应当及时进行。

(6) 明晰性原则。指行政单位的会计记录和会计报表应当清晰明了,便于理解和运用。

(7) 收付实现制原则。指行政单位的会计核算应当以收付实现制为基础。

(8) 专款专用原则。指行政单位对于有指定用途的资金应当按规定用途使用,并单独核算和反映。

(9) 实际成本原则。指行政单位的各项财产物资应当按照取得或购建时的实际成本计价。除国家另有规定外,一律不得自行调整其账面价值。

(10) 重要性原则。指会计报表应当全面反映行政单位的财务收支情况和结果。对于重要的业务事项,应当单独反映。

四、行政单位会计科目

行政单位会计科目是对行政单位会计要素所作的进一步分类。它是行政单位会计设置账户、组织会计核算的依据和基础。行政单位会计科目可分为资产、负债、净资产、收入和支出五类。各级行政单位统一适用的会计科目表如表3-1所示。

表3-1　行政单位会计科目表

类　　别	编　　号	科　目　名　称
一、资产类		
	101	现金
	102	银行存款
	103	有价证券
	104	暂付款
	105	库存材料
	106	固定资产
	107	零余额账户用款额度

续表

类　别	编　号	科　目　名　称
	115	财政应返还额度
二、负债类		
	201	应缴预算款
	202	应缴财政专户款
	203	暂存款
	211	应付工资(离退休费)
	212	应付地方(部门)津贴补贴
	213	应付其他个人收入
三、净资产类		
	301	固定基金
	303	结余
四、收入类		
	401	拨入经费
	404	预算外资金收入
	407	其他收入
五、支出类		
	501	经费支出
	502	拨出经费
	505	结转自筹基建

各级行政单位应当按照规定使用如表 3-1 所示的统一设置的会计科目，非经财政部门同意，不可以减并或自行增设会计科目，不可以擅自更改统一设置的会计科目的名称和编号，不需要的会计科目可以不用。各级行政单位在使用统一设置的会计科目时，可以只使用会计科目的名称，不使用会计科目的编号；但不可以只使用会计科目的编号，不使用会计科目的名称。

第二节　收　　入

收入是指行政单位为开展业务活动而依法取得的非偿还性资金，包括拨入经费、预算外资金收入和其他收入等。

一、拨入经费

(一) 拨入经费的概念与管理要求

拨入经费是指行政单位按照经费申报关系，由财政部门或上级单位拨付的预算经费。拨入经费是行政单位最主要的收入来源，是行政单位开展业务活动的最主要的财力保证。

行政单位拨入经费的管理要求主要是：

(1) 按部门预算和用款计划申请取得拨入经费。行政单位应当严格按照经批准的年度部门预算和分月用款计划申请取得拨入经费,不可以申请无预算、无计划或超预算、超计划的拨入经费。如果由于行政计划或任务发生变动而需要增加或减少拨入经费,行政单位应当编制追加或追减预算,在经财政部门或上级单位审核批准后,按变更后的预算申请取得拨入经费。

(2) 按规定用途申请取得拨入经费。行政单位应当按照部门预算规定的资金用途申请取得拨入经费,未经财政部门同意,不可以擅自改变拨入经费的用途。按照部门预算的要求,行政单位的经费支出分为基本支出和项目支出两大类。行政单位在申请取得拨入经费时,首先需要区分基本支出拨入经费和项目支出拨入经费进行申请;然后,再按基本支出的具体支出科目和项目支出的具体支出科目进行申请。基本支出拨入经费和项目支出拨入经费应当分别进行核算,不能相互混淆。

(3) 按规定的财政资金支付方式申请取得拨入经费。财政资金的支付方式有财政直接支付、财政授权支付和财政实拨资金三种。其中,前两种为财政国库单一账户制度下的财政资金支付方式,最后一种为传统的财政资金支付方式。行政单位在确定部门预算和用款计划时,同时确定了财政资金的支付方式和支付数额。

(4) 按预算级次申请取得拨入经费。行政单位应当按照预算级次逐级申请取得拨入经费,不可以越级申请取得拨入经费。同级主管会计单位之间不可以发生拨入经费的业务,没有预算管理关系的不同级别行政单位之间也不可以发生拨入经费的业务。行政单位的隶属关系如有改变,应当在办理划转预算管理关系的同时,办理拨入经费的划转手续,并结清已经取得的拨入经费。

(5) 将拨入经费与预算外资金收入、其他收入等收入来源同时纳入收入预算,实行统一管理、统筹安排使用。行政单位发生的经费支出,是统筹安排拨入经费、预算外资金收入和其他收入的结果。

(二) 拨入经费的确认

按照财政资金的支付方式,行政单位拨入经费的取得方式相应也有财政直接支付、财政授权支付和财政实拨资金三种。由于三种财政资金支付方式的业务流程不尽相同,因此,行政单位拨入经费的确认也存在一些差异。

1. 财政直接支付方式下拨入经费的确认

在财政直接支付方式下,行政单位根据部门预算和用款计划,在需要财政部门支付财政资金时,向财政部门提出财政直接支付申请。财政部门经审核无误后,通过财政零余额账户直接将款项支付给收款人。行政单位在收到财政部门委托财政零余额账户代理银行转来的财政直接支付入账通知书时,确认拨入经费。在财政直接支付方式下,行政单位在确认拨入经费时,实际上已经使用了财政预算资金。

2. 财政授权支付方式下拨入经费的确认

在财政授权支付方式下,行政单位根据部门预算和用款计划,按规定时间和程序向财政部门申请财政授权支付用款额度。财政部门经审核无误后,将财政授权支付用款额度下达到行政单位零余额账户代理银行。行政单位在收到单位零余额账户代理银行转来的财政授权支付到账通知书时,确认拨入经费。在财政授权支付方式下,行政单位在确认拨入经费时,还没有实际使用财政资金。行政单位收到的是一个用款额度,而不是实际的货币资金。行政单位在商业银行开设的单位零余额账户不是实存资金账户,而是一个过渡的待结算账户。

3. 财政实拨资金方式下拨入经费的确认

在财政实拨资金方式下,行政单位根据部门预算和用款计划,按规定的时间和程序向财政部门或上级单位提出资金拨入请求。财政部门或上级单位经审核无误后,将财政资金直接拨入行政单位的开户银行。行政单位在收到开户银行转来的收款通知时,确认拨入经费。在财政实拨资金方式下,行政单位在确认拨入经费时,实际收到货币资金。

(三)拨入经费的核算

为核算拨入经费业务,行政单位应设置"拨入经费"总账科目。行政单位取得拨入经费时,根据财政资金的支付方式,分别借记"经费支出"、"零余额账户用款额度"、"银行存款"等科目,贷记该科目。年终结账将该科目贷方余额转入"结余"科目时,借记该科目,贷记"结余"科目。该科目平时贷方余额,表示拨入经费的累计数。该科目应按拨入经费的用途分别设置"基本支出"和"项目支出"两个二级明细账科目。二级明细账科目下按《政府收支分类科目》中的支出功能分类科目设置明细账科目。

"拨入经费"总账科目明细账的设置具有一定的特殊性。在"拨入经费"总账科目下设置"基本支出"和"项目支出"两个二级明细账科目的原因,主要是为了适应部门预算管理的需要。部门预算管理方法将行政单位的部门支出预算区分成基本支出预算和项目支出预算两大类,并分别对基本支出预算和项目支出预算安排资金来源,其中包括拨入经费。为将基本支出的拨入经费与发生的基本支出进行配比,以及将项目支出的拨入经费与发生的项目支出进行配比,以正确考核部门预算的执行情况,在"拨入经费"总账科目下设置"基本支出"和"项目支出"两个二级明细账科目。在"基本支出"和"项目支出"两个二级明细账科目下再按《政府收支分类科目》中的支出功能分类科目设置明细账的原因,主要是为了反映行政单位的此项拨入经费应当用于哪项行政职能。该科目可以与财政总预算会计使用的一般预算支出的明细账科目形成对照。"拨入经费"总账科目明细账的这种设置方法,综合地体现了为适应部门预算管理的需要,以及与财政总预算会计一起构成一个相互联系的预算会计信息系统。

例1 某行政单位收到财政部门委托其代理银行转来的财政直接支付入账通知书,财政部门为行政单位支付了一笔日常行政活动经费,具体科目和金额为:"基本支出——一般公共服务——工商行政管理事务——行政运行"8 650元。行政单位应编制如下会计分录:

借:经费支出   8 650
  贷:拨入经费   8 650

同时,在拨入经费明细账的贷方登记如下:

基本支出——一般公共服务——工商行政管理事务——行政运行   8 650

在以上例1中,"基本支出"科目的明细账科目"一般公共服务——工商行政管理事务——行政运行",与财政总预算会计使用的"一般预算支出"总账科目的明细账科目相同。另外,部门预算中的基本支出,在《政府收支分类科目》中表示为"行政运行"科目。

例2 某行政单位收到其代理银行转来的财政授权支付到账通知书,收到财政部门拨入一笔财政授权支付用款额度,规定用于开展某专项活动,具体科目和金额为:"项目支出——医疗卫生——卫生监督——卫生监督专项"5 400元。行政单位应编制如下会计分录:

借:零余额账户用款额度   5 400
  贷:拨入经费   5 400

同时,在拨入经费明细账的贷方登记如下:
项目支出——医疗卫生——卫生监督——卫生监督专项　　　　　　　　　　　5 400

例3　某行政单位尚未纳入财政国库单一账户制度改革。该行政单位收到其开户银行转来的收款通知,收到财政部门拨入一笔预算经费,规定用于日常行政活动开支,具体科目和金额为:"基本支出——社会保障和就业——民政管理事务——行政运行"4 620元。行政单位应编制如下会计分录:

借:银行存款　　　　　　　　　　　　　　　　　　　　　　　　　　　　4 620
　贷:拨入经费　　　　　　　　　　　　　　　　　　　　　　　　　　　　　　4 620

同时,在拨入经费明细账的贷方登记如下:
基本支出——社会保障和就业——民政管理事务——行政运行　　　　　　　　4 620

例4　某行政单位年终结账,拨入经费总账科目的贷方余额为9 730元。拨入经费有关明细账科目的贷方余额为:"基本支出——一般公共服务——工商行政管理事务——行政运行"4 450元;"项目支出——一般公共服务——工商行政管理事务——消费者权益保护"1 350元,"项目支出——一般公共服务——工商行政管理事务——执法办案专项"2 470元,"项目支出——一般公共服务——工商行政管理事务——信息化建设"1 460元。行政单位将以上"拨入经费"账户的贷方余额转入"结余"账户。行政单位应编制如下会计分录:

借:拨入经费　　　　　　　　　　　　　　　　　　　　　　　　　　　　9 730
　贷:结余　　　　　　　　　　　　　　　　　　　　　　　　　　　　　　　9 730

同时,在拨入经费明细账的借方登记如下:
基本支出——一般公共服务——工商行政管理事务——行政运行　　　　　　　4 450
项目支出——一般公共服务——工商行政管理事务——消费者权益保护　　　　1 350
项目支出——一般公共服务——工商行政管理事务——执法办案专项　　　　　2 470
项目支出——一般公共服务——工商行政管理事务——信息化建设　　　　　　1 460

二、预算外资金收入

(一)预算外资金收入的概念与管理要求

预算外资金收入是指财政部门按规定从财政预算外资金专户中核拨给行政单位的预算外资金,以及部分经财政部门核准不上缴财政预算外资金专户而直接由行政单位按计划使用的预算外资金。预算外资金收入是行政单位为开展业务活动而取得的一部分财政性资金。行政单位从财政预算外资金专户中取得的预算外资金,一般与行政单位缴入财政预算外资金专户中的预算外资金相关。财政预算外资金实行收支两条线管理。

行政单位预算外资金收入的管理要求主要是:

(1)分别核算、分类管理。预算外资金收入与拨入经费都是行政单位为开展业务活动而从财政部门取得的财政性资金。其中,预算外资金收入是行政单位从财政预算外资金专户中取得的财政性资金,拨入经费是行政单位从财政国库中取得的财政性资金。行政单位应当按照不同的资金来源渠道,对预算外资金收入和拨入经费实行分别核算、分类管理。

(2)将预算外资金收入纳入单位综合财务收支计划。行政单位应当将预算外资金收入和拨入经费进行统筹安排,综合地运用于行政单位的各项业务活动支出。

(二) 预算外资金收入的核算

为核算预算外资金收入业务,行政单位应设置"预算外资金收入"总账科目。行政单位收到财政部门从财政预算外资金专户中核拨的预算外资金时,借记"银行存款"科目,贷记该科目。年终结账将该科目贷方余额全数转入"结余"科目时,借记"预算外资金收入"科目,贷记"结余"科目。该科目平时贷方余额,表示行政单位从财政部门取得的预算外资金收入的累计数。该科目应设置"基本支出"和"项目支出"两个二级科目,二级科目下按《政府收支分类科目》中的支出功能分类科目设置明细账。主管会计单位收到财政部门核拨的属于应返还所属二级会计单位或基层会计单位的预算外资金时,通过"暂存款"科目核算,不通过"预算外资金收入"科目核算。

"预算外资金收入"总账科目明细账的设置方法,与"拨入经费"总账科目明细账的设置方法相同。

例1 某行政单位收到财政部门从财政预算外资金专户中核拨的预算外资金共计1 200元,具体科目和金额为:"基本支出——一般公共服务——食品和药品监督管理事务——行政运行"420元,"项目支出——一般公共服务——食品和药品监督管理事务——认证事务"780元。行政单位应编制如下会计分录:

借:银行存款　　　　　　　　　　　　　　　　　1 200
　　贷:预算外资金收入　　　　　　　　　　　　　　　　1 200

同时,在预算外资金收入明细账的贷方登记如下:

基本支出——一般公共服务——食品和药品监督管理事务——行政运行　　　420
项目支出——一般公共服务——食品和药品监督管理事务——认证事务　　　780

例2 某行政单位年终结账,"预算外资金收入"总账科目的贷方余额为1 280元。"预算外资金收入"有关明细账科目的贷方余额为:"基本支出——农林水事务——农业——行政运行"230元;"项目支出——农林水事务——农业——技能培训"380元;"项目支出——农林水事务——农业——病虫害控制"430元,"项目支出——农林水事务——农业——执法监管"240元。行政单位将以上"预算外资金收入"科目的贷方余额全数转入"结余"科目。行政单位应编制如下会计分录:

借:预算外资金收入　　　　　　　　　　　　　　　1 280
　　贷:结余　　　　　　　　　　　　　　　　　　　　　　1 280

同时,在预算外资金收入明细账的借方登记如下:

基本支出——农林水事务——农业——行政运行　　　　　　　　230
项目支出——农林水事务——农业——技能培训　　　　　　　　380
项目支出——农林水事务——农业——病虫害控制　　　　　　　430
项目支出——农林水事务——农业——执法监管　　　　　　　　240

三、其他收入

（一）其他收入的概念和内容

其他收入是指行政单位按规定取得的除拨入经费和预算外资金收入外的其他各种收入。其他收入的内容主要包括行政单位在业务活动中按规定取得的不必上缴财政的零星杂项收入、有偿服务收入、有价证券及银行存款的利息收入等。行政单位其他收入的具体项目和收费标准，必须按照国家的统一规定执行，不得擅自扩大收费项目或提高收费标准。行政单位的其他收入一般纳入基本支出预算。

（二）其他收入的核算

为核算其他收入业务，行政单位应设置"其他收入"总账科目。行政单位取得其他收入时，借记"银行存款"、"现金"科目，贷记该科目。年终结账将该科目贷方余额全数转入"结余"科目时，借记该科目，贷记"结余"科目。该科目平时贷方余额，表示其他收入的累计数。该科目可按其他收入的主要类别设置明细账。

例1 某行政单位变卖若干废旧物资，收到现金120元。经批准，该废旧物资变卖收入不必上缴财政。行政单位应编制如下会计分录：

借：现金　　　　　　　　　　　　　　　　　　　　　　　　120
　　贷：其他收入　　　　　　　　　　　　　　　　　　　　　　120

同时，在其他收入明细账的贷方登记如下：

废旧物资变卖收入　　　　　　　　　　　　　　　　　　　　120

例2 某行政单位年终结账，"其他收入"总账科目的贷方余额为310元。"其他收入"有关明细账科目的贷方余额为："废旧物资变卖收入"260元，"银行存款利息收入"50元。行政单位将以上"其他收入"科目的贷方余额全数转入"结余"科目。行政单位应编制如下会计分录：

借：其他收入　　　　　　　　　　　　　　　　　　　　　　310
　　贷：结余　　　　　　　　　　　　　　　　　　　　　　　310

同时，在其他收入明细账的借方登记如下：

废旧物资变卖收入　　　　　　　　　　　　　　　　　　　　260
银行存款利息收入　　　　　　　　　　　　　　　　　　　　 50

第三节　支　　出

支出是指行政单位在开展业务活动过程中发生的各项资金的耗费和使用，包括经费支出、拨出经费和结转自筹基建等。

一、经费支出

(一) 经费支出的概念

经费支出是指行政单位为开展业务活动而发生的各项资金的支出。经费支出是行政单位为实现社会管理职能,完成行政任务而按计划发生的各项资金的耗费,是行政单位组织和领导经济建设、文化建设等各项社会建设,促进社会全面发展的资金保证,是行政单位最主要的支出。

经费支出是行政单位对包括拨入经费、预算外资金收入和其他收入等各种收入来源综合安排使用的结果,它是行政单位在预算执行过程中各项资金的实际消耗数。

(二) 经费支出的分类

为全面反映行政单位各项经费支出的内容和结构,便于分析和考核各项经费支出的实际发生情况及其效果,从而有针对性地加强和改善对行政单位经费支出的管理,行政单位有必要对经费支出按照一定的要求进行适当的分类。

1. 按照部门预算管理的要求进行的分类

行政单位的经费支出应当按照部门预算管理的要求进行分类。按照部门预算管理的要求,行政单位的经费支出应分为基本支出和项目支出两大类。

(1) 基本支出。指行政单位为维持正常运转和完成日常工作任务而发生的各项支出。如行政单位按规定支付给工作人员的基本工资、为完成日常工作任务而发生的办公经费支出等。基本支出是行政单位的基本资金消耗,是行政单位维持日常正常运转的基本资金保证。基本支出具有常规性、稳定性的特点。

(2) 项目支出。指行政单位为完成专项工作或特定任务而发生的各项支出。项目支出属于基本支出外的专项支出。行政单位的项目支出一般包括专项会议支出、专项任务支出、专项大型修缮支出、专项购建支出等。与基本支出相比,项目支出具有非常规性、不稳定性的特点。行政单位的项目支出需要经过申报、筛选、立项、评审和审批的过程。经批准后,安排专项资金作为财力保证。

将行政单位的经费支出区分为基本支出和项目支出的目的,主要是为了更好地安排使用行政单位的行政经费,确保行政单位的正常运转,并在此基础上,量力推动重点工作,有效完成行政任务。

2. 按照《政府收支分类科目》的要求进行的分类

行政单位的经费支出应当按照《政府收支分类科目》中的"支出经济分类科目"进行分类。《政府收支分类科目》中的"支出经济分类科目"分设类、款两级,类、款两级科目在内容上逐渐细化。按照《政府收支分类科目》,行政单位的经费支出可作如下分类:

(1) 工资福利支出。反映行政单位开支的在职职工和临时聘用人员的各类劳动报酬,以及为上述人员缴纳的各项社会保险费等。该科目分设如下款级科目:基本工资、津贴补贴、奖金、社会保障缴费、伙食补助费、其他工资福利支出等。

(2) 商品和服务支出。反映行政单位购买商品和服务的支出。该科目分设如下款级科目:办公费、咨询费、手续费、水费、电费、邮电费、取暖费、物业管理费、交通费、差旅费、出国费、维修(护)费、租赁费、会议费、培训费、招待费、专用材料费、被装购置费、专用燃料费、劳务费、委托业务费、工会经费、福利费、降温费、其他商品和服务支出等。

（3）对个人和家庭的补助。反映行政单位用于对个人和家庭的补助支出。该科目分设如下款级科目:离休费、退休费、退职(役)费、抚恤金、生活补助、救济费、医疗费、助学金、奖励金、生产补贴、住房公积金、提租补贴、购房补贴、其他对个人和家庭的补助支出等。

（4）基本建设支出。反映行政单位由各级发展与改革部门集中安排的用于购置固定资产、战略性和应急性储备、土地和无形资产，以及购建基础设施、大型修缮所发生的支出。该科目分设如下款级科目:房屋建筑物购建、办公设备购置、专用设备购置、交通工具购置、基础设施建设、大型修缮、信息网络购建、物资储备、其他基本建设支出等。

（5）其他资本性支出。反映行政单位由各级非发展与改革部门集中安排的用于购置固定资产、战略性和应急性储备、土地和无形资产，以及购建基础设施、大型修缮和财政支持企业更新改造所发生的支出。该科目分设如下款级科目:房屋建筑物购建、办公设备购置、专用设备购置、交通工具购置、基础设施建设、大型修缮、信息网络购建、物资储备、土地补偿、安置补助、拆迁补偿、其他资本性支出等。

（6）其他支出。反映行政单位不能划分到专门支出经济分类科目中去的其他有关支出。

在《政府收支分类科目》中，"支出经济分类科目"与"支出功能分类科目"是两套相互并列的政府支出科目体系。这两套政府支出科目体系，分别从不同的角度对政府的支出进行了全面系统的分类。而且，这两套政府支出科目体系还可以相互配合，同时对政府的有关支出进行反映。例如，某工商行政管理部门购买了一批日常办公用品，直接交有关业务部门使用。该购买日常办公用品的支出可以同时在"一般预算支出——一般公共服务——工商行政管理事务——行政运行"科目和"基本支出——商品和服务支出——办公费"科目中反映。前者反映为政府的功能支出或职能支出，后者反映为政府的经济支出或用途支出。同时设置两套完整的支出科目，分别从不同的角度反映政府支出的内容，两套科目各自成体系又相互联系，这是我国政府收支分类科目的一项重大改革。

3. 将部门预算管理和《政府收支分类科目》的要求相结合的分类

行政单位的经费支出应当将部门预算管理的要求与《政府收支分类科目》的要求相结合进行分类。具体来说，行政单位应当在基本支出中，使用《政府收支分类科目》中的支出经济分类科目；在项目支出中，也使用《政府收支分类科目》中的支出经济分类科目。《政府收支分类科目》同时分别运用于基本支出和项目支出。

行政单位的基本支出一般再分为人员经费支出和日常公用经费支出两大类。在人员经费支出中，包括《政府收支分类科目》中的"工资福利支出"以及"对个人和家庭的补助"两类支出经济分类科目。在日常公用经费支出中，包括《政府收支分类科目》中的"商品和服务支出"以及符合条件的诸如"办公设备购置"、"专用设备购置"、"交通工具购置"等支出经济分类科目。

行政单位的项目支出应当区分具体项目，使用《政府收支分类科目》中有关的支出经济分类科目。其中，可能会包含工资福利支出、商品和服务支出、对个人和家庭的补助、基本建设支出以及其他资本性支出等科目。

将经费支出按部门预算管理的要求和《政府收支分类科目》的要求相结合进行分类，使行政单位经费支出的核算既满足了部门预算管理的要求，又同时满足了《政府收支分类科目》的要求。经费支出的会计核算将部门预算管理的要求和《政府收支分类科目》的要求有机地结合在一起。

（三）经费支出的管理要求

经费支出管理是行政单位财务管理的一项重要内容，也是财政部门或上级主管部门考核行政单位预算执行情况的重要方面。行政单位必须严格按照有关规定，采取切实可行的办法加强对经费支出的管理。行政单位经费支出的管理要求主要是：

（1）建立健全经费支出的内部管理制度。行政单位应当建立健全一系列经费支出的内部管理制度，对各项经费支出实施严格的制度管理。例如，行政单位应当建立健全各项经费支出全部由单位财务部门统一管理的制度，行政单位的其他职能部门不可以在单位财务部门之外设立账外账或"小金库"；行政单位应当建立健全重大支出项目的严格审批制度，未经有关审批程序，不可以发生重大经费支出；如此等等。

（2）各项经费支出必须严格按照部门预算规定的用途和数额使用。行政单位的经费支出必须严格按照部门预算规定的用途和数额使用，不可以办理无预算、超预算范围的经费支出，也不可以随意提高或者降低经费支出的标准。对于违反财经纪律的开支，行政单位一律不得办理报销支付。

（3）保证单位基本支出的需要。行政单位的经费支出应当要保证单位基本支出的需要，包括人员经费和日常公用经费的需要。对于单位的基本支出，应当实行优先保障、优先安排的管理原则。只有在基本支出安排得到保证后，才可以安排项目支出。行政单位的基本支出一般采用定员、定额的管理办法。所谓定员，是指国家机构编制主管部门根据行政单位的性质、职能、业务范围和工作任务所下达的人员配置标准。所谓定额，是指财政部门根据行政单位机构正常运转和日常工作任务的合理需要，对各项基本支出所规定的指标额度。基本支出的定额项目包括人员经费和日常公用经费两部分。

（4）严格项目支出的管理。行政单位的项目支出应当实行区分轻重缓急进行科学论证、合理排序申报、立项后专款专用、追踪问效的管理制度。行政单位应当为每一项目支出单独建账，独立反映其资金来源和使用情况以及项目进度和完成情况，并及时对资金使用的效益作出评价。

（5）实行综合预算管理方法。行政单位应当将拨入经费、预算外资金收入和其他收入综合地安排用于经费支出，包括基本支出和项目支出。也即行政单位在安排基本支出时，需要综合地安排使用拨入经费、预算外资金收入和其他收入；在安排项目支出时，也需要综合地安排使用拨入经费、预算外资金收入和其他收入。

（6）对经费支出的薄弱环节实施重点管理。行政单位应采用积极有效的措施，对诸如"人、车、会、电话"等经费支出的薄弱环节实施重点管理。在人员经费管理方面，行政单位应当严格执行编制主管部门核定的人员编制数，不能突破。在车辆购置费管理方面，行政单位应当严格按照车辆配置标准购置车辆，不可以超标准购置车辆。在会议费管理方面，行政单位应当要建立健全会议的审批制度，坚持务实、节约、高效的原则，严格控制会议数量、会期和参加会议的人数，尽可能减少会议费支出。在电话费管理方面，行政单位应当严格按规定配备电话等通讯设备，未经审批，行政单位不负担购置及消耗费用。

（7）注意勤俭节约，讲究支出效果。行政单位在办理经费支出时应当注意勤俭节约。行政单位应当既要考虑保证行政任务的顺利完成,又要考虑合理节约地使用各项资金,努力使行政单位的每一笔经费支出都能够达到其应有的效果。

(四) 经费支出的核算

为核算经费支出业务,行政单位应设置"经费支出"总账科目。行政单位发生经费支出时,借记该科目,贷记"拨入经费"、"零余额账户用款额度"、"银行存款"、"现金"、"库存材料"等科目。年终结账将该科目借方余额全数转入"结余"科目时,借记"结余"科目,贷记该科目。该科目平时借方余额,表示经费支出的累计数。该科目应设置"基本支出"和"项目支出"两个二级科目,二级科目下按《政府收支分类科目》中的支出经济分类科目设置明细账。

例1 某行政单位收到财政国库支付执行机构委托其代理银行转来的财政直接支付入账通知书,财政国库支付执行机构通过财政零余额账户为行政单位支付了一笔属于基本支出预算的在职人员工资福利支出,具体科目和金额为:基本工资 1 950 元。行政单位应编制如下会计分录:

借:经费支出　　　　　　　　　　　　　　　　　　　　　1 950
　　贷:应付工资(离退休费)　　　　　　　　　　　　　　　　1 950
同时:
借:应付工资(离退休费)　　　　　　　　　　　　　　　　1 950
　　贷:拨入经费　　　　　　　　　　　　　　　　　　　　　1 950
同时,在经费支出明细账的借方登记如下:
基本支出——工资福利支出——基本工资　　　　　　　　　1 950

例2 某行政单位收到财政国库支付执行机构委托其代理银行转来的财政直接支付入账通知书,财政国库支付执行机构通过财政零余额账户为行政单位支付了属于人大会议项目支出预算的商品和服务支出 42 000 元,具体科目和金额为:会议费 42 000 元。行政单位应编制如下会计分录:

借:经费支出　　　　　　　　　　　　　　　　　　　　　42 000
　　贷:拨入经费　　　　　　　　　　　　　　　　　　　　　42 000
同时,在经费支出明细账的借方登记如下:
项目支出(人大会议)——商品和服务支出——会议费　　　　42 000

例3 某行政单位通过单位零余额账户购买了属于基本支出预算的日常办公用品一批,直接交有关业务部门使用,具体科目和金额为:"商品和服务支出——办公费"980 元。行政单位应编制如下会计分录:

借:经费支出　　　　　　　　　　　　　　　　　　　　　980
　　贷:零余额账户用款额度　　　　　　　　　　　　　　　　980
同时,在经费支出明细账的借方登记如下:
基本支出——商品和服务支出——办公费　　　　　　　　　980

例4 某行政单位通过单位零余额账户支付了属于环境保护宣传项目支出预算的商品和服务支出共计 770 元,具体科目和金额为:印刷费 230 元,培训费 540 元。行政单位应编制如下会计分录:

借:经费支出　　　　　　　　　　　　　　　　　　　　　770

  贷：零余额账户用款额度   770

同时，在经费支出明细账的借方登记如下：

 项目支出（环境保护宣传）——商品和服务支出——印刷费   230
 项目支出（环境保护宣传）——商品和服务支出——培训费   540

  例 5 某行政单位通过银行存款账户支付了属于基本支出预算的商品和服务支出 360 元，具体科目和金额为：取暖费 360 元，劳务费 280 元。行政单位应编制如下会计分录：

 借：经费支出   640
  贷：银行存款   640

同时，在经费支出明细账的借方登记如下：

 基本支出——商品和服务支出——取暖费   360
 基本支出——商品和服务支出——劳务费   280

  例 6 某行政单位年终结账，"经费支出"总账科目的借方余额为 3 500 元。"经费支出"有关明细账科目的借方余额为："基本支出——工资福利支出——基本工资"650 元，"基本支出——工资福利支出——津贴补贴"360 元，"基本支出——商品和服务支出——办公费"720 元，"基本支出——商品和服务支出——电费"260 元，"基本支出——商品和服务支出——维修（护）费"270 元，"基本支出——对个人和家庭的补助——医疗费"180 元，"基本支出——基本建设支出——办公设备购置"460 元；"项目支出（税务办案）——商品和服务支出——印刷费"150 元，"项目支出（税务办案）——商品和服务支出——咨询费"120 元，"项目支出（信息化建设）——基本建设支出——专用设备购置"330 元。行政单位将以上"经费支出"科目的借方余额全数转入"结余"科目。行政单位应编制如下会计分录：

 借：结余   3 500
  贷：经费支出   3 500

同时，在经费支出明细账的贷方登记如下：

基本支出——工资福利支出——基本工资   650
基本支出——工资福利支出——津贴补贴   360
基本支出——商品和服务支出——办公费   720
基本支出——商品和服务支出——电费   260
基本支出——商品和服务支出——维修（护）费   270
基本支出——对个人和家庭的补助——医疗费   180
基本支出——基本建设支出——办公设备购置   460
项目支出（税务办案）——商品和服务支出——印刷费   150
项目支出（税务办案）——商品和服务支出——咨询费   120
项目支出（信息化建设）——基本建设支出——专用设备购置   330

二、拨出经费

（一）拨出经费的概念

  拨出经费是指行政单位根据核定的部门预算转拨给其所属预算单位的预算资金。在传统的财政实拨资金方式下,主管会计单位从财政部门取得的预算资金中包含了其本身的预算资金以及其所属所有下级会计单位的预算资金。主管会计单位需要将所有所属下级单位的预算资金转拨给二级会计单位,二级会计单位需要再将所属下级会计单位的预算资金向下转拨。财政预算资金就这样通过预算管理关系逐级向下转拨,并由此形成了行政单位的拨出经费业务。在财政国库单一账户制度下,由于财政部门通过财政零余额账户或单位零余额账户直接将预算资金拨付给收款人或用款单位,因此,行政单位也就不存在转拨预算资金的拨出经费业务。

(二) 拨出经费的核算

为核算拨出经费业务,行政单位应设置"拨出经费"总账科目。行政单位向下级会计单位转拨预算资金时,借记该科目,贷记"银行存款"科目。年终结账将该科目借方余额转入"结余"科目时,借记"结余"科目,贷记该科目。该科目平时借方余额,表示拨出经费的累计数。该科目应分设"拨出基本支出经费"和"拨出项目支出经费"两个二级科目,并按所属拨款单位设置明细账。

例1 某行政单位尚未纳入财政国库单一账户制度改革。该行政单位根据核定的部门预算,通过开户银行向所属甲预算单位转拨预算资金合计 7 500 元,其中,基本支出经费合计 5 200元,项目支出经费合计 2 300 元。该行政单位应编制如下会计分录:

借:拨出经费(甲预算单位)　　　　　　　　　　　　　　7 500
　　贷:银行存款　　　　　　　　　　　　　　　　　　　　　　7 500

同时,在拨出经费明细账的借方登记如下:
拨出基本支出经费　　　　　　　　　　　　　　　　　　　5 200
拨出项目支出经费　　　　　　　　　　　　　　　　　　　2 300

例2 某行政单位年终结账,"拨出经费"总账科目借方余额 23 000 元。"拨出经费"有关明细账科目借方余额为:拨出基本支出经费 18 000 元,拨出项目支出经费 5 000 元。行政单位将以上"拨出经费"科目的借方余额全数转入"结余"科目。行政单位应编制如下会计分录:

借:结余　　　　　　　　　　　　　　　　　　23 000
　　贷:拨出经费　　　　　　　　　　　　　　　　　　　23 000

同时,在拨出经费明细账的贷方登记如下:
拨出基本支出经费　　　　　　　　　　　　　　　　　　　18 000
拨出项目支出经费　　　　　　　　　　　　　　　　　　　5 000

三、结转自筹基建

(一) 结转自筹基建的概念

结转自筹基建是指行政单位经批准,用拨入经费以外的资金安排基本建设,其所筹集并转存建设银行的资金。行政单位应当严格控制自筹基本建设支出。确需安排支出的,应当按照规定进行申报,并办理相应的报批手续。批准后的自筹基本建设资金,纳入基本建设财务管理,由基本建设会计组织会计核算。

(二) 结转自筹基建的核算

为核算结转自筹基建业务,行政单位应设置"结转自筹基建"总账科目。行政单位将自筹的基本建设资金转存建设银行时,借记该科目,贷记"银行存款"科目;基本建设项目完工后收回剩余资金时,做相反的会计分录。年终结账将该科目借方余额全数转入"结余"科目时,借记"结余"科目,贷记该科目。

例1 某行政单位将自筹的基本建设资金 9 600 元转存建设银行。行政单位应编制如下会计分录:

借:结转自筹基建　　　　　　　　　　　　　　　　9 600
　　贷:银行存款　　　　　　　　　　　　　　　　　　9 600

例2 某行政单位年终结账将"结转自筹基建"科目借方余额 15 000 元转入"结余"科目。行政单位应编制如下会计分录:

借:结余　　　　　　　　　　　　　　　　　　　　15 000
　　贷:结转自筹基建　　　　　　　　　　　　　　　　15 000

第四节　净　资　产

净资产是指行政单位资产减去负债后的差额,包括固定基金和结余等。

一、结余

(一) 结余的概念

结余是行政单位的各项收入减去各项支出后的差额。其中,各项收入包括拨入经费、预算外资金收入和其他收入,各项支出包括经费支出、拨出经费和结转自筹基建。行政单位的结余每年年终结算一次,平时不结算。因此,行政单位的结余是单位全年全部实际收入与全年全部实际支出相抵后的最终财务结果。

在财政国库单一账户制度下,行政单位年终可能会存在零余额账户用款额度结余。其中,包括财政零余额账户用款额度结余和单位零余额账户用款额度结余。财政零余额账户用款额度结余是行政单位取得的财政直接支付年度用款预算额度与行政单位年度内财政直接支付实际发生数额之间的差额,是行政单位年终尚未实际使用的财政直接支付预算指标。单位零余额账户用款额度结余是行政单位取得的财政授权支付年度用款预算额度与行政单位年度内财政授权支付实际发生数额之间的差额,是行政单位年终尚未实际使用的财政授权支付预算指标。

行政单位的年终零余额账户用款额度结余与行政单位的年终实际结余总数是两个不同的概念。行政单位的零余额账户用款额度结余是行政单位尚未实际使用的年度预算指标,对于财政零余额账户用款额度结余来说,其表现形式是行政单位应确认的拨入经费,但与此同时,没有相应的经费支出;对于单位零余额账户用款额度结余来说,其表现形式是行政单位已确认的拨入经费,但与此同时,也没有相应的经费支出。行政单位的零余额账户用款额度结余属于行政单位的财政性资金结余。行政单位的年终实际结余总数是行政单位全年已确认的全部收入减去全年已确认的全部支出后的差额,是收支相抵后的结果。全年已确认的全部收入包括财政性资金收入,也包括其他收入;全年已确认的全部支出包括使用财政性资金形成的支出,也包括使用其他资金形成的支出。行政单位的年终零余额账户用款额度结余在数量上构成行政单位的年终实际结余总数的一部分。

按照部门预算管理的要求,行政单位的结余应当区分基本支出结余和项目支出结余两大种类。其中,基本支出结余是基本支出收入减去基本支出后的差额,项目支出结余是项目支出收入减去项目支出后的差额。行政单位的基本支出结余一般应当结转下年继续使用在基本支出上。行政单位的项目支出结余,在项目尚未完成的情况下,一般应当结转下年继续使用在有关项目上;在项目已经完成的情况下,应当按照财政部门和上级单位的要求,或者使用在新的项目支出上,或者归还财政部门或上级单位。行政单位的年终结余总数,包括财政零余额账户用款额度结余和单位零余额账户用款额度结余,行政单位都应当在接到财政部门在次年初下达的批复后才可以使用。

(二) 结余的核算

为核算结余业务,行政单位应设置"结余"总账科目。行政单位年终结账将"拨入经费"、"预算外资金收入"和"其他收入"科目的贷方余额转入该科目时,借记"拨入经费"、"预算外资金收入"、"其他收入"科目,贷记该科目;将"经费支出"、"拨出经费"和"结转自筹基建"科目的借方余额转入该科目时,借记该科目,贷记"经费支出"、"拨出经费"、"结转自筹基建"科目。该科目年终贷方余额,表示行政单位的滚存结余或累计结余。该科目应分别设置"基本支出结余"和"项目支出结余"两个二级科目。

例1 某行政单位通过财政零余额账户发生的当年财政直接支付合计数为 78 300 元,其中,用于基本支出的数额为 56 000 元,用于项目支出的数额为 22 300 元。该行政单位当年财政直接支付预算指标数为 78 900 元,其中,应当用于基本支出的预算指标为 56 200 元,应当用于项目支出的预算指标为 22 700 元。该行政单位年终存在尚未使用的财政直接支付预算额度 600 元(78 900－78 300),其中,属于基本支出的尚未使用的预算额度 200 元(56 200－56 000),属于项目支出的尚未使用的预算额度 400 元(22 700－22 300)。行政单位年终应编制如下会计分录:

借:财政应返还额度　　　　　　　　　　　　　　　　600
　　贷:拨入经费　　　　　　　　　　　　　　　　　　　　600

同时,在拨入经费明细账的贷方登记如下:

基本支出　　　　　　　　　　　　　　　　　　　　　　　　200
项目支出　　　　　　　　　　　　　　　　　　　　　　　　400

在以上例1中,行政单位对于年终尚未使用的财政直接支付预算额度作为拨入经费确认。行政单位在年初取得财政直接支付预算额度时,不作会计处理。

例2 某行政单位通过单位零余额账户发生的当年财政授权支付合计数为 56 500 元,其中,用于基本支出的数额为 45 100 元,用于项目支出的数额为 11 400 元。该行政单位当年财政授权支付预算指标数为 56 800 元,其中,应当用于基本支出的预算指标为 45 200 元,应当用于项目支出的预算指标为 11 600 元。财政部门已经将当年全部财政授权支付预算指标数下达到了行政单位的代理银行。该行政单位年终存在尚未使用的财政授权支付预算额度 300 元(56 800－56 500),其中,属于基本支出的尚未使用的预算额度 100 元(45 200－45 100),属于项目支出的尚未使用的预算额度 200 元(11 600－11 400)。行政单位年终应编制如下会计分录:

  借:财政应返还额度   300
    贷:零余额账户用款额度   300

在以上例 2 中,行政单位在财政部门将财政授权支付预算额度分期下达到单位零余额账户代理银行时,确认拨入经费。行政单位在年终计算出尚未使用的财政授权支付预算额度时,实行先冲销、后恢复的处理方法。即行政单位在当年末先将尚未使用的财政授权支付预算额度通过贷记"零余额账户用款额度"科目予以冲销,使得行政单位的"零余额账户用款额度"账户的当年末余额为零;然后在次年初通过借记"零余额账户用款额度"科目予以恢复,使得行政单位的"零余额账户用款额度"账户的次年初余额为上年末行政单位尚未使用的财政授权支付预算额度。

  例 3 某行政单位通过单位零余额账户发生的当年财政授权支付合计数为 46 800 元,其中,用于基本支出的数额为 32 400 元,用于项目支出的数额为 14 400 元。该行政单位当年财政授权支付预算指标数为 47 800 元,其中,应当用于基本支出的预算指标为 32 800 元,应当用于项目支出的预算指标为 15 000 元。财政部门已向单位零余额账户代理银行下达财政授权支付预算指标 46 800 元,其中,基本支出预算指标 32 400 元,项目支出预算指标 14 400 元。也即行政单位已经将财政部门下达到单位零余额账户代理银行的财政授权支付预算指标全部用完。该行政单位年终存在尚未收到的财政授权支付预算额度 1 000 元(47 800－46 800),其中,属于基本支出的尚未收到的预算额度 400 元(32 800－32 400),属于项目支出的尚未收到的预算额度 600 元(15 000－14 400)。行政单位年终应编制如下会计分录:

  借:财政应返还额度   1 000
    贷:拨入经费   1 000

同时,在拨入经费明细账的贷方登记如下:

  基本支出   400
  项目支出   600

在以上例 3 中,行政单位对于财政部门年终尚未下达到单位零余额账户的财政授权支付预算额度作为拨入经费处理。

  例 4 某行政单位年终结账,有关收入总账科目的贷方余额为:"拨入经费"5 340 元,"预算外资金收入"60 元;有关支出总账科目的借方余额为:"经费支出"5 280 元。有关"拨入经费"明细账科目的贷方余额为:"基本支出——公共安全——公安——行政运行"2 040 元;"项目支出——公共安全——公安——治安管理"980 元,"项目支出——公共安全——公安——刑事侦查"1 530 元,"项目支出——公共安全——公安——信息化建设"790 元。有关"预算外资金收入"明细账科目的贷方余额为:"基本支出——公共安全——公安——行政运行"60 元。有关"经费支出"明细账科目的借方余额为:"基本支出——工资福利支出——基本工资"560 元,"基本支出——工资福利支出——津贴补贴"440 元,"基本支出——商品和服务支出——

办公费"680 元,"基本支出——对个人和家庭的补助——生活补助"30 元,"基本支出——基本建设支出——办公设备购置"340 元;"项目支出(治安管理)——商品和服务支出——印刷费"240 元,"项目支出(治安管理)——商品和服务支出——交通费"730 元;"项目支出(刑事侦查)——商品和服务支出——差旅费"990 元,"项目支出(刑事侦查)——其他资本性支出——专用设备购置"520 元;"项目支出(信息化建设)——商品和劳务支出——委托业务费"320 元,"项目支出(信息化建设)——商品和服务支出——专用材料费"430 元。行政单位将以上有关收支科目的余额结转至"结余"科目。行政单位应编制如下会计分录:

借:拨入经费	5 340
预算外资金收入	60
贷:结余	5 400

同时:

借:结余	5 280
贷:经费支出	5 280

同时,在拨入经费明细账的借方登记如下:

基本支出——公共安全——公安——行政运行	2 040
项目支出——公共安全——公安——治安管理	980
项目支出——公共安全——公安——刑事侦查	1 530
项目支出——公共安全——公安——信息化建设	790

在预算外资金收入明细账的借方登记如下:

基本支出——公共安全——公安——行政运行	60

在经费支出明细账的贷方登记如下:

基本支出——工资福利支出——基本工资	560
基本支出——工资福利支出——津贴补贴	440
基本支出——商品和服务支出——办公费	680
基本支出——对个人和家庭的补助——生活补助	30
基本支出——基本建设支出——办公设备购置	340
项目支出(治安管理)——商品和服务支出——印刷费	240
项目支出(治安管理)——商品和服务支出——交通费	730
项目支出(刑事侦查)——商品和服务支出——差旅费	990
项目支出(刑事侦查)——其他资本性支出——专用设备购置	520
项目支出(信息化建设)——商品和劳务支出——委托业务费	320
项目支出(信息化建设)——商品和服务支出——专用材料费	430

在结余明细账的贷方登记如下:

基本支出结余	2 100
项目支出结余(治安管理)	980
项目支出结余(刑事侦查)	1 530
项目支出结余(信息化建设)	790

在结余明细账的借方登记如下:

基本支出结余	2 050

项目支出结余(治安管理)	970
项目支出结余(刑事侦查)	1 510
项目支出结余(信息化建设)	750

在以上例4中,行政单位的当年结余为120元(5 400－5 280)。其中,基本支出结余为50元(2 100－2 050);项目支出结余(治安管理)为10元(980－970),项目支出结余(刑事侦查)为20元(1 530－1 510),项目支出结余(信息化建设)为40元(790－750)。

在以上例4中,行政单位还可以将"基本支出结余"区分为"人员经费结余"、"日常公用经费结余"两类。一般情况下,人员经费结余与日常公用经费结余实行分别管理,不能相互混合使用。行政单位不可以将日常公用经费结余用于人员经费开支,也不可以将人员经费结余用于日常公用经费开支。行政单位还可以将有关的"项目支出结余"区分为"项目支出净结余"和"项目支出专项结余"两类。项目支出净结余反映已完成项目的项目支出结余,项目支出专项结余反映尚未完成的项目支出结余。项目支出专项结余一般在来年继续用于尚未完成的项目,项目支出净结余一般将另作安排使用,两者实行分别管理。

二、固定基金

(一) 固定基金的概念

固定基金是指行政单位固定资产所占用的基金。它体现国家对行政单位固定资产的所有权。

固定基金是行政单位净资产中的基本份额。它通常随行政单位固定资产购入、调入、建造、接受捐赠及盘盈等而增加,随行政单位固定资产报废、调出、盘亏等而减少。

由于行政单位的固定资产不计提折旧,因此,行政单位的固定基金在数额上始终与固定资产相等。

(二) 固定基金的核算

为核算固定基金业务,行政单位应设置"固定基金"总账科目。行政单位增加固定基金时,借记"固定资产"科目,贷记该科目;减少固定基金时,借记该科目,贷记"固定资产"科目。该科目贷方余额,表示行政单位的固定基金总额。

例1 某行政单位收到财政国库支付执行机构委托其代理银行转来的财政直接支付入账通知书,财政国库支付执行机构通过财政零余额账户为行政单位支付了购买办公设备的款项25 500元。行政单位应编制如下会计分录:

| 借:经费支出 | 25 500 | |
| 贷:拨入经费 | | 25 500 |

同时:

| 借:固定资产——办公设备 | 25 500 | |
| 贷:固定基金 | | 25 500 |

例2 某行政单位由上级主管部门根据需要无偿调入办公用房屋一幢,计价64 200元。行政单位应编制如下会计分录:

借:固定资产——房屋建筑物　　　　　　　　　　　　　64 200
　　　　贷:固定基金　　　　　　　　　　　　　　　　　　　　　64 200

例3　某行政单位经批准报废一项专用设备。该专用设备的原价为 15 800 元。残料出售获得收入 1 400 元,款项存入银行存款账户。行政单位应编制如下会计分录:

(1) 报废专用设备时:
　　借:固定基金　　　　　　　　　　　　　　　　　　　　　15 800
　　　　贷:固定资产——专用设备　　　　　　　　　　　　　　　　15 800
(2) 取得残料出售收入时:
　　借:银行存款　　　　　　　　　　　　　　　　　　　　　 1 400
　　　　贷:其他收入　　　　　　　　　　　　　　　　　　　　　　 1 400

第五节　资产和负债

一、资产

资产是行政单位占用或者使用的,能以货币计量的经济资源,包括现金、银行存款、零余额账户用款额度、财政应返还额度、暂付款、库存材料、有价证券和固定资产等。

(一) 现金

1. 现金的概念与管理要求

现金是指行政单位存放在财务部门的库存现金。现金具有普遍的可接受性和最强的流动性。现金可以随时用来购买货品、支付费用或偿还债务,也可以随时存入银行,留待以后使用。行政单位现金管理的要求主要是:

(1) 严格遵守银行核定的库存现金限额。对于超过现金限额的部分,行政单位应当及时送存银行。

(2) 收入的现金,行政单位应当及时送存银行,不可以随意坐支现金,即不可以随意将收入的现金直接用于支出。

(3) 明确规定现金的使用范围,不可以在规定范围之外随意使用现金。行政单位与其他单位的经济往来,除按规定范围可以使用现金外,均应通过银行办理转账结算。

(4) 严格现金的收付手续。行政单位向银行提取现金时应当如实写明提取现金的用途,将现金存入银行时应当如实写明存入现金的来源。行政单位收入现金时应当开给交款人正式的收据,支付现金应当在付款的原始凭证上加盖"现金付讫"戳记。

(5) 钱账分管,相互牵制。行政单位的会计人员和出纳人员应当要有明确的分工,会计人员管账不管钱,出纳人员管钱不管账。会计人员与出纳人员的工作应当相互牵制。

2. 现金的核算

为核算现金业务,行政单位应设置"现金"总账科目。行政单位收到现金时,借记该科目,贷记"零余额账户用款额度"、"银行存款"、"其他收入"等科目;支出现金时,借记"经费支出"科目,贷记该科目。该科目平时借方余额,表示库存现金的数额。

例 1 某行政单位从单位零余额账户中提取现金 200 元,准备购买一些日常办公用品。行政单位应编制如下会计分录:

借:现金　　　　　　　　　　　　　　　　　　　　200
　　贷:零余额账户用款额度　　　　　　　　　　　　　　　200

例 2 某行政单位以现金支付日常业务活动中发生的邮电费 80 元。行政单位应编制如下会计分录:

借:经费支出　　　　　　　　　　　　　　　　　　　80
　　贷:现金　　　　　　　　　　　　　　　　　　　　　　80

例 3 某行政单位从开户银行提取现金 300 元,以备日常开支。行政单位应编制如下会计分录:

借:现金　　　　　　　　　　　　　　　　　　　　300
　　贷:银行存款　　　　　　　　　　　　　　　　　　　　300

行政单位应设置"现金日记账",由出纳人员根据收付款凭证,按照业务发生顺序逐笔登记。每日业务终了,结出当日的现金收入合计数、支出合计数和结余数,并将结余数与现金实际库存数进行核对,做到账款相符。

(二) 银行存款

1. 银行存款账户的开立

银行存款是行政单位存放在开户银行的货币资金。对于尚未纳入财政国库单一账户制度改革的行政单位,财政部门将财政预算资金直接拨入行政单位的开户银行。对于已经纳入财政国库单一账户制度改革的行政单位,经批准不需要上缴财政的小额零星收入、往来款项等存入银行存款账户。行政单位的预算外资金收入在尚未实行财政国库单一账户制度改革的情况下,也存入银行存款账户。银行存款账户为实存资金账户。行政单位需要使用资金时,直接通过其开户银行提取现金或转账向收款人支付。行政单位开设的银行存款账户应当安全可靠,便于管理和监督。行政单位应当根据规定严格银行存款的开户管理,禁止多头开户。财政预算资金应当由财务部门统一在同级财政部门或上级主管部门指定的国有银行开户,不可以随意在指定范围外的银行开户,转移财政预算资金。行政单位在银行开户后,应当严格遵守银行的各项规章制度,接受银行的监督和管理。

2. 银行结算方式

由于行政单位涉及银行结算的业务主要是由财政预算资金的拨付和支用所引起的,因此,在实际工作中,行政单位使用的银行结算方式主要是预算拨款凭证、支票和汇兑等。

(1) 预算拨款凭证。这主要是财政部门与主管会计单位之间以及主管会计单位与下级会计单位之间办理财政预算资金拨款或转拨时使用的一种结算凭证。主管会计单位或下级会计单位收到银行转来的"预算拨款凭证"收款通知时,据以编制收款凭证。

(2) 支票结算方式。支票结算方式是银行的存款人签发支票给收款人,用来委托开户银行将款项支付给收款人的一种结算方式。采用支票结算方式,行政单位开出支票付款时,根据开出支票的存根和有关原始凭证,编制付款凭证;收到支票时,应在收到支票的当天填写进账单,并将进账单连同支票一起送交开户银行,根据开户银行盖章退回的进账单和有关原始凭证,编制收款凭证。

(3) 汇兑结算方式。汇兑结算方式是银行的存款人委托银行将款项汇给收款人的一种结算方式。采用汇兑结算方式,对于汇入的款项,行政单位在收到银行收款通知时,据以编制收款凭证;对于汇出的款项,行政单位在向银行办理完汇款手续时,根据汇款回单编制付款凭证。

3. 银行存款的核算

为核算银行存款业务,行政单位应设置"银行存款"总账科目。行政单位收到银行存款时,借记该科目,贷记"拨入经费"、"预算外资金收入"等科目;提取和支用银行存款时,借记"现金"、"经费支出"等科目,贷记该科目。该科目平时借方余额,表示行政单位银行存款的数额。

例1 某行政单位银行存款账户收到财政部门从财政预算外资金专户中核拨的预算外资金 7 500 元。行政单位应编制如下会计分录:

借:银行存款　　　　　　　　　　　　　　　　　7 500
　　贷:预算外资金收入　　　　　　　　　　　　　　　7 500

例2 某行政单位开出银行结算凭证,支付一笔日常业务活动中发生的会议费 950 元。行政单位应编制如下会计分录:

借:经费支出　　　　　　　　　　　　　　　　　950
　　贷:银行存款　　　　　　　　　　　　　　　　　　950

行政单位应设置"银行存款日记账",由出纳人员根据收付款凭证,按照业务发生顺序逐笔登记,每日终了结出银行存款余额。"银行存款日记账"的记录应定期与开户银行发来的银行对账单进行核对。如有不符,应查明原因,并通过编制银行存款余额调节表调节相符。

(三) 零余额账户用款额度

1. 零余额账户用款额度的概念

在财政国库单一账户制度下,财政部门为行政单位在商业银行开设单位零余额账户。该账户用于财政部门对行政单位的授权支付。财政部门根据经批准的行政单位的部门预算和用款计划向行政单位零余额账户的代理银行下达财政授权支付用款额度时,行政单位的零余额账户用款额度增加。行政单位根据经批准的部门预算和用款计划向单位零余额账户的代理银行开具支付令,从单位零余额账户中向收款人支付款项时,行政单位的零余额账户用款额度减少。行政单位的零余额账户是一个过渡账户,不是实存资金账户。行政单位零余额账户的代理银行在将行政单位开具的支付令与行政单位的部门预算和用款计划进行核对,并向收款人支付款项后,于业务发生当日通过行政单位的零余额账户与财政国库单一账户进行资金清算。资金清算后,行政单位零余额账户的余额为零。零余额账户用款额度是行政单位的一个财政授权支付额度。尽管如此,由于行政单位可以随时自行开具支付令使用单位零余额账户中的用款额度实现支付,因此,零余额账户用款额度如同银行存款,它是行政单位的一项特殊资产。

在财政国库单一账户制度下,财政部门在商业银行开设财政零余额账户。财政零余额账户用于财政直接支付。行政单位根据经批准的部门预算和用款计划购买物品或服务时,可以向财政部门申请财政直接支付。财政部门经审核无误,向财政零余额账户的代理银行开具支付令,通过财政零余额账户将款项支付给收款人。财政零余额账户也是一个过渡账户,而不是实存资金账户。每日终了,当财政零余额账户代理银行与财政国库单一账户进行资金清算后,财政零余额账户的余额为零。尽管财政零余额账户也可以用来为行政单位支付款项,但由于行政单位无权自行开具支付令支付其中的款项,因此,行政单位在财政零余额账户中的预算额度或用款额度,不作为行政单位的资产反映。行政单位的零余额账户用款额度仅指单位零余额账户中的用款额度,即财政授权支付用款额度;不包括财政零余额账户中的用款额度,即财政直接支付用款额度。

2. 零余额账户用款额度的核算

为核算零余额账户用款额度业务,行政单位应设置"零余额账户用款额度"总账科目。行政单位收到单位零余额账户代理银行转来的财政授权支付到账通知书时,借记该科目,贷记"拨入经费"科目;行政单位开具支付令从单位零余额账户支付款项时,借记"经费支出"、"库存材料"等科目,贷记该科目;行政单位从单位零余额账户提取现金时,借记"现金"科目,贷记该科目。该科目平时借方余额表示行政单位尚未使用的财政授权支付用款额度。

行政单位不需要为财政零余额账户设置特别的总账科目。财政零余额账户的结算业务由财政国库支付执行机构通过设置"财政零余额账户存款"总账科目进行核算。

例1 某行政单位收到单位零余额账户代理银行转来的财政授权支付到账通知书,行政单位收到财政授权支付用款额度6 600元。行政单位应编制如下会计分录:

借:零余额账户用款额度　　　　　　　　　　　　　6 600
　　贷:拨入经费　　　　　　　　　　　　　　　　　　　　6 600

例2 某行政单位从单位零余额账户中提取现金400元,以备日常开支。行政单位应编制如下会计分录:

借:现金　　　　　　　　　　　　　　　　　　　　400
　　贷:零余额账户用款额度　　　　　　　　　　　　　　　400

例3 某行政单位通过单位零余额账户支付了日常业务活动中发生的物业管理费3 800元。行政单位应编制如下会计分录:

借:经费支出　　　　　　　　　　　　　　　　　　3 800
　　贷:零余额账户用款额度　　　　　　　　　　　　　　　3 800

(四) 财政应返还额度

1. 财政应返还额度的概念

在财政国库单一账户制度下,行政单位的年度支出预算经批准后,财政直接支付年度用款额度或预算指标和财政授权支付年度用款额度或预算指标得以确定。年度终了,当行政单位通过财政零余额账户发生的全年实际财政直接支付数小于财政直接支付年度用款额度,行政单位就存在尚未使用的财政直接支付用款额度。同样,当行政单位通过单位零余额账户发生的全年实际财政授权支付数小于财政授权支付年度用款额度,行政单位就存在尚未使用或尚未收到的财政授权支付用款额度。行政单位尚未使用的财政授权支付用款额度是指财政部门已经下达到行政单位代理银行零余额账户,但行政单位尚未实际支用的财政授权支付用款额度。行政单位尚未收到的财政授权支付用款额度是指财政部门年终尚未下达到行政单位代理银行零余额账户,行政单位无法支用的财政授权支付用款额度。财政部门对行政单位年终尚未使用或尚未收到的财政直接支付用款额度和财政授权支付用款额度,采用在次年经批复后可以继续使用的管理办法。由此,行政单位在年终尚未使用或尚未收到的预算额度,构成行政单位的财政应返还额度。

2. 财政应返还额度的核算

为核算财政应返还额度的业务,行政单位应设置"财政应返还额度"总账科目。年终,行政单位根据本年度财政直接支付用款额度与当年财政直接支付实际发生数的差额,借记该科目,贷记"拨入经费"科目;根据本年度已下达的财政授权支付用款额度与当年财政授权支付实际发生数的差额,借记该科目,贷记"零余额账户用款额度"科目;根据本年度财政授权支付用款额度与已下达的财政授权支付用款额度的差额,借记该科目,贷记"拨入经费"科目。下年度财政部门对行政单位恢复财政直接支付用款额度时,行政单位不作会计处理;行政单位实际使用恢复的财政直接支付用款额度时,借记"经费支出"科目,贷记该科目。下年度财政部门恢复或下达对行政单位的财政授权支付用款额度时,借记"零余额账户用款额度"科目,贷记该科目;行政单位实际使用恢复或下达的财政授权支付用款额度时,借记"经费支出"科目,贷记"零余额账户用款额度"科目。

例1 某行政单位年终本年度财政直接支付实际发生数为 56 500 元,当年财政直接支付用款额度为 56 900 元,行政单位存在尚未使用的财政直接支付用款额度 400 元(56 900－56 500)。行政单位应编制如下会计分录:

借:财政应返还额度 400
　　贷:拨入经费 400

例2 某行政单位年终本年度财政授权支付实际发生数为 34 400 元,当年财政授权支付用款额度为 34 700 元,财政部门已经下达到单位零余额账户的财政授权支付用款额度为 34 500元。行政单位存在尚未使用的财政授权支付用款额度 100 元(34 500－34 400),存在尚未收到的财政授权支付用款额度 200 元(34 700－34 500)。行政单位应编制如下会计分录:

借:财政应返还额度 100
　　贷:零余额账户用款额度 100

同时:

借:财政应返还额度 200
　　贷:拨入经费 200

例3 续上例1,该行政单位次年初经批准使用上年末尚未使用的财政直接支付用款额度 220 元,购买日常业务活动中需要使用的办公用品一批。购买的办公用品直接交有关业务部门使用。行政单位应编制如下会计分录:

借:经费支出 220
　　贷:财政应返还额度 220

例4 续上例2,该行政单位次年初经批准恢复上年末尚未使用的财政授权支付用款额度 100 元,同时,收到财政部门下达的上年末尚未收到的财政授权支付用款额度 200 元。行政单位零余额账户用款额度增加 300 元(100＋200)。行政单位应编制如下会计分录:

借:零余额账户用款额度 300
　　贷:财政应返还额度 300

例5 续上例4,该行政单位次年初经批准使用上年末尚未使用和尚未收到的财政授权支付用款额度 250 元,支付日常业务活动中发生的招待费。行政单位应编制如下会计分录:

借:经费支出 250

贷:零余额账户用款额度　　　　　　　　　　　　　　　250

(五) 暂付款

1. 暂付款的概念与管理要求

暂付款是指行政单位在业务活动中与其他单位、所属单位或本单位职工发生的临时性待结算款项,是行政单位的待结算债权。

行政单位暂付款的管理要求主要是:

(1) 暂付款业务应当在规定的范围内发生,应当掌握少量、短期、必需和安全的业务发生原则。

(2) 应当制定和完善相应的审批制度,建立和完善相应的暂付款回收责任制度。

(3) 暂付款必须及时清理结算,不可以长期挂账,以免发生不必要的损失。

2. 暂付款的核算

为核算暂付款业务,行政单位应设置"暂付款"总账科目。行政单位发生暂付款项时,借记该科目,贷记"现金"、"银行存款"科目;结算收回暂付款项或核销转列支出时,借记"经费支出"科目,贷记该科目。该科目平时借方余额,表示行政单位尚待结算的暂付款项累计数。该科目应按债务单位或个人设置明细账。

例1　某行政单位以现金向单位业务人员张某预支出差旅费500元。行政单位应编制如下会计分录:

　　借:暂付款——张某　　　　　　　　　　　　　　　500
　　　贷:现金　　　　　　　　　　　　　　　　　　　　　　500

例2　续上例1,该行政单位业务人员张某出差回来,报销差旅费450元,交回多余现金50元。行政单位应编制如下会计分录:

　　借:经费支出　　　　　　　　　　　　　　　　　　450
　　　现金　　　　　　　　　　　　　　　　　　　　　　50
　　　贷:暂付款——张某　　　　　　　　　　　　　　　　500

(六) 库存材料

1. 库存材料的概念与管理要求

库存材料是指行政单位大宗购入并进入库存,在以后业务活动中陆续耗用的材料物资,如购入的大宗办公用品、专用材料等。行政单位少量购入、随买随用的材料物资,在购入时直接列为经费支出,不作为库存材料处理。

行政单位库存材料的管理要求主要是:

(1) 应当建立、健全库存材料的购买、验收、入库、保管和领用等一系列规章制度,明确管理责任,保证库存材料的安全和完整。

(2) 应当加强对库存材料的清查盘点工作。库存材料应当至少每年盘点一次。对于盘盈或盘亏的库存材料,应当及时查明原因,分清责任,并及时调整库存材料的账面数,保证库存材料账实相符。

2. 库存材料的计价

行政单位的库存材料一般应当按实际价格计价。对于购入、有偿调入的库存材料,应当分别以购入价、有偿调入价计价。材料采购、运输过程中发生的差旅费、运杂费等不计入库存材料的价值,而直接计入经费支出。对于发出或领用的库存材料,一般应当按账面记录采用先进先出法或加权平均法计价。

3. 库存材料的核算

为核算库存材料业务,行政单位应设置"库存材料"总账科目。行政单位购入库存材料并验收入库时,借记该科目,贷记"拨入经费"、"零余额账户用款额度"、"银行存款"等科目;发出或领用库存材料时,借记"经费支出"科目,贷记该科目。正常盘盈库存材料时,借记该科目,贷记"经费支出"科目;正常盘亏库存材料时,借记"经费支出"科目,贷记该科目。库存材料的非正常盘盈盘亏,应按规定的程序报经批准后,作出相应的处理。该科目平时借方余额,表示行政单位库存材料的实际库存数。该科目应按库存材料的类别或品种等设置明细账。

例 1 某行政单位通过单位零余额账户购入甲类办公用品一批 2 400 元。办公用品已验收入库。行政单位应编制如下会计分录:

借:库存材料——甲类办公用品　　　　　　　　　　　　　2 400
　　贷:零余额账户用款额度　　　　　　　　　　　　　　　　2 400

例 2 某行政单位业务部门从仓库领用乙类办公用品 10 件,每件单价 12 元,共计 120 元。行政单位应编制如下会计分录:

借:经费支出　　　　　　　　　　　　　　　　　　　　　120
　　贷:库存材料——乙类办公用品　　　　　　　　　　　　　120

例 3 某行政单位年终库存材料盘点时,发现丙类办公用品 6 件已经不能使用,每件单价 15 元,共计 90 元。经查,丙类办公用品不能使用属于产品老化所致,经批准,作为增加经费支出处理。行政单位应编制如下会计分录:

借:经费支出　　　　　　　　　　　　　　　　　　　　　90
　　贷:库存材料——丙类办公用品　　　　　　　　　　　　　90

以上现金、银行存款、零余额账户用款额度、财政应返还额度、暂付款和库存材料,都属于行政单位的流动资产。它们的共同特点,是可以在一年内被使用、消耗或者变现。

(七) 有价证券

1. 有价证券的概念与管理要求

有价证券是指行政单位按规定用结余资金购买的国债。

行政单位有价证券的管理要求是:

(1) 必须用结余资金购买,不可以把购买有价证券列入支出预算,用拨入经费购买,以免影响行政单位行政任务的顺利完成。

(2) 购入的有价证券,应当作为货币资金妥善保管,并做到账券相符。不可以将购入的有价证券列为支出。

(3) 有价证券的利息收入以及转让有价证券取得的收入与其账面成本的差额,应当作为当期收入处理,不可以作为单位福利费处理或设立"小金库"。

2. 有价证券的核算

为核算有价证券业务,行政单位应设置"有价证券"总账科目。行政单位购入有价证券时,按实际支付的价款,借记该科目,贷记"银行存款"科目;兑付有价证券本息时,借记"银行存款"

科目,贷记该科目(本金)和"其他收入"(利息)科目。该科目平时借方余额,表示尚未兑付的有价证券账面成本数。

例1 某行政单位按规定用结余资金购入国债6 000元,款项以银行存款支付。行政单位应编制如下会计分录:

借:有价证券　　　　　　　　　　　　　　　　6 000
　　贷:银行存款　　　　　　　　　　　　　　　　　6 000

例2 某行政单位购入的4 000元国债到期,取得兑付本息4 500元,款项存入开户银行。行政单位应编制如下会计分录:

借:银行存款　　　　　　　　　　　　　　　　4 500
　　贷:有价证券　　　　　　　　　　　　　　　　　4 000
　　　　其他收入　　　　　　　　　　　　　　　　　　500

(八) 固定资产

1. 固定资产的概念

固定资产是指使用年限在一年以上,单位价值在规定标准以上,并在使用过程中基本保持原来物质形态的资产。固定资产具有持久、耐用的特点。在行政单位中,单位价值虽然未达到规定标准,但使用时间在一年以上的大批同类物资,也作为固定资产管理,如单位图书室的图书等。

2. 固定资产的分类

行政单位的固定资产种类繁多,规格不一。为加强对固定资产的管理,行政单位应当对固定资产进行适当的分类。行政单位的固定资产通常分为如下几类:

(1) 房屋和建筑物。指行政单位占有或者使用的房屋和建筑物。其中,房屋一般包括办公用房、业务用房、仓库用房、职工宿舍用房等;建筑物一般包括水塔、围墙、雕塑等。

(2) 办公设备。指行政单位占有或者使用的各种办公用的设备,如办公用的家具、电脑、复印机等。

(3) 专用设备。指行政单位占有或者使用的各种具有专门用途的设备,如刑事侦察人员使用的特殊仪器设备、安全部门使用的监测设备等。

(4) 交通工具。指行政单位占有或者使用的各类交通工具,如小汽车、面包车、摩托车等。

(5) 文物和陈列品。指行政单位占有或者使用的具有特别价值的文物和陈列品,如古物、纪念物品等。

(6) 图书。指行政单位占有或者使用的批量业务用书,如单位图书室的图书等。

(7) 其他固定资产。指除以上固定资产类别外的其他固定资产类别。

3. 固定资产的取得和计价

行政单位固定资产取得的主要渠道有购入、有偿或者无偿调入、自建、接受捐赠、盘盈等。对于购入、有偿调入、自建的固定资产,行政单位应当按照取得时发生的实际成本计价。对于无偿调入、接受捐赠、盘盈的固定资产,行政单位应当按照取得时的评估价或重置价计价。行政单位对于已经计价入账的固定资产,不可以随意变动其入账价值。

由于行政单位的工作任务是执行行政职能,行政单位固定资产的重置和更新改造主要依靠财政预算资金届时安排解决,行政单位平时不需要为固定资产的重置和更新改造累积资金,因此,行政单位的固定资产不计提折旧。

4. 固定资产的清理盘点与处置

为如实反映固定资产的实存情况,保证固定资产的安全与完整,行政单位应当定期对固定资产进行清理盘点。每年年终,行政单位应当对固定资产进行一次全面的清理盘点。对于在清理盘点过程中盘盈或者盘亏的固定资产,行政单位应当及时查明原因,并根据情况作出相应的处理。

行政单位对于由于长期使用、意外毁损或者技术进步等原因已经不能再继续使用的固定资产,应当按照规定的程序及时予以报废。行政单位对于闲置或者不再适用的固定资产,应当按照规定的程序予以调出或者转让。固定资产的报废、调出或者转让都是行政单位固定资产的处置方式。

5. 固定资产的核算

为核算固定资产业务,行政单位应设置"固定资产"总账科目。行政单位购入或有偿调入固定资产时,借记"经费支出"科目,贷记"拨入经费"、"零余额账户用款额度"、"银行存款"等科目;同时,借记该科目,贷记"固定基金"科目。无偿调入、盘盈或接受捐赠固定资产时,借记该科目,贷记"固定基金"科目。报废、调出或转让固定资产时,借记"固定基金"科目,贷记该科目。报废、调出或转让过程中发生的支出,记入"经费支出"科目,发生的收入记入"其他收入"科目。该科目平时借方余额,表示行政单位占有或者使用的固定资产入账价值总额。行政单位应设置"固定资产登记簿"或"固定资产卡片",并按固定资产类别对固定资产进行明细分类核算。

例 1 某行政单位通过单位零余额账户购买一台办公设备 5 500 元。行政单位应编制如下会计分录:

借:经费支出   5 500
    贷:零余额账户用款额度   5 500
同时:
借:固定资产——办公设备   5 500
    贷:固定基金   5 500

例 2 某行政单位经批准新建办公楼一幢,造价 45 800 元。工程完成,验收合格,交付使用。行政单位应编制如下会计分录:

借:固定资产——房屋和建筑物   45 800
    贷:固定基金   45 800

例 3 某行政单位经批准报废交通工具一辆。该交通工具的账面价值为 38 600 元。行政单位发生清理费用 100 元,以现金支付。行政单位应编制如下会计分录:

(1)核销交通工具账面价值时:
借:固定基金   38 600
    贷:固定资产——交通工具   38 600
(2)发生清理费用时:
借:经费支出   100
    贷:现金   100

二、负 债

负债是指行政单位承担的能以货币计量,需要以资产偿付的债务,包括应缴预算款、应缴财政专户款、暂存款、应付工资及应付津贴补贴等。

(一)应缴预算款

1. 应缴预算款的概念与内容

应缴预算款是指行政单位在业务活动中按规定向有关单位和个人收取的应上缴财政预算的各种款项。

应缴预算款的内容主要包括:

(1)纳入预算管理的政府性基金。指行政单位依据有关的法律法规向公民、法人和其他组织无偿征收的具有专门用途的财政资金。如三峡工程建设基金、能源建设基金、铁路建设基金、民航基础设施建设基金、民航机场管理建设费、养路费、公路客货运附加费、港口建设费、地方教育基金、新菜地开发建设基金等。

(2)纳入预算管理的行政性收费。指行政单位在行使管理职能的过程中,依据国家法律法规向公民、法人和其他组织收取的行政性费用。如各级公安、司法、民政、工商行政管理等行政单位为发放各种证照、簿册等而向有关单位和个人收取的证照工本费、手续费、商标注册费、企业登记注册费、公证费等费用。根据有关规定,行政性收费实行中央、省两级审批制度。省以下各级人民政府及其部门无权审批设立行政性收费项目或调整收费标准。

(3)罚没款项。指行政单位依据国家法律法规,对公民、法人和其他组织实施经济处罚所取得的各项罚款、没收款、没收财物变价款以及行政单位取得的无主财物变价款等。

(4)其他应缴预算的资金。指其他按规定应缴财政预算的资金。

2. 应缴预算款的管理要求

应缴预算款是纳入财政预算的款项,行政单位必须加强对应缴预算款的管理。应缴预算款的管理要求主要是:

(1)依法收取。应缴预算款项的收取是一项政策性很强的工作。无论是政府性基金、行政性收费还是罚没款项等,行政单位都应当严格按照国家法律法规的规定进行收取,不可以超越国家法律法规的规定自行立项,随意收取,也不可以超越国家法律法规的规定自行减项,随意免收。

(2)及时、足额上缴财政国库。行政单位的应缴预算款项应当按照财政部门规定的缴款方式、缴款期限及其他缴款要求,及时、足额地上缴财政国库。对于已经实行非税收入收缴制度改革、取消了收入过渡账户的行政单位,应当采用直接缴库或者集中汇缴的缴库方式,将应缴预算款项直接或者汇总缴入财政国库。直接缴库方式是指由行政单位开具非税收入一般缴款书,由缴款单位或个人直接将应缴预算款项缴入财政国库的缴库方式。集中汇缴方式是指由行政单位开具非税收入一般缴款书,缴款单位或个人将应缴预算款项缴给行政单位,行政单位于收款当日将收到的款项集中缴入财政国库的缴款方式。对于尚未实行非税收入收缴制度改革、暂未取消收入过渡账户的行政单位,收到的应缴预算款项可暂时存入单位开户银行作为过渡,但应当按照规定及时从开户银行缴入财政国库。行政单位不可以缓缴、截留、挪用或自行坐支应缴预算款项。每月月末,行政单位的应缴预算款项均应清理结缴。每年年终,行政单位的应缴预算款应全部结清上缴财政国库。

3. 应缴预算款的核算

应缴预算款的核算可区分两种情况进行处理:

(1) 对于尚未实行非税收入收缴制度改革、暂未取消收入过渡账户的行政单位,应设置"应缴预算款"总账科目。行政单位收到应缴预算款项时,借记"银行存款"科目,贷记该科目;上缴应缴预算款项时,借记该科目,贷记"银行存款"科目。

(2) 对于已经实行非税收入收缴制度改革、取消了收入过渡账户的行政单位,开具非税收入一般缴款书或收到并于当日上缴应缴预算款项时,可以仅在"应缴预算款备查登记簿"中进行备查登记,不作会计分录;也可以同时借记和贷记"应缴预算款"科目。对于尚未实行非税收入收缴制度改革、暂未取消收入过渡账户的行政单位,"应缴预算款"科目平时贷方余额,表示尚未上缴的应缴预算款项数额。该科目应按《政府收支分类科目》中的收入分类科目设置明细账。

例1 某行政单位尚未实行非税收入收缴制度改革,收入过渡账户暂未取消。该行政单位收到一项应缴财政预算的政府性基金,具体科目和金额为:"非税收入——政府性基金收入——公路客货运附加费收入"780元。行政单位应编制如下会计分录:

  借:银行存款   780
    贷:应缴预算款   780

同时,在应缴预算款明细账的贷方登记如下:

  非税收入——政府性基金收入——公路客货运附加费收入   780

例2 某行政单位尚未实行非税收入收缴制度改革,收入过渡账户暂未取消。该行政单位按规定将收到的应缴预算款项上缴财政国库,具体科目和金额为:"非税收入——行政事业性收费收入——国土资源行政事业性收费收入"290元。行政单位应编制如下会计分录:

  借:应缴预算款   290
    贷:银行存款   290

同时,在应缴预算款明细账的借方登记如下:

  非税收入——行政事业性收费收入——国土资源行政事业性收费收入 290

例3 某行政单位已经实行非税收入收缴制度改革,收入过渡账户已经取消。该行政单位收到一项应缴财政预算的行政性收费,具体科目和金额为:"非税收入——行政事业性收费收入——人事部门行政事业性收费收入"450元。行政单位于收款当日将该款项缴入财政国库。行政单位对于此次收缴款项可以不做会计分录,仅在"应缴预算款备查登记簿"中进行备查登记;也可以编制如下会计分录:

  借:应缴预算款   450
    贷:应缴预算款   450

同时,在应缴预算款明细账的借方和贷方同时登记如下:

  非税收入——行政事业性收费收入——人事部门行政事业性收费收入 450

例4 某行政单位已经实行非税收入收缴制度改革,收入过渡账户已经取消。该行政单位向某企业开具一张非税收入一般缴款书,对其依法处以罚款,具体科目和金额为:"非税收入——罚没收入——一般罚没收入"560元。该行政单位要求该企业在规定的时间内自行将罚款缴入指定的人民银行财政国库。行政单位对于此次罚款业务可以不做会计分录,仅在"应缴预算款备查登记簿"中进行备查登记;也可以编制如下会计分录:

借:应缴预算款　　　　　　　　　　　　　　　　　　560
　　贷:应缴预算款　　　　　　　　　　　　　　　　　　560

同时,在应缴预算款明细账的借方和贷方同时登记如下:

非税收入——罚没收入——一般罚没收入　　　　　　　　560

(二)应缴财政专户款

1. 应缴财政专户款的概念与内容

应缴财政专户款是指行政单位在业务活动中按规定向有关单位或个人收取的应上缴财政预算外资金专户的款项。应缴预算款与应缴财政专户款的主要区别是:应缴预算款纳入财政总预算,应缴财政专户款不纳入财政总预算,纳入财政预算外资金收支计划;应缴预算款上缴财政国库,应缴财政专户款上缴财政预算外资金专户。

应缴财政专户款的内容主要包括:

(1)根据有关法律和法规的规定向有关单位和个人收取的各种行政性收费。

(2)根据有关法律和法规的规定向有关单位收取的主管部门集中收入。

(3)乡镇自筹资金和统筹资金收入。

(4)其他未纳入财政预算管理的财政性资金收入,如财政预算外资金专户存款利息收入。

2. 应缴财政专户款的管理要求

应缴财政专户款的管理要求主要是:

(1)按规定收取。财政预算外资金是体现政府职能的财政性资金,行政单位应当严格按照有关规定收取,不可以随意收取。

(2)实行收支两条线管理。财政预算外资金属于财政性资金,不是单位的自有资金,因此,它应当纳入财政管理。行政单位取得财政预算外资金时,应当缴入财政部门在商业银行统一开设的财政预算外资金专户。财政预算外资金的支出由财政部门按照预算外资金收支计划,纳入行政单位的部门预算,从财政预算外资金专户中核拨。

3. 应缴财政专户款的核算

应缴财政专户款的核算也可区分两种情况进行处理:

(1)对于尚未实行非税收入收缴制度改革、暂未取消收入过渡账户的行政单位,应设置"应缴财政专户款"总账科目。行政单位收到应缴财政专户款项时,借记"银行存款"科目,贷记该科目;上缴应缴财政专户款项时,借记该科目,贷记"银行存款"科目。

(2)对于已经实行非税收入收缴制度改革、取消了收入过渡账户的行政单位,开具非税收入一般缴款书或收到并于当日上缴应缴财政专户款项时,可以仅在"应缴财政专户款备查登记簿"中进行备查登记,不作会计分录;也可以同时借记和贷记"应缴财政专户款"科目。对于尚未实行非税收入收缴制度改革、暂未取消收入过渡账户的行政单位,"应缴财政专户款"科目平时贷方余额,表示尚未上缴的应缴财政专户款项数额。该科目应按《政府收支分类科目》中的收入分类科目设置明细账。

例1 某行政单位尚未实行非税收入收缴制度改革,收入过渡账户暂未取消。该行政单位收到一项应缴财政专户的行政性收费,具体科目和金额为:"非税收入——行政事业性收费收入——交通行政事业性收费收入"250元。行政单位应编制如下会计分录：

借：银行存款　　　　　　　　　　　　　　　　250
　　贷：应缴财政专户款　　　　　　　　　　　　　　　250

同时，在应缴财政专户款明细账的贷方登记如下：

非税收入——行政事业性收费收入——交通行政事业性收费收入　　　250

例2　某行政单位尚未实行非税收入收缴制度改革，收入过渡账户暂未取消。该行政单位按规定将收到的应缴财政专户款项上缴财政预算外资金专户，具体科目和金额为："非税收入——其他收入——主管部门集中收入"760元。行政单位应编制如下会计分录：

借：应缴财政专户款　　　　　　　　　　　　　　760
　　贷：银行存款　　　　　　　　　　　　　　　　　　760

同时，在应缴财政专户款明细账的借方登记如下：

非税收入——其他收入——主管部门集中收入　　　　　　　　　760

例3　某行政单位已经实行非税收入收缴制度改革，收入过渡账户已经取消。该行政单位收到一项应缴财政专户的行政性收费，具体科目和金额为："非税收入——行政事业性收费收入——农业行政事业性收费收入"240元。行政单位于收款当日将该款项缴入财政预算外资金专户。行政单位对于此次收缴款项可以不做会计分录，仅在"应缴财政专户款备查登记簿"中进行备查登记；也可以编制如下会计分录：

借：应缴财政专户款　　　　　　　　　　　　　　240
　　贷：应缴财政专户款　　　　　　　　　　　　　　　240

同时，在应缴财政专户款明细账的借方和贷方同时登记如下：

非税收入——行政事业性收费收入——农业行政事业性收费收入　　　240

（三）暂存款

1. 暂存款的概念与管理要求

暂存款是行政单位在业务活动中与其他单位或个人发生的临时待结算款项，是行政单位的待结算债务。

行政单位暂存款的管理要求主要是：

（1）应当将暂存款与拨入经费、预算外资金收入、应缴预算款、应缴财政专户款区分清楚，不能相互混淆。

（2）各项暂存款项应当及时清理和结算，不可以长期挂账。

2. 暂存款的核算

为核算暂存款业务，行政单位应设置"暂存款"总账科目。行政单位收到暂存款项时，借记"银行存款"、"现金"等科目，贷记该科目；冲转或结算退还暂存款项时，借记该科目，贷记"银行存款"、"现金"科目。该科目平时贷方余额，表示尚未结算的暂存款数额。该科目应按债权单位或个人设置明细账。

例1　某行政单位向某企业购入办公用品一批2 550元。办公用品已验收入库，款项尚未支付。行政单位应编制如下会计分录：

借：库存材料　　　　　　　　　　　　　　　　2 550
　　贷：暂存款——某企业　　　　　　　　　　　　　2 550

例 2 续上例 1,该行政单位通过单位零余额账户支付购买该批办公用品的款项 2 550 元。行政单位应编制如下会计分录:

借:暂存款——某企业　　　　　　　　　　　　　　　　2 550
　　贷:零余额账户用款额度　　　　　　　　　　　　　　　　2 550

(四) 应付工资及应付津贴补贴

1. 应付工资及应付津贴补贴的概念和管理要求

应付工资是指行政单位按照国家统一规定应发放给在职人员的职务工资、级别工资和年终一次性奖金。行政单位按照国家统一规定发放给离退休人员的离休、退休费及经国务院或人事部、财政部批准设立的津贴补贴,属于行政单位的应付离退休费。

应付津贴补贴是指行政单位按照地方或部门出台的规定应发放给行政单位职工的地方或部门津贴补贴。

除以上应付工资和应付津贴补贴外,行政单位按照国家规定发给个人的其他收入,包括误餐费、夜餐费,出差人员伙食补助费、市内交通费、出国人员伙食费、公杂费、个人国外零用费,发放给个人的一次性奖励等,是行政单位的应付其他个人收入。

行政单位应当加强和规范对工资、津贴补贴和其他个人收入发放业务的管理,全面、准确地核算工资、津贴补贴和其他个人收入的发放业务。行政单位在向职工发放应付工资(离退休费)和应付地方(部门)津贴补贴时,应以银行卡的形式发放。中央和省级行政单位一律以银行卡的形式发放,不可以发放现金。

行政单位应当按照规定将发放工资(离退休费)、地方(部门)津贴补贴和其他个人收入的情况,在部门决算中单独反映。

2. 应付工资及应付津贴补贴的核算

为核算行政单位的应付工资、应付离退休费、应付地方或部门的津贴补贴以及应付其他个人收入,行政单位应分别设置"应付工资(离退休费)"、"应付地方(部门)津贴补贴"和"应付其他个人收入"三个总账科目。行政单位发放工资(离退休费)、地方(部门)津贴补贴和其他个人收入时,借记"经费支出"科目,贷记"应付工资(离退休费)"、"应付地方(部门)津贴补贴"、"应付其他个人收入"科目;同时,借记"应付工资(离退休费)"、"应付地方(部门)津贴补贴"、"应付其他个人收入"科目,贷记"拨入经费"、"银行存款"等科目。"应付工资(离退休费)"、"应付地方(部门)津贴补贴"、"应付其他个人收入"三个总账科目应分别设置"在职人员"、"离休人员"、"退休人员"三个二级科目,进行明细核算。

例 1 某行政单位按照国家统一规定,通过财政零余额账户向在职人员发放基本工资 8 800 元,向离休人员发放离休费 1 000 元。行政单位应编制如下会计分录:

借:经费支出　　　　　　　　　　　　　　　　　　　　9 800
　　贷:应付工资(离退休费)　　　　　　　　　　　　　　　9 800
同时:
借:应付工资(离退休费)　　　　　　　　　　　　　　　9 800
　　贷:拨入经费　　　　　　　　　　　　　　　　　　　　9 800
同时,在应付工资(离退休费)明细账的借方和贷方同时登记如下:
在职人员　　　　　　　　　　　　　　　　　　　　　　　8 800

离休人员   1 000

例2 某行政单位根据所在地方政府的规定,通过单位零余额账户向有关在职人员发放岗位津贴5 600元。行政单位应编制如下会计分录:

借:经费支出   5 600
　　贷:应付地方(部门)津贴补贴   5 600

同时:

借:应付地方(部门)津贴补贴   5 600
　　贷:零余额账户用款额度   5 600

同时,在应付地方(部门)津贴补贴明细账的借方和贷方同时登记如下:

在职人员   5 600

例3 某行政单位按照国家规定,发给在职出差人员伙食补助费240元,市内交通费120元。以上款项合计360元,以现金支付。行政单位应编制如下会计分录:

借:经费支出   360
　　贷:应付其他个人收入   360

同时:

借:应付其他个人收入   360
　　贷:现金   360

同时,在应付其他个人收入明细账的借方和贷方同时登记如下:

在职人员   360

第六节　会　计　报　表

会计报表是反映行政单位财务状况和预算执行情况的书面文件,包括资产负债表、收入支出总表、经费支出明细表、项目支出明细表、基本数字表、部门收支决算表和会计报表说明书等。

一、资产负债表

(一)资产负债表的概念与平衡等式

资产负债表是反映行政单位在某一特定日期财务状况的会计报表。行政单位的资产负债表按照编报时间可以区分为月报和年报两种。其中,月报于每月末编制,采用"资产+支出=负债+净资产+收入"的平衡等式,反映行政单位月末资产、负债和净资产的实有数以及至本月末止收入和支出的累计数;年报于每年末编制,采用"资产=负债+净资产"的平衡等式,反映行政单位年末资产、负债和净资产的实有数。行政单位资产负债表的月报采用"资产+支出=负债+净资产+收入"的平衡等式,而资产负债表的年报采用"资产=负债+净资产"的平衡等式的原因,一方面是因为行政单位每月末不结账,而于每年末才结账,每月末账面不反映收支结余的数额,也不反映资产负债表中净资产的相应变动情况;另一方面是因为行政单位在平时更加关注收入和支出的预算执行情况,包括本月的预算执行情况以及至本月止本年累计的预算执行情况,而在平时相对较少关注由收入和支出的预算执行而引起的资产、负债和净资产的变动情况。

(二)资产负债表的格式与编制方法

1. 资产负债表的格式

资产负债表的月报由资产、支出、负债、净资产和收入五个会计要素组成。其中,资产加支出称为资产部类,列在资产负债表的左方;负债加净资产加收入称为负债部类,列在资产负债表的右方。资产部类的合计数等于负债部类的合计数。行政单位资产负债表月报的参考格式可如表 3-2 所示。

表 3-2 资产负债表(月报)

编报单位:某行政单位　　　　　　　　　年　月　日　　　　　　　　　　　　单位:元

科目编号	资产部类	年初数	期末数	科目编号	负债部类	年初数	期末数
	一、资产类				二、负债类		
101	现金			201	应缴预算款		
102	银行存款			202	应缴财政专户款		
103	有价证券			203	暂存款		
104	暂付款			211	应付工资(离退休费)		
105	库存材料			212	应付地方(部门)津贴补贴		
106	固定资产			213	应付其他个人收入		
107	零余额账户用款额度				负债合计		
115	财政应返还额度						
	资产合计				三、净资产类		
				301	固定基金		
	五、支出类			303	结余		
501	经费支出				其中:		
	其中:				基本支出结余		
	基本支出				项目支出结余		
	项目支出				净资产合计		
502	拨出经费						
	其中:				四、收入类		
	基本支出			401	拨入经费		
	项目支出				其中:		
505	结转自筹基建				基本支出经费		
	支出合计				项目支出经费		
				404	预算外资金收入		
				407	其他收入		
					收入合计		
	资产部类总计				负债部类合计		

资产负债表的年报由资产、负债和净资产三个会计要素组成。其中,资产的合计数仍然称为资产部类,列在资产负债表的左方;负债加净资产的合计数仍然称为负债部类,列在资产负债表的右方。资产部类的合计数等于负债部类的合计数。行政单位资产负债表年报的参考格式可如表 3-3 所示。

表 3-3 资产负债表(年报)

编报单位:某行政单位　　　　　　　年　月　日　　　　　　　　　　　　　　单位:元

科目编号	资产部类	年初数	期末数	科目编号	负债部类	年初数	期末数
	一、资产类				二、负债类		
101	现金			201	应缴预算款		
102	银行存款			202	应缴财政专户款		
103	有价证券			203	暂存款		
104	暂付款			211	应付工资(离退休费)		
105	库存材料			212	应付地方(部门)津贴补贴		
106	固定资产			213	应付其他个人收入		
115	财政应返还额度				负债合计		
					三、净资产类		
				301	固定基金		
				303	结余		
					其中:		
					基本支出结余		
					项目支出结余		
					净资产合计		
	资产部类总计				负债部类合计		

2. 资产负债表的编制方法

资产负债表的有关栏目应当根据账簿记录和其他有关资料填列。

(1) 表首。填写编报单位的名称,编制日期和货币单位。其中,编制日期,如果是月报即为月末;如果是年报即为年末。

(2) 年初数。指行政单位年初有关资产、负债和净资产各项目的数额。年初数根据上年决算后结转本年的各账户"期初数"填列。如果没有特殊情况,年初数全年不变。

(3) 期末数。指行政单位月末有关资产、支出、负债、净资产和收入各项目的数字,以及年末有关资产、负债和净资产各项目的数字。期末数根据月末或年末有关各账户的余额填列。

(4) 上级行政单位在编制本部门汇总资产负债表时,应将本行政单位资产负债表中"拨出经费"的数字与所属单位资产负债表中相应"拨入经费"的数字进行冲销,其余数字则直接相加汇总。

(5) 资产负债表中有关栏目的数字应当与其他会计报表如收入支出总表中相应栏目的数字保持一致。

二、收入支出总表

(一) 收入支出总表的概念与作用

收入支出总表是反映行政单位月份以及年度收支预算执行情况及其结果的会计报表。收入支出总表由收入、支出和结余三部分组成,其关系是"收入－支出＝结余"。按照编报时间,收入支出总表可分为月报和年报两种。

收入支出总表可以反映行政单位各项收入和支出的实际发生情况,其中包括本月的实际发生情况和本年累计的实际发生情况;还可以反映行政单位收支结余的实际发生情况,主要是反映本年累计的实际发生情况。将收入支出总表中各项收入和支出的实际发生数与经批准的部门预算中相应的预算数进行比较,可以了解行政单位本月以及本年累计的收支预算执行情况。收入支出总表还可以为行政单位分析收入和支出的结构,如拨入经费与预算外资金收入的比例、拨入基本支出经费和拨入项目支出经费的比例、拨入基本支出经费和经费支出中的基本支出的比例等,提供重要的依据。

(二) 收入支出总表的格式与编制方法

1. 收入支出总表的格式

行政单位收入支出总表的参考格式可如表 3-4 所示。

表 3-4 收入支出总表

编报单位:某行政单位　　　　　　　　　年　月　日　　　　　　　　　单位:元

收入			支出			结余	
项 目	本月数	本年累计	项 目	本月数	本年累计	项 目	本年和历年累计
拨入经费			拨出经费			结转当年结余	
其中:			其中:			其中:	
基本支出			基本支出			基本支出结余	
项目支出			项目支出			项目支出结余	
预算外资金收入			经费支出			以前年度结余	
其中:			其中:				
基本支出			基本支出				
项目支出			项目支出				
其他收入			结转自筹基建				
收入总计			支出总计			历年累计结余	

2. 收入支出总表的编制方法

收入支出总表的有关栏目应当根据账簿记录和其他有关资料填列。

(1) 表首。填写编报单位的名称,编制日期和货币单位。

(2) 本月数。指行政单位本月实际取得的收入数和实际发生的支出数。本月数可根据有关收入和支出账户的本月发生额填列。

(3) 本年累计数。指行政单位自年初至本月末止实际取得的收入数和实际发生的支出数。本年累计数可根据有关收入和支出账户的月末余额填列。

(4) 上级行政单位在编制本部门汇总收入支出总表时,应将本行政单位收入支出总表中"拨出经费"的数字与所属单位收入支出总表中相应"拨入经费"的数字进行冲销,其余数字可以直接相加。

(5) 收入支出总表中相应栏目的数字,应当与其他会计报表如资产负债表、经费支出明细表中相应栏目的数字相互一致。

三、其他会计报表

除以上资产负债表和收入支出总表外,行政单位还需要根据财政部门和上级主管部门的要求编制其他有关会计报表,如经费支出明细表、项目支出明细表、基本数字表、部门收支决算总表等。

(一) 经费支出明细表

经费支出明细表是反映行政单位在一定时期内经费支出预算执行情况的会计报表。它是财政部门和上级主管部门考核行政单位经费支出实际发生情况的依据,也是行政单位向财政部门和上级主管部门办理经费支出核销的依据。行政单位经费支出明细表的项目,应当按照《政府收支分类科目》中的支出经济分类科目列示。行政单位经费支出明细表的参考格式可如表3-5所示。

表3-5 经费支出明细表

编报单位:某行政单位　　　　　　　　年　月　日　　　　　　　　　　单位:元

科目编码		科目名称	财政拨款数	实际支出数										对个人和家庭的补助	基本建设支出	其他资本性支出	其他支出
类	款			工资福利支出					商品和服务支出								
				合计	其中:				金额	其中:							
					金额	基本工资	津贴补贴	奖金	社会保障缴费		办公费	水电费	租赁费	会议费				
合计																	

在表3-5中,有关栏目应当根据"经费支出"明细账的数额填列。其中,"工资福利支出"小计金额,应当大于或等于列示出的部分款级科目金额之和;"商品和服务支出"小计金额,应当

大于或等于部分列示出的款级科目金额之和。"财政拨款数"是指行政单位直接从财政部门取得的财政拨款数。

如表 3-5 所示的"经费支出明细表"反映的是行政单位各项经费支出的实际发生数。将"经费支出明细表"中各项经费支出的实际发生数与经批准的"经费支出预算明细表"中相应各项经费支出的预算数进行比较,可以详细了解行政单位经费支出的预算执行情况。

(二)项目支出明细表

项目支出明细表是反映行政单位在一定时期内项目支出明细情况的会计报表。项目支出明细表一般可以包括专项会议支出明细表、专项固定资产购置支出明细表、专项修缮支出明细表、专项业务支出明细表等。

项目支出明细表应根据财政部门和上级主管部门的要求编制,一般应为每一个项目编制一张项目支出明细表。通过项目支出明细表,财政部门和上级主管部门可以详细了解行政单位项目支出的预算执行情况。项目支出明细表还可以为财政部门和上级主管部门对项目支出进行追踪问效提供参考依据。

(三)基本数字表

基本数字表是列示行政单位基本情况的会计报表。行政单位应当按照财政部门和上级主管部门的要求,填报基本数字表的内容。行政单位基本数字表的参考格式可如表 3-6 所示。

表 3-6　基本数字表

编报单位:某行政单位　　　　　　　　　年　月　日

项目	单位	编制数	实有数	长休人员	项目	单位	数量	项目	单位	数量
人员情况					占用资产情况			其他情况		
一、机关本级开支行政经费的人员	人				一、机动车(船)数			一、开支高层设备管理费的高层房面积	千M²	
其中:					(一)编制数			其中:		
(一)公务员	人				小轿车	辆		办公用房高层房面积	千M²	
1. 部级以上	人				中型客车	辆		水泵	台	
2. 正部级	人				大客车	辆		电梯	部	
3. 副部级	人				货车	辆		宿舍高层房面积	千M²	
4. 正司级	人				摩托车	辆		水泵	台	
5. 副司级	人				船舶	艘		电梯	部	
6. 正处级	人				(二)实有数			二、租房面积	千M²	
7. 副处级	人				小轿车	辆		其中:		
8. 一般干部	人				中型客车	辆		办公用房面积	千M²	
(二)公勤人员	人				大客车	辆		单身宿舍面积	千M²	
					货车	辆		三、危房情况		
二、老干部局人员	人				摩托车	辆		(一)本年修复的危房面积	千M²	

续表

项目	单位	编制数	实有数	长休人员	项目	单位	数量	项目	单位	数量
其中:					船舶	艘		(二) 危房面积数	千M²	
(一) 管理机构工作人员	人							四、一般设备情况		
(二) 离退休人员	人				二、购建房屋建筑面积	千M²		(一) 微机数	台	
1. 离休人员	人				(一) 办公用房面积	千M²		台式机	台	
2. 退休人员	人				1. 有中央空调办公用房面积	千M²		笔记本	台	
3. 退职人员	人				2. 无中央空调办公用房面积	千M²		(二) 复印机数	台	
					(二) 会议用房及其他附属设施面积	千M²		(三) 打印机数	台	
					(三) 职工宿舍面积	千M²		(四) 传真机数	台	
								(五) 办公电话数	部	
					三、开支取暖费的房屋面积	千M²		其中:		
					其中:			市内直拨电话	部	
					办公用房取暖面积	千M²		国内直拨电话	部	
					宿舍取暖面积	千M²		国际直拨电话	部	
								分机电话	部	
								(六) 无线电话	部	
								五、主要设备情况(按品目填列)	台	
								1. …		
								2. …		

在表3-6中,有关的基本数字,可根据人事部门和有关业务部门提供的统计数字填列。

(四) 部门收支决算总表

部门收支决算总表是反映一定时期内部门预算收支实际发生情况的会计报表,是行政单位通过将其本身的收支实际发生情况与其所属预算单位的收支实际发生情况,按照经批准的部门预算的要求,进行汇总编制而成的收支决算总表。行政单位编制的部门收支决算总表的参考格式可如表 3-7 所示。

表 3-7 部门收支决算总表

编报单位:某行政单位　　　　　　　　　年　月　日　　　　　　　　　　　　单位:元

收入		支出	
项　目	决算数	项　目	决算数
一、财政拨款收入		一、一般公共服务	
二、行政单位预算外资金收入		二、外交	
三、上级补助收入		三、国防	
四、事业收入		四、公共安全	
五、事业单位预算外资金收入		五、教育	
六、事业单位经营收入		六、科学技术	
七、附属单位缴款收入		七、文化体育与传媒	
八、其他收入		八、社会保障和就业	
		九、医疗卫生	
		……	
本年收入合计		本年支出合计	
用事业基金弥补收支差额		结转下年	
上年结转			
收入总计		支出总计	

在表 3-7 的收入项目中,财政拨款收入包括了行政单位从财政预算中取得的财政拨款收入即拨入经费和行政单位所属事业单位从财政预算中取得的拨款收入即财政补助收入;行政单位预算外资金收入包括了本级行政单位从财政预算外资金专户中取得的预算外资金收入和所属下级行政单位从财政预算外资金专户中取得的预算外资金收入;上级补助收入、事业收入、事业单位预算外资金收入、事业单位经营收入和附属单位缴款收入是行政单位所属事业单位在业务活动中取得的收入;其他收入包括了行政单位的其他收入和行政单位所属事业单位的其他收入。

在表 3-7 的支出项目中,各支出功能项目反映纳入部门预算的各行政单位和行政单位所属事业单位的支出功能类别。例如,某税务部门的支出属于一般公共服务支出,该税务部门所属税务学校的支出属于教育支出,该税务部门所属税务研究所的支出属于科学技术支出,该税务部门所属出版社的支出属于文化体育与传媒支出,如此等等。当然,不会有哪个部门预算包括了所有的支出功能分类科目。

部门收支决算总表中的相关栏目的数字,应根据纳入部门预算中的各单位的实际收入和实际支出的数字,进行汇总填列。将部门收支决算总表中的相关栏目的数字与经批准的部门收支预算总表中的相应栏目的数字进行比较,可以全面了解部门预算收支的总体执行情况。

除以上经费支出明细表、项目支出明细表、基本数字表、部门收支决算总表外,行政单位还可以根据需要编制基本支出人员经费明细表、基本支出日常公用经费明细表、财政拨款支出明细表、收入明细表等其他会计报表。

四、会计报表说明书

行政单位在报送月报和年报时都应当编写会计报表说明书。会计报表说明书包括报表编制技术说明和报表分析说明两方面的内容。

行政单位编写的会计报表编制技术说明主要包括：采用的主要会计处理方法，特殊事项的会计处理方法，会计处理方法的变更情况、变更原因以及对收支情况和结果的影响等。

行政单位编写的会计报表分析说明一般包括：基本情况，影响预算执行、资金活动的原因，经费支出、资金活动的趋势，管理中存在的问题和改进措施，对上级会计单位工作的意见和建议等。

会计报表说明书是行政单位会计报表的重要组成部分。它有助于财政部门和上级主管部门更好地理解行政单位会计报表的内容。它是行政单位会计报表的有机组成部分。

第四章 事业单位会计

第一节 概 述

一、事业单位会计的概念

事业单位会计是核算、反映和监督各级各类事业单位预算执行情况及其结果的专业会计。事业单位会计的具体适用组织大致可分为以下几类：(1)教育事业单位；(2)科学事业单位；(3)文化事业单位；(4)体育事业单位；(5)广播电影电视事业单位；(6)新闻出版事业单位；(7)文物事业单位；(8)档案事业单位；(9)地震事业单位；(10)海洋事业单位；(11)通讯事业单位；(12)计划生育事业单位；(13)农垦农场事业单位；(14)农业(农业、畜牧、水产、农机等)事业单位；(15)林业事业单位；(16)水利事业单位；(17)气象事业单位；(18)医疗卫生事业单位；(19)交通事业单位；(20)邮电通讯事业单位；(21)经贸事业单位；(22)环保事业单位；(23)国土资源事业单位；(24)地质事业单位；(25)流通事业单位；(26)优抚事业单位；(27)其他事业单位。

以上事业单位尽管所属行业或部门不尽相同，各自所从事的业务活动也存在着差异，但它们都具有不以营利为目的以及不具有社会管理职能的特点，从而区别于企业和行政单位。在我国，事业单位会计一般指国有事业单位会计。非国有非营利组织会计一般称为民间非营利组织会计。事业单位会计具有如下共同特征：(1)收入来源多渠道，有财政补助收入、财政专户返还收入、上级补助收入、事业收入、经营收入、附属单位缴款等；(2)支出使用多用途，有事业支出、经营支出、上缴上级支出、对附属单位补助、拨出经费等；(3)事业活动与经营活动区别核算，事业结余与经营结余也分别计算。

事业单位的会计要素有资产、负债、净资产、收入和支出五个。事业单位的会计平衡等式是：资产＝负债＋净资产；收入和支出的关系是：收入－支出＝结余。结余经分配后转入事业基金，构成净资产的一个组成部分。事业单位在按部门预算取得收入和发生支出的过程中形成资产和负债。资产和负债的差额为净资产。

二、事业单位会计的组织系统

根据行政隶属和经费申报关系,事业单位会计组织系统分为主管会计单位、二级会计单位和基层会计单位三级。向同级财政部门申报经费,并发生预算管理关系,下面有所属会计单位的,为主管会计单位。向主管会计单位或上级会计单位申报经费,并发生预算管理关系,下面有所属会计单位的,为二级会计单位。向上级会计单位申报经费,并发生预算管理关系,下面没有所属会计单位的,为基层会计单位。

以上三级会计单位实行独立会计核算,负责组织管理本单位的全部会计工作。不具备独立核算条件的,实行单据报账制度,作为"报销单位"管理。

三、事业单位会计的一般原则

事业单位在进行会计核算时,应当遵循如下一般原则:

(1) 客观性原则。指会计核算应当以实际发生的经济业务为依据,客观真实地记录和反映各项收支情况和结果。

(2) 符合性原则。指会计信息应当符合国家宏观经济管理的要求,适用预算管理和有关方面了解事业单位财务状况和收支情况的需要,并有利于事业单位加强内部经营管理。

(3) 可比性原则。指会计核算应当按照规定的会计处理方法进行。同类事业单位会计指标应当口径一致,相互可比。

(4) 一致性原则。指会计处理方法应当前后各期一致,不得随意变更。如确有必要变更,应将变更的情况、原因和对单位财务收支情况及结果的影响在会计报告中说明。

(5) 及时性原则。指会计核算应当及时进行。

(6) 明晰性原则。指会计记录和会计报表应当清晰明了,便于理解和运用。

(7) 区分情况使用会计基础原则。指会计核算一般采用收付实现制,但经营性收支业务采用权责发生制。

(8) 配比原则。指事业活动的收入与事业活动的支出应当进行配比,经营活动的收入与经营活动的支出应当进行配比。

(9) 专款专用原则。指对于国家有指定用途的资金,应当按规定的用途使用,并单独核算反映。

(10) 实际成本原则。指各项财产物资应当按照取得或购建时的实际成本计价。除国家另有规定者外,不得自行调整其账面价值。

(11) 重要性原则。指会计报表应当全面反映事业单位的财务收支情况及其结果。对于重要的业务事项,应当单独反映。

四、事业单位会计科目

事业单位会计科目是对事业单位会计要素所作的进一步分类。它是事业单位会计设置账户、归集和核算经济业务的依据。按照事业单位会计要素的类别,事业单位会计科目可分为资产、负债、净资产、收入和支出五类。各级各类事业单位统一适用的会计科目如表 4-1 所示。

表 4-1 事业单位会计科目表

类　　别	编　　号	科 目 名 称
一、资产类		
	101	现金
	102	银行存款
	103	零余额账户用款额度
	105	应收票据
	106	应收账款
	108	预付账款
	110	其他应收款
	115	材料
	116	产成品
	117	对外投资
	120	固定资产
	124	无形资产
	125	财政应返还额度
二、负债类		
	201	借入款项
	202	应付票据
	203	应付账款
	204	预收账款
	207	其他应付款
	208	应缴预算款
	209	应缴财政专户款
	210	应交税金
	211	应付工资(离退休费)
	212	应付地方(部门)津贴补贴
	213	应付其他个人收入
三、净资产类		
	301	事业基金
	302	固定基金
	303	专用基金
	306	事业结余
	307	经营结余
	308	结余分配
	309	专项结余
四、收入类		
	401	财政补助收入
	403	上级补助收入
	405	事业收入
	406	财政专户返还收入

续表

类　　别	编　　号	科　目　名　称
	409	经营收入
	412	附属单位缴款
	413	其他收入
五、支出类		
	501	拨出经费
	504	事业支出
	505	经营支出
	509	成本费用
	512	销售税金
	516	上缴上级支出
	517	对附属单位补助
	520	结转自筹基建

事业单位应当按照如表 4-1 所示的会计科目表使用统一设置的会计科目，不可以擅自更改统一设置的会计科目的名称，不需要的会计科目可以不用。事业单位在使用会计科目时，应当使用会计科目的名称，或者同时使用会计科目的名称和编号；不可以只使用会计科目的编号，不使用会计科目的名称。对于统一设定的会计科目的编号，事业单位只能使用，不可以打乱重编。

第二节　收　　入

收入是指事业单位为开展业务活动，依法取得的非偿还性资金，包括财政补助收入、财政专户返还收入、事业收入、经营收入、上级补助收入、附属单位缴款和其他收入等。

一、财政补助收入

（一）财政补助收入的概念与管理要求

财政补助收入是指事业单位按照核定的部门预算和经费申报关系从财政部门或主管部门取得的各类事业经费。财政补助收入是事业单位取得的预算内财政性资金补助。事业单位的财政补助收入相当于行政单位的拨入经费。

事业单位财政补助收入的管理要求主要是：

（1）按部门预算和用款计划申请取得财政补助收入。事业单位应当严格按照经批准的年度部门预算和分月用款计划申请取得财政补助收入，不可以申请无预算、无计划或超预算、超计划的财政补助收入。如果由于事业计划或任务发生变动而需要增加或减少财政补助收入，事业单位应当编制追加或追减预算，在经财政部门或上级单位审核批准后，按变更后的预算申请取得财政补助收入。

（2）按规定用途申请取得财政补助收入。事业单位应当按照部门预算规定的资金用途申请取得财政补助收入，未经财政部门同意，不可以擅自改变财政补助收入的用途。按照部门预算的要求，事业单位的事业支出分为基本支出和项目支出两大类。事业单位在申请取得财政补助收入时，首先需要区分基本支出财政补助收入和项目支出财政补助收入进行申请；然后，再按基本支出的具体支出科目和项目支出的具体支出科目进行申请。基本支出财政补助收入和项目支出财政补助收入应当分别进行核算，不能相互混淆。

（3）按规定的财政资金支付方式申请取得财政补助收入。财政资金的支付方式有财政直接支付、财政授权支付和财政实拨资金三种。其中，前两种为财政国库单一账户制度下的财政资金支付方式，最后一种为传统的财政资金支付方式。事业单位在确定部门预算和用款计划时，同时确定了财政资金的支付方式和支付数额。

（4）按预算级次申请取得财政补助收入。事业单位应当按照预算级次逐级申请取得财政补助收入，不可以越级申请取得财政补助收入。同级主管会计单位之间不可以发生财政补助收入的业务，没有预算管理关系的不同级别事业单位之间也不可以发生财政补助收入的业务。事业单位的隶属关系如有改变，应当在办理划转预算管理关系的同时，办理财政补助收入的划转手续，并结清已经取得的财政补助收入。

（5）将财政补助收入与财政专户返还收入、上级补助收入、事业收入、附属单位缴款和其他收入等收入来源同时纳入收入预算，实行统一管理、统筹安排使用。事业单位发生的事业支出，是统筹安排财政补助收入、财政专户返还收入、上级补助收入、事业收入、附属单位缴款和其他收入的结果。

（二）财政补助收入的确认

按照财政资金的支付方式，事业单位财政补助收入的取得方式相应也有财政直接支付、财政授权支付和财政实拨资金三种。由于三种财政资金支付方式的业务流程不尽相同，因此，事业单位财政补助收入的确认也存在一些差异。

1. 财政直接支付方式下财政补助收入的确认

在财政直接支付方式下，事业单位根据部门预算和用款计划，在需要财政部门支付财政资金时，向财政部门提出财政直接支付申请。财政部门经审核无误后，通过财政零余额账户直接将款项支付给收款人。事业单位在收到财政部门委托财政零余额账户代理银行转来的财政直接支付入账通知书时，确认财政补助收入。在财政直接支付方式下，事业单位在确认财政补助收入时，实际上已经使用了财政预算资金。

2. 财政授权支付方式下财政补助收入的确认

在财政授权支付方式下，事业单位根据部门预算和用款计划，按规定时间和程序向财政部门申请财政授权支付用款额度。财政部门经审核无误后，将财政授权支付用款额度下达到事业单位零余额账户代理银行。事业单位在收到单位零余额账户代理银行转来的财政授权支付到账通知书时，确认财政补助收入。在财政授权支付方式下，事业单位在确认财政补助收入时，还没有实际使用财政资金。事业单位收到的是一个用款额度，而不是实际的货币资金。事业单位在商业银行开设的单位零余额账户不是实存资金账户，而是一个过渡的待结算账户。

3. 财政实拨资金方式下财政补助收入的确认

在财政实拨资金方式下，事业单位根据部门预算和用款计划，按规定的时间和程序向财政部门或上级单位提出资金拨入请求。财政部门或上级单位经审核无误后,将财政资金直接拨入事业单位的开户银行。事业单位在收到开户银行转来的收款通知时,确认财政补助收入。在财政实拨资金方式下,事业单位在确认财政补助收入时,实际收到货币资金。

(三) 财政补助收入的核算

为核算财政补助收入业务,事业单位应设置"财政补助收入"总账科目。事业单位收到财政补助收入时,借记"事业支出"、"零余额账户用款额度"、"银行存款"等科目,贷记该科目。年终结账将该科目贷方余额全数转入"事业结余"科目时,借记该科目,贷记"事业结余"科目。该科目平时贷方余额,表示财政补助收入的累计数。该科目应设置"基本支出"和"项目支出"两个二级科目,二级科目下再按《政府收支分类科目》中的支出功能分类科目设置明细账科目。

"财政补助收入"总账科目明细账的设置具有一定的特殊性。在"财政补助收入"总账科目下设置"基本支出"和"项目支出"两个二级明细账科目的原因,主要是为了适应部门预算管理的需要。部门预算管理方法将事业单位的事业支出预算区分成基本支出预算和项目支出预算两大类,并分别对基本支出预算和项目支出预算安排资金来源,其中包括财政补助收入。为将基本支出的财政补助收入与发生的基本支出进行配比,以及将项目支出的财政补助收入与发生的项目支出进行配比,以正确考核部门预算的执行情况,在"财政补助收入"总账科目下设置"基本支出"和"项目支出"两个二级明细账科目。在"基本支出"和"项目支出"两个二级明细账科目下再按《政府收支分类科目》中的支出功能分类科目设置明细账的原因,主要是为了反映事业单位的此项财政补助收入应当用于哪项事业活动。该科目可以与财政总预算会计使用的一般预算支出的明细账科目形成对照。"财政补助收入"总账科目明细账的这种设置方法,综合地体现了为适应部门预算管理的需要,以及与财政总预算会计一起构成一个相互联系的预算会计信息系统。

例1 某事业单位收到财政部门委托其代理银行转来的财政直接支付入账通知书,财政部门为事业单位支付了一笔日常事业活动经费,具体科目和金额为:"基本支出——教育——普通教育——高等教育"5 200元。事业单位应编制如下会计分录:

借:事业支出　　　　　　　　　　　　　　　　　　　　　　　5 200
　　贷:财政补助收入　　　　　　　　　　　　　　　　　　　　　　5 200

同时,在财政补助收入明细账的贷方登记如下:
基本支出——教育——普通教育——高等教育　　　　　　　　　　5 200

例2 续上例1,该事业单位收到财政部门委托其代理银行转来财政直接支付入账通知书,财政部门为事业单位支付了一笔为开展某专项专业业务活动所发生的事业经费,具体科目和金额为:"项目支出(重点学科建设)——教育——普通教育——初中教育"4 600元。事业单位应编制如下会计分录:

借:事业支出　　　　　　　　　　　　　　　　　　　　　　　4 600
　　贷:财政补助收入　　　　　　　　　　　　　　　　　　　　　　4 600

同时,在财政补助收入明细账的贷方登记如下:
项目支出(重点学科建设)——教育——普通教育——初中教育　　　4 600

在以上例1和例2中,按照《政府收支分类科目》中的支出功能分类科目,普通高等学校的所有支出,包括基本支出和项目支出,都在"教育——普通教育——高等教育"科目中反映。

《政府收支分类科目》没有为普通高等学校设置具体的项目支出科目。因此,普通高等学校需要根据自身的资金来源情况和业务活动特点设置项目支出的具体科目。在以上例2中,假设该普通高等学校设置了"重点学科建设"项目支出的具体科目。普通小学、普通初中、普通高中、职业高中、高等职业学校、广播电视学校以及综合医院、中医医院、图书馆、展览馆、艺术团、剧院、博物馆、广播台、电视台、体育场馆等的情况,与上述普通高等学校的情况相似。

例3 某事业单位收到单位代理银行转来的财政授权支付到账通知书,收到一笔财政授权支付用款额度共计12 700元,具体科目和金额为:"基本支出——科学技术——基础研究——机构运行"3 400元,"项目支出——科学技术——基础研究——专项基础科研"9 300元。事业单位应编制如下会计分录:

借:零余额账户用款额度　　　　　　　　　　　　　　　　12 700
　　贷:财政补助收入　　　　　　　　　　　　　　　　　　　　　12 700

同时,在财政补助收入明细账的贷方登记如下:

基本支出——科学技术——基础研究——机构运行　　　　　　　　3 400
项目支出——科学技术——基础研究——专项基础科研　　　　　　9 300

在以上例3中,按照《政府收支分类科目》中的支出功能分类科目,研究机构的支出区分基本支出和项目支出。部门预算中的基本支出,在《政府收支分类科目》中表示为"机构运行"科目。另外,在《政府收支分类科目》中,"事业运行"、"气象事业机构"、"地震事业机构"、"农业事业机构"、"林业事业机构"等科目,也表示事业单位的基本支出。

例4 某事业单位尚未实行财政国库单一账户制度。该事业单位收到开户银行转来的收款通知,收到财政部门拨入一笔日常事业活动预算经费,具体科目和金额为:"基本支出——文化体育与传媒——文化——图书馆"3 450元。事业单位应编制如下会计分录:

借:银行存款　　　　　　　　　　　　　　　　　　　　　3 450
　　贷:财政补助收入　　　　　　　　　　　　　　　　　　　　　3 450

同时,在财政补助收入明细账的贷方登记如下:

基本支出——文化体育与传媒——文化——图书馆　　　　　　　　3 450

例5 某事业单位年终结账,"财政补助收入"总账科目的贷方余额为46 100元。"财政补助收入"有关明细账科目的贷方余额为:"基本支出——科学技术——基础研究——机构运行"8 800元;"项目支出——科学技术——基础研究——重点基础研究规划"3 300元,"项目支出——科学技术——基础研究——重大科学工程"23 000元,"项目支出——科学技术——基础研究——专项技术基础"11 000元。事业单位将以上"财政补助收入"账户的贷方余额转入"事业结余"账户。事业单位应编制如下会计分录:

借:财政补助收入　　　　　　　　　　　　　　　　　　　46 100
　　贷:事业结余　　　　　　　　　　　　　　　　　　　　　　46 100

同时,在财政补助收入明细账的借方登记如下:

基本支出——科学技术——基础研究——机构运行　　　　　　　　8 800
项目支出——科学技术——基础研究——重点基础研究规划　　　　3 300
项目支出——科学技术——基础研究——重大科学工程　　　　　　23 000
项目支出——科学技术——基础研究——专项技术基础　　　　　　11 000

二、财政专户返还收入

(一) 财政专户返还收入的概念和管理要求

财政专户返还收入是指事业单位按规定从财政预算外资金专户中取得的预算外资金返还收入。事业单位按规定留用的预算外资金,也归入财政专户返还收入。财政专户返还收入是事业单位代行行政职能而取得的一部分财政性资金。事业单位从财政预算外资金专户中取得的预算外资金返还收入,一般与事业单位缴入财政预算外资金专户中的预算外资金相关。财政预算外资金实行收支两条线管理。事业单位的财政专户返还收入相当于行政单位的预算外资金收入。

事业单位财政专户返还收入的管理要求主要是:

(1) 分别核算、分类管理。财政专户返还收入与财政补助收入都是事业单位为开展业务活动而取得的财政性资金。其中,财政专户返还收入是事业单位从财政预算外资金专户中取得的财政性资金,财政补助收入是事业单位从财政国库中取得的财政性资金。财政专户返还收入是事业单位的预算外资金收入,财政补助收入是事业单位的预算内资金收入。事业单位的财政专户返还收入,应当与财政补助收入分别核算,分类管理。

(2) 将财政专户返还收入纳入单位综合财务收支计划。事业单位应当按规定将财政专户返还收入和财政补助收入、上级补助收入、事业收入、附属单位缴款等事业活动收入进行统筹安排,综合地运用于事业单位的事业支出。

(二) 财政专户返还收入的核算

为核算财政专户返还收入业务,事业单位应设置"财政专户返还收入"总账科目。事业单位收到财政专户返还收入时,借记"银行存款"科目,贷记该科目。年终结账将该科目贷方余额全数转入"事业结余"科目时,借记该科目,贷记"事业结余"科目。该科目应分别设置"基本支出"和"项目支出"两个二级科目,二级科目下再按《政府收支分类科目》中的支出功能分类科目设置明细账。

"财政专户返还收入"总账科目明细账的设置方法,与"财政补助收入"总账科目明细账的设置方法相同。

主管部门收到财政部门核拨的属于应返还所属单位的财政预算外资金时,通过"暂存款"科目核算,不通过"财政专户返还收入"科目核算。

例1 某事业单位收到财政部门从财政预算外资金专户核拨一笔财政预算外资金,用途为日常事业活动,具体科目和金额为:"基本支出——教育——普通教育——高中教育"4 530元。事业单位应编制如下会计分录:

借:银行存款   4 530

    贷:财政专户返还收入   4 530

同时,在财政专户返还收入明细账的贷方登记如下:

基本支出——教育——普通教育——高中教育   4 530

例2 某事业单位收到财政部门从财政预算外资金专户核拨一笔财政预算外资金,用途为专项事业活动,具体科目和金额为:"项目支出(宿舍大型修缮)——教育——普通教育——高中教育"7 460元。事业单位应编制如下会计分录:

  借:银行存款   7 460
    贷:财政专户返还收入   7 460

同时,在财政专户返还收入明细账的贷方登记如下:

  项目支出(宿舍大型修缮)——教育——普通教育——高中教育   7 460

例3 某事业单位年终结账,"财政专户返还收入"总账科目的贷方余额为37 700元。"财政专户返还收入"有关明细账科目的贷方余额为:"基本支出——教育——普通教育——高等教育"23 200元,"项目支出(宿舍大型修缮)——教育——普通教育——高等教育"14 500元。事业单位将以上"财政专户返还收入"科目的贷方余额全数转入"事业结余"科目。事业单位应编制如下会计分录:

  借:财政专户返还收入   37 700
    贷:事业结余   37 700

同时,在财政专户返还收入明细账的借方登记如下:

  基本支出——教育——普通教育——高等教育   23 200
  项目支出(宿舍大型修缮)——教育——普通教育——高等教育 14 500

三、事业收入

(一)事业收入的概念和管理要求

事业收入是指事业单位开展专业业务活动及其辅助活动所取得的收入。事业单位在开展专业业务活动及其辅助活动中按规定取得的应上缴财政预算的资金和应上缴财政预算外资金专户的资金不计入事业收入。事业单位从财政预算外资金专户中取得的财政专户返还收入和部分经财政部门核准不上缴财政预算外资金专户的预算外资金,也不计入事业收入。事业收入与财政专户返还收入在概念上的主要区别是:事业收入不属于财政性资金,是事业单位根据市场需求在市场交易中以公平交易为原则所取得的事业活动收入;财政专户返还收入属于财政性资金,是事业单位代行行政职能向物品和服务接受者收取的事业活动收入。在实务中,事业收入与财政专户返还收入有时比较难以区分。

事业单位事业收入的管理要求主要是:

(1)事业单位应当在国家政策允许的范围内,依法组织事业收入,并坚持把社会效益放在首位,同时注重经济效益。

(2)事业单位应当使用财政部门和税务部门统一印制的发票,并建立健全各种专用收款收据、门票等票据的管理制度。

(3)事业单位应当严格按照经国家批准的收费项目和收费标准进行收费,不可以违反国家规定擅自设立收费项目,自定收费标准。

(4)事业单位应当按照规定加强对事业收入账户的统一管理,取得的事业收入应当及时入账,防止流失。

(5)事业单位的各项事业收入,应当全部纳入单位预算,统一核算,统一管理。

事业单位的事业收入一般纳入事业单位的基本支出预算。

（二）事业收入的种类

事业收入的种类因不同行业的事业单位从事不同的专业业务活动及其辅助活动而有所不同。根据现行有关事业单位行业财务制度的规定，有关事业单位事业收入的种类分别如下：

（1）中小学的事业收入。指中小学开展教学及其辅助活动依法取得的收入。包括：义务教育阶段学生缴纳的杂费；非义务教育阶段学生缴纳的学费；借读学生缴纳的借读费；住宿学生缴纳的住宿费；按照有关规定向学生收取的其他费用等。

（2）高等学校的事业收入。指高等学校开展教学、科研及其辅助活动取得的收入。包括：①教学收入，具体包括通过学历和非学历教育向单位或学生个人收取的学费、培养费、住宿费和其他教学收入；②科研收入，具体包括通过承接科技项目、开展科研协作、转让科技成果、进行科技咨询所取得的收入和其他科研收入。

（3）广播电视事业单位的事业收入。包括：①广告收入；②有线电视收入；③节目交换收入；④合作合拍收入；⑤节目传输收入；⑥门票收入；⑦技术服务收入；⑧无形资产转让收入；⑨其他事业收入。

（4）文化事业单位的事业收入。包括：①演出收入；②演（映）出分成收入；③技术服务收入；④委托代培收入；⑤复印复制收入；⑥无形资产转让收入；⑦外借人员劳务收入；⑧合作分成收入；⑨其他事业收入。

（5）医院的事业收入。包括：①医疗收入，指医院在开展医疗业务活动中所取得的收入，包括挂号收入、床位收入、诊察收入、检查收入、治疗收入、手术收入、化验收入、护理收入和其他收入；②药品收入，指医院在开展医疗业务活动中取得的中、西药品收入；③其他收入，如培训收入、救护车收入、转让无形资产收入等。

（6）科学事业单位的事业收入。包括：①科研收入；②技术收入；③学术活动收入；④科普活动收入；⑤试制产品收入。

（7）文物事业单位的事业收入。包括：①门票收入；②展览收入；③文物勘探发掘收入；④文物维修设计收入；⑤文物修复、复制收入；⑥文物咨询鉴定收入；⑦影视拍摄收入；⑧文物导游收入；⑨无形资产转让收入；⑩其他事业收入。

（8）体育事业单位的事业收入。包括：①竞技体育比赛收入；②门票收入；③出售广播电视转播权收入；④广告赞助收入；⑤体育技术服务收入；⑥体育相关业务收入；⑦无形资产转让收入；⑧其他体育事业收入。

（三）事业收入的核算

为核算事业收入业务，事业单位应设置"事业收入"总账科目。事业单位取得事业收入时，借记"银行存款"、"应收账款"等科目，贷记该科目。年终结账将该科目贷方余额全数转入"事业结余"科目时，借记该科目，贷记"事业结余"科目。该科目平时贷方余额，表示事业收入的累计数。该科目应根据事业收入的种类设置明细账。

例 1 某事业单位在开展专业业务活动及其辅助活动中取得事业收入 6 380 元，款项已存入开户银行。事业单位应编制如下会计分录：

借：银行存款　　　　　　　　　　　　　　　　　　　　　6 380

贷：事业收入　　　　　　　　　　　　　　　　　　　　　　　　　　　　6 380

例2　某事业单位在开展专业业务活动及其辅助活动中取得应收某单位的款项 5 360 元。事业单位应编制如下会计分录：

　　借：应收账款——某单位　　　　　　　　　　　　　　　　　　　　　　5 360
　　　贷：事业收入　　　　　　　　　　　　　　　　　　　　　　　　　　　　5 360

例3　某事业单位年终结账将"事业收入"总账科目贷方余额 25 400 元转入"事业结余"科目。事业单位应编制如下会计分录：

　　借：事业收入　　　　　　　　　　　　　　　　　　　　　　　　　　　　25 400
　　　贷：事业结余　　　　　　　　　　　　　　　　　　　　　　　　　　　　25 400

四、经营收入

(一) 经营收入的概念和管理要求

经营收入是指事业单位在专业业务活动及其辅助活动之外开展非独立核算经营活动取得的收入。事业单位的经营收入具有如下两个基本特征：(1) 它是开展经营活动取得的收入，而不是开展专业业务活动及其辅助活动取得的收入。这是事业单位的经营收入与事业收入的主要区别。(2) 它是从开展非独立核算的经营活动中取得的收入，而不是从附属独立核算的单位中取得的收入。这是事业单位的经营收入与附属单位缴款的主要区别。

事业单位事业收入和经营收入的共同特征，是它们都是事业单位在开展业务活动过程中，从货品或服务的接受者处取得的收入，它们都体现事业单位与货品或服务的接受者之间的交换关系。只是经营收入体现经营活动的保本和获利原则，事业收入体现事业活动的公益和福利原则。

经营收入的管理要求主要是：

(1) 自我维持。即事业单位在经营活动中取得的经营收入，应当能够足够弥补在经营活动中发生的经营支出。事业单位不可以将开展事业活动中取得的资金用于弥补经营活动中发生的亏损。

(2) 以辅补主。即如果事业单位在开展经营活动中取得了数额较大的经营结余，事业单位可以根据需要，按规定将一部分经营结余转出，用于支持开展事业活动，实行以辅补主。

(二) 经营收入的种类

事业单位经营收入的种类主要有：

(1) 销售收入。指事业单位非独立核算部门销售商品取得的收入。如事业单位的职工食堂、内部商店等。

(2) 经营服务收入。指事业单位非独立核算部门对外提供经营服务取得的收入。如事业单位停车场收费收入、内部招待所收入等。

(3) 租赁收入。指事业单位出租房屋、场地和设备等取得的收入。

(4) 其他经营收入。指事业单位取得的除以上各项收入以外的经营收入。

(三) 经营收入的核算

为核算经营收入业务,事业单位应设置"经营收入"总账科目。事业单位取得经营收入时,借记"银行存款"、"应收账款"、"应收票据"等科目,贷记该科目。按税法规定应交纳相关税收的经营收入,应核算相应的应交税金业务。年终结账将该科目贷方余额转入"经营结余"科目时,借记该科目,贷记"经营结余"科目。该科目可根据经营收入的种类设置明细账。

例1 某事业单位开展经营活动取得经营收入 2 400 元,款项已存入开户银行。事业单位应编制如下会计分录:

借:银行存款   2 400
  贷:经营收入   2 400

例2 某事业单位年终结账将"经营收入"总账科目贷方余额 4 830 元转入"经营结余"科目。事业单位应编制如下会计分录:

借:经营收入   4 830
  贷:经营结余   4 830

五、上级补助收入

(一) 上级补助收入的概念

上级补助收入是指事业单位从上级单位取得的非财政补助收入。它是由事业单位的上级单位用自身组织的收入或集中下级单位的收入拨给事业单位的资金,是上级单位用于调剂附属单位资金收支余缺的机动财力。事业单位通过上级单位从财政部门取得的预算经费,应作为财政补助收入处理,不能作为上级补助收入处理。事业单位通过上级单位从财政部门取得的预算外资金,应作为财政专户返还收入处理,不能作为上级补助收入处理。上级补助收入与财政补助收入、财政专户返还收入的主要区别是:上级补助收入属于非财政性资金,财政补助收入和财政专户返还收入属于财政性资金。

(二) 上级补助收入的核算

为核算上级补助收入业务,事业单位应设置"上级补助收入"总账科目。事业单位收到上级补助收入时,借记"银行存款"科目,贷记该科目;退回上级补助收入时,借记该科目,贷记"银行存款"科目。年终结账将该科目贷方余额全数转入"事业结余"科目时,借记该科目,贷记"事业结余"科目。该科目应按上级单位的补助用途或补助目的分别设置"基本支出"和"项目支出"两个二级科目,二级科目下再按《政府收支分类科目》中的支出功能分类科目设置明细账。

例1 某事业单位接到银行收款通知,收到上级单位拨来一笔专项补助款项,具体科目和金额为:"项目支出(专项文艺活动)——文化体育与传媒——文化——艺术表演团体"8 740 元。事业单位应编制如下会计分录:

借:银行存款   8 740
  贷:上级补助收入   8 740

同时,在上级补助收入明细账的贷方登记如下:

项目支出(专项文艺活动)——文化体育与传媒——文化——艺术表演团体　　8 740

例2　某事业单位年终结账将"上级补助收入"科目贷方余额9 400元全数转入"事业结余"科目。事业单位应编制如下会计分录：

借：上级补助收入　　9 400
　　贷：事业结余　　　　　　9 400

六、附属单位缴款

(一)附属单位缴款的概念

附属单位缴款是指事业单位附属的独立核算单位按规定标准或比例缴纳的各项收入。事业单位附属的独立核算单位，是指事业单位附属的具有独立法人资格的单位，包括附属的事业单位和附属的企业。事业单位开展非独立核算经营活动取得的收入，应当作为经营收入处理，不作为附属单位缴款处理。事业单位对附属单位经营项目的投资所获得的投资收益，属于事业单位的其他收入，不属于附属单位缴款。事业单位收到附属单位归还的垫付费用，如房租、水电费等，属于事业单位债权收回，不属于附属单位缴款。

附属单位缴款是事业单位完成事业计划所需资金的必要补充，事业单位应当对其附属单位的业务活动和上缴款项实行计划管理，并加强调控和监督。

附属单位缴款一般纳入事业单位基本支出预算。如果事业单位按照规定应当将附属单位缴款用于专门的项目，附属单位缴款就应当纳入事业单位项目支出预算。

(二)附属单位缴款的核算

为核算附属单位缴款业务，事业单位应设置"附属单位缴款"总账科目。事业单位收到附属单位缴款时，借记"银行存款"科目，贷记该科目；退回附属单位缴款时，借记该科目，贷记"银行存款"科目。年终，将该科目贷方余额全数转入"事业结余"科目时，借记该科目，贷记"事业结余"科目。该科目平时贷方余额，表示附属单位缴款的累计数。该科目应设置"基本支出"和"项目支出"两个二级科目，二级科目下按照《政府收支分类科目》中的支出功能分类科目设置明细账。该科目还可按缴款单位设置明细账。

例1　某事业单位收到银行收款通知，收到所属某单位上缴一笔款项。按照规定，该附属单位缴款应当纳入事业单位的基本支出预算，具体科目和金额为："基本支出——教育——普通教育——高等教育"3 250元。事业单位应编制如下会计分录：

借：银行存款　　3 250
　　贷：附属单位缴款　　　　　　3 250

同时，在附属单位缴款明细账的贷方登记如下：

基本支出——教育——普通教育——高等教育　　3 250

例2　某事业单位年终结账将"附属单位缴款"科目贷方余额8 420元全数转入"事业结余"科目。事业单位应编制如下会计分录：

借：附属单位缴款　　8 420
　　贷：事业结余　　　　　　8 420

七、其他收入

其他收入是指事业单位除上述各项收入以外的收入,如对外投资收益、外单位捐赠收入、其他零星杂项收入等。其他收入一般纳入事业单位的基本支出预算。

为核算其他收入业务,事业单位应设置"其他收入"总账科目。事业单位取得其他收入时,借记"现金"、"银行存款"等科目,贷记该科目。年终结账将该科目贷方余额全数转入"事业结余"科目时,借记该科目,贷记"事业结余"科目。该科目平时贷方余额,表示其他收入的累计数。该科目可按其他收入的种类设置明细账。

例1 某事业单位以多余资金进行联营投资,创立联营企业。年终取得投资收益 3 480 元,款项存入银行。事业单位应编制如下会计分录:

借:银行存款　　　　　　　　　　　　　　　　　　　　3 480
　　贷:其他收入——投资收益　　　　　　　　　　　　　　3 480

例2 某事业单位获得某企业的捐赠收入 2 750 元,款项存入银行。事业单位应编制如下会计分录:

借:银行存款　　　　　　　　　　　　　　　　　　　　2 750
　　贷:其他收入——捐赠收入　　　　　　　　　　　　　　2 750

例3 某事业单位年终结账将"其他收入"总账科目贷方余额 7 860 元全数转入"事业结余"科目。事业单位应编制如下会计分录:

借:其他收入　　　　　　　　　　　　　　　　　　　　7 860
　　贷:事业结余　　　　　　　　　　　　　　　　　　　　7 860

第三节　支　　出

支出是指事业单位为开展业务活动和其他活动而发生的各项资金耗费和资金转出,包括事业支出、经营支出、拨出经费、对附属单位补助、上缴上级支出、成本费用、销售税金、结转自筹基建等。

一、事业支出

(一)事业支出的概念

事业支出是指事业单位开展各项专业业务活动及其辅助活动发生的支出。事业单位的专业业务活动及其辅助活动是事业单位的主要业务活动,是属于核心性质的业务活动,是需要持续运行的业务活动。不仅如此,事业单位的专业业务活动还属于公益性质的业务活动,其业务活动收入,即事业收入通常不足以弥补业务活动支出,即事业支出。不足以弥补的部分,需要依靠财政补助收入等方法得以解决。事业单位的专业业务活动及其辅助活动如学校的教学活动、医院的医疗活动、博物馆和展览馆的展示活动、气象台的气象预报活动、基础科研院所的基础科研活动等。事业支出是事业单位中最主要的支出类别,它相当于行政单位的经费支出。

(二)事业支出的分类

为全面反映事业单位各项事业支出的内容,便于分析和考核各项事业支出的实际发生情况及其效果,从而有针对性地加强和改善对事业单位事业支出的管理,事业单位有必要对事业支出按照一定的要求进行适当的分类。

1. 按照部门预算管理的要求进行的分类

事业单位的事业支出应当按照部门预算管理的要求进行分类。按照部门预算管理的要求,事业单位的事业支出应分为基本支出和项目支出两大类。

(1)基本支出。指事业单位为维持正常运转和完成日常工作而发生的各项支出。如事业单位按规定支付给工作人员的基本工资、为完成日常工作而发生的办公费支出等。基本支出是事业单位的基本资金消耗,是事业单位维持日常正常运转的基本资金保证。基本支出具有常规性、稳定性的特点。

(2)项目支出。指事业单位为完成专项工作或特定业务而发生的各项支出。项目支出属于基本支出外的专项支出。事业单位的项目支出一般包括专项业务支出、专项大型修缮支出、专项购建支出、专项会议支出等。与基本支出相比,项目支出具有非常规性、不稳定性的特点。事业单位的项目支出需要经过申报、筛选、立项、评审和审批的过程。经批准后,安排专项资金作为财力保证。

将事业单位的事业支出区分为基本支出和项目支出的目的,主要是为了更好地安排使用事业单位的事业经费,确保事业单位的正常运转,并在此基础上,量力推动重点工作,有效完成事业任务。

2. 按照《政府收支分类科目》的要求进行的分类

事业单位的事业支出应当按照《政府收支分类科目》中的"支出经济分类科目"进行分类。《政府收支分类科目》中的"支出经济分类科目"分设类、款两级,类、款两级科目在内容上逐渐细化。按照《政府收支分类科目》,事业单位的事业支出可作如下分类:

(1)工资福利支出。反映事业单位开支的在职职工和临时聘用人员的各类劳动报酬,以及为上述人员缴纳的各项社会保险费等。该科目分设如下款级科目:基本工资、津贴补贴、社会保障缴费、伙食补助费、绩效工资、其他工资福利支出等。

(2)商品和服务支出。反映事业单位购买商品和服务的支出。该科目分设如下款级科目:办公费、咨询费、手续费、水费、电费、邮电费、取暖费、物业管理费、交通费、差旅费、出国费、维修(护)费、租赁费、会议费、培训费、招待费、专用材料费、专用燃料费、劳务费、委托业务费、工会经费、福利费、降温费、其他商品和服务支出等。

(3)对个人和家庭的补助。反映事业单位用于对个人和家庭的补助支出。该科目分设如下款级科目:离休费、退休费、退职(役)费、抚恤金、生活补助、救济费、医疗费、助学金、奖励金、生产补贴、住房公积金、提租补贴、购房补贴、其他对个人和家庭的补助支出等。

(4)基本建设支出。反映事业单位由各级发展与改革部门集中安排的用于购置固定资产、土地和无形资产,以及购建大型修缮所发生的支出。该科目分设如下款级科目:房屋建筑物购建、办公设备购置、专用设备购置、交通工具购置、大型修缮、信息网络购建、其他基本建设支出等。

（5）其他资本性支出。反映事业单位由各级非发展与改革部门集中安排的用于购置固定资产、土地和无形资产，以及购建大型修缮所发生的支出。该科目分设如下款级科目：房屋建筑物购建、办公设备购置、专用设备购置、交通工具购置、大型修缮、信息网络购建、其他资本性支出等。

（6）其他支出。反映事业单位不能划分到专门支出经济分类科目中去的其他有关支出。

以上事业单位按《政府收支分类科目》对事业支出所作的分类，与行政单位按《政府收支分类科目》对经费支出所作的分类基本相同。但两者也有一些差异。例如，在工资福利支出科目中，行政单位的经费支出设置有"奖金"款级科目，反映行政单位工作人员的年终一次性奖金；事业单位的事业支出不设置"奖金"款级科目。事业单位的事业支出设置有"绩效工资"款级科目，反映事业单位工作人员的绩效工资；行政单位的经费支出不设置"绩效工资"款级科目。再如，在商品和服务支出科目中，行政单位的经费支出设置有"被装购置费"款级科目，反映法院、检察院、政府各部门的被装购置支出；事业单位的事业支出不设置"被装购置费"款级科目。还如，在基本建设支出科目和其他资本性支出科目中，行政单位的经费支出设置有"基础设施建设"科目，反映行政单位用于道路、桥梁、水坝和机场、车站、码头等公共基础设施建设方面的支出，设置有"物资储备"款级科目，反映行政单位为应付自然灾害或意料不到的突发事件而提前购置的具有特殊重要性的医药、粮食等应急性物资储备支出；事业单位的事业支出不设置"基础设施建设"、"物资储备"款级科目。

在《政府收支分类科目》中，"支出经济分类科目"与"支出功能分类科目"是两套各自完整的支出科目体系。这两套支出科目体系存在着内在钩稽关系。例如，某高等学校使用财政补助收入购买了一批日常办公用品，直接交有关业务部门使用。该购买日常办公用品的支出可以同时在"一般预算支出——教育——普通教育——高等教育"科目和"基本支出——商品和服务支出——办公费"科目中反映。前者反映为政府的功能支出，由财政总预算会计记录；后者反映为事业单位的经济支出，由事业单位会计记录。事业单位使用的每一笔财政资金，都可以同时使用支出经济分类科目和支出功能分类科目进行定位。

3. 将部门预算管理和《政府收支分类科目》的要求相结合的分类

事业单位的事业支出应当将部门预算管理的要求与《政府收支分类科目》的要求相结合进行分类。具体来说，事业单位应当在基本支出中，使用《政府收支分类科目》中的支出经济分类科目；在项目支出中，也使用《政府收支分类科目》中的支出经济分类科目。《政府收支分类科目》同时分别运用于基本支出和项目支出。

事业单位的基本支出一般再分为人员经费支出和日常公用经费支出两大类。在人员经费支出中，包括《政府收支分类科目》中的"工资福利支出"以及"对个人和家庭的补助"两类支出经济分类科目。在日常公用经费支出中，包括《政府收支分类科目》中的"商品和服务支出"以及符合条件的诸如"办公设备购置"、"专用设备购置"、"交通工具购置"等支出经济分类科目。

事业单位的项目支出应当区分具体项目，使用《政府收支分类科目》中有关的支出经济分类科目。其中，可能会包含工资福利支出、商品和服务支出、对个人和家庭的补助、基本建设支出以及其他资本性支出等科目。

将事业支出按部门预算管理的要求和《政府收支分类科目》的要求相结合进行分类，使事业单位事业支出的核算既满足了部门预算管理的要求，又同时满足了《政府收支分类科目》的要求。事业支出的会计核算将部门预算管理的要求和《政府收支分类科目》的要求有机地结合在一起。

（三）事业支出的管理要求

事业支出管理是事业单位财务管理的一项重要内容,也是财政部门或上级主管部门考核事业单位预算执行情况的重要方面。事业单位必须严格按照有关规定,采取切实可行的办法加强对事业支出的管理。事业单位事业支出的管理要求主要是：

（1）建立健全事业支出的内部管理制度。事业单位应当建立健全一系列事业支出的内部管理制度,对各项事业支出实施严格的制度管理。例如,事业单位应当建立健全各项经费支出全部由单位财务部门统一管理的制度,事业单位的其他职能部门不可以在单位财务部门之外设立账外账或"小金库"；事业单位应当建立健全重大支出项目的严格审批制度,未经有关审批程序,不可以发生重大事业支出；如此等等。

（2）各项事业支出必须严格按照部门预算规定的用途和数额使用。事业单位的事业支出必须严格按照部门预算规定的用途和数额使用,不可以办理无预算、超预算范围的事业支出,也不可以随意提高或者降低事业支出的标准。对于违反财经纪律的开支,事业单位一律不得办理报销支付。

（3）保证单位基本支出的需要。事业单位的事业支出应当要保证单位基本支出的需要,包括人员经费和日常公用经费的需要。对于单位的基本支出,应当实行优先保障、优先安排的管理原则。只有在基本支出安排得到保证后,才可以安排项目支出。事业单位的基本支出一般采用定员、定额的管理办法。所谓定员,是指国家机构编制主管部门根据事业单位的性质、职能、业务范围和工作任务所下达的人员配置标准。所谓定额,是指财政部门根据事业单位机构正常运转和日常工作任务的合理需要,对各项基本支出所规定的指标额度。基本支出的定额项目包括人员经费和日常公用经费两部分。

（4）严格项目支出的管理。事业单位的项目支出应当实行区分轻重缓急进行科学论证、合理排序申报、立项后专款专用、追踪问效的管理制度。事业单位应当为每一项目支出单独建账,独立反映其资金来源和使用情况以及项目进度和完成情况,并及时对资金使用的效益作出评价。

（5）实行综合预算管理方法。事业单位应当将财政补助收入、财政专户返还收入、上级补助收入、事业收入、附属单位缴款和其他收入综合地安排用于事业支出,包括基本支出和项目支出。也即事业单位在安排基本支出时,需要综合地安排使用财政补助收入、财政专户返还收入、上级补助收入、事业收入、附属单位缴款和其他收入；在安排项目支出时,也需要综合地安排使用财政补助收入、财政专户返还收入、上级补助收入、事业收入、附属单位缴款和其他收入。

（6）划清事业支出与经营支出的界线。事业单位应当严格划清事业支出和经营支出的界线,不可以将应列入经营支出的项目列入事业支出,也不可以将应列入事业支出的项目列入经营支出。

（7）注意勤俭节约,提高资金使用效益。事业单位在办理事业支出时应当本着勤俭办一切社会事业的精神使用每一笔事业经费,注意勤俭节约,反映铺张浪费。同时,事业单位应当加强经济核算,采取切实措施,不断提高资金使用效益。

(四) 事业支出的核算

为核算事业支出业务,事业单位应设置"事业支出"总账科目。事业单位发生事业支出时,借记该科目,贷记"现金"、"银行存款"、"零余额账户用款额度"、"财政补助收入"等科目。年终结账将该科目借方余额全数转入"事业结余"科目时,借记"事业结余"科目,贷记该科目。该科目平时借方余额,表示事业支出的累计数。该科目应设置"基本支出"和"项目支出"两个二级明细账科目,二级明细账科目下,再按《政府收支分类科目》中的支出经济分类科目设置明细账科目。

例1 某事业单位收到财政国库支付执行机构委托其代理银行转来的财政直接支付入账通知书,财政国库支付执行机构通过财政零余额账户为事业单位支付了属于基本支出预算的商品和服务支出共计 1 410 元,具体科目和金额为:物业管理费 950 元,租赁费 460 元。事业单位应编制如下会计分录:

借:事业支出　　　　　　　　　　　　　　　　　　　　　　1 410
　　贷:财政补助收入　　　　　　　　　　　　　　　　　　　　　　1 410

同时,在事业支出明细账的借方登记如下:

基本支出——商品和服务支出——物业管理费　　　　　　　　　　950
基本支出——商品和服务支出——租赁费　　　　　　　　　　　　460

例2 某事业单位收到财政国库支付执行机构委托其代理银行转来的财政直接支付入账通知书,财政国库支付执行机构通过财政零余额账户为事业单位支付了一笔属于重大科学工程项目支出预算的其他资本性支出,具体科目和金额为:专用设备购置 32 400 元。事业单位应编制如下会计分录:

借:事业支出　　　　　　　　　　　　　　　　　　　　　　32 400
　　贷:财政补助收入　　　　　　　　　　　　　　　　　　　　　　32 400

同时:

借:固定资产　　　　　　　　　　　　　　　　　　　　　　32 400
　　贷:固定基金　　　　　　　　　　　　　　　　　　　　　　　　32 400

同时,在事业支出明细账的借方登记如下:

项目支出(重大科学工程)——其他资本性支出——专用设备购置　　32 400

例3 某事业单位通过单位零余额账户购买了属于基本支出预算的日常办公用品一批,直接交有关业务部门使用,具体科目和金额为:"商品和服务支出——办公费"550 元。事业单位应编制如下会计分录:

借:事业支出　　　　　　　　　　　　　　　　　　　　　　550
　　贷:零余额账户用款额度　　　　　　　　　　　　　　　　　　　550

同时,在事业支出明细账的借方登记如下:

基本支出——商品和服务支出——办公费　　　　　　　　　　　　550

例4 某事业单位通过单位零余额账户支付了属于专项文艺活动项目支出预算的商品和服务支出共计 1 280 元,具体科目和金额为:专用材料费 850 元,培训费 430 元。专用材料直接交有关业务部门使用。事业单位应编制如下会计分录:

借:事业支出　　　　　　　　　　　　　　　　　　　　　　1 280

贷：零余额账户用款额度　　　　　　　　　　　　　　　　　　　　　　　1 280
　　同时，在事业支出明细账的借方登记如下：
　　项目支出（专项文艺活动）——商品和服务支出——专用材料费　　　　　　 850
　　项目支出（专项文艺活动）——商品和服务支出——培训费　　　　　　　　 430

例5　某事业单位通过银行存款账户支付了一笔属于基本支出预算的商品和服务支出，具体科目和金额为：招待费750元。事业单位应编制如下会计分录：
　　借：事业支出　　　　　　　　　　　　　　　　　　　　　　　　　　　　　 750
　　　　贷：银行存款　　　　　　　　　　　　　　　　　　　　　　　　　　　 750
　　同时，在事业支出明细账的借方登记如下：
　　基本支出——商品和服务支出——招待费　　　　　　　　　　　　　　　　　 750

例6　某事业单位年终结账，"事业支出"总账科目的借方余额为5 560元。"事业支出"有关明细账科目的借方余额为："基本支出——工资福利支出——基本工资"880元，"基本支出——工资福利支出——津贴补贴"960元，"基本支出——商品和服务支出——办公费"750元，"基本支出——商品和服务支出——邮电费"460元，"基本支出——商品和服务支出——差旅费"380元，"基本支出——对个人和家庭的补助——助学金"410元，"基本支出——基本建设支出——办公设备购置"520元；"项目支出（重点学科建设）——商品和服务支出——专用材料费"370元，"项目支出（重点学科建设）——商品和服务支出——劳务费"280元，"项目支出（重点学科建设）——其他资本性支出——办公设备购置"550元。事业单位将以上"事业支出"科目的借方余额全数转入"事业结余"科目。事业单位应编制如下会计分录：
　　借：事业结余　　　　　　　　　　　　　　　　　　　　　　　　　　　 5 560
　　　　贷：事业支出　　　　　　　　　　　　　　　　　　　　　　　　　 5 560
　　同时，在事业支出明细账的贷方登记如下：
　　基本支出——工资福利支出——基本工资　　　　　　　　　　　　　　　　　 880
　　基本支出——工资福利支出——津贴补贴　　　　　　　　　　　　　　　　　 960
　　基本支出——商品和服务支出——办公费　　　　　　　　　　　　　　　　　 750
　　基本支出——商品和服务支出——邮电费　　　　　　　　　　　　　　　　　 460
　　基本支出——商品和服务支出——差旅费　　　　　　　　　　　　　　　　　 380
　　基本支出——对个人和家庭的补助——助学金　　　　　　　　　　　　　　　 410
　　基本支出——基本建设支出——办公设备购置　　　　　　　　　　　　　　　 520
　　项目支出（重点学科建设）——商品和服务支出——专用材料费　　　　　　　 370
　　项目支出（重点学科建设）——商品和服务支出——劳务费　　　　　　　　　 280
　　项目支出（重点学科建设）——其他资本性支出——办公设备购置　　　　　　 550

二、经营支出

（一）经营支出的概念

　　经营支出是指事业单位在专业业务活动及其辅助活动之外开展非独立核算经营活动发生的支出。事业单位的经营支出应当与经营收入进行配比。

事业单位应当严格区分事业支出和经营支出。事业单位不可以将应当用于事业支出的收入,如财政补助收入、财政专户返还收入、事业收入、上级补助收入、附属单位缴款等用于经营支出。与事业支出相比,经营支出的范围和数额都应当是比较有限的,即应当是小范围的和小数额的。

(二) 经营支出的核算

为核算经营支出业务,事业单位应设置"经营支出"总账科目。事业单位发生经营支出时,借记该科目,贷记"银行存款"等科目;结转经营活动劳务或产品成本时,借记该科目,贷记"产成品"科目。期末将该科目借方余额转入"经营结余"科目时,借记"经营结余"科目,贷记该科目。该科目平时借方余额,表示经营支出的累计数。该科目可按经营活动的种类设置明细账。

例1 某事业单位购买一批经营活动使用的日常办公用品 340 元,直接交有关业务部门使用,款项以银行存款支付。事业单位应编制如下会计分录:

借:经营支出　　　　　　　　　　　　　　　　340
　　贷:银行存款　　　　　　　　　　　　　　　　340

例2 某事业单位月末结转经营活动销售产品的成本 2 350 元。事业单位应编制如下会计分录:

借:经营支出　　　　　　　　　　　　　　　　2 350
　　贷:产成品　　　　　　　　　　　　　　　　　2 350

例3 某事业单位年终结账将"经营支出"科目借方余额 6 250 元转入"经营结余"科目。事业单位应编制如下会计分录:

借:经营结余　　　　　　　　　　　　　　　　6 250
　　贷:经营支出　　　　　　　　　　　　　　　　6 250

三、拨出经费

(一) 拨出经费的概念

拨出经费是指事业单位按照核定的部门预算转拨给所属预算单位的预算资金。只有主管会计单位或二级会计单位才可能会有拨出经费的业务。基层会计单位由于没有所属预算单位,因此,也不会有拨出经费的业务。此外,只有实行财政实拨资金方式的事业单位才可能会有拨出经费的业务。在财政国库单一账户制度下,由于财政部门通过财政零余额账户和单位零余额账户直接将预算资金拨付至商品或服务提供商或基层预算单位,因此,事业单位也不会有拨出经费的业务。事业单位对附属单位拨付的非财政性补助资金,属于对附属单位补助这一支出类别,不属于拨出经费。

(二) 拨出经费的核算

为核算拨出经费业务,事业单位应设置"拨出经费"总账科目。事业单位拨出经费时,借记该科目,贷记"银行存款"科目。年终结账将该科目借方余额全数转入"事业结余"科目时,借记"事业结余"科目,贷记该科目。该科目平时借方余额,表示拨出经费的累计数。该科目可设置

"拨出基本支出经费"和"拨出项目支出经费"两个二级明细账科目,二级明细账科目下可再按《政府收支分类科目》中的支出经济分类科目设置明细账。该科目还可按接受转拨经费的预算单位设置明细。

例1 某事业单位根据经批准的部门预算,通过开户银行向所属甲预算单位转拨预算经费共计6 580元。其中,转拨基本支出经费5 100元;转拨项目支出经费1 480元。事业单位应编制如下会计分录:

借:拨出经费(甲单位)   6 580
    贷:银行存款   6 580

同时,在拨出经费明细账的借方登记如下:
拨出基本支出经费   5 100
拨出项目支出经费   1 480

例2 某事业单位年终结账将"拨出经费"科目借方余额8 900元全数转入"事业结余"科目。事业单位应编制如下会计分录:

借:事业结余   8 900
    贷:拨出经费   8 900

四、上缴上级支出与对附属单位补助

(一) 上缴上级支出

上缴上级支出是指事业单位按规定的标准或比例上缴上级单位的支出。事业单位的上缴上级支出与附属单位缴款相对应。当上缴上级款项的事业单位确认上缴上级支出时,收到附属单位缴款的事业单位确认附属单位缴款。无论是上缴上级支出还是附属单位缴款,它们所涉及的款项都属于非财政性资金。它们是有关单位调剂收支余缺的机动财力。上缴上级支出一般纳入事业单位的基本支出预算。

为核算上缴上级支出业务,事业单位应设置"上缴上级支出"总账科目。事业单位上缴上级款项时,借记该科目,贷记"银行存款"等科目。年终结账将该科目借方余额全数转入"事业结余"科目时,借记"事业结余"科目,贷记该科目。该科目平时借方余额,表示上缴上级支出的累计数。

例1 某事业单位按规定的标准上缴上级单位款项4 780元,款项已以银行存款支付。事业单位应编制如下会计分录:

借:上缴上级支出   4 780
    贷:银行存款   4 780

例2 某事业单位年终结账将"上缴上级支出"科目借方余额6 670元全数转入"事业结余"科目。事业单位应编制如下会计分录:

借:事业结余   6 670
    贷:上缴上级支出   6 670

(二) 对附属单位补助

对附属单位补助是指事业单位用非财政预算资金对附属单位补助发生的支出。事业单位对所属单位转拨预算资金的业务,不属于对附属单位补助,而属于事业单位的拨出经费。对附属单位补助与上级补助收入存在对应关系。当上级单位对下级单位进行补助时,上级单位确认对附属单位补助,下级单位确认上级补助收入。无论是对附属单位补助还是上级补助收入,它们所涉及的款项均为非财政性资金。它们是有关单位调剂收支余缺的机动财力。对附属单位补助一般纳入事业单位的基本支出预算。

为核算对附属单位补助业务,事业单位应设置"对附属单位补助"总账科目。事业单位对附属单位补助时,借记该科目,贷记"银行存款"科目;收回对附属单位补助时,作相反的会计分录。年终结账将该科目借方余额全数转入"事业结余"科目时,借记"事业结余"科目,贷记该科目。该科目平时借方余额,表示对附属单位补助的累计数。该科目应按接受补助的附属单位名称设置明细账。

例1 某事业单位通过银行存款账户用非财政性资金拨给附属甲单位一次性补助5 560元。该一次性补助纳入该事业单位的基本支出预算,规定附属甲单位应当用于日常公用经费开支。事业单位应编制如下会计分录:

借:对附属单位补助(甲单位)   5 560
  贷:银行存款   5 560

例2 某事业单位年终结账将"对附属单位补助"科目借方余额9 220元全数转入"事业结余"科目。事业单位应编制如下会计分录:

借:事业结余   9 220
  贷:对附属单位补助   9 220

五、成本费用

(一)成本费用的概念

成本费用是指实行成本核算的事业单位应列入劳务、产品或商品生产成本的各项费用。实行成本核算的事业单位需要使用成本费用的概念,计算提供劳务、产品或商品的生产成本。不实行成本核算的事业单位,一般不使用成本费用的概念。

(二)事业单位实行成本核算的意义与范围

1. 事业单位实行成本核算的意义

事业单位的成本核算,是指事业单位按照确定的成本计算对象,归集和分配费用,从而计算出有关产品或劳务生产成本数额的一种会计程序和会计方法。事业单位实行成本核算的目的,是为了提高事业单位的经济管理水平,提高资金使用效益,而不是为了计算盈亏。事业单位的成本补偿,一部分来源于财政性资金,一部分来源于事业收入或其他非财政性资金。由此,事业单位向社会提供的产品通常也称为准公共产品。事业单位实行成本核算,能为考核事业成果、制定收费标准、筹划资金来源、进行经济决策提供有用的会计信息。

事业单位计算出的产品或劳务成本,可能会是一个不完全的成本。例如,成本数额中可能没有包括固定资产折旧的数额,如科研单位的课题研究成本、电视台的节目制作成本等。因此,事业单位的成本核算有时也称为内部成本核算,计算出的产品或劳务生产成本,可能会只供事业单位内部管理使用,并不对外报告。

2. 事业单位实行成本核算的范围

事业单位可以根据开展业务活动的实际需要,实行成本核算。根据有关规定,主要从事应用开发研究和科技服务的科学事业单位,以及其他有条件的科学事业单位,可根据专业业务及其辅助活动、生产经营活动以及经济管理的实际需要,实行成本核算。文化事业单位实行成本核算办法的范围为:艺术表演团体、艺术表演场所;文化事业单位附属的非独立核算的音像制品部、商品销售部、餐饮部等。广播电视事业单位实行成本核算办法的范围为:非财政补助收入能够基本满足正常支出的广播电台、电视台、电视发射台,以及其他广播电视事业单位;广播电视事业单位附属的非独立核算的商品销售部、餐饮部等。文物事业单位实行成本核算办法的范围为:非财政补助收入能够基本满足正常支出的博物院、博物馆、文物保护单位,以及其他文物事业单位;主管部门和文物事业单位附属的非独立核算的古建筑工程队、文物维修和复制部门、外宾服务部、商品销售部、餐饮部等。体育事业单位实行成本核算办法的范围为:非财政补助收入能够基本满足正常支出的体育场、体育馆、体育运动中心,以及其他体育事业单位;体育事业单位附属的非独立核算的商品销售部、餐饮部等。医院实行成本核算,包括医疗成本核算和药品成本核算。目前,高等学校、中小学未提出实行成本核算的要求。

(三) 成本费用计算的程序

1. 确定成本计算对象

成本计算对象是指成本费用归集的对象。由于事业单位从事业务活动内容的广泛性,因此,不同的事业单位,其成本计算对象也不完全一样。事业单位成本计算的对象可以是生产的产品,可以是研究的课题,可以是服务的项目,也可以是一项专项工程或专项工作。例如,根据有关规定,科学事业单位应以研究室、业务部、课题组等为核算单位,以科研课题、项目、产品等为基本成本核算对象,进行多层次的成本费用核算。

2. 划分成本项目

成本项目是指在成本费用开支范围内,对成本费用按用途进行的分类。事业单位的成本项目包括人员经费和日常公用经费中的相关项目,具体如基本工资、津贴补贴、办公费、印刷费、咨询费、水费、租赁费、劳务费、委托业务费、办公设备购置费、专用设备购置费等。

3. 确定成本计算期

成本计算期是指成本计算的起止日期。事业单位的成本计算期可以是定期的,也可以是不定期的。通常情况下,产品生产以月为成本计算期,课题研究以课题周期为成本计算期,跨年度的课题分年度计算,课题结束时计算全部成本。

4. 成本费用的归集与分配

成本费用归集与分配的原则是,直接费用直接计入成本计算对象,间接费用通过分配计入成本计算对象。所谓直接费用是指直接用于成本计算对象的费用,所谓间接费用是指各生产单位或业务部门为组织和管理生产活动或业务活动而发生的费用。例如,根据有关规定,科学事业单位的直接费用是指在科研、生产过程中直接耗用的材料、支付的工资及其他直接支出所发生的费用,间接费用是指各研究室、业务部、车间等部门为组织和管理科研生产活动所发生的费用;广播电视事业单位的直接费用是指直接从事广播电视节目制作、发射、传输、转播等业务活动和非独立核算生产经营活动所发生的费用,间接费用是指单位内部各业务部门为组织广播、电视节目制作、发射、传输、转播等业务活动和非独立核算生产经营活动所发生的费用。

期间费用,即事业单位行政管理部门为组织和管理生产活动或业务活动而发生的费用,一般直接计入当期事业结余或经营结余,不计入产品或劳务成本。

5. 成本计算单的建立与成本计算表的编制

成本计算单也称生产费用明细账,是成本费用归集的载体。成本计算单按成本计算对象开设,按成本项目划分专栏。成本计算表根据成本计算单编制。通过成本计算表,可以计算出事业单位各成本计算对象的总成本和单位成本。事业单位应当分别为事业活动和经营活动开设成本计算单,分别计算事业活动中的产品或劳务成本和经营活动中的产品或劳务成本。

(四)成本费用的核算

为核算成本费用业务,事业单位应设置"成本费用"总账科目。事业单位在开展业务活动中发生成本费用时,借记该科目,贷记"材料"、"银行存款"等科目;产品验收入库时,借记"产成品"科目,贷记该科目。该科目应按产品种类设置明细账。

例1 某事业单位开发试制生产甲种科技产品。业务部门从仓库领用专用材料1 500元,投入开发试制。事业单位应编制如下会计分录:

  借:成本费用(甲产品)   1 500
    贷:材料   1 500

例2 续上例1,该事业单位分配业务部门发生的办公费等间接费用,由甲种科技产品负担的间接费用为400元。事业单位应编制如下会计分录:

  借:成本费用(甲产品)   400
    贷:间接费用   400

例3 续上例2,该事业单位甲种科技产品试制生产完成,根据成本计算单计得产品成本2 780元。事业单位应编制如下会计分录:

  借:产成品——甲产品   2 780
    贷:成本费用(甲产品)   2 780

六、销售税金与结转自筹基建

(一)销售税金

销售税金是指事业单位提供劳务或销售产品应负担的税金及附加,包括营业税、城市维护建设税、资源税、教育费附加等。销售税金可能会由于事业单位开展事业活动取得事业收入而产生,也可能会由于事业单位开展经营活动取得经营收入而产生。事业单位的销售税金业务,具体应根据相关税法的规定办理。

为核算销售税金业务,事业单位应设置"销售税金"总账科目。事业单位按规定计算出应负担的销售税金时,借记该科目,贷记"应交税金"、"其他应付款"等科目;交纳税金时,借记"应交税金"、"其他应付款"等科目,贷记"银行存款"科目。期末将该科目借方余额转入"经营结余"或"事业结余"科目时,借记"经营结余"或"事业结余"科目,贷记该科目。该科目应按产品或商品的种类设置明细账。

例1 某事业单位对外开展有偿服务取得收入 10 000 元。按照有关规定,应对全部收入按 5% 的税率计算应交营业税 500 元。事业单位应编制如下会计分录:

借:销售税金　　　　　　　　　　　　　　　　500
　　贷:应交税金　　　　　　　　　　　　　　　　　500

例2 某事业单位年终结账将"销售税金"科目借方余额 1 250 元转入"经营结余"科目。事业单位应编制如下会计分录:

借:经营结余　　　　　　　　　　　　　　　1 250
　　贷:销售税金　　　　　　　　　　　　　　　　1 250

(二) 结转自筹基建

结转自筹基建是指事业单位经批准用财政补助收入和财政专户返还收入以外的资金安排自筹基本建设,其所筹集并转存建设银行的资金。

事业单位用自筹资金安排基本建设,应先落实资金来源,并按审批权限,报经有关部门批准列入基本建设计划。事业单位应在保证正常事业支出需要以及正常预算平衡的基础上,统筹安排自筹基本建设支出,并报主管部门和财政部门批准。事业单位经核定的自筹基本建设资金纳入基本建设财务管理。

为核算结转自筹基建业务,事业单位应设置"结转自筹基建"总账科目。事业单位将自筹的基本建设资金转存建设银行时,借记该科目,贷记"银行存款"科目。年终将该科目借方余额全数转入"事业结余"科目时,借记"事业结余"科目,贷记该科目。该科目平时借方余额,表示结转自筹基建的累计数。

例1 某事业单位经批准将自筹资金 8 500 元转存建设银行,用于安排基本建设。事业单位应编制如下会计分录:

借:结转自筹基建　　　　　　　　　　　　　8 500
　　贷:银行存款　　　　　　　　　　　　　　　　8 500

例2 某事业单位年终结账将"结转自筹基建"科目借方余额 9 800 元全数转入"事业结余"科目。事业单位应编制如下会计分录:

借:事业结余　　　　　　　　　　　　　　　9 800
　　贷:结转自筹基建　　　　　　　　　　　　　　9 800

第四节　净　资　产

净资产是指事业单位资产减去负债的差额,包括事业基金、固定基金、专用基金、事业结余、经营结余等。

一、事业结余

(一) 事业结余的概念

事业结余是指事业单位各项事业活动收入减去各项事业活动支出后的余额。其中,各项事业活动的收入包括财政补助收入、财政专户返还收入、上级补助收入、事业收入、附属单位缴款和其他收入,各项事业活动的支出包括拨出经费、事业支出、上缴上级支出、对附属单位补助、结转自筹基建和销售税金。如果事业单位的各项事业活动收入不能抵补各项事业活动支出,那么,事业结余的数额为负数,也可称事业亏绌。事业单位的事业结余每年年终结算一次,平时不结算。因此,事业单位的事业结余是单位全年全部事业活动实际收入与全年全部事业活动实际支出相抵后的最终财务结果。事业单位的事业结余相当于行政单位的结余。行政单位不存在经营结余。

在财政国库单一账户制度下,事业单位年终可能会存在零余额账户用款额度结余。其中,包括财政零余额账户用款额度结余和单位零余额账户用款额度结余。财政零余额账户用款额度结余是事业单位取得的财政直接支付年度用款预算额度与事业单位年度内财政直接支付实际发生数额之间的差额,是事业单位年终尚未实际使用的财政直接支付预算指标。单位零余额账户用款额度结余是事业单位取得的财政授权支付年度用款预算额度与事业单位年度内财政授权支付实际发生数额之间的差额,是事业单位年终尚未实际使用的财政授权支付预算指标。

事业单位的年终零余额账户用款额度结余与事业单位的年终实际事业结余总数是两个不同的概念。事业单位的零余额账户用款额度结余是事业单位尚未实际使用的年度预算指标,对于财政零余额账户用款额度结余来说,其表现形式是事业单位应确认的财政补助收入,但与此同时,没有相应的事业支出;对于单位零余额账户用款额度结余来说,其表现形式是事业单位已确认的财政补助收入,但与此同时,也没有相应的事业支出。事业单位的零余额账户用款额度结余属于事业单位的财政性资金结余。事业单位的年终实际事业结余总数是事业单位全年已确认的全部事业活动收入减去全年已确认的全部事业活动支出后的差额,是收支相抵后的结果。全年已确认的全部事业活动收入包括财政性资金收入,也包括上级补助收入、事业收入、附属单位缴款和其他收入等非财政性资金收入;全年已确认的全部事业活动支出包括使用财政性资金形成的支出,也包括使用非财政性资金形成的支出。事业单位的年终零余额账户用款额度结余在数量上构成事业单位年终实际事业结余总数的一部分。

按照部门预算管理的要求,事业单位的事业结余应当区分基本支出结余和项目支出结余两大种类。其中,基本支出结余是基本支出收入减去基本支出后的差额,项目支出结余是项目支出收入减去项目支出后的差额。事业单位的基本支出结余经分配后一般应当结转下年继续使用在基本支出上。事业单位的项目支出结余,在项目尚未完成的情况下,一般应当结转下年继续使用在有关项目上;在项目已经完成的情况下,应当按照财政部门、上级单位或其他专项资金提供方的要求,或者归还财政部门、上级单位或其他专项资金提供方,或者使用在新的项目支出上,或者由事业单位自主安排使用。事业单位的年终事业结余总数,包括财政零余额账户用款额度结余和单位零余额账户用款额度结余,事业单位都应当在接到财政部门在次年初下达的批复后才可以使用。

(二)事业结余的核算

为核算事业结余业务,事业单位应设置"事业结余"总账科目。事业单位年终结账将事业活动收入和事业活动支出转入该科目时,借记"财政补助收入"、"财政专户返还收入"、"上级补助收入"、"附属单位缴款"、"事业收入"、"其他收入"科目,贷记该科目;同时,借记该科目,贷记"拨出经费"、"事业支出"、"上缴上级支出"、"销售税金"、"对附属单位补助"、"结转自筹基建"科目。收支结账后,该科目贷方余额,表示当年实现的事业结余。该科目应设置"基本支出结余"和"项目支出结余"两个二级科目。计算出当年取得的事业结余后,事业单位应将"事业结余——基本支出结余"科目的余额全数转入"结余分配"科目,借记"事业结余——基本支出结余"科目,贷记"结余分配"科目;将项目尚未完成的"事业结余——项目支出结余"科目的余额转入"专项结余"科目,借记"事业结余——项目支出结余"科目,贷记"专项结余"科目;将项目已经完成的"事业结余——项目支出结余"科目的余额按要求进行处理,借记"财政补助收入——项目支出"、"上级补助收入——项目支出"等科目,贷记"银行存款"、"事业基金"等科目。结转后,"事业结余"科目无余额。"专项结余"总账科目反映事业单位专项资金收支相抵后的余额。

例 1 某事业单位通过财政零余额账户发生的当年财政直接支付合计数为 77 800 元,其中,用于基本支出的数额为 45 200 元,用于项目支出的数额为 32 600 元。该事业单位当年财政直接支付预算指标数为 78 700 元,其中,应当用于基本支出的预算指标为 45 500 元,应当用于项目支出的预算指标为 33 200 元。该事业单位年终存在尚未使用的财政直接支付预算额度 900 元(78 700 - 77 800),其中,属于基本支出的尚未使用的预算额度 300 元(45 500 - 45 200),属于项目支出的尚未使用的预算额度 600 元(33 200 - 32 600)。事业单位年终应编制如下会计分录:

借:财政应返还额度　　　　　　　　　　　　　　　　900
　　贷:财政补助收入　　　　　　　　　　　　　　　　　　900

同时,在财政补助收入明细账的贷方登记如下:

基本支出　　　　　　　　　　　　　　　　　　　　　　300
项目支出　　　　　　　　　　　　　　　　　　　　　　600

在以上例 1 中,事业单位对于年终尚未使用的财政直接支付预算额度作为财政补助收入确认。事业单位在年初取得财政直接支付预算额度时,不作会计处理。

例 2 某事业单位通过单位零余额账户发生的当年财政授权支付合计数为 9 730 元,其中,用于基本支出的数额为 5 350 元,用于项目支出的数额为 4 380 元。该事业单位当年财政授权支付预算指标数为 10 100 元,其中,应当用于基本支出的预算指标为 5 500 元,应当用于项目支出的预算指标为 4 600 元。财政部门已经将当年全部财政授权支付预算指标数下达到了事业单位的代理银行。该事业单位年终存在尚未使用的财政授权支付预算额度 370 元(10 100 - 9 730),其中,属于基本支出的尚未使用的预算额度 150 元(5 500 - 5 350),属于项目支出的尚未使用的预算额度 220 元(4 600 - 4 380)。事业单位年终应编制如下会计分录:

借:财政应返还额度　　　　　　　　　　　　　　　　370
　　贷:零余额账户用款额度　　　　　　　　　　　　　　370

在以上例2中,事业单位在财政部门将财政授权支付预算额度分期下达到单位零余额账户代理银行时,确认财政补助收入。事业单位在年终计算出尚未使用的财政授权支付预算额度时,实行先冲销、后恢复的处理方法。即事业单位在当年末先将尚未使用的财政授权支付预算额度通过贷记"零余额账户用款额度"科目予以冲销,使得事业单位的"零余额账户用款额度"账户的当年末余额为零;然后在次年初通过借记"零余额账户用款额度"科目予以恢复,使得事业单位的"零余额账户用款额度"账户的次年初余额为上年末事业单位尚未使用的财政授权支付预算额度。

例3 某事业单位通过单位零余额账户发生的当年财政授权支付合计数为13 600元,其中,用于基本支出的数额为7 400元,用于项目支出的数额为6 200元。该事业单位当年财政授权支付预算指标数为13 740元,其中,应当用于基本支出的预算指标为7 460元,应当用于项目支出的预算指标为6 280元。财政部门已向单位零余额账户代理银行下达财政授权支付预算指标13 600元,其中,基本支出预算指标7 400元,项目支出预算指标6 200元。也即事业单位已经将财政部门下达到单位零余额账户代理银行的财政授权支付预算指标全部用完。该事业单位年终存在尚未收到的财政授权支付预算额度140元(13 740－13 600),其中,属于基本支出的尚未收到的预算额度60元(7 460－7 400),属于项目支出的尚未收到的预算额度80元(6 280－6 200)。事业单位年终应编制如下会计分录:

  借:财政应返还额度   140
    贷:财政补助收入   140
同时,在财政补助收入明细账的贷方登记如下:
  基本支出   60
  项目支出   80

在以上例3中,事业单位对于财政部门年终尚未下达到单位零余额账户的财政授权支付预算额度作为财政补助收入处理。

例4 某事业单位年终结账,有关事业活动收入总账科目的贷方余额为:"财政补助收入"9 680元,"财政专户返还收入"1 780元,"上级补助收入"1 240元,"事业收入"1 950元,"附属单位缴款"640元,"其他收入"580元;有关事业活动支出总账科目的借方余额为:"事业支出"14 450元,"上缴上级支出"260元,"对附属单位补助"220元,"结转自筹基建"140元。有关"财政补助收入"明细账科目的贷方余额为:"基本支出——教育——普通教育——高等教育"5 420元;"项目支出(重点学科建设)——教育——普通教育——高等教育"4 260元。有关"财政专户返还收入"明细账科目的贷方余额为:"基本支出——教育——普通教育——高等教育"1 780元。有关"上级补助收入"明细账科目的贷方余额为:"项目支出(重点学科建设)——教育——普通教育——高等教育"1 240元。有关"事业支出"明细账科目的借方余额为:"基本支出——工资福利支出——基本工资"2 220元,"基本支出——工资福利支出——津贴补贴"2 350元,"基本支出——商品和服务支出——办公费"2 880元,"基本支出——对个人和家庭的补助——助学金"850元,"基本支出——基本建设支出——办公设备购置"1 320元;"项目支出(重点学科建设)——商品和服务支出——专用材料费"2 620元,"项目支出(重点学科建设)——商品和服务支出——会议费"860元,"项目支出(重点学科建设)——其他资本性支出——专用设备购置"1 350元。事业收入、附属单位缴款和其他收入均为取得的基本支出的收入。上缴上级支出、对附属单位补助、结转自筹基建均为发生的基本支出。事业单位将以上

有关事业活动收支科目的余额结转至"事业结余"科目。事业单位应编制如下会计分录:

借:财政补助收入	9 680	
财政专户返还收入	1 780	
上级补助收入	1 240	
事业收入	1 950	
附属单位缴款	640	
其他收入	580	
贷:事业结余		15 870

同时:

借:事业结余	15 070	
贷:事业支出		14 450
上缴上级支出		260
对附属单位补助		220
结转自筹基建		140

同时,在财政补助收入明细账的借方登记如下:

基本支出——教育——普通教育——高等教育	5 420
项目支出(重点学科建设)——教育——普通教育——高等教育	4 260

在财政专户返还收入明细账的借方登记如下:

基本支出——教育——普通教育——高等教育	1 780

在上级补助收入明细账的借方登记如下:

项目支出(重点学科建设)——教育——普通教育——高等教育	1 240

在事业支出明细账的贷方登记如下:

基本支出——工资福利支出——基本工资	2 220
基本支出——工资福利支出——津贴补贴	2 350
基本支出——商品和服务支出——办公费	2 880
基本支出——对个人和家庭的补助——助学金	850
基本支出——基本建设支出——办公设备购置	1 320
项目支出(重点学科建设)——商品和服务支出——专用材料费	2 620
项目支出(重点学科建设)——商品和服务支出——会议费	860
项目支出(重点学科建设)——其他资本性支出——专用设备购置	1 350

在事业结余明细账的贷方登记如下:

基本支出结余	10 370
项目支出结余(重点学科建设)	5 500

在事业结余明细账的借方登记如下:

基本支出结余	10 240
项目支出结余(重点学科建设)	4 830

在以上例4中,事业单位的当年结余为800元(15 870－15 070)。其中,基本支出结余为130元[(5 420＋1 780＋1 950＋640＋580)－(2 220＋2 350＋2 880＋850＋1 320＋260＋220＋140)];项目支出结余(重点学科建设)为670元[(4 260＋1 240)－(2 620＋860＋1 350)]。

在以上例4中,事业单位还可以将"基本支出结余"区分为"人员经费结余"和"日常公用经费结余"两类。一般情况下,人员经费结余与日常公用经费结余实行分别管理,不能相互混合使用。事业单位不可以将日常公用经费结余用于人员经费开支,也不可以将人员经费结余用于日常公用经费开支。事业单位还可以将"项目支出结余"区分为"项目支出净结余"和"项目支出专项结余"两类。项目支出净结余反映已完成项目的项目支出结余,项目支出专项结余反映尚未完成的项目支出结余。

例5 续上例4,该事业单位年终将"事业结余——基本支出结余"科目贷方余额130元转入"结余分配"科目。假设项目支出的重点学科建设项目尚未完成,事业单位将"事业结余——项目支出结余"科目贷方余额670元转入"专项结余"科目。事业单位应编制如下会计分录:

借:事业结余——基本支出结余　　　　　　　　　　　130
　贷:结余分配　　　　　　　　　　　　　　　　　　　　　130
同时:
借:事业结余——项目支出结余　　　　　　　　　　　670
　贷:专项结余(重点学科建设)　　　　　　　　　　　　　670

(三)事业结余的分配

事业结余的分配是指事业单位对事业结余按照有关的规定所作的分配。事业结余一般不需要交纳所得税。但如果根据有关税法规定需要交纳所得税,那么,就需要通过结余分配计算交纳所得税。事业结余中的基本支出结余应根据有关规定按一定比例提取职工福利基金,用于职工的集体福利。事业结余中的基本支出结余经分配后,剩余部分转入事业基金,用于弥补以后年度事业活动的收支差额。事业结余中的项目支出结余如果按照规定留归事业单位自主安排使用,应当由事业结余直接转入事业基金,不参与结余分配。

为核算事业结余的分配业务,事业单位应设置"结余分配"总账科目。事业单位按规定分配事业结余时,借记该科目,贷记"专用基金"等科目;分配后将剩余事业结余转入事业基金时,借记该科目,贷记"事业基金"科目。该科目借方余额,表示尚未分配的事业结余。该科目可按事业结余的分配内容设置明细账。

例6 续上例5,该事业单位按照有关规定从事业结余的基本支出结余130元中提取职工福利基金20元。事业单位应编制如下会计分录:

借:结余分配——提取职工福利基金　　　　　　　　20
　贷:专用基金——职工福利基金　　　　　　　　　　　　20

例7 续上例6,该事业单位按规定将分配后的事业结余110元转入"事业基金"科目,用于弥补以后年度的收支差额。事业单位应编制如下会计分录:

借:结余分配——转入事业基金　　　　　　　　　　110
　贷:事业基金　　　　　　　　　　　　　　　　　　　　　110

二、经营结余

(一) 经营结余的概念

经营结余是指事业单位各项经营活动收入减去各项经营活动支出后的余额。其中,各项经营活动的收入包括经营收入,各项经营活动的支出包括经营支出和销售税金。

事业单位的经营结余应当按规定进行分配。分配后的余额,可以按照规定转入事业基金,用于弥补以后事业活动的收支差额,实行以辅补主。事业单位各项经营活动收入不足以抵补各项经营活动支出的数额,为事业单位的经营亏损。事业单位的经营亏损应当用以后期间的经营结余进行弥补,不可以用事业结余进行弥补。

事业单位的经营结余应当与事业结余分别核算,不能混淆。

(二) 经营结余的核算

为核算经营结余业务,事业单位应设置"经营结余"总账科目。事业单位期末结账将经营活动收入和经营活动支出转入该科目时,借记"经营收入"科目,贷记该科目;同时,借记该科目,贷记"经营支出"、"销售税金"科目。收支结账后,该科目贷方余额,表示当期实现的经营结余。事业单位期末将该科目贷方余额转入"结余分配"科目时,借记该科目,贷记"结余分配"科目。收支结账后,该科目借方余额,表示当期发生的经营亏损。经营亏损不予结转。该科目可按经营活动的种类设置明细账。

例1 某事业单位年终结账,有关经营活动收入总账科目的贷方余额为:"经营收入"4 560元;有关经营活动支出总账科目的借方余额为:"经营支出"3 520元,"销售税金"340元。事业单位将以上有关经营活动收支科目的余额结转至"经营结余"科目。事业单位应编制如下会计分录:

借:经营收入 4 560
  贷:经营结余 4 560

同时:

借:经营结余 3 860
  贷:经营支出 3 520
    销售税金 340

在以上例1中,该事业单位当年实现经营结余700元[4 560-(3 520+340)]。

例2 续上例1,该事业单位将当年实现的经营结余700元转入"结余分配"科目。事业单位应编制如下会计分录:

借:经营结余 700
  贷:结余分配 700

(三) 经营结余的分配

经营结余的分配是指事业单位对经营结余按照有关的规定所作的分配。经营结余如果根据有关税法规定需要交纳所得税,那么,就需要通过结余分配计算交纳所得税。经营结余应根据有关规定按一定比例提取职工福利基金,用于职工的集体福利。经营结余经分配后,剩余部分可以按照规定转入事业基金,用于弥补以后年度事业活动的收支差额,实行以辅补主。

为核算经营结余的分配业务,事业单位应设置"结余分配"总账科目。事业单位按规定分配经营结余时,借记该科目,贷记"应交税金"、"专用基金"等科目;分配后将剩余经营结余转入事业基金时,借记该科目,贷记"事业基金"科目。该科目借方余额,表示尚未分配的经营结余。该科目可按经营结余的分配内容设置明细账。

例 3 续上例 2,该事业单位按照有关规定上缴经营活动所得税 220 元。事业单位应编制如下会计分录:

借:结余分配——应交所得税　　　　　　　　　　220
　　贷:应交税金——应交所得税　　　　　　　　　　　　220

例 4 续上例 3,该事业单位按照有关规定从经营结余中提取职工福利基金 80 元。事业单位应编制如下会计分录:

借:结余分配——计提职工福利基金　　　　　　80
　　贷:专用基金——职工福利基金　　　　　　　　　　80

在以上例 3 和例 4 中,经营结余经分配后,余额为 400 元(700-220-80)。

例 5 续上例 4,该事业单位按规定将分配后的经营结余 400 元转入"事业基金"科目,用于弥补以后年度事业活动的收支差额。事业单位应编制如下会计分录:

借:结余分配——转入事业基金　　　　　　　　400
　　贷:事业基金　　　　　　　　　　　　　　　　　　400

三、事业基金

(一) 事业基金的概念

事业基金是指事业单位拥有的非限定用途的净资产,主要包括滚存结余和投资产权等。滚存结余是指事业单位历年经结余分配后转入的事业结余和经营结余。投资产权是指事业单位在对外投资过程中形成的占有在对外投资上的事业基金。事业基金可区分为一般基金和投资基金两类。一般基金是事业单位可以自主安排使用的事业基金。投资基金是事业单位占用在对外投资上的事业基金。投资基金暂时不能用来安排发生事业支出。

事业基金在事业单位中起着"蓄水池"的作用。当事业单位当年各项收入大于各项支出时,收支差额经分配后转入事业基金。当事业单位当年各项事业活动收入不足以抵补各项事业活动支出时,差额可以用事业基金来弥补。事业单位在确定年初部门预算时,如果事业活动支出安排出现缺口,也可以用一部分事业基金来弥补。

(二) 事业基金的核算

为核算事业基金业务,事业单位应设置"事业基金"总账科目。该科目设置"一般基金"和"投资基金"两个二级科目。事业单位年终将经分配后的事业结余和经营结余转入该科目时,借记"结余分配"科目,贷记"事业基金——一般基金"科目。事业单位用银行存款对外投资时,借记"对外投资"科目,贷记"银行存款"科目;同时,借记"事业基金——一般基金"科目,贷记

"事业基金——投资基金"科目。事业单位用固定资产对外投资时,借记"对外投资"科目,贷记"事业基金——投资基金"科目;同时,借记"固定基金"科目,贷记"固定资产"科目。事业单位将已完成的项目支出结余按规定转入事业基金时,借记"财政补助收入——项目支出"、"上级补助收入——项目支出"等科目,贷记"事业基金——一般基金"科目。该科目余额,表示事业基金的累计数。

例1 某事业单位年终将经分配后的事业结余 4 200 元转入事业基金。事业单位应编制如下会计分录:

借:结余分配　　　　　　　　　　　　　　　　　　4 200
　　贷:事业基金——一般基金　　　　　　　　　　　　　　　4 200

例2 某事业单位由财政补助收入提供专项资金的某项目已经完成,该事业单位按规定将该已完成项目的项目支出结余 3 500 元转入事业基金。事业单位应编制如下会计分录:

借:财政补助收入——项目支出　　　　　　　　　　3 500
　　贷:事业基金——一般基金　　　　　　　　　　　　　　　3 500

例3 某事业单位在开展事业活动中以银行存款 2 600 元对外投资。事业单位应编制如下会计分录:

借:对外投资　　　　　　　　　　　　　　　　　　2 600
　　贷:银行存款　　　　　　　　　　　　　　　　　　　　2 600

同时:

借:事业基金——一般基金　　　　　　　　　　　　2 600
　　贷:事业基金——投资基金　　　　　　　　　　　　　　　2 600

在以上例3中,事业基金中的一般基金减少。这表示事业单位可以自主安排使用的资金数额减少。相应减少的数额被占用在了对外投资上。

例4 续上例3,该事业单位将该对外投资全部对外出售,获得价款 2 780 元,款项已存入开户银行。事业单位应编制如下会计分录:

借:银行存款　　　　　　　　　　　　　　　　　　2 780
　　贷:对外投资　　　　　　　　　　　　　　　　　　　　2 600
　　　　其他收入——投资收益　　　　　　　　　　　　　　　180

同时:

借:事业基金——投资基金　　　　　　　　　　　　2 600
　　贷:事业基金——一般基金　　　　　　　　　　　　　　　2 600

在以上例4中,事业基金中的一般基金增加 2 600 元。这表示事业单位"蓄水池"中的资金恢复性增加了 2 600 元。事业基金中的投资基金减少 2 600 元。这表示事业单位占用在对外投资上的事业基金减少 2 600 元。事业单位的该项对外投资已经对外出售了。获得的"其他收入——投资收益"180 元,转入事业结余后,经结余分配再转入事业基金中的一般基金。

四、专用基金

(一) 专用基金的概念和管理要求

专用基金是指事业单位按规定提取或设置的有专门用途的资金,主要包括修购基金、职工福利基金、医疗基金和住房基金等。

修购基金是指按事业收入和经营收入的一定比例提取以及由固定资产变价收入转入的,专门用于事业单位固定资产修理或购置的资金。职工福利基金是指按事业结余和经营结余的一定比例提取的,专门用于事业单位职工集体福利设施购建和集体福利待遇等的资金。医疗基金是指未纳入公费医疗经费开支范围的事业单位,按当地财政部门规定的公费医疗经费人均预算定额提取的,并参照公费医疗制度有关规定专门用于职工公费医疗开支的资金。住房基金是指按国家规定的住房公积金制度,由事业单位按照职工工资总额的一定比例提取的住房公积金,其中不包括个人缴纳的住房公积金。

事业单位专用基金的管理要求主要是:

(1) 先提后用。即各项专用基金应当根据规定的来源渠道,在取得了资金以后,才能安排使用。

(2) 专款专用。即各项专用基金都应当按照规定的用途使用,不可以挪作他用。

(3) 设置专门账户。即对各项专用基金应当单独设置专门的会计账户进行管理和核算,不可以将不同性质的专用基金混合核算。

(二) 专用基金的核算

为核算专用基金业务,事业单位应设置"专用基金"总账科目。事业单位提取或取得专用基金时,借记"事业支出"、"经营支出"、"结余分配"、"银行存款"等科目,贷记该科目;使用专用基金时,借记该科目,贷记"银行存款"等科目。该科目贷方余额,表示事业单位专用基金的结存数。该科目应按专用基金的种类设置明细账。

例1 某事业单位根据规定按事业收入的一定百分比提取事业活动用固定资产修购基金1 420元。事业单位应编制如下会计分录:

借:事业支出　　　　　　　　　　　　　　　　　　　　　　1 420
　　贷:专用基金——修购基金　　　　　　　　　　　　　　　　　1 420

例2 某事业单位报废固定资产一台。发生清理费用140元,以现金支付。残值变价收入350元,款项存入开户银行。事业单位应编制如下会计分录:

(1) 发生清理费用时:

借:专用基金——修购基金　　　　　　　　　　　　　　　　140
　　贷:现金　　　　　　　　　　　　　　　　　　　　　　　　140

(2) 取得残值变价收入时:

借:银行存款　　　　　　　　　　　　　　　　　　　　　　350
　　贷:专用基金——修购基金　　　　　　　　　　　　　　　　　350

例3 某事业单位从职工福利基金中开支850元,用于职工集体福利项目。事业单位应

编制如下会计分录:

  借:专用基金——职工福利基金   850
    贷:银行存款   850

五、固定基金

(一) 固定基金的概念

  固定基金是指事业单位占用在固定资产上的基金。固定基金是事业单位净资产中的基本份额。它通常随事业单位固定资产购入、建造完成、调入、融资租入、接受捐赠和盘盈等而增加,随事业单位固定资产报废、调出、对外投资、盘亏等而减少。

(二) 固定基金的核算

  为核算固定基金业务,事业单位应设置"固定基金"总账科目。事业单位购入固定资产时,借记"事业支出"等科目,贷记"拨入经费"、"零余额账户用款额度"、"银行存款"等科目,同时借记"固定资产"科目,贷记该科目;融资租入固定资产支付租金时,借记"事业支出"等科目,贷记该科目;调入、建造完成、接受捐赠、盘盈固定资产时,借记"固定资产"科目,贷记该科目;报废、调出、对外投资、盈亏固定资产时,借记该科目,贷记"固定资产"科目。该科目贷方余额,表示固定基金的结存数。

  例1 某事业单位通过单位零余额账户购入办公设备一台5 400元。事业单位应编制如下会计分录:

  借:事业支出   5 400
    贷:零余额账户用款额度   5 400
  同时:
  借:固定资产——办公设备   5 400
    贷:固定基金   5 400

  例2 某事业单位收到某企业捐赠专用设备一台8 500元。事业单位应编制如下会计分录:

  借:固定资产——专用设备   8 500
    贷:固定基金   8 500

  例3 某事业单位报废办公设备一台。该办公设备原价6 320元。事业单位应编制如下会计分录:

  借:固定基金   6 320
    贷:固定资产——办公设备   6 320

第五节 资产和负债

一、资产

资产是指事业单位占有或者使用的能以货币计量的经济资源,包括现金、银行存款、零余额账户用款额度、财政应返还额度、应收票据、应收账款、预付账款、其他应收款、材料、产成品、对外投资、固定资产和无形资产等。

(一) 现金

1. 现金的概念与管理要求

现金是指事业单位存放在财务部门的库存现金。现金具有普遍的可接受性和最强的流动性。现金可以随时用来作为交换媒介投入流通,也可以随时存入银行,留待以后使用。

事业单位现金管理的要求主要是:

(1) 严格遵守银行核定的库存现金限额。对于超过现金限额的部分,事业单位应当及时送存银行。

(2) 收入的现金,事业单位应当及时送存银行,不可以随意坐支现金,即不可以随意将收入的现金直接用于支出。

(3) 明确规定现金的使用范围,不可以在规定范围之外随意使用现金。事业单位与其他单位的经济往来,除按规定范围可以使用现金外,均应通过银行办理转账结算。

(4) 严格现金的收付手续。事业单位向银行提取现金时应当如实写明提取现金的用途,将现金存入银行时应当如实写明存入现金的来源。事业单位收入现金时应当开给交款人正式的收据,支付现金应当在付款的原始凭证上加盖"现金付讫"戳记。

(5) 钱账分管,相互牵制。事业单位的会计人员和出纳人员应当要有明确的分工,会计人员管账不管钱,出纳人员管钱不管账。会计人员与出纳人员的工作应当相互牵制。

2. 现金的核算

为核算现金业务,事业单位应设置"现金"总账科目。事业单位收到现金时,借记该科目,贷记"零余额账户用款额度"、"银行存款"、"其他收入"等科目;支出现金时,借记"事业支出"、"经营支出"等科目,贷记该科目。该科目平时借方余额,表示库存现金的结存数。

例1 某事业单位从单位零余额账户中提取现金300元,以备日常使用。事业单位应编制如下会计分录:

借:现金　　　　　　　　　　　　　　　　　　　300
　　贷:零余额账户用款额度　　　　　　　　　　　　　　300

例2 某事业单位以现金支付事业活动中发生的印刷费50元。事业单位应编制如下会计分录:

借:事业支出　　　　　　　　　　　　　　　　　50

贷：现金　　　　　　　　　　　　　　　　　　　　　　　　　　　50

　　事业单位应设置"现金日记账"，由出纳人员根据收付款凭证，按照业务发生顺序逐笔登记。每日业务终了，结出当日的现金收入合计数、支出合计数和结存数，并将结存数与现金实际库存数进行核对，做到账款相符。

（二）银行存款

1. 银行存款账户的开立

银行存款是事业单位存放在开户银行的货币资金。对于尚未实行财政国库单一账户制度的事业单位，财政部门将财政预算资金直接拨入事业单位的开户银行。对于已经实行财政国库单一账户制度的事业单位，银行存款的内容不包括财政预算资金。事业单位的财政专户返还收入在尚未实行财政国库单一账户制度的情况下，也存入银行存款账户。银行存款账户为实存资金账户。事业单位需要使用资金时，直接通过其开户银行提取现金或转账向收款人支付。事业单位开设的银行存款账户应当安全可靠，便于管理和监督。财政预算资金应当由财务部门统一在同级财政部门或上级主管部门指定的国有银行开户，不可以随意在指定范围外的银行开户。事业单位在银行开户后，应当严格遵守银行的各项规章制度，接受银行的监督和管理。

2. 银行结算方式

事业单位的相关业务活动收支，除按规定可以使用现金结算外，应当通过银行办理转账结算。事业单位使用的银行转账结算方式主要有：

（1）支票。支票是银行的存款人签发给收款人办理款项结算的票据。事业单位收到支票并将支票送存开户银行时，编制收款凭证。事业单位签发支票时，编制付款凭证。

（2）银行汇票。银行汇票是汇款人将款项交存开户银行，由银行签发给汇款人持往异地办理结算的票据。事业单位收到银行汇票并将银行汇票送开户银行时，编制收款凭证。事业单位将款项交存开户银行并收到开户银行签发的银行汇票时，编制付款凭证。

（3）银行本票。银行本票是申请人将款项交存开户银行，由银行签发给其据以在同城办理结算的票据。事业单位收到银行本票并将银行本票交存开户银行时，编制收款凭证。事业单位将款项交存开户银行并收到银行签发的银行本票时，编制付款凭证。

（4）商业汇票。商业汇票是由收款人或付款人签发，由承兑人承兑，并于到期日向收款人支付款项的票据。采用商业汇票结算方式的收款单位，在将商业汇票送交开户银行办理收款手续并收到银行收账通知时，编制收款凭证。采用商业汇票结算方式的付款单位，在将票款足额交存开户银行并收到银行付款通知时，编制付款凭证。

（5）汇兑。汇兑是汇款人委托开户银行将款项汇给外地收款人的结算方式。采用汇兑结算方式的收款单位，在收到银行收账通知时，编制收款凭证。采用汇兑结算方式的付款单位，在向开户银行办理汇款后，编制付款凭证。

（6）委托收款。委托收款是收款人委托开户银行向付款人收取款项的结算方式。采用委托收款结算方式的收款单位，在收到银行收账通知时，编制收款凭证。采用委托收款结算方式的付款单位，在收到银行付款通知时，编制付款凭证。

（7）托收承付。托收承付是根据经济合同由收款单位发货后委托开户银行向异地付款单位收取款项，由付款单位向开户银行承兑付款的结算方式。采用托收承付结算方式的收款单位,在收到银行收账通知时,编制收款凭证。采用托收承付结算方式的付款单位,在承付时,编制付款凭证。

3. 银行存款的核算

为核算银行存款业务,事业单位应设置"银行存款"总账科目。事业单位收到银行存款时,借记该科目,贷记"财政补助收入"、"财政专户返还收入"、"上级补助收入"、"附属单位缴款"、"事业收入"、"经营收入"等科目;提取和支用银行存款时,借记"现金"、"事业支出"、"经营支出"、"上缴上级支出"、"对附属单位补助"等科目,贷记该科目。该科目平时借方余额,表示事业单位银行存款的结存数。

例 1 某事业单位银行存款账户收到上级部门用非财政性资金核拨的补助资金 2 400 元。事业单位应编制如下会计分录:

  借:银行存款   2 400
    贷:上级补助收入   2 400

例 2 某事业单位开出银行结算凭证,支付一笔事业活动中发生的电费 720 元。事业单位应编制如下会计分录:

  借:事业支出   720
    贷:银行存款   720

事业单位应设置"银行存款日记账",由出纳人员根据收付款凭证,按照业务发生顺序逐笔登记,每日终了结出银行存款余额。"银行存款日记账"的记录应定期与开户银行发来的银行对账单进行核对。如有不符,应查明原因,并通过编制银行存款余额调节表调节相符。

以上现金和银行存款都属于事业单位的货币资金。

(三) 零余额账户用款额度

1. 零余额账户用款额度的概念

在财政国库单一账户制度下,财政部门为事业单位在商业银行开设单位零余额账户。该账户用于财政部门对事业单位的授权支付。财政部门根据经批准的事业单位的部门预算和用款计划向事业单位零余额账户的代理银行下达财政授权支付用款额度时,事业单位的零余额账户用款额度增加。事业单位根据经批准的部门预算和用款计划向单位零余额账户的代理银行开具支付令,从单位零余额账户中向收款人支付款项时,事业单位的零余额账户用款额度减少。事业单位的零余额账户是一个过渡账户,不是实存资金账户。事业单位零余额账户的代理银行在将事业单位开具的支付令与事业单位的部门预算和用款计划进行核对,并向收款人支付款项后,于业务发生当日通过事业单位的零余额账户与财政国库单一账户进行资金清算。资金清算后,事业单位零余额账户的余额为零。零余额账户用款额度是事业单位的一个财政授权支付额度。尽管如此,由于事业单位可以随时自行开具支付令使用单位零余额账户中的用款额度实现支付,因此,零余额账户用款额度如同银行存款,它是事业单位的一项特殊资产。

在财政国库单一账户制度下,财政部门在商业银行开设财政零余额账户。财政零余额账户用于财政直接支付。事业单位根据经批准的部门预算和用款计划购买物品或服务时,可以向财政部门申请财政直接支付。财政部门经审核无误,向财政零余额账户的代理银行开具支付令,通过财政零余额账户将款项支付给收款人。财政零余额账户也是一个过渡账户,而不是实存资金账户。每日终了,当财政零余额账户代理银行与财政国库单一账户进行资金清算后,财政零余额账户的余额为零。尽管财政零余额账户也可以用来为事业单位支付款项,但由于事业单位无权自行开具支付令支付其中的款项,因此,事业单位在财政零余额账户中的预算额度或用款额度,不作为事业单位的资产反映。事业单位的零余额账户用款额度仅指单位零余额账户中的用款额度,即财政授权支付用款额度;不包括财政零余额账户中的用款额度,即财政直接支付用款额度。

事业单位的零余额账户用款额度,在概念上等同于行政单位的零余额账户用款额度。

2. 零余额账户用款额度的核算

为核算零余额账户用款额度业务,事业单位应设置"零余额账户用款额度"总账科目。事业单位收到单位零余额账户代理银行转来的财政授权支付到账通知书时,借记该科目,贷记"财政补助收入"科目;事业单位开具支付令从单位零余额账户支付款项时,借记"事业支出"、"材料"等科目,贷记该科目;事业单位从单位零余额账户提取现金时,借记"现金"科目,贷记该科目。该科目平时借方余额表示事业单位尚未使用的财政授权支付用款额度。

事业单位不需要为财政零余额账户设置特别的总账科目。财政零余额账户的结算业务由财政国库支付执行机构通过设置"财政零余额账户存款"总账科目进行核算。

例 1 某事业单位收到单位零余额账户代理银行转来的财政授权支付到账通知书,事业单位收到财政授权支付用款额度 3 500 元。事业单位应编制如下会计分录:

借:零余额账户用款额度　　　　　　　　　　　　　　3 500
　　贷:财政补助收入　　　　　　　　　　　　　　　　　　　　3 500

例 2 某事业单位通过单位零余额账户支付事业活动中发生的出国费 1 830 元。事业单位应编制如下会计分录:

借:事业支出　　　　　　　　　　　　　　　　　　　1 830
　　贷:零余额账户用款额度　　　　　　　　　　　　　　　　　1 830

(四) 财政应返还额度

1. 财政应返还额度的概念

在财政国库单一账户制度下,事业单位的年度支出预算经批准后,财政直接支付年度用款额度或预算指标和财政授权支付年度用款额度或预算指标得以确定。年度终了,当事业单位通过财政零余额账户发生的全年实际财政直接支付数小于财政直接支付年度用款额度,事业单位就存在尚未使用的财政直接支付用款额度。同样,当事业单位通过单位零余额账户发生的全年实际财政授权支付数小于财政授权支付年度用款额度,事业单位就存在尚未使用或尚未收到的财政授权支付用款额度。事业单位尚未使用的财政授权支付用款额度是指财政部门已经下达到事业单位代理银行零余额账户,但事业单位尚未实际支用的财政授权支付用款额度。事业单位尚未收到的财政授权支付用款额度是指财政部门年终尚未下达到事业单位代理银行零余额账户,事业单位无法支用的财政授权支付用款额度。财政部门对事业单位年终尚未使用或尚未收到的财政直接支付用款额度和财政授权支付用款额度,采用在次年经批复后可以继续使用的管理办法。由此,事业单位在年终尚未使用或尚未收到的预算额度,构成事业单位的财政应返还额度。

事业单位的财政应返还额度,在概念上等同于行政单位的财政应返还额度。

2. 财政应返还额度的核算

为核算财政应返还额度的业务,事业单位应设置"财政应返还额度"总账科目。年终,事业单位根据本年度财政直接支付用款额度与当年财政直接支付实际发生数的差额,借记该科目,贷记"财政补助收入"科目;根据本年度已下达的财政授权支付用款额度与当年财政授权支付实际发生数的差额,借记该科目,贷记"零余额账户用款额度"科目;根据本年度财政授权支付用款额度与已下达的财政授权支付用款额度的差额,借记该科目,贷记"财政补助收入"科目。下年度财政部门对事业单位恢复财政直接支付用款额度时,事业单位不作会计处理;事业单位实际使用恢复的财政直接支付用款额度时,借记"事业支出"科目,贷记该科目。下年度财政部门恢复或下达对事业单位的财政授权支付用款额度时,借记"零余额账户用款额度"科目,贷记该科目;事业单位实际使用恢复或下达的财政授权支付用款额度时,借记"事业支出"科目,贷记"零余额账户用款额度"科目。

例1 某事业单位年终本年度财政直接支付实际发生数为23 200元,当年财政直接支付用款额度为23 460元,事业单位存在尚未使用的财政直接支付用款额度260元(23 460－23 200)。事业单位应编制如下会计分录:

借:财政应返还额度　　　　　　　　　　　　　　　　260
　　贷:财政补助收入　　　　　　　　　　　　　　　　　　260

例2 某事业单位年终本年度财政授权支付实际发生数为14 300元,当年财政授权支付用款额度为14 900元,财政部门已经下达到单位零余额账户的财政授权支付用款额度为14 500元。事业单位存在尚未使用的财政授权支付用款额度200元(14 500－14 300),存在尚未收到的财政授权支付用款额度400元(14 900－14 500)。事业单位应编制如下会计分录:

借:财政应返还额度　　　　　　　　　　　　　　　　200
　　贷:零余额账户用款额度　　　　　　　　　　　　　　200

同时:

借:财政应返还额度　　　　　　　　　　　　　　　　400
　　贷:财政补助收入　　　　　　　　　　　　　　　　　　400

例3 续上例1,该事业单位次年初经批准使用上年末尚未使用的财政直接支付用款额度70元,支付事业活动中发生的招待费。事业单位应编制如下会计分录:

借:事业支出　　　　　　　　　　　　　　　　　　　70
　　贷:财政应返还额度　　　　　　　　　　　　　　　　70

例4 续上例2,该事业单位次年初经批准恢复上年末尚未使用的财政授权支付用款额度200元,同时,收到财政部门下达的上年末尚未收到的财政授权支付用款额度400元。事业单位零余额账户用款额度增加600元(200＋400)。事业单位应编制如下会计分录:

借:零余额账户用款额度　　　　　　　　　　　　　　600
　　贷:财政应返还额度　　　　　　　　　　　　　　　　600

例5 续上例4,该事业单位次年初经批准使用上年末尚未使用和尚未收到的财政授权支付用款额度380元,支付事业活动中发生的培训费。事业单位应编制如下会计分录:

借:事业支出　　　　　　　　　　　　　　　　　　　380
　　贷:零余额账户用款额度　　　　　　　　　　　　　　380

以上零余额账户用款额度和财政应返还额度都属于事业单位的与财政性资金相关的资产。

(五) 应收票据、应收账款、预付账款和其他应收款

1. 应收票据

应收票据是指事业单位因从事业务活动销售产品而收到的商业汇票。商业汇票按是否附带利息可分为带息票据和不带息票据。带息票据是指到期时根据票据面值和利息率收取本息的商业汇票。不带息票据是指到期时根据票据面值收取款项的商业汇票。

应收票据在到期前可以向银行申请贴现。所谓应收票据贴现是指事业单位将未到期的商业汇票背书后送交银行,银行受理后,从票据到期值中扣除按银行贴现率计算确定的贴现息,然后将余额支付给事业单位的融资行为。

为核算应收票据业务,事业单位应设置"应收票据"总账科目。事业单位收到应收票据时,借记该科目,贷记"事业收入"、"经营收入"等科目;应收票据到期收回票面金额时,借记"银行存款"科目,贷记该科目;事业单位持未到期的应收票据向银行贴现时,借记"银行存款"、"事业支出"、"经营支出"科目,贷记该科目。该科目平时借方余额,表示应收票据的未到期数额。该科目应按应收票据的债务人设置明细账。

例1 某事业单位开展经营活动向甲企业销售产品一批,货款共计 1 820 元,收到 3 个月期的商业汇票一张,面值 1 820 元。事业单位应编制如下会计分录:

  借:应收票据——甲企业   1 820
    贷:经营收入   1 820

例2 续上例1,该商业汇票到期,事业单位收到票据款项 1 820 元,款项已存入开户银行。事业单位应编制如下会计分录:

  借:银行存款   1 820
    贷:应收票据——甲企业   1 820

2. 应收账款

应收账款是指事业单位因对外提供劳务、开展有偿服务及销售产品等而形成的应收取的款项。应收账款是事业单位在其主要业务活动中形成的应收取的款项。

为核算应收账款业务,事业单位应设置"应收账款"总账科目。事业单位发生应收账款时,借记该科目,贷记"事业收入"、"经营收入"等科目;收回应收账款时,借记"银行存款"科目,贷记该科目。该科目平时借方余额,表示尚未收到的应收账款数额。该科目应按应收账款的债务人设置明细账。

例1 某事业单位在开展事业活动中应向乙单位收取款项 2 450 元。事业单位应编制如下会计分录:

  借:应收账款——乙单位   2 450
    贷:事业收入   2 450

例2 续上例1,该事业单位收回应收账款 2 450 元,款项已存入开户银行。事业单位应编制如下会计分录:

  借:银行存款   2 450
    贷:应收账款——乙单位   2 450

3. 预付账款

预付账款是指事业单位因购货等原因而按合同规定预付给供应单位的款项。预付账款与

应收账款都是事业单位的流动资产,两者的主要区别是:预付账款是由购货而引起的,而应收账款是由销货而引起的;预付账款是事业单位主动付出款项,而应收账款是事业单位等待客户付款。

为核算预付账款业务,事业单位应设置"预付账款"总账科目。事业单位预付账款时,借记该科目,贷记"银行存款"科目;收到所购货物结算款项时,借记"材料"等科目,贷记该科目。该科目借方余额,表示事业单位尚未结算的预付账款数额。预付款项业务不多的事业单位也可以将预付账款业务通过"应收账款"科目核算,不设置"预付账款"科目。该科目应按预付账款的单位名称设置明细账。

例 1　某事业单位向丙公司订购货品一批。按合同规定,该批货品款项共计 1 420 元。事业单位以银行存款预付全部货款。事业单位应编制如下会计分录:

　　借:预付账款——丙公司　　　　　　　　　　　　1 420
　　　　贷:银行存款　　　　　　　　　　　　　　　　　　1 420

例 2　续上例 1,该事业单位收到订购的货品 1 420 元。货品验收合格入库。事业单位应编制如下会计分录:

　　借:材料　　　　　　　　　　　　　　　　　　　1 420
　　　　贷:预付账款——丙公司　　　　　　　　　　　　1 420

4. 其他应收款

其他应收款是指事业单位除应收票据、应收账款、预付账款以外的其他应收款项。包括借出款、备用金、应向职工收取的各种垫付款项等。其他应收款一般与事业单位的主要业务活动没有直接的关系,而且数额也不大。

为核算其他应收款业务,事业单位应设置"其他应收款"总账科目。事业单位发生其他应收款项时,借记该科目,贷记"现金"等科目;收回其他应收款项时,借记"事业支出"等科目,贷记该科目。该科目平时借方余额,表示尚未收到的其他应收款项数额。该科目应按其他应收款的债务人设置明细账。

例 1　某事业单位以现金向本单位事业活动业务部门工作人员李四预支差旅费 500 元。事业单位应编制如下会计分录:

　　借:其他应收款——李四　　　　　　　　　　　　500
　　　　贷:现金　　　　　　　　　　　　　　　　　　　　500

例 2　续上例 1,事业活动业务部门工作人员李四出差回来,报销差旅费 500 元。事业单位应编制如下会计分录:

　　借:事业支出　　　　　　　　　　　　　　　　　500
　　　　贷:其他应收款——李四　　　　　　　　　　　　500

以上应收票据、应收账款、预付账款和其他应收款,都属于事业单位的待结算债权。

(六) 材料和产成品

1. 材料

材料是指事业单位库存的各种材料物资和物料用品,如各种待加工的原材料、各种办公用品等。事业单位随买随用的材料物资和物料用品,在购入时直接列作事业支出或经营支出,不作为材料管理。

事业单位购入的材料,应以购价和运杂费等作为材料的入账价格。事业单位发出的材料,可根据实际情况选择先进先出法或加权平均法确定其实际成本。所谓先进先出法,是指假设先购进的材料先发出,并根据这种假设对发出的材料和期末库存材料进行计价的方法。所谓加权平均法,是指用各批购进材料的数量和成本与期初材料的数量和成本进行加权,以计算加权平均单位成本,并据以对发出的材料和期末库存材料进行计价的方法。加权平均法的计算公式为:

$$加权平均单位成本 = \frac{期初结存材料成本 + 本期购进材料成本}{期初结存材料数量 + 本期购进材料数量}$$

期末材料成本 = 加权平均单位成本 × 期末材料数量

本期发出材料实际成本 = 期初材料实际成本 + 本期购进材料实际成本 − 期末材料实际成本

为核算材料业务,事业单位应设置"材料"总账科目。事业单位购入材料时,借记该科目,贷记"财政补助收入"、"零余额账户用款额度"、"银行存款"等科目;领用材料时,借记"事业支出"等科目,贷记该科目。该科目平时借方余额,表示材料的实际库存数。该科目应按材料的种类设置明细账。

例1 某事业单位通过单位零余额账户购入一批甲材料2 780元,材料已验收入库。事业单位应编制如下会计分录:

借:材料——甲材料　　　　　　　　　　　　　　　　　　　2 780
　　贷:零余额账户用款额度　　　　　　　　　　　　　　　　　2 780

例2 某事业单位事业活动业务部门从仓库领用乙材料一批430元,作为日常办公用品使用。事业单位应编制如下会计分录:

借:事业支出　　　　　　　　　　　　　　　　　　　　　　　430
　　贷:材料——乙材料　　　　　　　　　　　　　　　　　　　430

例3 某事业单位年终对材料进行盘点,发现事业活动用丙材料盘亏10件,每件6元,共计60元。经查,丙材料盘亏属于正常损耗。经批准,作为事业支出处理。事业单位应编制如下会计分录:

借:事业支出　　　　　　　　　　　　　　　　　　　　　　　60
　　贷:材料——丙材料　　　　　　　　　　　　　　　　　　　60

2. 产成品

产成品是指事业单位生产完成并已验收入库的产品。从事劳务活动的事业单位,其劳务成果也视同产成品。

事业单位生产完成并验收入库的产成品,应以实际生产成本计价入账。事业单位销售出库的产成品,可根据实际情况选择先进先出法或加权平均法确定其实际成本。

为核算产成品业务,事业单位应设置"产成品"总账科目。事业单位产品生产完成并验收入库时,借记该科目,贷记"成本费用"科目;产品出库销售时,借记"事业支出"或"经营支出"科目,贷记该科目;清查盘点盘盈产成品时,借记该科目,贷记"事业支出"或"经营支出"科目;清查盘点盘亏产成品时,借记"事业支出"或"经营支出"科目,贷记该科目。该科目平时借方余额,表示库存产成品的实际成本。该科目应按产成品的种类设置明细账。

例1 某事业单位甲产品已生产完工并验收入库,甲产品的生产成本为4 720元。事业单位应编制如下会计分录:

借:产成品——甲产品　　　　　　　　　　　　　　　　　　　　　　4 720
　　贷:成本费用　　　　　　　　　　　　　　　　　　　　　　　　　　4 720

例2　某事业单位在经营活动中销售乙产品2 360元。事业单位应编制如下会计分录:
借:经营支出　　　　　　　　　　　　　　　　　　　　　　　　　　2 360
　　贷:产成品——乙产品　　　　　　　　　　　　　　　　　　　　　2 360

在以上例2中,借记"经营支出"的会计处理方法有些特殊。事业单位经营活动中发生的支出全部记入"经营支出"科目,不单独设置"销售成本"科目。事业支出的情况也是如此。

以上材料和产成品都属于事业单位的存货。

(七) 对外投资

1. 对外投资的概念与种类

对外投资是指事业单位利用货币资金、材料、固定资产和无形资产等向其他单位进行的投资。

事业单位的对外投资按投资对象可分为债券投资和其他投资。债券投资是指事业单位通过购买公司债券或国库券等而进行的对外投资。其他投资是指事业单位除债券投资以外的其他对外投资。事业单位的对外投资按投资性质可分为债权性投资和权益性投资。债权性投资是指事业单位通过投资取得被投资单位的债权,从而与被投资单位建立起债权债务关系的对外投资。如事业单位的债券投资。债权性投资的主要特点,是投资报酬比较稳定,投资可以到期收回本金,投资风险较小。权益性投资是指事业单位通过投资取得被投资单位相应份额的所有权,从而与被投资单位建立起所有权关系的对外投资。如事业单位向合资、联营单位进行的投资。权益性投资的主要特点,是投资不能随意收回,投资报酬不稳定,投资风险较大。

2. 对外投资的核算

为核算对外投资业务,事业单位应设置"对外投资"总账科目。事业单位以货币资金对外投资时,借记该科目,贷记"银行存款"科目;同时,借记"事业基金——一般基金"科目,贷记"事业基金——投资基金"科目。收回或出售对外投资时,借记"银行存款"科目,贷记该科目、"其他收入"科目;同时,借记"事业基金——投资基金"科目,贷记"事业基金——一般基金"科目。事业单位以固定资产对外投资时,借记"对外投资"科目,贷记"事业基金——投资基金"科目;同时,借记"固定基金"科目,贷记"固定资产"科目。事业单位以无形资产对外投资时,借记该科目、"事业基金——投资基金"科目,贷记"无形资产"、"事业基金——投资基金"科目;同时,借记"事业基金——一般基金"科目,贷记"事业基金——投资基金"科目。事业单位以材料对外投资时,借记该科目、"事业基金——投资基金"科目,贷记"材料"、"应交税金——应交增值税"、"事业基金——投资基金"科目;同时,借记"事业基金——一般基金"科目,贷记"事业基金——投资基金"科目。该科目平时借方余额,表示事业单位对外投资的结存数。该科目可设置"债券投资"和"其他投资"两个明细账。

例1　某事业单位以一项固定资产对外投资。该项固定资产的评估价为9 500元,账面原价为8 800元。事业单位应编制如下会计分录:
借:对外投资——其他投资　　　　　　　　　　　　　　　　　　　9 500
　　贷:事业基金——投资基金　　　　　　　　　　　　　　　　　　　9 500
同时:

借:固定基金 8 800
　　贷:固定资产 8 800

例 2 某事业单位以一项专利权对外投资。该项专利权经双方确定的价值为 6 700 元,账面价为 7 700 元。事业单位应编制如下会计分录:

借:对外投资——其他投资 6 700
　　事业基金——投资基金 1 000
　　贷:无形资产 7 700

同时:

借:事业基金——一般基金 7 700
　　贷:事业基金——投资基金 7 700

(八) 固定资产

1. 固定资产的概念

固定资产是指使用年限在一年以上,单位价值在规定标准以上,并在使用过程中基本保持原来物质形态的资产。固定资产具有持久、耐用的特点。在事业单位中,单位价值虽然未达到规定标准,但使用时间在一年以上的大批同类物资,也作为固定资产管理,如单位图书室的图书等。

2. 固定资产的分类

事业单位的固定资产种类繁多,规格不一。为加强对固定资产的管理,事业单位应当对固定资产进行适当的分类。事业单位的固定资产通常分为如下几类:

(1) 房屋和建筑物。指事业单位占有或者使用的房屋和建筑物。其中,房屋一般包括办公用房、业务用房、仓库用房、职工宿舍用房等;建筑物一般包括水塔、围墙、雕塑等。

(2) 办公设备。指事业单位占有或者使用的各种办公用的设备,如办公用的家具、电脑、复印机等。

(3) 专用设备。指事业单位占有或者使用的各种具有专门用途的设备,如卫星转发器、气象设备等。

(4) 交通工具。指事业单位占有或者使用的各类交通工具,如小汽车、面包车等。

(5) 文物和陈列品。指事业单位占有或者使用的具有特别价值的文物和陈列品,如古物、纪念物品等。

(6) 图书。指事业单位占有或者使用的批量业务用书,如单位图书室的图书等。

(7) 其他固定资产。指除以上固定资产类别外的其他固定资产类别。

3. 固定资产的取得和计价

事业单位固定资产取得的主要渠道有购入、有偿或者无偿调入、自建、接受捐赠、盘盈等。对于购入、有偿调入、自建的固定资产,事业单位应当按照取得时发生的实际成本计价。对于无偿调入、接受捐赠、盘盈的固定资产,事业单位应当按照取得时的评估价或重置价计价。事业单位对于已经计价入账的固定资产,不可以随意变动其入账价值。

由于事业单位的工作任务是完成事业任务,事业单位固定资产的重置和更新改造主要依靠财政预算资金届时安排解决,事业单位平时一般不需要为固定资产的重置和更新改造累积足够的资金,因此,事业单位的固定资产一般不计提折旧。

4. 固定资产的清理盘点与处置

为如实反映固定资产的实存情况,保证固定资产的安全与完整,事业单位应当定期对固定资产进行清理盘点。每年年终,事业单位应当对固定资产进行一次全面的清理盘点。对于在清理盘点过程中盘盈或者盘亏的固定资产,事业单位应当及时查明原因,并根据情况作出相应的处理。

事业单位对于由于长期使用、意外毁损或者技术进步等原因已经不能再继续使用的固定资产,应当按照规定的程序及时予以报废。事业单位对于闲置或者不再适用的固定资产,应当按照规定的程序予以调出或者转让。固定资产的报废、调出或者转让都是事业单位固定资产的处置方式。

5. 固定资产的核算

为核算固定资产业务,事业单位应设置"固定资产"总账科目。事业单位购入或有偿调入固定资产时,借记"事业支出"、"经营支出"科目,贷记"财政补助收入"、"零余额账户用款额度"、"银行存款"等科目;同时,借记该科目,贷记"固定基金"科目。无偿调入、盘盈或接受捐赠固定资产时,借记该科目,贷记"固定基金"科目。报废、调出或转让固定资产时,借记"固定基金"科目,贷记该科目。报废、调出或转让过程中发生的支出,记入"事业支出"、"经营支出"科目,发生的收入记入"其他收入"科目。该科目平时借方余额,表示事业单位占有或者使用的固定资产入账价值总额。事业单位应设置"固定资产登记簿"或"固定资产卡片",并按固定资产类别对固定资产进行明细分类核算。

例1 某事业单位通过财政零余额账户购买一台办公设备 7 800 元。事业单位应编制如下会计分录:

借:事业支出　　　　　　　　　　　　　　　　　　　　　　　7 800
　　贷:财政补助收入　　　　　　　　　　　　　　　　　　　　　　7 800
同时:
借:固定资产——办公设备　　　　　　　　　　　　　　　　　　7 800
　　贷:固定基金　　　　　　　　　　　　　　　　　　　　　　　　7 800

例2 某事业单位经批准报废交通工具一辆。该交通工具的账面价值为 45 500 元。事业单位发生清理费用 250 元,从固定资产修购基金中开支,以银行存款支付。事业单位应编制如下会计分录:

(1) 核销交通工具账面价值时:

借:固定基金　　　　　　　　　　　　　　　　　　　　　　　45 500
　　贷:固定资产——交通工具　　　　　　　　　　　　　　　　　45 500

(2) 发生清理费用时:

借:专用基金——修购基金　　　　　　　　　　　　　　　　　250
　　贷:银行存款　　　　　　　　　　　　　　　　　　　　　　　　250

(九)无形资产

1. 无形资产的概念和种类

无形资产是指不具有实物形态但能为事业单位提供某种权利的资产。无形资产通常具有如下四个主要特征:(1)不存在实物形态;(2)能为事业单位带来未来利益;(3)有效年限超过一年;(4)在已发生的交易或事项中取得。

事业单位无形资产的种类主要有:

(1) 专利权。指政府授予事业单位制造、销售或处分专利品的权利。

(2) 土地使用权。指事业单位依法取得的在一定期间内开发和利用土地的权利。

(3) 非专利技术。指事业单位拥有或者使用的未公开和未申请取得专利的先进技术。

(4) 著作权。指文学、艺术和科学作品等著作人依法对其作品所拥有的权利。

(5) 商标权。指事业单位专门在某类指定的商品或产品上使用特定的名称或图案的权利。

(6) 商誉。指事业单位由于管理有方、信誉良好、历史悠久、积累了从事本行业的特殊经验等原因而形成的一种无形价值。

2. 无形资产的取得与计价

事业单位无形资产取得的主要渠道有购入、自创和接受捐赠等。购入的无形资产,事业单位应当按照取得时发生的实际成本计价。自创的无形资产,事业单位应当按照自行开发创立过程中发生的实际支出计价。接受捐赠的无形资产,应当按评估确认的价值计价。事业单位的商誉,只有在从外部购入时才计价入账,平时自创的商誉不计价入账。

事业单位的各种无形资产在计价入账后应进行合理摊销。不实行成本核算的事业单位,无形资产摊销时,应一次性列入事业支出。实行成本核算的事业单位,其无形资产应在受益期内分期平均摊销。事业单位转让无形资产时,转让收入列入事业收入或经营收入。

3. 无形资产的核算

为核算无形资产业务,事业单位应设置"无形资产"总账科目。事业单位购入或自行开发取得无形资产时,借记该科目,贷记"银行存款"等科目。摊销无形资产时,借记"事业支出"、"经营支出"科目,贷记该科目。对外转让无形资产时,借记"银行存款"科目,贷记"事业收入"、"经营收入"科目;同时,结转无形资产摊余成本,借记"事业支出"、"经营支出"科目,贷记该科目。对外投资无形资产时,借记该科目、"事业基金——投资基金"科目,贷记"无形资产"、"事业基金——投资基金"科目;同时,借记"事业基金——一般基金"科目,贷记"事业基金——投资基金"科目。该科目平时借方余额,表示尚未摊销的无形资产价值。该科目应按无形资产的种类设置明细账。

例 1 某事业单位为开展经营活动的需要以银行存款外购一项商标权 3 600 元。事业单位应编制如下会计分录:

借:无形资产——商标权 3 600
  贷:银行存款 3 600

例 2 续上例1,该事业单位按规定分期摊销该商标权 720 元。事业单位应编制如下会计分录:

借:经营支出 720
  贷:无形资产——商标权 720

例 3 某事业单位为开展事业活动的需要以银行存款外购一项专利权 4 530 元。事业单位应编制如下会计分录:

借:无形资产——专利权 4 530
  贷:银行存款 4 530

例4　续上例3,该事业单位年终按规定将该专利权4 530元一次性摊销。事业单位应编制如下会计分录：

借：事业支出　　　　　　　　　　　　　　　　　　　　　　　　4 530
　　贷：无形资产——专利权　　　　　　　　　　　　　　　　　　　　4 530

二、负债

负债是指事业单位所承担的能以货币计量,需要以资产或劳务偿付的债务,包括借入款项、应付票据、应付账款、预收账款、其他应付款、应缴预算款、应缴财政专户款、应交税金、应付工资及应付津贴补贴等。

(一) 借入款项

1. 借入款项的概念与管理要求

借入款项是指事业单位向财政部门、上级单位或金融机构借入的有偿使用的各种款项。事业单位的借入款项,主要用于特殊性或临时性的资金需求。

事业单位借入款项的管理要求主要是：

(1) 有偿还能力。事业单位在申请借款时,应落实偿还借款的资金来源,不能盲目借款,多多益善。

(2) 有经济效益。由于借入的款项必须偿还,而且通常还需要支付利息,因此,事业单位在申请借款时,应当考虑借入款项的经济效益,一般应做到收大于支。

(3) 符合政策。事业单位借入的款项,应当按照国家的有关政策使用,不能用于违背国家政策的事项。

(4) 遵守信用。事业单位借入的款项,应当按合同的规定及时偿还本息,不可拖欠违约。

2. 借入款项的核算

为核算借入款项业务,事业单位应设置"借入款项"总账科目。事业单位借入款项时,借记"银行存款"科目,贷记该科目；归还本金时,借记该科目,贷记"银行存款"科目；支付借款利息时,借记"事业支出"或"经营支出"科目,贷记"银行存款"科目。该科目贷方余额,表示尚未偿还的借入款项数额。该科目应按债权单位设置明细账。

例1　某事业单位在开展事业活动中发生临时性资金周转困难。经研究决定,向上级单位借入款项2 600元。事业单位应编制如下会计分录：

借：银行存款　　　　　　　　　　　　　　　　　　　　　　　　2 600
　　贷：借入款项——上级单位　　　　　　　　　　　　　　　　　　　2 600

例2　续上例1,该事业单位向上级单位借入的款项到期,以银行存款偿还本金2 600元,并支付借款利息130元。事业单位应编制如下会计分录：

借：借入款项　　　　　　　　　　　　　　　　　　　　　　　　2 600
　　事业支出　　　　　　　　　　　　　　　　　　　　　　　　　130
　　贷：银行存款　　　　　　　　　　　　　　　　　　　　　　　　2 730

（二）应付票据、应付账款、预收账款和其他应付款

1. 应付票据

应付票据是指事业单位对外发生债务时开出或承兑的商业汇票。按是否附带利息，商业汇票可以区分为带息票据和不带息票据。带息票据是指到期时根据票据面值和利息率收取本息的商业汇票。不带息票据是指到期时根据票据面值收取款项的商业汇票。应付票据通常因赊购货品、抵付应付账款或向银行借款等而出具。

为核算应付票据业务，事业单位应设置"应付票据"总账科目。事业单位开出或承兑商业汇票时，借记"材料"、"应付账款"等科目，贷记该科目；偿付票据本息时，借记该科目、"事业支出"、"经营支出"科目，贷记"银行存款"等科目。该科目平时贷方余额，表示尚未偿付的应付票据数额。该科目应按应付票据的债权人设置明细账。

例1 某事业单位为开展经营活动的需要向甲企业购买一批材料，开出并承兑一张商业汇票3 100元。事业单位应编制如下会计分录：

借：材料　　　　　　　　　　　　　　　　　　　　　　3 100
　　贷：应付票据——甲企业　　　　　　　　　　　　　　　　3 100

例2 续上例1，该事业单位开出并承兑的商业汇票到期，以银行存款偿付票据款项3 100元。事业单位应编制如下会计分录：

借：应付票据——甲企业　　　　　　　　　　　　　　　　3 100
　　贷：银行存款　　　　　　　　　　　　　　　　　　　　3 100

2. 应付账款

应付账款是指事业单位因购买材料或接受劳务等而应付给供应单位的款项。应付账款通常在购入货品或接受劳务时按发票金额入账。

为核算应付账款业务，事业单位应设置"应付账款"总账科目。事业单位发生应付账款时，借记"材料"、"事业支出"、"经营支出"科目，贷记该科目。偿付应付账款时，借记该科目，贷记"银行存款"、"零余额账户用款额度"等科目。事业单位以商业汇票抵冲应付账款时，借记该科目，贷记"应付票据"科目。该科目平时贷方余额，表示尚未偿付的应付账款数额。该科目应按应付账款的债权人设置明细账。

例1 某事业单位为开展事业活动需要向乙公司赊购一批办公用品4 400元，办公用品已验收入库。事业单位应编制如下会计分录：

借：材料　　　　　　　　　　　　　　　　　　　　　　4 400
　　贷：应付账款——乙公司　　　　　　　　　　　　　　　　4 400

例2 续上例1，该事业单位以银行存款向乙公司偿付应付账款4 400元。事业单位应编制如下会计分录：

借：应付账款——乙公司　　　　　　　　　　　　　　　　4 400
　　贷：银行存款　　　　　　　　　　　　　　　　　　　　4 400

3. 预收账款

预收账款是指事业单位因销售货品或提供劳务等而向购货单位或接受劳务单位预收的款项。事业单位预收的款项，需要在以后以交付货品或提供劳务等方式来偿付。预收账款与应付账款都是事业单位的流动负债，两者的主要区别是：预收账款是由销货而引起的，而应付账款是由购货而引起的；预收账款是事业单位预先收取款项，而应付账款是等待事业单位偿付款项。

为核算预收账款业务,事业单位应设置"预收账款"总账科目。事业单位预收账款时,借记"银行存款"等科目,贷记该科目;货品销售或劳务提供时,借记该科目,贷记"事业收入"、"经营收入"科目;退回多收的款项时,借记该科目,贷记"银行存款"科目。该科目平时贷方余额,表示尚未结算的预收账款数额。该科目应按预收账款的债权单位设置明细账。预收账款业务不多的事业单位,可以将预收账款的业务在"应付账款"科目中核算,不设置该科目。

例1 某事业单位在开展事业活动中预收丙单位款项4 000元,款项已存入开户银行。事业单位应编制如下会计分录:

借:银行存款 4 000
　　贷:预收账款——丙单位 4 000

例2 续上例1,该事业单位已按规定向丙单位提供相应的劳务4 000元。事业单位应编制如下会计分录:

借:预收账款——丙单位 4 000
　　贷:事业收入 4 000

4. 其他应付款

其他应付款是指事业单位除以上应付票据、应付账款和预收账款等外的其他应支付的款项,如应支付的租入固定资产租金、应退还的存入保证金等。其他应付款与事业单位的主要业务活动一般没有直接的联系。

为核算其他应付款业务,事业单位应设置"其他应付款"总账科目。事业单位发生其他应付款项时,借记"银行存款"、"事业支出"、"经营支出"等科目,贷记该科目;支付其他应付款项时,借记该科目,贷记"银行存款"、"零余额账户用款额度"等科目。该科目平时贷方余额,表示尚未支付的其他应付款项数额。该科目应按其他应付款的债权人设置明细账。

例1 某事业单位计算应向丁企业支付的事业活动用租入固定资产的租金360元。事业单位应编制如下会计分录:

借:事业支出 360
　　贷:其他应付款——丁企业 360

例2 续上例1,该事业单位以银行存款支付租入固定资产的租金360元。事业单位应编制如下会计分录:

借:其他应付款——丁企业 360
　　贷:银行存款 360

以上应付票据、应付账款、预收账款和其他应付款,都属于事业单位的待结算债务。

(三) 应缴预算款

1. 应缴预算款的概念与内容

应缴预算款是指事业单位在业务活动中按规定向有关单位和个人收取的应上缴财政预算的各种款项。

应缴预算款的内容主要包括:

(1) 纳入预算管理的政府性基金。指事业单位依据有关的法律法规向公民、法人和其他组织无偿收取的具有专门用途的财政资金。如民航机场管理建设费、养路费、地方教育基金、新菜地开发建设基金等。

（2）纳入预算管理的事业性收费。指事业单位在开展事业活动中，依据国家法律法规向公民、法人和其他组织收取的事业性费用。如各级教育、文化、体育、档案、卫生等事业单位为发放各种证书、组织考试、评估鉴定等而向有关单位和个人收取的证书工本费、考试考务费、评估评审费、检验鉴定费、信息资源使用费等。

（3）罚没款项。指事业单位依据国家法律法规，对公民、法人和其他组织实施经济处罚所取得的各项罚款、没收款、没收财物变价款等。

（4）其他应缴预算的资金。指其他按规定应缴财政预算的资金。

事业单位的应缴预算款，在概念上等于行政单位的应缴预算款；在具体内容上，也与行政单位的应缴预算款相似。

2. 应缴预算款的管理要求

应缴预算款是纳入财政预算的款项，事业单位必须加强对应缴预算款的管理。应缴预算款的管理要求主要是：

（1）依法收取。应缴预算款项的收取是一项政策性很强的工作。无论是政府性基金、事业性收费还是罚没款项等，事业单位都应当严格按照国家法律法规的规定进行收取，不可以超越国家法律法规的规定自行立项，随意收取；也不可以超越国家法律法规的规定自行减项，随意免收。

（2）及时、足额上缴财政国库。事业单位的应缴预算款项应当按照财政部门规定的缴款方式、缴款期限及其他缴款要求，及时、足额地上缴财政国库。对于已经实行非税收入收缴制度改革、取消了收入过渡账户的事业单位，应当采用直接缴库或者集中汇缴的缴库方式，将应缴预算款项直接或者汇总缴入财政国库。直接缴库方式是指由事业单位开具非税收入一般缴款书，由缴款单位或个人直接将应缴预算款项缴入财政国库的缴库方式。集中汇缴方式是指由事业单位开具非税收入一般缴款书，缴款单位或个人将应缴预算款项缴给事业单位，事业单位于收款当日将收到的款项集中缴入财政国库的缴款方式。对于尚未实行非税收入收缴制度改革、暂未取消收入过渡账户的事业单位，收到的应缴预算款项可暂时存入单位开户银行作为过渡，但应当按照规定及时从开户银行缴入财政国库。事业单位不可以缓缴、截留、挪用或自行坐支应缴预算款项。每月月末，事业单位的应缴预算款项均应清理结缴。每年年终，事业单位的应缴预算款应全部结清上缴财政国库。

3. 应缴预算款的核算

应缴预算款的核算可区分两种情况进行处理：

（1）对于尚未实行非税收入收缴制度改革、暂未取消收入过渡账户的事业单位，应设置"应缴预算款"总账科目。事业单位收到应缴预算款项时，借记"银行存款"科目，贷记该科目；上缴应缴预算款项时，借记该科目，贷记"银行存款"科目。

（2）对于已经实行非税收入收缴制度改革、取消了收入过渡账户的事业单位，开具非税收入一般缴款书或收到并于当日上缴应缴预算款项时，可以仅在"应缴预算款备查登记簿"中进行备查登记，不作会计分录；也可以同时借记和贷记"应缴预算款"科目。对于尚未实行非税收入收缴制度改革、暂未取消收入过渡账户的事业单位，"应缴预算款"科目平时贷方余额，表示尚未上缴的应缴预算款项数额。该科目应按《政府收支分类科目》中的收入分类科目设置明细账。

例1 某事业单位尚未实行非税收入收缴制度改革，收入过渡账户暂未取消。该事业单位收到一项应缴财政预算的事业性收费,具体科目和金额为:"非税收入——行政事业性收费收入——教育行政事业性收费收入"650元。事业单位应编制如下会计分录:

  借:银行存款   650
    贷:应缴预算款   650

同时,在应缴预算款明细账的贷方登记如下:

  非税收入——行政事业性收费收入——教育行政事业性收费收入 650

例2 续上例1,该事业单位将收到的应缴预算款650元通过开户银行上缴财政国库。事业单位应编制如下会计分录:

  借:应缴预算款   650
    贷:银行存款   650

同时,在应缴预算款明细账的借方登记如下:

  非税收入——行政事业性收费收入——教育行政事业性收费收入 650

例3 某事业单位已经实行非税收入收缴制度改革,收入过渡账户已经取消。该事业单位收到一项应缴财政预算的事业性收费,具体科目和金额为:"非税收入——行政事业性收费收入——卫生行政事业性收费收入"430元。事业单位于收款当日将该款项缴入财政国库。事业单位对于此次收缴款项可以不做会计分录,仅在"应缴预算款备查登记簿"中进行备查登记;也可以编制如下会计分录:

  借:应缴预算款   430
    贷:应缴预算款   430

同时,在应缴预算款明细账的借方和贷方同时登记如下:

  非税收入——行政事业性收费收入——卫生行政事业性收费收入 430

(四)应缴财政专户款

1. 应缴财政专户款的概念与内容

应缴财政专户款是指事业单位在业务活动中按规定向有关单位或个人收取的应上缴财政预算外资金专户的款项。应缴预算款与应缴财政专户款的主要区别是:应缴预算款纳入财政总预算,应缴财政专户款不纳入财政总预算,纳入财政预算外资金收支计划;应缴预算款上缴财政国库,应缴财政专户款上缴财政预算外资金专户。

应缴财政专户款的内容主要包括:

(1)根据有关法律和法规的规定向有关单位和个人收取的各种事业性收费。

(2)根据有关法律和法规的规定向有关单位收取的主管部门集中收入。

(3)其他未纳入财政预算管理的财政性资金收入。

2. 应缴财政专户款的管理要求

应缴财政专户款的管理要求主要是:

(1)按规定收取。财政预算外资金是体现政府职能的财政性资金,事业单位应当严格按照有关规定收取,不可以随意收取。

(2)实行收支两条线管理。财政预算外资金属于财政性资金,不是单位的自有资金,因此,它应当纳入财政管理。事业单位取得财政预算外资金时,应当缴入财政部门在商业银行统一开设的财政预算外资金专户。财政预算外资金的支出由财政部门按照预算外资金收支计划,纳入事业单位的部门预算,从财政预算外资金专户中核拨。

事业单位的应缴财政专户款,在概念上等于行政单位的应缴财政专户款;在具体内容上,也与行政单位的应缴财政专户款相似。

3. 应缴财政专户款的核算

应缴财政专户款的核算也可区分两种情况进行处理:

(1) 对于尚未实行非税收入收缴制度改革、暂未取消收入过渡账户的事业单位,应设置"应缴财政专户款"总账科目。事业单位收到应缴财政专户款项时,借记"银行存款"科目,贷记该科目;上缴应缴财政专户款项时,借记该科目,贷记"银行存款"科目。

(2) 对于已经实行非税收入收缴制度改革、取消了收入过渡账户的事业单位,开具非税收入一般缴款书或收到并于当日上缴应缴财政专户款项时,可以仅在"应缴财政专户款备查登记簿"中进行备查登记,不作会计分录;也可以同时借记和贷记"应缴财政专户款"科目。对于尚未实行非税收入收缴制度改革、暂未取消收入过渡账户的事业单位,"应缴财政专户款"科目平时贷方余额,表示尚未上缴的应缴财政专户款项数额。该科目应按《政府收支分类科目》中的收入分类科目设置明细账。

例1 某事业单位尚未实行非税收入收缴制度改革,收入过渡账户暂未取消。该事业单位收到一项应缴财政专户的事业性收费,具体科目和金额为:"非税收入——行政事业性收费收入——教育行政事业性收费收入"4 500元。事业单位应编制如下会计分录:

借:银行存款　　　　　　　　　　　　　　　　　　　　　　　　4 500
　　贷:应缴财政专户款　　　　　　　　　　　　　　　　　　　　　4 500

同时,在应缴财政专户款明细账的贷方登记如下:

非税收入——行政事业性收费收入——教育行政事业性收费收入　　　4 500

例2 续上例1,该事业单位将收到的应缴财政专户款4 500元通过开户银行上缴财政预算外资金专户。事业单位应编制如下会计分录:

借:应缴财政专户款　　　　　　　　　　　　　　　　　　　　　　4 500
　　贷:银行存款　　　　　　　　　　　　　　　　　　　　　　　　4 500

同时,在应缴财政专户款明细账的借方登记如下:

非税收入——行政事业性收费收入——教育行政事业性收费收入　　　4 500

例3 某事业单位已经实行非税收入收缴制度改革,收入过渡账户已经取消。该事业单位收到一项应缴财政预算外资金专户的事业性收费,具体科目和金额为:"非税收入——行政事业性收费收入——体育行政事业性收费收入"250元。事业单位于收款当日将该款项缴入财政预算外资金专户。事业单位对于此次收缴款项可以不做会计分录,仅在"应缴财政专户款备查登记簿"中进行备查登记;也可以编制如下会计分录:

借:应缴财政专户款　　　　　　　　　　　　　　　　　　　　　　250
　　贷:应缴财政专户款　　　　　　　　　　　　　　　　　　　　　250

同时,在应缴财政专户款明细账的借方和贷方同时登记如下:

非税收入——行政事业性收费收入——体育行政事业性收费收入　　　250

以上应缴预算款和应缴财政专户款,都属于事业单位应向财政上缴的应缴款项。

(五) 应交税金

应交税金是指事业单位按税法规定应交纳的各种税金。主要包括事业单位按规定应交纳的增值税、营业税、城市维护建设税、所得税等。事业单位应当按照税法的规定,计算和交纳相关的税金。

为核算应交税金业务,事业单位应设置"应交税金"总账科目。事业单位计算出应交纳的税金时,借记"销售税金"、"结余分配"等科目,贷记该科目;交纳税金时,借记该科目,贷记"银行存款"等科目。该科目平时贷方余额,表示应交未交的税金。该科目可按应交税金的种类设置明细账。

例1 某事业单位购入一批非自用材料,购入价格为1 000元,增值税进项税额为170元。款项已以银行存款支付。事业单位应编制如下会计分录:

借:材料　　　　　　　　　　　　　　　　　　　　　　　　　　1 000
　　应交税金——应交增值税(进项税额)　　　　　　　　　　　　170
　　贷:银行存款　　　　　　　　　　　　　　　　　　　　　　　1 170

例2 某事业单位开展经营活动销售一批产成品,销售价格为2 000元,增值税销项税额为340元。款项已存入开户银行。事业单位应编制如下会计分录:

借:银行存款　　　　　　　　　　　　　　　　　　　　　　　　2 340
　　贷:经营收入　　　　　　　　　　　　　　　　　　　　　　　2 000
　　　　应交税金——应交增值税(销项税额)　　　　　　　　　　　340

例3 某事业单位在开展业务活动中发生应交营业税710元。事业单位应编制如下会计分录:

借:销售税金　　　　　　　　　　　　　　　　　　　　　　　　710
　　贷:应交税金——应交营业税　　　　　　　　　　　　　　　　710

例4 续上例3,某事业单位以银行存款交纳营业税710元。事业单位应编制如下会计分录:

借:应交税金——应交营业税　　　　　　　　　　　　　　　　　710
　　贷:银行存款　　　　　　　　　　　　　　　　　　　　　　　710

(六) 应付工资和应付津贴补贴

1. 应付工资及应付津贴补贴的概念和管理要求

应付工资是指事业单位按照国家统一规定应发放给在职人员的职务工资、岗位工资、绩效工资等。事业单位按照国家统一规定发放给离退休人员的离休、退休费及经国务院或人事部、财政部批准设立的津贴补贴,属于事业单位的应付离退休费。

应付津贴补贴是指事业单位按照地方或部门出台的规定应发放给事业单位职工的地方或部门津贴补贴。

除以上应付工资和应付津贴补贴外,事业单位按照国家规定发给个人的其他收入,包括误餐费、夜餐费、出差人员伙食补助费、市内交通费、出国人员伙食费、公杂费、个人国外零用费、发放给个人的一次性奖励等,是事业单位的应付其他个人收入。

事业单位应当加强和规范对工资、津贴补贴和其他个人收入发放业务的管理,全面、准确地核算工资、津贴补贴和其他个人收入的发放业务。事业单位在向职工发放应付工资(离退休费)和应付地方(部门)津贴补贴时,应以银行卡的形式发放。中央和省级事业单位一律以银行卡的形式发放,不可以发放现金。

事业单位应当按照规定将发放工资(离退休费)、地方(部门)津贴补贴和其他个人收入的情况,在部门决算中单独反映。

事业单位的应付工资及应付津贴补贴,在概念上等于行政单位的应付工资及应付津贴补贴;在具体内容上,也与行政单位的应付工资及应付津贴补贴相似。

2. 应付工资及应付津贴补贴的核算

为核算事业单位的应付工资、应付离退休费、应付地方或部门的津贴补贴以及应付其他个人收入,事业单位应分别设置"应付工资(离退休费)"、"应付地方(部门)津贴补贴"和"应付其他个人收入"三个总账科目。事业单位发放工资(离退休费)、地方(部门)津贴补贴和其他个人收入时,借记"事业支出"、"经营支出"科目,贷记"应付工资(离退休费)"、"应付地方(部门)津贴补贴"、"应付其他个人收入"科目;同时,借记"应付工资(离退休费)"、"应付地方(部门)津贴补贴"、"应付其他个人收入"科目,贷记"财政补助收入"、"银行存款"等科目。"应付工资(离退休费)"、"应付地方(部门)津贴补贴"、"应付其他个人收入"三个总账科目应分别设置"在职人员"、"离休人员"、"退休人员"三个二级科目,进行明细核算。

例1 某事业单位按照国家统一规定,通过财政零余额账户向在职人员发放基本工资7 500元,向离休人员发放离休费400元。以上款项合计7 900元。事业单位应编制如下会计分录:

借:事业支出   7 900
    贷:应付工资(离退休费)   7 900
同时:
借:应付工资(离退休费)   7 900
    贷:财政补助收入   7 900
同时,在应付工资(离退休费)明细账的借方和贷方同时登记如下:
在职人员   7 500
离休人员   400

例2 某事业单位根据所在部门的规定,通过单位零余额账户向有关在职人员发放岗位津贴9 400元。事业单位应编制如下会计分录:

借:事业支出   9 400
    贷:应付地方(部门)津贴补贴   9 400
同时:
借:应付地方(部门)津贴补贴   9 400
    贷:零余额账户用款额度   9 400
同时,在应付地方(部门)津贴补贴明细账的借方和贷方同时登记如下:
在职人员   9 400

例3 某事业单位按照国家规定,发给在职出国人员伙食费640元,公杂费320元。以上款项合计960元,以现金支付。事业单位应编制如下会计分录:

借:事业支出   960

贷：应付其他个人收入　　　　　　　　　　　　　　　　　960
同时：
　　借：应付其他个人收入　　　　　　　　　　960
　　　贷：现金　　　　　　　　　　　　　　　　　　　　　　960
同时，在应付其他个人收入明细账的借方和贷方同时登记如下：
在职人员　　　　　　　　　　　　　　　　　　　　　　　　　960

第六节　会　计　报　表

　　会计报表是反映事业单位财务状况和收支情况的书面文件，包括资产负债表、收入支出表、事业支出明细表、项目支出明细表、基本数字表、会计报表附注和收支情况说明书等。

一、资产负债表

（一）资产负债表的概念与平衡等式

　　资产负债表是反映事业单位在某一特定日期财务状况的会计报表。事业单位的资产负债表按照编报时间可以区分为月报和年报两种。其中，月报于每月末编制，采用"资产＋支出＝负债＋净资产＋收入"的平衡等式，反映事业单位月末资产、负债和净资产的实有数以及至本月末止收入和支出的累计数；年报于每年末编制，采用"资产＝负债＋净资产"的平衡等式，反映事业单位年末资产、负债和净资产的实有数。事业单位资产负债表的月报采用"资产＋支出＝负债＋净资产＋收入"的平衡等式，而资产负债表的年报采用"资产＝负债＋净资产"的平衡等式的原因，一方面是因为事业单位每月末不结账，而于每年末才结账，每月末账面不反映收支结余的数额，也不反映资产负债表中净资产的相应变动情况；另一方面是因为事业单位在平时更加关注收入和支出的预算执行情况，包括本月的预算执行情况以及至本月止本年累计的预算执行情况，而在平时相对较少关注由收入和支出的预算执行而引起的资产、负债和净资产的变动情况。

（二）资产负债表的格式与编制方法

　　1. 资产负债表的格式

　　资产负债表的月报由资产、支出、负债、净资产和收入五个会计要素组成。其中，资产加支出称为资产部类，列在资产负债表的左方；负债加净资产加收入称为负债部类，列在资产负债表的右方。资产部类的合计数等于负债部类的合计数。事业单位资产负债表月报的参考格式可如表4-2所示。

表 4-2　资产负债表(月报)

编表单位：某事业单位　　　　　　　　年　月　日　　　　　　　　单位：元

科目编号	资产部类	年初数	期末数	科目编号	负债部类	年初数	期末数
	一、资产类				二、负债类		
101	现金			201	借入款项		
102	银行存款			202	应付票据		
103	零余额账户用款额度			203	应付账款		
105	应收票据			204	预收账款		
106	应收账款			207	其他应付款		
108	预付账款			208	应缴预算款		
110	其他应收款			209	应缴财政专户款		
115	材料			210	应交税金		
116	产成品			211	应付工资(离退休费)		
117	对外投资			212	应付地方(部门)津贴补贴		
120	固定资产			213	应付其他个人收入		
124	无形资产						
125	财政应返还额度				负债合计		
	资产合计				三、净资产类		
				301	事业基金		
	五、支出类				其中：一般基金		
501	拨出经费				投资基金		
504	事业支出			302	固定基金		
505	经营支出			303	专用基金		
509	成本费用						
512	销售税金				净资产合计		
516	上缴上级支出						
517	对附属单位补助				四、收入类		
520	结转自筹基建			401	财政补助收入		
				403	上级补助收入		
	支出合计			405	事业收入		
				406	财政专户返还收入		
				409	经营收入		
				412	附属单位缴款		
				413	其他收入		
					收入合计		
	资产部类总计				负债部类总计		

　　资产负债表的年报由资产、负债和净资产三个会计要素组成。其中,资产的合计数仍然称为资产部类,列在资产负债表的左方;负债加净资产的合计数仍然称为负债部类,列在资产负债表的右方。资产部类的合计数等于负债部类的合计数。事业单位资产负债表年报的参考格

式可如表 4-3 所示。

表 4-3 资产负债表(年报)

编表单位:某事业单位　　　　　　　　　　年　月　日　　　　　　　　　　单位:元

科目编号	资产部类	年初数	期末数	科目编号	负债部类	年初数	期末数
	一、资产类				二、负债类		
101	现金			201	借入款项		
102	银行存款			202	应付票据		
103	零余额账户用款额度			203	应付账款		
105	应收票据			204	预收账款		
106	应收账款			207	其他应付款		
108	预付账款			208	应缴预算款		
110	其他应收款			209	应缴财政专户款		
115	材料			210	应交税金		
116	产成品			211	应付工资(离退休费)		
117	对外投资			212	应付地方(部门)津贴补贴		
120	固定资产			213	应付其他个人收入		
124	无形资产						
125	财政应返还额度				负债合计		
					三、净资产类		
				301	事业基金		
					其中:一般基金		
					投资基金		
				302	固定基金		
				303	专用基金		
				309	专项结余		
					净资产合计		
	资产部类总计				负债部类总计		

2. 资产负债表的编制方法

资产负债表的有关栏目应当根据账簿记录和其他有关资料填列。

(1) 表首。填写编报单位的名称,编制日期和货币单位。其中,编制日期,如果是月报即为月末;如果是年报即为年末。

(2) 年初数。指事业单位年初有关资产、负债和净资产各项目的数额。年初数根据上年决算后结转本年的各账户"期初数"填列。如果没有特殊情况,年初数全年不变。

(3) 期末数。指事业单位月末有关资产、支出、负债、净资产和收入各项目的数字,以及年末有关资产、负债和净资产各项目的数字。期末数根据月末或年末有关各账户的余额填列。

(4) 上级事业单位在编制本部门汇总资产负债表时,应将本事业单位资产负债表中"拨出经费"、"对附属单位补助"、"附属单位缴款"的数字与所属单位资产负债表中相应"财政补助收入"、"上级补助收入"、"上缴上级支出"的数字进行冲销,其余数字则直接相加汇总。

（5）资产负债表中有关栏目的数字应当与其他会计报表如收入支出表中相应栏目的数字保持一致。

二、收入支出表

（一）收入支出表的概念与作用

收入支出表是反映事业单位月份以及年度收支预算执行情况及其结果的会计报表。收入支出表由收入、支出和结余三部分组成，其关系是"收入－支出＝结余"。按照编报时间，收入支出表可分为月报和年报两种。

收入支出表可以反映事业单位各项收入和支出的实际发生情况，其中包括本月的实际发生情况和本年累计的实际发生情况；还可以反映事业单位收支结余的实际发生情况，主要是反映本年累计的实际发生情况；还可以反映事业单位收支结余分配的情况，如提取的专用基金、转入事业基金的数额等。将收入支出表中各项收入和支出的实际发生数与经批准的部门预算中相应的预算数进行比较，可以了解事业单位本月以及本年累计的收支预算执行情况。收入支出表还可以为事业单位分析收入和支出的结构，如财政补助收入和事业收入的比例、事业收入和经营收入的比例、财政补助收入和事业支出的比例、事业支出中基本支出和项目支出的比例、事业支出和经营支出的比例等，提供重要的依据。

（二）收入支出表的格式与编制方法

1. 收入支出表的格式

事业单位收入支出表的参考格式可如表4-4所示。

表4-4 收入支出表

编表单位：某事业单位　　　　　　　　　年　月　日　　　　　　　　　　　单位：元

收　入			支　出			结　余	
项　目	本月数	本年累计数	项　目	本月数	本年累计数	项　目	本年和历年累计
财政补助收入			拨出经费			结转当年结余	
其中：			上缴上级支出			其中：	
基本支出			对附属单位补助			基本支出结余	
项目支出			事业支出			项目支出结余	
上级补助收入			其中：			以前年度结余	
附属单位缴款			基本支出				
事业收入			项目支出				
财政专户返还收入			销售税金				
其他收入			结转自筹基建				
事业活动收入小计			事业活动支出小计				
经营收入			经营支出			经营结余	

续表

收　　入			支　　出			结　　余	
项　目	本月数	本年累计数	项　目	本月数	本年累计数	项　目	本年和历年累计
			销售税金			本年累计数	
						以前年度经营亏损（一）	
经营活动收入小计			经营活动支出小计				
						结余分配：	
						应交所得税	
						提取专用基金	
收入总计			支出总计			转入事业基金	

在如表 4-4 所示的收入支出表中，事业支出区分基本支出和项目支出两类，事业结余也区分基本支出结余和项目支出结余两类。收入支出表的这种格式，与部门预算管理的要求相一致，是一种常用的收入支出表的格式。

收入支出表还可以按反映财政性资金使用情况的要求来编制。在这种要求下，在收入支出表中，事业支出区分为财政性资金支出和其他事业支出两类。财政性资金支出是指事业单位使用财政性资金发生的事业支出，其中，包括使用财政补助收入和财政专户返还收入发生的事业支出。其他事业支出是指事业单位使用除财政性资金外的其他资金发生的事业支出，其中，包括使用上级补助收入、附属单位缴款和其他收入等发生的事业支出。事业结余也相应区分为财政性资金结余和其他事业结余两类。财政性资金结余是指事业单位取得的财政性资金收入与发生的财政性资金支出之间的差额。其他事业结余是指事业单位取得的除财政性资金收入外的其他资金收入，与发生的除财政性资金支出外的其他资金支出之间的差额。

2. 收入支出表的编制方法

收入支出表的有关栏目应当根据账簿记录和其他有关资料填列。

（1）表首。填写编报单位的名称，编制日期和货币单位。

（2）本月数。指事业单位本月实际取得的收入数和实际发生的支出数。本月数可根据有关收入和支出账户的本月发生额填列。

（3）本年累计数。指事业单位自年初至本月末止实际取得的收入数和实际发生的支出数。本年累计数可根据有关收入和支出账户的月末余额填列。

（4）上级事业单位在编制本部门汇总收入支出表时，应将本事业单位收入支出表中"拨出经费"、"对附属单位补助"、"附属单位缴款"的数字与所属单位收入支出表中相应"财政补助收入"、"上级补助收入"、"上缴上级支出"的数字进行冲销，其余数字则直接相加汇总。

（5）收入支出总表中相应栏目的数字，应当与其他会计报表如资产负债表、事业支出明细表中相应栏目的数字相互一致。

如果事业单位的收入支出表按反映财政性资金使用情况的要求来编制，那么，事业单位可以按照如下方法来确定事业支出中的财政性资金支出和其他事业支出：①如果能够直接确定发生事业支出时所使用的资金是财政性资金或是其他资金，那么，可以直接根据业务发生时确定的数据加总填列事业支出项目下的财政性资金支出和其他事业支出。在财政直接支付和财政授权支付方式下,事业单位使用财政零余额账户和单位零余额账户支付的款项,均可以直接确认为财政性资金支出。②如果不能直接确定发生事业支出时所使用的资金是财政性资金还是其他资金,那么,可以考虑采用统计的方法,确定财政性资金支出的数额和其他资金支出的数额。在财政实拨资金方式下,事业单位银行存款账户中既有财政性资金,也有非财政性资金。此时,事业单位使用银行存款支付的款项,就难以直接确定是财政性资金还是非财政性资金。在这种情况下,可以考虑采用统计的方法进行区分。事业单位将事业支出区分为财政性资金支出和其他事业支出,一般只需要在编制会计报表时进行区分。事业单位在平时会计核算时,事业支出仍然主要区分为基本支出和项目支出两类。

三、其他会计报表

除以上资产负债表和收入支出表外,事业单位还需要根据财政部门和上级主管部门的要求编制其他有关会计报表,如事业支出明细表、项目支出明细表、基本数字表等。

(一) 事业支出明细表

事业支出明细表是反映事业单位在一定时期内事业支出预算执行情况的会计报表。它是财政部门和上级主管部门考核事业单位事业支出实际发生情况的依据,也是事业单位向财政部门和上级主管部门办理事业支出核销的依据。事业单位事业支出明细表的项目,应当按照《政府收支分类科目》中的支出经济分类科目列示。事业单位事业支出明细表的参考格式可如表 4-5 所示。

表 4-5 事业支出明细表

编报单位:某事业单位　　　　　　　　　年　月　日　　　　　　　　　　　单位:元

科目编码		科目名称	财政拨款数	实际支出数												
				合计	工资福利支出					商品和服务支出					对个人和家庭的补助	基本建设支出	其他资本性支出	其他支出
类	款				金额	其中:				金额	其中:							
						基本工资	津贴补贴	奖金	社会保障缴费		办公费	水电费	租赁费	会议费				
合计																		

在表 4-5 中,有关栏目应当根据"事业支出"明细账的数额填列。其中,"工资福利支出"小计金额,应当大于或等于列示出的部分款级科目金额之和;"商品和服务支出"小计金额,应当

大于或等于部分列示出的款级科目金额之和。"财政拨款数"是指事业单位直接从财政部门取得的财政拨款数。

如表4-5所示的"事业支出明细表"反映的是事业单位各项事业支出的实际发生数。将"事业支出明细表"中各项事业支出的实际发生数与经批准的"事业支出预算明细表"中相应各项事业支出的预算数进行比较,可以详细了解事业单位事业支出的预算执行情况。

(二)项目支出明细表

项目支出明细表是反映事业单位在一定时期内项目支出明细情况的会计报表。项目支出明细表一般可以包括专项事业任务支出明细表、专项固定资产购置支出明细表、专项大型修缮支出明细表等。

项目支出明细表应根据财政部门和上级主管部门的要求编制,一般应为每一个项目编制一张项目支出明细表。通过项目支出明细表,财政部门和上级主管部门可以详细了解事业单位项目支出的预算执行情况。项目支出明细表还可以为财政部门和上级主管部门对项目支出进行追踪问效提供参考依据。

(三)基本数字表

基本数字表是列示事业单位基本情况的会计报表。事业单位应当按照财政部门和上级主管部门的要求,填报基本数字表的内容。事业单位基本数字表的参考格式可如表4-6所示。

表4-6 基本数字表

编报单位:某事业单位　　　　　　　　年　月　日

项目	单位	编制数	实有数	长休人员	项目	单位	数量	项目	单位	数量
人员情况					占用资产情况			其他情况		
一、机关本级开支行政经费的人员	人				一、机动车(船)数			一、开支高层设备管理费的高层房面积	千M²	
其中:					(一)编制数			其中:		
(一)公务员	人				小轿车	辆		办公用房高层房面积	千M²	
1. 部级以上	人				中型客车	辆		水泵	台	
2. 正部级	人				大客车	辆		电梯	部	
3. 副部级	人				货车	辆		宿舍高层房面积	千M²	
4. 正司级	人				摩托车	辆		水泵	台	
5. 副司级	人				船舶	艘		电梯	部	
6. 正处级	人				(二)实有数			二、租房面积	千M²	
7. 副处级	人				小轿车	辆		其中:		
8. 一般干部	人				中型客车	辆		办公用房面积	千M²	
(二)公勤人员	人				大客车	辆		单身宿舍面积	千M²	
					货车	辆		三、危房情况		
二、老干部局人员	人				摩托车	辆		(一)本年修复的危房面积	千M²	

续表

项目	单位	编制数	实有数	长休人员	项目	单位	数量	项目	单位	数量
其中：					船舶	艘		（二）危房面积数	千 M²	
（一）管理机构工作人员	人							四、一般设备情况		
（二）离退休人员	人				二、购建房屋建筑面积	千 M²		（一）微机数	台	
1. 离休人员	人				（一）办公用房面积	千 M²		台式机	台	
2. 退休人员	人				1. 有中央空调办公用房面积	千 M²		笔记本	台	
3. 退职人员	人				2. 无中央空调办公用房面积	千 M²		（二）复印机数	台	
					（二）会议用房及其他附属设施面积	千 M²		（三）打印机数	台	
					（三）职工宿舍面积	千 M²		（四）传真机数	台	
								（五）办公电话数	部	
					三、开支取暖费的房屋面积	千 M²		其中：		
					其中：			市内直拨电话	部	
					办公用房取暖面积	千 M²		国内直拨电话	部	
					宿舍取暖面积	千 M²		国际直拨电话	部	
								分机电话	部	
								（六）无线电话	部	
								五、主要设备情况（按品目填列）	台	
								1. …		
								2. …		

在表 4-6 中，有关的基本数字，可根据人事部门和有关业务部门提供的统计数字填列。

四、会计报表附注与收支情况说明书

(一) 会计报表附注

1. 会计报表附注的概念与作用

会计报表附注是为帮助使用者了解会计报表有关内容而主要以文字的形式对其所作的补充说明和详细解释。它是事业单位会计报表的有机组成部分。

会计报表附注的作用,主要是它可以对会计报表本身无法或者难以用数字充分表述的内容以文字的形式作补充说明和详细解释,从而可以帮助使用者更好地理解事业单位会计报表的内容。

2. 会计报表附注的内容

事业单位会计报表附注的内容主要包括:

(1) 特殊事项的说明。所谓特殊事项,是指事业单位偶发的事项,它与事业单位正常的业务相比,在性质上具有特殊性。如水灾、火灾等自然灾害给事业单位的财产带来的额外损失等。这些事项需要在会计报表附注中加以说明和解释。

(2) 会计报表中有关重要项目的明细资料。会计报表中的有些项目,对某些事业单位来说可能是一个重要项目,但在会计报表中却无法详细列示其内容。对于这些项目,有必要通过会计报表附注加以说明。例如,对于某些事业单位来说,事业收入的项目可能很多,而且占收入总额的比重可能也较大,但在收入支出表中无法详细说明和解释各项事业收入的来源渠道、政策依据、业务运转情况等有关内容。这些内容,有必要通过会计报表附注加以说明和解释。

(3) 其他有助于理解和分析会计报表需要说明的事项。例如,事业单位的会计原则和会计方法虽然并不十分复杂,但有时也会对理解会计报表产生影响。当这种影响达到一定程度时,就有必要在会计报表附注中予以说明。

(二) 收支情况说明书

收支情况说明书是事业单位在对一定期间,通常为一个会计年度内收入和支出情况进行分析和总结的基础上所作的数字和文字说明。它是事业单位会计报表的一个有机组成部分。

事业单位收支情况说明书的内容一般包括:

(1) 预算或财务收支计划的完成情况,以及预算或财务收支计划执行过程中存在的问题。

(2) 收支增减变化的情况和原因。

(3) 在改善业务活动的管理、增收节支方面所作的努力和取得的成绩。

(4) 在收入和支出管理方面存在的问题以及今后改进工作的计划和建议。

(5) 结余及其分配情况。

由于收支情况说明书能够以文字和数字的形式明确而具体地揭示出事业单位财务收支活动的过程以及所取得的成绩和存在的问题,从而能够比较全面地揭示出事业单位业务活动的全过程以及目前所处的状况,因此,它是使用者了解和评价事业单位财务收支情况,并在此基础上作出相关决策的重要参考资料。

第五章 民间非营利组织会计

第一节 概述

一、民间非营利组织会计的概念

民间非营利组织会计是指核算、反映和监督民间非营利组织经济活动过程及其结果的专业会计。民间非营利组织包括依照国家法律、行政法规登记的社会团体、基金会、民办非企业单位和寺院、宫观、清真寺、教堂等。其中,社会团体可以有学术性社会团体、行业性社会团体、专业性社会团体等种类。民办非企业单位可以有教育单位、卫生单位、文化单位、科技单位、体育单位、社会中介单位、法律服务单位等种类。基金会也可以有公募基金会和非公募基金会等种类。

尽管民间非营利组织可以有很多种类,但各种民间非营利组织都应当同时具有如下基本特征:

(1) 该组织不以营利为宗旨和目的。即该组织开展业务活动的目的和宗旨不是赚得利润。

(2) 资源提供者向该组织投入资源不取得经济回报。即资源提供者在向该组织投入资源的同时不能从该组织取得与投入资源相应的经济回报。

(3) 资源提供者不享有该组织的所有权。即资源提供者不因为其向该组织投入了资源从而可以以该组织的所有者的身份在该组织中发挥作用。以上民间非营利组织的基本特征是与营利性企业以及国有事业单位相比较而言的。

民间非营利组织的资源主要来源于社会捐赠和缴纳会费。除此之外,提供商品和服务收入、政府补助收入等也是资源的来源渠道。

二、民间非营利组织会计的一般原则

民间非营利组织在进行会计核算时应当遵循如下一般原则:

(1) 客观性原则。指会计核算应当以实际发生的交易或事项为依据,如实反映民间非营利组织的财务状况、业务活动情况和现金流量等信息。

(2) 相关性原则。指会计核算所提供的信息应当能够满足会计信息使用者的需要。如应当能够满足捐赠人、会员、监管者等信息使用者的需要。

(3) 一致性原则。指会计政策前后各期应当保持一致,不能随意变更。如有变更必要,应

当在会计报表附注中披露变更的内容和理由、变更的累积影响数,以及累积影响数不能合理确定的理由等。

(4) 可比性原则。指会计核算应当按照规定的会计处理方法进行,会计信息应当口径一致、相互可比。

(5) 及时性原则。指会计核算应当及时进行,不能提前或延后。

(6) 明晰性原则。指会计核算和编制的财务会计报告应当清晰明了,便于理解和使用。

(7) 配比原则。指在会计核算中,所发生的费用应当与其相关的收入相配比,同一会计期间内的各项收入和与其相关的费用,应当在该会计期间内确认。

(8) 实际成本原则。指资产在取得时,除了有特别规定外,应当按照实际成本计量。其后,资产账面价值的调整应当按照规定执行。除了按规定可以调整的情况外,民间非营利组织不能自行调整资产的账面价值。

(9) 权责发生制原则。指民间非营利组织的会计核算应当以权责发生制为基础。

(10) 实质重于形式原则。指会计核算应当按照交易或者事项的实质进行,而不应当仅仅以它们的法律形式作为依据。

(11) 谨慎性原则。指会计核算应当谨慎,不能过于乐观。

(12) 合理划分费用支出和资本化支出原则。指会计核算应当合理划分应当计入当期费用的支出和应当予以资本化的支出。

(13) 重要性原则。指在会计核算中,对资产、负债、净资产、收入和费用等有较大影响,并进而影响财务会计报告使用者据以做出合理判断的重要会计事项,应当按照规定的会计方法和程序进行处理,并在财务会计报告中予以充分披露;对于非重要的会计事项,在不影响会计信息真实性和不至于误导会计信息使用者做出正确判断的前提下,可适当简化处理。

三、民间非营利组织会计科目

民间非营利组织的会计要素分为资产、负债、净资产、收入和费用五个种类。各要素种类下设置相应的会计科目。各类民间非营利组织统一适用的会计科目表如表 5-1 所示。

表 5-1 民间非营利组织会计科目表

类 别	编 号	科 目 名 称
一、资产类		
	1001	现金
	1002	银行存款
	1009	其他货币资金
	1101	短期投资
	1102	短期投资跌价准备
	1111	应收票据
	1121	应收账款
	1122	其他应收款
	1131	坏账准备
	1141	预付账款

续表

类　　别	编　号	科　目　名　称
	1201	存货
	1202	存货跌价准备
	1301	待摊费用
	1401	长期股权投资
	1402	长期债权投资
	1421	长期投资减值准备
	1501	固定资产
	1502	累计折旧
	1505	在建工程
	1506	文物文化资产
	1509	固定资产清理
	1601	无形资产
	1701	受托代理资产
二、负债类		
	2101	短期借款
	2201	应付票据
	2202	应付账款
	2203	预收账款
	2204	应付工资
	2206	应交税金
	2209	其他应付款
	2301	预提费用
	2401	预计负债
	2501	长期借款
	2502	长期应付款
	2601	受托代理负债
三、净资产类		
	3101	非限定性净资产
	3102	限定性净资产
四、收入费用类		
	4101	捐赠收入
	4201	会费收入
	4301	提供服务收入
	4401	政府补助收入
	4501	商品销售收入
	4601	投资收益
	4901	其他收入
	5101	业务活动成本
	5201	管理费用
	5301	筹资费用
	5401	其他费用

各类民间非营利组织应当按照统一适用的会计科目设置和使用会计科目。对于统一规定的会计科目的编号,民间非营利组织不能随意打乱重编。民间非营利组织在不违反统一会计核算要求的前提下,可以根据需要自行设置有关会计科目的明细科目。

第二节 收 入

收入是指民间非营利组织在开展业务活动过程中取得的、导致本期净资产增加的经济利益或者服务潜力的流入。收入按照来源渠道可以分为捐赠收入、会费收入、提供服务收入、政府补助收入、投资收益、商品销售收入和其他收入等种类。

一、捐赠收入

(一)捐赠收入的概念

捐赠收入是指民间非营利组织接受其他单位或者个人捐赠所取得的收入。捐赠收入是民间非营利组织最典型的也是最重要的收入来源。捐赠收入可以表示为资产的直接流入,如现金、银行存款、短期投资、存货、长期股权投资、长期债权投资、固定资产、无形资产等资产的直接流入;也可以表现为负债的解除,如短期借款、应付账款、长期借款等负债的解除;还可以表现为劳务的取得,如专业人士或义工为民间非营利组织提供的义务劳动。按照捐赠人是否对捐赠资产附带时间或者用途限制条件,捐赠收入可以区分成限定性捐赠收入和非限定性捐赠收入。其中,限定性捐赠收入是指捐赠人对捐赠资产的使用设置了时间限制或者用途限制条件的捐赠收入。非限定性捐赠收入是指除了限定性捐赠收入外的其他捐赠收入。限定性捐赠收入的限制条件一旦得到满足,即转换成为非限定性捐赠收入。民间非营利组织的董事会或管理层对所接受捐赠的资产施加的限制条件不构成限制性捐赠收入,因为民间非营利组织自己可以随时解除由其自己施加的有关限制条件。

民间非营利组织因受托代理业务而从委托方收到的受托代理资产不属于捐赠收入,而同时属于受托代理资产和受托代理负债。

(二)捐赠收入的确认

在民间非营利组织中,捐赠收入属于非交换性交易收入。即民间非营利组织在取得捐赠资产或者解除相关负债的同时,不需要向捐赠人支付价值相当的现金,或者向捐赠人提供价值相当的物品或服务;或者捐赠人在向民间非营利组织提供捐赠资产或者免除有关负债时,不能从民间非营利组织这里收到价值相当的现金,或者收到价值相关的物品或服务。民间非营利组织对于包括捐赠收入在内的非交换性交易所形成的收入,应当在同时满足下列条件时予以确认:(1)与交易相关的含有经济利益或者服务潜力的资源能够流入民间非营利组织并为其所控制,或者相关的债务能够得到解除;(2)交易能够引起净资产的增加;(3)收入的金额能够可靠的计量。

一般情况下，民间非营利组织对于取得的无条件捐赠应当在收到捐赠资产或者收到解除相关负债时确认捐赠收入。对于附带限制条件的捐赠，民间非营利组织应当在取得捐赠资产的控制权时确认捐赠收入。也即民间非营利组织对于取得的附带限制条件的捐赠，尽管有关的限制条件尚未满足，也尽管有关的限制条件如果不能满足有可能需要向捐赠人退还所取得的捐赠，也在取得捐赠资产的控制权时确认捐赠收入。当民间非营利组织存在需要偿还全部或者部分捐赠资产或者相应金额的现时义务时，同时确认一项负债和费用。

（三）捐赠收入的核算

为核算捐赠收入业务，民间非营利组织应设置"捐赠收入"总账科目。民间非营利组织接受捐赠时，借记"现金"、"银行存款"、"短期投资"、"存货"、"长期股权投资"、"长期债权投资"、"固定资产"、"无形资产"等科目，贷记该科目。该科目应设置"限定性收入"和"非限定性收入"两个明细科目。限定性捐赠收入的限制条件在确认收入的当期得到解除时，借记"捐赠收入——限定性捐赠收入"科目，贷记"捐赠收入——非限定性捐赠收入"科目。确定无法满足限制条件从而需要向捐赠人退还捐赠款项时，借记"管理费用"科目，贷记"其他应付款"科目。期末将"捐赠收入——限定性收入"科目余额转入净资产科目时，借记"捐赠收入——限定性收入"科目，贷记"限定性净资产"科目；将"捐赠收入——非限定性收入"科目余额转入净资产科目时，借记"捐赠收入——非限定性收入"科目，贷记"非限定性净资产"科目。期末结账后，该科目应无余额。

例1 某民间非营利组织收到捐赠人捐赠银行存款8 500元，捐赠人未对捐赠款项的使用提出明确的限制条件。民间非营利组织应编制如下会计分录：

借：银行存款 8 500
　　贷：捐赠收入——非限定性收入 8 500

在以上例1中，如果捐赠人对捐赠款项的使用提出了明确的限制条件，例如，该笔捐赠款项应当在次年才能使用，该笔捐赠款项应当用于某项特定的业务如用于对某地发生的自然灾害的援助等，那么，会计分录中的贷方科目应当为"捐赠收入——限定性收入"。

例2 某民间非营利组织在确认捐赠收入的当期按照捐赠人提出的限制条件将捐赠款项用于购买办公设备一台计6 320元，款项已以银行存款支付。民间非营利组织应编制如下会计分录：

借：固定资产 6 320
　　贷：银行存款 6 320

同时：

借：捐赠收入——限定性收入 6 320
　　贷：捐赠收入——非限定性收入 6 320

在以上例2中，当民间非营利组织按照捐赠人提出的限制条件使用了捐赠款项时，捐赠人提出的限制条件即得到解除，相应的捐赠收入应当从"限定性收入"转入"非限定性收入"。在以上例2中，假设民间非营利组织在确认限定性捐赠收入的当期即按要求使用了限定性捐赠收入或解除了用途限制条件。如果民间非营利组织确认限定性捐赠收入与使用限定性捐赠收入不在同一会计期间，那么，限定性捐赠收入在期末结转至"限定性净资产"后即无余额。此时，需要在限定性净资产与非限定性净资产之间进行重新分类，或作结转的会计分录。

例3 某民间非营利组织收到捐赠人捐赠一批日常生活用品计3 870元。根据捐赠人提出的要求,该批日常生活用品限制用于某项专业业务活动。民间非营利组织应编制如下会计分录:

借:存货　　　　　　　　　　　　　　　　　　　　　　　　3 870
　　贷:捐赠收入——限定性收入　　　　　　　　　　　　　　　　　3 870

在以上例3中,民间非营利组织接受的非现金资产,如果捐赠方提供了有关凭据,如购物发票、有关协议等,可以按照凭据上标明的金额作为入账价值;如果凭据上标明的金额与受赠资产公允价值相差较大,应当按公允价值作为入账价值。如果捐赠方没有提供有关的凭据,受赠资产应当以其公允价值作为入账价值。

例4 某民间非营利组织接受义工提供多日的劳务帮助,民间非营利组织不需向义工支付劳务报酬。

民间非营利组织对于接受的劳务捐赠不予确认。但民间非营利组织应当在会计报表附注中对接受劳务捐赠的情况作出相应的披露。

例5 某民间非营利组织年终结账时"捐赠收入"总分类账户的贷方余额为38 700元;"捐赠收入"有关明细分类账户的贷方余额为:"限定性收入"23 400元,"非限定性收入"15 300元。民间非营利组织应编制如下年终结转捐赠收入账户余额的会计分录:

借:捐赠收入——限定性收入　　　　　　　　　　　　　　　　23 400
　　贷:限定性净资产　　　　　　　　　　　　　　　　　　　　　23 400

同时:

借:捐赠收入——非限定性收入　　　　　　　　　　　　　　　　15 300
　　贷:非限定性净资产　　　　　　　　　　　　　　　　　　　　15 300

在以上例5中,"捐赠收入——限定性收入"和"捐赠收入——非限定性收入"账户的贷方余额应当分别结转至"限定性净资产"和"非限定性净资产"账户。经过结转,"捐赠收入——限定性收入"和"捐赠收入——非限定性收入"账户的余额应为零。

二、会费收入

(一)会费收入的概念

会费收入是指民间非营利组织根据章程等的规定向会员收取的会费。一般情况下,民间非营利组织的会费收入为非限定性收入,除非相关资产提供者对资产的使用设置了限制条件。

(二)会费收入的确认

在民间非营利组织中,会费收入可能属于交换性交易收入,也可能属于非交换性交易收入。如果会员与民间非营利组织在缴纳会费的业务上存在等价交换关系,如民间非营利组织需要向会员提供相应的服务或物品,那么,这种会费收入属于交换性交易收入。如果会员与民间非营利组织在缴纳会费的业务上不存在等价交换关系,如会员纯粹是为了帮助民间非营利组织实现组织目标,那么,这种会费收入属于非交换性交易收入。属于交换性交易收入的会费收入,可以参照提供服务收入或商品销售收入的收入确认方法进行确认。属于非交换性交易的会费收入,可以参照捐赠收入的收入确认方法进行确认。

(三) 会费收入的核算

为核算会费收入业务,民间非营利组织应设置"会费收入"总账科目。民间非营利组织确认会费收入时,借记"现金"、"银行存款"、"应收账款"等科目,贷记"会费收入——非限定性收入"科目。期末将该科目余额转入净资产科目时,借记"会费收入——非限定性收入"科目,贷记"非限定性净资产"科目。如果存在限定性会费收入,民间非营利组织确认会费收入时,借记"现金"、"银行存款"、"应收账款"等科目,贷记"会费收入——限定性收入"科目。期末将该科目余额转入净资产账户时,借记"会费收入——限定性收入"科目,贷记"限定性净资产"科目。期末结账后,该科目应无余额。该科目应按会费种类如团体会费、个人会费等设置明细账,进行明细核算。

例1 某民间非营利组织收到会员以现金缴纳的会费860元。该会费收入属于非限定性收入,具体为个人会费收入。民间非营利组织应编制如下会计分录:

借:现金　　　　　　　　　　　　　　　　　　860
　　贷:会费收入——非限定性收入　　　　　　　　　　860

在以上例1中,如果民间非营利组织收到会员以银行存款缴纳的会费,那么,会计分录中的借方科目应为"银行存款"科目。

例2 某民间非营利组织计算应收会员会费2 540元。该会费收入属于非限定性收入,具体为团体会费收入。民间非营利组织应编制如下会计分录:

借:应收账款　　　　　　　　　　　　　　　2 540
　　贷:会费收入——非限定性收入　　　　　　　　　2 540

在以上例2中,如果民间非营利组织收到的会费属于限定性收入,那么,会计分录中的贷方科目应为"会费收入——限定性收入"科目。

例3 某民间非营利组织年终结账时"会费收入——非限定性收入"账户的贷方余额为4 120元。民间非营利组织应编制如下年终结转会费收入账户余额的会计分录:

借:会费收入——非限定性收入　　　　　　　4 120
　　贷:非限定性净资产　　　　　　　　　　　　　　4 120

在以上例3中,如果民间非营利组织年终结账时"会费收入——限定性收入"账户存在贷方余额,应当将其结转至"限定性净资产"账户。

三、提供服务收入

(一) 提供服务收入的概念

提供服务收入是指民间非营利组织根据章程等规定向其服务对象提供服务取得的收入,包括学费收入、医疗费收入、培训收入等。一般情况下,民间非营利组织的提供服务收入为非限定性收入,除非相关资产提供者对资产的使用设置了限制条件。

(二) 提供服务收入的确认

在民间非营利组织中,提供服务收入属于交换性交易收入。即民间非营利组织在取得相应收入的同时,需要向其服务对象提供相应的服务;或者民间非营利组织在向其服务对象提供服务的同时,需要向其服务对象收取相应的费用。对于因交换性交易所形成的提供服务收入,民间非营利组织应当按照如下方法确认:(1)在同一会计年度内开始并完成的服务,应当在完成服务时确认收入;(2)如果服务的开始和完成分属于不同的会计年度,可以按完工进度或完成的工作量确认收入。

(三) 提供服务收入的核算

为核算提供服务收入业务,民间非营利组织应设置"提供服务收入"总账科目。民间非营利组织在提供服务取得收入时,借记"现金"、"银行存款"、"应收账款"、"预收账款"等科目,贷记"提供服务收入——非限定性收入"科目。期末将该科目余额转入净资产科目时,借记"提供服务收入——非限定性收入"科目,贷记"非限定性净资产"科目。如果存在限定性提供服务收入,民间非营利组织在提供服务取得收入时,借记"现金"、"银行存款"、"应收账款"等科目,贷记"提供服务收入——限定性收入"科目。期末将该科目余额转入净资产科目时,借记"提供服务收入——限定性收入"科目,贷记"限定性净资产"科目。期末结账后,该科目应无余额。该科目应当按照提供服务的种类设置明细账,进行明细分类核算。

例1 某民间非营利组织已经完成向服务对象提供服务计 4 630 元。该民间非营利组织在向服务对象提供服务前曾向服务对象预收服务费用 4 000 元。服务完成时,其余 630 元(4 630-4 000)服务费用收到现金。服务的开始和完成在同一会计年度。民间非营利组织应编制如下会计分录:

```
借:现金                                    630
    预收账款                              4 000
    贷:提供服务收入——非限定性收入            4 630
```

在以上例1中,如果民间非营利组织提供服务取得的收入大于已经预收的款项,并且差额尚未收到,那么,会计分录中的借方科目应当为"预收账款"和"应收账款"科目。

例2 某民间非营利组织年末尚未完成某项向服务对象提供的服务。该民间非营利组织曾向服务对象预收了该项目的全部服务费用共计 5 600 元。根据已完成的工作量,民间非营利组织已经实现提供服务收入 4 800 元。民间非营利组织应编制如下会计分录:

```
借:预收账款                                4 800
    贷:提供服务收入——非限定性收入            4 800
```

在以上例2中,民间非营利组织对于跨年度的提供服务项目,应当在年末按完工进度或完成的工作量确认相应部分的提供服务收入。

例3 某民间非营利组织年终结账时"提供服务收入——非限定性收入"账户的贷方余额为 9 920 元。民间非营利组织应编制如下年终结转提供服务收入账户余额的会计分录:

```
借:提供服务收入——非限定性收入              9 920
    贷:非限定性净资产                        9 920
```

在以上例3中,如果民间非营利组织年终结账时"提供服务收入——限定性收入"账户存在贷方余额,应当将其结转至"限定性净资产"账户。

四、政府补助收入

(一)政府补助收入的概念

政府补助收入是指民间非营利组织接受政府拨款或者政府机构给予的补助而取得的收入。民间非营利组织应当按照政府是否对其提供的补助在使用上提出限制条件,将政府补助收入区分成非限定性政府补助收入和限定性政府补助收入两个种类。如果政府对其提供的补助在使用上提出时间或者用途等限制条件,那么,这种政府补助收入为限定性政府补助收入。如果政府对其提供的补助在使用上没有提出明确的限制条件,那么,这种政府补助收入为非限定性政府补助收入。

(二)政府补助收入的确认

在民间非营利组织中,政府补助收入如同捐赠收入,它们都属于非交换性交易收入。只不过政府补助收入来源于政府拨款或者政府机构给予的补助,而捐赠收入来源于其他单位或者个人给予的资助。政府补助收入和捐赠收入都需要区分成限定性收入和非限定性收入两个种类。政府补助收入的确认方法如同捐赠收入的确认方法。

(三)政府补助收入的核算

为核算政府补助收入业务,民间非营利组织应设置"政府补助收入"总账科目。民间非营利组织确认政府补助收入时,借记"现金"、"银行存款"等科目,贷记"政府补助收入——非限定性收入"、"政府补助收入——限定性收入"科目。限定性政府补助收入的限制条件在确认收入当期得到满足时,借记"政府补助收入——限定性收入"科目,贷记"政府补助收入——非限定性收入"科目。确定无法满足限制条件从而需要向政府退还补助款项时,借记"管理费用"科目,贷记"其他应付款"科目。期末结账时,借记"政府补助收入——非限定性收入"科目,贷记"非限定性净资产"科目;同时,借记"政府补助收入——限定性收入"科目,贷记"限定性净资产"科目。

例1 某民间非营利组织收到政府补助收入 7 800 元,款项已存入银行。政府在向民间非营利组织提供补助时,提出了有关的使用限制条件。民间非营利组织应编制如下会计分录:

借:银行存款　　　　　　　　　　　　　　　　　　　7 800
　　贷:政府补助收入——限制性收入　　　　　　　　　　　　7 800

在以上例1中,如果政府在向民间非营利组织提供补助时没有提出使用限制条件,包括使用时间限制条件和使用用途限制条件等,那么,会计分录中的贷方科目应为"政府补助收入——非限制性收入"科目。

例2 某民间非营利组织按照政府提出的使用时间限制条件,已经到达限制可以使用政府补助收入 4 210 元的时间。民间非营利组织从收到政府的时间限制补助收入至到达可以使用政府补助收入的时间处在同一个会计期间。民间非营利组织应编制如下会计分录:

借:政府补助收入——限定性收入　　　　　　　　　　　4 210
　　贷:政府补助收入——非限定性收入　　　　　　　　　　　4 210

在以上例 2 中,民间非营利组织解除附带使用时间限制条件的政府补助收入。如果民间非营利组织从收到时间限制政府补助收入至到达可以使用政府补助收入的时间跨越两个会计期间或两个会计年度,那么,期末"政府补助收入——限定性收入"科目余额转入"限定性净资产"科目后无余额。此时,需要在"限定性净资产"科目与"非限定性净资产"科目之间进行重新分类或进行转账。

在以上例 2 中,如果政府在向民间非营利组织提供补助时同时提出了时间限制条件和用途限制条件,如同时提出了所提供的补助应当在第二年用于购买办公设备等,那么,民间非营利组织在仅到达限制可以使用补助的时间时,或者在仅满足时间限制条件时,还不能将限定性收入转入非限定性收入。主要原因是尽管时间限制条件已经解除,但用途限制条件尚未解除。民间非营利组织应当在所有限定条件都已经解除时,才能将限定性收入转入非限定性收入。

例 3　某民间非营利组织由于无法满足政府补助所附带的限制条件,因此,确定向政府退还 2 230 元的政府补助收入款项。民间非营利组织应编制如下会计分录:

借:管理费用　　　　　　　　　　　　　　　　　　　　2 230
　　贷:其他应付款　　　　　　　　　　　　　　　　　　　　　2 230

在以上例 3 中,如果民间非营利组织直接向政府退还补助款项,那么,会计分录中的贷方科目为"银行存款"科目。

例 4　某民间非营利组织年终结账时"政府补助收入"总分类账户的贷方余额为 27 800 元;"政府补助收入"有关明细分类账户的贷方余额为:"限定性收入"18 500 元,"非限定性收入"9 300 元。民间非营利组织应编制如下年终结转政府补助收入账户余额的会计分录:

借:政府补助收入——限定性收入　　　　　　　　　　　　18 500
　　贷:限定性净资产　　　　　　　　　　　　　　　　　　　　18 500
同时:
借:政府补助收入——非限定性收入　　　　　　　　　　　　9 300
　　贷:非限定性净资产　　　　　　　　　　　　　　　　　　　　9 300

在以上例 4 中,"政府补助收入——限定性收入"和"政府补助收入——非限定性收入"账户的贷方余额应当分别结转至"限定性净资产"和"非限定性净资产"账户。经过结转,"政府补助收入——限定性收入"和"政府补助收入——非限定性收入"账户的余额应为零。

五、商品销售收入

(一) 商品销售收入的概念

商品销售收入是指民间非营利组织销售商品如出版物、药品等所形成的收入。一般情况下,民间非营利组织的商品销售收入为非限定性收入,除非相关资产提供者对资产的使用设置了限制条件。

(二) 商品销售收入的确认

在民间非营利组织中,商品销售收入如同提供服务收入,它们都属于交换性交易收入。即民间非营利组织在取得相应收入的同时,需要向其服务对象提供相应的商品;或者民间非营利组织在向其服务对象提供商品的同时,需要向其服务对象收取相应的费用。对于因交换性交易所形成的商品销售收入,民间非营利组织应当在下列条件同时满足时予以确认:(1) 已将商品所有权上的主要风险和报酬转移给了购货方;(2) 既没有保留通常与所有权相联系的继续管理权,也没有对已售出的商品实施控制;(3) 与交易相关的经济利益能够流入民间非营利组织;(4) 相关的收入和成本能够可靠地计量。

(三) 商品销售收入的核算

为核算商品销售收入业务,民间非营利组织应设置"商品销售收入"总账科目。民间非营利组织销售商品取得收入时,借记"现金"、"银行存款"、"应收票据"、"应收账款"等科目,贷记"商品销售收入——非限定性收入"科目。民间非营利组织因商品质量等原因发生的销售退回作为冲减商品销售收入处理,借记"商品销售收入——非限定性收入"科目,贷记"银行存款"、"应收账款"、"应收票据"等科目;同时,借记"存货"科目,贷记"业务活动成本"科目。在资产负债表日后、财务报告批准报出前发生的销售退回作为资产负债表日后事项的调整事项处理,借记"非限定性净资产"科目,贷记"银行存款"、"应收账款"、"应收票据"等科目;同时,借记"存货"科目,贷记"非限定性净资产"科目。民间非营利组织因尽快回笼资金的原因而发生的现金折扣作为筹资费用处理,借记"银行存款"、"筹资费用"等科目,贷记"应收账款"、"应收票据"等科目。民间非营利组织因商品质量等原因发生的销售折让作为冲减商品销售收入处理,借记"商品销售收入——非限定性收入"、"银行存款"等科目,贷记"应收账款"、"应收票据"等科目。期末结转该科目余额时,借记"商品销售收入——非限定性收入"科目,贷记"非限定性净资产"科目。如果民间非营利组织存在限定性商品销售收入业务,那么,应当在"商品销售收入——限定性收入"科目中核算。期末将"商品销售收入——限定性收入"科目的余额转入"限定性净资产"科目。期末结转后,该科目应无余额。该科目应按照商品的种类设置明细账,进行明细核算。

例1 某民间非营利组织销售商品一批,售价为 2 560 元,款项尚未收到。民间非营利组织应编制如下会计分录:

借:应收账款　　　　　　　　　　　　　　　　2 560
　　贷:商品销售收入——非限定性收入　　　　　　　2 560

在以上例1中,如果民间非营利组织收到相应的商业汇票一张,那么,会计分录中的借方科目为"应收票据"科目。

例2 某民间非营利组织因产品品种的原因发生销售退回商品一批。该批商品的售价为 350 元,相应的成本为 320 元。款项以银行存款支付。民间非营利组织应编制如下会计分录:

借:商品销售收入——非限定性收入　　　　　　　　350
　　贷:银行存款　　　　　　　　　　　　　　　　　350
同时:
借:存货　　　　　　　　　　　　　　　　　　　　320
　　贷:业务活动成本　　　　　　　　　　　　　　　320

在以上例2中,如果民间非营利组织在资产负债表日后、财务报告批准报出前发生销售退回,那么,会计分录中的借方科目"商品销售收入——非限定性收入"科目和贷方科目"业务活动成本"科目都应改为"非限定性净资产"科目。

例 3 某民间非营利组织年终结账时"商品销售收入——非限定性收入"账户的贷方余额为 4 250 元。民间非营利组织应编制如下年终结转商品销售收入账户余额的会计分录：

借：商品销售收入——非限定性收入　　　　　　　　　　　　4 250
　　贷：非限定性净资产　　　　　　　　　　　　　　　　　　　　4 250

在以上例 3 中，如果民间非营利组织年终结账时"商品销售收入——限定性收入"账户存在贷方余额，应当将其结转至"限定性净资产"账户。

六、投资收益

(一) 投资收益的概念

投资收益是指民间非营利组织因对外投资取得的投资净损益。一般情况下，民间非营利组织的投资收益为非限定性收入，除非相关资产提供者对资产的使用设置了限制条件。

(二) 投资收益的确认

投资收益属于交换性交易收入。投资收益应当在同时满足下列条件时予以确认：(1)与交易相关的经济利益能够流入民间非营利组织；(2)收入的金额能够可靠地计量。

(三) 投资收益的核算

为核算投资收益业务，民间非营利组织应设置"投资收益"总账科目。民间非营利组织出售短期投资或到期收回债券本息时，按实际收到的款项和已计提的短期投资跌价准备分别借记"银行存款"、"短期投资跌价准备"科目，按短期投资的账面余额和尚未领取的现金股利或利息分别贷记"短期投资"、"其他应收款"科目，按借贷差额借记或贷记该科目。采用成本法核算长期股权投资的民间非营利组织，被投资单位宣告发放现金股利或利润时，按相应份额借记"其他应收款"科目，贷记该科目。采用权益法核算长期股权投资的民间非营利组织，期末被投资单位实现净利润时，按相应份额借记"长期股权投资"科目，贷记该科目；被投资单位发生净亏损时，按相应份额借记该科目，贷记"长期股权投资"科目。民间非营利组织处置长期股权投资时，按实际收到的价款和已计提的长期投资减值准备分别借记"银行存款"、"长期投资减值准备"科目，按长期股权投资的账面余额和尚未领取的现金股利分别贷记"长期股权投资"、"其他应收款"科目，按借贷差额借记或贷记该科目。民间非营利组织按期应计持有的到期一次还本付息债券利息时，借记"长期债权投资——债券投资(应收利息)"科目，贷记该科目；按期应计持有的分期付息、到期还本债券利息时，借记"其他应收款"科目，贷记该科目。民间非营利组织在按期应计债券利息的同时，应按直线法摊销债券溢价，借记该科目，贷记"长期债权投资——债券投资(溢价)"科目；或按直线法摊销债券折价，借记"长期债权投资——债券投资(折价)"科目，贷记该科目。民间非营利组织处置长期债权投资时，按实际取得的价款和已计提的减值准备分别借记"银行存款"、"长期投资减值准备"科目，按长期债券投资的账面余额和尚未领取的债券利息分别贷记"长期债权投资"、"其他应收款"或"长期债权投资——债券投资(应收利息)"科目，按借贷差额借记或贷记该科目。期末将该科目余额转入净资产科目时，借记该科目，贷记"非限定性净资产"科目。如果存在限定性投资收益，期末结账时，借记该科目，贷记"限定性净资产"科目。期末结账后,该科目应无余额。

例1 某民间非营利组织出售短期投资,实际收到款项1 400元。该短期投资账面余额1 600元,已计提减值准备300元,没有尚未领取的利息。民间非营利组织应编制如下会计分录:

借:银行存款 1 400
　　短期投资跌价准备 300
　贷:短期投资 1 600
　　投资收益 100

在以上例1中,如果短期投资的账面余额减去短期投资跌价准备后的余额大于实际收到的款项,其差额应借记"投资收益"科目。

例2 某民间非营利组织采用成本法核算长期股权投资,被投资单位宣告发放现金股利3 000元,民间非营利组织按股权比例可获得其中的300元。民间非营利组织应编制如下会计分录:

借:其他应收款 300
　贷:投资收益 300

在以上例2中,由于民间非营利组织拥有被投资单位的股份较少,因此,不能对被投资单位实施控制或产生重大影响。由此,民间非营利组织对相应的长期股权投资采用成本法进行核算。如果民间非营利组织拥有被投资单位的股份较多,并且已经达到能够对被投资单位实施控制或产生重大影响的程度,那么,民间非营利组织对相应的长期股权投资应当采用权益法进行核算。

例3 某民间非营利组织年终结账时"投资收益"账户的贷方余额为850元。民间非营利组织应编制如下年终结转投资收益账户余额的会计分录:

借:投资收益 850
　贷:非限定性净资产 850

在以上例3中,如果民间非营利组织年终结账时存在限制性投资收益账户余额,那么,应当将其结转至"限定性净资产"账户。

七、其他收入

(一) 其他收入的概念

其他收入是指民间非营利组织除了捐赠收入、会费收入、提供服务收入、商品销售收入、政府补助收入、投资收益等主要业务活动收入以外的其他杂项收入。其他收入的例子如确实无法支付的应付款项、存货盘盈、固定资产盘盈、固定资产处置净收入、无形资产处置净收入等。一般情况下,民间非营利组织的其他收入为非限定性收入,除非相关资产提供者对资产的使用设置了限制条件。

(二) 其他收入的核算

为核算其他收入业务,民间非营利组织应设置"其他收入"总账科目。民间非营利组织取得其他收入时,借记"现金"、"存货"、"固定资产"、"文物文化资产"、"固定资产清理"等科目,贷记该科目。期末将该科目贷方余额转入净资产科目时,借记该科目,贷记"非限定性净资产"科目。民间非营利组织如果存在限定性其他收入,期末应当将限定性其他收入的余额结转至"限定性净资产"科目。期末结账后,该科目应无余额。该科目应按其他收入的种类设置明细账,进行明细分类核算。

例1 某民间非营利组织对存货进行盘点,结果盘盈存货150元。经批准,该存货盘盈作为其他收入处理。民间非营利组织应编制如下会计分录:

借:存货 150
 贷:其他收入 150

在以上例1中,民间非营利组织每年至少应当对存货盘点一次。盘盈的存货应当按照其公允价值入账。

例2 某民间非营利组织处置一项不需用的固定资产。该项固定资产的原值为8 700元,累计折旧为6 200元,以现金支付清理过程中发生清理费用100元,残料出售获得银行存款收入2 800元。此次固定资产处置获得净收入200元[2 800-(8 700-6 200+100)]。民间非营利组织应编制如下会计分录:

借:累计折旧 6 200
  固定资产清理 2 500
 贷:固定资产 8 700

同时:

借:固定资产清理 100
 贷:现金 100

同时:

借:银行存款 2 800
 贷:固定资产清理 2 800

同时:

借:固定资产清理 200
 贷:其他收入 200

在以上例2中,固定资产的清理过程应当通过"固定资产清理"科目核算。固定资产清理结束后,"固定资产清理"科目的贷方余额转入"其他收入"科目。

例3 某民间非营利组织年终结账时"其他收入"账户的贷方余额为640元。民间非营利组织应编制如下年终结转其他收入账户余额的会计分录:

借:其他收入 640
 贷:非限定性净资产 640

在以上例3中,如果民间非营利组织年终结账时存在限制性其他收入账户余额,那么,应当将其结转至"限定性净资产"账户。

第三节 费　　用

费用是指民间非营利组织为开展业务活动所发生的、导致本期净资产减少的经济利益或者服务潜力的流出。费用按照其功能可以分为业务活动成本、管理费用、筹资费用和其他费用等种类。

一、业务活动成本

（一）业务活动成本的概念和确认

业务活动成本是指民间非营利组织为了实现其业务活动目标、开展其项目活动或者提供服务所发生的费用。与管理费用相比，业务活动成本的特点是民间非营利组织直接为服务对象发生的费用；而管理费用是民间非营利组织为组织和管理业务活动而发生的费用。例如，慈善基金会的业务活动项目可能会有儿童康复项目、安老服务项目、慈善培训服务项目等；红十字会的业务活动项目可能会有赈济活动项目、社区活动项目、中小学活动项目等。如果民间非营利组织从事的业务活动项目或开展的业务活动种类比较单一，那么，业务活动成本下就不需要设置相应的项目。

民间非营利组织的业务活动成本应当在实际发生时按其发生额计入当期费用。

（二）业务活动成本的核算

为核算业务活动成本业务，民间非营利组织应设置"业务活动成本"总账科目。民间非营利组织发生业务活动成本时，借记该科目，贷记"现金"、"银行存款"、"存货"、"应付账款"等科目。期末将该科目借方余额转入净资产科目时，借记"非限定性净资产"科目，贷记该科目。期末结账后，该科目应无余额。该科目应根据民间非营利组织从事的业务活动的项目或开展的业务活动的种类设置明细账。如果民间非营利组织从事的业务活动的项目或开展的业务活动的种类比较单一，那么，相关费用可以全部归集在该科目下进行核算。

例1　某民间非营利组织为开展甲项目业务活动以银行存款支付相关费用1 860元。民间非营利组织应编制如下会计分录：

借：业务活动成本——甲项目　　　　　　　　　　　　　1 860
　　贷：银行存款　　　　　　　　　　　　　　　　　　　　　1 860

在以上例1中，民间非营利组织发生的业务活动成本如果同时属于多项专业业务活动，并且不能直接确定归属于某一类专业业务活动的数额，那么，应当将这些费用按照合理的方法在各项专业业务活动中进行分配。

例2　某民间非营利组织按月计提乙项目业务活动使用的固定资产折旧计2 250元。民间非营利组织应编制如下会计分录：

借：业务活动成本——乙项目　　　　　　　　　　　　　2 250

贷:累计折旧　　　　　　　　　　　　　　　　　　　　　　　　　　　　2 250

　　在以上例2中,民间非营利组织应当正确区分由行政管理部门使用的固定资产和由专业业务部门使用的固定资产。在此基础上,对各部门使用的固定资产分别计提固定资产折旧。

　　例3　某民间非营利组织按照捐赠人的要求将接受捐赠的一批存货计960元使用在限定的丙项目业务活动上。民间非营利组织应编制如下会计分录：

　　借:业务活动成本——丙项目　　　　　　　　　　　　　　960
　　　　贷:存货　　　　　　　　　　　　　　　　　　　　　　　　　　960
　　同时:
　　借:捐赠收入——限定性收入　　　　　　　　　　　　　960
　　　　贷:捐赠收入——非限定性收入　　　　　　　　　　　　　　960

　　在以上例3中,民间非营利组织按照捐赠人的要求将接受捐赠的存货使用在专业业务活动项目上。因此,在确认业务活动成本的同时,还需要解除限定性捐赠收入至非限定性捐赠收入。"捐赠收入——非限定性收入"与"业务活动成本——丙项目"相抵后,净资产不增不减。

　　例4　某民间非营利组织年终结账时"业务活动成本"账户的借方余额为5 440元。民间非营利组织应编制如下年终结转业务活动成本账户余额的会计分录：

　　借:非限定性净资产　　　　　　　　　　　　　　　　　　5 440
　　　　贷:业务活动成本　　　　　　　　　　　　　　　　　　　　5 440

　　在以上例4中,民间非营利组织年终"业务活动成本"账户的余额应转入"非限定性净资产"账户。在非限定性净资产的增减变动中,可以包括捐赠收入、会费收入等收入,还可以包括业务活动成本、管理费用等费用。在限定性净资产的增加变动中,只包括捐赠收入、政府补助收入等收入,不包括业务活动成本、管理费用等费用。民间非营利组织使用限定性资产或净资产时,减少限定性收入,增加非限定性收入；费用计入非限定性净资产中,不计入限定性净资产中。

二、管理费用

(一) 管理费用的概念和确认

　　管理费用是指民间非营利组织为组织和管理其业务活动所发生的费用,包括民间非营利组织董事会或理事会或类似权力机构经费和行政管理人员的工资、奖金、福利费、住房公积金、住房补贴、社会保障费、离退休人员工资与补助,以及办公费、水电费、邮电费、物业管理费、差旅费、折旧费、修理费、租赁费、无形资产摊销费、资产盘亏损失、资产减值损失、因预计负债所产生的损失、聘请中介机构费和应偿还的受赠资产等。

　　民间非营利组织的管理费用应当在实际发生时按其发生额计入当期费用。

(二) 管理费用的核算

　　为核算管理费用业务,民间非营利组织应设置"管理费用"总账科目。民间非营利组织以现金、银行存款支付管理费用时,借记该科目,贷记"现金"、"银行存款"科目。发生应归属于管理费用的应付工资、应交税金等时,借记该科目,贷记"应付工资"、"应交税金"等科目。提取行政管理用固定资产折旧时,借记该科目,贷记"累计折旧"科目。计提长期投资减值准备时,借记该科目,贷记"长期投资减值准备"科目。无形资产摊销时,借记该科目,贷记"无形资产"科目。存货盘亏并经批准时,借记该科目,贷记"存货"科目。期末将该科目借方余额转入非限定性净资产科目时,借记"非限定性净资产"科目,贷记该科目。期末结账后,该科目应无余额。该科目应当按照管理费用的种类设置明细账,进行明细分类核算。

例1 某民间非营利组织以银行存款支付管理费用1 850元。民间非营利组织应编制如下会计分录:

借:管理费用　　　　　　　　　　　　　　　　　　1 850
　　贷:银行存款　　　　　　　　　　　　　　　　　　1 850

在以上例1中,借方"管理费用"科目应根据银行存款支付的内容设置相应的明细账,如水电费、邮电费、物业管理费、修理费等。

例2 某民间非营利组织计算应支付给管理部门工作人员的工资计2 630元。民间非营利组织应编制如下会计分录:

借:管理费用　　　　　　　　　　　　　　　　　　2 630
　　贷:应付工资　　　　　　　　　　　　　　　　　　2 630

在以上例2中,民间非营利组织在计算工作人员的工资时,可以区分专业业务部门、管理部门、筹资部门等的工作人员分别计算,从而分别计入"业务活动成本"、"管理费用"、"筹资费用"等科目。

例3 某民间非营利组织定期对长期债权投资是否发生了减值进行检查,结果发现长期债权投资可收回金额低于账面价值,差额为1 240元。民间非营利组织应编制如下会计分录:

借:管理费用　　　　　　　　　　　　　　　　　　1 240
　　贷:长期投资减值准备　　　　　　　　　　　　　　1 240

在以上例3中,如果发现长期债权投资以前期间计提的减值准备在当期得到恢复,那么,民间非营利组织应当在原计提减值准备的范围内,借记"长期投资减值准备"科目,贷记"管理费用"科目。

例4 某民间非营利组织年终结账时"管理费用"账户的借方余额为4 850元。民间非营利组织应编制如下年终结转管理费用账户余额的会计分录:

借:非限定性净资产　　　　　　　　　　　　　　　　4 850
　　贷:管理费用　　　　　　　　　　　　　　　　　　4 850

在以上例4中,"管理费用"科目年终结账时应当将余额结转至"非限定性净资产"科目。

三、筹资费用

(一) 筹资费用的概念和确认

筹资费用是指民间非营利组织为筹集业务活动所需资金而发生的费用,包括民间非营利组织为了获得捐赠资产而发生的费用以及应当计入当期费用的借款费用、汇兑损失(减汇总收益)等。民间非营利组织为了获得捐赠资产而发生的费用包括举办募款活动费,准备、印刷和发放募款宣传资料费以及其他与募款或者争取捐赠资产有关的费用。

民间非营利组织的筹资费用应当在实际发生时按其发生额计入当期费用。

(二) 筹资费用的核算

为核算筹资费用业务,民间非营利组织应设置"筹资费用"总账科目。民间非营利组织发生筹资费用时,借记该科目,贷记"银行存款"、"预提费用"、"长期借款"等科目。期末将该科目借方余额转入非限定性净资产科目时,借记"非限定性净资产"科目,贷记该科目。期末结账后,该科目应无余额。该科目应当按照筹资费用的种类设置明细账,进行明细分类核算。

例 1 某民间非营利组织以银行存款支付募款活动费用 520 元。民间非营利组织应编制如下会计分录:

借:筹资费用　　　　　　　　　　　　　　　　　　　　520
　　贷:银行存款　　　　　　　　　　　　　　　　　　　　520

在以上例 1 中,社会慈善民间非营利组织通常通过举办专门的募款活动筹集开展业务活动所需要的资金。

例 2 某民间非营利组织发生应当计入筹资费用的长期借款费用 740 元。民间非营利组织应编制如下会计分录:

借:筹资费用　　　　　　　　　　　　　　　　　　　　740
　　贷:长期借款　　　　　　　　　　　　　　　　　　　　740

在以上例 2 中,如果民间非营利组织专门为购建固定资产而进行长期借款,那么,该类长期借款的借款费用在规定的允许资本化的期间内,应当计入在建工程成本,而不能计入筹资费用。

例 3 某民间非营利组织年终结账时"筹资费用"账户的借方余额为 1 660 元。民间非营利组织应编制如下年终结转筹资费用账户余额的会计分录:

借:非限定性净资产　　　　　　　　　　　　　　　　　1 660
　　贷:筹资费用　　　　　　　　　　　　　　　　　　　　1 660

在以上例 3 中,"筹资费用"科目年终结账时应当将余额结转至"非限定性净资产"科目。

四、其他费用

(一) 其他费用的概念和确认

其他费用是指民间非营利组织发生的无法归属到业务活动成本、管理费用和筹资费用中的费用,包括固定资产处置净损失、无形资产处置净损失等。

民间非营利组织的其他费用应当在实际发生时按其发生额计入当期费用。

(二) 其他费用的核算

为核算其他费用业务,民间非营利组织应设置"其他费用"总账科目。民间非营利组织发生处置固定资产净损失时,借记该科目,贷记"固定资产清理"科目。发生处置无形资产净损失时,借记该科目、"银行存款"科目,贷记"无形资产"科目。期末将该科目借方余额转入非限定性净资产科目时,借记"非限定性净资产"科目,贷记该科目。期末结账后,该科目应无余额。

该科目应当按照其他费用的种类设置明细账,进行明细分类核算。

例1 某民间非营利组织处置一项无形资产。该项无形资产的账面余额为4 580元,出售取得实际价款3 220元,处置损失为1 360元(4 580-3 220)。民间非营利组织应编制如下会计分录:

借:银行存款　　　　　　　　　　　　　　　　　　　　　　　　　3 220
　　其他费用　　　　　　　　　　　　　　　　　　　　　　　　　1 360
　　贷:无形资产　　　　　　　　　　　　　　　　　　　　　　　　　4 580

例2 某民间非营利组织年终结账时"其他费用"账户的借方余额为1 570元。民间非营利组织应编制如下年终结转其他费用账户余额的会计分录:

借:非限定性净资产　　　　　　　　　　　　　　　　　　　　　　　1 570
　　贷:其他费用　　　　　　　　　　　　　　　　　　　　　　　　　1 570

在以上例2中,"其他费用"科目年终结账时应当将余额结转至"非限定性净资产"科目。

第四节　净　资　产

民间非营利组织的净资产是指资产减去负债后的余额。净资产应当按照其是否受到条件限制,区分为限定性净资产和非限定性净资产两个种类。

一、限定性净资产

(一) 限定性净资产的概念

在民间非营利组织中,如果资产或者资产所产生的经济利益如投资收益等的使用受到资产提供者或者国家有关法律、行政法规所设置的时间限制或用途限制,那么,由此形成的净资产为限定性净资产。国家有关法律、行政法规对净资产的使用直接设置限制的,该受限制的净资产也为限定性净资产。

限定性净资产中的时间限制,是指资产提供者或者国家有关法律、行政法规要求民间非营利组织在收到资产后的特定时期之内或特定日期之后使用该项资产,或者对资产的使用设置了永久限制。限定性净资产中的用途限制,是指资产提供者或者国家有关法律、行政法规要求民间非营利组织将收到的资产用于某一特定的用途。民间非营利组织的董事会、理事会或类似权力机构对净资产的使用所作的限定性政策、决议或拨款限额等,属于民间非营利组织内部管理上对资产使用所作的限制,不属于限定性净资产的概念。

如果限定性净资产的限制条件已经解除,应当对净资产进行重新分类,将限定性净资产转为非限定性净资产。民间非营利组织存在下列情况之一时,可以认为限定性净资产的限制条件已经解除:(1)限定净资产的限制时间已经到期;(2)限定净资产规定的用途已经实现,或者规定的目的已经达到;(3)资产提供者或者国家有关法律、行政法规撤销了所设置的限制条件。如果限定性净资产受到两项或两项以上条件的限制,那么,民间非营利组织应当在最后一项限制条件解除时,才能认为该项限定性净资产的限制条件已经解除。否则,该项净资产仍然属于限定性净资产。

(二)限定性净资产的核算

为核算限定性净资产业务,民间非营利组织应设置"限定性净资产"总账科目。民间非营利组织期末结转各收入科目中属于"限定性收入"明细科目的余额时,借记"捐赠收入——限定性收入"、"政府补助收入——限定性收入"等科目,贷记该科目。限定性净资产的限制条件解除时,借记该科目,贷记"非限定性净资产"科目。因调整以前期间收入或费用项目从而需要调整限定性净资产时,借记或贷记有关科目,贷记或借记该科目。该科目贷方余额表示民间非营利组织历年积存的限定性净资产。

例 1 某民间非营利组织按照政府提出的使用时间限制条件,已经到达限制可以使用政府补助收入 7 450 元的时间。民间非营利组织从确认政府的时间限制性补助收入至解除政府补助收入的时间限制条件跨越两个会计年度。民间非营利组织应编制如下会计分录:

借:限定性净资产   7 450
　　贷:非限定性净资产   7 450

在以上例 1 中,由于民间非营利组织限定性政府补助收入在期末已经结转至"限定性净资产"科目,因此,在限制条件解除时直接在净资产类科目之间进行重新分类,而不在收入类科目之间进行重新分类。

例 2 某民间非营利组织年终结转限定性收入科目贷方余额。其中,"捐赠收入——限定性收入"78 500 元,"政府补助收入——限定性收入"32 100 元。民间非营利组织应编制如下会计分录:

借:捐赠收入——限定性收入   78 500
　　政府补助收入——限定性收入   32 100
　　贷:限定性净资产   110 600

在以上例 2 中,限定性收入通常在捐赠收入、政府补助收入等这样的非交换性交易收入中存在。如果会费收入、提供服务收入、商品销售收入、投资收益、其他收入中也存在限定性收入,那么,这些限定性收入也应当在年终结转至"限定性净资产"科目。限定性净资产是民间非营利组织受资产提供者直接而又明确的使用限制的净资产,民间非营利组织对此承担直接而又明确的财务受托责任。因此,限定性净资产有必要单独核算。

民间非营利组织的费用类科目期末结转至"非限定性净资产"科目,不结转至"限定性净资产"科目。

二、非限定性净资产

(一)非限定性净资产的概念

在民间非营利组织中,非限定性净资产是指除了限定性净资产之外的其他净资产。尽管非限定性净资产没有明确而直接的使用限制条件,但非限定性净资产的使用仍然需要与民间非营利组织的使命或运行目的或总体目标相符合,而不能随意使用在不符合民间非营利组织运行目的的活动上。

(二) 非限定性净资产的核算

为核算非限定性净资产业务,民间非营利组织应设置"非限定性净资产"总账科目。民间非营利组织期末结转各收入科目中属于"非限定性收入"明细科目的余额时,借记"捐赠收入——非限定性收入"、"会费收入——非限定性收入"、"提供服务收入——非限定性收入"、"政府补助收入——非限定性收入"、"商品销售收入——非限定性收入"、"投资收益——非限定性收入"、"其他收入——非限定性收入"等科目,贷记该科目。期末结转各费用类科目的余额时,借记该科目,贷记"业务活动成本"、"管理费用"、"筹资费用"、"其他费用"等科目。限定性净资产的限制条件解除时,借记"限定性净资产"科目,贷记该科目。因调整以前期间收入或费用项目从而需要调整非限定性净资产时,借记或贷记有关科目,贷记或借记该科目。该科目贷方余额表示民间非营利组织历年积存的非限定性净资产。

例1 某民间非营利组织在确认捐赠收入的次年按照捐赠人提出的限制条件将捐赠款项用于购买办公设备一台计5 580元,款项已以银行存款支付。民间非营利组织应编制如下会计分录:

借:固定资产　　　　　　　　　　　　　　　　　5 580
　　贷:银行存款　　　　　　　　　　　　　　　　　　　　5 580
同时:
借:限定性净资产　　　　　　　　　　　　　　　　5 580
　　贷:非限定性净资产　　　　　　　　　　　　　　　　　5 580

在以上例1中,民间非营利组织在去年年终结账时已经将收到的限定性捐赠收入由"捐赠收入——限定性收入"科目转入"限定性净资产"科目。因此,在次年按照要求使用限定性捐赠款项时,将"限定性净资产"科目转入"非限定性净资产"科目,而不是将"捐赠收入——限定性收入"科目转入"捐赠收入——非限定性收入"科目。

例2 某民间非营利组织年终结转非限定性收入科目贷方余额。其中,"捐赠收入——非限定性收入"56 840元,"会费收入——非限定性收入"7 540元,"提供服务收入——非限定性收入"38 750元,"政府补助收入——非限定性收入"29 740元,"商品销售收入——非限定性收入"6 580元,"投资收益——非限定性收入"4 650元,"其他收入——非限定性收入"820元。民间非营利组织应编制如下会计分录:

借:捐赠收入——非限定性收入　　　　　　　　　56 840
　　会费收入——非限定性收入　　　　　　　　　　7 540
　　提供服务收入——非限定性收入　　　　　　　38 750
　　政府补助收入——非限定性收入　　　　　　　29 740
　　商品销售收入——非限定性收入　　　　　　　 6 580
　　投资收益——非限定性收入　　　　　　　　　　4 650
　　其他收入——非限定性收入　　　　　　　　　　　820
　　贷:非限定性净资产　　　　　　　　　　　　　　　　144 920

在以上例2中,由提供服务、销售商品等这样的交换性交易产生的收入一般为非限定性收入。会费收入、投资收益和其他收入一般也为非限定性收入。由非交换性交易产生的捐赠收入、政府补助收入等通常比较明显的会存在限定性收入和非限定性收入的区分。

例 3 某民间非营利组织年终结转费用类科目借方余额。其中,"业务活动成本"88 420元,"管理费用"42 450元,"筹资费用"8 960元,"其他费用"570元。民间非营利组织应编制如下会计分录:

```
借:非限定性净资产                140 400
    贷:业务活动成本                    88 420
        管理费用                        42 450
        筹资费用                         8 960
        其他费用                           570
```

在以上例3中,"业务活动成本"、"管理费用"、"筹资费用"和"其他费用"等费用类科目的年终借方余额全部转入"非限定性净资产"科目,不转入"限定性净资产"科目。

第五节 资产和负债

一、资产

(一) 资产的概念和种类

资产是指由过去的交易或事项形成的由民间非营利组织拥有或者控制的资源,该资源预期会给民间非营利组织带来经济利益或者服务潜力。资产按照流动性可以区分为流动资产、长期投资、固定资产、无形资产和受托代理资产等。其中,流动资产是指预期可以在一年内变现或者耗用的资产,主要包括现金、银行存款、短期投资、应收款项、预付账款、存货、待摊费用等。长期投资是指除短期投资以外的投资,包括长期股权投资和长期债权投资等。固定资产是指为行政管理、提供服务、生产商品或者出租目的而持有的预计使用年限超过一年且单位价值较高的有形资产。无形资产是指民间非营利组织为开展业务活动、出租给他人或为管理目的而持有的且没有实物形态的非货币性长期资产,包括专利权、非专利技术、商标权、土地使用权等。受托代理资产是指民间非营利组织接受委托方委托从事受托代理业务而收到的资产。

(二) 资产的确认和计量

民间非营利组织的资产在取得时应当按照实际成本计量。民间非营利组织应当定期或者至少于每年年度终了,对短期投资、应收款项、存货、长期投资等资产是否发生了减值进行检查。如果这些资产发生了减值,应当计提减值准备,确认减值损失,并计入当期费用。对于固定资产、无形资产等其他资产,如果发生了重大减值,也应当计提减值准备,确认减值损失,并计入当期费用。如果已计提减值准备的资产价值在以后会计期间得以恢复,则应当在该资产已计提减值准备的范围内部分或全部转回已确认的减值损失,冲减当期费用。民间非营利组织接受捐赠的短期投资、存货、长期投资、固定资产和无形资产等,在接受捐赠时,如果捐赠人提供了诸如发票等有关凭据,应当按照凭据上标明的金额作为入账价值;如果捐赠人没有提供诸如发票等有关凭据,应当以公允价值作为入账价值。民间非营利组织对于受托代理资产,应当比照接受捐赠资产的原则进行确认和计量。

(三) 资产的核算

为核算资产业务,民间非营利组织应设置有关的资产总账科目。民间非营利组织设置的有关流动资产的总账科目包括现金、银行存款、其他货币资金、短期投资、短期投资跌价准备、应收票据、应收账款、其他应收款、坏账准备、预付账款、存货、存货跌价准备、待摊费用等。民间非营利组织设置的有关长期投资的总账科目包括长期股权投资、长期债权投资、长期投资减值准备等。民间非营利组织设置的有关固定资产的总账科目包括固定资产、累计折旧、在建工程、文物文化资产、固定资产清理等。民间非营利组织设置的有关无形资产和受托代理资产的总账科目包括无形资产和受托代理资产。在以上有关的资产总账科目中,有不少科目在前面介绍民间非营利组织的收入和费用的核算时已经有所涉及。例如,现金、银行存款、短期投资、短期投资跌价准备、应收账款、其他应收款、预付账款、存货、固定资产、累计折旧、固定资产清理、无形资产等。这里再对民间非营利组织中比较特殊的资产类科目"文物文化资产"科目和"受托代理资产"科目的核算内容和核算方法作一简介。同时,对"存货"、"长期股权投资"科目的核算内容和核算方法作一简介。

1. 文物文化资产的核算

文物文化资产是指民间非营利组织用于展览、教育或研究等目的的历史文物、艺术品以及其他具有文化或者历史价值并作长期或者永久保存的典藏等。为核算文物文化资产业务,民间非营利组织应设置"文物文化资产"总账科目。民间非营利组织在取得文物文化资产时,按照取得时的实际成本借记该科目,贷记"银行存款"、"应付账款"、"捐赠收入"等科目。民间非营利组织盘盈文物文化资产时,按照其公允价值借记该科目,贷记"其他收入"科目;盘亏文物文化资产时,按照文物文化资产账面余额扣除保险赔款和个人赔款后的余额、可回收保险赔款和个人赔款分别借记"管理费用"、"其他应收款"等科目,按照文物文化资产的账面余额贷记该科目。处置文物文化资产时,按照处置文物文化资产的账面余额借记"固定资产清理"科目,贷记该科目。该科目期末借方余额反映民间非营利组织期末文物文化资产的价值。民间非营利组织应当按照文物文化资产的类别等设置明细账,进行明细分类核算。文物文化资产不需要计提折旧。

例1 某民间非营利组织以银行存款购买一项文物文化资产。该项文物文化资产的购买价为 3 500 元,发生运输费和装卸费共计 240 元,取得时发生的实际成本为 3 740 元(3 500+240)。民间非营利组织应编制如下会计分录:

借:文物文化资产　　　　　　　　　　　　　　　　3 740
　　贷:银行存款　　　　　　　　　　　　　　　　　　　3 740

例2 某民间非营利组织接受捐赠人捐赠一项文物文化资产。捐赠人没有提供有关的计价凭据,也没有对该项捐赠提出明确的使用限制条件。经评估,该文物文化资产的公允价值为 2 800 元。民间非营利组织应编制如下会计分录:

借:文物文化资产　　　　　　　　　　　　　　　　2 800
　　贷:捐赠收入——非限定性收入　　　　　　　　　　2 800

例3 某民间非营利组织处置一项文物文化资产。该文物文化资产的账面余额为 1 450

元。民间非营利组织应编制如下会计分录：

借：固定资产清理　　　　　　　　　　　　　　　　　1 450
　　贷：文物文化资产　　　　　　　　　　　　　　　　　　1 450

2. 受托代理资产的核算

受托代理资产是指民间非营利组织接受委托方委托从事受托代理业务而收到的资产。为核算受托代理资产业务，民间非营利组织应设置"受托代理资产"总账科目。民间非营利组织收到受托代理资产时，按照应确认的入账金额借记该科目，贷记"受托代理负债"科目。转赠或者转出受托代理资产时，按照转出受托代理资产的账面余额借记"受托代理负债"科目，贷记该科目。民间非营利组织收到的受托代理资产如果为现金、银行存款、其他货币资金等货币资金时，可以通过在"现金"、"银行存款"、"其他货币资金"科目下设置"受托代理资金"明细科目进行核算，借记"现金——受托代理资产"、"银行存款——受托代理资产"、"其他货币资金——受托代理资产"科目，贷记"受托代理负债"科目；转赠或者转出受托代理货币资金时，借记"受托代理负债"科目，贷记"现金——受托代理资产"、"银行存款——受托代理资产"、"其他货币资金——受托代理资产"科目。该科目期末借方余额反映民间非营利组织期末尚未转出的受托代理资产价值。民间非营利组织应当根据具体情况设置受托代理资产明细账，对受托代理资产进行明细核算。

例 1　某民间非营利组织收到受托代理实物资产计 3 650 元，要求民间非营利组织转赠给特定组织，用于特定目的。民间非营利组织应编制如下会计分录：

借：受托代理资产　　　　　　　　　　　　　　　　　3 650
　　贷：受托代理负债　　　　　　　　　　　　　　　　　　3 650

例 2　某民间非营利组织收到受托代理资产 5 600 元，收到的受托代理资产的形式为银行存款。民间非营利组织应编制如下会计分录：

借：银行存款——受托代理资产　　　　　　　　　　　5 600
　　贷：受托代理负债　　　　　　　　　　　　　　　　　　5 600

例 3　某民间非营利组织将收到的受托代理实物资产 2 960 元转赠给特定组织。民间非营利组织应编制如下会计分录：

借：受托代理负债　　　　　　　　　　　　　　　　　2 960
　　贷：受托代理资产　　　　　　　　　　　　　　　　　　2 960

3. 长期股权投资的核算

长期股权投资是指民间非营利组织持有时间准备超过一年的各种股权性质的投资，包括长期股票投资和其他长期股权投资。为核算长期股权投资业务，民间非营利组织应设置"长期股权投资"总账科目。民间非营利组织取得长期股权投资时，按实际支付的全部价款借记该科目，贷记"银行存款"科目。如果民间非营利组织由于长期股权投资业务对被投资单位具有控制、共同控制或重大影响，长期股权投资持有期间应当采用权益法进行核算。被投资单位实现利润时，借记该科目，贷记"投资收益"科目；被投资单位发生亏损时，借记"投资收益"科目，贷记该科目；被投资单位宣告发放现金股利或利润时，借记"其他应收款"科目，贷记该科目；实际收到现金股利或利润时，借记"银行存款"科目，贷记"其他应收款"科目。如果民间非营利组织对被投资单位没有控制、共同控制或重大影响，长期股权投资持有期间应当采用成本法进行核算。被投资单位宣告发放现金股利或利润时，借记"其他应收款"科目，贷记"投资收益"科目；

实际收到现金股利或利润时,借记"银行存款"科目,贷记"其他应收款"科目。处置长期股权投资时,按实际收到的价款和已计提的减值准备分别借记"银行存款"、"长期投资减值准备"科目,按所处置的长期股权投资的账面余额和尚未领取的已宣告发放的现金股利或利润分别贷记该科目、"其他应收款"科目,按借贷差额借记或贷记"投资收益"科目。长期股权投资期末发生减值时,借记"管理费用"科目,贷记"长期投资减值准备"科目。长期股权投资期末减值恢复时,借记"长期投资减值准备"科目,贷记"管理费用"科目。该科目期末借方余额反映民间非营利组织持有的长期股权投资的价值。该科目应按照被投资单位设置明细账,进行明细分类核算。

例1 某民间非营利组织以银行存款购入长期股权投资7 950元。民间非营利组织应编制如下会计分录:

借:长期股权投资　　　　　　　　　　　　　　　　　7 950
　　贷:银行存款　　　　　　　　　　　　　　　　　　　　7 950

例2 某民间非营利组织得知被投资单位取得利润60 000元,同时,宣告发放现金股利10 000元。该民间非营利组织拥有该被投资单位55%的股份,能对其进行控制,会计核算采用权益法。该民间非营利组织享有被投资单位取得的利润数为33 000元(60 000×55%),宣告发放的现金股利数为5 500元(10 000×55%)。民间非营利组织应编制如下会计分录:

借:长期股权投资　　　　　　　　　　　　　　　　　33 000
　　贷:投资收益　　　　　　　　　　　　　　　　　　　　33 000

同时:

借:其他应收款　　　　　　　　　　　　　　　　　　5 500
　　贷:长期股权投资　　　　　　　　　　　　　　　　　　5 500

例3 某民间非营利组织期末对长期股权投资进行减值检查,结果发现长期股权投资以前年度计提的减值准备得到部分恢复,恢复数额为460元。民间非营利组织应编制如下会计分录:

借:长期投资减值准备　　　　　　　　　　　　　　　460
　　贷:管理费用　　　　　　　　　　　　　　　　　　　　460

民间非营利组织的大多数资产与营利性企业的资产在会计核算方法方面没有很大差异。

二、负债

(一) 负债的概念和种类

负债是指由过去的交易或事项形成的现时义务,履行该义务预期会导致含有经济利益或者服务潜力的资源流出民间非营利组织。负债应当按照其流动性分为流动负债、长期负债和受托代理负债等种类。流动负债是指在一年内偿还的负债,包括短期借款、应付款项、应付工资、应交税金、预收账款、预提费用和预计负债等。长期负债是指偿还期限在一年以上的负债,包括长期借款、长期应付款和其他长期负债。受托代理负债是指民间非营利组织因从事受托代理业务、接受受托代理资产而产生的负债。

（二）负债的确认和计量

各项流动负债和长期负债应当按照实际发生额确认和计量。受托代理负债应当按照相对应的受托代理资产的金额确认和计量。

（三）负债的核算

为核算负债业务，民间非营利组织应设置有关的负债总账科目。民间非营利组织设置的有关流动负债的总账科目包括短期借款、应付票据、应付账款、预收账款、应付工资、应交税金、其他应付款、预提费用、预计负债等。民间非营利组织设置的有关长期负债的总账科目包括长期借款、长期应付款等。民间非营利组织设置的受托代理负债总账科目即为受托代理负债。在以上有关负债的总账科目中，有些科目在前面介绍收入、费用和资产的核算时已经有所涉及，如预收账款、其他应付款、应付工资、长期借款、受托代理负债等。这里再对"短期借款"、"应付票据"、"应付税金"、"长期应付款"等科目的核算内容和核算方法作一简介。

1. 短期借款的核算

短期借款是指民间非营利组织向银行或其他金融机构等借入的期限在一年以下的各种借款。为核算短期借款业务，民间非营利组织应设置"短期借款"总账科目。民间非营利组织借入各种短期借款时，按实际借得的金额借记"银行存款"科目，贷记该科目。发生短期借款利息时，借记"筹资费用"科目，贷记"预提费用"、"银行存款"等科目。归还借款时，借记该科目，贷记"银行存款"科目。该科目期末贷方余额反映民间非营利组织尚未偿还的短期借款本金。该科目应按照债权人设置明细账，并按照借款种类及期限等进行明细分类核算。

例1 某民间非营利组织因开展业务活动的需要从银行取得短期借款 3 500 元，款项已存入银行存款账户。民间非营利组织应编制如下会计分录：

借：银行存款　　　　　　　　　　　　　　　　　　　　　　3 500
　　贷：短期借款　　　　　　　　　　　　　　　　　　　　　3 500

例2 某民间非营利组织按期计提短期借款利息 240 元。民间非营利组织应编制如下会计分录：

借：筹资费用　　　　　　　　　　　　　　　　　　　　　　240
　　贷：预提费用　　　　　　　　　　　　　　　　　　　　　240

例3 某民间非营利组织以银行存款归还到期短期借款本金 2 600 元。民间非营利组织应编制如下会计分录：

借：短期借款　　　　　　　　　　　　　　　　　　　　　　2 600
　　贷：银行存款　　　　　　　　　　　　　　　　　　　　　2 600

2. 应付票据的核算

应付票据是指民间非营利组织因购买材料、商品和接受服务等而开出或承兑的应予支付的商业汇票，包括银行承兑汇票和商业承兑汇票。为核算应付票据业务，民间非营利组织应设置"应付票据"总账科目。民间非营利组织因购买材料、商品和接受劳务等开出或承兑商业汇票时，借记"存货"等科目，贷记该科目。以承兑商业汇票抵付应付账款时，借记"应付账款"科目，贷记该科目。支付银行承兑汇票的手续费时，借记"筹资费用"科目，贷记"银行存款"科目。收到银行支付到期票据的付款通知时，借记该科目，贷记"银行存款"科目。计算应付票据的应付利息时,借记"筹资费用"科目,贷记该科目。该科目期末贷方余额反映民间非营利组织持有的尚未到期的应付票据本息。

例1 某民间非营利组织因购买材料开出面值为3 200元的商业汇票一张。民间非营利组织应编制如下会计分录:

  借:存货   3 200
    贷:应付票据   3 200

例2 某民间非营利组织计算应付票据的应付利息270元。民间非营利组织应编制如下会计分录:

  借:筹资费用   270
    贷:应付票据   270

例3 某民间非营利组织收到银行支付到期票据的付款通知,支付款项共计3 740元。民间非营利组织应编制如下会计分录:

  借:应付票据   3 740
    贷:银行存款   3 740

3. 应付税金的核算

应付税金是指民间非营利组织按照有关国家税法规定应当交纳的各种税费,如营业税、增值税、所得税、房产税、个人所得税等。为核算应付税金业务,民间非营利组织应设置"应付税金"总账科目。民间非营利组织发生营业税纳税义务时,借记"业务活动成本"等科目,贷记该科目。发生所得税纳税义务时,借记"其他费用"科目,贷记该科目。发生个人所得税纳税义务时,借记"应付工资"等科目,贷记该科目。发生增值税纳税义务时,按规定计算应交纳的增值税,并通过该科目核算。民间非营利组织交纳有关税款时,借记该科目,贷记"银行存款"科目。该科目期末贷方余额反映民间非营利组织尚未交纳的税费;期末借方余额反映民间非营利组织多交纳的税费。

例1 某民间非营利组织发生营业税纳税义务,应纳营业税数额为430元。民间非营利组织应编制如下会计分录:

  借:业务活动成本   430
    贷:应交税金   430

例2 某民间非营利组织发生所得税纳税义务,应纳所得税数额为260元。民间非营利组织应编制如下会计分录:

  借:其他费用   260
    贷:应交税金   260

例3 某民间非营利组织以银行存款交纳有关税款890元。民间非营利组织应编制如下会计分录:

  借:应交税金   890
    贷:银行存款   890

4. 长期应付款的核算

长期应付款是指民间非营利组织付款期间在一年以上的各种应付款项,如融资租入固定资产的租赁费等。为核算长期应付款业务,民间非营利组织应设置"长期应付款"总账科目。民间非营利组织发生长期应付款时,借记有关科目,贷记该科目。支付长期应付款项时,借记该科目,贷记"银行存款"科目。该科目期末贷方余额反映尚未支付的各种长期应付款。该科目应按长期应付款的种类设置明细账,进行明细分类核算。

例1 某民间非营利组织因融资租入固定资产发生长期应付款2 870元。民间非营利组织应编制如下会计分录:

借:固定资产　　　　　　　　　　　　　　　　　　2 870
　　贷:长期应付款　　　　　　　　　　　　　　　　　　2 870

例2 某民间非营利组织以银行存款支付长期应付款项740元。民间非营利组织应编制如下会计分录:

借:长期应付款　　　　　　　　　　　　　　　　　　740
　　贷:银行存款　　　　　　　　　　　　　　　　　　　740

民间非营利组织的大多数负债与营利性企业的负债在会计核算方法方面没有很大差异。

第六节　会　计　报　表

会计报表是反映民间非营利组织财务状况、业务活动情况和现金流量情况等的书面文件。会计报表至少应当包括资产负债表、业务活动表和现金流量表三张报表。

一、资产负债表

(一) 资产负债表的概念和格式

资产负债表是反映民间非营利组织某一会计期末全部资产、负债和净资产情况的会计报表。民间非营利组织资产负债表的格式可如表5-2所示。

表 5-2　资产负债表

编制单位:　　　　　　　　　　　　年　月　日　　　　　　　　　　　　单位:元

资　　产	年初数	期末数	负债和净资产	年初数	期末数
流动资产:			流动负债:		
货币资金			短期借款		
短期投资			应付款项		
应收款项			应付工资		
预付账款			应交税金		
存货			预收账款		
待摊费用			预提费用		
一年内到期的长期债权投资			预计负债		
其他流动资产			一年内到期的长期负债		
流动资产合计			其他流动负债		
长期投资:			流动负债合计		
长期股权投资			长期负债:		
长期债权投资			长期借款		

续表

资　产	年初数	期末数	负债和净资产	年初数	期末数
长期投资合计			长期应付款		
固定资产：			其他长期负债		
固定资产原价			长期负债合计		
减：累计折旧			受托代理负债：		
固定资产净值			受托代理负债		
在建工程			负债合计		
文物文化资产					
固定资产清理			净资产：		
固定资产合计			非限定性净资产		
无形资产：			限定性净资产		
无形资产			净资产合计		
受托代理资产：					
受托代理资产					
资产总计			负债和净资产总计		

（二）资产负债表的编制方法

资产负债表的编制方法，总体来说是以资产、负债和净资产账户的期末余额为基础，按照报表格式的要求进行分析后填列。其中，有些资产负债表中的项目可以直接根据有关账户的期末余额进行填列，如"待摊费用"、"固定资产原价"、"累计折旧"、"在建工程"、"文物文化资产"、"无形资产"、"短期借款"、"应付工资"、"预收账款"、"预提费用"、"非限定性净资产"、"限定性净资产"等项目。有些资产负债表中的项目需要根据有关账户的期末余额进行相加或相减后填列，如"货币资金"项目需要根据"现金"、"银行存款"、"其他货币资金"账户的期末余额进行相加后填列，"应收款项"项目需要根据"应收票据"、"应收账款"、"其他应收款"账户的期末余额相加后再减去"坏账准备"账户的期末余额填列，"存货"项目需要根据"存货"账户的期末余额减去"存货跌价准备"账户的期末余额后填列。有些资产负债表中的项目需要在对有关账户的期末余额进行分析后填列，如"长期债权投资"项目需要根据"长期债权投资"账户的期末余额减去"长期投资减值准备"账户的期末余额中"长期债权投资减值准备"明细账余额再减去"一年内到期的长期债权投资"后的数额填列，"长期借款"项目需要根据"长期借款"账户的期末余额减去"一年内到期的长期借款"后的数额填列。如果受托代理资产为现金、银行存款或其他货币资金且通过"现金"、"银行存款"、"其他货币资金"账户进行核算，资产负债表中的"货币资金"项目应当根据"现金"、"银行存款"、"其他货币资金"账户的期末余额相加后再减去"现金"、"银行存款"、"其他货币资金"账户中"受托代理资产"明细账的期末余额填列。

在资产负债表中，年初数栏目内各项数字应当根据上年末资产负债表中期末数栏目内的数字填列。如果本年度资产负债表规定的有关项目的名称和内容与上年度不相一致，应对上年末资产负债表中有关项目的名称和数字按照本年度的规定进行调整，然后填入年初数栏目内。

二、业务活动表

（一）业务活动表的概念和格式

业务活动表是反映民间非营利组织在某一会计期间内开展业务活动取得的收入、发生的费用以及净资产增减变动情况的会计报表。民间非营利组织业务活动表的格式可如表 5-3 所示。

表 5-3　业务活动表

编制单位：　　　　　　　　　　　　　　　　年　月　　　　　　　　　　　　　　　　　单位：元

	本月数			本年累计数		
	非限定性	限定性	合计	非限定性	限定性	合计
一、收入						
其中：捐赠收入						
会费收入						
提供服务收入						
商品销售收入						
政府补助收入						
投资收益						
其他收入						
收入合计						
二、费用						
（一）业务活动成本						
其中：						
A 项目						
B 项目						
C 项目						
（二）管理费用						
（三）筹资费用						
（四）其他费用						
费用合计						
三、限定性净资产转为非限定性净资产						
四、净资产变动						
五、期初净资产						
六、期末净资产						

（二）业务活动表的编制方法

业务活动表的编制方法，总体来说是以收入、费用和净资产账户的本期发生额为基础，按照报表格式的要求进行分析后填列。其中，业务活动表中的收入和费用项目可以直接根据收入类账户和费用类账户的本期发生填列，如"捐赠收入"、"会费收入"、"提供服务收入"、"商品销售收入"、"政府补助收入"、"投资收益"和"其他收入"项目可以直接根据"捐赠收入"、"会费收入"、"提供服务收入"、"商品销售收入"、"政府补助收入"、"投资收益"和"其他收入"账户的本期发生额填列，"业务活动成本"、"管理费用"、"筹资费用"、"其他费用"项目可以直接根据"业务活动成本"、"管理费用"、"筹资费用"、"其他费用"账户的本期发生额填列。如果民间非营利组织的专业业务活动分成若干个项目，或者民间非营利组织开展若干个种类的专业业务活动,那么,"业务活动成本"项目下可按专业业务活动项目分别列示。业务活动表中的"限定性净资产转为非限定性净资产"项目反映当期从限定性净资产转入非限定性净资产的金额。该项目应当根据"限定性净资产"、"非限定性净资产"账户的发生额分析填列。业务活动表中的"净资产变动"项目反映当期净资产变动的数额。该项目应根据"收入合计"项目的金额减去"费用合计"项目的金额,再加上或减去"限定性净资产转为非限定性净资产"项目的金额填列。在业务活动表中,"限定性"栏目没有费用,所有的费用项目都属于"非限定性"栏目。

业务活动表中"期末净资产"栏目的数额与资产负债表中"净资产"栏目的数额存在钩稽关系。

三、现金流量表

(一) 现金流量表的概念和格式

现金流量表是反映民间非营利组织在某一会计期间内现金和现金等价物流入和流出信息的会计报表。民间非营利组织现金流量表的格式可如表 5-4 所示。

表 5-4 现金流量表

编制单位:　　　　　　　　　　　　年度　　　　　　　　　　　　单位:元

项　　目	金　额
一、业务活动产生的现金流量	
接受捐赠收到的现金	
收取会费收到的现金	
提供服务收到的现金	
销售商品收到的现金	
政府补助收到的现金	
收到的其他与业务活动有关的现金	
现金流入小计	
提供捐赠或者资助支付的现金	
支付给员工以及为员工支付的现金	
购买商品、接受服务支付的现金	
支付的其他与业务活动有关的现金	
现金流出小计	
业务活动产生的现金流量净额	
二、投资活动产生的现金流量	
收取投资所收到的现金	
取得投资收益所收到的现金	
处置固定资产和无形资产所收到的现金	
收到的其他与投资活动有关的现金	
现金流入小计	
购建固定资产和无形资产所支付的现金	
对外投资所支付的现金	
支付的其他与投资活动有关的现金	

续表

项　目	金　额
现金流出小计	
投资活动产生的现金流量净额	
三、筹资活动产生的现金流量	
借款所收到的现金	
收到的其他与筹资活动有关的现金	
现金流入小计	
偿还借款所支付的现金	
偿付利息所支付的现金	
支付的其他与筹资活动有关的现金	
现金流出小计	
筹资活动产生的现金流量净额	
四、汇率变动对现金的影响额	
五、现金及现金等价物净增加额	

（二）现金流量表的编制方法

现金流量表中的现金是指现金和现金等价物。其中，现金是指民间非营利组织的库存现金以及可以随时用于支付的存款，包括现金、可以随时用于支付的银行存款和其他货币资金；现金等价物是指民间非营利组织持有的期限短、流动性强、易于转换为已知金额现金、价值变动风险很小的投资。民间非营利组织应当根据实际情况确定现金等价物的范围，并且一贯地使用确定的划分标准。

民间非营利组织应当采用直接法编制现金流量表。在填列现金流量表的有关项目时，现金流量的信息可以从会计记录中直接获得，也可以通过对业务活动表和资产负债表中的有关数据进行分析和调整后获得，如通过对存货和应收应付款项的变动、固定资产折旧和无形资产摊销等进行分析和调整后获得。

四、会计报表附注和财务情况说明书

（一）会计报表附注

会计报表附注是对会计报表中的重要内容所作的注释，是会计报表的有机组成部分。民间非营利组织的会计报表附注至少应当披露以下内容：

（1）重要会计政策及其变更情况的说明；

（2）董事会或者理事会或类似权力机构成员和员工的数量、变动情况以及获得的薪金等报酬情况的说明；

（3）会计报表重要项目及其增减变动情况的说明；

（4）资产提供者设置了时间或用途限制的相关资产情况的说明；

（5）受托代理业务情况的说明，包括受托代理资产的构成、计价基础和依据、用途等。

（6）重大资产减值情况的说明；

(7) 公允价值无法可靠取得的受赠资产和其他资产的名称、数量、来源和用途等情况的说明；

(8) 对外承诺和或有事项情况的说明；

(9) 接受劳务捐赠情况的说明；

(10) 资产负债表日非调整事项的说明；

(11) 有助于理解和分析会计报表需要说明的其他事项。

(二) 财务情况说明书

财务情况说明书是对财务收支情况及其他重要财务情况所作的书面说明。财务情况说明书可以帮助信息使用者更好地理解会计报表中报告的会计信息。民间非营利组织财务情况说明书至少应当对下列情况作出说明：

(1) 民间非营利组织的宗旨、组织结构以及人员配备等情况；

(2) 民间非营利组织业务活动基本情况，年度计划和预算完成情况，产生差异的原因分析，下一会计期间业务活动计划和预算等；

(3) 对民间非营利组织业务活动有重大影响的其他事项。

五、合并会计报表

民间非营利组织对外投资，而且占被投资单位资本总额50％以上，从而对被投资单位具有控制权的，或者虽然占被投资单位资本总额不足50％，但实质上对被投资单位具有控制权的，应当编制合并会计报表。合并会计报表是将投资单位与被投资单位作为一个经济实体或作为一个会计主体而编制的反映整个经济实体或会计主体财务状况、业务活动情况以及现金流量情况的会计报表。

第二编 美国的州和地方政府与非营利组织会计

第六章 州和地方政府会计概述

第一节 州和地方政府会计的概念

在美国,政府可分成联邦政府、州政府和地方政府等层次。州和地方政府会计是适用于各州和地方政府的一门专业会计。联邦政府会计与州和地方政府会计分属于两套会计体系。

州和地方政府还可区分为一般目的政府和特种目的政府。州政府、郡政府、市政府、镇政府等为一般目的政府。它们向市民提供多种一般目的公共服务,如公共安全、公共道路、公共卫生、公共文化等服务。中小学学区、公园区、高等学校、公共交通公司等为特种目的政府。它们向市民提供特种目的公共服务,如基础教育、城市绿化、高等教育、公共交通等服务。特种目的政府由州政府授权可以单独通过征税取得税收收入,作为其开展业务活动的资金来源。州和地方政府会计同时适用于一般目的政府和特种目的政府。

政府的权力来源于市民的选举。政府的权力区分成执法、立法和司法三个部门分别行使。执法部门也称行政部门,其行动受到立法部门即议会的制约。执法部门和立法部门的行动,再由司法部门即法院评判。执法部门、立法部门和司法部门三个部门形成三足鼎立、相互制衡的政府治理结构。政府会计将执法、立法和司法三个部门视为一个整体进行会计核算和财务报告。

州和地方政府的会计准则由政府会计准则委员会制定和发布。政府会计准则委员会隶属于财务会计基金会,由财务会计基金会向其提供业务活动资金并任命委员会的组成人员,督促其开展日常业务活动。政府会计准则委员会除了得到财务会计基金会的资助外,州和地方政府的直接捐助以及委员会销售出版物的收入也是其重要的收入来源。由于财务会计基金会的资金来源于社会相关各方的捐助,并且财务会计基金会并不与任何一方建立起紧密的依存关系,因此,财务会计基金会是一个独立的民间非营利组织。财务会计基金会下的政府会计准则委员会也是一个独立的民间非营利组织,是一个独立的会计准则制定机构。美国注册会计师协会在其职业行为准则中,正式认定政府会计准则委员会为制定州和地方政府公认会计原则的权威机构。州和地方政府的财务报告可以由会计师事务所的注册会计师进行独立审计。注册会计师考试的内容包括州和地方政府会计的内容。

在美国,联邦会计准则顾问委员会是制定联邦政府会计准则的权威机构。目前,注册会计师考试的内容还没有包括联邦政府会计的内容。

第二节 州和地方政府会计的目标

由于政府的权力来源于市民的选举,因此,州和地方政府会计的目标是政府向市民报告财务受托责任的履行情况。具体来说,政府应当向市民报告其筹集和使用公共财务资源的合理性。政府公共财务资源的来源主要是纳税人交纳的税款。除此之外,政府发行公债的收入也是政府公共财务资源的一种来源渠道。政府发行的公债,最终也主要依靠税收收入来偿还。因此,税收收入是政府最主要的公共财务资源来源渠道。政府对公共财务资源的使用主要是向市民提供公共产品,如公共安全、基础教育、公共道路等。

政府财务资源的来源和使用具有公共性的特征。因此,政府财务资源的来源和使用需要使用法定预算的方法进行约束,以确保政府财务资源的来源和使用达到公共目的。政府会计目标的实现方法之一,就是通过将政府的实际财务结果与法定预算进行比较,从而评价政府财务受托责任的履行情况。政府的法定预算一般采用当年收支基本平衡的预算原则。政府的实际财务结果应当与政府的法定预算基本保持一致。政府遵守法定预算的财务受托责任称为政府的财政受托责任。由于政府预算一般是按财政年度编制的,因此,政府财政受托责任具有短期性的特征。

政府除了需要对当年的法定预算负担起财务受托责任外,还需要对历年的财务运行结果负担起财务受托责任。因此,政府会计目标的实现方法之二,就是通过评价政府的财务状况和业务活动运行结果,从而评价政府财务受托责任的履行情况。政府历年的财务运行结果体现了政府历年运行的财务成效。它既是政府历年运行的财务结果,也是政府来年运行的经济基础。政府对历年财务运行结果负担的财务受托责任称为政府的经营受托责任。与政府的财政受托责任相比,政府经营受托责任具有长期性的特征。

政府财政受托责任与政府经营受托责任存在着一定的因果关系。一方面,政府经营受托责任在一定程度上是政府财政受托责任的结果。例如,政府在3年前通过法定预算安排购买了一项办公设备。该项购买业务,在3年前的财政年度内,政府负担财政受托责任,即政府应当按照法定预算购买该项办公设备;在3年后的各财政年度内,政府负担经营受托责任,即政府应当按照要求合理地保管和使用该项办公设备。另一方面,政府经营受托责任在一定程度上影响政府财政受托责任。例如,以上政府在3年前通过法定预算购买的办公设备,如果政府保管和使用合理,该设备就不需要很快进行重置,政府当年重置该设备的压力就会减轻,政府当年的财政受托责任也相应减轻;如果政府保管和使用不合理,政府可能需要在当年就重置该设备,政府当年的财政受托责任也相应增加。

政府财政受托责任与政府经营受托责任并不总是存在直接的因果关系。例如,政府的消耗性支出如办公经费支出,政府在履行财政受托责任时难以直接形成长期的经营受托责任。再如,政府对不少自然资源如森林资源并没有安排过预算支出,或并没有负担过财政受托责任,但政府对这些自然资源负担经营受托责任。

政府会计目标的财务受托责任比较强调政府对财务活动过程的报告。政府的财政受托责任尤其如此。这是由政府财务活动的公共性特征所决定的。政府的很多业务活动具有垄断性,如公共安全、工商行政管理等。这些业务活动比较难以通过采用市场竞争的方法评价其效率。政府的很多业务活动还具有基础工作的特征,如公共道路、基础教育等。这些业务活动也比较难以以短期的效果评价其成效。因此,政府会计的目标比较强调政府对财务活动过程的报告,而不十分强调政府对财务成果的报告。

政府会计在履行报告财务受托责任的同时,应当能够帮助政府作出经济、社会和政治的决策。州和地方政府会计目标中的受托责任观与决策有用观仍然是相辅相成的。

第三节 州和地方政府会计的一般原则

州和地方政府会计的一般原则主要涉及基金会计、基本财务报表及其计量重点等方面。

一、基金会计

州和地方政府会计实行基金会计。基金是一个财务和会计主体。每个基金都有其独立的资金来源和独立的资金用途,并一般通过预算编制得到保证。因此,基金是一个财务主体。每个基金又都有其一套独立的自相平衡的账户体系,需要编制一套独立完整的会计报表。因此,基金又是一个会计主体。政府的众多业务活动,被基金进行独立地分割开来。每个基金进行独立的会计核算。

州和地方政府会计实行基金会计的主要原因,一是出于法律法规的要求,二是出于良好财务管理的要求。例如,法律一般要求政府的政务活动与政府的商务活动分开核算。政府的政务活动主要依靠税收支持,政府的商务活动应当依靠收费自我维持。由此,州和地方政府就需要分别设置政务基金和公用事业基金,以分别核算政府的政务活动和商务活动。再如,上级政府通常通过转移支付的方式向下级政府提供专项业务活动补助。为更好地对上级政府提供的专项补助资金进行财务管理,州和地方政府通常为专项补助资金设置特种收入基金,以区别于其他的普通基金,组织会计核算。

政府会计准则委员会为州和地方政府设置了如下三大类型11个具体种类的基金。

1. 政务基金

该基金用来核算州和地方政府开展的政务活动。具体分为:

(1) 普通基金。该基金用来核算除在其他政务基金中核算的财务资源。

(2) 特种收入基金。该基金用来核算具有专门用途的财务资源。

(3) 资本项目基金。该基金用来核算专门用于资本项目购建的财务资源。

（4）偿债基金。该基金用来核算专门用于长期负债偿还的财务资源。

（5）留本基金。该基金用来核算本金不能动用、只能动用本金上的收益的资源。

2. 权益基金

该基金用来核算州和地方政府开展的需要依靠收费自我维持的业务活动。具体分为：

（1）公用事业基金。该基金用来核算政府向市民提供公共物品时需要依靠收费自我维持的商务活动。公用事业基金的主要例子有供水、供电、供煤气、机场经营、收费道路等，它们都可以成为一项独立的公用事业基金。

（2）内部服务基金。该基金用来核算政府开展的需要依靠收费自我维持的主要向内部政务活动部门提供物品或服务的业务活动。内部服务基金的主要例子有物料用品供应、车队服务等。

3. 代理和信托基金

该基金用来核算政府以代理人或托管人身份为其他组织或个人开展的代理和信托活动。具体分为：

（1）代理基金。该基金用来核算政府以代理人身份为其他组织或个人开展的代理活动。

（2）养老信托基金。该基金用来核算政府以托管人身份为参与养老金计划的政府工作人员开展的信托活动。

（3）投资信托基金。该基金用来核算为其他基金和其他政府开展的对外投资信托活动。

（4）私人目的信托基金。该基金用来核算为其他组织或个人开展的信托活动。

在以上基金种类中，政务基金和内部服务基金属于政府开展的政务活动；公用事业基金属于政府开展的商务活动；代理和信托基金属于政府开展的代理和信托活动。

实行基金会计是州和地方政府会计的显著特征之一。

二、基本财务报表及其计量重点

州和地方政府的基本财务报表由政府层面财务报表和基金财务报表两套相互独立的财务报表组成。其中，政府层面财务报表反映政府整体的高度浓缩的财务信息，具体包括资产负债表和业务活动表两张报表。政府层面财务报表采用经济资源计量重点和权责发生制会计基础编制，反映政府的经营受托责任。在政府层面财务报表中，政务活动和商务活动分开单独列示。代理和信托活动不纳入政府层面财务报表，原因是代理和信托活动中的资源不能由政府支配使用，受益者也不是作为代理人或托管人的政府。政府层面资产负债表的简要格式如表6-1所示。

在表6-1中，政务活动是一个会计主体，商务活动也是一个会计主体。这两个会计主体的会计信息是彼此独立完整的。

基金财务报表由政务基金财务报表、权益基金财务报表、代理与信托基金财务报表三套相互独立的财务报表组成。其中，政务基金财务报表反映政府开展的政务活动的财务信息。政务基金财务报表采用当期财务资源计量重点和修改的权责发生制会计基础编制，反映政府的财政受托责任。政务基金财务报表具体包括资产负债表、收入支出表两张报表。权益基金财务报表反映政府开展的需要依靠收费自我维持的业务活动的财务信息。代理和信托基金财务

表 6-1　政府层面资产负债表的简要格式

	政务活动	商务活动	合计
资产			
流动资产			
……			
长期资产			
……			
资产合计	×××	×××	×××
负债			
流动负债			
……			
长期负债			
……			
负债合计	×××	×××	×××
净资产			
资本资产投资（扣除相关负债）			
限制性净资产			
……			
非限制性净资产			
净资产合计	×××	×××	×××

报表反映政府以代理人或托管人身份为其他组织或个人开展的代理和信托活动的财务信息。权益基金财务报表、代理和信托基金财务报表采用经济资源计量重点和权责发生制会计基础编制，反映政府的经营受托责任。权益基金财务报表具体包括资产负债表、收入费用表和现金流量表三张报表。代理和信托基金财务报表具体包括资产负债表、信托净资产变动表两张报表。在政务基金财务报表和权益基金财务报表中，主要基金应当分开单独列示，非主要基金应当合并列示。主要基金的判断依据，主要是该基金的金额比较大，占所有政务基金或公用事业基金合计数的比例达到一定标准以上。普通基金始终是主要基金。除此之外，特种收入基金、资本项目基金、偿债基金和留本基金如果达到了一定的标准，都可以成为政务基金财务报表中的主要基金。供水基金、供电基金、机场经营基金等公用事业基金如果达到了一定的标准，都可以成为权益基金财务报表中的主要基金。权益基金财务报表中的内部服务基金以合计数列示，不区分主要基金与非主要基金。政务基金资产负债表的简要格式如表 6-2 所示。权益基金资产负债表的简要格式如表 6-3 所示。代理和信托基金资产负债表的简要格式如表 6-4 所示。

表 6-2　政务基金资产负债表的简要格式

	普通基金	主要基金 1	主要基金 2	非主要基金合计	政务基金总计
资产					
流动资产					
……					

续表

	普通基金	主要基金1	主要基金2	非主要基金合计	政务基金总计
资产合计	×××	×××	×××	×××	×××
负债					
流动负债					
……					
负债合计	×××	×××	×××	×××	×××
基金余额					
已作保留的基金余额					
……					
未作保留的基金余额					
基金余额合计	×××	×××	×××	×××	×××

表 6-3　权益基金资产负债表的简要格式

	商务活动——公用事业基金				政务活动——内部服务基金
	主要基金1	主要基金2	非主要基金合计	公用事业基金总计	
资产					
流动资产					
……					
长期资产					
……					
资产合计	×××	×××	×××	×××	×××
负债					
流动负债					
……					
长期负债					
……					
负债合计	×××	×××	×××	×××	×××
净资产					
资本资产投资(扣除相关负债)					
限制性净资产					
……					
非限制性净资产					
净资产合计	×××	×××	×××	×××	×××

表 6-4　代理和信托基金资产负债表的简要格式

	养老信托基金	投资信托基金	私人目的信托基金	代理基金
资产				
流动资产				
……				
长期资产				

续表

	养老信托基金	投资信托基金	私人目的信托基金	代理基金
……				
资产合计	×××	×××	×××	×××
负债				
流动负债				
……				
长期负债				
……				
负债合计	×××	×××	×××	×××
净资产				
信托净资产	×××	×××	×××	

在州和地方政府会计中，连同以上11个基金种类以及政府层面的政务活动和商务活动，会计主体已经有13个。不过，基金种类中的公用事业基金会计主体与政府层面的商务活动会计主体，由于它们采用同样的计量重点和会计基础，因此，这两个会计主体的会计信息没有很大差异。在有些州和地方政府中，这两个会计主体的会计信息在基本财务报表中是重复性的。

在州和地方政府的基本财务报表中，同时采用了两种计量重点和两种会计基础，即经济资源计量重点和当期财务资源计量重点、权责发生制会计基础和修改的权责发生制会计基础。经济资源计量重点是指会计计量的重点是经济资源，即是可以为政府带来未来经济利益的资源。当期财务资源计量重点是指会计计量的重点是当期财务资源，即是可以用来偿还政府已经到期或即将到期的流动负债的资源。在经济资源计量重点下，会计基础采用权责发生制，资产包括流动资产和长期资产，负债包括流动负债和长期负债。在当期财务资源计量重点下，会计基础采用修改的权责发生制，资产仅包括流动资产而不包括长期资产，负债仅包括流动负债而不包括长期负债。原因是长期资产不能用来偿还已经到期或即将到期的流动负债，长期负债也不需要用当期流动资产来偿还。

在州和地方政府的基本财务报表中同时采用两种计量重点和两种会计基础，主要体现在政务活动的财务报表中。政务活动需要同时在政务基金财务报表和政府层面财务报表的政务活动栏目中反映。政务活动在政务基金财务报表中反映时，采用当期财务资源计量重点和修改的权责发生制会计基础。政务活动在政府层面财务报表的政务活动栏目中反映时，采用经济资源计量重点和权责发生制会计基础。政务活动之所以需要同时采用两种计量重点和两种会计基础，主要是因为政府活动既需要反映财政受托责任，也需要反映经营受托责任。政府的商务活动同时在权益基金财务报表的公用事业基金栏目和政府层面财务报表的商务活动栏目中反映。但权益基金财务报表和政府层面财务报表都采用经济资源计量重点和权责发生制会计基础。因此，权益基金财务报表中公用事业基金栏目反映的财务信息与政府层面财务报表中商务活动栏目反映的财务信息没有很大差别。权益基金财务报表中内部服务基金栏目的财务信息并入政府层面财务报表中的政务活动栏目，原因是内部服务基金的业务活动尽管需要依靠收费自我维持，但它仍然是政府开展的一种政务活动。代理和信托基金的财务信息不在政府层面财务报表中反映。

主要专业名词英汉对照

Accountability 会计受托责任
Accrual basis 权责发生制会计基础
Agency fund 代理基金
Basic financial statement 基本财务报表
Business-type activity 商务活动
Capital project fund 资本项目基金
Current financial resource measurement focus 当期财务资源计量重点
Debt service fund 偿债基金
Economic resource measurement focus 经济资源计量重点
Enterprise fund 公用事业基金
Fiduciary activity 代理和信托活动,受托活动
Fiduciary fund 代理和信托基金,受托基金
Fiscal accountability 财政受托责任
Fund financial statement 基金财务报表
General fund 普通基金
General purpose government 普通目的政府
Governmental accounting standards board 政府会计准则委员会
Governmental activity 政务活动
Governmental fund 政务基金
Government-wide financial statement 政府层面财务报表
Internal service fund 内部服务基金
Investment trust fund 投资信托基金
Modified accrual 修改的权责发生制会计基础
Operational accountability 经营受托责任
Pension fund 养老信托基金
Permanent fund 留本基金
Private-purpose trust fund 私人目的信托基金
Proprietary fund 权益基金
Special purpose government 特种目的政府
Special revenue fund 特种收入基金

第七章 日常政务活动会计

第一节 收 入

一、收入的概念

州和地方政府开展的政务活动可以区分为日常政务活动和资本项目购建与偿债活动两大类。其中,日常政务活动为政府开展的日常消耗性业务活动。该类活动一般不形成重要的资本积累,也不构成长期债务的偿还。日常政务活动的主要例子如收取税收收入、购买办公用品、支付工作人员工资等。州和地方政府的日常政务活动,在基金层面上,主要在普通基金和特种收入基金中核算,留本基金通常用来支持政府的日常政务活动;在政府层面上,在政务活动会计主体中核算。州和地方政府的重要资本资产购建和长期债务的偿还活动,在基金层面上,一般在资本项目基金和偿债基金中核算;在政府层面上,也在政务活动会计主体中核算。

日常政务活动中的收入是指州和地方政府在开展日常政务活动过程中取得的收入,或者是指州和地方政府取得的应当用于日常政务活动的收入。州和地方政府日常政务活动收入的例子主要有:开征税种而取得的税收收入、发放证照而取得的证照收费收入、提供服务而取得的服务收费收入、从上级政府取得的补助收入、对违法单位和个人处以罚款和没收财产而取得的罚没收入等。

二、收入的分类

(一) 政府层面上收入的分类

收入在政府层面上主要分为专项职能收入和一般收入两大类。其中,专项职能收入是指政府在开展某项职能政务活动中获得的收入。例如,政府在开展一般公共服务职能过程中获得的证照收费收入,在开展公共安全职能活动中获得的罚没收入,在开展公共文化职能活动中获得的上级政府补助收入等。专项职能收入是政府在开展某项职能政务活动时所发生的费用的直接补偿。专项职能收入具体再分成服务收费、日常运行补助和捐助、资本补助和捐助三个种类。其中,服务收费是指政府在开展某项职能政务活动时向市民收取的服务费收入,如证照收费收入、罚没收入等。日常运行补助和捐助是指本级政府在开展某项职能政务活动时从上级政府或其他组织和个人处取得的应当用于日常运行的补助和捐助收入。资本补助和捐助是指本级政府在开展某项职能政务活动时从上级政府或其他组织和个人处取得的应当用于资本资产购建的补助和捐助收入。

一般收入是指不与某项职能政务活动直接联系的收入。例如,政府征收的各种税收收入,取得的没有限制条件的上级补助收入等。政府征收的税收收入,不论其是否是为某专项职能而征收的,全部作为一般收入处理。例如,汽车燃油税是专门为道路修建或公共工程职能而征收的,在政府层面的政务活动中,它也作为一般收入处理,而不作为专项职能收入处理。州和地方政府在开展各项职能政务活动时,与市民之间的经济关系通常是免费的或不等价的交易关系,上级政府的补助和社会的捐助通常也只能弥补职能费用的一部分,因此,各项职能政务活动的专项职能收入一般都不足以弥补相应职能政务活动的费用数额。其差额就由一般收入进行统一弥补。一般收入在一定程度上反映了政府开展政务活动为纳税人带来的纳税负担。政府开展政务活动中的专项职能收入、一般收入和职能费用的关系,在政府层面业务活动表中可以得到清晰地反映。政府层面业务活动表的政务活动部分的简要格式如表7-1所示。

表7-1 政府层面业务活动表(政务活动部分)的简要格式

职 能	费 用	专项职能收入			净(费用)收入
		服务收费	日常运行补助和捐助	资本补助和捐助	
政务活动:					
一般公共服务	$××	$××	$××	$××	$(××)
公共安全	××	××	××	××	(××)
公共工程	××	××	××	××	(××)
公共卫生	××	××	××	××	(××)
公共文化	××	××	××	××	(××)
债务利息费用	××				(××)
政务活动合计	$×××	$×××	$×××	$×××	$(×××)
商务活动:					
……					
一般收入:					
税收收入					×××
财产税收入——为普通目的征收					××
财产税收入——为偿债目的征收					××
销售税收入					××
其他税收收入					××
未限制性补助和捐助					××
投资收益					××
其他收入					××
一般收入合计					×××
留本捐赠收入					××
特殊项目					××
活动间转账					××
非常项目					××
净资产的变动					×××
期初净资产					×××
期末净资产					$×××

在表 7-1 中,政务活动中各项职能的费用减去相应的专项职能收入,等于各项职能的净费用。各项职能净费用的合计数即政务活动净费用的合计数由一般收入统一弥补。留本捐赠收入是指应当保留捐赠本金的收入。特殊项目是指非常规或不常发生的事项,以及由此对净资产数额产生的影响。特殊项目具有政府可控制的特征,如销售土地。活动间转账是指商务活动将一部分资金转给政务活动用以支持政务活动,并由此而形成的政务活动可用资源的增加。非常项目是指既非常规又不常发生的事项,以及由此对净资产数额产生的影响。非常项目具有政府不可控制的特征,如地震、水灾等。

(二)基金层面上收入的分类

普通基金和特种收入基金中的收入一般分成税收收入、证照收费收入、上级政府补助收入、服务费收入、罚没收入和其他收入等种类。其中,税收收入是指政府在开展政务活动中取得的税款收入,如财产税收入、销售税收入、所得税收入等。税收收入具有强制性和无偿性的特征,是政府开展政务活动的最基本和最主要的收入来源。证照收费收入是指政府在管理社会事务活动中发放各种执照和许可证时向相关组织和个人收取的以成本费为基础的收费收入,如建造许可证收费收入、驾驶许可证收费收入、执业许可证收费收入、娱乐许可证收费收入、结婚证收费收入等。发放执照和许可证是政府管理社会事务的重要方法,同时,证照收费收入也是政府开展政务活动的重要收入来源渠道。上级政府补助收入是指上级政府对本级政府提供资金补助所形成的收入。上级政府通过广泛的转移支付的形式向下级政府提供资金补助,从而影响下级政府的经济行为。上级政府与下级政府之间由于存在着广泛的资金补助关系,因此,上级政府与下级政府之间在经济上形成了紧密的合作关系。对下级政府来说,上级政府补助收入是一项重要的收入来源。服务费收入是指政府在开展政务活动中向其他组织、个人或公用事业基金收取的提供货品和服务的收费收入。服务费收入的例子如诉讼费收入、垃圾收集和处理费收入、图书馆使用费收入、学费收入等。罚没收入是指政府在开展政务活动中对违法组织或个人处以罚款和没收财产所取得的收入。其他收入是指除以上收入种类外的其他收入种类,如利息收入、租金收入、处置固定资产收入、无主物品归公收入、社会捐赠收入等。

在基金层面上,收入与其他资金来源应当进行区分。其他资金来源是指除了收入之外的其他可用于开展相应政务基金业务活动的资金来源。其他资金来源的内容主要包括基金间转账收入和长期债务收入。基金间转账收入是指由其他基金转入本基金而形成的资金来源。基金间转账收入是资源在不同的基金间转移而形成的资金来源。基金间转账收入具有属于政府内部交易和非互惠性交易的特征。而收入一般是由于政府对外交易或政府内部互惠性交易引起的。例如,留本基金将取得的投资收益按规定转入特种收入基金,用于专项目的。该项业务在特种收入基金中形成一项其他资金来源。长期债务收入是指政府在开展政务活动中由于发行公债、融资租赁等而取得的资金来源。例如,普通基金部门融资租入一项固定资产。该项业务在普通基金中形成一项其他资金来源。长期债务收入是相应政务基金的可用资金来源。但长期债务收入的相应数额是需要在未来予以偿还的。而收入是无需在未来予以偿还的。

收入和其他资金来源的关系可以在普通基金收入支出表中得到清晰的反映。普通基金收入支出表的简要格式如表 7-2 所示。

表 7-2 普通基金收入支出表的简要格式

收入：		
税收收入	$××	
证照收费收入	××	
上级政府补助收入	××	
服务费收入	××	
罚没收入	××	
其他收入	××	
收入合计		$×××
支出：		
当期支出：		
一般公共服务	××	
公共安全	××	
公共工程	××	
公共卫生	××	
公共文化	××	
其他支出	××	
资本支出	××	
偿债支出	××	
支出合计		×××
收入超过支出的差额		×××
其他资金来源和运用：		
融资租赁	××	
基金间转账收入	××	
基金间转账支出	(××)	
其他资金来源和运用合计		×××
基金余额的变动		×××
期初基金余额		×××
期末基金余额		$×××

在表 7-2 中,收入和支出与其他资金来源和其他资金运用分开列示。

日常政务活动中的收入在政府层面和基金层面上的分类依据是不一样的。在政府层面上,收入按是否可以直接补偿职能费用分类。这样分类的主要原因,一是可以反映政务活动中各职能费用可以直接获得专项职能收入补偿的情况,二是可以反映政务活动总体上给纳税人带来的纳税负担。在基金层面上,收入按来源渠道分类。这样分类的主要原因,是可以清晰地反映相应基金的收入是从什么渠道获得的。基金层面上的证照收费收入、服务费收入、罚没收入等,在政府层面上可能需要归入相应职能专项收入中的服务收费收入,如归入一般公共服务职能的服务收费收入、公共安全职能的服务收费收入、公共文化职能的服务收费收入等。基金层面上的上级政府补助收入,如果是专项补助,在政府层面上需要区分日常运行补助和资本补助归入专项职能收入;如果是非专项补助,在政府层面上归入一般收入。基金层面上的其他收入,如果是直接用来补偿职能费用的,在政府层面上归入专项职能收入;如果是未限制用途的,在政府层面上归入一般收入。

三、收入的确认

(一) 政府层面上收入的确认

政府层面财务报表采用经济资源计量重点和权责发生制会计基础。因此,政府层面上的收入采用权责发生制会计基础确认。收入在已经实现并且可以计量时确认。

(二) 基金层面上收入的确认

政务基金财务报表采用当期财务资源计量重点和修改的权责发生制会计基础。因此,包括普通基金和特种收入基金在内的政务基金层面上的收入采用修改的权责发生制会计基础确认。在修改的权责发生制会计基础下,收入应当在可以计量和可以利用时确认。可以计量是指收入的数额可以确定。这是任何会计确认都需要满足的条件。可以利用是指预计可以在当期或当期之后不久就可以收到,从而可以用来偿付当期债务。可以利用这个条件直接与可以用来偿付当期负债相联系。即当期收入应当可以用来偿付当期负债。这体现了政务基金采用当期财务资源计量重点的要求。按照政府会计准则委员会的要求,政务活动中的财产税收入应当在预计可以在当期或当期之后的60天内收到时确认为收入。预计可以在当期之后60天以上收到的财产税,在当期不作为收入确认,而作为递延收入即作为一项流动负债确认。其他政务基金的收入由州和地方自己决定"可以利用"这一标准的时间范围。大多数州和地方政府采用当期之后不超过90天可以收到作为政务基金收入确认的标准。

政府层面上收入的确认与基金层面上收入的确认的主要差别,是收入可以收到的时间范围是否存在限制。政府层面上收入的确认只要求收入已经获得或可以收到,但没有具体的收到时间范围的限制。基金层面上收入的确认要求收入可以收到,并有最迟应当在当期之后的一定天数内收到的时间范围限制。因此,预计可以在当期之后60天内收到的财产税收入既是政府层面上的收入,也是基金层面上的收入。预计可以在当期之后超过60天收到的财产税收入只是政府层面上的收入,不是基金层面上的收入。

四、收入的核算

(一) 双轨制会计记账方法

在州和地方政府会计中,双轨制会计记账方法是指会计记账同时在基金层面和政府层面上分别进行的会计记账方法。双轨制会计记账方法适用于政务活动的会计核算。在双轨制会计记账方法下,州和地方政府在开展政务活动时发生的经济业务,需要分别在包括普通基金和特种收入基金在内的政务基金中和政府层面的政务活动中进行会计记账。两条记账轨迹平行运行。因此,称为双轨制会计记账方法。

政务活动采用双轨制会计记账方法的主要原因,一是政府活动在政府层面和基金层面上采用不同的计量重点和会计基础,政府层面政务活动的会计核算方法与政务基金的会计核算方法存在较大差异;二是政府层面政务活动的财务报表与政务基金财务报表存在较大差异,需要在平时分别为它们积累相应的会计数据,以分别反映两套财务报表的数据形成过程。

双轨制会计记账方法是州和地方政府会计中的一种可选择的会计方法。如果州和地方政府不采用双轨制会计记账方法,那么,州和地方政府对于平时发生的经济业务可以只在基金层面上进行会计记账,不在政府层面上进行会计记账。年终,对基金层面上的会计记账内容进行调整,调出政府层面上的相应会计数据。然后,再分别编制政务基金财务报表和政府层面政务活动财务报表。

本教材采用双轨制会计记账方法。主要原因是双轨制会计记账方法可以清晰地反映出政务活动在政府层面和基金层面上会计核算方法的差别;双轨制会计记账方法还可以在平时同时反映州和地方政府的财政受托责任和经营受托责任。双轨制会计记账方法在州和地方政府会计中得到广泛使用。

(二) 收入的预算会计方法

州和地方政府包括普通基金和特种收入基金在内的政务基金一般都编制有法定预算。州和地方政府为了严格按照法定预算开展政务活动,同时,也为了向有关方面解脱相应的财政受托责任,需要对每个政务基金的法定预算采用预算会计方法实施预算控制。

政务基金的预算会计方法包括收入的预算会计方法和支出的预算会计方法。收入的预算会计方法主要包括如下相关内容和步骤:第一,为所有的法定预算收入设置预算收入账户,包括"预算收入"总分类账户、"预算其他资金来源"总分类账户及其相应的明细分类账户。第二,为所有的法定预算收入设置会计收入账户,包括"收入"总分类账户、"其他资金来源"总分类账户及其相应的明细分类账户。第三,财政年度初为通过的法定预算收入作正式的会计记录,即编制会计分录,借记"预算收入"、"预算其他资金来源"账户,贷记"预算基金余额"账户,同时,登记所有预算收入、预算其他资金来源明细分类账户。第四,财政年度内在符合收入确认条件时确认会计收入,借记"应收税款"、"现金"等账户,贷记"收入"、"其他资金来源"账户,同时,登记所有收入、其他资金来源明细分类账户。第五,开设收入、其他资金来源总分类账户和相应的明细分类账户。在明细分类账户的格式中,既包括法定预算收入栏目,也包括实际会计收入栏目,还包括法定预算收入与实际会计收入之差额即尚待实现的法定预算收入或已经超额实现的实际会计收入栏目。第六,将所有记录法定预算收入和实际会计收入的会计分录登入相应的总分类账户和明细分类账户,计算相应的差额或余额。通过以上六项主要相关内容和步骤,收入、其他资金来源明细分类账户时刻都可以反映出预算收入的具体实现情况,包括批准的法定数额、已实现数额、待实现数额或超实现数额等。这些信息可以及时帮助政府实现收入的预算控制。普通基金收入明细账的参考格式如表7-3所示。

表 7-3 普通基金收入明细账

收入的种类:证照收费收入

日期	内容摘要	凭证编号	借:预算收入	贷:收入	余额 借方(贷方)
2008 年					
1月1日	法定预算收入		$86 000		$86 000
1月14日	收到收入			$5 000	81 000
3月22日	收到收入			14 000	67 000
6月30日	法定预算修改		(4 000)		63 000
……					
当年合计			$82 000	$83 000	$(1 000)

在表 7-3 中,预算收入栏目反映法定预算数和法定预算修改数。该数额在法定预算批准时在会计分录中记录在"预算收入"账户的借方。收入栏目反映实际会计收入的实现数。该数额在确认实际会计收入时在会计分录中记录在"收入"账户的贷方。法定预算收入和实际会计收入在会计分录中用相反的方向记录有利于计算两者的差额。余额栏目反映法定预算收入与实际会计收入的差额。该余额如果是借方余额,表示法定预算收入大于实际会计收入,即表示尚未实现的或尚待收取的预算收入数。该余额如果是贷方余额,表示实际会计收入大于法定预算收入,即表示超额实现的或超额收取的实际会计收入数。

实行预算会计是州和地方政府会计的显著特征之一。

(三)普通基金主要收入核算举例

1. 记录法定预算收入

州和地方政府应当在财政年度初通过编制会计分录的方法在有关基金会计主体中记录法定预算收入的批准情况。也即在基金层面上,法定预算收入的批准被认为是已经发生了一项重要的经济业务。

例 1 AB 市政府 2008 年经批准的普通基金法定预算收入合计数为 $139 800,具体情况为:税收收入 $86 000,证照费收入 $15 000,上级政府补助收入 $23 000,服务费收入 $7 400,罚没收入 $5 400,其他收入 $3 000。2008 年初,AB 市政府应编制如下记录预算收入的会计分录:

在普通基金中:

借:预算收入　　　　　　　　　　　　　　　　　139 800
　　贷:预算基金余额　　　　　　　　　　　　　　　139 800

同时,在普通基金收入明细账中的预算收入栏目借方登记如下:

税收收入	86 000
证照费收入	15 000
上级政府补助收入	23 000
服务费收入	7 400
罚没收入	5 400
其他收入	3 000

在以上例1中,"预算收入"、"预算基金余额"账户都属于预算账户。预算账户在财政年度年终预算执行过程结束时,通过编制相反的会计分录予以结平。因此,所有的预算账户都是虚账户。设置预算账户的目的,只是为了控制预算的执行过程。预算的批准仅在基金层面上编制会计分录,在政府层面上不作会计分录。因为只有在基金层面上才需要反映财政受托责任,政府层面上不反映财政受托责任。

2. 财产税收入的核算

财产税收入是地方政府收入的主要来源。财产税是政府针对组织或个人拥有的财产开征的税种。其中的财产包括不动产和动产。不动产是指土地和建筑物,以及其他附属设施。动产是指除土地和建筑物以外的财产,如现金、存货、汽车等。财产税的征收数额通常以应税财产的评估价值为依据。政府的财产,包括开展政务活动的财产和开展商务活动的财产,以及宗教组织、慈善机构的财产通常不作为应税财产。老年市民、经历战争的退伍军人等通常可以减免部分应税财产价值。在具体确定应征收的财产税数额时通常有两种方法。一种方法是将应税财产的评估价乘以一个财产税税率,从而得出应征收的财产税数额。另一种方法是将预算收入的总计数减去除财产税收入外的其他预算收入合计数,其差额即是应征收的财产税数额。各州法律通常对财产税税率规定最高限额,以避免政府征收过高的财产税,从而影响纳税人的利益。

财产税收入具有强制征收和无偿取得的特点,是政府的一种强制性非交换性交易收入。财产税收入还具有留置权的内在属性。即如果纳税人没有按规定交纳财产税,政府有权没收应税财产,以抵补应征收的相应财产税数额。财产税的征税对象是应税财产。因此,财产所有者的变动对财产税的征收没有很大影响。在政府层面上,财产税收入应当采用权责发生制会计基础确认。在政务基金层面上,财产税收入应当采用修改的权责发生制会计基础确认。根据政府会计准则委员会的规定,在政务基金层面上,预计可以在本财政年度结束后60天内收到的财产税收入,应当作为本财政年度的财产税收入确认。

财产税收入在确认时通常需要计提坏账准备。主要原因是通常情况下会有一部分财产税收入不能收到。具体情况如一部分动产已经离开本政府的管辖范围等。因此,财产税的开征数额应当大于财产税收入的法定预算数额。例如,财产税的法定预算收入为$6 000。根据以往经验,估计的财产税收入坏账比率为4%,即估计的财产税收入可收到比率为96%。那么,应开征的财产税税款或应收税款数额应为$6 250(6 000/96%)。

例2 AB市政府2008年普通基金财产税预算收入为$33 600元。根据以往经验和今年的实际情况,估计本年财产税收入坏账比率为4%。因此,本年应开征财产税税款数额为$35 000(33 600/96%),$1 400(35 000−33 600)为当期税款坏账准备。2008年初,AB市政府应编制如下记录财产税开征的会计分录:

在普通基金中:

借:应收税款——当期　　　　　　　　　　　　　　35 000
　　贷:当期税款坏账准备　　　　　　　　　　　　　　　　1 400
　　　　收入　　　　　　　　　　　　　　　　　　　　　33 600

同时,在收入明细账中的收入栏目贷方登记如下:

财产税收入　　　　　　　　　　　　　　　　　　　　　　33 600

在政府层面的政务活动中:

借:应收税款——当期　　　　　　　　　　　　　　　　　　35 000
　　贷:当期税款坏账准备　　　　　　　　　　　　　　　　　1 400
　　　　一般收入　　　　　　　　　　　　　　　　　　　　33 600

同时,在一般收入明细账的贷方登记如下:
财产税收入　　　　　　　　　　　　　　　　　　　　　　　　33 600

在以上例2中,AB市政府开征财产税的业务应当同时在普通基金和政府层面的政务活动中编制会计分录,以分别为普通基金财务报表和政府层面的政务活动财务报表累积日常会计信息,同时,分别反映普通基金财政受托责任的履行情况和政府层面政务活动经营受托责任的履行情况。

在以上例2中,普通基金中的会计分录与政府层面政务活动中的会计分录的主要不同是,普通基金中使用"收入"账户,政府层面政务活动中使用"一般收入"账户。这是因为在政府层面的政务活动中,收入分为专项职能收入和一般收入两大类别。其中,专项职能收入再分成服务收费收入等若干种类,一般收入再分成税收收入等若干种类。而在普通基金中,收入直接分成税收收入、证照收费收入、上级政府补助收入等若干种类。在普通基金和政府层面政务活动会计分录中的"应收税款"账户后注明"当期"的目的,是为了反映相应的应收税款预计在本财政年度内或本财政年度结束后60天内可以收到。应收税款如果在法定时间内没有收到,应当从"当期"转入"滞纳"。如果在开征财产税时就预计其中有一部分数额在本财政年度结束后60天内不能收到,那么,在基金层面上应当将该部分数额贷记"递延收入"账户,减少"收入"账户的确认数额。但在政府层面上,该部分数额仍然作为"一般收入"确认。

在以上例2的普通基金会计分录中,应收税款的坏账准备作为收入的减少处理,而不是作为支出处理。原因是在普通基金中,支出是指当期财务资源的使用,如使用现金购买办公用品等。应收税款的坏账是指不能收到的应收税款。它不是当期财务资源的使用。在以上例2的政府层面政务活动会计分录中,应收税款的坏账准备也作为一般收入的减少处理,没有作为费用处理。原因是尽管在政府层面的政务活动中将坏账准备作为费用处理是可以解释的,但为了尽量减少普通基金与政府层面政务活动之间不必要或不十分重要的会计处理差异,政府层面的政务活动对坏账准备的会计处理方法随同了普通基金对坏账准备的会计处理方法。

例3　AB市政府收到2008年为普通基金征收的财产税收入$15 800。AB市政府应编制如下记录收到财产税收入的会计分录:

同时在普通基金和政府层面政务活动中:
借:现金　　　　　　　　　　　　　　　　　　　　　　　　15 800
　　贷:应收税款——当期　　　　　　　　　　　　　　　　　15 800

在以上例3中,在普通基金中编制的会计分录与在政府层面政务活动中编制的会计分录一样。

例4　AB市政府在2008年末财产税收入征收法定到期时尚未收到普通基金财产税收入$1 600。AB市政府应编制如下记录财产税逾期的会计分录:

同时在普通基金和政府层面政务活动中:
借:应收税款——滞纳　　　　　　　　　　　　　　　　　　1 600
　　当期税款坏账准备　　　　　　　　　　　　　　　　　　1 400
　　贷:应收税款——当期　　　　　　　　　　　　　　　　　1 600

滞纳税款坏账准备　　　　　　　　　　　　　　　　　　　　　1 400

在以上例4中，将应收税款从"当期"转入"滞纳"，一方面是为了与来年的当期应收税款进行区别，另一方面是为了对滞纳税款征收滞纳利息和罚款。

例5　AB市政府在2008年末对滞纳财产税征收滞纳利息和罚款共计＄120。其中，估计＄40不能收到。AB市政府应编制如下记录滞纳税款利息和罚款的会计分录：

在普通基金中：
借：应收滞纳税款利息和罚款　　　　　　　　120
　　贷：滞纳税款利息和罚款坏账准备　　　　　　　　40
　　　　收入　　　　　　　　　　　　　　　　　　　80
同时，在收入明细账中的收入栏目贷方登记如下：
滞纳税款利息和罚款收入　　　　　　　　　　　　　　　　　　　　80
在政府层面的政务活动中：
借：应收滞纳税款利息和罚款　　　　　　　　120
　　贷：滞纳税款利息和罚款坏账准备　　　　　　　　40
　　　　一般收入　　　　　　　　　　　　　　　　　　80
同时，在一般收入明细账的贷方登记如下：
滞纳税款利息和罚款收入　　　　　　　　　　　　　　　　　　　　80

滞纳税款利息和罚款应当在征收时或税款逾期时予以应计。滞纳税款的利息随着滞纳时间的推移逐渐增加。滞纳税款利息和罚款收入可以作为税收收入的增加，也可以作为一项单独的收入种类。

例6　AB市政府在2009年收到2008年的滞纳税款＄430。滞纳税款上的利息和罚款仍然没有收到。AB市政府应编制如下收到滞纳税款的会计分录：

同时在普通基金和政府层面政务活动中：
借：现金　　　　　　　　　　　　　　　　　430
　　贷：应收税款——滞纳　　　　　　　　　　　　430

在以上例6中，如果AB市政府收到了滞纳税款上的利息和罚款，在会计处理上，应当首先对滞纳税款利息按照逾期日至缴款日之间的时间天数进行应计，编制如以上例5所示的会计分录，即借记"应收滞纳税款利息和罚款"账户，贷记"滞纳税款利息和罚款坏账准备"账户、"收入"或"一般收入"账户；然后，再按如收到应收滞纳税款的会计处理方法编制相应的会计分录，即借记"现金"账户，贷记"应收滞纳税款利息和罚款"账户。

例7　AB市政府在2009年经确认，＄160应收滞纳税款不可能收到，予以注销。相应的应收滞纳税款利息和罚款＄12也予以注销。AB市政府应编制如下记录应收滞纳税款注销的会计分录：

同时在普通基金和政府层面政务活动中：
借：滞纳税款坏账准备　　　　　　　　　　　160
　　滞纳税款利息和罚款坏账准备　　　　　　　12
　　贷：应收税款——滞纳　　　　　　　　　　　　160
　　　　应收滞纳税款利息和罚款　　　　　　　　　12

在以上例7中，尽管应收滞纳税款以及应收滞纳税款利息和罚款已经从账面记录上注销，但政府仍然应当保留相关的文件,以便在将来有可能收到时凭据收取。如果以后收到了已经注销的应收滞纳税款,在会计处理上,应当首先恢复当初注销的会计分录;然后,再按正常收到应收滞纳税款的会计处理方法编制会计分录。

在以上例7中,由于应收滞纳税款以及应收滞纳税款利息和罚款的坏账准备采用备抵法而不是采用直接注销法进行会计处理,因此,应收滞纳税款和应收滞纳税款利息和罚款的注销作冲销坏账准备处理,而不是作支出或费用处理。

3. 销售税收入、所得税收入等税收收入的核算

除财产税收入外的其他税收收入,如销售税收入、所得税收入、汽车燃油税收入等,它们与财产税收入的共同点是,它们都属于政府的非交换性交易收入或非互惠性交易收入。即政府在取得这些税收收入时并不与具体纳税人进行等价交换,或者具体纳税人在向政府交纳税款时并不能从政府那里获得同等价值的物品或服务。销售税收入等其他税收收入与财产税收入不同的特征是,销售税收入等其他税收收入的取得取决于纳税单位或个人相关的交易是否发生。如销售税收入的取得取决于纳税单位是否发生了货品销售,所得税收入的取得取决于纳税单位或个人是否取得了收益,汽车燃油税收入的取得取决于纳税单位或个人是否购买了汽车燃油等。而财产税收入的取得不取决于纳税单位或个人相关的交易是否发生。也即只要纳税单位或个人拥有应税财产,不管其是否开展了经营活动,它就需要交纳财产税。因此,财产税收入称为强制性非交换性交易收入。销售税收入、所得税收入、汽车燃油税收入等税收收入称为衍生非交换性交易收入。

一般来说,销售税收入、所得税收入等税收收入应当在纳税单位或个人发生了相应的应税业务时确认。例如,销售税收入应当在纳税单位销售货品时确认,所得税收入应当在纳税单位或个人取得收益时确认。但在实务上,这样处理存在一些困难。对销售税收入来说,纳税单位通常以月为基础向政府申报并交纳税款,而不是按天向政府申报并交纳税款。对所得税收入来说,纳税单位或个人向政府申报并交纳税款的时间频率通常还要多于一个月。因此,在平时,纳税单位或个人如果不向政府申报并交纳税款,那么,即使是它们已经发生了相应的应税业务,政府也并不能立即知道其业务发生的具体情况和应纳税金额。这就为政府在纳税单位或个人发生了相应的应税业务时确认相应的税收收入带来了困难。因此,销售税收入、所得税收入等税收收入应当尽可能采用修改的权责发生制会计基础确认。即在相应的税收收入可以计量并可以利用时确认为收入。如果相应的税收收入不能计量或不可利用,那么,只有等到收到现金时才确认为收入。州和地方政府通常在财政年度结束时对当年可计量和可利用的销售税收入等税收收入进行估计,然后,作借记"应收税款"账户、贷记"收入"账户的会计分录。

例 8 AB市政府在2008年收到普通基金销售税收入＄3 400。AB市政府应编制如下记录收到销售税收入的会计分录:

在普通基金中:
借:现金 3 400
　　贷:收入 3 400
同时,在收入明细账中的收入栏目贷方登记如下:
销售税收入 3 400
在政府层面的政务活动中:
借:现金 3 400

贷：一般收入　　　　　　　　　　　　　　　　　　　　　　　　　　　3 400
　同时，在一般收入明细账的贷方登记如下：
　　销售税收入　　　　　　　　　　　　　　　　　　　　　　　　　　　　3 400
　例9　AB市政府在2008年末估计在之后不久可以收到普通基金销售税收入＄2 700。AB市政府应编制如下记录估计销售税收入的会计分录：
　　在普通基金中：
　　借：应收税款　　　　　　　　　　　　　　　　　　　　　　2 700
　　　贷：收入　　　　　　　　　　　　　　　　　　　　　　　　　　　　2 700
　同时，在收入明细账中的收入栏目贷方登记如下：
　　销售税收入　　　　　　　　　　　　　　　　　　　　　　　　　　　　2 700
　　在政府层面的政务活动中：
　　借：应收税款　　　　　　　　　　　　　　　　　　　　　　2 700
　　　贷：一般收入　　　　　　　　　　　　　　　　　　　　　　　　　　2 700
　同时，在一般收入明细账的贷方登记如下：
　　销售税收入　　　　　　　　　　　　　　　　　　　　　　　　　　　　2 700

　4. 证照收费收入、服务费收入和罚没收入的核算

　　证照收费收入、服务费收入和罚没收入等通常对权责发生制会计基础不敏感，即它们通常在收到现金之前比较难以可靠计量。因此，这些种类的收入尤其是证照收费收入一般在收到现金时予以确认。但如果这些种类的收入尤其是服务费收入和罚没收入在收到现金之前满足可计量和可利用的条件，那么，就应当采用修改的权责发生制会计基础在政务基金中予以确认。在政务基金中，修改的权责发生制会计基础应当尽可能使用到比较大的程度。

　　例10　AB市政府在2008年收到普通基金证照收费收入＄3 200，服务费收入＄600，罚没收入＄400。以上三项普通基金收入共计＄4 200。这三项普通基金的收入在政府层面的政务活动中都归类为专项职能收入中的服务收费收入种类。其中，证照收费收入＄3 200全部归类为一般公共服务职能；服务费收入＄600中，＄350归类为公共文化职能，＄250归类为公共卫生职能；罚没收入＄400归类为公共安全职能。AB市政府应编制如下记录收到证照收费收入等的会计分录：
　　在普通基金中：
　　借：现金　　　　　　　　　　　　　　　　　　　　　　　　4 200
　　　贷：收入　　　　　　　　　　　　　　　　　　　　　　　　　　　　4 200
　同时，在收入明细账中的收入栏目贷方登记如下：
　　证照收费收入　　　　　　　　　　　　　　　　　　　　　　　　　　　3 200
　　服务费收入　　　　　　　　　　　　　　　　　　　　　　　　　　　　　600
　　罚没收入　　　　　　　　　　　　　　　　　　　　　　　　　　　　　　400
　　在政府层面的政务活动中：
　　借：现金　　　　　　　　　　　　　　　　　　　　　　　　4 200
　　　贷：专项职能收入　　　　　　　　　　　　　　　　　　　　　　　　4 200
　同时，在专项职能收入明细账的贷方登记如下：
　　一般公共服务——服务收费收入　　　　　　　　　　　　　　　　　　　3 200

公共安全——服务收费收入	400
公共文化——服务收费收入	350
公共卫生——服务收费收入	250

在以上例 10 中,证照收费收入和服务费收入具有交换性交易收入或准交换性交易收入的特征。罚没收入是一种强制性非交换性交易收入。这一点如同财产税收入。在政府层面上,将罚没收入列入服务收费收入的主要原因,一是将罚没收入列入其他两个专项职能收入即日常运行补助和捐助以及资本运行补助和捐助都是不合适的,二是在专项职能收入中再开设第四个收入种类即罚没收入也没有很大的必要,三是服务收费收入也不是绝对不能包括非交换性交易收入的。

5. 上级政府补助收入的核算

上级政府补助收入是指由上级政府向下级政府提供资金补助而在下级政府层面上形成的收入,如联邦政府向州政府提供的资金补助,联邦政府和州政府向地方政府提供的资金补助。上级政府补助收入按照是否存在限制条件可分为限制性补助收入和非限制性补助收入。限制性补助收入是指存在上级政府限制条件的补助收入。限制条件可分为时间限制条件和合格性限制条件两种。时间限制条件是对补助收入可以使用的时间范围的限制,如限制在某一特定时间内使用。合格性限制条件是对补助收入可以使用的对象范围的限制,如限制用于某特定的项目。合格性限制条件通常附带成本补偿的条件。即只有在下级政府已经发生了合格的支出或费用时,才能取得上级政府的补助收入。非限制性补助收入是指不存在上级政府限制条件的补助收入。也即是下级政府可以自由安排使用的上级政府补助收入。无论是限制条件的补助收入还是非限制条件的补助收入,上级政府补助收入都属于非交换性交易收入。即下级政府在收到上级政府的补助收入时,不需要给予上级政府等价的物品或服务。

上级政府补助收入应当在可以计量和可以利用时确认。对于存在限制条件的上级政府补助收入,具体应当在所有限制条件全部满足时才可以确认。预先收到的补助,如果还没有满足所有的限制条件,应当作为递延收入处理。已经满足了所有的限制条件但尚未收到的补助,可以作为应收上级政府补助和上级政府补助收入处理。

例 11 AB 市政府在 2008 年收到上级州政府的非限制性补助收入 \$9 500。AB 市政府将该项上级政府补助收入纳入普通基金中核算。AB 市政府应编制如下记录取得上级政府补助收入的会计分录:

在普通基金中:

| 借:现金 | 9 500 | |
| 贷:收入 | | 9 500 |

同时,在收入明细账中的收入栏目贷方登记如下:

| 上级政府补助收入 | 9 500 |

在政府层面的政务活动中:

| 借:现金 | 9 500 | |
| 贷:一般收入 | | 9 500 |

同时,在一般收入明细账的贷方登记如下:

| 非限制性补助和捐助 | 9 500 |

在以上例 11 中,由于上级政府的补助收入是没有限制条件的,因此,将它纳入普通基金中

核算。如果上级政府的补助收入是有限制条件的,并且明确要求通过建立特种收入基金进行会计核算并提供财务报表,那么,该项上级政府补助收入应当纳入特种收入基金中核算。如果上级政府的补助收入是有限制条件的,并且明确说明应当用于某项重要资本项目的建设或应当用于某项长期债务的偿还,那么,该项上级政府补助收入应当纳入资本项目基金中或偿债基金中核算。如果上级政府的补助收入是有限制条件的,该项补助收入的限制条件是应当用于日常政务活动中的专项用途如购买某项专用设备,但并没有明确要求通过建立特种收入基金进行会计核算并提供财务报表,那么,该项上级政府补助收入可以就在普通基金中核算。如果暂时不清楚取得的上级政府补助收入是否存在限制条件,那么,可以将取得的上级政府补助收入先纳入普通基金中核算。待明确存在限制条件时,再视情况将收到的上级政府补助收入自普通基金转出至特种收入基金等相关基金,或仍然留在普通基金中核算。基金会计主体的设置依据是法律法规的要求以及良好财务管理的需要。但设置过多的基金会计主体,会使会计核算变得比较复杂。

6. 其他收入的核算

大多数其他收入的数额比较小,一般在收到现金时确认收入。但诸如投资收益等也可以考虑进行应计。投资收益的数额如果比较大,还可以考虑将投资收益作为一项单独的收入种类来处理,而不将它混合在其他收入中。

例 12 AB市政府在2008年收到无主物品归公收入 $ 2 200 元。AB市政府将该项无主物品归公收入纳入普通基金中核算。AB市政府应编制如下记录无主物品归公收入的会计分录:

在普通基金中:
借:现金   2 200
 贷:收入   2 200
同时,在收入明细账中的收入栏目贷方登记如下:
其他收入   2 200
在政府层面的政务活动中:
借:现金   2 200
 贷:一般收入   2 200
同时,在一般收入明细账的贷方登记如下:
非限制性补助和捐助   2 200

7. 基金间交换性交易收入的核算

以上普通基金收入的核算举例均为由政府对外交易给普通基金带来的收入。普通基金的收入还可以由基金间的交换性交易而产生。例如,政府的供水公用事业基金与普通基金是两个不同的基金。它们分别都是独立的财务和会计主体,具有独立的资金来源和资金运用,并实行独立的会计核算和编制独立的财务报表。供水公用事业基金拥有的财产是政府的财产。因此,这些财产免交财产税。但供水公用事业基金事实上也得到了普通基金部门如公安部门等提供的公共服务。因此,供水公用事业基金通常需要向普通基金交纳与其得到的公共服务等价的费用,以代替其免交的相应税款。普通基金从供水公用事业基金处收到的代税交款构成普通基金的一种其他收入。事实上,供水公用事业基金在向普通基金部门供水时也向普通基金收取相应的水费。

例 13 AB 市政府的普通基金经计算应向供水公用事业基金收取公共服务费用 $900。AB 市政府应编制如下记录基金间交换性交易收入的会计分录:

在普通基金中:
借:应收其他基金款　　　　　　　　　　　　　　　900
　　贷:收入　　　　　　　　　　　　　　　　　　　　　　900
同时,在收入明细账中的收入栏目贷方登记如下:
其他收入　　　　　　　　　　　　　　　　　　　　　　　900
在政府层面的政务活动中:
借:内部往来　　　　　　　　　　　　　　　　　900
　　贷:一般收入　　　　　　　　　　　　　　　　　　　900
同时,在一般收入明细账的贷方登记如下:
代替税款收入　　　　　　　　　　　　　　　　　　　　　900

在以上例 13 中,普通基金会计分录中的借方"应收其他基金款"账户表示这是基金间的交易,属于基金间的债权。它与会计分录中的贷方"收入"账户相结合,表示这是基金间的交换性交换。基金间的非交换性交易在取得资源的基金中作为"基金间转账收入"处理,不作为"收入"处理。

在以上例 13 中,普通基金应向供水公用事业基金收取公共服务费用,这既是基金间的交易,也是活动间的交易,即也是政府层面的政务活动与政府层面的商业活动间的交易。按照政府会计准则委员会的要求,政府层面的政务活动与政府层面的商务活动之间的债权债务都使用"内部往来"账户记录。在政府层面的资产负债表中,政务活动的内部往来与商务活动的内部往来是两个金额相等的独立项目,但一个表示债权,另一个表示债务。两者不进行抵销。

8. 法定预算收入修改的会计处理

法定预算执行了一段时间后,如执行了一个季度或半年后,政府一般需要对年初确定的法定预算作一次全面的评审。评审时,主要是看年初确定的法定预算是否正在得到正常的执行,尚未执行的法定预算在财政年度剩余的时间范围内能否得到正常的执行。如果以上评审结果是肯定的,那么,政府不需要对年初确定的法定预算进行修改;如果以上评审结果是否定的,那么,政府需要对此查找原因。主要原因可以分为两种情况。第一种情况是,年初确定的法定预算是正确的,本年在执行年初确定的法定预算时存在问题。在这种情况下,政府需要采取措施,切实加强对法定预算的执行。第二种情况是,本年在执行年初确定的法定预算时各种措施都已经得到贯彻落实,但年初确定的法定预算与当年实际社会经济情况之间存在偏差,或者年初确定法定预算时预测的社会经济环境现在已经发生了变化。在这种情况下,政府需要考虑修改年初确定的法定预算,使法定预算能够如实反映社会经济情况的实际,也使法定预算能够得到全面的贯彻落实。

例 14 AB 市政府在 2008 年 6 月对普通基金收入的法定预算执行情况进行了一次全面的评审。评审结果认为,年初估计的税收收入比较保守。截至 2008 年 6 月,本财政年度时间过半,但基本均匀的税收收入的实现数已经大大超过年初估计数的一半。年初估计的上级政府补助收入,由于上级政府的法定预算进行了修改,因此,上级政府也不再向本级政府提供部分资金补助。AB 市议会经研究决定,对 2008 年初的法定预算收入进行修改。具体修改情况为:法定预算税收收入在原有基础上增加 $12 500,法定预算上级政府补助收入在原有基础上减少$7 400。AB市政府应编制如下法定预算修改的会计分录：

在普通基金中：

借：预算收入 5 100
  贷：预算基金余额 5 100

同时，在普通基金收入明细账中的预算收入栏目借方登记如下：

税收收入 12 500
上级政府补助收入 (7 400)

在以上例14中，法定预算收入的修改只在基金层面上编制会计分录，不在政府层面上编制会计分录。这一点与年初记录法定预算收入的批准情况一样。

9. 收入年终结账的会计处理

普通基金在年终收入结账时，应当将所有的法定预算收入账户和实际会计收入账户结平。具体做法为，将法定预算收入账户的借方余额结转至"预算基金余额"账户，将实际会计收入账户的贷方余额结转至"基金余额"账户。"基金余额"账户是一个实账户。基金实际会计收入减去基金实际会计支出后的差额，是它的数额来源。"预算基金余额"账户是一个虚账户。年终将法定预算收入账户的余额和法定预算支出账户的余额冲销至该账户后，该账户的余额即为零。

例15 AB市政府在2008年末普通基金中"预算收入"总分类账户的借方余额为$144 900，"预算收入"有关明细分类账户的借方余额为：税收收入$98 500(86 000+12 500)，证照收费收入$15 000，上级政府补助收入$15 600(23 000-7 400)，服务费收入$7 400，罚没收入$5 400，其他收入$3 000。2008年末普通基金中"收入"总分类账户的贷方余额为$145 100，"收入"有关明细分类账户的贷方余额为：税收收入$98 800，证照收费收入$15 200，上级政府补助收入$15 600，服务费收入$7 100，罚没收入$5 300，其他收入$3 100。AB市政府应编制如下普通基金收入年终结账的会计分录：

在普通基金中：

借：预算基金余额 144 900
  贷：预算收入 144 900

同时，在普通基金中：

借：收入 145 100
  贷：基金余额——未作保留 145 100

在以上例15中，在将普通基金收入年终结账会计分录登记入账后，"预算收入"和"收入"总分类账户的余额均为零。收入年终结账会计分录只需要在总分类账户中进行记录，不需要在明细分类账户中进行登记。主要原因是收入明细分类账户都是以财政年度为基础进行编制的，次年的收入明细分类账户中的数据都从零开始。"基金余额——未作保留"账户的含义是政府可以自主安排使用的基金余额数。

在以上例15中，AB市政府在2008年末也需要对政府层面的政务活动收入编制年终结账会计分录。因为政府层面的政务活动也是一个独立的会计主体。由于政府层面的政务活动不仅核算普通基金中的业务，还同时核算特种收入基金、资本项目基金、偿债基金、留本基金、内部服务基金等基金中的业务，因此，以上例15暂不为政府层面的政务活动收入编制年终结账会计分录。

（四）特种收入基金主要收入核算举例

特种收入基金收入的核算方法与普通基金收入的核算方法基本一样。使用特种收入基金进行会计核算的主要例子有道路维护基金、图书馆运行基金、上级政府限制性补助收入基金、可以同时动用本金和利息用于政府项目的信托基金等。其中，道路维护基金核算专门用于道路和桥梁的维护的当期财务资源，政府征收的汽车燃油税收入是其主要的收入来源。图书馆运行基金核算专门用于维护图书馆正常运行的当期财务资源，其收入来源可以有专门的税款、服务费收入、上级政府补助收入、社会捐赠收入、其他基金转账收入等。上级政府限制性补助收入基金专门用于核算上级政府附有限制条件的补助收入。该类业务如下级政府从上级政府收到的应当用于支持某项大型文化活动的补助收入。可以同时动用本金和利息用于政府项目的信托基金专门用于核算政府按信托协议接受信托人的资财并可以将资财本金和本金上的收益同时用于支持政府公共目的项目的当期财务资源。该类业务如政府根据捐赠协议接受社会捐赠的应当用于某公共工程项目艺术装饰的财务资源。

1. 记录法定预算收入

有法定预算的特种收入基金应当采用预算会计方法。没有法定预算的特种收入基金，为了良好财务管理的需要，一般也需要采用预算会计方法。

例1 AB市政府2008年经批准的道路维护特种收入基金法定预算收入合计数为＄1 750，具体情况为：税收收入＄1 200，上级政府补助收入＄350，其他收入＄200。道路维护特种收入基金法定其他资金来源合计数为＄1 000，具体情况为：基金间转账收入＄240，资本租赁收入＄760。以上道路维护特种收入基金法定预算收入和法定其他资金来源合计数为＄2 750。2008年初，AB市政府应编制如下记录法定预算收入的会计分录：

在道路维护特种收入基金中：

借：预算收入　　　　　　　　　　　　　　　　　　1 750
　　预算其他资金来源　　　　　　　　　　　　　　1 000
　　贷：预算基金余额　　　　　　　　　　　　　　　　　2 750

同时，在道路维护特种收入基金收入明细账中的预算收入栏目借方登记如下：

税收收入　　　　　　　　　　　　　　　　　　　　1 200
上级政府补助收入　　　　　　　　　　　　　　　　　350
其他收入　　　　　　　　　　　　　　　　　　　　　200

在道路维护特种收入基金其他资金来源明细账中的预算其他资金来源栏目借方登记如下：

基金间转账收入　　　　　　　　　　　　　　　　　　240
资本租赁收入　　　　　　　　　　　　　　　　　　　760

2. 取得收入时的核算

特种收入基金是政务基金中的一个种类。收入的确认采用修改的权责发生制会计基础。

例2 AB市政府2008年收到道路维护特种收入基金汽车燃料税收入＄380。AB市政府应编制如下记录收到税收收入的会计分录：

在道路维护特种收入基金中：

借：现金　　　　　　　　　　　　　　　　　　　　　380

　　　　贷：收入　　　　　　　　　　　　　　　　　　　　　　　　　　380
　　同时,在收入明细账中的收入栏目贷方登记如下：
　　税收收入——汽车燃料税　　　　　　　　　　　　　　　　　　　　380
　　在政府层面的政务活动中：
　　借：现金　　　　　　　　　　　　　　　　　　　　　　　　380
　　　　贷：一般收入　　　　　　　　　　　　　　　　　　　　　　　380
　　同时,在一般收入明细账的贷方登记如下：
　　税收收入——汽车燃料税——用于道路维护　　　　　　　　　　　　380

例 3　AB 市政府 2008 年完成了对一条主要道路的日常修理,共发生修理支出 $350。该条主要道路的修理资金由上级州政府通过资金补助的形式提供。上级州政府提供资金补助的合格性条件是,AB 市政府已经完成了该条主要道路的日常修理,已经发生了相应的修理支出。AB 市政府应编制如下记录取得收入的会计分录：

　　在道路维护特种收入基金中：
　　借：应收上级州政府款　　　　　　　　　　　　　　　350
　　　　贷：收入　　　　　　　　　　　　　　　　　　　　　　　　　350
　　同时,在收入明细账中的收入栏目贷方登记如下：
　　上级政府补助收入　　　　　　　　　　　　　　　　　　　　　　　350
　　在政府层面的政务活动中：
　　借：应收上级州政府款　　　　　　　　　　　　　　　350
　　　　贷：专项职能收入　　　　　　　　　　　　　　　　　　　　　350
　　同时,在专项职能收入明细账的贷方登记如下：
　　公共工程——日常运行补助和捐助　　　　　　　　　　　　　　　　350

3. 取得其他资金来源时的核算

特种收入基金的其他资金来源也采用修改的权责发生制会计基础确认。

例 4　AB 市政府 2008 年决定,从普通基金中转出 $240 至道路维护特种收入基金,用于 2008 年的道路日常维护。AB 市政府应编制如下记录取得其他资金来源的会计分录：

　　在道路维护特种收入基金中：
　　借：应收其他基金款　　　　　　　　　　　　　　　240
　　　　贷：其他资金来源　　　　　　　　　　　　　　　　　　　　　240
　　同时,在其他资金来源明细账中的其他资金来源栏目贷方登记如下：
　　基金间转账收入　　　　　　　　　　　　　　　　　　　　　　　　240

在以上例 4 中,在政府层面的政务活动中不作会计分录。原因是普通基金的业务活动与特种收入基金的业务活动都属于政务活动。因此,普通基金与特种收入基金之间的转账收入和转账支出对于政务活动来说属于内部交易。这种业务对政府层面的政务活动不产生影响。

例 5　AB 市政府道路维护部门 2008 年采用融资租赁的方法租入一台道路日常维护专用设备。该专用设备的现行市价为 $780。租金在未来 5 年内分期付清。AB 市政府应编制如下记录取得其他资金来源的会计分录：

　　在道路维护特种收入基金中：
　　借：支出　　　　　　　　　　　　　　　　　　　　　　　　780

贷：其他资金来源 780
同时，在其他资金来源明细账中的其他资金来源栏目贷方登记如下：
资本租赁收入 780
在政府层面的政务活动中：
借：设备 780
贷：融资租赁应付款 780

在以上例5中，融资租入设备的会计处理在基金层面上和在政府层面上是很不一样的。在基金层面上，贷记"其他资金来源"账户。这表示基金可用资源增加。在政府层面上，贷记"融资租赁应付款"账户。这表示政府层面长期负债增加。在基金层面上，借记"支出"账户。该账户表示基金当期财务资源并没有增加。该账户的数额与"其他资金来源"账户的数额相抵销，使得基金余额即基金可用财务资源没有发生变化。在政府层面上，借记"设备"账户，表示政府拥有的经济资源增加。该账户的数额与"融资租赁应付款"账户的数额相抵后，对政务活动的净资产不产生影响。

4. 收入年终结账的会计处理

特种收入基金收入年终结账的会计处理与普通基金年终收入结账的会计处理一样。即都是将记录法定预算收入的会计分录予以转回，再将实际会计收入结转至"基金余额"账户。

例6 AB市政府在2008年末道路维护特种收入基金中"预算收入"和"预算其他资金来源"总分类账户及其明细分类账户的数额如2008年初法定预算收入和法定其他资金来源的批准数，即该特种收入基金在2008年内没有修改过预算收入和预算其他资金来源的数额。2008年末，道路维护特种收入基金"收入"总分类账户的贷方余额为$1 900，相应收入明细分类账户的贷方余额为：税收收入$1 400，上级政府补助收入$350，其他收入$150；道路维护特种收入基金"其他资金来源"总分类账户的贷方余额为$1 020，相应其他资金来源明细分类账户的贷方余额为：基金间转账收入$240，资本租赁收入$780。AB市政府应编制如下道路维护特种收入基金收入年终结账的会计分录：

在道路维护特种收入基金中：
借：预算基金余额 2 750
贷：预算收入 1 750
预算其他资金来源 1 000
同时，在道路维护特种收入基金中：
借：收入 1 900
其他资金来源 1 020
贷：基金余额——未作保留 2 920

将以上例6中的收入结账会计分录过账后，道路维护特种收入基金中的"预算收入"、"预算其他资金来源"和"收入"、"其他资金来源"账户的余额全部为零。收入年终结账时，不需要登记收入明细分类账户。

（五）留本基金主要收入核算举例

在政务基金中，留本基金的情况比较特殊。其主要特殊的地方是留本基金存在不可动用的本金。而政务基金中的其他基金，包括普通基金、特种收入基金、资本项目基金和偿债基金，都不存在不可动用的本金。留本基金的投资收益应当用于支持政府的项目,其中包括支持政府的日常政务活动项目。

由于留本基金的本金不能用来安排发生支出,而且留本基金的本金也很少会发生较大的变动。因此,留本基金通常不需要采用预算会计方法。当然,如果政府有意要加强对留本基金投资收益的预算控制,那么,留本基金也可以采用预算会计方法。

例1 AB市政府2008年接受某私营企业捐赠一笔款项计 $10 000。根据捐赠协议规定,AB市政府应当将受赠的该笔款项作为投资本金予以保留。投资上的收益以及投资市价的变动应当采用权责发生制会计基础确认。投资上的收益应当转出至图书馆运行基金,用于支持市图书馆的日常运行活动。投资市价的变动应当作为增减投资的本金处理,不能转出至图书馆运行基金。AB市政府应编制如下记录接受留本捐赠的会计分录:

在留本基金中:

借:现金　　　　　　　　　　　　　　　　　　　10 000
　　贷:收入　　　　　　　　　　　　　　　　　　　　10 000

同时,在收入明细账的贷方登记如下:

留本捐赠收入　　　　　　　　　　　　　　　　　　　10 000

在政府层面的政务活动中:

借:现金　　　　　　　　　　　　　　　　　　　10 000
　　贷:留本捐赠收入　　　　　　　　　　　　　　　　10 000

在以上例1中,留本基金中的留本捐赠收入不能转出至图书馆运行基金。年末,留本基金中的留本捐赠收入应当结转至"基金余额——本金保留"账户,作为本金保留数。政府层面政务活动中的留本捐赠收入为与一般收入相并列的一个收入种类。政府层面的政务活动中的留本捐赠收入应当在年末结转至限制性净资产中。

例2 AB市政府2008年将受赠款项 $10 000 中的 $9 000 用于投资,具体为购买公司债券。AB市政府应编制如下记录投资的会计分录:

在留本基金和政府层面政务活动中:

借:投资　　　　　　　　　　　　　　　　　　　9 000
　　贷:现金　　　　　　　　　　　　　　　　　　　　9 000

例3 AB市政府2008年收到投资债券的利息收入 $450。AB市政府应编制如下记录取得投资收益的会计分录:

在留本基金中:

借:现金　　　　　　　　　　　　　　　　　　　450
　　贷:收入　　　　　　　　　　　　　　　　　　　　450

同时,在收入明细账的贷方登记如下:

投资收益　　　　　　　　　　　　　　　　　　　　450

在政府层面的政务活动中:

借:现金　　　　　　　　　　　　　　　　　　　450
　　贷:一般收入　　　　　　　　　　　　　　　　　　450

同时,在一般收入明细账的贷方登记如下:

投资收益——用于图书馆运行　　　　　　　　　　　　450

在以上例3中，留本基金中的投资收益应当及时转出至图书馆运行基金，用于支持图书馆日常运行活动。政府层面的政务活动中的投资收益应当在年末结转至限制性净资产中。

例4 AB市政府2008年末债券投资的市价上涨＄600。AB市政府应编制如下记录投资市价变动的会计分录：

在留本基金中：
借：投资　　　　　　　　　　　　　　　　　　　　600
　　贷：收入　　　　　　　　　　　　　　　　　　　　　　600
同时，在收入明细账的贷方登记如下：
投资市价变动　　　　　　　　　　　　　　　　　　　　　600
在政府层面的政务活动中：
借：投资　　　　　　　　　　　　　　　　　　　　600
　　贷：留本捐赠收入　　　　　　　　　　　　　　　　　600

在以上例4中，留本基金中的投资市价变动按照捐赠协议应当在年末结转至"基金余额——本金保留"账户，作为本金保留数。政府层面的政务活动中的留本捐赠收入应当在年末结转至限制性净资产中。

例5 AB市政府2008年末应计投资债券的利息收入＄260。AB市政府应编制如下记录应计投资收益的会计分录：

在留本基金中：
借：应收利息　　　　　　　　　　　　　　　　　　260
　　贷：收入　　　　　　　　　　　　　　　　　　　　　260
同时，在收入明细账的贷方登记如下：
投资收益　　　　　　　　　　　　　　　　　　　　　　260
在政府层面的政务活动中：
借：应收利息　　　　　　　　　　　　　　　　　　260
　　贷：一般收入　　　　　　　　　　　　　　　　　　　260
同时，在一般收入明细账的贷方登记如下：
投资收益——用于图书馆运行　　　　　　　　　　　　　260

在以上例5中，留本基金中的投资收益应当及时转出至图书馆运行基金。如果留本基金暂未收到投资收益，也应当采用修改的权责发生制会计基础确认基金间转账支出和应付其他基金款。政府层面的政务活动中的投资收益应当在年末结转至限制性净资产中。

例6 AB市政府2008年末留本基金中"收入"总分类账户的贷方余额为＄11 310，相应收入明细分类账户的贷方余额为：留本捐赠收入＄10 000，投资收益＄710，投资市价变动＄600。AB市政府应编制如下留本基金收入年终结账的会计分录：

在留本基金中：
借：收入　　　　　　　　　　　　　　　　　　　11 310
　　贷：基金余额——本金保留　　　　　　　　　　　　10 600
　　　　基金余额——未作保留　　　　　　　　　　　　　710

在以上例6中，"基金余额——本金保留"为AB市政府需要为留本基金保留的本金数。"基金余额——未作保留"为AB市政府留本基金可用基金余额的增加数。

第二节 支出和费用

一、支出和费用的概念

日常政务活动中的支出和费用是指州和地方政府在开展日常政务活动过程中发生的支出和费用,或者是指州和地方政府为开展日常政务活动而发生的支出和费用。州和地方政府开展的日常政务活动与开展的资本项目购建和偿债活动相对应。州和地方政府开展的日常政务活动主要在普通基金和特种收入基金中核算。留本基金通常用来支持州和地方政府开展的日常政务活动。

州和地方政府的政务活动,其中包括日常政务活动,需要同时在政务基金和政府层面的政务活动中进行核算。不仅如此,政务基金和政府层面的政务活动采用不同的计量重点和会计基础。政务基金采用当期财务资源计量重点和修改的权责发生制会计基础。政府层面的政务活动采用经济资源计量重点和完全权责发生制会计基础。由此,在政务基金中使用支出的概念,而不使用费用的概念。在政府层面的政务活动中使用费用的概念,而不使用支出的概念。

在政务基金中,支出是指当期财务资源的使用,或购买物品或服务的成本。在政府层面的政务活动中,费用是指经济资源的消耗,或提供物品或服务的成本。由此,政府在开展日常政务活动过程中购买办公设备形成支出,但不形成费用。政府在开展日常政务活动过程中使用办公设备形成费用,但不形成支出。政府在开展日常政务活动过程中形成的支出和费用,它们的反映目标是不一样的。支出主要用来反映政府对法定预算的执行情况,即反映财政受托责任的履行情况。费用主要用来反映政府向市民提供公共服务或公共物品的成本,即反映经营受托责任的履行情况。

支出和费用在不少具体业务上是相互重叠的。例如,政府在开展日常政务活动过程中发放的当月职工工资、支付的日常办公经费等,它们可以同时确认为支出和费用。尽管如此,支出和费用在概念上仍然是存在重大差异的。

二、支出和费用的分类

(一)政府层面上费用的分类

政府层面上的费用应当按照与政府职能的关系分成直接费用和间接费用两大种类。其中,直接费用是指可以直接归入相应职能的费用。例如,可以直接归入公共安全职能的费用,可以直接归入公共工程职能的费用,可以直接归入公共卫生职能的费用,可以直接归入公共文化职能的费用等。大多数的费用属于直接费用,可以直接归入相应的政府职能中。某些费用,例如某些固定资产的折旧费用,可能为多个政府职能共同使用的固定资产的折旧费用。在这种情况下,该固定资产折旧费用的数额应当按照各职能使用的固定资产的面积等标准进行分配,从而计算出各相应职能应当负担的相应部分的折旧费用。基础设施资产的折旧费用,应当作为直接费用计入对基础设施资产负有管理责任的职能中，例如，计入公共工程职能中。间接费用是指不能直接归入有关政府职能的费用。间接费用的主要例子是长期负债的利息费用。由于日常政务活动中不核算长期负债，因此，长期负债的利息支出通常由于资本项目购建和偿债活动而引起。

　　政府层面上费用的分类一般将一般公共服务视为政府的一项独立的职能。也即政府的一般公共服务，如税务部门的业务活动、财务部门的业务活动、预算管理部门的业务活动、人事部门的业务活动、工商行政管理部门的业务活动、政府办公室的业务活动等，综合地被归类为一个种类的政府职能。这一政府职能如同政府的公共安全职能、公共工程职能、公共卫生职能、公共文化职能等，也是政府向市民提供的一种公共物品。州和地方政府如果将一般公共服务职能的费用分配至其他政府职能中，如分配至公共安全职能、公共工程职能、公共卫生职能、公共文化职能中，被分配的数额应当在政府层面的业务活动表中单独开设一列进行报告。这样处理的目的，是为了不影响本政府相应职能费用的数据与其他政府相应职能费用的数据进行比较。州和地方政府将一般公共服务职能的数额分配至公共安全职能、公共工程职能、公共卫生职能、公共文化职能等职能中去的目的，是为了计算这些职能的完全成本。政府的一般公共服务职能费用是一种综合行政管理的费用。政府会计准则委员会不推荐将一般公共服务职能费用分配至其他职能中。政府层面上费用的分类可以在如表 7-1 所示的政府层面业务活动表（政务活动部分）的简要格式中得到清楚的反映。

　　政府层面上的费用按照政府职能的种类进行分类的主要目的，是为了计算政府所从事的各种职能活动的成本，或者是为了计算政府向市民提供的各种公共物品的成本。政府层面上的费用的这种分类方法，与政府层面上的收入的分类方法是相互配套的。政府层面上的收入按照是否可以用来直接补偿职能费用的标准分为专项职能收入和一般收入两大种类。由此，在政府层面上，各职能费用减去相应职能的专项职能收入，等于各相应职能的净费用，即各相应职能的专项职能收入不足以弥补对应职能的费用的数额。

（二）基金层面上支出的分类

基金层面上的支出一般可以同时按照多种标准进行分类。

1. 按照职能进行分类

　　按照政府所从事的职能，支出一般可以分为一般公共服务支出、公共安全支出、公共工程支出、公共卫生支出、公共文化支出等种类。其中，一般公共服务支出是指政府从事一般公共服务职能所发生的支出，如政府办公室综合管理服务的支出、政府经济管理事务的支出、政府人事管理事务的支出、议会的支出、法院的支出等。公共安全支出是指政府从事公共安全职能所发生的支出，如治安警察的支出、消防业务的支出等。公共工程支出是指政府从事公共工程职能所发生的支出，如道路修建支出、公共设施维护支出等。公共卫生支出是指政府从事公共卫生职能所发生的支出，如医疗卫生活动的支出、保护社会环境卫生活动的支出等。公共文化支出是指政府从事公共文化职能所发生的支出，如公共图书馆的支出、公共文化馆的支出、公园的支出等。支出按照职能进行分类，有利于形成政府公共物品种类的概念。而政府向市民提供的公共物品在相同的政府之间具有可比性。

2. 按照特性进行分类

　　按照支出的特性或支出的受益期间，支出可以分为当期支出、资本支出和偿债支出。其中,当期支出是指支出的受益期间即为本财政年度的支出。当期支出的例子如政府支付日常办公经费的支出。资本支出是指支出的受益期间为本财政年度以及以后若干财政年度的支出。资本支出的例子如政府购买办公设备的支出。偿债支出是指支出的受益期间为本财政年度以及以前若干财政年度的支出。偿债支出的例子如政府偿还以前年度借款本金和利息的支出。对于用以核算日常政务活动的普通基金、特种收入基金和留本基金来说,支出按照特性进行分类,大多数支出归入当期支出。如果用普通基金、特种收入基金中的当期财务资源购买办公设备,这种支出归入资本支出。政府大型固定资产的购买,通常通过资本项目基金核算,即在资本项目基金中形成资本支出。偿债支出主要适用于偿债基金偿还长期债务本金和支付利息的业务。政府短期融资发生的利息支出,通常不作为偿债支出处理,而作为当期支出处理。支出按照特性进行分类,有利于明确政府的支出与市民的受益在时间期间上的关系。如果政府的资本支出过大,这表示可能会增加本财政年度市民的利益,也表示可能会增加未来财政年度市民的负担。因为大型资本支出一般都是依靠举借长期负债来建设的,同时依靠未来征收税款来偿还长期负债的。如果政府的偿债支出过大,这表示可能会增加本财政年度市民的负担,也表示可能增加了以前财政年度市民的利益。为此,政府需要综合平衡各代市民为政府提供税务资源以及他们享受政府服务的时间期间关系。一般情况下,政府举借长期负债建设资本资产时,长期负债的还款时间应当与资本资产的使用时间相关联,以确保各代市民之间的代际公平。

3. 按照性质进行分类

按照支出的性质,支出可以分为人员经费支出、日常办公经费支出、资本支出、偿债支出等种类。其中,人员经费支出是指支付给工作人员或为工作人员而发生的支出,如支付给工作人员的工资、为工作人员配套支付的社会保险费缴款等。日常办公经费支出是指政府日常办公所发生的经费支出,如通讯费、交通费、打印和装订费、设备维护费、租金、财产保险费、水电费等。资本支出和偿债支出的概念如同支出按特性进行分类中的资本支出和偿债支出。支出按照性质进行分类,可以看成是支出按照特性进行分类中的一个子分类。即将支出按照特性进行分类中的当期支出,进一步按照支出按照性质进行分类分成人员经费支出和日常办公经费支出两个具体种类。而支出按照特性进行分类中的资本支出和偿债支出,与支出按照性质进行分类中的资本支出和偿债支出是一样的。

4. 按照行政单位进行分类

支出按照行政单位进行分类,可以分成警察部门支出、消防部门支出、文化部门支出、人事部门支出、公共工程部门支出、税务部门支出、预算管理部门支出、财务部门支出、议会支出、法院支出等种类。政府有多少个行政单位或行政部门,支出就可以有多少个种类。支出按照行政单位进行分类,有利于明确各行政单位或部门的支出责任。支出按照行政单位进行分类的主要缺点,一是不同的州和地方政府,它们设置的行政单位可能有所不同,各行政单位的隶属关系也可能存在差异。例如,有些政府将监狱作为警察部门的一个附属部门,有些政府将监狱作为一个独立的行政部门。因此,这种分类方法可能会影响不同政府之间在支出信息上的可比性。二是分出的种类可能过多,而且其中有些种类可能具有很大的相似性,而另一些种类又可能具有很大的差异性。一般情况下,政府的行政单位都会在30多个至40多个。不仅如此,有些政府不同的行政单位之间,其工作性质可能也比较相似,如财务部门、预算管理部门和税务部门等。另一些政府不同的行政单位之间,其工作性质可能存在较大差异,如人事部门和警察部门、工商行政管理部门和文化体育部门等。因此,支出按照行政单位进行分类的结果,可能会使支出的种类显得比较杂乱。在州和地方政府会计中,支出按照行政单位进行分类通常适用于内部控制的需要。政府在编制对外财务报表时,通常不采用支出按照行政单位进行分类的这种支出分类方法。

在现行实务中,包括普通基金和特种收入基金在内的政务基金层面上支出的分类通常综合地使用按职能、按特性和按性质进行分类的方法。具体分类方法为:首先,按特性将支出区分为当期支出、资本支出、偿债支出等种类。其次,按职能将当期支出区分为一般公共服务、公共安全、公共工程、公共卫生、公共文化等种类。再次,按性质将当期支出中的一般公共服务、公共安全、公共工程、公共卫生、公共文化等种类区分为人员经费支出、日常办公经费支出等种类。日常政务活动中基金层面上支出的分类在如表 7-2 所示的普通基金收入支出表的简要格式中可以得到清楚的反映。

在基金层面上,支出应当与其他资金运用进行区分。其他资金运用是指除支出之外的其他财务资源的使用。其他资金运用的主要例子是基金间转账支出。例如,在有些州和地方政府会计中,税收收入一般在普通基金中征收。普通基金在征收了相应的税收收入后,根据法定预算将一部分税收收入转出至偿债基金,用于偿还到期债务本息。此时,在普通基金中即形成一项其他资金运用,具体为基金间转账支出。与此同时,在偿债基金中形成一项其他资金来源,具体为基金间转账收入。这些处理的结果是,政府从外部取得的税收收入在普通基金中作为收入处理。政府将普通基金中的一部分税收收入转出至偿债基金中,即政府的当期财务资源在不同的政务基金间进行内部转移时,作为基金间转账支出和基金间转账收入处理,而不作为支出和收入处理。政务基金中不同基金间当期财务资源的转移不影响政务基金财务资源总数。

政府层面上费用的分类依据与基金层面上支出的分类依据是不完全一样的。例如,在基金层面上,支出按特性可以分为当期支出、资本支出和偿债支出。在政府层面上,费用就没有相应的分类。在政府层面上,购买资本资产不是费用,偿还长期负债本金也不是费用。在政府层面上,费用分类的主要依据是政府职能,目的是计算各职能的成本数额。在基金层面上,支出分类的主要依据可以有职能、特性、性质等,目的是有利于支出的预算控制。

三、支出和费用的确认

(一)政府层面上费用的确认

州和地方政府在开展政务活动包括开展日常政务活动中发生的费用,在政府层面上应当按照权责发生制会计基础确认。具体来说,费用应当在经济资源的价值转移或消耗时予以确认。

政府层面上费用确认的会计基础与政府层面上收入确认的会计基础是一样的。即它们都采用权责发生制会计基础。但在政府层面上,收入与费用之间的关系,主要表现为在时间上配比和在职能上配比。其中,在时间上配比是指费用的发生和收入的取得在同一财政年度内配比。当期费用与当期收入的差额,构成当期净资产的变动。在职能上配比是指各项职能的费用与专项职能收入相减,从而得出各项职能的净费用。在政府层面上,费用与收入在因果关系上并不十分明显。也即政府在发生费用的同时,不一定能够直接换来相应的收入;政府在取得收入的同时,不一定需要直接发生相应的费用。例如,政府在发生公共安全职能费用时,大多数情况是不能取得相应的收入的。政府在征收税收收入时,大多数情况也是不会发生相应的费用的。政府层面上费用的确认主要是考虑经济资源的价值已经转移或已经消耗,而不是已经产生了相应的收入。

(二) 基金层面上支出的确认

在用以核算日常政务活动的普通基金、特种收入基金和留本基金中,支出应当按照修改的权责发生制会计基础确认。也即支出应当在发生基金负债时予以确认。在用以核算日常政务活动的政务基金中,由于基金负债均为流动负债,基金资产均为当期财务资源,因此,支出将导致当期财务资源的流出。

在基金层面上,支出与收入的关系主要表现在时间配比上。也即当期收入与当期支出相减后的差额,将构成当期基金余额的变动。在基金层面上,支出与收入在因果关系上也并不十分明显。与政府层面上的费用与收入相比,基金层面上的支出与收入还不进行职能配比。也即支出在按职能分成一般公共服务支出、公共安全支出、公共工程支出等职能支出的同时,收入并没有分成一般公共服务收入、公共安全收入、公共工程收入等职能收入,而分成税收收入、证照收费收入、服务费收入、罚没收入等综合来源渠道的收入。这表示政府各项职能活动的支出将通过综合安排使用各种收入来源渠道的资金予以保证。但将各种收入来源渠道的资金明确分配于各项职能活动从而形成各项职能的收入,这种做法并不是非常必要的,该类信息也并不是非常重要的。

在基金层面上,支出的确认并没有规定明确的需要支付的天数。这与收入的确认明确规定应当在财政年度结束后若干天如60天内收到不一样。

四、支出和费用的核算

(一) 双轨制会计记账方法

日常政务活动中的支出和费用采用双轨制会计记账方法。也即州和地方政府在发生日常政务活动的支出和费用业务时,应当同时在普通基金和特种收入基金等基金层面上以及政府层面的政务活动中编制相应的会计分录。采用双轨制会计记账方法记录日常政务活动中的支出和费用的目的,仍然是政府日常政务活动中的支出和费用需要同时反映财政受托责任和经营受托责任。

(二) 支出的预算会计方法

包括普通基金和特种收入基金在内的政务基金支出的预算会计方法主要包括如下相关内容和步骤:第一,为所有的法定预算支出设置预算支出账户,包括"预算支出"、"预算其他资金运用"、"支出保留"总分类账户及其相应的明细分类账户。第二,为所有的法定预算支出设置会计支出账户,包括"支出"、"其他资金运用"总分类账户及其相应的明细分类账户。第三,财政年度初为通过的法定预算支出作正式的会计记录,即编制会计分录,借记"预算基金余额"账户,贷记"预算支出"、"预算其他资金运用"账户,同时,登记所有预算支出、预算其他资金运用明细分类账户。第四,为按照法定预算支出发出订单订购货品的业务作正式的会计记录,即编制会计分录,借记"支出保留"账户,贷记"支出保留准备"账户,同时,登记支出保留明细分类账户。第五,财政年度内在符合支出确认条件时确认会计支出,借记"支出"、"其他资金运用"账户,贷记"现金"、"应付凭单"等账户,同时,登记所有支出、其他资金运用明细分类账户。曾经作过支出保留的订单在收到货品、验收合格时,应当冲销当初记录支出保留的会计分录,借记"支出保留准备"账户,贷记"支出保留"账户。第六,开设支出、其他资金运用总分类账户和相应的明细分类账户。在明细分类账户的格式中,既包括法定预算支出栏目、支出保留栏目,也包括实际会计支出栏目,还包括法定预算支出、支出保留与实际会计支出之差额即尚待发生的法定预算支出或已经超额发生的实际会计支出栏目。第七,将所有记录法定预算支出、支出保留和实际会计支出的会计分录登入相应的总分类账户和明细分类账户,计算相应的差额或余额。通过以上七项主要相关内容和步骤,支出、其他资金运用明细分类账户时刻都可以反映出预算支出的具体发生情况,包括批准的法定数额、已作支出保留的数额、已实际发生的数额、待发生的数额或超发生的数额等。这些信息可以及时帮助政府实现支出的预算控制。普通基金支出明细账的参考格式如表 7-4 所示。

表 7-4 普通基金支出明细账

职能:一般公共服务

日期	内容摘要	凭证编号	支出保留			支出		预算支出	
			借方	贷方	尚未转销数	借方	累计数	贷方	可用余额
2008 年									
1 月 1 日	法定预算支出							$8 000	$8 000
1 月 6 日	发出订单,订购物品		$1 000		$1 000				7 000
1 月 18 日	部分订购物品已到,验收入库			$700	300	$710	$710		6 990
1 月 25 日	支付日常办公经费					600	1 310		5 380
1 月 30 日	支付工资					300	1 610		5 080
……									
当年合计			$3 600	$3 500	$100	$7 850	$7 850		$50

与收入的预算会计方法相比,支出的预算会计方法多了一个记录支出保留的内容和步骤。支出保留主要适用于按照支出预算对外发出订单订购物品的业务。当政府按照支出预算对外发出订单订购物品时,政府通常需要对订购物品的款项作支出保留,以防止当订购的物品收到并验收入库时没有货款可供支付。因此,支出保留如同实际会计支出,它也减少预算支出的可用余额。当政府收到订购的物品并验收合格时,支出保留作为支出预算控制的一种方法,其确保当收到订购的物品并验收入库时可以有货款支付的任务已经完成,因此,支出保留的数额予以冲销。与此同时,确认实际发生的支出数额。实际发生的支出数额可能会由于购货折扣、购货运费、购货运输途中损耗、购货价格的变动等因素而与支出保留的数额存在一些差异。

在表 7-4 中,预算支出贷方 $8 000 表示当年法定预算支出数,同时,也是年初可用预算支出余额。支出保留借方＄1 000,表示需要为已发出订单订购的物品在可用预算支出余额中保留的数额。支出保留尚未转销数＄1 000,表示已发出订单但尚未收到物品或仍然需要在可用预算支出余额中进行保留的数额。预算支出可用余额＄7 000,表示至该日止尚可用以安排预算支出的余额。支出保留贷方＄700,表示订购相应数额的物品已经收到并验收入库。支出借方＄710,表示订购物品的实际支出数。在表 7-4 中,支付日常办公经费＄600 和支付工资＄300 直接作为支出确认,没有作过相应的支出保留。这也是通常的情况。

（三）普通基金主要支出核算举例

1. 记录法定预算支出

州和地方政府应当在财政年度初通过编制会计分录的方法在有关基金会计主体中记录法定预算支出的批准情况。也即在基金层面上,法定预算支出的批准被认为是已经发生了一项重要的经济业务。

例1 AB 市政府 2008 年经批准的普通基金法定预算支出合计数为＄131 300,具体情况为:一般公共服务＄24 300,公共安全＄41 400,公共工程＄22 500,公共卫生＄21 100,公共文化＄12 200,向养老金计划缴款＄8 400,其他预算支出＄1 400。普通基金法定预算其他资金运用合计数为＄8 100,具体情况为:基金间转账支出＄8 100。以上普通基金法定预算支出和法定预算其他资金运用合计数为＄139 400。AB 市政府应编制如下记录法定预算支出的会计分录:

在普通基金中：

借：预算基金余额	139 400	
贷：预算支出		131 300
预算其他资金运用		8 100

同时,在普通基金支出明细账中预算支出栏目的贷方登记如下：

一般公共服务	24 300
公共安全	41 400
公共工程	22 500
公共卫生	21 100
公共文化	12 200
向养老金计划缴款	8 400
其他预算支出	1 400

在普通基金其他资金运用明细账中预算其他资金运用栏目的贷方登记如下：

基金间转账支出	8 100

在以上例 1 中,"预算基金余额"、"预算支出"和"预算其他资金来源"账户都是预算账户。预算账户在年终结转后余额均为零。法定预算支出的批准只在基金层面上编制会计分录,不在政府层面上编制会计分录。

州和地方政府对于法定预算收入的批准和法定预算支出的批准通常可以通过编制合并会计分录的方法予以记录,即将法定预算收入的批准情况和法定预算支出的批准情况编制在一笔会计分录中。以 AB 市政府为例,记录法定预算批准情况的会计分录可以为：

在普通基金中：

借:预算收入 139 800
　　贷:预算支出 131 300
　　　　预算其他资金运用 8 100
　　　　预算基金余额 400

同时,登记有关收入、支出和其他资金来源的明细账。

2. 发出订单订购物品的核算

州和地方政府在按法定支出预算发出订单向供应商订购物品时,为确保届时有能力支付相应的款项,一般需要在可用预算支出余额中作支出保留。支出保留减少可用预算支出的余额。

例2 AB市政府2008年根据法定支出预算为普通基金向外部供应商发出订单订购日常办公用品共计$12 700。按职能区分的具体订购情况为:一般公共服务$2 500,公共安全$4 300,公共工程$2 200,公共卫生$2 600,公共文化$1 100。AB市政府应编制如下订购物品的会计分录:

在普通基金中:

借:支出保留——2008年 12 700
　　贷:支出保留准备——2008年 12 700

同时,在普通基金支出明细账中支出保留栏目的借方登记如下:

一般公共服务 2 500
公共安全 4 300
公共工程 2 200
公共卫生 2 600
公共文化 1 100

在以上例2中,"支出保留"账户是预算账户。"支出保留准备"账户是"支出保留"账户的备抵账户。政府发出订单订购物品时,只在基金层面上编制支出保留的会计分录,在政府层面上不作会计分录。原因是在政府层面上不需要考虑进行预算控制。

在以上例2中,"支出保留——2008年"的含义是,使用2008年的法定支出预算订购的物品。之所以需要注明2008年,是因为2008年订购的物品,尤其是2008年末订购的物品可能会到2009年才收到。在这种情况下,在2009年,需要区分2008年的支出保留和2009年的支出保留。即在2009年,需要区分使用2008年的法定预算订购的物品和使用2009年的法定预算订购的物品。政府发出订单订购的物品,通常情况下,跨年度仍然有效。但政府尚未作支出保留的年终尚未使用的预算支出,通常情况下,不能跨年度使用,即年终失效。"支出保留准备——2008年"的含义如同"支出保留——2008年"的含义。

在以上例1中,"预算基金余额"、"预算支出"和"预算其他资金来源"等预算账户不需要注明2008年。原因是这些预算账户在年终都将通过编制相反的会计分录予以结平。次年的预算将重新编制。

3. 收到订购物品的核算

政府在收到订购的物品并验收合格时,应当首先冲销曾经作过的支出保留。然后再按收到物品的实际成本确认相应的支出。

例3 AB市政府2008年收到当年为普通基金的一般公共服务职能和公共安全职能订购

的物品一批,物品验收合格,并直接交付有关部门使用。该批物品的实际成本为:一般公共服务职能物品 $2 450,公共安全职能物品 $4 420。订购时曾经作过的相应支出保留为:一般公共服务 $2 500,公共安全 $4 300。AB 市政府应编制如下记录收到订购物品的会计分录:

在普通基金中:

借:支出保留准备——2008 年　　　　　　　　　6 800
　　贷:支出保留——2008 年　　　　　　　　　　　　　6 800

同时,在支出明细账中支出保留栏目的贷方登记如下:

一般公共服务　　　　　　　　　　　　　　　　　　　　2 500
公共安全　　　　　　　　　　　　　　　　　　　　　　 4 300

再在普通基金中:

借:支出——2008 年　　　　　　　　　　　　　6 870
　　贷:应付凭单　　　　　　　　　　　　　　　　　　　6 870

同时,在支出明细账中支出栏目的借方登记如下:

一般公共服务　　　　　　　　　　　　　　　　　　　　2 450
公共安全　　　　　　　　　　　　　　　　　　　　　　 4 420

在政府层面的政务活动中:

借:费用　　　　　　　　　　　　　　　　　　6 870
　　贷:应付凭单　　　　　　　　　　　　　　　　　　　6 870

同时,在费用明细账的借方登记如下:

一般公共服务　　　　　　　　　　　　　　　　　　　　2 450
公共安全　　　　　　　　　　　　　　　　　　　　　　 4 420

在以上例 3 中,支出保留应当按照订购时记录的数额进行冲销。支出应当按照实际采购成本进行记录。支出保留的数额与支出的数额不应当相差太大。否则,将失去支出保留的预算控制意义。

在以上例 3 中,耗用日常办公用品的业务在基金层面上作为支出确认,在政府层面上作为费用确认。支出体现了财务资源计量重点和修改的权责发生制会计基础。费用体现了经济资源计量重点和完全权责发生制会计基础。两者是不相同的,不同混用。

在以上例 3 中,"支出——2008 年"的含义是,该支出是属于 2008 年的支出。如果在 2008 年支付了 2007 年订购的物品,那么,尽管支出是在 2008 年确认的,但确认的支出应当归属于 2007 年,也即是使用了 2007 年的支出预算购买的物品。此时,在"支出"账户后面就需要注明 2007 年,即"支出——2007 年"。政府层面上的费用不需注明年份。原因是政府层面上的费用不需要作预算比较。

4. 工资和工资税的核算

州和地方政府在向员工发放工资时,应当从发放的工资总额中,为联邦政府代扣联邦社会保险税和联邦个人所得税。地方政府还可能需要为州政府代扣员工个人所得税。州和地方政府还可能需要为本政府管理和运行的员工养老金计划代扣缴款数额。因此,州和地方政府向员工实际支付的工资是扣除了以上代扣款项后的净额,即工资净额。

例 4 AB 市政府 2008 年 5 月应向普通基金部门员工支付的工资总额为 $4 400,按职能区分的具体情况为:一般公共服务 $850,公共安全 $1 600,公共工程 $740,公共卫生 $620,

公共文化＄530。根据计算，AB市政府应从工资总额中代扣联邦社会保险税＄290，联邦个人所得税＄370，州政府个人所得税＄80，应向本市政府管理和运行的员工养老金计划缴款＄300。工资净额＄3 360(4 400－660－80－300)应当向员工支付。AB市政府应编制如下记录工资和工资税的会计分录：

  在普通基金中：

    借：支出——2008　　　　　　　　　　　　　　4 400
      贷：应付工资　　　　　　　　　　　　　　　　　3 360
        应付联邦政府款　　　　　　　　　　　　　　660
        应付州政府款　　　　　　　　　　　　　　　　80
        应付其他基金款　　　　　　　　　　　　　　300

  同时，在支出明细账中支出栏目的借方登记如下：

    一般公共服务　　　　　　　　　　　　　　　　　　　　　　850
    公共安全　　　　　　　　　　　　　　　　　　　　　　　　1 600
    公共工程　　　　　　　　　　　　　　　　　　　　　　　　　740
    公共卫生　　　　　　　　　　　　　　　　　　　　　　　　　680
    公共文化　　　　　　　　　　　　　　　　　　　　　　　　　530

  在政府层面的政务活动中：

    借：费用　　　　　　　　　　　　　　　　　　　4 400
      贷：应付工资　　　　　　　　　　　　　　　　　3 360
        应付联邦政府款　　　　　　　　　　　　　　660
        应付州政府款　　　　　　　　　　　　　　　　80
        应付养老信托活动款　　　　　　　　　　　　300

  同时，在费用明细账的借方登记如下：

    一般公共服务　　　　　　　　　　　　　　　　　　　　　　850
    公共安全　　　　　　　　　　　　　　　　　　　　　　　　1 600
    公共工程　　　　　　　　　　　　　　　　　　　　　　　　　740
    公共卫生　　　　　　　　　　　　　　　　　　　　　　　　　680
    公共文化　　　　　　　　　　　　　　　　　　　　　　　　　530

  在以上例4中，支出和费用的数额应当按照工资总额反映。"应付工资"账户反映应向员工支付的工资净额。"应付联邦政府款"和"应付州政府款"账户分别反映应汇给联邦政府和州政府的代扣款项。"应付其他基金款"和"应付养老信托活动款"账户反映应向本市政府管理和运行的养老信托基金缴纳的款项。

  在以上例4中，AB市政府如果没有自己管理和运行的员工养老金计划，而是参加上级州政府管理和运行的员工养老金计划，那么，AB市政府可能需要从员工工资总额中代扣应向上级州政府管理和运行的员工养老金计划缴款的数额。此时，"应付其他基金款"、"应付养老信托活动款"账户就需要用"应付州政府款"或"应付州政府养老金计划款"或"应付州政府养老信托活动款"替代。如果某些员工不参加州和地方政府管理和运行的员工养老金计划，那么，AB市政府就不需要从其工资总额中扣除应缴养老金计划的款项。

  例5　AB市政府2008年5月根据要求计算应使用本政府普通基金中的当期财务资源向

联邦政府配套缴纳联邦社会保险税款＄290。同时根据要求计算应使用本政府普通基金中的当期财务资源向本政府管理和运行的员工养老金计划配套缴款＄410。以上配套缴款共计＄700(290＋410)。AB市政府在编制普通基金支出预算时,将向联邦政府配套缴纳的社会保险税和向本政府养老金计划的配套缴款单独作为"向养老金计划缴款"预算支出项目编制。联邦社会保险税的用途是员工的退休保险和医疗保险。在政府层面的政务基金中,该配套缴款与工资和工资税相关,因此,可以采用按工资总额的比例关系在政府各职能中进行分配。分配结果为:一般公共服务＄135(850/4 400×700),公共安全＄255(1 600/4 400×700),公共工程＄118(740/4 400×700),公共卫生＄108(680/4 400×700),公共文化＄84(530/4 400×700)。AB市政府应编制如下记录向养老金计划配套缴款的会计分录:

<u>在普通基金中:</u>

借:支出——2008年　　　　　　　　　　　　　　　　　700
　　贷:应付联邦政府款　　　　　　　　　　　　　　　　　　290
　　　　应付其他基金款　　　　　　　　　　　　　　　　　　410

同时,在支出明细账中支出栏目的借方登记如下:
向养老金计划缴款　　　　　　　　　　　　　　　　　　　700

<u>在政府层面的政务活动中:</u>

借:费用　　　　　　　　　　　　　　　　　　　　　　700
　　贷:应付联邦政府款　　　　　　　　　　　　　　　　　　290
　　　　应付养老信托活动款　　　　　　　　　　　　　　　　410

同时,在费用明细账的借方登记如下:
一般公共服务　　　　　　　　　　　　　　　　　　　　135
公共安全　　　　　　　　　　　　　　　　　　　　　　255
公共工程　　　　　　　　　　　　　　　　　　　　　　118
公共卫生　　　　　　　　　　　　　　　　　　　　　　108
公共文化　　　　　　　　　　　　　　　　　　　　　　84

在以上例5中,AB市政府应支付的款项属于养老金支出或养老金费用。在以上例4中,AB市政府应支付的款项属于工资支出或工资费用。两者有所不同。

在以上例5中,在基金层面上,"向养老金计划缴款"可以作为一个单独的预算支出项目,与一般公共服务、公共安全、公共工程等项目相并列。"向养老金计划缴款"也可以不作为一个单独的预算支出项目。此时,向养老金计划缴款的数额应当分配至一般公共服务、公共安全、公共工程等预算支出项目。由于州和地方政府的员工养老金计划普遍数额比较大,因此,"向养老金计划缴款"通常作为一个单独的预算支出项目列入基金层面中。在有些州和地方政府中,"向养老金计划缴款"的业务单独在专门开设的特种收入基金中核算。在养老金特种收入基金中,收入来源可以有税收收入、投资收益等。支出用途可以是向联邦政府、州政府或本政府的养老信托基金或养老信托活动缴款。在政府层面上,"向养老金计划缴款"不能构成一项独立的政府职能。因此,需要将向养老金计划缴款的数额在一般公共服务、公共安全、公共工程等职能中进行分配。

例6 AB市政府2008年6月向员工支付当年5月份的应付工资净额＄3 360。AB市政府应编制如下记录支付工资的会计分录:

同时在普通基金和政府层面的政务活动中：

借：应付工资　　　　　　　　　　　　　　　　　　　　　3 360
　　贷：现金　　　　　　　　　　　　　　　　　　　　　　　　3 360

在以上例6中，在普通基金和在政府层面的政务活动中编制的会计分录一样。

5. 应付税收预期票据及其利息的核算

州和地方政府的大多数日常政务活动支出是在每个月均匀发生的。但州和地方政府支持日常政务活动的收入却通常不是在每个月均匀取得的。例如，州和地方政府的财产税收入通常集中在每年5月份和11月份收取。因此，尽管州和地方政府整个财政年度日常政务活动的收支是基本平衡的，但各月份的收支有时是不平衡的。当有关月份日常政务活动收不抵支时，州和地方政府通常会采用向银行短期融通资金的办法取得小额资金。具体做法是向银行开具税收预期票据，取得相应数额的小额资金借款，还款以未来税收收入作为保证。

例7　AB市政府2008年由于短期资金短缺，向当地银行开出税收预期票据取得短期借款＄600，供普通基金使用。AB市政府应编制如下记录应付税收预期票据的会计分录。

同时在普通基金和政府层面的政务活动中：

借：现金　　　　　　　　　　　　　　　　　　　　　　　600
　　贷：应付税收预期票据　　　　　　　　　　　　　　　　　　600

在以上例7中，AB市政府的征税权是偿还应付税收预期票据的保证。

例8　AB市政府2008年偿还普通基金中应付税收预期票据本金＄600，同时，支付票据利息＄20。AB市政府应编制如下记录应付税收预期票据偿还的会计分录：

在普通基金中：

借：应付税收预期票据　　　　　　　　　　　　　　　　　600
　　支出——2008年　　　　　　　　　　　　　　　　　　　20
　　贷：现金　　　　　　　　　　　　　　　　　　　　　　　 620

同时，在支出明细账中支出栏目的借方登记如下：

其他支出　　　　　　　　　　　　　　　　　　　　　　　　　　20

在政府层面的政务活动中：

借：应付税收预期票据　　　　　　　　　　　　　　　　　600
　　费用　　　　　　　　　　　　　　　　　　　　　　　　20
　　贷：现金　　　　　　　　　　　　　　　　　　　　　　　 620

同时，在费用明细账的借方登记如下：

税收预期票据利息支出　　　　　　　　　　　　　　　　　　　　20

在以上例8中，税收预期票据利息支出在基金层面上可以作为其他支出预算项目。税收预期票据利息支出在基金层面上也可以作为偿债支出中的利息支出处理。在政府层面上，税收预期票据利息支出难以归入具体的职能，因此，单独作为税收预期票据利息支出反映。

6. 基金间交换性交易支出的核算

以上举例都属于州和地方政府在开展日常政务活动中，由于发生与外界的交换性交易业务而形成的支出和费用。州和地方政府在开展日常政务活动中，还可以由于发生基金间交换性交易业务而形成的支出和费用。例如，在普通基金中核算的政府部门，如政府办公室、警察部门、消防部门、税务部门、人事部门等，由于它们使用了在公用事业基金中核算的供水部门提供的水,并且需要向供水部门支付相应的水费,由此,在普通基金中形成了基金间交换性交易支出业务。

例9 AB市政府2008年普通基金应计消防部门应向公用事业基金中的供水部门支付的水费＄680。AB市政府应编制如下记录基金间交换性交易支出的会计分录:

在普通基金中:

借:支出——2008年　　　　　　　　　　　　680
　　贷:应付其他基金款　　　　　　　　　　　　　680

同时,在支出明细账中支出栏目的借方登记如下:

公共安全　　　　　　　　　　　　　　　　　　　680

在政府层面的政务活动中:

借:费用　　　　　　　　　　　　　　　　　680
　　贷:内部往来　　　　　　　　　　　　　　　　680

同时,在费用明细账的借方登记如下:

公共安全　　　　　　　　　　　　　　　　　　　680

在以上例9中,普通基金的业务在政府层面上属于政务活动,公用事业基金的业务在政府层面上属于商务活动。在政府层面上,政务活动与商务活动间的结算款项,在"内部往来"账户中核算。

7. 其他资金运用的核算

其他资金运用的主要例子是基金间转账支出。基金间转账支出是由基金间非交换性交易引起的基金间资源转出。

例10 AB市政府2008年经市议会批准从普通基金中转出现金＄1 300,用于创建物料用品内部服务基金。AB市政府应编制如下记录其他资金运用的会计分录:

在普通基金中:

借:其他资金运用　　　　　　　　　　　　1 300
　　贷:现金　　　　　　　　　　　　　　　　　　1 300

同时,在其他资金运用明细账中其他资金运用栏目的借方登记如下:

基金间转账支出　　　　　　　　　　　　　　　1 300

在政府层面政府活动中,则不编制会计分录。原因是普通基金的业务和内部服务基金的业务都属于政府层面政务活动的业务。普通基金与内部服务基金间的交易,对政府层面的政务活动来说,属于内部交易。这种交易对政府层面的政务活动会计主体不产生影响。

在以上例10中,普通基金转出资源创建物料用品内部服务基金的目的,主要是以后可以由内部服务基金统一对外购买办公用品,而不必由各个基金分别去购买办公用品。这样,总体上可以节约采购成本。在创建了内部服务基金后,普通基金、特种收入基金等基金如果需要购买办公用品,可以直接在内部服务基金中订购和购买。对于比较特殊的办公用品,普通基金、特种收入基金等基金仍然可以向外部供应商订购和购买。

普通基金中的基金间转账支出的例子,除了上述向内部服务基金转账用于创建或扩大内部服务基金外,还可以有诸如转出至特种收入基金用于支持特种收入基金的业务、转出至偿债基金用于偿还债务的本金和利息、转出至资本项目基金用于资本项目的购建等。普通基金在各种基金种类中可以起到调节资源的作用。

8. 法定预算支出修改的会计处理

州和地方政府法定预算支出的修改通常会伴随法定预算收入的修改一起进行。法定预算支出修改的会计处理,是冲销或增加年初确定法定预算支出时编制的会计分录中相应账户的数额。

例 11　AB市政府 2008 年 6 月对当年法定预算支出的执行情况进行了一次全面的评审。结合对当年法定预算收入的修改情况,市议会批准对当年的法定预算支出进行一次修改。修改的具体情况为:增加公共安全职能支出 $5 900,减少公共工程职能支出 $1 200。AB市政府应编制如下记录法定预算支出修改的会计分录:

在普通基金中:

借:预算基金余额　　　　　　　　　　　　　　　　　　　　　　　4 700
　贷:预算支出　　　　　　　　　　　　　　　　　　　　　　　　　　　　4 700

同时,在普通基金支出明细账中预算支出栏目的贷方登记如下:

公共安全　　　　　　　　　　　　　　　　　　　　　　　　　　　　　　5 900
公共工程　　　　　　　　　　　　　　　　　　　　　　　　　　　　　（1 200）

法定预算支出的修改仍然只在基金层面上编制会计分录,不在政府层面上编制会计分录。

9. 支出年终结账的会计处理

普通基金在年终支出结账时,应当将所有的法定预算支出账户和实际会计支出账户结平。具体做法为,将法定预算支出账户的贷方余额结转至"预算基金余额"账户,将实际会计支出账户的借方余额结转至"基金余额"账户。

例 12　AB市政府 2008 年末普通基金预算支出合计数为 $136 000,具体情况为:一般公共服务 $24 300,公共安全 $47 300(41 400＋5 900),公共工程 $21 300(22 500－1 200),公共卫生 $21 100,公共文化 $12 200,向养老金计划缴款 $8 400,其他预算支出 $1 400;预算其他资金运用合计数为 $8 100,具体情况为:基金间转账支出 $8 100。2008 年末普通基金"支出保留"账户借方余额合计数为 $700,具体情况为:公共卫生 $400,公共文化 $300。2008 年末普通基金实际会计支出合计数为 $134 750,具体情况为:一般公共服务 $24 280,公共安全 $47 330,公共工程 $21 260,公共卫生 $20 620,公共文化 $11 970,向养老金计划缴款 $8 310,其他预算支出 $980;实际其他资金运用合计数为 $8 140,具体情况为:基金间转账支出 $8 140。AB市政府应编制如下支出年终结账的会计分录:

在普通基金中:

借:预算支出　　　　　　　　　　　　　　　　　　　　　　　136 000
　预算其他资金运用　　　　　　　　　　　　　　　　　　　　　　8 100
　贷:预算基金余额　　　　　　　　　　　　　　　　　　　　　　　　144 100

同时,在普通基金中:

借:基金余额——未作保留　　　　　　　　　　　　　　　　　143 590
　贷:支出——2008 年　　　　　　　　　　　　　　　　　　　　　　134 750
　　其他资金运用　　　　　　　　　　　　　　　　　　　　　　　　　8 140
　　支出保留——2008 年　　　　　　　　　　　　　　　　　　　　　　700

在以上例 12 中,支出年终结账只需要在总分类账户中编制会计分录,不需要在明细分类账户中进行登记。主要原因是支出明细分类账户都是以财政年度为基础进行编制的。次年支出明细分类账户中的数额全部都从零开始。

在以上例12中,"支出保留"账户尽管属于预算控制账户,但由于在编制法定预算支出时没有将其作为预算支出项目进行编制,即记录法定预算支出时没有支出保留项目,因此,"支出保留"账户不与"预算支出"、"预算其他资金运用"账户一起结转至"预算基金余额"账户。在支出年终结账时,"支出保留"账户与"支出"、"其他资金运用"账户一起结转至"基金余额——未作保留"账户。也即在支出年终结账时,"支出保留"账户视同"支出"账户,减少"基金余额——未作保留"账户的数额。支出保留的数字不纳入基金层面上的收入支出表中。也即在基金层面上的收入支出表中,支出仅为实际会计支出。

在以上例12中,AB市政府在2008年末也需要对政府层面的政务活动费用编制年终结账会计分录。由于政府层面的政务活动不仅核算普通基金中的业务,还同时核算特种收入基金、资本项目基金、偿债基金、留本基金、内部服务基金等基金中的业务,因此,以上例12暂不为政府层面的政务活动费用编制年终结账会计分录。

州和地方政府在年终结账时,通常将收入年终结账的会计分录与支出年终结账的会计分录合并在一起进行编制。以 AB 市政府的普通基金为例,收入和支出年终结账的会计分录如下:

在普通基金中:
借:预算支出   136 000
    预算其他资金运用   8 100
    预算基金余额   800
  贷:预算收入   144 900

同时,在普通基金中:
借:收入   145 100
  贷:支出——2008 年   134 750
    其他资金运用   8 140
    支出保留——2008 年   700
    基金余额——未作保留   1 510

在以上两笔收入和支出年终结账会计分录中,第1笔会计分录为冲销记录的法定预算收入和支出,第2笔会计分录为冲销记录的实际会计收入和支出。通过第1笔会计分录,记录法定预算的账户,包括"预算基金余额"账户,全部结平。通过第2笔会计分录,记录实际会计收入和支出以及支出保留的账户全部结平,但"基金余额——未作保留"账户为实账户,表示来年可以自主安排预算的普通基金可用财务资源。

10. 年终支出保留余额在基金余额中作保留以及次年初冲回的会计处理

州和地方政府当年订购的物品在当年不一定全部收到。当年尚未收到的订购物品反映在"支出保留"账户的余额中。然而在支出年终结账时,"支出保留"账户的余额也与"支出"账户一起结转至"基金余额——未作保留"账户。州和地方政府当年订购的物品在当年没有收到的部分,在次年一般仍然有效。不过,在次年收到上年订购的物品时,仍然视为是使用上年的预算资源购买的物品,而不是使用次年的预算资源购买的物品。为如实反映以上客观事实,州和地方政府对年终支出保留的余额在结转至"基金余额——未作保留"后,再通过设置"基金余额——支出保留"账户予以反映。

例 13 AB 市政府 2008 年末普通基金"支出保留"账户结账前借方余额为 $700,其中,公共卫生 $400,公共文化 $300。该支出保留在次年仍然有效,也即次年在收到物品时,仍然可以使用本年的预算支出予以支付。AB 市政府应编制如下在基金余额中作支出保留的会计分录:

在普通基金中:
借:预算基金余额——支出保留　　　　　　　　　　　　　　　700
　　贷:基金余额——支出保留　　　　　　　　　　　　　　　　　　700

在以上例 13 的会计分录中,贷记"基金余额——支出保留"账户表示基金余额增加,但该基金余额是专门为已订购但尚未收到的物品而准备的。与借记"预算基金余额——支出保留"账户相配合,该基金余额的增加是由当年尚未执行完成的预算资源转入的。

在以上例 13 中,政府层面上不需要作会计分录。主要原因是该业务仍然是属于记录预算的业务,而不是实际发生交易的经济业务。

例 14 AB 市政府 2009 年初恢复普通基金中 2008 年末"支出保留"账户结账前借方余额 $700,其中,公共卫生 $400,公共文化 $300。这样处理的目的是为了在 2009 年收到 2008 年订购的物品时可以按照正常的收到订购物品的会计处理方法进行会计处理。AB 市政府应编制如下记录恢复支出保留借方余额的会计分录:

在普通基金中:
借:支出保留——2008 年　　　　　　　　　　　　　　　　　　700
　　贷:预算基金余额——支出保留　　　　　　　　　　　　　　　　700
同时,在 2009 年支出明细账中支出保留栏目的借方登记如下:
公共卫生——2008 年　　　　　　　　　　　　　　　　　　　　400
公共文化——2008 年　　　　　　　　　　　　　　　　　　　　300
同时,在普通基金中:
借:基金余额——支出保留　　　　　　　　　　　　　　　　　700
　　贷:基金余额——未作保留　　　　　　　　　　　　　　　　　　700

在以上例 14 中,借记"支出保留——2008 年"账户表示这是 2008 年订购的尚未收到的物品。贷记"预算基金余额——支出保留"账户,冲销了以上例 13 中的借记"预算基金余额——支出保留"账户。借记"基金余额——支出保留"账户,冲销了以上例 13 中的贷记"基金余额——支出保留"账户。贷记"基金余额——未作保留"账户,使"基金余额——未作保留"账户如同恢复到 2008 年末"支出保留"账户余额尚未结转至"基金余额——未作保留"账户时"基金余额——未作保留"账户的余额。与借记"支出保留——2008 年"账户相配合,贷记"基金余额——未作保留"账户可以表示订购物品的订单仍然在执行过程中。待执行完成后,支出会增加,"基金余额——未作保留"会减少。

例 15 AB 市政府 2009 年收到 2008 年为普通基金公共卫生职能订购的物品一批。该批物品的支出保留数为 $400,实际采购成本数为 $410。物品验收合格,直接交有关业务部门使用。AB 市政府应编制如下收到去年订购物品的会计分录:

在普通基金中:
借:支出保留准备——2008 年　　　　　　　　　　　　　　　400
　　贷:支出保留——2008 年　　　　　　　　　　　　　　　　　　400

同时,在2009年支出明细账中支出保留栏目的贷方登记如下:

公共卫生——2008年　　　　　　　　　　　　　　　　　　　　　　　　400

同时,在普通基金中:

借:支出——2008年　　　　　　　　　　　　　　　　　400
　　支出——2009年　　　　　　　　　　　　　　　　　 10
　　贷:应付凭单　　　　　　　　　　　　　　　　　　　　　　　　410

同时,在2009年支出明细账中支出栏目的借方登记如下:

公共卫生——2008年　　　　　　　　　　　　　　　　　　　　　　　　400
公共卫生——2009年　　　　　　　　　　　　　　　　　　　　　　　　 10

在政府层面的政务活动中:

借:费用　　　　　　　　　　　　　　　　　　　　　410
　　贷:应付凭单　　　　　　　　　　　　　　　　　　　　　　　　410

同时,在2009年费用明细账的借方登记如下:

公共卫生　　　　　　　　　　　　　　　　　　　　　　　　　　　　　410

在以上例15中,在冲销支出保留时应当冲销2008年的支出保留。在确认实际会计支出时,2008年曾经作过支出保留的$400作为2008年的实际会计支出处理;超额部分$10作为2009年的实际会计支出处理。

(四) 特种收入基金主要支出核算举例

特种收入基金支出是指使用特种收入基金收入安排的支出。特种收入基金支出的核算方法与普通基金支出的核算方法基本一样。

1. 记录法定预算支出

例1　AB市政府2008年经批准的道路维护特种收入基金法定预算支出合计数为$2 700,具体情况为:当期支出中公共工程支出$1 900,资本支出$800。2008年初,AB市政府应编制如下记录法定预算支出的会计分录:

在道路维护特种收入基金中:

借:预算基金余额　　　　　　　　　　　　　　　　　2 700
　　贷:预算支出　　　　　　　　　　　　　　　　　　　　　　　　2 700

同时,在道路维护特种收入基金支出明细账中预算支出栏目的贷方登记如下:

公共工程　　　　　　　　　　　　　　　　　　　　　　　　　　　1 900
资本支出　　　　　　　　　　　　　　　　　　　　　　　　　　　　800

在以上例1中,道路维护特种收入基金支出明细账中的"公共工程"为日常消耗性支出,"资本支出"为取得资本资产的支出。这种支出的分类方法,为支出按特性进行的分类,是政务基金中常用的支出分类方法。

在以上例1中,道路维护支出可以作为政府的公共工程职能处理,也可以单独设立一个公共环境职能来处理。

如同普通基金法定预算收支的记录方法,特种收入基金法定预算收入与法定预算支出的批准也可以采用编制一笔复合会计分录的方法予以记录。以AB市政府道路维护特种收入基金为例,记录法定预算收入和法定预算支出的会计分录如下:

在道路维护特种收入基金中:
借:预算收入 1 750
　　预算其他资金来源 1 000
　　贷:预算支出 2 700
　　　　预算基金余额 50
同时,登记道路维护特种收入基金收入明细账和支出明细账。

2. 发生道路维护支出的核算

例2 AB市政府2008年发生道路日常修理支出＄750。其中,＄450以现金支付,＄300尚未支付。AB市政府应编制如下记录发生道路维护支出的会计分录:

在道路维护特种收入基金中:
借:支出 750
　　贷:现金 450
　　　　应付凭单 300
同时,在支出明细账中支出栏目的借方登记如下:
公共工程 750

在政府层面的政务活动中:
借:费用 750
　　贷:现金 450
　　　　应付凭单 300
同时,在费用明细账中的借方登记如下:
公共工程 750

在以上例2中,道路维护特种收入基金如果发生了对外订购物品的业务,可以采用支出保留的预算会计方法。

例3 AB市政府2008年完成了对一条主要道路的日常修理,共发生修理支出＄350。其中,＄100以现金支付,＄250尚未支付。该条主要道路的修理资金由上级州政府通过资金补助的形式提供。上级州政府提供资金补助的合格性条件是,AB市政府已经完成了该条主要道路的日常修理,已经发生了相应的修理支出。AB市政府应编制如下记录发生道路维护支出的会计分录:

在道路维护特种收入基金中:
借:支出 350
　　贷:现金 100
　　　　应付凭单 250
同时,在支出明细账中支出栏目的借方登记如下:
公共工程 350

在政府层面的政务活动中:
借:费用 350
　　贷:现金 100
　　　　应付凭单 250
同时,在费用明细账中的借方登记如下:

| 公共工程 | | 350 |

在以上例3中,支出的确认与收入的确认同步进行。即AB市政府在发生了符合合格性条件的支出时,可以同时确认上级政府补助收入。相应上级政府补助收入的会计处理见本章第一节收入中的特种收入基金主要收入核算举例。

例4 AB市政府道路维护部门2008年采用融资租赁的方法租入一台道路日常维护专用设备。该专用设备的现行市价为 $780。租金在未来5年内分期付清。AB市政府应编制如下记录发生道路维护支出的会计分录:

<u>在道路维护特种收入基金中:</u>

| 借:支出 | 780 | |
| 贷:其他资金来源 | | 780 |

同时,在支出明细账中支出栏目的借方登记如下:

| 资本支出 | 780 |

<u>在政府层面的政务活动中:</u>

| 借:设备 | 780 | |
| 贷:融资租赁应付款 | | 780 |

在以上例4中,AB市政府道路维护部门融资租入专用设备,在道路维护特种收入基金中形成了其他资金来源。相应其他资金来源的会计处理见本章第一节收入中的特种收入基金主要收入核算举例。

3. 支出年终结账的会计处理

例5 AB市政府2008年末道路维护特种收入基金预算支出账户的内容和余额如同年初批准的内容和数额。即2008财政年度内道路维护特种收入基金没有进行过预算支出的修改。2008年末道路维护特种收入基金实际会计支出合计数为 $2 830,具体情况为:公共工程 $2 050,资本支出 $780。AB市政府应编制如下支出年终结账的会计分录:

<u>在道路维护特种收入基金中:</u>

| 借:预算支出 | 2 700 | |
| 贷:预算基金余额 | | 2 700 |

同时,在道路维护特种收入基金中:

| 借:支出 | 2 830 | |
| 贷:基金余额 | | 2 830 |

将以上例5中支出年终结账的会计分录过账后,"预算支出"、"支出"账户的余额均为零。将收入年终结账的会计分录和支出年终结账的会计分录同时过账后,"预算基金余额"账户的余额也为零。支出年终结账时,不需要登记支出明细分类账户。

如同普通基金收入和支出年终结账时会计分录的编制方法,特种收入基金收入年终结账的会计分录与支出年终结账的会计分录也可以合并在一起进行编制。以AB市政府的道路维护特种收入基金为例,收入和支出年终结账会计分录可以为:

<u>在道路维护特种收入基金中:</u>

借:预算支出	2 700	
预算基金余额	50	
贷:预算收入		1 750

预算其他资金来源	1 000

同时,在道路维护特种收入基金中:

借:收入	1 900
其他资金来源	1 020
贷:支出	2 830
基金余额——未作保留	90

在以上两笔收入和支出年终结账会计分录中,第1笔会计分录结平所有预算账户,包括"预算基金余额"账户;第2笔会计分录结平实际会计收入和支出账户,实际会计收入和实际会计支出账户余额的差额反映在"基金余额——未作保留"账户中,表示可用基金余额的数额。

(五) 留本基金主要支出核算举例

例1 AB市政府2008年接受某私营企业捐赠一笔款项计$10 000。根据捐赠协议规定,AB市政府应当将受赠的该笔款项作为投资本金予以保留。投资上的收益以及投资市价的变动应当采用权责发生制会计基础确认。投资上的收益应当转出至图书馆运行基金,用于支持市图书馆的日常运行活动。投资市价的变动应当作为增减投资的本金处理,不能转出至图书馆运行基金。AB市政府2008年将收到的留本基金投资收益$450转出至图书馆运行特种收入基金。AB市政府应编制如下记录留本基金投资收益转出的会计分录:

在留本基金中:

借:其他资金运用	450
贷:现金	450

同时,在其他资金运用明细账的借方登记如下:

基金间转账支出	450

在政府层面的政务活动中,则不编制会计分录。原因是留本基金与特种收入基金都属于政务基金,它们之间的转账业务对政府层面的政务活动不产生影响。

例2 AB市政府2008年末应计留本基金债券投资的利息收入$260。该债券投资的利息收入应当转出至图书馆运行特种收入基金。AB市政府应编制如下记录留本基金应转出投资收益的会计分录:

在留本基金中:

借:其他资金运用	260
贷:应付其他基金款	260

同时,在其他资金运用明细账的借方登记如下:

基金间转账支出	260

在政府层面的政务活动中,则不编制会计分录。

例3 AB市政府2008年末留本基金中"其他资金运用"总分类账户的借方余额为$710,相应其他资金运用明细分类账户的借方余额为:基金间转账支出$710。AB市政府应编制如下留本基金其他资金运用年终结账的会计分录:

在留本基金中:

借:基金余额——未作保留	710
贷:其他资金运用	710

在以上例3中,"基金余额——未作保留"为AB市政府留本基金可用基金余额的减少数。

AB市政府2008年末留本基金收入和其他资金运用年终结账也可以采用编制复合会计分录的方法进行。具体结账会计分录为:

在留本基金中:
借:收入　　　　　　　　　　　　　　　　　　11 310
　贷:其他资金运用　　　　　　　　　　　　　　　710
　　　基金余额——本金保留　　　　　　　　　10 600

将以上收入和其他资金运用年终结账会计分录过账后,"收入"和"其他资金运用"账户全部结平。在留本基金中留下的是"基金余额——本金保留"账户以及相应的诸如"投资"、"应收利息"等资产账户。

第三节　基金余额或净资产

一、基金余额或净资产的概念和种类

在州和地方政府的日常政务活动中,在基金层面上,资产减去负债后的差额,称为基金余额。按照基金的种类分,基金余额包括普通基金的基金余额、特种收入基金的基金余额和留本基金的基金余额。按照基金余额的种类分,基金余额分为已作保留的基金余额和未作保留的基金余额。已作保留的基金余额反映应当用于保留目的的基金余额。如支出保留的基金余额,反映应当用于次年支付本年订购物品款项的基金余额。未作保留的基金余额反映可以自主安排使用的基金余额。

在政府层面上,资产减去负债后的差额,称为净资产。净资产分为资本资产投资(扣除相关负债)、限制性净资产和非限制性净资产三个种类。资本资产投资(扣除相关负债)在数量上反映投资于资本资产的数额及其与相关负债相减后的差额,在内容上反映政府拥有的已经还清款项的资本资产。限制性净资产反映存在限制条件的净资产,如限制用于紧急用途的净资产。非限制性净资产反映不存在限制条件的净资产。在数量上,非限制性净资产为净资产总数减去资本资产投资(扣除相关负债)和限制性净资产后的差额。

二、基金余额或净资产的核算举例

基金余额或净资产的核算内容和核算方法在前面收入以及支出和费用的核算举例中已经涉及。这里再介绍一些前面未曾涉及的核算内容和方法。

(一) 基金余额的核算举例

例　AB市政府2008年末对在普通基金中核算的政务活动部门的办公用品存货进行实地盘点,结果为库存办公用品存货实际成本＄480。2008年普通基金发生购买办公用品存货

支出＄38 800。2008年初库存办公用品存货实际成本为＄420。由此，2008年普通基金实际消耗办公用品存货＄38 200(420＋38 800－480)。2008年期末库存办公用品存货比期初库存办公用品存货增加＄60(480－420)。AB市政府在2008年末应编制如下记录存货增加的会计分录：

在普通基金中：
借：存货　　　　　　　　　　　　　　　　　　　　　　　　　　60
　　贷：基金余额——存货保留　　　　　　　　　　　　　　　　　　　　60

在政府层面的政务活动中，则不编制会计分录。主要原因是在政府层面的政务活动中，存货采用消耗法作会计处理。

在上例中，普通基金购买存货支出＄38 800，由此，"基金余额——未作保留"账户余额减少＄38 800。普通基金实际消耗存货＄38 200，比普通基金购买存货支出小＄600(38 800－38 200)。由此，以购买存货支出计算的基金余额比以存货实际消耗计算的基金余额小＄600。如果以存货实际消耗为依据，基金余额应当等于以购买存货支出为依据计算的基金余额加＄600。该增加的＄600具体表示为存货的增加数。由于存货的增加数不属于可以利用的当期财务资源，或不能用于偿还当期负债，也不能用于安排次年的预算，因此，该部分增加的基金余额需要注明"存货保留"，即会计分录中的贷记"基金余额——存货保留"账户。

（二）净资产的核算举例

政府层面政务活动中的净资产包括资本资产投资（扣除相关负债）、限制性净资产和非限制性净资产三个组成部分。其中，资本资产投资（扣除相关负债）、限制性净资产这两个组成部分分别通过对政府层面的资产、负债、收入和费用的相关数据计算而得。非限制性净资产这个组成部分为差额，即净资产合计数减去资本资产投资（扣除相关负债）和限制性净资产这两个组成部分后的差额。

例1　AB市政府普通基金为公共工程职能部门订购的一台办公设备已经运到，并验收合格，投入使用。该办公设备订购时曾经作过支出保留＄6 000。该办公设备的实际采购成本为＄5 900。其中，＄3 500以现金支付，＄2 400尚未支付。AB市政府应编制如下记录收到订购设备的会计分录：

在普通基金中：
借：支出保留准备——2008年　　　　　　　　　　　　　　　6 000
　　贷：支出保留——2008年　　　　　　　　　　　　　　　　　　　　6 000
再在普通基金中：
借：支出——2008年　　　　　　　　　　　　　　　　　　　5 900
　　贷：应付凭单　　　　　　　　　　　　　　　　　　　　　　　　　2 400
　　　　现金　　　　　　　　　　　　　　　　　　　　　　　　　　　3 500
在政府层面的政务活动中：
借：设备　　　　　　　　　　　　　　　　　　　　　　　　5 900
　　贷：应付凭单　　　　　　　　　　　　　　　　　　　　　　　　　2 400
　　　　现金　　　　　　　　　　　　　　　　　　　　　　　　　　　3 500

在以上例1中，列入政府层面政务活动净资产中的"资本资产投资（扣除相关负债）"项目的数额为＄3 500(5 900－2 400)。其中,购入设备的成本＄5 900为资本资产投资;购入设备尚未支付的应付凭单＄2 400为购入资本资产的相关负债;两者相减后的差额＄3 500为资本资产投资(扣除相关负债)。在以后年度,"资本资产投资(扣除相关负债)"项目的数额随着该办公设备计提折旧而减少,随着偿付该办公设备的应付凭单而增加。在实务中,影响净资产中的"资本资产投资(扣除相关负债)"项目数额的主要政务活动,是州和地方政府的资本资产购建及其偿债活动,而不是日常政务活动。资本资产购建及其偿债活动在基金层面上主要在资本项目基金和偿债基金中核算。

在以上例1中,普通基金购买设备与购买存货,对政府层面政务活动中净资产的影响是不一样的。

例2 AB市政府2008年接受某私营企业捐赠一笔款项计＄10 000。根据捐赠协议规定,AB市政府应当将受赠的该笔款项作为投资本金予以保留。投资上的收益应当转出至图书馆运行基金,用于支持市图书馆的日常运行活动。投资市价的变动应当作为增减投资的本金处理,不能转出至图书馆运行基金。AB市政府2008年末为核算该捐赠业务而在政府层面的政务活动中核算的结果为:"专项职能收入——公共文化"合计＄11 310,其中,本金保留＄10 600,可以支用＄710;费用合计＄0。

在以上例2中,在政府层面政务活动净资产的限制性净资产种类中反映为:限制性净资产＄11 310,其中,本金保留＄10 600,可以支用＄710。该限制性净资产随着图书馆运行特种收入基金逐渐支用由留本基金转入的当期财务资源而逐渐减少,减少的部分为可以支用的数额;随着留本基金取得投资收益以及图书馆运行特种收入基金从其他渠道取得财务资源而逐渐增加,增加的部分为可以支用的数额。

在以上例2中,由于留本基金与图书馆运行特种收入基金都属于政务基金,因此,当留本基金将投资收益转出至图书馆运行特种收入基金时,在政府层面的政务活动中没有发生费用,相应的净资产也没有减少。留本基金中的财务资源与图书馆运行特种收入基金中的财务资源,在政府层面上都属于限制性财务资源,因此,列入净资产的限制性净资产种类中。

限制性净资产在政府的资本资产购建及其偿债活动中经常存在。例如,政府收到应当用于资本资产建设的收入、应当用于偿还长期债务的收入等。在基金层面上,政府的资本资产购建及其偿债活动主要在资本项目基金和偿债基金中核算。

第四节 资产和负债

一、资产与负债的概念和种类

(一) 资产的概念和种类

在州和地方政府的日常政务活动中,资产可以区分为政府层面上的资产和基金层面上的资产两大种类。政府层面上的资产是指政府在开展日常政务活动中拥有或控制的经济资源。其中,既包括流动资产,也包括长期资产。流动资产包括现金、应收税款、应收滞纳税款利息和罚款、应收上级政府款、内部往来、存货等种类。长期资产包括资本资产、长期应收款等种类。

基金层面上的资产是指可以用于偿付当期负债的当期财务资源。按照基金的种类分,基金层面上的资产包括普通基金层面上的资产、特种收入基金层面上的资产和留本基金层面上的资产。按照资产的种类分,基金层面上的资产包括现金、应收税款、应收滞纳税款利息和罚款、应收其他基金款、应收上级政府款、存货等。在基金层面上,资产不包括长期资产。

(二) 负债的概念和种类

在州和地方政府的日常政务活动中,负债可以区分为政府层面上的负债和基金层面上的负债两大种类。政府层面上的负债是指政府在开展日常政务活动中承担的需要以资产偿付的经济责任。其中,既包括流动负债,也包括长期负债。流动负债包括应付凭单、应付利息、递延收入、应付其他政府款等种类。长期负债包括一年内到期的长期负债、一年以上到期的长期负债等种类。

基金层面上的负债是指应当用当期财务资源偿还的负债。按照基金的种类分,基金层面上的负债包括普通基金层面上的负债、特种收入基金层面上的负债和留本基金层面上的负债。按照负债的种类分,基金层面上的负债包括应付凭单、应付利息、应付其他基金款、递延收入等种类。在基金层面上,负债不包括长期负债。

二、资产和负债的核算举例

以上大多数资产和负债的种类在前面收入以及支出和费用的核算举例中已经涉及。这里再介绍一些前面未曾涉及的资产和负债的种类或资产和负债的其他业务内容及其会计核算方法。

1. 基金间贷款的核算

基金间贷款属于基金间交换性交易。提供贷款的基金要求取得贷款的基金按照贷款协议偿还贷款本金并支付贷款利息。

例1 AB市政府2008年普通基金向物料用品内部服务基金提供贷款$950。贷款期限为半年,到期还本付息。AB市政府应编制如下记录普通基金贷款的会计分录:

在普通基金中:

借:应收基金间贷款——当期　　　　　　　　　　　　950
　　贷:现金　　　　　　　　　　　　　　　　　　　　　　950

在政府层面的政务活动中,则不编制会计分录。原因是普通基金与内部服务基金之间的交易,对于政府层面的政务活动来说,属于内部交易。它对政府层面的政务活动没有影响。

在以上例1中,借记"应收基金间贷款——当期"账户表示普通基金预期在1年内可以收回的基金间贷款。该贷款数额仍然可以用于安排次年的预算。

在以上例1中,普通基金向物料用品内部服务基金提供贷款不同于普通基金向物料用品内部服务基金作基金间转账支出。普通基金向物品用品内部服务基金提供贷款属于基金间交换性交易,并且在普通基金中形成债权。普通基金向物料用品内部服务基金作基金间转账支出属于基金间非交换性交易,在普通基金中形成其他资金运用。

例2 AB市政府2008年普通基金向供水公用事业基金提供贷款$2 700。贷款期限为2

年,到期还本付息。AB市政府应编制如下记录普通基金贷款的会计分录:

在普通基金中:
借:应收基金间贷款——非当期　　　　　　　　　　2 700
　　贷:现金　　　　　　　　　　　　　　　　　　　　　　2 700
同时,再在普通基金中:
借:基金余额——未作保留　　　　　　　　　　　　2 700
　　贷:基金余额——应收非当期基金间贷款保留　　　　　　2 700
在政府层面的政务活动中:
借:内部往来　　　　　　　　　　　　　　　　　　2 700
　　贷:现金　　　　　　　　　　　　　　　　　　　　　　2 700

在以上例2中,借记"应收基金间贷款——非当期"账户表示普通基金不可能在1年内收回的基金间贷款。因此,该基金间贷款的数额不能用来安排次年的预算。由此,该基金间贷款的数额需要冲减"基金余额——未作保留"账户,从"基金余额——未作保留"账户转出至"基金余额——应收非当期基金间贷款保留"账户。

在以上例2中,普通基金向供水公用事业基金提供贷款与普通基金向供水公用事业基金支付水费尽管都属于基金间交换性交易,但两者还是有区别的。普通基金向供水公用事业基金提供贷款在普通基金中形成应收基金间贷款。普通基金向供水公用事业基金支付水费在普通基金中形成支出。

普通基金向供水公用事业基金提供贷款与普通基金向供水公用事业基金作基金间转账支出也有区别。普通基金为创立或支持供水公用事业基金可以向供水公用事业基金作基金间转账支出。这种基金间转账支出属于普通基金与供水公用事业基金间的非交换性交易,在普通基金中形成其他资金运用。普通基金向供水公用事业基金提供贷款属于普通基金与供水公用事业基金间的交换性交易,在普通基金中形成债权。

2. 递延收入的核算

递延收入属于负债的一个种类。当州和地方政府在开展日常政务活动中需要将收入的确认时间向后推迟时,形成递延收入的业务。

例3　AB市政府2008年收到上级州政府提供的专项资本补助$2 800。根据上级州政府的要求,该专项资本补助应当用于为公共安全部门购置专项技术设备,以提高公共安全部门的工作能力。AB市政府应当在已经按要求购买了相应设备时,才能取得该笔专项资本补助。AB市政府将以上上级州政府的专项资本补助纳入在普通基金预算中。AB市政府应编制如下记录收到上级州政府专项补助的会计分录:

同时在普通基金和政府层面政务活动中:
借:现金　　　　　　　　　　　　　　　　　　　　2 800
　　贷:递延收入　　　　　　　　　　　　　　　　　　　　2 800

在以上例3中,AB市政府如果将以上上级州政府的专项资本补助纳入在特种收入基金预算中,那么,AB市政府在收到该专项资本补助时,应当通过特种收入基金进行核算。

例4　AB市政府2008年末估计已在普通基金中确认的财产税收入中有$120在本财政年度结束后60天内不能收到。AB市政府应编制如下记录确认递延收入的会计分录:

在普通基金中:

借：收入   120
　　贷：递延收入   120

在政府层面的政务活动中，则不编制会计分录。原因是政府层面的政务活动中财产税收入的确认不受财政年度结束后60天内可以收到的条件限制。

3. 存货的核算

存货属于资产的一个种类。州和地方政府在开展日常政务活动中，如果对于存货业务采用随买随用的管理办法，那么，就没有存货作为一种资产的核算内容；如果对于存货采用购买后入库，使用时再从仓库领出的管理办法，那么，就存在存货作为一种资产的核算内容。

例5　AB市政府2008年收到当年为在普通基金中核算的公共文化部门订购的办公用品存货一批。该批办公用品上曾经作过的支出保留为＄350，实际采购成本为＄340，款项尚未支付。该批办公用品存货已验收入库。AB市政府应编制如下记录验收入库存货的会计分录：

在普通基金中：
借：支出保留准备——2008年   350
　　贷：支出保留——2008年   350
再在普通基金中：
借：支出——2008年   350
　　贷：应付凭单   350
在政府层面的政务活动中：
借：存货   340
　　贷：应付凭单   340

在以上例5中，普通基金对于验收入库的存货一般借记"支出"账户。政府层面的政务活动对于验收入库的存货借记"存货"账户。普通基金中记录验收入库的存货的这种会计处理方法称为购买法，即对于购买的存货在验收入库时作为支出处理，领出使用时不作会计处理，期末盘点时根据存货的增减情况再作相应的会计处理。政府层面的政务活动中记录验收入库的存货的这种会计处理方法称为消耗法，即对于购买的存货在验收入库时作为存货处理，领出使用时作为费用处理。普通基金中记录验收入库的存货采用购买法的主要原因，是普通基金需要考核法定预算支出的执行情况。普通基金购买存货的业务在法定预算中作为预算支出项目处理。政府层面政务活动中记录验收入库的存货采用消耗法的主要原因，是政府层面的政务活动不需要考核法定预算支出的执行情况。政府层面的政务活动采用经济资源计量重点和权责发生制会计基础。

第五节　日常政务活动中的内部有偿服务

一、日常政务活动中内部有偿服务的概念

在州和地方政府内部的有关职能部门或有关政务基金中，通常存在一些共同的经济业务

内容。例如,有关政府职能部门或有关政务基金都可能会需要采购办公用品、使用办公车辆等。这些共同的经济业务可以分别在有关的政务基金中核算;也可以将它们集中起来,通过设置内部服务基金进行核算。例如,政府的有关职能部门或普通基金、特种收入基金等可以分别去采购办公用品,然后,再仓储办公用品和领用办公用品。办公用品的采购、仓储和领用的经济业务可以分别在普通基金、特种收入基金等政务基金中核算。政府也可以将办公用品的采购、仓储和发送业务集中起来,设置专门的职能部门负责,并通过设置物料用品内部服务基金进行核算。普通基金、特种收入基金等政务基金在需要使用办公用品时,可以向物料用品内部服务基金按照成本补偿的原则进行购买。物料用品内部服务基金向普通基金、特种收入基金等政务基金提供的这种物料用品供应服务,为政府在开展日常政务活动中的内部有偿服务。即物料用品内部服务基金与普通基金、特种收入基金等政务基金间的业务属于日常政务活动中的内部业务,并且这一内部业务是有偿提供的内部业务,或是交换性交易的内部业务。日常政务活动中政府内部车队服务的业务,情况也是如此。日常政务活动中内部有偿服务的业务一般发生在内部服务基金与普通基金、特种收入基金等政务基金之间。

州和地方政府在日常政务活动中开展内部有偿服务业务的主要目的,是为了能够更加有效的管理财务资源。例如,将各政务基金分别采购和管理办公用品的业务集中在物料用品内部服务基金中,一方面,可以使办公用品的采购和管理业务更加专业化,从而可以采购到更加符合需要的办公用品;另一方面,也可以使采购成本由于批量采购而有所降低。除此之外,使用办公用品的普通基金和特种收入基金等政务基金,对于办公用品的业务,也基本上可以采用随买随用、需要多少购买多少的管理办法,从而简化了相应政务基金的办公用品管理和核算业务。

二、日常政务活动中内部有偿服务的核算

(一) 内部服务基金的设立

政府日常政务活动中内部有偿服务的核算主要通过设立内部服务基金进行。政府设立内部服务基金需要得到议会的批准。议会在批准可以设立内部服务基金时,会对内部服务基金初始资金的来源、成本补偿的内容、定价政策等相关内容作出明确规定。例如,在初始资金的来源方面,内部服务基金在创立时的初始资金可以来源于其他基金如普通基金、公用事业基金等的无偿转入,也可以来源于其他基金如普通基金、公用事业基金等的长期或短期贷款,还可以来源于由税收支持的债券发行收入。在成本补偿的内容方面,内部服务基金成本补偿的内容可以是购入物品的采购成本,也可以是购入物品的采购成本加上取得资本资产需要补偿的成本即资本资产的折旧费用,还可以是物品采购成本加上资本资产折旧费用再加上资本资产扩建成本。在定价政策方面,内部服务基金向普通基金、特种收入基金等政务基金提供物品或服务的价格视内部服务基金成本补偿的内容,可以有多种价格。议会对内部服务基金批准的内容越具体,表示它对内部服务基金的控制也就越直接。一般情况下,内部服务基金的一部分初始资金会来源于其他基金如普通基金的无偿转入;内部服务基金成本补偿的内容会包括购入物品的采购成本加上资本资产的折旧费用,内部服务基金资本资产的扩建成本再通过其他基金无偿转入等方式弥补;内部服务基金的定价政策应当以成本补偿为原则,但所定价格应当

低于外部供应商的定价,否则,内部服务基金就失去存在的意义。

(二) 内部服务基金的计量重点和会计基础

由于内部服务基金采用成本补偿原则,即内部服务基金在向普通基金、特种收入基金等政务基金提供物品时需要考虑售价能够弥补成本,因此,内部服务基金采用经济资源计量重点和权责发生制会计基础。在内部服务基金中,资产包括流动资产和长期资产,负债包括流动负债和长期负债。但资产减去负债后的差额仍为净资产,包括资本资产投资(扣除相关负债)、限制性净资产和非限制性净资产三个组成部分。也即内部服务基金的资产负债表,其基本结构与政府层面政务活动的资产负债表相同。在收入和费用方面,内部服务基金在开展业务活动中取得的收入为经营收入,在开展业务活动中发生的费用为经营费用,经营收入减去经营费用后的差额为经营收益。经营费用中包括资本资产的折旧费用。基金间转账收入属于非经营收入,与经营收益进行区分。即基金间转账收入不构成经营收益的一部分。债务利息费用和投资收益也作为非经营收入,不计入经营收益。内部服务基金收入费用表的简要格式如表 7-5 所示。

表 7-5 内部服务基金收入费用表的简要格式

经营收入		
销售收入		$×××
经营费用		
销售成本	$××	
管理费用	××	
……		
经营费用合计		×××
经营收益		×××
非经营收入和非经营费用		
投资收益	××	
利息费用	××	
……		
非经营收入和非经营费用合计		×××
基金间转账收入		×××
基金间转账支出		×××
净资产的变动		×××
期初净资产		×××
期末净资产		$×××

(三) 双轨制会计记账方法和预算会计方法

1. 双轨制会计记账方法

内部服务基金的业务属于政府的在开展政务活动中的业务。内部服务基金采用的计量重点和会计基础与政府层面的政务活动采用的计量重点和会计基础是一样的。从这一点上看,对于内部服务基金的业务,没有必要采用双轨制会计记账方法,即同时在内部服务基金中和在政府层面的政务活动中作会计记录。但内部服务基金与政务基金的交易,对于政府层面的政务活动来说,属于内部交易,其交易结果应当在政府层面的政务活动中予以抵销。如果不采用双轨制会计记账方法,在将内部服务基金与政务基金之间的交易结果汇入政府层面的政务活动时,容易造成直接将内部服务基金的记录结果加入政府层面的政务活动中,从而造成在政府层面的政务活动中的记录错误,即多记了相应的收入和费用等数据。因此,为避免政府层面的政府活动中可能产生的记录错误,同时,也为方便在政府层面的政务活动中直接累积日常交易的结果,对于日常政务活动中的内部有偿服务业务,政府仍然可以考虑采用双轨制会计记账方法。

2. 预算会计方法

内部服务基金一般不采用预算会计方法。主要原因是内部服务基金一般不采用固定数额的法定预算。即立法机构一般不为内部服务基金确定固定数额的年度收入和年度费用的数额。内部服务基金一般采用弹性预算的管理方法,即在费用增加的同时,可以相应地增加收入。立法机构控制内部服务基金的常用方法,是给内部服务基金确定某个比例,如内部服务基金在向政务基金提供物品时,售价应当按照成本加成30%确定等。与此同时,政务基金在需要购买相应的物品时,仍然可以同时考虑向内部服务基金购买或向外部供应商购买。当然,如果政府对内部服务基金的预算管理方法与对诸如普通基金等政务基金的预算管理方法一样,即采用年度固定数额收支预算的管理方法,那么,内部服务基金也需要采用预算会计方法。

(四)物料用品内部服务基金主要业务核算举例

1. 物料用品内部服务基金的设立

物料用品内部服务基金的设立需要经过立法机构的批准。物料用品内部服务基金在设立时的初始资金来源可以有其他基金转入、向其他基金贷款等。

例1 AB市政府2008年经市议会批准从普通基金中转出现金$19 300和物料用品存货$4 500,用于创建物料用品内部服务基金。根据规定,在普通基金转出的现金$19 300中,$18 000应当用于购买合适的房屋,用于仓储和办公目的;其余$1 300(19 300－18 000)由物料用品内部服务基金自主安排使用。AB市政府应编制如下记录其他基金转入财务资源的会计分录:

在物料用品内部服务基金中:

借:现金	19 300
存货	4 500
贷:基金间转账收入——普通基金转入	23 800

在政府层面政府活动中,则不编制会计分录。主要原因是普通基金与内部服务基金间的交易,属于政府层面政务活动中的内部交易。这种交易对政府层面的政务活动没有影响。

在以上例1中,基金间转账收入不称为其他资金来源,是一个独立的类别。这一点,不同于普通基金、特种收入基金等政务基金。另外,物料用品内部服务基金中借方记录的现金$19 300,其中,$18 000为限制性资产,限制用于购买合适的房屋;其余$1 300为非限制性资产。

例2 AB市政府2008年物料用品内部服务基金按规定使用普通基金转入的现金购买了一栋房屋,价款为$14 000。AB市政府应编制如下记录购买房屋的会计分录:

同时在物料用品内部服务基金和政府层面的政务活动中:
  借:房屋和建筑物   14 000
    贷:现金   14 000

在以上例2中,物料用品内部服务基金也记录资本资产。这一点,不同于普通基金、特种收入基金等政务基金。物料用品内部服务基金购买房屋暂时只使用了普通基金提供的款项$18 000中的$14 000。另外$4 000(18 000－14 000)仍然是物料用品内部服务基金中的限制性资产。

例3 AB市政府2008年物料用品内部服务基金按规定向供水公用事业基金贷款$10 000,目的是购买相应的办公设备。该贷款为无息贷款,在未来5年内等额偿还。AB市政府应编制如下记录取得基金间贷款的会计分录:

在物料用品内部服务基金中:
  借:现金   10 000
    贷:应付基金间贷款——当期   2 000
      应付基金间贷款——非当期   8 000

同时,在政府层面的政务活动中:
  借:现金   10 000
    贷:内部往来   10 000

在以上例3中,将"应付基金间贷款"区分为"当期"和"非当期"两部分,是因为物料用品内部服务基金中的负债需要区分流动负债和长期负债。在政府层面上,政务活动与商务活动间的结算款项,都在"内部往来"中核算。

2. 物料用品内部服务基金的日常运行

物料用品内部服务基金的日常运行业务主要包括向外部供应商购买物料用品存货、向政务部门或政务基金销售物料用品存货、支付日常办公经费、支付工作人员工资、计提资本资产折旧费用等。

例4 AB市政府2008年物料用品内部服务基金向外部供应商购买日常办公用品$350,款项尚未支付。AB市政府应编制如下记录购买物料用品存货的会计分录:

同时在物料用品内部服务基金和政府层面的政务活动中:
  借:存货   350
    贷:应付凭单   350

在以上例4中,内部服务基金与外部供应商的交易,在基金层面上的记录与在政府层面上的记录通常没有很大差异。

例5 AB市政府2008年物料用品内部服务基金按照成本加成30%的比例向普通基金销售办公用品存货成本$500,相应的售价为$650(500×130%),款项尚未收到。在物料物品内部服务基金向普通基金销售的办公用品存货成本$500中,$200为一般公共服务职能部门耗用,$200元为公共安全职能部门耗用,$100元为公共卫生职能部门耗用。AB市政府应编制如下记录销售物料用品的会计分录:

在物料用品内部服务基金中:

借:应收其他基金款	650	
贷:经营收入		650

同时,在经营收入明细账的贷方登记如下:

销售收入		650

再在物料用品内部服务基金中:

借:经营费用	500	
贷:存货		500

同时,在经营费用明细账的借方登记如下:

销售成本		500

在政府层面的政务活动中:

借:费用	500	
贷:存货		500

同时,在费用明细账的借方登记如下:

一般公共服务		200
公共安全		200
公共卫生		100

在以上例5中,物料用品内部服务基金确认的经营收入＄650为应收普通基金的销售款项。该业务内容对政府层面的政务活动没有影响。物料用品内部服务基金确认的经营费用＄500属于物料用品内部服务基金的资源消耗,同时,也是政府层面政务活动的资源消耗,因此,在政府层面的政务活动中也相应确认费用＄500。尽管如此,在基金层面上和在政府层面的政务活动中确认的费用的明细账内容是不一样的。在基金层面上,该费用的明细账内容为经营费用中的销售成本。在政府层面的政务活动中,该费用的明细账内容为一般公共服务、公共安全和公共卫生。

例6 AB市政府2008年物料用品内部服务基金支付管理人员工资＄160,支付业务人员工资＄280。AB市政府应编制如下记录支付工资的会计分录:

在物料用品内部服务基金中:

借:经营费用	440	
贷:现金		440

同时,在经营费用明细账的借方登记如下:

管理费用——工资费用		160
业务费用——工资费用		280

在政府层面的政务活动中:

借:费用	440	
贷:现金		440

同时,在费用明细账的借方登记如下:

一般公共服务		440

在以上例6中,物料用品内部服务基金中的费用需要区分为经营费用与非经营费用两大类。经营费用再可以区分为销售成本、管理费用、业务费用等种类。其中,管理费用是指管理部门为管理内部服务基金而发生的费用;业务费用是指业务部门为开展具体业务活动如采购

活动、仓储活动、配送活动等而发生的费用。在政府层面的政务活动中，物料用品内部服务基金中的管理费用、业务费用等经营费用都可以计入一般公共服务职能费用。

例7 AB市政府2008年物料用品内部服务基金计提资本资产折旧费用共计$900，其中，管理部门使用的资本资产的折旧费用为$240，业务部门使用的资本资产的折旧费用为$660；房屋和建筑物的折旧费用为$550，机器和设备的折旧费用为$350。AB市政府应编制如下记录计提资本资产折旧费用的会计分录：

在物料用品内部服务基金中：
借：经营费用　　　　　　　　　　　　　　　　　　　900
　　贷：累计折旧　　　　　　　　　　　　　　　　　　　900
同时，在经营费用明细账的借方登记如下：
管理费用——折旧费用　　　　　　　　　　　　　　240
业务费用——折旧费用　　　　　　　　　　　　　　660
在政府层面的政务活动中：
借：费用　　　　　　　　　　　　　　　　　　　　900
　　贷：累计折旧　　　　　　　　　　　　　　　　　　　900
同时，在费用明细账的借方登记如下：
一般公共服务　　　　　　　　　　　　　　　　　　900

在以上例7中，由于内部服务基金采用经济资源计量重点和权责发生制会计基础，因此，需要对资本资产计提折旧费用。这一点，与普通基金、特种收入基金等政务基金不同。

3. 物料用品内部服务基金的年终结账

物料用品内部服务基金年终结账时，应当将所有经营收入、非经营收入、基金间转账收入和经营费用、非经营费用、基金间转账支出账户的余额全部结平。

例8 AB市政府2008年末物料用品内部服务基金年终结账时，"经营收入"总分类账户的贷方余额为$7 800，有关明细分类账户的贷方余额为："销售收入"$7 800；"基金间转账收入"总分类账户的贷方余额为$23 800，有关明细分类账户的贷方余额为："普通基金转入"$23 800。"经营费用"总分类账户的借方余额为$7 680，有关明细分类账户的借方余额为："销售成本"$6 000，"管理费用"$460，"业务费用"$1 220。假设2008年末物料用品内部服务基金中包括房屋和建筑物以及机器和设备在内的资本资产原始成本为$24 000，累计折旧为$900，购买机器和设备尚未偿付的贷款为$8 000。由此，物料用品内部服务基金资产负债表中净资产部分的资本资产投资（扣除相关负债）的数额为$15 100（24 000－900－8 000）。再假设2008年末物料用品内部服务基金中尚存来自普通基金转入的限制用于购买房屋的款项$4 000。AB市政府应编制如下物料用品内部服务基金年终结账的会计分录：

在物料用品内部服务基金中：
借：经营收入　　　　　　　　　　　　　　　7 800
　　基金间转账收入　　　　　　　　　　　　23 800
　　贷：经营费用　　　　　　　　　　　　　　　7 680
　　　　净资产——资本资产投资（扣除相关负债）　15 100
　　　　净资产——限制性净资产　　　　　　　　4 000
　　　　净资产——非限制性净资产　　　　　　　4 820

同时,结平所有经营收入、基金间转账收入和经营费用的明细账。

在以上例8中,AB市政府物料用品内部服务基金获得经营利润＄120(7 800－7 680)。

在以上例8中,AB市政府2008年末也可以为物料用品内部服务基金编制如下年终结账的会计分录:

在物料用品内部服务基金中:

借:经营收入	7 800	
贷:经营费用		7 680
经营利润		120

再在物料用品内部服务基金中:

借:经营利润	120	
贷:净资产——非限制性		120

再在物料用品内部服务基金中:

借:基金间转账收入	23 800	
贷:净资产——限制性净资产		4 000
净资产——非限制性净资产		19 800

再在物料用品内部服务基金中:

借:净资产——非限制性净资产	15 100	
贷:净资产——资本资产投资(扣除相关负债)		15 100

无论怎样为物料用品内部服务基金编制年终结账的会计分录,所有收入类账户和费用类账户都应当结平。在物料用品内部服务基金年终资产负债表中,净资产类别中的资本资产投资(扣除相关负债)项目的数额,应当等于资本资产的原始成本减去累计折旧的数额再减去与取得资本资产相关的尚未清偿的负债的数额;净资产类别中的限制性净资产项目的数额,应当等于存在外部资源提供者或法律法规使用条件限制的资产的数额;非限制性净资产项目的数额,应当是净资产总数扣除资本资产投资(扣除相关负债)和限制性净资产后的差额。

AB市政府2008年末政府层面的政务活动也需要进行年终结账。但政府层面的政务活动除了包括内部服务基金的业务活动外,还包括各政务基金的业务活动。政府层面政务活动的年终结账应当在所有政务活动全部完成时再进行。

主要专业名词英汉对照

Appropriation   预算支出,核定支出
Available   可以利用
Budget account   预算账户
Budgetary accounting   预算会计
Budgeted fund balance   预算基金余额
Capital grant and contribution   资本补助和捐助
Charge for service   服务收费收入,服务费收入

Due from other fund　应收其他基金款
Due to other fund　应付其他基金款
Eligibility　合格性要求
Encumbrance　支出保留
Estimated revenue　预算收入,估计收入
Exchange transaction　交换性交易
Exchange-like transaction　类似交换性交易
Expenditure　支出
Expense　费用
Fine and forfeit　罚没收入
Fund balance　基金余额
General government　一般公共服务
General revenue　一般收入
Interfund transfer in　基金间转账收入
Interfund transfer out　基金间转账支出
Intergovernmental revenue　政府间收入,上级政府补助收入
Internal balance　内部往来,内部余额
Invested in capital asset, net of related debt　资本资产投资,扣除相关负债
License and permit　证照收费收入
Measurable　可以计量
Net asset　净资产
Nonexchange transaction　非交换性交易
Operating grant and contribution　日常运行补助和捐助
Other financing source　其他资金来源
Other financing use　其他资金运用
Program revenue　专项职能收入
Public safety　公共安全
Public works　公共工程
Reserved　已作保留
Restricted　限制性
Tax revenue　税收收入
Transfer　转账
Unreserved　未作保留
Unrestricted　非限制性

第八章
资本资产购建与偿债活动会计

第一节 收 入

一、收入的概念

州和地方政府的政务活动可以区分为日常政务活动和资本资产购建与偿债活动两大类。其中,资本资产购建与偿债活动属于非本期受益性活动。资本资产的购建会形成资本资产的增加,而本期增加的资本资产可以为以后多个财政年度提供服务。偿还债务会形成以前年度债务的减少,而以前年度的债务通常与以前年度购建资本资产相关,或与以前年度资本资产提供的服务相关。因此,资本资产购建与偿债活动的受益期间主要为以后年度和以前年度,而不仅仅是本财政年度。州和地方政府资本资产购建和偿债活动,在基金层面上,主要通过资本项目基金和偿债基金核算;在政府层面上,在政务活动会计主体中核算。州和地方政府的日常政务活动,在基金层面上,一般在普通基金和特种收入基金中核算;在政府层面上,也在政务活动会计主体中核算。

资本资产购建和偿债活动中的收入是指州和地方政府在开展资本资产购建和偿债活动中取得的收入。州和地方政府在开展资本资产购建活动中取得的收入的例子主要有:上级政府补助收入、社会捐助收入等。州和地方政府在开展偿债活动中取得的收入的例子主要有:征收的专项税收、投资收益等。

在州和地方政府开展的资本资产购建和偿债活动中,取得的收入应当与取得的其他资金来源进行区分。在开展资本资产购建活动中取得的其他资金来源的例子主要有:发行长期债券收入、基金间转账收入等。在开展偿债活动中取得的其他资金来源的例子主要有:基金间转账收入、发行调换债券收入即发行新债偿还旧债过程中的新债券发行收入等。

在州和地方政府开展的资本资产购建和偿债活动中,资本资产购建的资金主要来源于发行长期债券取得的资金。长期债券的偿还主要依靠以后逐年征收的税款。上级政府补助收入主要用于资本资产的购建。社会捐助收入通常也是资本资产购建的一个资金来源,社会公益性公共工程项目购建活动尤其如此。投资收益通常是偿债活动的一个资金来源,到期一次性还本债券的偿债活动尤其如此。

二、收入的分类

(一) 政府层面上收入的分类

包括资本资产购建和偿债活动在内的政务活动收入,在政府层面上,都主要区分为专项职能收入和一般收入两大类。其中,专项职能收入是指直接用来补偿专项职能费用的收入,具体再分为服务收费收入、日常运行补助和捐助收入、资本补助和捐助收入三个种类。一般收入是指不直接用来补偿专项职能费用的收入,具体再分为税收收入、非限制性补助和捐助收入、投资收益等种类。州和地方政府在开展资本资产购建活动中取得的收入,如上级政府补助收入、接受社会捐赠收入等,在政府层面上,一般归入专项职能收入中的资本补助和捐助收入,即应当用于资本目的的补助和捐助收入。州和地方政府在开展偿债活动中取得的收入,如征收的专项税收收入、投资收益等,一般归入一般收入中,但具体应注明限定用于偿债目的,以区别于用于一般目的。州和地方政府在开展政务活动中取得的税收收入和投资收益,不论其是否限定用途,均作为一般收入处理,即不作为直接用来补偿专项职能费用的收入处理。在专项职能收入中,服务收费收入具有交换性交易收入的特征;日常运行补助和捐助以及资本补助和捐助都属于补助和捐助,它们都具有其他政府、私营企业或个人自愿提供的特征。在一般收入中,税收收入具有政府强制征收的特征,投资收益具有政府运作财务资源结果的特征。

在政府层面上,政务活动是一个会计主体。政务活动的收入不区分日常政务活动的收入以及资本资产购建和偿债活动的收入。也即日常政务活动的收入以及资本资产购建和偿债活动的收入只在基金层面上进行区分,在政府层面的政务活动收入中是混合在一起的。

州和地方政府资本资产购建和偿债活动中政府层面上收入的分类情况,仍然可以参照表7-1"政府层面业务活动表(政务活动部分)的简要格式"。

(二) 基金层面上收入的分类

1. 资本项目基金中收入的分类

资本项目基金是专门用于核算政务活动中资本资产购建活动的一个政务基金。专门设置资本项目基金的目的,一方面是为了确保政府将相应的财务资源用于资本资产的购建目的,而不能用于其他目的;另一方面是为了政府可以向有关方面解除相应的财务受托责任,即政府为资本资产购建目的而筹集的资金确实用在了资本资产的购建上。资本项目基金设置的个数因法律法规的规定而有所不同。在有些州和地方政府,法律法规允许只设置一个资本项目基金,用以核算所有的资本资产购建业务。在另外一些州和地方政府,法律法规要求为每一个资本资产购建业务设置一个独立的资本项目基金,以分别核算不同资本资产的购建业务。与普通基金和特种收入基金相比,资本项目基金具有按项目购建周期编制预算以及其存在时间与项目购建时间相一致的特点。资本项目一旦购建完成,相应的资本项目基金也就不再存在。普通基金和特种收入基金是按财政年度编制预算的。其中,普通基金是一个永久存在的基金,或持续经营的基金;特种收入基金一旦特种目的完成,也将不再存在。

资本项目基金中收入的种类主要有专项税收收入、上级政府补助收入、社会捐助收入、投资收益等。其中,专项税收收入是指专门为资本项目基金征收的税款。在普通基金中征收的税款转出至资本项目基金,在资本项目基金中不作为收入处理,而作为其他资金来源处理。上级政府补助收入是指上级政府向本级政府提供的资本资产购建资金补助。上级政府可能会采用固定数额的资本补助形式,即提供固定数额的资本资产购建补助;也可能会采用成本分成的资本补助形式,即提供资本资产购建成本总额的一定百分比数额的资本购建补助。社会捐助收入是指私营企业或个人向资本项目基金提供的捐助。私营企业或个人向资本项目基金提供捐助的原因,可以有获得荣誉、作为宣传、实现意愿、相互合作等。投资收益是指资本项目基金利用多余的资金进行对外投资而取得的收益。资本资产购建的资金一般主要来源于债券发行收入。由于政府发行的公债具有免息的特别优惠,因此,债券筹资成本往往比较低。用债券发行收入进行对外投资以取得较高的利息收入,这种业务活动可能会涉及套利的问题,具体应视有关法律法规的规定而行。如果资本项目基金中取得的投资收益按照规定应当转出至偿债基金用于偿付相关的债务,那么,资本项目基金收到的投资收益就不作为收入处理,而作为应付其他基金款处理。

在资本项目基金中,收入应当与其他资金来源进行区分。其他资金来源是指除了收入以外的其他可以用于资本资产购建的资金来源,主要包括债券发行收入和基金间转账收入。其中,债券发行收入是指专门为资本资产购建而通过发行债券的方法取得的收入。债券发行收入可以用于资本资产的购建,但债券发行形成的债务需要在未来期间予以偿还。基金间转账收入是指由其他基金转入资本项目基金的财务资源。基金间转账收入在资本项目基金中形成可用财务资源的增加,但基金间转账收入不增加政府作为一个整体的财务资源,它只是政府作为一个整体的财务资源在不同的基金间进行转移。在资本项目基金中,基金间转账收入的主要例子是普通基金向资本项目基金转出财务资源,用以支持资本资产的购建。

资本项目基金中收入和其他资金来源的分类情况可如表8-1"资本项目基金收入支出表的简要格式"所示。

表 8-1 资本项目基金收入支出表的简要格式

收入:		
上级政府补助收入	$×××	
投资收益	××	
其他收入	××	
收入合计		$×××
支出:		
资本支出	×××	
支出合计		×××
收入超过支出的差额		(×××)
其他资金来源和运用:		
债券发行收入	×××	
基金间转账收入	××	
基金间转账支出	(××)	
其他资金来源和运用合计		×××
基金余额的变动		××
期初基金余额		×××
期末基金余额		$×××

2. 偿债基金中收入的分类

偿债基金是专门用于核算政务活动中长期债务偿还活动的一个政务基金。专门设置偿债基金的目的与专门设置资本项目基金的目的一样,即一方面是为了确保政府将相应的财务资源用于偿债目的,而不能用于其他目的;另一方面是为了政府可以向有关方面解除财务受托责任,即政府为偿还长期债务目的而筹集的资金确实用在了偿还长期债务上。偿债基金的个数也因法律法规的规定而有所不同。一般情况下,如果法律法规没有明确规定,尽管各种长期债务协约条款的内容可能并不相同,州和地方政府仍然可以只设置一个偿债基金,用以核算所有的长期债务偿还业务。至于各种长期债务及其偿还的具体情况,可以再通过设置相应明细分类账户的方法进行反映。州和地方政府的偿债预算通常按财政年度编制。这一点与资本项目基金不同。

偿债基金中收入的种类主要有专项税收收入、投资收益、债券发行时的应计利息等。其中,专项税收收入是指专门为偿债基金征收的税款。如果有关税款在普通基金中征收,然后再转入偿债基金,供偿债使用,此时,在偿债基金中不形成收入,而形成其他资金来源。投资收益是指偿债基金利用多余的财务资源进行对外投资而取得的收益。投资收益在一次性还本债券偿债基金中最为常见。在一次性还本债券偿债基金中,收入和其他资金来源的数额在每年是基本平均的。最后债券本金的偿还,在很大程度上取决于对每年收入和其他资金来源进行投资所取得的投资收益。债券发行时的应计利息是指由于债券推迟发行而在发行时债券内含的利息。通常情况下,债券发行的面值收入在资本项目基金中作为其他资金来源处理,用于资本资产的购建。也即资本项目基金通常按发行债券的面值收入编制收入预算。债券发行时的应计利息和发行溢价在偿债基金中作为收入和其他资金来源处理,用于偿还债务本息。

在偿债基金中,收入也应当与其他资金来源进行区分。其他资金来源是指除了收入以外的其他可以用于偿还债务本息的资金来源,主要包括基金间转账收入、债券发行溢价等。其中,基金间转账收入是指由其他基金转入财务资源而形成的可用财务资源的增加。在偿债基金中,基金间转账收入的常见例子有普通基金转入财务资源、资本项目基金结束时转入多余资金等。债券发行溢价是指债券的发行收入超过债券面值和应计利息的部分。债券发行溢价是政府在证券市场上筹集到的额外资金,即比作为收入预算编制的债券面值更多的资金。主要是因为这个原因,债券发行溢价在偿债基金中作为其他资金来源处理。债券发行时的应计利息在偿债基金中作为收入处理的主要原因,是债券的推迟发行并不减少债券利息支付的数额。债券发行时的应计利息仍然需要在债券付息日向债券投资者支付。因此,债券发行时的应计利息并没有额外增多债券发行收入。

偿债基金中收入和其他资金来源的分类情况可如表 8-2 "偿债基金收入支出表的简要格式"所示。

表 8-2 偿债基金收入支出表的简要格式

收入:		
税收收入	$××	
投资收益	××	
其他收入	××	
收入合计		$×××

续表

支出:		
偿债支出		
偿还本金	××	
支付利息	××	
支出合计		×××
收入超过支出的差额		(××)
其他资金来源和运用:		
基金间转账收入	××	
其他资金来源和运用合计		××
基金余额的变动		××
期初基金余额		××
期末基金余额		$××

三、收入的确认

(一) 政府层面上收入的确认

政府层面的政务活动采用经济资源计量重点和权责发生制会计基础。因此,在政府层面上,包括资本资产购建和偿债活动在内的政务活动收入采用权责发生制会计基础确认。即收入应当在已经实现并可以计量时确认。

(二) 基金层面上收入的确认

政务基金采用当期财务资源计量重点和修改的权责发生制会计基础。因此,资本项目基金和偿债基金中的收入采用修改的权责发生制会计基础确认。即收入应当在可以利用并可以计量时确认。

四、收入的核算

(一) 双轨制会计记账方法和预算会计方法

1. 双轨制会计记账方法

州和地方政府的资本资产购建和偿债活动分别需要在政府层面的政务活动中以及政务基金的资本项目基金和偿债基金中进行核算。并且在政府层面上核算时采用的计量重点和会计基础与在基金层面上进行核算时采用的计量重点和会计基础不同。因此,如同日常政务活动中的收入一样,资本资产购建和偿债活动中的收入也可以采用双轨制会计记账方法。

2. 预算会计方法

州和地方政府的资本项目基金可以不采用完整的预算会计方法。主要原因是,一方面,资本项目基金一般不采用按财政年度编制法定预算的方法,而采用按资本项目编制法定预算的方法。因此,资本项目基金中一般没有各财政年度的法定预算收支的信息,从而也就无所谓作法定预算数与实际发生数之间的比较。财政年度结束时,资本项目基金中尚未取得的法定预算收入和尚未发生的法定预算支出并不会自动失效,即在次年仍然有效。这一点与普通基金和特种收入基金不同。另一方面,资本项目经过法定程序批准后,资本项目基金中的法定预算支出总数和法定预算收入总数已经确定。然而,资本项目基金中的法定预算收入总数能否实现取决于政府公债能否顺利发行、上级政府补助收入能否顺利收到等因素。只有在政府公债能够顺利发行、上级政府补助收入能够顺利收到的前提下,建造商才可能开工建设经批准的资本项目。资本资产的购建可能在本财政年度中的某一天开始,在下个财政年度中的某一天完成。按财政年度编制资本项目法定预算,并按财政年度作预算数与实际数的比较,其意义并不很大。当然,如果政府觉得需要按财政年度编制资本项目基金的法定预算,并按财政年度考核资本项目基金的法定预算执行情况,那么,资本项目基金也可以采用完整的预算会计方法。

州和地方政府的偿债基金采用完整的预算会计方法。主要原因是偿债基金按财政年度编制法定预算。因此,当政府的偿债预算得到批准后,在偿债基金中需要编制记录法定预算的会计分录。记录法定预算收入的会计分录为借记"预算收入"、"预算其他资金来源"账户,贷记"预算基金余额"账户;同时,登记"预算收入"、"预算其他资金来源"的明细分类账户。偿债基金收入的预算会计方法如同普通基金收入的预算会计方法。

(二) 资本项目基金主要收入核算举例

1. 记录法定预算收入

政府政务活动中资本资产的购建需要经过议会的批准。议会的批准,表示政府得到了授权,其中包括可以通过相应的渠道筹集资本资产购建资金,以及可以按规定的用途使用筹集到的资本资产购建资金。政府可以通过相应的渠道筹集资本资产的购建资金,形成资本项目的法定预算收入;可以按规定的用途使用筹集到的资本资产购建资金,形成资本项目的法定预算支出。

例1 AB市政府2008年经市议会批准,着手建造一个公共文化馆。建造公共文化馆的资金来源合计数为$105 000,具体情况为:发行面值为$70 000的公债,上级州政府提供资金补助$30 000,普通基金转账收入$5 000。

在以上例1中,资本资产购建资金来源的预算同时包括预算收入$30 000和预算其他资金来源$75 000(70 000+5 000)。预算收入和预算其他资金来源都是资本资产购建过程中可以使用的资金。在这一点上,两者没有什么差别。AB市政府不需要对议会批准的资本项目基金预算收入和预算其他资金来源通过编制会计分录的方法予以记录。有关的批准文件可以作为一个预算文件予以保留。预算文件作为AB市政府筹集和使用资本资产购建资金的依据。

2. 取得其他资金来源时的核算

在资本项目基金中,其他资金来源主要包括基金间转账收入和债券发行收入等。

例2 AB市政府2008年按经批准的预算在文化馆资本项目基金中确认普通基金转账收入$5 000。AB市政府应编制如下确认基金间转账收入的会计分录:

在文化馆资本项目基金中:

借:应收其他基金款　　　　　　　　　　　　　　5 000
　　贷:其他资金来源　　　　　　　　　　　　　　　　5 000

同时,在其他资金来源明细账的贷方登记如下:
基金间转账收入   5 000

在政府层面的政务活动中,则不编制会计分录。原因是普通基金和资本项目基金都属于政务基金。政务基金间的转账对政府层面的政务活动没有影响。

在以上例 2 中,文化馆资本建设项目可以通过单独设置"文化馆资本项目基金"进行核算,也可以与其他资本建设项目一起在"资本项目基金"中核算。文化馆资本项目基金可以采用修改的权责发生制会计基础确认基金间转账收入。

在以上例 2 中,政府也可能会考虑从公用事业基金中转入相应的财务资源,用以支持公共工程项目的建设。如果情况是这样,那么,该项业务就不属于政务基金间的内部业务,而属于政务基金与公用事业基金间的业务。同时,也属于政务活动与商务活动间的业务。此时,政府就需要同时在基金层面上和政府层面上编制相应的会计分录。资本项目基金中的会计分录仍然可以为借记"应收其他基金款"账户,贷记"其他资金来源——基金间转账收入"账户。政府层面的政务活动中的会计分录可以为借记"内部往来"账户,贷记"活动间转账收入"账户。

例 3 AB 市政府 2008 年按经批准的预算发行面值为 \$70 000 的政府债券。该政府债券的发行价格为 \$78 600,其中,债券溢价为 \$8 600(78 600 − 70 000)。按照规定,债券溢价可以先在资本项目基金中记录,然后,转出至偿债基金,用以偿还发行相应政府债券的到期本金。AB 市政府应编制如下债券发行的会计分录:

在文化馆资本项目基金中:
借:现金   78 600
  贷:其他资金来源   70 000
    应付其他基金款   8 600
同时,在其他资金来源明细账的贷方登记如下:
债券发行收入   70 000
在政府层面的政务活动中:
借:现金   78 600
  贷:应付债券——债券面值   70 000
    应付债券——债券溢价   8 600

在以上例 3 中,债券发行收入 \$70 000 在资本项目基金中作为其他资金来源即作为可用资金处理,在政府层面的政务活动中作为应付债券即作为长期负债处理。两种处理方法存在明显差异。政府债券在议会批准可以发行时不作会计处理,只有在已经实际发行时才作会计处理。

在以上例 3 中,如果政府债券折价发行,那么,编制的会计分录可以为借记"现金"、"其他资金运用——债券折价"账户,贷记"其他资金来源——债券发行收入"账户。在该笔会计分录中,债券面值记录在"其他资金来源——债券发行收入"账户中,表示该项资金来源是按照债券面值进行预算的。债券折价单独记录在"其他资金运用——债券折价"账户中,表示发行债券实际取得的收入比预算其他资金来源少,并且表示该数额应当考虑用其他筹资方法予以补足,例如,由其他基金如普通基金转入相应数额的财务资源等。如果由其他基金转入相应的数额仍不能补足,但缺额不大,会计处理上可以考虑冲销"其他资金运用——债券折价"账户,即借记"其他资金来源——债券发行收入"账户,贷记"其他资金运用——债券折价"账户,以如实反映取得的其他资金来源的数额。如果该债券折价的数额比较大,并且由其他基金转入的方法实不可行,政府可能会考虑通过增发债券的方法补足相应的数额。但增发政府债券仍然需要得到议会的批准。

在以上例3中,如果政府债券在发行时内含应计利息,并且按规定该应计利息应先在资本项目基金中记录,然后再转出至偿债基金用于偿还债务,那么,该应计利息在资本项目基金中也应作为"应付其他基金款"处理。如果按规定该应计利息不通过资本项目基金,而直接在偿债基金中记录,那么,资本项目基金就不需要对该应计利息予以记录。

3. 取得收入时的核算

资本资产购建业务中的收入主要包括上级政府补助收入、接受社会捐赠收入、投资收益等。

例4 AB市政府2008年文化馆资本项目建造完成近一半,私营建造商向AB市政府开单结算近一半的工程款项$45 000。AB市政府经审核批准了该建造款项结算单。根据上级州政府与AB市政府签订的资本补助协议,上级州政府将向AB市政府提供该文化馆资本项目建设资金$30 000;AB市政府在发生了合格性支出后,可以确认上级州政府的补助收入。AB市政府应编制如下取得收入时的会计分录:

在文化馆资本项目基金中:

借:应收上级州政府款 30 000
　　贷:收入 30 000

同时,在收入明细账的贷方登记如下:

上级政府补助收入 30 000

在政府层面的政务活动中:

借:应收上级州政府款 30 000
　　贷:专项职能收入 30 000

同时,在专项职能收入明细账的贷方登记如下:

资本补助和捐助——公共文化 30 000

在以上例4中,上级州政府与AB市政府签订的资本补助协议为成本补偿性质的补助协议。即只有在AB市政府已经发生了符合条件的工程建设支出后,才能取得上级州政府的资本补助。在成本补偿性质的资本补助协议下,如果AB市政府尚未发生工程建设支出,那么,即使AB市政府已经收到了上级州政府的资本补助款项,也不能将收到的款项作为"收入"记录,而只能作为"递延收入"记录。待发生了工程建设支出后,再将"递延收入"结转至"收入"。上级州政府与AB市政府签订的资本补助协议也可以是非成本补偿性质的补助协议。在这种情况下,AB市政府尽管还没有发生相应的工程建设支出,也可以确认上级政府补助收入。编制的会计分录可以为借记"现金"、"应收上级州政府款"账户,贷记"专项职能收入"账户。

例5 AB市政府2008年收到上级州政府的资本补助款项$30 000。AB市政府之前已经将该笔上级州政府的资本补助款项作为收入确认。AB市政府应编制如下收到上级州政府资本补助款项的会计分录:

同时在文化馆资本项目基金和政府层面的政务活动中:

借:现金 30 000
　　贷:应收上级州政府款 30 000

4. 收入年终结账的会计处理

尽管资本项目基金的存续期间与资本资产的购建周期直接相关,而与财政年度不直接相关,但按照政府会计准则委员会的要求,资本项目基金仍然需要在财政年度结束时对收入和支出进行结账。资本项目基金年终收入结账时,应当结平所有的会计收入账户。由于资本项目基金对于经批准的法定预算收入一般不作会计处理,所以,年终收入结账时,一般也不存在结平所有预算收入账户的问题。资本项目基金进行年终收支结账的主要目的,一方面是为了让资本项目基金的会计处理程序与其他政务基金如普通基金、特种收入基金、偿债基金的会计处理程序相一致,另一方面是为了将资本项目基金的财务报表与其他政务基金如普通基金、特种收入基金、偿债基金的财务报表一起汇入政务基金财务报表。

例6 AB市政府2008年末文化馆资本项目基金年终结账时,收入合计数为＄30 000,其中,上级政府补助收入＄30 000;其他资金来源合计数为＄75 000,其中,债券发行收入＄70 000,基金间转账收入＄5 000。AB市政府2008年文化馆资本项目基金的法定预算收入没有进行过修改。AB市政府应编制如下年终收入结账的会计分录:

在文化馆资本项目基金中:

借:收入	30 000	
其他资金来源	75 000	
贷:基金余额		105 000

在以上例6中,实际会计收入的数据与法定预算收入的数据一样。这表示该资本项目的收入预算在2008年已经全部实现。相应的支出预算需要视该资本项目的建设完成时间而定,可能会全部在当年发生,也可能会跨年度发生。由于在资本项目基金的收入明细账中没有记录预算收入的数据,因此,收入的预算执行情况在收入明细账中不能得到反映。收入的预算执行情况可以通过将收入明细账中收入的实际取得数据,与法定预算收入批准文件中相应预算收入的数据进行比较才能知道。

(三) 偿债基金主要收入核算举例

1. 记录法定预算收入

偿债基金预算按财政年度编制,采用完整的预算会计方法。在编制偿债预算资金来源时,既包括偿债预算收入,也包括偿债预算其他资金来源。

例1 AB市政府2008年2月1日按经批准的预算发行面值为＄70 000的政府债券,用于建设一个公共文化馆。该政府债券的发行价格为＄78 600,其中,债券溢价为＄8 600 (78 600－70 000);债券票面年利率为8％,每年1月31日和7月31日各付息一次,付息金额为＄2 800(70 000×8％/2);债券存续时间为10年,每年1月31日偿付本金＄7 000。按照规定,债券溢价可以先在资本项目基金中记录,然后,再转出至偿债基金中,用以偿还债券到期本金。AB市政府2008年由此将引起的偿债支出的数额为＄2 800,即2008年7月31日支付的利息数额。经AB市议会批准,AB市政府2008年相应的偿债预算收入合计数为＄2 800,其中,通过征收财产税安排的收入为＄2 400,通过投资收益安排的收入为＄400;偿债预算其他资金来源合计数为＄8 400,具体为估计可以由资本项目基金转入的债券发行溢价＄8 400。AB市政府应编制如下记录偿债预算收入的会计分录:

在偿债基金中:

借:预算收入	2 800	
预算其他资金来源	8 400	
贷:预算基金余额		11 200

同时,在收入明细账中的预算收入栏目借方登记如下:

财产税收入	2 400
投资收益	400

在预算其他资金来源明细账中的预算其他资金来源栏目借方登记如下:

基金间转账收入	8 400

在政府层面的政务活动中:

不编制会计分录。原因是政府层面的政务活动不记录法定预算的批准情况。

在以上例1中,债券溢价按规定应当用于偿还债券本金。由于2008年不需要偿还债券本金,因此,在编制偿债基金预算时,估计的债券溢价 \$ 8 400 不作为可以用来支付2008年债券利息的数额。如果债券溢价按规定可以用来支付债券利息,那么,估计债券溢价的数额应当作为可以用来支付2008年债券利息的数额进行预算。

在以上例1中,AB市政府发行的债券为常规分期还本债券。即自发行之日起在债券存续期间内每年偿还等额本金的债券。政府也可以发行递延分期还本债券,即在债券发行若干年后,在债券剩余存续期间内每年等额偿还本金的债券。如果政府发行的债券为每年偿付等额的本金和利息之和,那么,这种债券称为年金分期还本债券。常规分期还本债券、递延分期还本债券和年金分期还本债券可以统称为分期还本债券。分期还本债券与定期还本债券相对应。定期还本债券是指债券本金在债券到期日一次偿还的债券。无论是定期还本债券还是分期还本债券,政府都需要分散偿债压力,即在债券的存续期间均匀的取得偿债收入。近年来,州和地方政府大多发行分期还本债券。以前年度发行的定期还本债券随着债券的逐年偿还在逐渐缩小。

2. 取得收入时的核算

偿债收入主要包括专项税收收入、投资收益、债券发行时的应计利息等。

例2 AB市政府2008年专门为偿债基金征收财产税 \$ 2 500,估计坏账率为4%,估计实际可以收到财产税收入 \$ 2 400(2 500×96%)。AB市政府应编制如下记录取得财产税收入的会计分录:

在偿债基金中:

借:应收税款——当期	2 500	
贷:当期税款坏账准备		100
收入		2 400

同时,在收入明细账中的收入栏目贷方登记如下:

财产税收入	2 400

在政府层面的政务活动中:

借:应收税款——当期	2 500	
贷:当期税款坏账准备		100
一般收入		2 400

同时,在一般收入明细账的贷方登记如下:

财产税收入——限制用于偿债　　　　　　　　　　　　　　　　　　2 400

在以上例2中，政府通过征收财产税的方法取得偿还长期债券本息的收入。政府发行的这种通过征税的方法来偿还的债券，称为税收支持债券。政府为开展政务活动中的资本资产购建活动而发行的债券大多为税收支持债券。政府发行的不通过征税的方法来偿还的债券，称为非税收支持债券。政府为开展商务活动中的资本资产购建活动而发行的债券大多为非税收支持债券。非税收支持债券偿债资金的来源主要为资本资产购建完成后的经营收入。依靠资本资产购建完成后的经营收入作为偿债担保的债券，称为收入债券，或收益担保债券。

在以上例2中，政府发行的公债越大，资本项目建设的规模也越大，城市建设的成就也越大。相应的，政府的偿债压力也越大，政府征收的用于偿债的税收也越大。由此，政府在开展政务活动时，需要在资本资产购建活动与偿债活动之间进行平衡。这种平衡涉及政府现行执政成绩与给未来纳税人带来的负担之间的关系，涉及用纳税人作为社会富人的税款建设可以供所有市民包括贫民共同使用的公共财产的利益关系。州和地方政府普遍制定法律，对政府的公债数额进行限制，以防止政府制定掠夺性的税率，从而影响各方面的利益平衡关系。常用的用于限制政府公债数额的方法是确定一个比例，即政府发行在外的公债数额与应税财产的评估价值之间的比例，规定该比例的最高数值。使用该比例作为限制政府公债数额的参数，其基本理由是应税财产是偿还公债的基本保证。在实务中，在确定政府发行在外的公债数额与应税财产的评估价值之间的比例时，非税收支持的政府债券、融资租赁应付款的数额等不计入发行在外的公债数额中，政府的财产、慈善组织的财产等不计入应税财产中。将政府可发行的公债数额减去已发行在外的公债数额，为政府的债务边际，即政府最多可再发行公债的数额。

例3　AB市政府2008年偿债基金利用暂时闲置的资金对外投资，取得投资收益＄430，款项已经收到。AB市政府应编制如下记录取得投资收益的会计分录：

在偿债基金中：
借：现金　　　　　　　　　　　　　　　　　　　430
　　贷：收入　　　　　　　　　　　　　　　　　　　　430
同时，在收入明细账中的收入栏目贷方登记如下：
投资收益　　　　　　　　　　　　　　　　　　　　　430
在政府层面的政务活动中：
借：现金　　　　　　　　　　　　　　　　　　　430
　　贷：一般收入　　　　　　　　　　　　　　　　　430
同时，在一般明细账的贷方登记如下：
投资收益——限制用于偿债　　　　　　　　　　　　　430

在以上例3中，在政府层面上，投资收益在一般收入中核算。实际取得的投资收益可能比预算的投资收益高，也可能比预算的投资收益低。实际投资收益数额的取得具有不确定性。政府取得的投资收益可以是收到的现金，如收到债券投资的利息、股票投资的股利；也可以是所投资的证券的市价上涨，如所投资的债券或股票的市价上涨；还可以是应计投资收益，如应计债券投资的利息或应收股票投资的现金股利。因此，政府在确认投资收益时，借记账户可以有"现金"、"投资"、"应收利息"和"应收股利"等。

3. 取得其他资金来源时的核算

除收入外，政府偿债的其他资金来源主要有基金间转账收入、债券发行溢价等。

例 4　AB 市政府 2008 年发行债券建造文化馆资本项目时,取得债券发行溢价 $ 8 600。该债券发行溢价按规定先在资本项目基金中记录,然后再转入偿债基金。AB 市政府应编制如下记录取得偿债其他资金来源的会计分录:

在偿债基金中:
借:应收其他基金款　　　　　　　　　　　　　　　　　　8 600
　　贷:其他资金来源　　　　　　　　　　　　　　　　　　　　8 600

同时,在其他资金来源明细账中的其他资金来源栏目贷方登记如下:
基金间转账收入——债券发行溢价　　　　　　　　　　　8 600

在政府层面的政务活动中:
不编制会计分录。主要原因是偿债基金与资本项目基金间的转账业务对政府层面的政务活动不产生影响。

在以上例 4 中,偿债基金中的"应收其他基金款"与资本项目基金中的"应付其他基金款"应同步确认。资本项目基金在暂时不能确定能否使用债券发行溢价进行资本资产购建时,收到的债券发行溢价可以记入"其他资金来源——债券发行溢价"账户中。之后在按要求将债券发行溢价转出至偿债基金时,再通过"其他资金运用——基金间转账支出"账户核算。此时,偿债基金中的会计分录为借记"现金"账户,贷记"其他资金来源——基金间转账收入"账户。在大多数情况下,债券发行时的应计利息直接在偿债基金中作为"收入"核算,不通过资本项目基金核算。由此,也不会形成资本项目基金将债券发行时的应计利息转出至偿债基金的业务。

在以上例 4 中,如果按照规定债券发行溢价不通过资本项目基金而直接在偿债基金中进行核算,那么,在偿债基金中的会计分录为借记"现金"账户,贷记"其他资金来源——债券发行溢价"账户。偿债基金直接取得的债券发行溢价仍然作为"其他资金来源"核算,而不作为"收入"核算。只是"其他资金来源"账户的明细账是"债券发行溢价",而不是"基金间转账收入"。

例 5　AB 市政府 2008 年偿债基金收到从资本项目基金转入的债券发行溢价 $ 8 600。偿债基金之前已经将该笔债券发行溢价作为"其他资金来源"确认。AB 市政府应编制如下收到偿债其他资金来源的会计分录:

在偿债基金中:
借:现金　　　　　　　　　　　　　　　　　　　　　　　8 600
　　贷:应收其他基金款　　　　　　　　　　　　　　　　　　8 600

在政府层面的政务活动中,则不编制会计分录。

4. 收入年终结账的会计处理

偿债基金年终收入结账时,既要结平所有的预算收入账户,也要结平所有的会计收入账户。

例 6　AB 市政府 2008 年末偿债基金结账时,收入合计数为 $ 2 830,其中,财产税收入 $ 2 400,投资收益 $ 430;其他资金来源合计数为 $ 8 600,其中,基金间转账收入 $ 8 600。AB 市政府 2008 年偿债基金法定预算收支没有进行过修改。AB 市政府应编制如下偿债基金年末收入结账会计分录:

在偿债基金中:
借:预算基金余额　　　　　　　　　　　　　　　　　　11 200
　　贷:预算收入　　　　　　　　　　　　　　　　　　　　　2 800

预算其他资金来源　　　　　　　　　　　　　　　　　　　　　　　8 400
同时,再在偿债基金中:
借:收入　　　　　　　　　　　　　　　　　　　　　　　2 830
　　其他资金来源　　　　　　　　　　　　　　　　　　　　8 600
　　贷:基金余额　　　　　　　　　　　　　　　　　　　　　　　　　11 430

在以上例6中,第1笔会计分录将预算收入和预算其他资金来源账户全部结平。第2笔会计分录将会计收入和会计其他资金来源账户全部结平。

第二节　支出和费用

一、支出和费用的概念

资本资产购建和偿债活动中的支出和费用是指州和地方政府在开展资本资产购建和偿债活动中发生的支出和费用。其中,"支出"一词用在基金层面上,包括资本项目基金和偿债基金;"费用"一词用在政府层面上,包括资本资产的购建活动和偿债活动。州和地方政府在开展资本资产购建活动中发生的支出和费用的例子主要有:直接购买资本资产的支出、向私营建造商支付工程建设款项的支出、由政府自己建造工程的支出、偿还短期筹资借款的利息支出或费用等。州和地方政府在开展偿债活动中发生的支出和费用的例子主要有:支付债券利息支出或费用、偿付债券本金支出、向银行支付代办偿债业务手续费支出或费用等。

在州和地方政府开展的资本资产购建和偿债活动中,发生的支出和费用应当与发生的其他资金运用进行区分。在开展资本资产购建活动中发生的其他资金运用的例子主要是基金间转账支出,如将债券发行溢价转出至偿债基金用于偿还债务;将工程完工后的剩余财务资源转出至偿债基金用于偿还债务,或转出至普通基金用于一般用途等。在开展偿债活动中发生的其他资金运用的例子主要有:基金间转账支出、将发行调换债券取得的收入存入托管机构账户用于偿还旧债等。

在州和地方政府开展的资本资产购建和偿债活动中,资本资产购建的支出主要发生在资本项目基金中。在政府层面的政务活动中,资本资产购建的支出形成长期资产的增加,但与此同时,不形成费用。长期资产在使用过程中计提的折旧,在政府层面的政务活动中形成费用,但与此同时,在资本项目基金中不形成支出。偿债支出既发生在偿债基金中,也发生在政府层面的政务活动中。但偿债支出中的偿还债券本金支出只发生在偿债基金中。在政府层面的政务活动中,偿还债券本金支出形成长期负债的减少,但与此同时,不形成费用。

二、支出和费用的分类

(一)政府层面上费用的分类

政府层面上政务活动中的费用,包括资本资产购建和偿债活动中的费用,以是否与开展相应的政府职能直接相关为依据,区分为直接费用和间接费用两大类。其中,直接费用是指发生的直接与某政府职能如公共安全职能、公共卫生职能相关的费用;间接费用是指发生的不直接与某政府职能相关的费用。在资本资产购建和偿债活动中,在政府层面上作为费用记录的例子主要是支付债务利息。根据政府会计准则委员会的要求,资本资产购建和偿债政务活动中的债务利息支出不计入资本资产成本,而单独作为一项利息费用处理。在政府层面业务活动表中,债务利息费用与诸如一般公共服务、公共安全等政府职能并列列示。债务利息费用在政府层面业务活动表中的列示方法可如表7-1"政府层面业务活动表(政务活动部分)的简要格式"所示。

政府层面政务活动中的费用与资本资产购建活动存在密切关系。尽管资本资产购建活动本身主要形成资本资产而不是费用,但资本资产购建活动完成后形成的资本资产,将在使用期间通过折旧的形式逐年转化成为费用。资本资产的折旧费用应当按照政府职能进行区分,具体可以区分为一般公共服务职能折旧费用、公共安全职能折旧费用、公共工程职能折旧费用、公共卫生职能折旧费用、公共文化职能折旧费用等。

(二)基金层面上支出的分类

1. 资本项目基金中支出的分类

资本项目基金中的支出主要包括直接购买资本资产的支出、向私营建造商支付工程建设款项的支出、由政府自己建造工程的支出、偿还短期筹资借款的利息支出等。政府可以在资本项目基金中累积来自各种途径的专用财务资源。待累积到相应数额后,按照经批准的法定预算直接购买相应的资本资产,并由此在资本项目基金中形成直接购买资本资产的支出。在大多数情况下,政府会与私营建造商签订建造合同,由私营建造商承建相应的资本资产项目。私营建造商在建设工程已经完成或已经完成一定百分比时,会通过向政府开出工程款项结算单的方式向政府结算工程款项。政府在对工程款项结算单审核无误后,批准应付凭单,并由此在资本项目基金中形成向私营建造商支付工程建设款项的支出。有些比较简单的建设工程,政府会利用自己的劳动力进行建设。此时,政府会自己去购买建设物资,向政府自己的劳动力支付工资等,并由此在资本项目基金中形成由政府自己建造工程的支出。政府在资本购建项目得到批准后,由于资金来源暂时不能满足资金运用的需求,可能会向银行进行短期借款。由此发生的借款利息形成偿还短期筹资借款的利息支出。

在资本项目基金中,支出应当与其他资金运用进行区分。其他资金运用是指资本项目基金中除了支出以外其他的资金用途。资本项目基金中的其他资金运用主要是基金间转账支出,如将作为其他资金来源记录的债券发行溢价转出至偿债基金;将工程完工后的剩余财务资源转出至偿债基金或普通基金等。基金间转账支出一般仅涉及政务基金,因此,它对政府层面的政务活动没有影响。但资本项目基金中的支出一般对政府层面的政务活动产生影响。

资本项目基金中支出和其他资金运用的分类情况可如表8-1"资本项目基金收入支出表的简要格式"所示。

2. 偿债基金中支出的分类

偿债基金中的支出主要包括支付债券利息支出、偿付债券本金支出、向银行支付代办偿债业务手续费支出等。在偿债基金中,支付债券的利息支出与偿付债券的本金支出一般进行区分。利息支出是使用本金收入的成本。政府可以自己直接向债权人开出支票,偿付债券本息;

也可以委托银行向债权人开出支票,偿付债券本息。如果政府委托银行向债权人开出支票偿付债券本息,在偿债基金中会形成向银行支付代办偿债业务手续费支出。

政府可以使用偿债基金核算应付融资租赁款的业务。政府在融资租入资本资产时,在使用资本资产的基金如普通基金或特种收入基金中同时确认等额支出和其他资金来源。使用融资租入资本资产的基金,其基金余额不会由于融资租入资本资产而发生变化。但融资租入资本资产在政府层面的政务活动中形成应付融资租赁款这项长期负债。该项长期负债偿债资金的筹集和本息偿付可以使用偿债基金核算。

在偿债基金中,支出也应当与其他资金运用进行区分。其他资金运用是指偿债基金中除了支出以外其他的资金用途。偿债基金中的其他资金运用主要有基金间转账支出、用调换债券收入偿还旧债等。如果某项偿债基金如定期还本债券偿债基金、应付融资租赁款偿债基金等已经完成了偿债任务,相应偿债基金中还有多余的基金余额,按照规定该多余的基金余额应当转出至其他政务基金如普通基金,那么,该偿债基金中就会有基金间转账支出的业务。政府可以通过用发行新债券的收入偿还旧债券的债务的办法提前偿付旧债券的债务。提前偿付旧债券的债务的目的,可以有改变债券的存续期间、利率、债券条约等。政府发行新债券的收入在偿债基金中形成其他资金来源。政府将发行新债券的收入存入托管机构账户委托其偿还旧债时,在偿债基金中形成其他资金运用。

偿债基金中支出和其他资金运用的分类情况可如表 8-2 "偿债基金收入支出表的简要格式"所示。

三、支出和费用的确认

(一) 政府层面上费用的确认

在政府层面上,包括资本资产购建和偿债活动在内的政务活动费用采用权责发生制会计基础确认。即费用应当在经济资源的价值转移或消耗时予以确认。

政府层面政务活动中的费用不区分日常政务活动以及资本资产购建与偿债活动。资本资产购建与偿债活动只反映资本资产的购建过程及其相应债务的偿还过程。资本资产的购建过程一旦结束,在政府层面上即形成可以使用的长期资产。可以使用的长期资产的价值通过计提折旧的形式形成折旧费用。在计提折旧的过程中,折旧费用按照政府的职能进行区分。偿债过程一旦结束,政府长期资产的净值即原始成本减去累计折旧后的差额,即构成政务活动中资本资产投产(扣除相关负债)净资产的数额。计提折旧费用是政府层面上费用确认的重要内容。但计提折旧费用不是资本资产的购建活动。

(二) 基金层面上支出的确认

1. 资本项目基金中支出的确认

资本项目基金中支出的确认采用修改的权责发生制会计基础。即支出应当在相应的基金负债发生时确认。

2. 偿债基金中支出的确认

偿债基金中支出的确认也采用修改的权责发生制会计基础。但偿债基金在具体使用修改的权责发生制会计基础确认支出时,具有特殊的要求。根据政府会计准则委员会的要求,在偿债基金中,支付利息支出和偿还本金支出应当在需要偿付的利息和本金已经到达法定偿付时间时确认。需要偿付的利息和本金在尚未到达法定偿付时间之前,即使是次年初就需要偿付,在本年末也不予以应计或不作为利息支出或本金支出确认。例如,假设应付债券的利息在每年3月1日支付一次。在12月31日财政年度结束时,对于将于次年3月1日需要支付的利息不作为利息支出进行确认或进行应计。等到3月1日支付利息的法定时间已经到达时,再确认或应计利息支出。偿还本金支出的确认方法也是如此。在偿债基金中,支付利息支出和偿还本金支出采用法定到期时确认的方法的主要原因是,在法定到期日之前,偿债基金不需要动用财务资源去支付相应的债务利息或偿付相应的债务本金。到了法定到期日,偿债基金就需要动用财务资源去支付相应的债务利息或偿付相应的债务本金。在偿债基金的法定预算中,对于在本财政年度内没有到达法定偿付时间的债务利息和债务本金,一般也不作为本财政年度的预算支出进行预算,因此,在本财政年度也不安排相应的预算收入作为偿付支出的资金来源。

四、支出和费用的核算

(一)双轨制会计记账方法和预算会计方法

1. 双轨制会计记账方法

如同资本资产购建和偿债活动中的收入可以采用双轨制会计记账方法一样,资本资产购建和偿债活动中的支出和费用也可以采用双轨制会计记账方法。所不同的是,在基金层面上记录的是支出而不是费用,在政府层面上记录的是费用而不是支出。

2. 预算会计方法

州和地方政府的资本项目基金一般不采用完整的预算会计方法。这主要是指在资本项目基金中不记录法定预算收入,也不记录法定预算支出。但当资本项目基金向外订购物品或向外签订建造合同时,为了对已订购的物品或已签订的建造合同实行会计控制,支出保留的会计方法仍然需要采用。即当资本项目基金向外订购物品或向外签订建造合同时,应当编制借记"支出保留"账户、贷记"支出保留准备"账户的会计分录。

州和地方政府的偿债基金采用完整的预算会计方法。记录法定预算支出的会计分录为借记"预算基金余额"账户、贷记"预算支出"账户;同时,登记预算支出的明细分类账户。由于偿债基金中没有发出订单订购物品的业务内容,因此,偿债基金中也不需要使用支出保留的预算会计方法。偿债基金支出的其他预算会计方法如同普通基金支出的预算会计方法。

(二)资本项目基金主要支出核算举例

1. 记录法定预算支出

资本购建项目一旦得到议会的批准,即表示该资本购建项目的法定预算收入和法定预算支出的数额已经确定,政府相应的授权也已经获得。

例1 AB市政府2008年经市议会批准,着手建造一个公共文化馆。建造公共文化馆的资金运用合计数为$105 000,具体情况为:通过招投标由私营建造商承建工程建设款项

$95 000,由政府自己的劳动力负责建造完成文化馆的内部装修工程$10 000。

在以上例1中,资本资产购建支出包括向私营建造商支付工程建设款项的支出$95 000和由政府自己建造工程的支出$10 000两部分组成。AB市政府不需要对议会批准的资本项目基金预算支出通过编制会计分录的方法予以记录。有关的批准文件可以作为一个预算文件予以保留,并作为AB市政府筹集和使用资本资产购建资金的书面依据。

2. 与私营建造商签订建造合同时的核算

政府与私营建造商签订建造合同,如同政府整体订购了私营建造商的工程建设材料和工程建设劳务,因此,需要作支出保留的会计分录。

例2 AB市政府2008年通过招投标程序与某私营建造商签订公共文化馆建造合同,合同价格为$95 000。AB市政府应编制如下记录签订建造合同的会计分录:

在文化馆资本项目基金中:

借:支出保留　　　　　　　　　　　　　　　　　　　95 000
　　贷:支出保留准备　　　　　　　　　　　　　　　　　　　95 000

同时,在支出明细账中支出保留栏目的借方登记如下:

资本支出——私营建造商　　　　　　　　　　　　　　　　95 000

在政府层面的政务活动中,则不编制会计分录。主要原因是支出保留的业务对政府层面的政务活动不产生影响。

在以上例2中,AB市政府应当为私营建造商的建造合同款作支出保留,以确保当私营建造商在工程建设完成时有相应的保留资金可供支付。由于该支出保留是为公共文化馆建设项目所作的,它与该公共文化馆建设项目直接相关,而不与2008财政年度直接相关,因此,在会计分录中借方"支出保留"账户后不需要注明2008年。

3. 批准私营建造商提出工程款项结算要求时的核算

私营建造商在建造工程已经完成时,会向政府提出工程款项结算要求。有些建造工程建造时间比较长、建造金额比较大,私营建造商由此可能会在工程完成一定百分比时,就向政府提出结算部分工程款项的要求。政府在对私营建造商提出的工程款项结算要求经审核批准后,需要作出相应的会计处理。

例3 AB市政府2008年接到私营建造商送来的工程款项结算单,内容为文化馆资本项目已经建造完成近一半,AB市政府应向私营建造商支付近一半的工程款项计$45 000。AB市政府经审核批准了该建造款项结算单。AB市政府应编制如下记录批准私营建造商工程款项结算要求的会计分录:

在文化馆资本项目基金中:

借:支出保留准备　　　　　　　　　　　　　　　　　　45 000
　　贷:支出保留　　　　　　　　　　　　　　　　　　　　45 000

同时,在支出明细账中支出保留栏目的贷方登记如下:

资本支出——私营建造商　　　　　　　　　　　　　　　　45 000

再在文化馆资本项目基金中:

借:支出　　　　　　　　　　　　　　　　　　　　　　45 000
　　贷:应付合同款　　　　　　　　　　　　　　　　　　　45 000

同时,在支出明细账中支出栏目的借方登记如下:

资本支出——私营建造商　　　　　　　　　　　　　　　　　　　　　　　　　45 000
　　在政府层面的政务活动中：
　　借：在建工程　　　　　　　　　　　　　　　　　　　　　　　　　45 000
　　　　贷：应付合同款　　　　　　　　　　　　　　　　　　　　　　　　　　45 000

在以上例3中，工程建设款项支出在基金层面上与在政府层面上的记录方法是不一样的。在基金层面上记录在"支出"账户中。"支出"账户在年终将结转至"基金余额"账户。结转后，该账户的余额为零。"在建工程"账户属于资产性质的账户，工程完工后将结转至"建筑物"资本资产账户。资本建设项目的核算，在资本项目基金中不累积工程建设成本。工程建设成本在政府层面的政务活动中进行累积。

　　4. 订购工程建设材料时的核算

政府在利用自己的劳动力建设工程项目时，可能会需要向外订购专门的工程建设材料。政府在发生对外订购专门的工程建设材料时，也需要采用支出保留的会计程序。

例4　AB市政府2008年向外部供应商订购工程内部装修材料 $7 500，准备由政府自己用于公共文化馆工程的内部装修。公共文化馆工程的内部装修业务具体由政府的工程建设部门负责。AB市政府应编制如下记录订购工程建造材料的会计分录：

　　在文化馆资本项目基金中：
　　借：支出保留　　　　　　　　　　　　　　　　　　　　　　　　　　　7 500
　　　　贷：支出保留准备　　　　　　　　　　　　　　　　　　　　　　　　　　7 500
　　同时，在支出明细账中支出保留栏目的借方登记如下：
　　资本支出——工程建设部门　　　　　　　　　　　　　　　　　　　　　　　　7 500
　　在政府层面的政务活动中，则不编制会计分录。

在以上例4中，资本项目基金向外订购工程建造材料的会计分录，与向外签订工程建造合同的会计分录是一样的，即都需要在基金层面上作支出保留。

　　5. 发生自建工程建造支出时的核算

政府自建工程建造支出可能会包括使用工程建设材料支出、零星杂项支出、人工费用支出等。

例5　AB市政府2008年收到订购的工程建造材料，验收合格。材料的实际成本为 $7 350，订购时所作的支出保留为 $7 500，材料款项尚未支付。建造材料直接投入使用，由工程建设部门用作对部分已经完成的文化馆资本项目进行内部装修。工程建设部门还发生了其他一些没有作过支出保留的工程建造支出 $1 300，款项以现金支付。AB市政府应编制如下记录发生自建工程建造支出的会计分录：

　　在文化馆资本项目基金中：
　　借：支出保留准备　　　　　　　　　　　　　　　　　　　　　7 500
　　　　贷：支出保留　　　　　　　　　　　　　　　　　　　　　　　　　　7 500
　　同时，在支出明细账中支出保留栏目的贷方登记如下：
　　资本支出——工程建设部门　　　　　　　　　　　　　　　　　　　　　　　　7 500
　　再在文化馆资本项目基金中：
　　借：支出　　　　　　　　　　　　　　　　　　　　　　　　　　　8 650
　　　　贷：应付凭单　　　　　　　　　　　　　　　　　　　　　　　　　　　7 350

  现金   1 300

同时,在支出明细账中支出栏目的借方登记如下:

资本支出——工程建设部门   8 650

在政府层面的政务活动中:

借:在建工程   8 650
  贷:应付凭单   7 350
   现金   1 300

6. 短期筹资借款利息支出的核算

资本建造工程可以会因为暂时短缺资金而向银行进行短期筹资借款。短期筹资借款需要偿还借款本金,并支付借款利息。

例6 AB市政府2008年公共文化馆建造工程由于临时短缺少量资金而开出短期票据向银行进行短期借款＄2 000。AB市政府应编制如下记录短期筹资借款的会计分录:

同时在文化馆资本项目基金和政府层面的政务活动中:

借:现金   2 000
 贷:应付短期票据   2 000

在以上例6中,政府在取得短期筹资借款时,在资本项目基金和政府层面的政务活动中的会计处理一样。

例7 AB市政府2008年偿还短期票据筹资借款本金＄2 000,并支付借款利息＄100。AB市政府应编制如下记录偿还短期筹资借款的会计分录:

在文化馆资本项目基金中:

借:应付短期票据   2 000
  支出   100
 贷:现金   2 100

同时,在支出明细账中支出栏目的借方登记如下:

利息支出——短期筹资借款利息支出   100

在政府层面的政务活动中:

借:应付短期票据   2 000
  费用   100
 贷:现金   2 100

同时,在费用明细账的借方登记如下:

利息费用——短期筹资借款利息费用   100

在以上例7中,短期筹资借款的利息支出在资本项目基金中的记录与在政府层面的政务活动中的记录是不一样的。在资本项目基金中记录为支出,在政府层面的政务活动中记录为费用。根据政府会计准则委员会的要求,筹资借款的利息不计入工程成本,而单独作为利息费用予以记录。

7. 支出年终结账的会计处理

在资本项目基金中,尽管支出与资本项目的建设周期直接相关,而不与财政年度直接相关,但犹如收入需要在年终进行结账一样,支出也需要在年终进行结账。

例8 AB市政府2008年末文化馆资本项目基金结账时,"支出"账户的借方余额为

$53 900,"支出保留"账户的借方余额为$50 000。AB市政府应编制如下支出年终结账的会计分录:

在文化馆资本项目基金中:
借:基金余额　　　　　　　　　　　　　　　　　　　103 900
　　贷:支出　　　　　　　　　　　　　　　　　　　　　53 900
　　　　支出保留　　　　　　　　　　　　　　　　　　　50 000

在以上例8中,支出年终结账时,"支出"账户和"支出保留"账户的余额都应当予以结转。

在以上例8中,文化馆资本项目基金支出年终结账的会计分录可以与收入年终结账的会计分录合并在一起编制。具体为:

在文化馆资本项目基金中:
借:收入　　　　　　　　　　　　　　　　　　　　　　30 000
　　其他资金来源　　　　　　　　　　　　　　　　　　75 000
　　贷:支出　　　　　　　　　　　　　　　　　　　　　53 900
　　　　支出保留　　　　　　　　　　　　　　　　　　　50 000
　　　　基金余额——未作保留　　　　　　　　　　　　　 1 100

在以上收入和支出合并的年终结账会计分录中,基金余额$1 100为尚未支用并尚未保留的基金余额。该基金余额与诸如普通基金和特种收入基金中的年末尚未支用并尚未保留的基金余额不一样。在普通基金和特种收入基金中,年末尚未支用并尚未保留的基金余额在当年自动失效,它可以用来安排明年需要的预算支出。在资本项目基金中,年末尚未支用并尚未保留的基金余额在当年不自动失效,它仍然需要根据原来的法定预算在明年安排使用。对于跨年度的资本项目基金来说,财政年度结束时编制的财务报表,相当于普通基金、特种收入基金编制的中期财务报表。

8. 次年初支出保留账户的恢复

在资本项目基金中,"支出保留"账户通过年终结账已经结平。但支出保留的业务在次年资本资产购建期间仍然有效。因此,"支出保留"账户的上年余额应当在次年初予以恢复。

例9　AB市政府2009年初恢复2008年末文化馆资本项目基金中"支出保留"账户的余额$50 000。AB市政府应编制如下记录支出保留恢复的会计分录:

在文化馆资本项目基金中:
借:支出保留　　　　　　　　　　　　　　　　　　　　50 000
　　贷:基金余额——未作保留　　　　　　　　　　　　 50 000

在政府层面的政务活动中,则不编制会计分录。

在以上例9中,借方"支出保留"账户后不需要注明2008年或2009年。主要原因是资本项目基金中的支出保留与资本资产的购建期间直接相关,而不与财政年度直接相关。

9. 批准私营建造商提出结算剩余工程建造款项要求时的核算

私营建造商在建造工程全部建造完成时,会向政府提出结算剩余工程或全部工程建造款项的要求。政府为保证工程建造质量,通常会在剩余工程建造款项中保留一部分款项,将其余工程建造款项支付给私营建造商。如果建造工程在规定试用的时间内没有质量问题,该保留的一部分工程建造款项会如期支付给私营建造商。如果建造工程在规定试用的时间内存在一些质量问题,但此时私营建造商已经撤离建造工程,经交涉,私营建造商也无意再回来解决工程质量问题,政府可以根据建造合同的规定没收保留的一部分工程建造款项,并另寻途径解决工程质量问题。

例 10 AB 市政府 2009 年文化馆资本项目建造工程建造完成。经初步验收,工程没有重大质量问题。但为了确保工程能够正常投入使用,AB 市政府根据建造合同的规定,在合同总价款中保留 \$1 000,剩余工程建造款项 \$49 000 批准可以支付。AB 市政府应编制如下记录批准私营建造商提出结算剩余工程建造款项要求的会计分录:

在文化馆资本项目基金中:

借:支出保留准备	50 000	
贷:支出保留		50 000

同时,在支出明细账中支出保留栏目的贷方登记如下:

资本支出——私营建造商　　　　　　　　　　　　　　　　　　　　　　50 000

再在文化馆资本项目基金中:

借:支出	50 000	
贷:应付合同款		49 000
应付合同款——付款保留		1 000

同时,在支出明细账中支出栏目的借方登记如下:

资本支出——私营建造商　　　　　　　　　　　　　　　　　　　　　　50 000

在政府层面的政务活动中:

借:在建工程	50 000	
贷:应付合同款		49 000
应付合同款——付款保留		1 000

在以上例 10 中,"支出保留"账户数额的冲销数仍然为 \$50 000,其中,包含了付款保留数 \$1 000。"应付合同款——付款保留"账户的数额 \$1 000,在基金层面上仍然计入"支出"账户,在政府层面上仍然计入"在建工程"账户。如果建造工程在试用一段时间后没有发现质量问题,AB 市政府应及时将付款保留数 \$1 000 支付给私营建造商,同时,作借记"应付合同款——付款保留"账户、贷记"现金"账户的会计分录。

10. 资本资产购建完成时的核算

资本资产购建完成时,资本项目基金中的基金余额已经不再有存在的意义,因此,应当转出至偿债基金或普通基金中。在政府层面上,在建工程项目交付使用形成可供使用的长期资产。

例 11 AB 市政府 2009 年文化馆资本项目建造完成,交付使用。在政府层面的政务活动中,文化馆资本项目的累积工程建造成本为 \$104 750。在文化馆资本项目基金中,相应的收入已经全部收到,相应的支出也已经全部支付,基金余额为 \$250。根据规定,文化馆资本项目建造完成后,文化馆资本项目基金中的基金余额应当转出至偿债基金,用于偿还发行相应债券形成的债务。AB 市政府应编制如下记录基金余额转出以及结转工程建造成本的会计分录:

在文化馆资本项目基金中:

借:其他资金运用	250	
贷:现金		250

同时,在其他资金运用明细账中其他资金运用栏目的借方登记如下:

基金间转账支出　　　　　　　　　　　　　　　　　　　　　　　　　　　250

在政府层面的政务活动中：
借：建筑物　　　　　　　　　　　　　　　　　　　　104 750
　　贷：在建工程　　　　　　　　　　　　　　　　　　　　104 750

在以上例 11 中，将"其他资金运用"账户借方余额 $250 结转至"基金余额"账户后，"基金余额"账户的余额为零。资本项目建造完成后，相应资本项目基金的存在周期也就到期，也即它不再继续运行。资本项目基金将基金余额转出至偿债基金的业务，在政府层面的政务活动中不作会计分录。

（三）偿债基金主要支出核算举例

1. 记录法定预算支出

偿债基金预算按财政年度编制，偿债基金采用完整的预算会计方法。偿债基金预算支出主要包括偿付债务本金、支付债务利息、向银行支付代办偿债业务手续费支出等。

例 1　AB 市政府 2008 年偿债基金预算中偿付为建造公共文化馆资本项目而发行的公债的预算支出为：利息支出 $2 800（70 000×8%/2），即 2008 年 7 月 31 日支付的利息数额。AB 市政府应编制如下记录偿债预算支出的会计分录：

在偿债基金中：
借：预算基金余额　　　　　　　　　　　　　　　　　　2 800
　　贷：预算支出　　　　　　　　　　　　　　　　　　　　2 800

同时，在偿债基金支出明细账中预算支出栏目的贷方登记如下：
利息支出　　　　　　　　　　　　　　　　　　　　　　2 800

在政府层面的政务活动中，则不编制会计分录。

在以上例 1 中，AB 市政府 2008 年为建造公共文化馆资本项目而发行的公债，在 2008 年的偿债支出仅有当年 7 月 31 日的利息支出 $2 800。AB 市政府也可以将 2008 年有关偿债预算收入与偿债预算支出通过编制一笔合并会计分录的方法予以记录。具体为：

在偿债基金中：
借：预算收入　　　　　　　　　　　　　　　　　　　　2 800
　　预算其他资金来源　　　　　　　　　　　　　　　　　8 400
　　贷：预算支出　　　　　　　　　　　　　　　　　　　　2 800
　　　　预算基金余额　　　　　　　　　　　　　　　　　　8 400

同时，登记收入、支出、其他资金来源的明细账。

在以上合并的记录法定预算的会计分录中，预算基金余额 $8 400 为估计的债券发行溢价。根据本次发行债券的规定，该估计债券发行溢价应当用于偿还债券本金。记录预算的会计分录将在年终预算执行完成时，通过编制相反的会计分录予以冲销。

2. 发生偿债支出时的核算

在偿债基金中，无论是支付利息支出还是偿还本金支出，都应当在法定到期时作为支出确认。

例 2　AB 市政府 2008 年为建造公共文化馆而发行的公债，在 2008 年 7 月 31 日，半年期利息到期，金额为 $2 800。AB 市政府应编制如下记录债务利息到期时的会计分录：

在偿债基金中：

借：支出 2 800
  贷：应付利息 2 800
同时，在支出明细账中支出栏目的借方登记如下：
债券利息支出 2 800
在政府层面的政务活动中：
借：费用 2 800
  贷：应付利息 2 800
同时，在费用明细账的借方登记如下：
债券利息费用 2 800

在以上例2中，债券利息支出在基金层面上作为支出处理；在政府层面上作为单独的利息费用处理，不分配计入相应的政府职能。

3．偿付本息时的核算

偿债基金在使用累积的当期财务资源偿付债务本息时，应当冲减债务本息在法定到期时记录的应付利息。

例3 AB市政府2008年以偿债基金中累积的财务资源支付债券利息＄2 800。AB市政府应编制如下会计分录：

同时在偿债基金和政府层面的政务活动中：
借：应付利息 2 800
  贷：现金 2 800

在以上例3中，在偿债基金中编制的会计分录和在政府层面的政务活动中编制的会计分录一样。

4．年末在政府层面上应计利息费用时的核算

政府的偿债活动在政府层面的政务活动中采用权责发生制会计基础。因此，财政年度结束时，尽管债务利息还没有到达法定到期日，偿债基金中不需要记录应付利息，但政府层面的政务活动中需要记录应付利息。

例4 AB市政府2008年末对为建造公共文化馆而发行的公债应计5个月的利息费用＄2 333（2 800×5/6）。AB市政府应编制如下记录应计利息费用的会计分录：

在政府层面的政务活动中：
借：费用 2 333
  贷：应付利息 2 333

在偿债基金中，则不编制会计分录。主要原因是偿债基金中的利息支出应当在法定到期日确认。

5．支出年终结账的会计处理

偿债基金年终支出结账时，既要结平所有的预算支出账户，也要结平所有的会计支出账户。

例5 AB市政府2008年末偿债基金支出结账时，"支出"账户的借方余额为＄2 800。2008年偿债基金法定支出预算没有进行过修改。AB市政府应编制如下支出年终结账的会计分录：

在偿债基金中：

借：预算支出　　　　　　　　　　　　　　　　　　　2 800
　　贷：预算基金余额　　　　　　　　　　　　　　　　　　　　2 800
再在偿债基金中：
借：基金余额　　　　　　　　　　　　　　　　　　　2 800
　　贷：支出　　　　　　　　　　　　　　　　　　　　　　　　2 800

AB市政府也可以将偿债基金中收入的年终结账会计分录和支出的年终结账会计分录合并在一起编制。具体为：

在偿债基金中：
借：预算支出　　　　　　　　　　　　　　　　　　　2 800
　　预算基金余额　　　　　　　　　　　　　　　　　 8 400
　　贷：预算收入　　　　　　　　　　　　　　　　　　　　　　2 800
　　　　预算其他资金来源　　　　　　　　　　　　　　　　　　8 400
再在偿债基金中：
借：收入　　　　　　　　　　　　　　　　　　　　　2 830
　　其他资金来源　　　　　　　　　　　　　　　　　 8 600
　　贷：支出　　　　　　　　　　　　　　　　　　　　　　　　2 800
　　　　基金余额　　　　　　　　　　　　　　　　　　　　　　8 630

在以上收入和支出合并的结账会计分录中，第1笔会计分录结平了所有的预算收支账户，其中包括"预算基金余额"账户；第2笔会计分录结平了所有的会计收支账户。在基金余额$8 630中，$8 600为债券发行溢价收入，要求用于偿还债券本金；$30没有规定用途，即可以在次年根据需要安排预算支出。为明确反映基金余额$8 630中的这一事实，AB市政府也可以考虑将基金余额分设成如下两个明细账："基金余额——还本保留"$8 600，"基金余额——未作保留"$30。在政务基金资产负债表中，"基金余额——还本保留"$8 600和"基金余额——未作保留"$30可以合并成"基金余额——偿债保留"$8 630列示在基金余额部分。

第三节　基金余额或净资产

在州和地方政府开展的政务活动包括资本资产购建和偿债政务活动中，在政府层面上，资产减去负债后的差额，称为净资产。净资产分为资本资产投资（扣除相关负债）、限制性净资产和非限制性净资产三个种类。在基金层面上，资产减去负债后的差额，称为基金余额。按照基金的种类分，基金余额包括资本项目基金的基金余额和偿债基金的基金余额。按照基金余额的种类分，基金余额分为已作保留的基金余额和未作保留的基金余额。

在资本资产购建和偿债活动中，资本资产购建完成后，长期资产的取得成本减去计提的累计折旧，再减去尚未偿还的相应负债，在政府层面的政务活动中形成"资本资产投资（扣除相关负债）"净资产项目。尚未使用、需要在次年继续用于资本资产购建的资金，在政府层面的政务活动中形成"限制性净资产——限制用于资本项目"净资产项目；在资本项目基金中形成基金余额，包括已作保留的基金余额如购货支出保留和未作保留的基金余额；在政务基金中形成

"资本项目保留"基金余额项目。尚未使用、需要在次年继续用于偿还长期债务的资金,在政府层面的政务活动中形成"限制性净资产——限制用于偿还债务"净资产项目;在偿债基金中形成基金余额,包括已作保留的基金余额如偿还本金支出保留和未作保留的基金余额;在政务基金中形成"偿债保留"基金余额项目。

在以上基金余额和净资产的种类中,资本项目基金或偿债基金中的基金余额不一定能够直接构成政府层面政务活动中净资产的数额。例如,资本项目基金和偿债基金中的未作保留基金余额不一定能够直接构成政府层面政务活动中非限制性净资产的数额。资本项目基金和偿债基金中的未作保留基金余额是按照修改的权责发生制会计基础计算而得的,政府层面政务活动中的非限制性净资产是按照权责发生制会计基础计算而得的。

以上资本项目基金和偿债基金的基金余额与政务基金的基金余额也存在一些差异。在政务基金资产负债表中,资本项目基金的基金余额,无论是已作保留的基金余额还是未作保留的基金余额,只要相应的基金余额仍然需要在来年继续用于资本项目的购建,就都作为资本项目保留的基金余额处理。偿债基金的基金余额,情况也是如此。也即偿债基金中的未作保留的基金余额,在政务基金中就成了偿债保留的基金余额。

资本资产购建和偿债活动中的大多数基金余额或净资产的种类在以上收入以及支出和费用的核算举例中已经涉及,这里不再重复核算举例。资本资产购建和偿债活动中政府层面上的净资产的核算方法,与日常政务活动中政府层面上的净资产的核算方法一样。

第四节 资产和负债

一、资产与负债的概念和种类

(一) 资产的概念和种类

州和地方政府在开展资本资产购建和偿债活动中形成的资产可以区分为政府层面上的资产和基金层面上的资产两大类。其中,基金层面上的资产包括资本项目基金中的资产和偿债基金中的资产,具体如现金、应收税款、应收其他基金款、应收上级政府款、投资等种类。政府层面上的资产如现金、应收税款、应收上级政府款、内部往来、投资、土地、房屋和建筑物、机器和设备、在建工程、基础设施资产等种类。基金层面上资产的种类与政府层面上资产的种类之间的主要差别,是政府层面上的资产包括资本资产,而基金层面上的资产不包括资本资产。除此之外,政府层面上没有应收其他基金款这一资产种类,基金层面上没有内部余额这一资产种类。

州和地方政府在开展政务活动中形成的资本资产称为普通资本资产。普通资本资产与基金资本资产相对应。基金资本资产是指在权益基金以及代理与信托基金中核算的资本资产。政务基金中不核算资本资产。权益基金中内部服务基金的资产,既属于基金资本资产,也属于普通资本资产。州和地方政府的普通资本资产可以在开展日常政务活动中形成,或在开展普通基金、特种收入基金和留本基金的业务活动中形成。但大多数州和地方政府的普通资本资产在开展资本资产购建活动中形成,或在开展资本项目基金的业务活动中形成。偿债基金的业务活动本身不会形成普通资本资产。

　　州和地方政府的普通资本资产应当按照取得时的成本计价。缺乏取得时的成本数据的,可以按照估计成本计价,或评估价值计价。购入的土地应当按照购入的合同价格加上诸如法律费用、平整费用、产权调查费用等相关费用计价。没收的土地应当按照留置权税收数额加上其他所有为获得土地所有权而发生的附带费用计价。接受捐赠的土地应当按照评估价计价。但评估费用本身不应当计入土地成本。购入的房屋和建筑物应当按照购入的合同价格加上法律费用和其他相关费用计价。自建的房屋和建筑物应当按照资本项目基金中发生的所有直接和间接支出加上由其他基金提供的原材料和服务的成本计价。接受捐赠的房屋和建筑物应当按照评估的价值计价。机器和设备通常通过购买渠道取得。此时,机器和设备应当按照购入的合同价格加上运输费用、安装费用等相关费用计价。接受捐赠的机器和设备应当按照与接受捐赠的土地以及房屋和建筑物一样的计价方法计价。在建工程应当按照在政府层面的政务活动中累积的工程支出计价。基础设施资产是政务活动中形成的一种比较特殊的普通资本资产。基础设施资产的具体种类如高架公路、地面道路、桥梁、人行道、防洪设施、道路照明系统等。基础设施资产具有不可移动以及使用寿命长的特征。基础设施资产应当按照在政府层面的政务活动中累积的工程支出计价。累积的工程支出数据难以获得时,可以按照估计成本计价。

　　政府会计准则委员会在1999年6月发布的政府会计准则公告第34号中,提出州和地方政府应当报告基础设施资产。在此之前,政府会计准则委员会没有对报告基础设施资产提出强制要求。大多数州和地方政府选择不对基础设施资产进行报告。其主要理由是基础设施资产具有不可移动和不可转换的特征。因此,有关基础设施资产的财务信息对于报告政府的财务受托责任或政府进行决策的意义不大。政府会计准则委员会在准则公告第34号中认为,基础设施资产主要是通过发行长期债务进行购建的。如果在政府层面政务活动的资产负债表中只报告长期负债而不报告相应的基础设施资产,那么,资产减去负债后的净资产的信息会失去真实性。除此之外,使用基础设施资产的成本即基础设施资产的折旧费用也应当计算在政府的职能成本中,如计算在公共工程职能或公共交通职能成本中。

　　政府会计准则委员会在发布准则公告第34号时,大多数州和地方政府缺乏对基础设施资产的详细记录。政府会计准则委员会除了要求州和地方政府对于未来基础设施资产购建的业务活动在政府层面的政务活动中作为基础设施资产进行记录外,还要求大中型政府对以前的主要基础设施资产进行追溯调整。大型政府的标准是年收入总额在1亿美元或1亿美元以上,中型政府的标准是年收入在1000万美元至1亿美元之间。大型政府应当在2005年6月15日开始的财政年度内对主要基础设施资产进行追溯调整。中型政府应当在2006年6月15日开始的财政年度内对主要基础设施资产进行追溯调整。年收入在1000万美元以下的政府为小型政府。小型政府对于基础设施资产可以不进行追溯调整。

(二) 负债的概念和种类

　　州和地方政府在开展资本资产购建和偿债活动中形成的负债也可以区分为政府层面上的负债和基金层面上的负债两大类。其中,基金层面上的负债包括资本项目基金中的负债和偿债基金中的负债,具体如应付合同款、应付凭单、应付利息、应付票据、应付其他基金款等种类。

政府层面上的负债如应付合同款、应付凭单、应付利息、应付票据、内部余额、应付债券、应付融资租赁款、应付债券预期票据等种类。基金层面上负债的种类与政府层面上负债的种类的主要差别,是政府层面上有应付债券、应付融资租赁款这类负债,而基金层面上没有应付债券、应付融资租赁款这类负债。除此之外,政府层面上没有应付其他基金款这一负债种类,基金层面上没有内部余额这一负债种类。

州和地方政府在开展政务活动中发生的诸如应付债券、应付融资租赁款等长期负债称为普通长期负债。普通长期负债与基金长期负债相对应。基金长期负债是指权益基金以及代理与信托基金中的长期负债。权益基金中内部服务基金的长期负债,既是基金长期负债,也是普通长期负债。内部服务基金中的应付债券有可能是税务支持的债券。政务基金中没有诸如应付债券、应付融资租赁款等长期负债。州和地方政府的普通长期负债主要是由于开展资本资产的购建活动而引起。因此,普通长期负债的发生通常与普通资本资产的取得存在因果关系。在基金层面上,发生普通长期负债取得的资金,在资本项目基金中作为其他资金来源核算;偿还普通长期负债本息的业务,在偿债基金中作为支出核算。

二、资产和负债的核算举例

资本资产购建和偿债活动中的大多数资产和负债的种类在以上收入以及支出和费用的核算举例中已经涉及。这里再介绍一些以上未曾涉及的资产和负债的种类或资产和负债的其他业务内容及其会计核算方法。

1. 应付债券预期票据的核算

政府可能会由于种种原因,如债券尚未印刷完成、等待最有利的发行时机等原因而推迟债券发行。在这种情况下,为满足工程建造的需要,政府可能会考虑向银行开出债券预期票据进行短期筹资借款。债券预期票据是指政府以未来发行债券的收入作为偿还担保向银行取得短期筹资借款的凭证。如果政府开出的短期筹资借款票据没有使用未来发行债券的收入等作为偿还担保,那么,这种票据属于普通信用票据。

例1 AB市政府2008年向当地银行开出一张3个月期的债券预期票据,票据面值为$10 000,年利率为6%。债券预期票据筹资借款用于建造一条市内公路。该条市内公路在资本项目基金中核算。AB市政府应编制如下记录开出债券预算票据的会计分录:

在资本项目基金中:

借:现金　　　　　　　　　　　　　　　　　　　　　10 000
　　贷:其他资金来源——债券预期票据收入　　　　　　　　10 000

在政府层面的政务活动中:

借:现金　　　　　　　　　　　　　　　　　　　　　10 000
　　贷:应付债券预期票据　　　　　　　　　　　　　　　10 000

在以上例1中,应付债券预期票据尽管只有3个月的存在时间,但会计上仍然将它视同长期负债看待。主要原因是应付债券预期票据是用发行应付债券的收入来偿还的,而应付债券属于长期负债。应付债券预期票据的延续即是应付债券。

在以上例1中,假设AB市政府3个月后用发行公债的收入$80 000偿还应付债券预期票据本金$10 000,并支付相应的利息$150(10 000×6%×3/12)。AB市政府应编制如下记录偿付债券预期票据的会计分录：

在资本项目基金中：
借：现金   80 000
　　贷：其他资金来源——债券发行收入   80 000

再在资本项目基金中：
借：其他资金用途——偿付债券预期票据   10 000
　　支出——利息支出   150
　　贷：现金   10 150

在政府层面的政务活动中：
借：现金   80 000
　　贷：应付债券   80 000

再在政府层面的政务活动中：
借：应付债券预期票据   10 000
　　费用——长期债务利息   150
　　贷：现金   10 150

在以上偿付债券预期票据的会计分录中，支付的票据利息作为利息支出处理，不作为资本支出处理。支付票据利息可能会减少可用于资本项目购建的资金，因此，资本项目购建负责人期望票据利息由其他基金如偿债基金或普通基金承担。但如果偿债基金或普通基金中没有相应的支出预算，那么，也难以支付债券预期票据的利息。此时，立法机构需要对此作出决定。

2. 普通资本资产处置的核算

诸如房屋和建筑物、机器和设备等普通资本资产在不能使用或不需要使用时应当进行处置。普通资本资产在处置时，应当在政府层面的政务活动中注销原始成本和累计折旧。

例 2　AB 市政府 2008 年对于一台已经提足折旧，并且也已经不能再继续使用的办公设备进行处理。该办公设备的原始成本为 ＄6 500，已计提累计折旧 ＄6 100，账面净残值 ＄400（6 500－6 100）。AB 市政府从普通基金中支付该办公设备的清理费用 ＄100，并将该办公设备以 ＄380 的价格对外出售。AB 市政府应编制如下记录普通资本资产处置的会计分录：

在普通基金中：
借：支出   100
　　贷：现金   100

再在普通基金中：
借：现金   380
　　贷：其他资金来源——资本资产处置收入   380

在政务层面的政务活动中：
借：损失——处置资本资产损失   120
　　累计折旧   6 100
　　现金   280
　　贷：机器和设备   6 500

在以上例 2 中，普通资本资产处置的收入，从原理上讲应当转入购建普通资本资产的基金中。但由于购建普通资本资产的某些基金如资本项目基金等在普通资本资产处置时已经清算结束,因此,普通资本资产处置的收入一般转入普通基金中。普通资本资产处置的收入一般会安排继续用于购建新的普通资本资产。普通资本资产处置的损失或利得只在政府层面的政务活动中确认,在普通基金中不确认损失或利得。

3. 支付融资租赁应付款的核算

普通基金或特种收入基金为开展业务活动的需要,可以通过融资租赁的方式取得普通资本资产。融资租入普通资本资产时,在使用普通资本资产的普通基金或特种收入基金中,按照未来融资租赁应付款的贴现值或普通资本资产的公允市价借记"支出"账户,贷记"其他资金来源"账户;在政府层面的政务活动中,同样按照未来融资租赁应付款的贴现值或普通资本资产的公允市价借记"房屋和建筑物"、"机器和设备"等账户,贷记"应付融资租赁款"账户。未来融资租赁应付款的支付与政府公债的偿付具有相似性。在未来融资租赁应付款的支付金额中,包括了延期支付的利息和支付的本金两部分。这与偿付政府公债中的利息和本金相似。支付融资租赁应付款的业务可以通过偿债基金核算。

例3 AB市政府2008年在偿债基金中支付融资租赁应付款合计＄10 000,其中,本金部分为＄6 200,利息部分为＄3 800。AB市政府应编制如下记录支付融资租赁应付款的会计分录:

在偿债基金中:

借:支出 10 000
  贷:现金 10 000

在政府层面的政务活动中:

借:应付融资租赁款 6 200
  费用——融资租赁利息 3 800
  贷:现金 10 000

4. 债务提前偿还的核算

州和地方政府有时为了适应市场筹资利率的变化或减轻未来偿债负担等原因而通过发行新债的方式提前偿还旧债。通常的做法为:发行调换债券;然后,将发行调换债券取得的收入存入选定的代理机构,并与代理机构签署不可撤回信托协议,委托代理机构按照要求偿付旧债。此时,尽管旧债在法律上仍然存在,但从会计上讲,它已经实质上终止了。

例4 AB市政府2008年通过发行调换债券取得债券发行收入＄50 000。AB市政府将发行调换债券取得的收入存入偿债基金中,并联同偿债基金中已经积累的资金＄6 800转存某信托代理机构,委托其偿还旧债本息。AB市政府应编制如下记录发行新债偿还旧债的会计分录:

在偿债基金中:

借:现金 50 000
  贷:其他资金来源——调换债券发行收入 50 000

再在偿债基金中:

借:其他资金运用——支付给调换债券代理机构 50 000
  支出——支付给调换债券代理机构 6 800
  贷:现金 56 800

在政府层面的政务活动中:

借：现金　　　　　　　　　　　　　　　　　　　　　　　50 000
　　贷：应付债券——新债券　　　　　　　　　　　　　　　　50 000
再在政府层面的政务活动中：
借：应付债券——旧债券　　　　　　　　　　　　　　　　56 800
　　贷：现金　　　　　　　　　　　　　　　　　　　　　　56 800

在以上例4中，将发行新债的收入存入偿债基金中时，在偿债基金中确认其他资金来源；将发行新债的收入从偿债基金中转出至调换债券代理机构时，在偿债基金中确认其他资金运用；将偿债基金中已经积累的资金转出至调换债券代理机构时，在偿债基金中确认支出。

5. 偿债资源投资的核算

在定期还本债券偿债基金中，存在着大量的偿债资源投资业务。主要原因是定期还本债券的本金在到期时一次性偿还需要大量的资金，而这大量的资金需要依靠平时逐渐积累，平时逐渐积累的资金又需要依靠投资进行保值和增值。

例5　AB市政府2008年定期还本债券偿债基金收到财产税收入 $7 900。按照偿债预算，在收到的 $7 900财产税收入中，$4 600应当用于支付当年到期的债券利息，另外 $3 300应当用于投资，以准备偿还债券到期本金。AB市政府将收到的财产税收入中 $3 300进行对外投资。AB市政府应编制如下记录偿债资源对外投资的会计分录：

同时在定期还本债券偿债基金和政府层面的政务活动中：
借：投资　　　　　　　　　　　　　　　　　　　　　　　3 300
　　贷：现金　　　　　　　　　　　　　　　　　　　　　　3 300

在以上例5中，假设2008年末定期还本债券偿债基金应计投资利息 $200，并且投资市价上涨 $160。AB市政府应编制如下记录应计投资利息和投资市价变动的会计分录：

在定期还本债券偿债基金中：
借：投资　　　　　　　　　　　　　　　　　　　　　　　360
　　贷：收入——投资收益　　　　　　　　　　　　　　　　360
在政府层面的政务活动中：
借：投资　　　　　　　　　　　　　　　　　　　　　　　360
　　贷：一般收入——投资收益——限制用于偿债　　　　　　360

在偿债活动中，投资的应计利息可以记录在"投资"账户中。投资应当按照市价计价。市价的变动，无论是已实现的，还是未实现的，都应当同时作为投资和收入确认。在偿债基金中，"投资"犹如是其中的一个沉没基金，一直要沉没到偿还债券本金时才使用。

6. 委托银行偿债的核算

州和地方政府可以委托银行向公债持有人支付债务本息。通常的做法是：在债务本息到期时，政府将需要支付的债务本息款项转出给受托银行，同时，确认应付利息。在接到受托银行款项已支付通知时，再冲销应付利息。

例6　AB市政府2008年将已到期的债务利息款项 $620转存至受托银行账户，委托其向公债持有人支付债券利息。AB市政府应编制如下记录委托银行偿债的会计分录：

同时在偿债基金和政府层面的政务活动中：
借：存放在受托银行中的现金　　　　　　　　　　　　　　620
　　贷：现金　　　　　　　　　　　　　　　　　　　　　　620

再在偿债基金中：
借：支出——利息支出　　　　　　　　　　　　620
　　贷：应付利息　　　　　　　　　　　　　　　　　620
在政府层面的政务活动中：
借：费用——债务利息　　　　　　　　　　　　620
　　贷：应付利息　　　　　　　　　　　　　　　　　620
在以上例6中，当AB市政府收到受托银行转来的款项已支付通知时，应编制如下冲销应付利息的会计分录：
同时在偿债基金和政府层面的政务活动中：
借：应付利息　　　　　　　　　　　　　　　620
　　贷：存放在受托银行中的现金　　　　　　　　　620

政府委托银行代为偿付债务本息，需要向银行支付相应的手续费。相应的手续费在偿债基金中作为支出处理，在政府层面的政务活动中作为费用处理。

第五节　政府层面政务活动中收入和费用的年终结账

一、政府层面政务活动中资本资产计提折旧的核算

政府在开展政务活动包括日常政务活动以及资本资产购建和偿债活动中使用的资本资产即政府的普通资本资产，在使用的过程中应当根据要求计提折旧。相应的资本资产折旧费用只在政府层面的政务活动中核算，不在任何政务基金中核算。主要原因是：折旧费用是经济资源价值的消耗或转移，而不是当期财务资源的流出。政府在开展政务活动中使用的资本资产，不仅包括政府在开展普通基金、特种收入基金、留本基金、资本项目基金和偿债基金这五个政务基金活动中使用的资本资产，而且还包括政府在开展内部服务基金活动中使用的资本资产。政府开展的内部服务基金活动属于政府开展的政务活动。

例　AB市政府2008年对政务活动中使用的资本资产按照要求计提折旧。按照政府职能计提折旧的具体情况为：一般公共服务＄51 400，公共安全＄64 500，公共工程＄71 600，公共卫生＄32 300，公共文化＄29 800。按照资本资产的种类计提折旧的具体情况为：房屋和建筑物＄97 500，机器和设备＄62 200，基础设施资产＄89 900。AB市政府应编制如下记录计提普通资本资产折旧的会计分录：

在政府层面的政务活动中：
借：费用　　　　　　　　　　　　　　　　249 600
　　贷：累计折旧　　　　　　　　　　　　　　　249 600
同时，在费用明细账的借方登记如下：
一般公共服务　　　　　　　　　　　　　　　　　51 400
公共安全　　　　　　　　　　　　　　　　　　　64 500
公共工程　　　　　　　　　　　　　　　　　　　71 600

公共卫生 32 300

公共文化 29 800

在政务基金中,则不编制会计分录。主要原因是政务基金的计量重点是当期财务资源的流动;而普通资本资产的折旧属于经济资源的流动,不属于当期财务资源的流动。

在上例中,政务活动中资本资产折旧费用的计提应当按照政府职能进行分类,分成一般公共服务职能的折旧费用、公共安全职能的折旧费用、公共工程职能的折旧费用等。在政府层面的政务活动中,除了长期债务的利息费用单独分成一类之外,其他有关的费用应当按照政府职能进行分类,以计算政府各项职能的完全成本。内部服务基金中的资本资产折旧费用一般作为一般公共服务职能的折旧费用处理。

按照政府会计准则委员会的要求,基础设施资本资产如果符合一定的条件,可以不计提折旧。其中,主要的条件是需要对基础设施资本资产建立一个定期的现状评估制度。如果评估结果表示,有关基础设施资产的现状保持在一个要求的标准之上,那么,这些基础设施资产可以不计提折旧。否则,基础设施资产也需要计提折旧。

二、政府层面政务活动中收入和费用年终结账的会计处理

政府层面政务活动中的收入和费用应当在年终进行结账。结账的依据应当是政府层面政务活动中对于收入和费用进行核算的结果。由于采用双轨制会计记账方法,政府层面政务活动中的收入和费用有一套完整的会计记录。

例1　AB市政府2008年末政府层面政务活动中有关收入和费用的核算结果为:专项职能收入合计＄156 020,其中,"服务收费收入——一般公共服务"＄41 400,"服务收费收入——公共安全"＄25 640,"服务收费收入——公共工程"＄18 380,"服务收费收入——公共文化"＄12 500,"日常运行补助和捐助——公共安全"＄6 430,"日常运行补助和捐助——公共卫生"＄3 600,"资本补助和捐助——公共安全"＄32 470,"资本补助和捐助——公共文化"＄15 600;一般收入合计＄394 570,其中,"财产税收入"＄324 500,"销售税收入"＄43 250,"其他收入"＄2 560,"财产税收入——限制用于偿债"＄15 300,"销售税收入——限制用于偿债"＄2 120,"投资收益——限制用于偿债"＄6 840;费用合计＄677 070,其中,"一般公共服务"＄86 400,"公共安全"＄243 800,"公共工程"＄213 640,"公共卫生"＄76 400,"公共文化"＄43 540,"长期债务利息"＄12 400,"票据利息"＄890。AB市政府应编制如下政府层面政务活动中年终收入和费用结账的会计分录:

在政府层面的政务活动中:

借:专项职能收入　　　　　　　　　　　　156 020
　　一般收入　　　　　　　　　　　　　　394 570
　　净资产——非限制性　　　　　　　　　126 480
　贷:费用　　　　　　　　　　　　　　　　　　677 070

同时,结清所有"专项职能收入"、"一般收入"和"费用"的明细分类账户。

在以上例1中,费用合计数＄677 070大于收入合计数＄550 590(156 020＋394 570),大于的数额为＄126 480。费用合计数大于收入合计数的数额先记入"净资产——非限制性"账户中。此时,借记"净资产——非限制性"账户并不代表非限制性净资产的最终减少数。非限制

性净资产的最终数额,等于净资产合计数减去资本资产投资(扣除相关负债)再减去限制性净资产后的差额。也即非限制性净资产是一个在净资产中的差额的概念,只有在确定了净资产中的资本资产投资(扣除相关负债)和限制性净资产的数额后,才能确定非限制性净资产的数额。

例 2 续上例 1,AB 市政府 2008 年末在开展政务活动中的其他有关资料如下:普通资本资产原值合计数为 $5 968 500,累计折旧为 $1 511 700,普通资本资产净值为 $4 456 800(5 968 500－1 511 700);与普通资本资产购建相关的负债合计数为 $3 121 300,其中,应付债券总额减去尚未支用的部分即应付债券总额中已支用的部分为 $2 825 000,应付合同款为 $253 000,与资本资产购建相关的应付凭单为 $43 300;资本资产投资(扣除相关负债)净资产的数额即为 $1 335 500(4 456 800－3 121 300)。资本项目基金中限制用于资本项目购建的资产合计数为 $1 096 000,应付债券总数中尚未支用的部分为 $556 000,递延资本补助和捐助收入为 $72 000;限制用于资本资产购建目的的净资产为 $612 000(1 096 000－556 000＋72 000)。偿债基金中限制用于偿债目的的资产合计数为 $134 000,政府层面政务活动中偿债业务应计债券利息为 $68 000;限制用于偿债目的的净资产为 $66 000(134 000－68 000)。限制用于其他目的的净资产为 $35 800。AB 市政府 2008 年初的相关资料如下:资本资产投资(扣除相关负债)净资产的数额为 $1 483 500;限制用于资本资产购建目的的净资产为 $549 000;限制用于偿债目的的净资产为 $46 000。2008 年末净资产有关项目比 2008 年初有关净资产项目增加或减少的情况为:资本资产投资(扣除相关负债)净资产项目为 －$148 000(1 335 500－1 483 500);限制用于资本资产购建目的的净资产为 $63 000(612 000－549 000);限制用于偿债目的的净资产为 $20 000(66 000－46 000);限制用于其他目的的净资产为 $35 800。AB 市政府应编制如下记录净资产项目增减变动情况的会计分录:

在政府层面的政务活动中:

借:净资产——资本资产投资(扣除相关负债)	148 000	
贷:净资产——限制用于资本资产购建		63 000
净资产——限制用于偿债		20 000
净资产——限制用于其他目的		35 800
净资产——非限制性		29 200

在以上例 2 中,资本资产投资(扣除相关负债)净资产项目的期末余额,应当等于资本资产净值减去与资本资产购建相关的负债后的差额。其中,资本资产净值等于资本资产原值减去累计折旧后的差额。与资本资产购建相关的负债为已经支用的长期负债,加上为资本资产购建而发生的尚未支付的应付合同款和应付凭单等。这些相关负债的共同特征,是它们都已经为资本资产的购建而实际发生了,或者都已经构成了资本资产的成本。尚未支用的长期负债不包括在其中。有关数据需要根据对政府层面政务活动中的记录进行分析和计算后取得。在限制性净资产项目中,主要的限制性净资产种类是限制用于资本资产购建、限制用于偿债、限制用于其他专门用途等。有关限制性净资产种类的期末余额,可以通过对相应基金中的数据进行分析和计算后取得。对于限制用于资本资产购建的净资产,可以通过对资本项目基金中的数据进行分析和计算后取得。资本项目基金中的资产为限制用于资本项目购建目的的资产。这些资产是按修改的权责发生制会计基础确认的。需要将它们转换成为按权责发生制会计基础确认的结果。其中的主要差异可能会有递延资本补助和捐助收入。递延资本补助和捐

助收入在资本项目基金中确认为负债,从而减少基金余额的数额;在政府层面的政务活动中不予确认,从而不减少净资产的数额。尚未支用的债券发行收入作为资产,已经包括在资本项目基金的资产数额中;但资本项目基金没有将其确认为负债,而确认为其他资金来源。在计算政府层面政务活动中的限制用于资本项目的净资产时,需要将尚未支用的债券发行收入从资本项目基金的资产数额中扣除。偿债基金中的资产为限制用于偿债目的的资产。这些资产是按修改的权责发生制会计基础确认的。它们与按权责发生制会计基础确认的结果一般没有什么差异。偿债基金中的负债也是按修改的权责发生制会计基础确认的。它们与按权责发生制会计基础确认的结果可能会存在差异。一个重要的差异,是年末债券的应计利息在政府层面的政务活动中需要作为负债记录,但在偿债基金中不予记录。因此,需要对此数据进行调整,以计算政府层面政务活动中限制用于偿债目的的净资产数额。特种收入基金和留本基金中的数据,通常是分析和计算政府层面政务活动中限制用于其他目的净资产数额的依据。

诸如限制用于资本资产购建目的、限制用于偿债目的等限制性净资产的数额,也可以不通过对诸如资本项目基金、偿债基金等基金会计主体中的数据进行分析和计算后取得,而直接对政府层面政务活动中记录的数据进行分析和计算后取得。由于采用双轨制会计记账方法,政府层面的政务活动中存在着完整的会计记录。尽管如此,在编制政府层面政务活动中的会计分录时,记录的资产和负债一般都不明确区分诸如限制用于资本资产购建目的、限制用于偿债目的等。因此,在计算诸如限制用于资本资产购建目的的净资产、限制用于偿债目的的净资产时,需要对有关的明细记录进行分析和计算。

在以上例2的会计分录中,借记"净资产——资本资产投资(扣除相关负债)"账户表示当年资本资产投资(扣除相关负债)净资产项目的数额减少。这可能是由于当年购建资本资产的资金主要来源于债券发行收入,而且当年未曾偿还应付债券,但资本资产已经开展计提较大折旧费用而引起;也可能是由于处置资本资产而引起。如果资本资产的购建资金全部来源于债券发行收入,资本资产每年的折旧费用又等于每年的偿债金额,那么,资本资产投资(扣除相关负债)净资产项目不发生变化。由于资本资产的购建资金一般来说大部分来源于债券发行收入,而且债券的存续时间又都比较长,因此,资本资产投资(扣除相关负债)净资产项目的数额一般不会很大。限制用于资本资产购建目的的净资产项目,大多是由于存在跨期建造资本资产而引起的。如果当期开工、当期完成、当期结清资本资产购建活动及其购建资金,那么,限制用于资本资产购建目的的净资产在当期不发生变化。如果当期为偿债活动积累的资金等于偿债本息费用,那么,限制用于偿债目的的净资产在当期也不发生变化。

政府层面政务活动中三个净资产项目的数额,总体来说,资本资产投资(扣除相关负债)净资产和限制性净资产这两个净资产项目的数额,应当是政府层面政务活动中相应的资产减去相关的负债后的差额。非限制性净资产项目的数额是净资产总数减去以上两个净资产项目数额后的差额。净资产总数是资产总数减去负债总数后的差额。无论净资产总数是多少,以及净资产总数中三个组成项目的数额分别是多少,市民都无权向净资产的任何一个数额提出索取要求。

主要专业名词英汉对照

Bond anticipation note   债券预期票据
Capital lease   资本租赁
Debt limit   债务限额
General capital asset   普通资本资产
General long-term liability   普通长期负债
Infrastructure asset   基础设施资产
Proceed of bond   债券发行收入
Refunding bond   调换债券
Serial bond   分期还本债券
Tax-supported debt   税收支持债务
Team bond   定期还本债券

第九章
商务活动、代理与信托活动会计

第一节 商务活动

一、商务活动的概念

商务活动是指州和地方政府从事的按成本补偿基础向市民提供物品或服务的业务活动。商务活动与内部有偿服务即内部服务基金的业务活动之间既有区别,又有联系。两者的主要区别,是商务活动的服务对象是市民,内部服务基金的服务对象是政务活动的部门或政务基金。因此,内部服务基金的业务活动属于政务活动,商务活动是与政务活动相并列的一种业务活动。两者的主要联系,是它们都按照成本补偿基础运行。即它们都需要自我维持,或都需要依靠服务收费收入补偿业务活动费用,其中包括资本资产折旧费用和长期债务利息费用。

商务活动与政务活动之间的主要区别是,商务活动主要依靠服务收费收入补偿全部业务活动费用。因此,商务活动总体上属于政府开展的交换性交易活动。政务活动主要依靠税收收入补偿全部业务活动费用。因此,政务活动总体上属于政府开展的非交换性交易活动。商务活动与政务活动之间的主要联系是,它们都是政府开展的业务活动;它们的业务活动对象都是市民;它们在总体上都属于非营利活动,是政府开展的向市民提供公共物品的活动。政务活动与商务活动是州和地方政府自主开展的两大业务活动。代理与信托活动是州和地方政府接受委托开展的一种业务活动。

大多数州和地方政府开展的主要商务活动有供水、供电、供煤气、公共交通、机场运行、港口运行、医院医疗、收费道路、停车场等活动。其中,大多数商务活动在私营部门都可以找到相应的业务活动。州和地方政府在开展商务活动中的收费标准,原则上应当低于私营部门或市场收费标准。否则,政府开展商务活动就失去了意义。州和地方政府之所以开展众多的商务活动,一方面是因为市民要求州和地方政府提供更多的服务,但与此同时,市民又不同意交纳更多的税收;另一方面,州和地方政府缺乏财务资源的来源,只能依靠开展有偿服务的形式向市民提供相应的服务。事实上,政府对于某些公共物品,在一定程度上采用有偿提供的方式,也可以达到节约资源、有效利用有限资源的目的。

二、商务活动的核算

(一) 公用事业基金的设立

州和地方政府会计采用基金会计系统。州和地方政府开展的商务活动在基金层面上通过设立公用事业基金进行核算。公用事业基金也可以称为企业基金,或公营企业基金或商业基金。公用事业基金联同内部服务基金,都属于权益基金的种类,在基金财务报表中都报告在权益基金财务报表中。但在权益基金财务报表中,公用事业基金需要区分主要基金和非主要基金进行报告;而内部服务基金不需要区分主要基金和非主要基金进行报告,即内部服务基金仅需要以合并数进行报告。

根据政府会计准则委员会的要求,州和地方政府如果同时满足如下两个标准,应当使用公用事业基金核算相应的业务活动:第一,该项业务活动的债务全部依靠服务收费收入作为担保来偿还;第二,法规要求该项业务活动的成本全部依靠服务收费收入来弥补,而不能依靠税收收入或类似的收入来弥补。根据以上两个标准,如果州和地方政府发行的债券使用了整个政府的信誉作为偿还的后备担保,那么,尽管该种债券准备依靠相应业务活动的服务收费收入来偿还,该业务活动也不一定要在公用事业基金中核算。同样,如果某业务活动将依靠普通基金的补助来弥补业务活动的成本,而不是依靠服务收费收入来弥补业务活动的成本,那么,该业务活动也不一定要在公用事业基金中核算。在以上情况下,州和地方政府在决定是否通过设立公用事业基金来核算相应的业务活动时,可以进行适当的选择。如果某项业务活动明确将主要依靠普通基金或特种收入基金中的收入维持运行,而不是主要依靠服务收费收入维持运行,那么,该项业务活动在普通基金或特种收入基金中核算更加合适。

(二) 公用事业基金的计量重点和会计基础

公用事业基金采用经济资源计量重点和权责发生制会计基础。由于大多数公用事业基金的业务活动在私营部门中都有对应的业务活动,为使公用事业基金的会计信息与私营部门中对应的业务活动的会计信息具有可比性,公用事业基金中的会计核算方法较多地采用有关行业协会要求采用的会计核算方法。在公用事业基金中,既核算流动资产和流动负债,也核算资本资产和长期负债。也即对于公用事业基金的业务活动,资本资产的购建业务和长期负债的偿债业务不通过设置资本项目基金和偿债基金进行核算,而直接在公用事业基金中核算。公用事业基金中资产减去负债后的差额为净资产。公用事业基金中的净资产无论是在概念上还是在分类上,都与私营部门相应行业的营利性企业中的所有者权益不同。公用事业基金中的净资产仍然没有明确的所有者权益,具体种类与政府层面资产负债表中净资产的种类一样,即分为资本资产投资(扣除相关负债)、限制性净资产和非限制性净资产三个种类。

公用事业基金收入费用表的简要格式如表9-1所示。

表 9-1　公用事业基金收入费用表的简要格式

经营收入		
销售收入		$×××
经营费用		
业务费用	$××	
管理费用	××	
……		
经营费用合计		×××
经营收益		×××
非经营收入和非经营费用		
投资收益	××	
长期债务利息费用	××	
……		
非经营收入和非经营费用合计		×××
资本补助和捐助收入		××
日常运行补助和捐助收入		××
基金间转账收入		××
基金间转账支出		××
净资产的变动		×××
期初净资产		×××
期末净资产		$×××

在表 9-1 中,收入和费用应当按照权责发生制会计基础确认。经营收入、经营费用应当与非经营收入、非经营费用进行区分;接受捐助应当作为一个单独的项目在非经营收入和非经营费用下列示。

(三) 双轨制会计记账方法和预算会计方法

1. 双轨制会计记账方法

州和地方政府的商务活动需要同时在公用事业基金和政府层面的商务活动中进行报告。公用事业基金和政府层面的商务活动都是独立的会计主体。尽管如此,由于在基金层面和政府层面上采用相同的计量重点和会计基础,因此,州和地方政府的商务活动一般不需要采用双轨制会计记账方法。州和地方政府在发生商务业务活动时,可以只在公用事业基金中进行核算。公用事业基金中的核算结果是计算政府层面的商务活动中相应栏目财务数据的直接依据。一般情况下,政府层面的商务活动中的数据,是对公用事业基金核算结果的数据进行直接汇总的结果。汇总时,公用事业基金间的交易,对于政府层面的商务活动来说属于内部交易,应当予以抵销;由公用事业基金与政务基金间的交换性交易形成的应收其他基金款和应付其他基金款,在政府层面的商务活动中应当作为内部往来报告;由公用事业基金与政务基金间的交换性交易形成的经营收入,在政府层面的商务活动中应当作为专项职能收入中的服务收费收入报告;由公用事业基金与政务基金间的非交换性交易形成的基金间转账收入和基金间转账支出,在政府层面的商务活动中应当作为活动间转账报告。

政府层面上商务活动的资产负债表的简要格式可如表 6-1"政府层面资产负债表的简要格

式"所示;政府层面上商务活动的业务活动表的简要格式如同政府层面上政务活动的业务活动表的简要格式,具体可如表7-1"政府层面业务活动表(政务活动部分)的简要格式"所示。公用事业基金资产负债表的简要格式可如表6-3"权益基金资产负债表的简要格式"所示。

2. 预算会计方法

州和地方政府的商务活动一般不采用预算会计方法。主要原因是州和地方政府的商务活动一般不采用固定预算,而采用弹性预算。如果法律要求商务活动采用预算会计方法,那么,商务活动也需要采用预算会计方法。采用预算会计方法,意味着需要设置预算账户,并将预算账户与会计账户进行融合,从而实现预算控制的目的。

(四) 商务活动主要业务核算举例

1. 公用事业基金建立时的核算

公用事业基金在建立时的资金来源渠道可以是多种多样的。其中包括发行以未来公用事业收入来偿还的债券收入、本级政府的投入、上级政府的补助、政府内部其他基金的贷款、其他政府的贷款、未来客户的投入等。

例1 AB市政府2008年决定建立供水公用事业基金。AB市政府经批准按面值发行$140 000的收入债券作为一部分创立资金来源。该收入债券全部以未来供水收入作为偿还保证。除此之外,供水公用事业基金还收到普通基金转入资金$30 000,作为供水公用事业基金的一部分创立资金。AB市政府应编制如下记录取得公用事业基金创立资金的会计分录:

在供水公用事业基金中:

借:现金 170 000
    贷:应付债券 140 000
        基金间转账收入——普通基金转入 30 000

在以上例1中,AB市政府一般不需要同时在政府层面的商务活动中编制会计分录。也即州和地方政府的商务活动一般不需要采用双轨制会计记账方法。会计分录中的借记"现金"和贷记"应付债券"账户,直接构成政府层面商务活动中的借记"现金"账户和贷记"应付债券"账户;会计分录中的贷记"基金间转账收入"账户,直接构成政府层面商务活动中的贷记"活动间转账"账户。

在以上例1中,如果AB市政府发行的债券不完全由服务收费收入进行担保,而是在收入不足时可以由政务活动提供补助,或者AB市政府发行的债券得到了整个政府信誉的担保,尽管该债券准备用服务收费收入偿还,而不准备用一般税收入偿还,那么,AB市政府发行的这种债券就称为普通责任债券,而不称为收入债券。根据政府会计准则委员会的要求,为公用事业基金发行的这种普通责任债券,仍然在公用事业基金中核算。

例2 AB市政府2008年供水公用事业基金以发行收入债券取得的资金$120 000购入土地$32 000,房屋和建筑物$68 000,机器和设备$20 000。AB市政府应编制如下记录购入资本资产的会计分录:

在供水公用事业基金中:

借:土地 32 000
    房屋和建筑物 68 000

　　　　机器和设备　　　　　　　　　　　　　　　　20 000
　　　　贷：现金　　　　　　　　　　　　　　　　　　　　　120 000
　　在以上例2中，如果购买的房屋和建筑物价款中包含土地的价款，土地的价款应当从房屋和建筑物的价款中分离出来进行单独确认。土地一般不计提折旧。房屋和建筑物一般需要计提折旧。

　　2．公用事业基金日常业务活动的核算
　　公用事业基金日常业务活动的核算内容主要包括购买材料物资、支付经营费用、销售产成品、进行对外投资、偿付长期负债等。
　　例3　AB市政府2008年供水公用事业基金购买材料物资＄12 400，款项尚未支付。AB市政府应编制如下记录购买材料物资的会计分录：
　　在供水公用事业基金中：
　　借：材料物资　　　　　　　　　　　　　　　　　12 400
　　　　贷：应付凭单　　　　　　　　　　　　　　　　　　　12 400
　　在以上例3中，材料物资属于流动资产。流动资产与诸如房屋和建筑物、机器和设备等资本资产相对应。在公用事业基金中，资产应当区分流动资产和资本资产，并在财务报表中分开列示。应付凭单属于流动负债。流动负债与诸如应付债券等长期负债相对应。在公用事业基金中，负债应当区分流动负债和长期负债，并在财务报表中分开列示。
　　例4　AB市政府2008年供水公用事业基金根据水表读数向市民开出收费账单＄8 700，向本政府的普通基金开出收费账单＄350。AB市政府应编制如下记录开出收费账单的会计分录：
　　在供水公用事业基金中：
　　借：应收客户款　　　　　　　　　　　　　　　　8 700
　　　　应收其他基金款　　　　　　　　　　　　　　　350
　　　　贷：经营收入——销售收入　　　　　　　　　　　　　9 050
　　在以上例4中，供水公用事业基金向市民和普通基金销售水产品获得的收入属于经营收入。经营收入与非经营收入相对应。在实务中，供水公用事业基金不可能在同一天如某月末同时完成所有水表的读表工作。读表工作通常是每天都在进行，是一种循环性的工作。但对于某一具体客户来说，读表工作通常是在每月或每两个月相对固定的某一天。读表工作完成后，供水公用事业基金即可以向客户开出收费账单，同时，确认经营收入。
　　在以上例4中，供水公用事业基金向普通基金销售水产品取得的收入应当作为经营收入处理，不可以作为转账收入处理。供水公用事业基金中的经营收入在转换成政府层面商务活动中的会计信息时，应当转入"专项职能收入——服务收费收入"项目。会计分录中的借记"应收其他基金款"账户在转换成政府层面商务活动中的会计信息时，应当转入借记"内部往来"账户。会计分录中的借记"应收客户款"账户，与政府层面商务活动中的会计信息没有差异。
　　例5　AB市政府2008年供水公用事业基金向新客户收取存款保证金＄460，目的是为了取得收款安全保证，即如果客户届时因为种种原因不能偿付收费账单，供水事业基金可以按照合约规定没收相应数额的存款保证金。AB市政府应编制如下记录收取存款保证金的会计分录：
　　在供水公用事业基金中：

借:现金——客户存款保证金 460
　　贷:应付客户存款保证金——由限制性资产偿还 460

在以上例5中,借记"现金——客户存款保证金"账户表示供水公用事业基金中的限制性资产增加。限制性资产与非限制性资产应当进行区分,并在财务报表中分开列示。贷记"应付客户存款保证金——由限制性资产偿还"账户表示供水公用事业基金中的由限制性资产偿付的负债增加。由限制性资产偿付的负债与由非限制性资产偿付的负债应当进行区分,并在财务报表中分开列示。在公用事业基金中,限制性资产减去由限制性资产偿付的负债后的差额,为限制性净资产。限制性资产、由限制性资产偿付的负债、限制性净资产在公用事业基金中构成一个单独的会计平衡等式。这种情况称为基金中的基金,即在公用事业基金内部还单独存在一个完整的基金。

在有些州和地方政府,公用事业基金向客户收取的存款保证金是按市场利率给予存款利息的。客户在一定时期内,如果每次都是准时、足额地向公用事业基金交纳服务收费,那么,公用事业基金到时会将向客户收取的存款保证金退还给客户。公用事业基金为减轻客户交纳存款保证金的负担,通常会采用允许客户分期交纳的方法,在交纳服务收费时,连同部分存款保证金一起向公用事业基金交纳。在这种情况下,公用事业基金在收到客户交款时,需要区分其中多少属于服务收费收入,多少属于向客户收取的存款保证金。

例6 AB市政府2008年供水公用事业基金有关部门领用材料物资合计\$1090,其中,业务部门领用\$970,管理部门领用\$120。AB市政府应编制如下记录领用材料物资的会计分录:

在供水公用事业基金中:
借:经营费用——业务费用——材料物资费 970
　　经营费用——管理费用——材料物资费 120
　　贷:材料物资 1 090

在以上例6中,经营费用一般需要区分业务部门发生的经营费用即业务费用和管理部门发生的经营费用即管理费用。公用事业基金中的经营费用在转换成政府层面商务活动中的会计信息时,都作为费用确认。

例7 AB市政府2008年供水公用事业基金收到客户交纳的服务收费收入\$6 300。按照收入债券契约的要求,在收到的服务收费收入中,\$2 100应当限制用于偿还债券本息。AB市政府应编制如下记录收到客户交费的会计分录:

在供水公用事业基金中:
借:现金 4 200
　　现金——限制用于偿债 2 100
　　贷:应收客户款 6 300

在以上例7中,非限制性资产"现金"应当与限制性资产"现金"进行区分。

例8 AB市政府2008年供水公用事业基金应计工资费用合计\$6 600,其中,从工资总额中代扣各种税款\$520,应向员工支付工资数额\$6 080;属于业务部门的工资费用\$5 500,属于管理部门的工资费用\$1 100。供水公用事业基金应计与员工工资相关的社会保障税款\$550,其中,属于业务部门的费用\$440,属于管理部门的费用\$110。AB市政府应编制如下记录工资费用和应缴款项的会计分录:

在供水公用事业基金中：

借：经营费用——业务费用	5 940
经营费用——管理费用	1 210
贷：应缴代扣税款	520
应缴配套税款	550
应付工资	6 080

在以上例 8 中，AB 市政府供水公用事业基金也可以分别为工资费用总额和配套缴款业务编制会计分录。这样，"业务费用"和"管理费用"的明细项目可以明确区分"工资费用"和"配套缴款费用"。

例 9　AB 市政府 2008 年供水公用事业基金将部分限制用于偿债目的的现金 $1 800 进行对外投资，以谋求偿债资源的保值和增值。同时，AB 市政府将部分收到的客户保证金存款 $400 进行对外投资。AB 市政府应编制如下记录对外投资的会计分录：

在供水公用事业基金中：

借：投资——限制用于偿债	1 800
投资——限制用于退还客户	400
贷：现金——限制用于偿债	1 800
现金——限制用于退还客户	400

在以上例 9 中，"投资"账户和"现金"账户的明细账分类账户也可以不区分"限制用于偿债"和"限制用于退还客户"，而将"限制用于偿债"和"限制用于退还客户"合并为"限制性资产"。

例 10　AB 市政府 2008 年供水公用事业基金取得投资收益合计 $190，其中，$30 属于使用客户保证金存款取得的投资收益，该部分投资收益的现金属于非限制性资产；$160 属于使用限制用于偿债的现金取得的投资收益，该部分投资收益的现金属于限制性资产。AB 市政府应编制如下记录取得投资收益的会计分录：

在供水公用事业基金中：

借：现金	30
现金——限制用于偿债	160
贷：非经营收入——投资收益	190

在以上例 10 中，投资收益属于非经营收入，不属于经营收入。

3．公用事业基金会计期末业务的核算

公用事业基金会计期末的核算内容主要包括应计应收收入、应计债券利息、应计应收客户款的坏账准备、计提资本资产折旧、收入和费用的结账等。

例 11　AB 市政府 2008 年末供水公用事业基金应计应收收入 $6 500。AB 市政府应编制如下记录应计应收收入的会计分录：

在供水公用事业基金中：

借：应计应收收入	6 500
贷：经营收入——销售收入	6 500

在以上例 11 中，由于供水公用事业基金不可能在 2008 年末同时读完所有的水表，因此，对于尚未读数的水表采用应计的方法确认估计的经营收入。为区分由实际读表数取得的应收

款项和由估计读表数取得的应收款项,供水公用事业基金可以分别采用"应收客户款"、"应收其他基金款"账户和"应计应收收入"账户记录相应的业务。

在以上例11中,供水公用事业基金为简化第二年的会计处理,在第二年初可以对上年末的应计应收收入予以冲回。具体冲回的会计分录为:

在供水公用事业基金中:

借:经营收入——销售收入　　　　　　　　　　　　　　　　6 500
　　贷:应计应收收入　　　　　　　　　　　　　　　　　　　　6 500

例12　AB市政府2008年末供水公用事业基金应计债券利息费用＄750。AB市政府应编制如下记录债券应计利息的会计分录:

在供水公用事业基金中:

借:非经营费用——长期债务利息　　　　　　　　　　　　　750
　　贷:应付利息　　　　　　　　　　　　　　　　　　　　　　750

在以上例12中,债券利息费用应当作为非经营费用处理。如果AB市政府使用发行债券的收入建造资本资产,并且资本资产的建造在年末尚未完成,那么,长期债券的利息应当计入在建工程的成本。即编制的会计分录应当为:借记"在建工程"账户,贷记"应付利息"账户。这一点与政务活动不同。政务活动中普通资本资产的购建成本不包括长期债务的利息。

在以上例12中,如果债券契约规定,债券的利息也应当使用限制性资产偿还,那么,贷记"应付利息"账户可以加上明细分类账户"由限制性资产偿还",以区别由非限制性资产偿还的负债。

例13　AB市政府2008年末供水公用事业基金应付债券总额中有＄14 000将在下个财政年度到期,因此,应当划分为长期负债的流动部分。AB市政府应编制如下记录划分长期负债流动部分的会计分录:

在供水公用事业基金中:

借:应付债券　　　　　　　　　　　　　　　　　　　　　14 000
　　贷:应付债券——流动部分——由限制性资产偿还　　　　14 000

在以上例13中,假设长期负债的本金由限制性资产偿还。限制性资产来源于经营收入中取得的现金,以及对该部分现金进行投资取得的投资收益。贷记"应付债券——流动部分——由限制性资产偿还"账户在资产负债表中应当列入由限制性资产偿还的负债部分,以区分于由非限制性资产偿还的负债。

例14　AB市政府2008年末供水公用事业基金对应收客户款计提坏账准备＄120。AB市政府应编制如下记录坏账准备的会计分录:

在供水公用事业基金中:

借:经营费用——管理费用　　　　　　　　　　　　　　　　120
　　贷:坏账准备　　　　　　　　　　　　　　　　　　　　　　120

在以上例14中,供水公用事业基金一般只需要对应收客户款计提坏账准备,不需要对应收其他基金款计提坏账准备。主要原因是应收其他基金款中的基金与供水公用事业基金同属于一个政府单位,一般不会产生坏账。应收客户款是供水公用事业基金与政府外部单位或市民间的交易,有可能产生坏账。应计应收收入也不需要计提坏账准备。主要原因是应计应收收入只是估计的应收款项,在第二年将被冲回。

例15 AB市政府2008年末供水公用事业基金有关客户违约,届时没有交纳水费,供水公用事业基金在催收后仍然无效。违约数额即欠交数额为＄170,相应的客户存款保证金数额为＄160。供水公用事业基金决定依据合约规定没收相应数额的客户存款保证金,以弥补相应的损失。AB市政府应编制如下记录客户违约的会计分录:

在供水公用事业基金中:
借:应付客户存款保证金——由限制性资产偿还　　　　160
　　坏账准备　　　　　　　　　　　　　　　　　　　10
　　贷:应收客户款　　　　　　　　　　　　　　　　　　　170

再在供水公用事业基金中:
借:现金　　　　　　　　　　　　　　　　　　　　　160
　　贷:现金——客户存款保证金　　　　　　　　　　　　　160

在以上例15中,供水公用事业基金在冲销"应收客户款"账户和"应付客户存款保证金——由限制性资产偿还"账户的同时,还需要将"现金——客户存款保证金"账户的数额转入"现金"账户,也即该部分限制性资产已经可以由公用事业基金自主安排使用了。

例16 AB市政府2008年末供水公用事业基金计提资本资产折旧合计＄7 400,其中,业务部门用资本资产折旧＄5 300,管理部门用资本资产折旧＄2 100;房屋和建筑物折旧＄4 900,机器和设备折旧＄2 500。AB市政府应编制如下记录资本资产折旧的会计分录:

在供水公用事业基金中:
借:经营费用——业务费用——折旧费用　　　　　　5 300
　　经营费用——管理费用——折旧费用　　　　　　2 100
　　贷:累计折旧——房屋和建筑物　　　　　　　　　　　4 900
　　　　累计折旧——机器和设备　　　　　　　　　　　　2 500

在以上例16中,资本资产的折旧费用直接记录在公用事业基金中,即直接记录在基金层面上。这与政务基金完全不同。政务基金中不记录资本资产的折旧费用。

例17 AB市政府2008年末供水公用事业基金计算应交普通基金代税款项＄1 250。AB市政府应编制如下记录应交代税款项的会计分录:

在供水公用事业基金中:
借:经营费用——支付代税款项　　　　　　　　　　1 250
　　贷:应付其他基金款　　　　　　　　　　　　　　　　1 250

在以上例17中,供水公用事业基金不需要交纳财产税等有关的税款。但供水公用事业基金同样享受由普通基金提供的一般公共服务。因此,供水公用事业基金需要向普通基金交纳代替税款的款项,简称代税款项。事实上,供水公用事业基金在向普通基金提供水产品时,也是实际收费制度的。普通基金与公用事业基金间的交易,可能是非交换性交易,如基金间转账;也可能是交换性交易,如收取服务收费收入。供水公用事业基金向普通基金支付的代税款项,在供水公用事业基金中应当作为经营费用处理,具体可以单独作为一种与管理费用、业务费用相并列的支付代税款项进行处理。

例18 AB市政府2008年末供水公用事业基金中有关收入和费用总分类账户的余额情况为:"经营收入"账户的贷方余额为＄128 900,"非经营收入"账户的贷方余额为＄3 200,"基金间转账收入"账户的贷方余额为＄30 000;"经营费用"账户的借方余额为＄135 700,"非经营费用"账户的借方余额为＄1 500。有关"经营收入"明细分类账户的贷方余额为："销售收入"＄128 900。有关"非经营收入"明细分类账户的贷方余额为："投资收益"＄3 200。有关"基金间转账收入"明细分类账户的贷方余额为："普通基金转入"＄30 000。有关"经营费用"明细分类账户的借方余额为："业务费用"＄112 400，"管理费用"＄22 050，"支付代税款项"＄1 250。有关"非营业费用"明细分类账户借方余额为："长期债务利息"＄1 500。AB 市政府应编制如下记录收入和费用年终结账的会计分录：

在供水公用事业基金中：

借：经营收入	128 900	
非经营收入	3 200	
基金间转账收入	30 000	
贷：经营费用		135 700
非经营费用		1 500
净资产——非限制性		24 900

同时，结清所有"经营收入"、"非经营收入"、"基金间转账收入"、"经营费用"和"非经营费用"账户的明细分类账户。

在以上例 18 中，供水公用事业基金中的净资产的类别，与政府层面政务活动或政府层面商务活动或内部服务基金中的净资产的类别一样，分成如下三个种类：资本资产投资（扣除相关负债）、限制性净资产和非限制性净资产。该三个种类净资产的基本计算方法，与政府层面政务活动或内部服务基金中三个种类净资产的计算方法相同。即资本资产投资（扣除相关负债）净资产项目的数额，等于资本资产净值减去与资本资产购建相关的负债后的差额；限制性净资产项目的数额，等于限制性资产减去使用限制性资产偿还的负债后的差额；非限制性净资产项目的数额，等于净资产总额减去资本资产投资（扣除相关负债）和限制性净资产后的差额。在供水公用事业基金中，常见的限制性净资产的具体种类有限制用于退还客户存款保证金、限制用于偿还债券本息等。这些限制性资产、使用限制性资产偿还的负债和限制性净资产的种类有时也称为供水公用事业基金中的子基金，具体可称为客户存款保证金子基金、偿债子基金等。

在州和地方政府开展的商务活动中，资产减去负债后的差额为净资产。净资产无论怎样分类，也无论其中各种类计算出的数额是多少，它们都不存在向出资人分配的概念，其中，包括向出资人分配经营利润以及如果发生清算向出资人分配剩余净资产的概念。这一点与私人营利性企业或私营经济有很大的差别，但与政府的政务活动一样。商务活动或公用事业基金采用经济资源计量重点和权责发生制会计基础的主要目的，是为了计算向社会公众提供的服务或物品的完全成本。计算完全成本的主要目的，是为了通过服务收费收入取得完全成本的补偿，从而为了商务活动或公用事业基金在自我维持的基础上正常运行。商务活动如果取得较多的经营利润，政府可以从商务活动的经营利润中转移一部分数额至政务活动，用于支持开展政务活动。此时，公用事业基金中的会计分录为借记"基金间转账支出"账户，贷记"现金"账户；反映在政府层面的商务活动中时，将"基金间转账支出"账户的数额转换成"活动间转账"项目的数额即可。反之，如果商务活动难以自我维持或需要扩大发展时，也可能会得到政务活动的支持，如政务活动向其转账支出一定的数额用于资本资产的购建，允许商务活动发行由整个政府作信誉担保的收入债券等。

州和地方政府商务活动的会计核算方法,可以较多地借鉴相同行业私人营利性企业的会计核算方法,但其前提是首先需要遵守政府会计准则委员会制定发布的相关会计准则。政府会计准则委员会对于州和地方政府商务活动的主要会计核算方法制定有一系列的会计准则。这些会计准则自然也属于政府会计准则。

第二节 代理与信托活动

一、代理活动

(一) 代理活动的概念

代理活动是指州和地方政府以代理人的身份为其他政府、个人或组织代办有关业务的活动。在代理活动中,政府既不能对收到的财务资源按照自己的意志安排使用,也不能从对收到的财务资源的最终使用中获得利益。代理活动的受益人是其他政府、个人或组织。在代理活动中,政府仅将收到的代理财务资源,按照委托人的要求转移给使用人或受益人。政府不对代理财务资源的使用人对收到的财务资源的使用情况和使用结果负责。由于政府收到的代理财务资源不能用于支持政府自身的业务活动,政府也不能从使用人对代理财务资源的使用中直接受益,因此,代理活动不在政府层面的财务报表中报告,仅在基金层面的财务报表中报告。换言之,在政府层面的财务报表中报告的业务活动,都是政府可以自主安排的业务活动,这些业务活动的运行过程和运行结果可以体现政府的工作成绩。在政府层面的财务报表中报告的业务活动包括政务活动和商务活动两大种类,不包括代理活动,也不包括信托活动。在基金层面的财务报表中报告的业务活动,可以包括政府可以自主安排的业务活动,如政务活动和商务活动;也可以包括政府接受委托为其他政府、个人或组织代办的业务活动,如代理和信托活动。

州和地方政府开展的代理活动的主要例子有代收税款、转交补助等。其中,代收税款的例子主要有代收销售税、代收汽油税、代收财产税等。代收销售税的业务情况通常是:州政府在其管辖的区域范围内统一向纳税人收取销售税;之后,州政府将收到的销售税按照规定的比例在州政府本身以及其辖区内的各地方政府之间进行分配;再后,州政府将按规定分配的属于辖区内有关地方政府的销售税份额支付给有关的地方政府。汽油税通常也由州政府代收。代收汽油税的业务情况如同代收销售税。财产税通常由郡政府代收。代收财产税的业务情况通常是:郡政府对其辖区内的应税财产进行评估,通常每年评估应税财产的三分之一,三年全面轮转一次;之后,郡政府以应税财产的评估价为依据向其辖区内的应税财产纳税人收取财产税;再后,郡政府将收到的财产税按照规定的比例在郡政府本身、州政府和郡政府辖区内的各地方政府之间进行分配;最后,郡政府将按规定分配的属于州政府、郡政府辖区内有关地方政府的财产税份额支付给州政府和辖区内有关的地方政府。转交补助的业务情况可以发生在州政府,也可以发生在郡政府或其他地方政府。发生在州政府的转交补助的业务情况通常是:州政府收到联邦政府转入款项,按照联邦政府的要求,州政府应当将收到的款项直接转拨给其辖区范围内的有关地方政府或有关其他组织或个人。州政府对联邦政府的拨款对象如何使用联邦政府的拨款既不负担责任,也不配套拨款。发生在郡政府或其他地方政府的转交补助的业务情况如同发生在州政府的转交补助的业务情况。

州和地方政府开展代理活动的主要原因是,政府与其他有关方面进行相互合作。例如,由郡政府统一征收财产税,可以免去州政府、郡政府、市政府、镇政府、村政府、各种特种目的政府分别去征收各自的财产税,而且以上各级政府经常是对同一应税财产征收财产税;同时,也可以免去财产税纳税人同时需要向多级政府交纳财产税。

(二) 代理活动的核算

1. 代理基金的设立和使用

州和地方政府的代理活动可以通过设立代理基金核算。但有些代理活动也可以直接在政务基金或权益基金中核算。例如,州和地方政府代联邦政府从员工工资总额中代扣的社会保障税和预扣的个人所得税,通常直接在政务基金和权益基金中核算,而不通过设立代理基金进行核算。一般情况下,如果代理活动附属于某一主要的活动,并且代理活动涉及的金额相对于主要活动的金额而言不大,那么,除非法规要求,管理部门可以选择就在核算主要活动的基金中核算代理活动,而不通过设立代理基金单独核算代理活动。

代理基金采用经济资源计量重点和权责发生制会计基础。由于代理基金中的资产始终等于负债,因此,代理基金中不存在净资产。代理基金中也不存在收入和支出,或不存在净资产增加和净资产减少。

由于代理活动不在政府层面的财务报表中报告,因此,代理活动也不需要采用双轨制会计记账方法。代理活动只需要在代理基金中进行核算。由于代理活动不存在收入和支出,因此,代理基金也不需要采用预算会计方法。代理基金的财务报表只有资产负债表,没有收入费用表。在代理基金资产负债表中,由于资产等于负债,因此,也没有净资产。代理基金资产负债表的简要格式可参见表 6-4"代理和信托基金资产负债表的简要格式"。代理基金的财务报表纳入代理和信托基金的财务报表对外公布。

2. 代理活动主要业务核算举例

例 1 EF 郡政府 2008 年根据法规要求设立税务代理基金,用以核算代理本郡政府各有关基金和其他各有关政府征收财产税的业务。EF 郡政府根据法规要求 2008 年共应征收财产税 $45 600。EF 郡政府应编制如下记录应征财产税的会计分录:

在税务代理基金中:

借:为其他基金和政府代收应收税款——当期   45 600
   贷:应付其他基金和政府款   45 600

在以上例 1 中,借记"为其他基金和政府代收应收税款"账户为资产账户,贷记"应付其他基金和政府款"账户为负债账户。资产账户的数额等于负债账户的数额。在税务代理基金中,借记"为其他基金和政府代收应收税款"账户的数额按照应征收财产税的总数记录,并且不记录坏账准备。坏账准备在其他实际取得财产税的基金和政府层面的政务活动中记录。税务代理基金只是记录代为收取财产税业务的发生情况。

例 2 EF 郡政府 2008 年税务代理基金收到财产税 $22 400。EF 郡政府应编制如下记录收到财产税的会计分录:

在税务代理基金中:

借:现金 22 400
　　贷:为其他基金和政府代收应收税款——当期 22 400

在以上例2中,借记"现金"账户为资产增加。贷记"为其他基金和政府代收应收税款——当期"账户为资产减少。在税务代理基金中,资产仍然等于负债。

例3 EF郡政府2008年税务代理基金将收到的税款$22 400在有关政府之间进行分配。分配的具体情况为:州政府$400,EF郡政府的有关基金$6 800,M市政府$5 600,N学区政府$9 600。税务代理基金分别从州政府、M市政府、N学区政府的代收财产税中按1%扣除代收手续费,扣除的代收手续费作为EF郡政府的普通基金收入处理。扣除代收手续费的具体数额为:州政府$4、M市政府$56、N学区政府$96。扣除代收手续费后各级政府应得财产税的具体数额为:州政府$396(400－4),EF郡政府的有关基金$6 956(6 800＋4＋56＋96),M市政府$5 544(5 600－56),N学区政府$9 504(9 600－96)。EF郡政府应编制如下记录分配财产税的会计分录:

在税务代理基金中:
借:应付其他基金和政府款 22 400
　　贷:应付州政府款 396
　　　　应付郡政府有关基金款 6 956
　　　　应付M市政府款 5 544
　　　　应付N学区政府款 9 504

在以上例3中,税务代理基金在分配收到的财产税时,可能会分配得很细致,如分配至各有关基金。尤其是在向本郡政府分配收到的财产税时,一般都会分配至有关的基金。此时,会计分录中贷记"应付郡政府有关基金款"账户可能需要细化至"应付郡政府普通基金款"、"应付郡政府偿债基金款"等账户。税务代理基金在分配收到的财产税时,分配的主要依据是财产税税率。财产税税率通常会细化到各级政府的相关基金。对某一特定地区的应税财产来说,财产税税率是一个单独的数字,例如财产税税率为9%。该单独的财产税税率事实上是由各级政府分别的财产税税率相加而得的。例如,州政府的财产税税率为1.24%,郡政府的财产税税率为2.21%,市政府的财产税税率为1.59%,镇政府的财产税税率为1.18%,学区政府的财产税税率为1.62%,公园区政府的财产税税率为1.16%。各级政府的财产税税率又分别是由有关基金的财产税税率相加而得的,例如,在郡政府的财产税税率2.21%中,普通基金的财产税税率为1.80%,偿债基金的财产税税率为0.41%。

在以上例3中,税务代理基金从其他政府代扣的手续费一般直接作为欠普通基金的款项处理,而不在税务代理基金中作为手续费收入处理。代理基金仅反映代理业务的完成情况,其本身不反映代理业务中取得的诸如手续费收入和发生的有关业务运行费用。代理业务中取得的收入和发生的费用,一般在普通基金中进行核算。

例4 EF郡政府2008年税务代理基金将分配的财产税分别汇给有关的基金和政府,具体汇款的情况为:州政府$396,EF郡政府的有关基金$6 956,M市政府$5 544,N学区政府$9 504。EF郡政府应编制如下记录汇出财产税款项的会计分录:

在税务代理基金中:
借:应付州政府款 396
　　应付郡政府有关基金款 6 956

应付 M 市政府款	5 544	
应付 N 学区政府款	9 504	
贷:现金		22 400

在以上例 4 中,州政府、郡政府的有关基金、M 市政府、N 学区政府应当编制收到财产税的会计分录。

二、信托活动

(一) 信托活动的概念

信托活动是指州和地方政府以托管人的身份为其他政府、个人或组织办理有关业务的活动。在信托活动中,政府不能对收到的信托资产按照自己的意图进行使用,但一般可以对信托资产按照信托协议进行投资,目的是增加信托受益人的利益。州和地方政府在向他人转交财务资源时,如果存在管理责任或存在直接资金配套的内容,那么,这种活动应当归入信托活动;否则,应当归入代理活动。信托活动的存在时间一般比代理活动长,涉及的财务管理以及会计核算和报告问题也比代理活动复杂。信托活动与代理活动的共同特征,是该类活动的受益人都是其他政府、个人或组织,而不是开展代理和信托活动的政府本身。因此,信托活动也不在政府层面的财务报表中报告,仅在基金层面的财务报表中报告。如果州和地方政府与其他有关方面签署的信托协议,其受益人是州和地方政府本身,或者有益于州和地方政府本身开展的公共服务项目或有益于普通市民,那么这种信托活动属于公共目的信托活动,或属于州和地方政府开展的政务活动。一般情况下,州和地方政府开展的信托活动仅指有益于其他政府、个人或组织的信托活动,不指公共目的信托活动。

州和地方政府开展的信托活动的主要种类有投资信托活动、养老金信托活动和其他私人目的信托活动。投资信托活动是指政府集中本政府和其他政府的闲置资金进行对外投资,以谋取闲置资产保值和增值的活动。养老金信托活动是指政府为参加养老金计划的员工运行养老基金,以谋取养老金资产保值和增值的活动。其他私人目的的信托活动是指除了投资信托活动和养老金信托活动外的其他有益于他人的活动。

州和地方政府开展信托活动的原因,可以是多方面的。例如,州和地方政府开展投资信托活动,一方面可以集中本政府资本资产购建活动、偿债活动等业务活动中闲置的资金实现更加有效的对外投资,另一方面可以增加与其他政府之间的合作。州和地方政府开展养老金信托活动,可以为政府员工谋取更好的养老金利益,解决政府员工退休后的基本养老保险问题。州和地方政府开展其他私人目的的信托活动,最终目的也是为了满足不同市民的需求,解决社会有关方面的问题。政府开展的所有业务活动,总体上都是出于公共目的,即是为了普通市民或公众的共同利益。政府在开展公共目的的业务活动中,存在着与其他政府的合作问题,满足全体市民或公众的共同利益问题,满足部分市民或公众的共同利益问题,满足政府员工的福利要求问题,加强内部财务管理问题等。以上问题需要政府通过开展包括信托活动在内的各种形式的政务活动、商务活动、信托与代理活动来解决。

(二) 养老金信托活动的核算

1. 养老金信托活动的种类

近年来,州和地方政府持有的养老金信托资产越来越大。因此,养老金信托活动的会计核算也越来越重要。州和地方政府的养老金计划可以分成两个一般的种类:一种称为固定缴款额养老金计划,另一种称为固定收益额养老金计划。在固定缴款额养老金计划下,参加养老金计划的员工向员工养老金计划账户缴款。缴款的数额为固定的数额,通常为员工工资的百分比。员工所在政府再向员工养老金计划账户配套缴款。养老金计划在收到员工和政府缴入的款项后,对收到的款项进行投资,取得相应的投资收益。员工在退休后从养老金计划中享受的养老金利益的多少,取决于员工和政府平时缴入员工养老金计划账户的数额的多少,以及养老金计划的投资收益的多少。养老金计划不对员工退休后的养老金利益的多少作出保证。该种养老金计划一般不采用精算基础进行管理,相应的风险由员工自己承担。养老金计划中的资产应当按照公允市价进行报告,负债应当按照应计养老金利益进行报告。在固定收益额养老金计划下,养老金计划为参加计划的政府员工确定一个退休后的固定养老金利益,然后,再计算出员工在平时应当向养老金计划缴款的数额,以及政府应当配套向养老金计划缴款的数额。固定收益额养老金计划按照精算基础进行管理,员工的养老金利益可以得到保证,相应的风险由养老金计划承担。固定收益额养老金计划在精算时存在着很多估计,如员工的死亡率、流动情况、工资水平上升情况、投资收益等。精算的数据随着时间的推移和情况的变化可以进行定期的修改。相比较而言,固定缴款额养老金计划由于不采用精算基础进行管理,养老金计划本身不存在什么风险,因此,财务管理和会计核算都比较简单;固定收益额养老金计划由于采用精算基础进行管理,养老金计划本身存在风险,因此,财务管理和会计核算都比较复杂。

州和地方政府可能会为不同的政府员工设计不同的养老金计划。例如,为政府的普通员工设计一种养老金计划,再为政府的公共安全部门员工设计另一种养老金计划。在有些州,地方政府的一些员工参加州政府管理的养老金计划,另一些员工参加地方政府管理的养老金计划。州和地方政府的所有这些养老金计划,可以统称为政府员工的养老金系统或政府员工的养老金制度。政府员工的养老金系统和政府员工的养老金计划是两个不完全相同的概念。政府员工的养老金系统指的是政府员工可以参加多层面、多种类的养老金计划。政府员工的养老金计划指的是具体的养老金来源和使用方案,其中包括缴款要求、支付保证等。

2. 养老信托基金的设立和使用

为核算养老金信托活动,州和地方政府需要设立养老信托基金。养老信托基金采用经济资源计量重点和权责发生制会计基础。在养老信托基金中,资本资产应当按照原始成本减去累计折旧后的数额报告。在资产总额中,现金、短期投资和应收款项通常占较小的份额。长期投资通常占较大的份额。长期投资应当按照公允市价报告。负债通常表现为短期负债,具体种类有到期尚未支付的应付养老金利益、应向终止养老金计划的员工退还的应付养老金退款、应付凭单、应付工资和应付工资税、应计费用等。在养老信托基金中,负债的数额通常要比可用来偿还负债的资产的数额小得多。资产减去负债后的差额为净资产,具体表现为养老金信托净资产。养老金信托净资产为政府按照信托协议为养老金受益人持有的净资产。

养老信托基金中没有收入和费用这两个会计要素。相关的业务内容直接称为净资产增加和净资产减少。净资产增加的业务内容主要有员工缴款、政府配套缴款等。净资产减少的业务内容主要有向员工支付养老金利益、向终止养老金计划的员工支付退款、支付养老金计划的管理费用等。在养老信托基金中称净资产增加和净资产减少而不称收入和费用的原因,主要是收入通常表示政府可以自主支配和使用的财务资源,费用通常表示政府为开展自身的业务活动而耗用的经济资源。在养老信托基金中,政府取得的财务资源是属于养老金受益人的财务资源,而不是属于政府可以自主支配和使用的财务资源;政府使用或耗用的财务资源或经济资源也是属于养老金受益人的财务资源或经济资源,而不是属于政府自己的财务资源或经济资源。为在概念上作出以上区分,在养老信托基金中不使用收入和费用这两个会计要素,代替它们的是净资产增加和净资产减少这两个会计要素。其他信托基金的情况也是如此。养老信托基金的财务报表主要有资产负债表和净资产变动表。资产负债表的简要格式可参见表 6-4 "代理和信托基金资产负债表的简要格式"。净资产变动表的简要格式可如表 9-2 所示。

表 9-2　养老信托基金净资产变动表的简要格式

净资产增加:		
缴款:		
政府配套缴款	$××	
员工缴款	××	
缴款合计		$×××
投资收益:		
投资市价变动	××	
利息和股利	××	
投资收益合计		×××
净资产增加合计		×××
净资产减少:		
支付养老金利益	××	
向终止计划的员工退款	××	
管理费用	××	
净资产减少合计		×××
净资产净增加		×××
年初净资产		×××
年末净资产		$×××

由于养老金信托活动只在基金层面的财务报表中报告,不在政府层面的财务报表中报告,因此,养老金信托活动不采用双轨制会计记账方法。政府在发生养老金信托业务时,只在养老信托基金中核算。由于养老信托基金不属于政府可以自主支配的业务活动,没有收入和支出,因此,养老信托基金也不采用预算会计方法。养老信托基金的财务报表纳入代理和信托基金的财务报表对外公布。

3. 养老金信托活动主要业务核算举例

例1　AB 市政府 2008 年养老信托基金收到参加养老金计划的政府员工缴款 $66 500,同时收到政府配套缴款 $88 250。AB 市政府应编制如下记录收到养老金缴款的会计分录:

<u>在养老信托基金中:</u>
　借:现金　　　　　　　　　　　　　　　　　　　　154 750
　　　贷:净资产增加——成员缴款　　　　　　　　　　　　　66 500

　　　　净资产增加——政府配套缴款　　　　　　　　　　　　　　　　88 250

　　在以上例1中，贷方记入的是"净资产增加"账户，不能是"收入"账户。养老金计划收到缴款，是政府收到的信托净资产的增加。在养老信托基金中，没有"收入"账户，也没有"支出"和"费用"账户。"净资产增加"账户可以按照净资产来源渠道分设"成员缴款"和"政府配套缴款"两个明细账。由于养老金信托活动不采用双轨制会计记账方法，因此，养老信托基金中收到缴款的业务也不需要在政府层面上编制会计分录。

　　例2　AB市政府2008年养老信托基金计算应向参加养老金计划的政府员工支付的养老金利益$31 300。AB市政府应编制如下记录计算应支付养老金利益的会计分录：

　　在养老信托基金中：

　　借：净资产减少——养老金利益　　　　　　　　　　　　　　　　31 300

　　　　贷：应付养老金　　　　　　　　　　　　　　　　　　　　　　　　31 300

　　在以上例2中，借方记入的是"净资产减少"账户，不能是"费用"账户。养老金计划计算应向成员支付的养老金利益，是政府养老信托净资产减少的一个主要去向。

　　例3　AB市政府2008年养老信托基金向终止养老金计划的成员退回缴款$230。AB市政府应编制如下记录退回养老金缴款的会计分录：

　　在养老信托基金中：

　　借：净资产减少——向终止计划的成员退款　　　　　　　　　　　230

　　　　贷：现金　　　　　　　　　　　　　　　　　　　　　　　　　　　　230

　　在以上例3中，向终止养老金计划的成员退款也是政府养老信托净资产减少的一种去向。

　　例4　AB市政府2008年养老信托基金将闲置的现金$47 400用于对外投资，其中，$22 100投资于公司债券，$25 300投资于政府公债。AB市政府应编制如下记录养老信托基金投资的会计分录：

　　在养老信托基金中：

　　借：投资——公司债券　　　　　　　　　　　　　　　　　　　　　22 100

　　　　投资——政府公债　　　　　　　　　　　　　　　　　　　　　25 300

　　　　贷：现金　　　　　　　　　　　　　　　　　　　　　　　　　　　47 400

　　在以上例4中，政府在使用养老信托基金中的现金进行对外投资时，一般首先选择投资债券，其中，信托程度较高的债券为政府公债，尤其是联邦政府发行的公债。政府也可以将养老信托基金中的闲置现金投资于公司股票。但投资公司股票的风险比较大。

　　例5　AB市政府2008年养老信托基金支付有关的业务管理费用$8 200。AB市政府应编制如下记录支付业务管理费用的会计分录：

　　在养老信托基金中：

　　借：净资产减少——管理费用　　　　　　　　　　　　　　　　　8 200

　　　　贷：现金　　　　　　　　　　　　　　　　　　　　　　　　　　　8 200

　　在以上例5中，支付业务管理费用也是政府养老信托净资产减少的一种去向。支付业务管理费用的内容，可以包括支付日常办公经费、支付工作人员的工资费用等。

　　例6　AB市政府2008年养老信托基金应计债券投资利息$650，投资的公司债券市价上涨$230。AB市政府应编制如下记录应计投资收益的会计分录：

　　在养老信托基金中：

借:应收利息   650
　　投资——公司债券   230
　贷:净资产增加——投资收益   880

在以上例6中,债券投资的应计利息和债券市价的上涨都应当作为信托净资产的增加处理。投资市价的下跌应当作为净资产的减少处理。

例7　AB市政府2008年末养老信托基金进行年终结账。"净资产增加"总分类账户的贷方余额为$398 400,"净资产减少"总分类账户的借方余额为$151 900。"净资产增加"有关明细分类账户的贷方余额为:成员缴款$184 000,政府配套缴款$205 000,投资收益$9 400;"净资产减少"有关明细分类账户的借方余额为:养老金利益$141 740,向终止计划的成员退款$560,管理费用$9 600。AB市政府应编制如下年终结账的会计分录:

在养老信托基金中:
借:净资产增加——成员缴款   184 000
　　净资产增加——政府配套缴款   205 000
　　净资产增加——投资收益   9 400
　贷:净资产减少——养老金利益   141 740
　　　净资产减少——向终止计划的成员退款   560
　　　净资产减少——管理费用   9 600
　　　养老金信托净资产   246 500

在以上例7中,"净资产增加"总分类账户贷方余额$398 400与"净资产减少"总分类账户借方余额$151 900的差额$246 500转入"养老金信托净资产"总分类账户,作为政府持有的养老金信托净资产的增加。

(三) 投资信托活动的核算

1. 投资信托活动的参与者

投资信托活动的参与者是形成投资信托活动的基础。投资信托活动的参与者可以分成内部参与者和外部参与者两大种类。其中,内部参与者是指政府内部的其他基金,如政务基金中的偿债基金、资本项目基金等;外部参与者是指其他政府,包括其他普通目的政府和其他特种目的政府等。对于政府开展的投资信托活动来说,为内部参与者提供投资服务仍然属于为本政府提供投资服务,没有为其他政府、个人或组织提供投资服务;为外部参与者提供投资服务属于为其他政府、个人或组织提供投资服务。投资信托活动中的内部参与者和外部参与者,在投资信托活动中享有同等的权益。但在对外报告时,只有外部参与者在投资信托活动中的权益才纳入投资信托活动的财务报表,内部参与者在投资信托活动中的权益不纳入投资信托活动的财务报表。这样处理的主要原因,主要是投资信托活动属于政府开展的一种代理和信托活动,而代理和信托活动的财务报表仅反映政府以代理人或托管人的身份为其他政府、个人或组织提供服务的财务信息。事实上,如果只有内部参与者而没有外部参与者,投资信托活动也可以考虑作为代理活动处理。

2. 投资信托基金的设立和使用

州和地方政府开展的投资信托活动可以通过设立投资信托基金进行核算。投资信托基金采用经济资源计量重点和权责发生制会计基础。在投资信托基金中,资产主要来源于内部参与者和外部参与者投入的现金和投资等。负债主要为内部参与者投入的财务资源以及应付内部参与者的投资收益等。内部参与者向投资信托基金投入的财务资源,在投资信托基金中作为负债处理,不作为投资信托净资产的增加处理。资产减去负债后的差额为净资产,具体表现为投资信托净资产。投资信托净资产是外部参与者在投资信托基金中享有的权益。外部参与者向投资信托基金投入财务资源,在投资信托基金中形成投资信托净资产的增加;从投资信托基金中收回投入的财务资源,在投资信托基金中形成投资信托净资产的减少。如同养老信托基金,在投资信托基金中,也使用净资产增加和净资产减少这两个会计要素,不使用收入和费用这两个会计要素。投资信托基金的财务报表主要有资产负债表和净资产变动表。资产负债表的简要格式可参见表6-4"代理和信托基金资产负债表的简要格式"。净资产变动表的简要格式可如表9-3所示。

表 9-3　投资信托基金净资产变动表的简要格式

净资产增加:		
参与者存款	$××	
投资收益	××	
净资产增加合计		×××
净资产减少:		
参与者收回存款	××	
净资产减少合计		×××
净资产净增加		×××
年初净资产		×××
年末净资产		$×××

在表 9-3 中,净资产增加和净资产减少仅包括投资信托基金与外部参与者间的交易,不包括投资信托基金与内部参与者间的交易。投资信托基金与内部参与者间的交易,在诸如"应付其他基金款"负债类别中反映。

如同养老信托活动,投资信托活动不采用双轨制会计记账方法,也不采用预算会计方法。投资信托业务仅在投资信托基金中核算。投资信托基金的财务报表纳入代理和信托基金的财务报表对外公布。

3. 投资信托活动主要业务核算举例

例 1　AB 市政府 2008 年投资信托基金收到本政府偿债基金投入现金 $54 500,GH 镇政府投入现金 $67 400,JK 学区政府投入债券投资市价数 $43 800。AB 市政府应编制如下记录收到投入财务资源的会计分录:

在投资信托基金中:

借:现金	121 900
投资——债券投资	43 800
贷:应付其他基金款——偿债基金	54 500
净资产增加——参加者存款——GH 镇政府	67 400
净资产增加——参加者存款——JK 学区政府	43 800

在以上例 1 中,投资信托基金收到本政府偿债基金投入的现金 $54 500 应当作为负债中的"应付其他基金款"处理;收到的 GH 镇政府投入的现金 $67 400 和 JK 学区政府投入的债

券投资市价数$43 800应当作为净资产增加处理。投资信托基金收到的JK学区政府投入的债券投资应当按照市价数$43 800计价,不能按照账面数计价。

在以上例1中,AB市政府在将偿债基金中的现金$54 500投入投资信托基金时,应当在偿债基金中编制如下记录将现金投入投资信托基金中的会计分录:

在偿债基金中:
借:在投资信托基金中的权益　　　　　　　　　　　　54 500
　　贷:现金　　　　　　　　　　　　　　　　　　　　　　　54 500

以上偿债基金中的借记"在投资信托基金中的权益"账户与投资信托基金中的贷记"应付其他基金款——偿债基金"账户相对应。

在以上例1中,GH镇政府和JK学区政府编制的会计分录与AB市政府在偿债基金中编制的会计分录相同。此时,在AB市政府的投资信托基金中,偿债基金的权益数为$54 500,GH镇政府的权益数为$67 400,JK学区政府的权益数为$43 800。偿债基金的权益数占权益总数$165 700(54 500+67 400+43 800)的百分比为33%(54 500/165 700),GH镇政府的权益数占权益总数$165 700的百分比为41%(67 400/165 700),JK学区政府的权益数占权益总数$165 700的百分比为26%(43 800/165 700)。以上权益百分比是以后分配投资信托基金取得投资收益的基础。

例2 AB市政府2008年投资信托基金以现金$89 700作债券投资。AB市政府应编制如下记录债券投资的会计分录:

在投资信托基金中:
借:投资——债券投资　　　　　　　　　　　　　　　89 700
　　贷:现金　　　　　　　　　　　　　　　　　　　　　　　89 700

在以上例2中,如果投资信托基金购入的债券内含应计利息,那么,应计利息应当单独记录。

例3 AB市政府2008年投资信托基金收到债券投资利息$3 400。AB市政府应编制如下记录收到投资收益的会计分录:

在投资信托基金中:
借:现金　　　　　　　　　　　　　　　　　　　　　　3 400
　　贷:未分配投资收益　　　　　　　　　　　　　　　　　3 400

在以上例3中,投资信托基金在取得投资收益时,可以先记入"未分配投资收益"账户。投资信托基金在发生投资损失时,也可以先记入"未分配投资收益"账户。这样,投资信托基金可以避免每取得一次投资收益或发生一次投资损失就向投资信托活动的参加者进行分配。投资信托基金可以按规定的时间定期或不定期地向有关的参加者分配取得的累计投资收益或发生的累计投资损失。

例4 AB市政府2008年投资信托基金对取得的投资收益合计数$12 000作如下分配:本政府的偿债基金$3 960(12 000×33%),GH镇政府$4 920(12 000×41%),JK学区政府$3 120(12 000×26%)。AB市政府应编制如下记录分配投资收益的会计分录:

在投资信托基金中:
借:未分配投资收益　　　　　　　　　　　　　　　　12 000
　　贷:应付其他基金款——偿债基金　　　　　　　　　　3 960

净资产增加——投资收益——GH 镇政府　　　　　　　　　4 920
净资产增加——投资收益——JK 学区政府　　　　　　　　3 120

在以上例 4 中,投资信托基金分给本政府偿债基金的投资收益仍然作为"应付其他基金款"处理;分配给 GH 镇政府和 JK 学区政府的投资收益作为净资产增加处理。

在以上例 4 中,投资信托基金取得的投资收益可以来源于收到投资利息、应计债券利息、出售投资收益、出售投资损失、投资涨价收益、投资跌价损失等。无论是已实现收益,如收到投资收益,还是未实现收益,如投资涨价,都应当作为未分配投资收益进行确认,并在投资信托活动的参加者之间进行分配。

在以上例 4 中,AB 市政府的偿债基金应编制如下记录从投资信托基金中取得投资收益的会计分录:

在偿债基金中:

借:在投资信托基金中的权益　　　　　　　　　　　　　3 960
　　贷:收入——投资收益　　　　　　　　　　　　　　　　　3 960

通过编制以上会计分录,偿债基金中的"在投资信托基金中的权益"账户与投资信托基金中的"应付其他基金款——偿债基金"账户仍然保持对应。GH 镇政府和 JK 学区政府也应当编制与偿债基金类似的记录从投资信托基金中取得投资收益的会计分录。

例 5　AB 市政府 2008 年投资信托基金中的 GH 镇政府从投资信托基金中收回部分现金 $36 000,用于相应的目的;偿债基金从投资信托基金中收回部分现金 $26 200,用于偿还债务本息。AB 市政府应编制如下记录收回现金的会计分录:

在投资信托基金中:

借:净资产减少——收回存款——GH 镇政府　　　　　　36 000
　　应付其他基金款——偿债基金　　　　　　　　　　　　26 200
　　贷:现金　　　　　　　　　　　　　　　　　　　　　　　　62 200

在以上例 5 中,外部参与者 GH 镇政府从投资信托基金中收回现金,在投资信托基金中作为净资产减少处理;内部参与者偿债基金从投资信托基金中收回现金,在投资信托基金中作为应付其他基金款的减少处理。

在以上例 5 中,GH 镇政府和偿债基金在从投资信托基金中收回部分现金前,投资信托基金应当对基金中的资产进行评估,确定评估后的公允市价总数以及公允市价变动数,并将公允市价变动数在偿债基金、GH 镇政府、JK 学区政府之间进行分配。GH 镇政府和偿债基金在从投资信托基金中收回部分现金后,投资信托基金需要按照剩余的评估后公允市价重新确定偿债基金、GH 镇政府、JK 学区政府在投资信托基金权益总数中各自所占有的比重。该比重是投资信托基金以后计算和分配投资收益的基础。在投资信托基金中,只要有新的参与者加入,或者只要有原来的参与者退出或者收回资产,都需要对基金中的资产进行评估,然后按新的评估价重新确定各参与者在权益总额中的比重,并以此为依据计算和分配投资信托基金此后取得的投资收益。

例 6　AB 市政府 2008 年末投资信托基金进行年终结账。"净资产增加"总分类账户的贷方余额为 $416 000,"净资产减少"总分类账户的借方余额为 $68 000。"净资产增加"有关明细分类账户的贷方余额为:"参加者存款——GH 镇政府"$244 000,"参加者存款——JK 学区政府"$152 000,"投资收益——GH 镇政府"$12 000,"投资收益——JK 学区政府"$8 000。

"净资产减少"有关明细分类账户的借方余额为:"收回资产——GH镇政府"$68 000。AB市政府应编制如下年终结账的会计分录:

在投资信托基金中:

借:净资产增加——参加者存款——GH镇政府	244 000	
净资产增加——参加者存款——JK学区政府	152 000	
净资产增加——投资收益——GH镇政府	12 000	
净资产增加——投资收益——JK学区政府	8 000	
贷:净资产减少——收回存款——GH镇政府		68 000
投资信托净资产——GH镇政府		188 000
投资信托净资产——JK学区政府		160 000

在以上例6中,投资信托基金中的年终结账应当结平"净资产增加"账户和"净资产减少"账户。"净资产增加"账户的余额和"净资产减少"账户的余额之间的差额,应当转入"投资信托净资产"账户。"应付其他基金款"账户属于负债账户,不能转入"投资信托净资产"账户。

(四)私人目的信托活动的核算

1. 私人目的信托活动的种类

私人目的信托活动是指政府开展的除了以上养老金信托活动、投资信托活动外的其他受益人为其他政府、组织或个人的信托活动。与公共目的信托活动相比,私人目的信托活动并不常见。政府在收到私人目的信托财产时,按照信托协议的要求,政府有可能既可以使用信托财产的本金,也可以使用信托财产的投资收益。这种私人目的信托活动称为可支用私人目的信托活动。政府也可能只能使用信托财产的投资收益,不能使用信托财产的本金。这种私人目的信托活动称为不可支用私人目的信托活动,或称为保本私人目的信托活动。无论是可支用私人目的信托活动还是不可支用私人目的信托活动,其共同特征是这种信托活动的受益人不是开展这种信托活动的政府本身,而是其他政府、组织或个人。私人目的信托活动与公共目的信托活动的主要区分,是公共目的信托活动支持政府本身的业务活动或有益于普通公众,私人目的信托活动不支持政府本身的业务活动或不是针对普通公众的。

2. 私人目的信托基金的设立和使用

州和地方政府开展的私人目的信托活动,通过设立私人目的信托基金进行核算。由于私人目的信托活动并不常见,因此,可支用私人目的信托活动和不可支用私人目的信托活动可以一并在私人目的信托基金中核算。公共目的信托活动视本金是否可以使用,分别在留本基金和特种收入基金中核算。

私人目的信托基金采用经济资源计量重点和权责发生制会计基础。私人目的信托活动不需要采用双轨制会计记账方法,也不采用预算会计方法。这些都与其他信托基金一样。

私人目的信托基金的财务报表主要有资产负债表和净资产变动表。资产负债表的简要格式可参见表6-4"代理和信托基金资产负债表的简要格式"。净资产变动表的简要格式可如表9-4所示。

表 9-4　私人目的信托基金净资产变动表的简要格式

净资产增加：		
捐款	$××	
投资收益	××	
净资产增加合计		×××
净资产减少：		
向受益人付款	××	
净资产减少合计		×××
净资产净增加		×××
年初净资产		×××
年末净资产		$×××

3. 私人目的信托活动主要业务核算举例

例 1　AB 市政府 2008 年私人目的信托基金收到某基金会提供的信托现金 $45 000。根据信托协议,该信托现金不能动用本金,投资收益应当用于资助本市的一个非营利性质的孤儿院,用于改善孤儿院儿童的健康水平。AB 市政府应编制如下记录收到私人目的信托资产的会计分录：

　　在私人目的信托基金中：
　　借：现金　　　　　　　　　　　　　　　　　　　　　　　45 000
　　　　贷：净资产增加——不可支用捐款　　　　　　　　　　　　　45 000

在以上例 1 中,由于 AB 市政府收到的捐款应当用于支持非营利组织的业务活动,因此,AB 市政府开展的此项信托活动属于私人目的信托活动。

例 2　AB 市政府 2008 年私人目的信托基金将收到的部分信托现金 $42 000 用于购入公司债券,作为对外投资。在购入的公司债券中,应计利息为 $2 800。AB 市政府应编制如下记录信托现金投资的会计分录：

　　在私人目的信托基金中：
　　借：投资　　　　　　　　　　　　　　　　　　　　　　　39 200
　　　　应收利息　　　　　　　　　　　　　　　　　　　　　 2 800
　　　　贷：现金　　　　　　　　　　　　　　　　　　　　　　　42 000

例 3　AB 市政府 2008 年私人目的信托基金收到投资收益 $8 400,其中,包含应收利息 $2 800。AB 市政府应编制如下记录收到投资收益的会计分录：

　　在私人目的信托基金中：
　　借：现金　　　　　　　　　　　　　　　　　　　　　　　8 400
　　　　贷：应收利息　　　　　　　　　　　　　　　　　　　　　2 800
　　　　　　净资产增加——投资收益　　　　　　　　　　　　　　5 600

例 4　AB 市政府 2008 年私人目的信托基金向本市的一个非营利性质的孤儿院支付款项 $4 300,要求用于对孤儿院全体儿童进行一次全面的体检。AB 市政府应编制如下记录使用投资收益的会计分录：

　　在私人目的信托基金中：
　　借：净资产减少——向非营利组织付款　　　　　　　　　　　　　4 300

贷:现金 4 300

例 5 AB 市政府 2008 年末私人目的信托基金进行年终结账。"净资产增加——不可支用捐款"账户贷方余额为 $45 000,"净资产增加——投资收益"账户贷方余额为 $5 600,"净资产减少——向非营利组织付款"账户借方余额为 $4 300。AB 市政府应编制如下年终结账的会计分录:

在私人目的信托基金中:
借:净资产增加——不可支用捐款 45 000
　　净资产增加——投资收益 5 600
贷:净资产减少——向非营利组织付款 4 300
　　私人目的信托净资产——不可支用 45 000
　　私立目的信托净资产——可以支用 1 300

在以上例 5 中,私人目的信托净资产可以区分为不可支用和可以支用两个种类。不可支用净资产和可以支用净资产各自的组成内容,应当在信托协议中明确规定。在大多数情况下,投资市价的变动、出售投资的损益等属于不可支用,即应当增减本金数额;利息收入属于可以支用,即可以用于向受益人支付。

主要专业名词英汉对照

Accrued utility revenue　应计公用事业收入
Actuarial basis　精算基础
Administrative involvement　管理责任
Agent　代理人
Billings to customer　向客户开出账单
Defined benefit plan　固定收益额养老金计划
Defined contribution plan　固定缴款额养老金计划
Direct financial involvement　直接资金配套
Employer contribution　雇主配套缴款,政府配套缴款
Endowment　保本,留本
External participant　外部参与者
Fund within a fund　基金中的基金
General obligation bond　普通信用担保债券
General public　普通公众
Governmentally owned enterprise　政府拥有的企业,公有企业,公用事业
Internal participant　内部参与者
Investor-owned enterprise　投资人拥有的企业,私有企业
Liability payable from restricted asset　由限制性资产偿还的负债
Member contribution　成员缴款

Net assets held in trust for pension benefit　养老金信托净资产,养老金利益信托净资产
Ordinance　规章,条例
Pass-through agency fund　转手代理基金,过渡代理基金
Public employee retirement systems　公共雇员退休系统,政府员工退休制度
Revenue bond　收益担保债券,收入债券
Statute　法令
Tax agency fund　税务代理基金
Trust indenture　信托合约
Trustee　托管人,受托人
Water utility　供水公用事业

第十章 政府财务报表

第一节 政府层面财务报表

一、政府层面资产负债表

（一）政府层面资产负债表的格式

州和地方政府财务报表包括政府层面财务报表和基金财务报表两套并列的财务报表。其中，政府层面财务报表包括资产负债表和业务活动表两张报表。资产负债表反映政府整体的财务状况，包括资产、负债和净资产及其构成和数额。资产负债表区分政务活动、商务活动分别报告。如果存在组成单位，组成单位应当单独报告。政务活动与商务活动之和称为主要政府机构。主要政府机构中的政务活动和商务活动，应当计算合计数。组成单位是指在法律上独立、在财务上依赖于主要政府机构的单位，包括政府举办的医院、学校等。主要政府机构和组成单位两者一般不需要计算合计数。政府层面资产负债表的参考格式可如表10-1所示。

表10-1 政府层面资产负债表

	主要政府机构			组成单位
	政务活动	商务活动	合计	
资产				
现金	$106 800	$325 000	$431 800	$85 000
投资	1 246 000	63 700	1 309 700	136 000
应收款项（扣除坏账准备）：				
应收税款	1 023 000	-	1 023 000	-
应收账款	564 000	164 000	728 000	39 400
其他应收款项	36 000	12 000	48 000	26 500
内部往来	12 000	(12 000)	-	-
存货	15 300	12 400	27 700	43 200
限制性资产：				
现金	21 100	213 300	234 400	31 200

续表

	主要政府机构			组成单位
	政务活动	商务活动	合计	
投资	431 000	1 345 000	1 776 000	62 300
其他资产	38 400	11 000	49 400	-
资本资产:				
土地和在建工程	1 256 000	1 324 000	2 580 000	325 400
其他资本资产(扣除累计折旧)	5 021 000	6 384 000	11 405 000	625 300
资产合计	9 770 600	9 842 400	19 613 000	1 224 200
负债				
应付凭单	273 000	234 000	507 000	65 200
应计负债	84 500	126 000	210 500	31 000
递延收入	45 200	135 000	180 200	-
其他负债	-	265 000	265 000	-
长期负债:				
一年内到期部分	276 000	513 000	789 000	13 600
一年以上到期部分	4 536 000	5 634 000	10 170 000	265 200
负债合计	5 214 700	6 907 000	12 121 700	375 000
净资产				
资本资产投资(扣除相关负债)	1 465 000	1 561 000	3 026 000	671 900
限制性净资产:				
限制用于资本项目	963 000	457 000	1 420 000	65 200
限制用于偿债	825 000	65 000	890 000	36 400
留本限制:				
可支用部分	68 500	-	68 500	-
不可支用部分	280 000	-	280 000	-
限制用于其他目的	354 000	782 000	1 136 000	22 600
非限制性净资产	600 400	70 400	670 800	53 100
净资产合计	$ 4 555 900	$ 2 935 400	$ 7 491 300	$ 849 200

(二)政府层面资产负债表的编制方法

政府层面资产负债表总体上说应当根据政府层面上的会计记录结果进行编制。其中,政务活动栏目如果采用双轨制会计记账方法,在平时就已经有了相关的会计记录;期末经过编制调整会计分录,在编制资产负债表时就已经有了全面的会计记录。如果不是采用双轨制会计记账方法,在平时就没有相关的会计记录;期末需要以基金会计主体中的相关会计记录为基础进行调节,才能得出相关的数据。商务活动栏目中的数据,可以直接根据有关公用事业基金中的会计记录进行合并编制。编制时,公用事业基金间的交易内容应当进行抵销。政务活动与商务活动间的交易即活动间交易的内容不进行抵销。政务活动与商务活动反映的信息是各自全面完整和信息。活动间交易形成的债权债务在"内部往来"栏目中反映。组成单位是相对于主要政府机构而言的,即组成单位是主要政府机构的组成单位。因此,尽管组成单位也有相对全面完整的财务报表,但组成单位的财务报表需要单独列入主要政府机构编制的财务报表。

组成单位的财务报表一般与主要政府机构的财务报表没有重大差异,因此,可以直接汇入主要政府机构的财务报表。有些组成单位,如果其业务活动与主要政府机构的业务活动密不可分,其财务报表的数据通常直接与主要政府机构的业务活动数据进行混合,不并入组成单位一栏。这些组成单位称为混合编制的组成单位。与其相对应,将财务报表数据单独列入组成单位栏目的那些组成单位称为单独列示的组成单位。

政府层面财务报表反映政府高度浓缩的财务信息。在政府层面资产负债表中,资产、负债和净资产的栏目应当尽可能浓缩。主要的浓缩项目有:应收款项应当按照扣除了坏账准备后的净额列示;资本资产应当按照扣除累计折旧后的净额列示;应收款项除了列示诸如应收税款、应收账款等主要项目外,其他项目如应收滞纳税金利息和罚款、应计利息等可以合并在其他应收款项中列示;资本资产可以区分需要计提折旧的资本资产和不需要计提折旧的资本资产两类列示,具体项目如土地、房屋和建筑物、机器和设备、在建工程、基础设施资产等可以分别归入需要计提折旧的资本资产和不需要计提折旧的资本资产中进行列示;限制性净资产中来源于各种特种收入基金业务的净资产,除非数额比较大,一般可以合并入"限制用于其他目的"项目列示。在政府层面资产负债表中,有些项目仍然需要单独列示。例如,如果存在限制性资产,一般需要单独列示;长期负债中"一年内到期部分"和"一年以上到期部分"需要分别列示;限制性净资产中"限制用于资本项目"和"限制用于偿债"一般需要单独列示。

在政府层面资产负债表中,资本资产净值减去与资本资产购建相关的负债等于净资产中的资本资产投资(扣除相关负债)。限制性净资产为限制性资产减去由限制性资产偿还的负债后的差额。非限制性净资产为净资产总额减去资本资产投资(扣除相关负债)和限制性净资产后的差额。如果资本资产折旧的数额大于偿还相关负债的数额,资本资产投资(扣除相关负债)净资产有可能为负数。此时,资本资产投资(扣除相关负债)净资产的数额最低为零,负数的数额计算进入非限制性净资产。非限制性净资产的数额也有可能为负数。资本资产投资(扣除相关负债)净资产随着资本资产的购入和计提折旧以及相关负债的偿还等业务的发生而不断地发生变化,它不是一个相对固定不变的数据。限制性净资产随着限制性资产的使用逐渐减少。在限制目的全部完成后,限制性资产应当进行转销。限制性净资产也随之消失。

政府层面资产负债表中一些重要的项目,如资本资产的构成情况、长期负债的构成情况等,在财务报表注释中提供详细的信息,并在管理讨论与分析中也作专门的讨论和分析。

二、政府层面业务活动表

(一) 政府层面业务活动表的格式

业务活动表反映政府整体的经营成果,包括政务活动的经营成果和商务活动的经营成果以及政务活动与商务活动合计的经营成果。组成单位的经营成果仍然单独列示。政府层面业务活动表中的基本数字关系为:费用减去专项职能收入等于净收入或净费用;净收入或净费用加上一般收入、特殊项目、非常项目等收入、利得或损失等于当期净资产的变动;当期净资产的变动加上期初净资产等于期末净资产。政府层面业务活动表的参考格式可如表10-2所示。

表 10-2 政府层面业务活动表

职能	费用	专项职能收入			净(费用)收入			
		服务收费	日常运行补助和捐助	资本补助和捐助	主要政府机构			组成单位
					政务活动	商务活动	合计	
政务活动:								
一般公共服务	$184 500	$38 600	$ -	$5 200	$(140 700)	$ -	$(140 700)	
公共安全	193 200	21 400	13 000	32 500	(126 300)	-	(126 300)	
公共工程	163 500	13 200	11 400	-	(138 900)		(138 900)	
公共卫生	85 400	5 600	-	7 400	(72 400)		(72 400)	
公共文化	76 200	2 300	6 900		(67 000)		(67 000)	
债务利息费用	21 200	-			(21 200)		(21 200)	
政务活动合计	724 000	81 100	31 300	45 100	(566 500)	-	(566 500)	
商务活动:								
供水活动	169 000	163 000	4 600	7 400	-	6 000	6 000	
供电活动	138 000	132 000	7 200			1 200	1 200	
机场运行活动	95 000	92 000		4 100		1 100	1 100	
商务活动合计	402 000	387 000	11 800	11 500	-	8 300	8 300	
主要政府机构	1 126 000	468 100	43 100	56 600	(566 500)	8 300	(558 200)	
组成单位	$78 300	$46 500	$25 900	$ -				(5 900)
一般收入:								
税收收入:								
财产税收入——为普通目的征收					478 000	-	478 000	2 800
财产税收入——为偿债目的征收					26 900	-	26 900	-
销售税收入					39 800		39 800	
其他税收收入					42 300		42 300	1 700
未限制性补助和捐助					4 200	-	4 200	
投资收益					16 300	1 900	18 200	540
其他收入					2 600	300	2 900	980
一般收入合计					610 100	2 200	612 300	6 020
留本捐赠收入					268 700		268 700	-
特殊项目					897 000		897 000	
活动间转账					1 400	(1 400)	-	
非常项目					(6 800)	-	(6 800)	
净资产的变动					1 203 900	9 100	1 213 000	120
期初净资产					3 352 000	2 926 300	6 278 300	849 080
期末净资产					$4 555 900	$2 935 400	$7 491 300	$849 200

（二）政府层面业务活动表的编制方法

政府层面业务活动表总体上说也是根据政府层面政务活动和政府层面商务活动中的记录结果进行编制。在政务活动栏目中，专项职能收入减去费用后的差额一般均为负数，即净费用数。这是因为州和地方政府在开展各项职能的政务活动中，取得的直接补偿性质的收入一般都不足以弥补发生的全部费用。差额需要依靠税收收入、投资收益等来弥补。在商务活动栏目中，专项职能收入减去费用后的差额一般均为正数，即净收入。这是因为州和地方政府在开展各种商务活动中，取得的直接补偿性质的收入一般都可以补足发生的全部费用，并可能会略有盈余。在商务活动栏目中，费用栏目可以对应于公用事业基金中的经营费用和非经营费用。经营费用如业务费用、管理费用等。非经营费用如利息费用等。专项职能收入中的服务收费栏目可以对应于公用事业基金中的经营收入。专项职能收入中的日常运行补助和捐助栏目可以对应于公用事业基金中属于日常运行补助性质的上级政府补助收入和其他捐助收入。专项职能收入中的资本补助栏目可以对应于公用事业基金中属于资本补助性质的上级政府补助收入和其他捐助收入。商务活动不能得到税收支持，因此，相应一般收入下的税收收入栏目均没有数据。商务活动中的投资收益作为一般收入下的一个项目列示。政务活动与商务活动间的转账作为"活动间转账"项目单独列示。在政府层面业务活动表中，政务活动与商务活动这两类政府可以控制的活动各自都有相对独立完整的信息。与此同时，两类信息再以合计数的形式进行加总，形成主要政府机构可以控制的业务活动合计数的信息。组成单位的信息单独列示，一般也不与主要政府机构的信息进行加总。

政府层面业务活动表中一些重要的项目，如费用与专项职能收入的比例情况、重要税收收入的取得情况等，在财务报表注释中提供详细的信息，并在管理讨论与分析中也作专门的讨论和分析。

政府层面业务活动表中期末净资产的数额与政府层面资产负债表中期末净资产的数额存在对应关系。

第二节 基金财务报表

一、政务基金财务报表

（一）政务基金财务报表的格式

1. 政务基金资产负债表的格式

政务基金资产负债表反映包括普通基金、特种收入基金、资本项目基金、偿债基金和留本基金在内的各政务基金的财务状况以及政务基金合计的财务状况。政务基金资产负债表着重反映主要基金的财务状况。对于非主要基金，采用合并的形式报告。州和地方政府政务基金资产负债表的格式可如表10-3所示。

表 10-3 政务基金资产负债表

	普通基金	1号道路建设资本项目基金	Q种债券偿债基金	非主要基金合计	政务基金总计
资产					
现金	$ 2 300	$ 45 800	$ 39 700	$ 19 000	$ 106 800
投资	8 900	485 200	597 000	154 900	1 246 000
应收款项(扣除坏账准备):					
应收税款	286 700	-	423 200	313 100	1 023 000
应收账款	124 200	84 300	-	355 500	564 000
其他应收款项	32 800	-	-	3 200	36 000
应收其他基金款	35 400	-	33 200	15 900	84 500
存货	8 820	-	-	6 480	15 300
限制性资产:					
现金	-	-	15 200	5 900	21 100
投资	-	-	293 500	137 500	431 000
其他资产	-	-	-	38 400	38 400
资产合计	499 120	615 300	1 401 800	1 049 880	3 566 100
负债					
应付凭单	142 200	89 500	-	41 300	273 000
应计负债	-	-	54 200	30 300	84 500
应付其他基金款	23 200	14 500	-	26 100	63 800
递延收入	8 600	-	21 600	15 000	45 200
其他负债	-	-	-	-	-
负债合计	174 000	104 000	75 800	112 700	466 500
基金余额					
已作保留的基金余额:					
支出保留	198 210	384 100	-	357 600	939 910
存货保留	8 820	-	-	-	8 820
偿债保留	-	-	1 326 000	234 600	1 560 600
其他目的保留	-	-	-	186 500	186 500
未作保留的基金余额:					
普通基金	118 090	-	-	-	118 090
特种收入基金	-	-	-	69 700	69 700
资本项目基金	-	127 200	-	88 780	215 980
基金余额合计	$ 325 120	$ 511 300	$ 1 326 000	$ 937 180	$ 3 099 600

2. 政务基金收入支出表的格式

政务基金收入支出表反映包括普通基金、特种收入基金、资本项目基金、偿债基金和留本基金在内的各政务基金的收支情况以及政务基金合计的收支情况。政务基金收入支出表也着重反映主要基金的收支情况。非主要基金采用合并的形式报告。州和地方政府政务基金收入支出表的格式可如表 10-4 所示。

表 10-4 政务基金收入支出表

	普通基金	1号道路建设资本项目基金	Q 种债券偿债基金	非主要基金合计	政务基金总计
收入：					
税收收入	$821 300	$ -	$296 300	$368 700	$1 486 300
证照收费收入	276 300	-	-	168 500	444 800
上级政府补助收入	95 420	369 800		263 700	728 920
服务费收入	296 400			126 800	423 200
罚没收入	315 600			6 980	322 580
其他收入	28 900	136 000	186 500	2 310	353 710
收入合计	1 833 920	505 800	482 800	936 990	3 759 510
支出：					
当期支出：					
一般公共服务	368 700	-		96 580	465 280
公共安全	634 200			36 400	670 600
公共工程	265 300			9 680	274 980
公共卫生	196 500			6 980	203 480
公共文化	65 700			5 980	71 680
资本支出	-	365 000		36 900	401 900
偿债支出	-		269 700	2 650	272 350
支出合计	1 530 400	365 000	269 700	195 170	2 360 270
收入超过支出的差额	303 520	140 800	213 100	741 820	1 399 240
其他资金来源和运用：					
债券发行收入	-	326 000		23 670	349 670
融资租赁	6 520				6 520
基金间转账收入	-		96 300	19 860	116 160
基金间转账支出	(26 900)			(1 320)	(28 220)
其他资金来源和运用合计	(20 380)	326 000	96 300	42 210	444 130
基金余额的变动	283 140	466 800	309 400	784 030	1 843 370
期初基金余额	41 980	44 500	1 016 600	153 150	1 256 230
期末基金余额	$325 120	$511 300	$1 326 000	$937 180	$3 099 600

（二）政务基金财务报表的编制方法

政务基金财务报表总体上应当根据各政务基金的会计记录进行汇总编制。在编制政务基金财务报表时，首先需要确定主要基金。根据政府会计准则委员会的要求，同时满足如下两个标准的单个基金为主要基金：(1)该基金的资产合计数、负债合计数、收入合计数和支出合计数分别至少占政务基金资产合计数、负债合计数、收入合计数和支出合计数的 10% 以上；(2)该基金的资产合计数、负债合计数、收入合计数和支出合计数分别至少占政务基金加公用事业基金的资产合计数、负债合计数、收入合计数和支出合计数的 5% 以上。根据以上标准，主要基金的判断既需要看静态的数额，如资产和负债；也需要看动态的数据，如收入和支出。同时，主要基金的判断既需要用占政务基金合计数的比例来衡量,也需要用占政务基金和公用事业基金之和的比例来衡量。在如表 10-3 和表 10-4 所示的政务基金财务报表中,假设资本项目基金中的 1 号道路建设资本项目基金和偿债基金中的 Q 种债券偿债基金为主要基金,其他资本项目基金、偿债基金、特种收入基金和留本基金为非主要基金。根据规定,普通基金始终是主要基金。也即普通基金不适用于以上两个标准。

在政务基金财务报表中,普通基金和各主要基金都是独立的会计主体。它们各自的资产负债表和收入支出表都是相对独立完整的。因此,在政务基金资产负债表中,应收其他基金款和应付其他基金款不仅包括应收或应付公用事业基金的款项,而且也包括应收或应付其他政务基金的款项。在政务基金收入支出表中,基金间转账收入和基金间转账支出不仅包括政务基金与公用事业基金间的转账收入和转账支出,而且也包括政务基金内部或政务基金间的转账收入和转账支出。在政务基金财务报表中,各基金间的业务不进行抵销。

在政务基金资产负债表中,资产仅包括流动资产,不包括普通资本资产;负债仅包括流动负债,不包括普通长期负债。在资产项目中,限制性资产可以单独列示。限制性资产比较多的存在于偿债基金中。例如,债券发行溢价收入限制用于偿还债券最后一期的到期本金等。由于偿债基金没有购入存货的业务,因此,偿债基金中没有存货项目。由于地方政府应收财产税的数额通常占应收款项项目的较大比重,因此,在地方政府的政务基金资产负债表中,在应收款项项目下通常单独列示应收财产税项目。如果有关政务基金中存在应收上级政府款项目,该项目也需要单独列示。在基金余额栏目,常见的已作保留的基金余额项目有支出保留、存货保留、偿债保留等。支出保留通常存在于普通基金和资本项目基金中。偿债基金中不会有支出保留和存货保留项目。未作保留的基金余额通常区分普通基金、特种收入基金、资本基金基金、偿债基金等政务基金的具体种类列示。政务基金资产负债表基本上是各种类政务基金资产负债表的简单汇总。

在政务基金收入支出表中,收入栏目的税收收入可以列示主要税种的税收收入,如地方政府通常会单独列示财产税收入。投资收益如果数额比较大,也可以从其他收入中分离出来单独列示。当期支出中可以单独列示向养老金计划缴款项目。偿债支出中可以分别列示偿付本金支出和支付利息支出。资本项目基金中的支出全部为资本支出,没有当期支出的内容。偿债基金中的支出全部为偿债支出,也没有当期支出的内容。普通基金中有可能会有少量的资本支出和偿债支出。因为普通基金也可能会购买一些资本资产;有些偿债业务也可能会在普通基金中核算。债券发行收入一般在资本项目基金中反映。政务基金收入支出表基本上是各种类政务基金收入支出表的简单汇总。

(三)政府层面财务报表中政务活动的数据与政务基金财务报表中的数据的调节

政府层面财务报表中政务活动栏目的数据反映经济资源计量重点和权责发生制会计基础下政务活动的财务信息。政务基金财务报表中的数据反映财务资源计量重点和修改的权责发生制会计基础下政务活动的财务信息。政府层面财务报表中政务活动栏目的数据应当与政务基金财务报表中的数据调节相符。调节的过程可以直接反映在政府层面财务报表或政务基金财务报表的下方,也可以单独编制调节表。调节的内容包括政务基金资产负债表中基金余额的合计数与政府层面资产负债表中政务活动栏目净资产数的调节,以及政务基金收入支出表中基金余额变动的合计数与政府层面业务活动表中政务活动栏目净资产变动数的调节。政务基金资产负债表中基金余额的合计数与政府层面资产负债表中政务活动栏目净资产数的调节表可如表10-5所示。政务基金收入支出表中基金余额变动的合计数与政府层面业务活动表中政务活动栏目净资产变动数的调节表可如表10-6所示。

表10-5 政务基金资产负债表与政府层面资产负债表中政务活动栏目的调节表

政务基金资产负债表中基金余额的合计数	$3 099 600
在政府层面资产负债表中报告的资本资产，由于其不是财务资源，因此，在政务基金资产负债表中不报告。	6 277 000
在政府层面资产负债表中报告的应付债券，由于其不需要在当期偿还，因此，在政务基金资产负债表中不报告。	(4 812 000)
在政府层面财务报表中报告的某些负债如应计利息等，由于其还没有到期，不需要在当期支付，因此，在政务基金资产负债表中不报告。	(8 700)
政府层面资产负债表中政务活动栏目的净资产数	$4 555 900

表10-6 政务基金收入支出表与政府层面业务活动表中政务活动栏目的调节表

政务基金收入支出表中的基金余额变动数	$1 843 370
政务基金收入支出表中报告的资本支出，在政府层面资产负债表的政务活动栏目中报告为资本资产，并在以后使用期间逐期在政府层面业务活动表的政务活动栏目作为折旧费用报告在费用栏目中。此栏目为本期资本支出超过折旧费用的数额。	46 960
政务基金收入支出表中报告的债券发行收入，在政府层面资产负债表的政务活动栏目中报告为应付债券的增加。政务基金收入支出表中报告的偿债支出，在政府层面资产负债表的政务活动栏目中报告为应付债券的减少。此栏目为本期债券发行收入超过债券偿还数。	(65 800)
在政府层面业务活动表的政务活动栏目中报告的某些费用，不要求使用当期财务资源偿付，因此，在政务基金收入支出表中不作为支出报告。	(48 900)
在政府层面业务活动表的政务活动栏目中报告的某些收入，不提供当期财务资源，因此，在政务基金收入支出表中不作为收入报告。	(5 230)
政府层面业务活动表中政务活动栏目的净资产变动数	$1 770 400

在如表10-5和表10-6的调节表中例示的调节项目为比较典型的调节项目。除此之外，内部服务基金的业务活动报告在政府层面财务报表的政务活动栏目中，但没有报告在政务基金的财务报表中。两者的差异应当在调节表中调节相符。政府层面财务报表中政务活动栏目的数据与政务基金财务报表中的数据的具体调节项目，需要通过对两套财务报表在数据处理过程中的差异进行具体分析后才能确定。政府层面财务报表中政务活动栏目的数据与政务基金财务报表中的数据的调节过程和调节内容，应当作为对外公布的政府财务报表的组成部分。

二、权益基金财务报表

（一）权益基金财务报表的格式

1. 权益基金资产负债表的格式

权益基金资产负债表反映包括公用事业基金、内部服务基金在内的各公用事业基金和内部服务基金的财务状况以及公用事业基金合计的财务状况。权益基金资产负债表中的公用事业基金着重反映主要基金的财务状况。对于非主要基金，采用合并的形式报告。内部服务基金不区分主要基金和非主要基金,采用合并的形式报告。权益基金资产负债表中的公用事业基金在政府层面上属于商务活动,内部服务基金在政府层面上属于政务活动。州和地方政府权益基金资产负债表的格式可如表 10-7 所示。

表 10-7 权益基金资产负债表

	商务活动——公用事业基金				政务活动——内部服务基金
	供水公用事业基金	国际机场公用事业基金	非主要基金合计	公用事业基金总计	
资产					
流动资产:					
现金	$ 56 300	$ 76 200	$ 23 100	$ 155 600	$ 2 310
投资	-	3 260	2 970	6 230	
应收款项(扣除坏账准备):					
应收账款	69 700	23 400	2 630	95 730	
应收利息	3 600	2 140	2 320	8 060	
应收其他基金款	980	630	240	1 850	6 780
应收其他政府款	-	1 270	840	2 110	
存货	3 420	2 130	740	6 290	8 760
流动资产合计	134 000	109 030	32 840	275 870	17 850
限制性资产:					
现金	267 200	389 100	18 640	674 940	
投资	324 200	463 200	26 870	814 270	
限制性资产合计	591 400	852 300	45 510	1 489 210	
资本资产:					
土地和在建工程	263 000	389 400	65 400	717 800	2 560
房屋和建筑物	786 500	698 900	89 700	1 575 100	6 870
机器和设备	324 200	453 600	76 950	854 750	4 510
减:累计折旧	(135 240)	(125 600)	(15 700)	(276 540)	(1 850)
资本资产合计	1 238 460	1 416 300	216 350	2 871 110	12 090
资产合计	1 963 860	2 377 630	294 700	4 636 190	29 940
负债					
流动负债:					
应付凭单	65 800	36 540	9 670	112 010	1 570
应计负债	23 100	15 620	6 750	45 470	230
应付其他基金款	65 410	26 840	9 640	101 890	580
递延收入	3 520	68 710	3 640	75 870	-
流动负债合计	157 830	147 710	29 700	335 240	2 380
用限制性资产偿付的流动负债:					
应付凭单	68 970	58 740	6 580	134 290	-
应付票据	45 820	26 540	15 470	87 830	-
应付融资租赁款	25 320	39 650	6 590	71 560	-
用限制性资产偿付的流动负债合计	140 110	124 930	28 640	293 680	
长期负债:					

续表

	商务活动——公用事业基金				政务活动——内部服务基金
	供水公用事业基金	国际机场公用事业基金	非主要基金合计	公用事业基金总计	
应付收入债券	756 400	635 800	69 800	1 462 000	7 640
应付融资租赁款	213 230	162 400	26 540	402 170	2 360
长期负债合计	969 630	798 200	96 340	1 864 170	10 000
负债合计	1 267 570	1 070 840	154 680	2 493 090	12 380
净资产					
资本资产投资（扣除相关负债）	243 510	578 450	113 420	935 380	2 090
限制性净资产：					
限制用于资本项目	212 400	-	-	212 400	
限制用于偿债	238 890	727 370	16 870	983 130	
非限制性净资产	1 490	970	9 730	12 190	15 470
净资产合计	$ 696 290	$ 1 306 790	$ 140 020	$ 2 143 100	$ 17 560

2．权益基金收入费用表的格式

权益基金收入费用表反映包括公用事业基金、内部服务基金在内的各公用事业基金和内部服务基金的收入费用情况以及公用事业基金合计的收入费用情况。权益基金收入费用表中的公用事业基金也着重反映主要基金的收入费用情况。非主要基金采用合并的形式报告。内部服务基金也不区分主要基金和非主要基金，采用合并的形式报告。州和地方政府权益基金收入费用表的格式可如表 10-8 所示。

表 10-8　权益基金收入费用表

	商务活动——公用事业基金				政务活动——内部服务基金
	供水公用事业基金	国际机场公用事业基金	非主要基金合计	公用事业基金总计	
经营收入：					
服务收费收入	$ 869 250	$ 765 240	$ 453 260	$ 2 087 750	$ 67 800
其他经营收入	-	65 450	-	65 450	2 310
经营收入合计	869 250	830 690	453 260	2 153 200	70 110
经营费用：					
业务费用	412 560	312 240	212 100	936 900	32 510
管理费用	256 780	263 200	156 400	676 380	28 940
其他经费费用	-	-	2 650	2 650	640
经营费用合计	669 340	575 440	371 150	1 615 930	62 090
经营收益	199 910	255 250	82 110	537 270	8 020
非经营收入和非经营费用：					
投资收益	5 680	4 580	2 560	12 820	-
处置资本资产利得	2 470	1 650	-	4 120	-
利息费用	(6 870)	(8 670)	(2 140)	(17 680)	(230)
非经营收入和非经营费用合计	1 280	(2 440)	420	(740)	(230)

续表

	商务活动——公用事业基金				政务活动——内部服务基金
	供水公用事业基金	国际机场公用事业基金	非主要基金合计	公用事业基金总计	
捐助和转账前收益	201 190	252 810	82 530	536 530	7 790
资本补助和捐助	187 400	856 780	26 700	1 070 880	-
基金间转账收入	-	-	-	-	6 980
基金间转账支出	(4 580)	(6 530)	-	(11 110)	-
净资产变动	384 010	1 103 060	109 230	1 596 300	14 770
期初净资产	312 280	203 730	30 790	546 800	2 790
期末净资产	$ 696 290	$ 1 306 790	$ 140 020	$ 2 143 100	$ 17 560

3. 权益基金现金流量表的格式

权益基金除了需要编制资产负债表和收入费用表外，还需要编制现金流量表。权益基金现金流量表反映包括公用事业基金、内部服务基金在内的各公用事业基金和内部服务基金的现金流量情况以及公用事业基金合计的现金流量情况。权益基金现金流量表中的现金流量分为如下四类：第一类为经营活动现金流量，第二类为非资本筹资活动现金流量；第三类为资本筹资活动现金流量；第四类为投资活动现金流量。州和地方政府权益基金现金流量表的格式可如表 10-9 所示。

表 10-9 权益基金现金流量表

	商务活动——公用事业基金				政务活动——内部服务基金
	供水公用事业基金	国际机场公用事业基金	非主要基金合计	公用事业基金总计	
经营活动现金流量：					
向客户提供物品和服务收到现金	$ 521 300	$ 463 200	$ 86 700	$ 1 071 200	$ 65 400
向供应商购买物品支付现金	(265 400)	(198 700)	(56 800)	(520 900)	(48 650)
向员工支付现金	(138 600)	(121 000)	(36 400)	(296 000)	(19 650)
其他经营活动支付现金	-	-	(7 950)	(7 950)	-
经营活动现金净流量	117 300	143 500	(14 450)	246 350	(2 900)
非资本筹资活动现金流量：					
基金间转账收入收到现金	-	-	780	780	2 680
业务运行补助收到现金	-	5 480	-	5 480	-
基金间转账支出支付现金	(9 860)	-	-	(9 860)	-
非资本筹资活动现金净流量	(9 860)	5 480	780	(3 600)	2 680
资本筹资活动现金流量：					
发行长期债券收到现金	65 870	-	-	65 870	-
资本补助收到现金	1 240	-	-	1 240	-
销售资本资产收到现金	1 560	2 540	4 620	8 720	-
偿还债券本金支付现金	(49 870)	(32 450)	-	(82 320)	(460)
购建资本资产支付现金	(47 680)	(34 210)	(3 740)	(85 630)	-
偿还债券利息支付现金	(870)	(250)	-	(1 120)	(130)

续表

	商务活动——公用事业基金				政务活动——内部服务基金
	供水公用事业基金	国际机场公用事业基金	非主要基金合计	公用事业基金总计	
资本筹资活动现金净流量	(29 750)	(64 370)	880	(93 240)	(590)
投资活动现金流量:					
出售投资收到现金	14 560	23 670	6 570	44 800	-
取得投资收益收到现金	650	880	240	1 770	590
购买股票和债券等支付现金	(39 640)	(33 410)	(4 630)	(77 680)	-
投资活动现金净流量	(24 430)	(8 860)	2 180	(31 110)	590
现金及现金等价物净流入	53 260	75 750	(10 610)	118 400	(220)
期初现金及现金等价物余额	270 240	389 550	52 350	712 140	2 530
期末现金及现金等价物余额	323 500	465 300	41 740	830 540	2 310
经营收益与经营活动现金净流量差异的调节:					
经营收益	199 910	255 250	82 110	537 270	8 020
调整项目:					
资本资产折旧费用	4 750	6 120	2 130	13 000	640
应收账款减少(增加)	(42 030)	(39 750)	640	(81 140)	-
应收其他基金款减少(增加)	370	(3 940)	230	(3 340)	(3 780)
存货减少(增加)	(5 670)	1 420	(9 780)	(14 030)	(5 960)
应付凭单增加(减少)	(29 640)	(55 630)	(79 640)	(164 910)	(1 720)
应付其他基金款增加(减少)	(460)	(15 620)	(6 840)	(22 920)	-
递延收入增加(减少)	(960)	320	(3 440)	(4 080)	110
应计负债增加(减少)	(8 970)	(4 670)	140	(13 500)	(210)
经营活动现金净流量	$ 117 300	$ 143 500	$ (14 450)	$ 246 350	$ (2 900)

(二) 权益基金财务报表的编制方法

权益基金财务报表总体上应当根据各公用事业基金和内部服务基金的会计记录进行汇总编制。在编制权益基金财务报表时,首先需要确定公用事业基金中的主要基金。根据政府会计准则委员会的要求,同时满足如下两个标准的单个基金为主要基金:(1)该基金的资产合计数、负债合计数、收入合计数和支出合计数分别至少占公用事业基金资产合计数、负债合计数、收入合计数和支出合计数的10%以上;(2)该基金的资产合计数、负债合计数、收入合计数和支出合计数分别至少占政务基金加公用事业基金的资产合计数、负债合计数、收入合计数和支出合计数的5%以上。公用事业基金中的主要基金的以上判断标准,与政务基金中的主要基金的判断标准相类似。主要差别是第(1)个标准,即政务基金中的主要基金以政务基金的合计数为基数进行判断,公用事业基金中的主要基金以公用事业基金的合计数为基数进行判断。在如表10-7、表10-8和表10-9所示的权益基金财务报表中,假设供水公用事业基金和国际机场公用事业基金为主要基金,其他公用事业基金为非公用事业基金。根据规定,内部服务基金不区分主要基金与非主要基金,以合计数反映。

在权益基金财务报表中,各主要基金、非主要基金和内部服务基金都是独立的会计主体。

它们各自的资产负债表、收入费用表和现金流量表都是相对独立完整的。因此,在权益基金资产负债表中,应收其他基金款和应付其他基金款不仅包括应收或应付政务基金的款项,而且也包括应收或应付其他公用事业基金的款项。在权益基金收入费用表中,基金间转账收入和基金间转账支出不仅包括公用事业基金与政务基金间的转账收入和转账支出,而且也包括权益基金内部或权益基金间的转账收入和转账支出。在权益基金现金流量表中,向客户提供物品和服务收到的现金既包括向政务基金提供物品和服务收到的现金,也包括向其他公用事业基金提供物品和服务收到的现金。在权益基金财务报表中,各基金间的业务不进行抵销。

在权益基金资产负债表中,资产包括流动资产、限制性资产和资本资产,负债包括流动负债、用限制性资产偿付的流动负债和长期负债。限制性资产和资本资产也可以再归为非流动资产类别。用限制性资产偿付的流动负债和长期负债也可以再归为非流动负债类别。用限制性资产偿付的流动负债也可以不作为一个单独的种类列示。净资产区分为资本资产投资(扣除相关负债)、限制性净资产和非限制性净资产三个种类。权益基金资产负债表基本上是各权益基金资产负债表的简单汇总。

在权益基金收入费用表中,经营收入、经营费用和经营收益单独列示,反映权益基金的经营成果。其中,经营费用可以再区分为业务费用和管理费用。业务费用反映业务部门在经营活动中发生的费用,物品销售成本可以包括在业务费用中。管理费用反映管理部门在经营活动中发生的费用。业务费用和管理费用可以再细分为物品销售成本、人员费用、材料物资费用、折旧费用等。物品销售成本也可以与业务费用、管理费用并行列示。投资收益、利息费用、处置资本资产利息或损失不属于经营活动,因此,不列入经营收入和经营费用,而单独列入非经营收入和非经营费用类别。接受补助和捐助、基金间转账收入和基金间转账支出不列入经营收入和经营费用,也不列入非经营收入和非经营费用,而进行单独列示。权益基金收入费用表基本上是各权益基金收入费用表的简单汇总。

在权益基金现金流量表中,经营活动现金流量反映经营活动中取得的现金流入和发生的现金流出。筹资活动现金流量需要区分为非资本筹资活动现金流量和资本筹资活动现金流量。资本筹资活动现金流量反映与资本资产取得和处置相关的现金流量,包括为购建资本资产而发行债券取得的现金流入、购建资本资产发生的现金流出、处置资本资产收到的现金流入、偿还债券本金发生的现金流出等。投资活动现金流量反映投资活动中取得的现金流入和发生的现金流出。权益基金现金流量表采用直接法编制。经营收益与经营活动现金净流量间的差异在现金流量表的下半部分进行调节。权益基金现金流量表基本上是各权益基金现金流量表的简单汇总。

权益基金资产负债表中的净资产合计数与权益基金收入费用表中的期末净资产数额、权益基金收入费用表中的经营收益数额与权益基金现金流量表中调节部分的经营收益数额之间存在数字钩稽关系。

三、代理和信托基金财务报表

(一)代理和信托基金财务报表的格式

1. 代理和信托基金资产负债表的格式

代理和信托基金资产负债表反映代理基金和信托基金的财务状况。其中,代理基金的平衡等式为资产等于负债;信托基金的平衡等式为资产减负债等于净资产。州和地方政府的代理和信托活动只在基金层面上报告,不在政府层面上报告。州和地方政府的代理和信托基金资产负债表的格式可如表 10-10 所示。

表 10-10 代理和信托基金资产负债表

	养老信托基金	投资信托基金	私人目的信托基金	代理基金
资产				
现金	$680	$540	$380	$1 200
应收款项(扣除坏账准备)	940	-	-	34 800
投资	264 000	46 900	-	-
资本资产(扣除累计折旧)	168 300	-	-	-
资产合计	433 920	47 440	380	36 000
负债				
应付凭单	3 640	-	220	2 300
应付内部投资信托参与者款	-	19 680	-	-
应付其他基金和政府单位款	-	-	-	33 700
负债合计	3 640	19 680	220	36 000
信托净资产	$430 280	$27 760	$160	$0

2. 信托净资产变动表的格式

信托净资产变动表反映信托基金净资产增减变动情况。由于代理基金中不存在净资产,因此,代理基金不需要编制净资产变动表。州和地方政府的信托净资产变动表的格式可如表 10-11 所示。

表 10-11 信托净资产变动表

	养老信托基金	投资信托基金	私人目的信托基金
净资产增加			
向养老金计划缴款:			
养老金计划成员缴款	$145 680	$-	$-
政府向养老金计划配套缴款	165 780		
向养老金计划缴款合计	311 460		
投资信托参加者存款	-	16 940	-
私人捐款	-	-	6 820
信托资产投资收益	36 980	2 640	-
净资产增加合计	348 440	19 580	6 820
净资产减少			
支付养老金利益	224 650	-	-
向终止养老金计划的成员退款	14 000	-	-
向投资信托参加者付款	-	4 860	-
向私人目的受益人付款	-	-	6 690
支付管理费用	560	-	-
净资产减少合计	239 210	4 860	6 690

续表

	养老信托基金	投资信托基金	私人目的信托基金
净资产变动	109 230	14 720	130
期初净资产	321 050	13 040	30
期末净资产	$ 430 280	$ 27 760	$ 160

（二）代理和信托基金财务报表的编制方法

代理和信托基金财务报表总体上根据各代理基金和信托基金的会计记录进行汇总编制。在汇总编制时，如果有关的信托基金和代理基金存在多个基金种类，如代理基金存在多个独立的代理业务活动、养老信托基金存在多种养老金计划、私人目的信托基金存在多种信托合约等，代理和信托基金财务报表一般仍然仅开设养老信托基金、投资信托基金、私人目的信托基金和代理基金四个栏目。同类型的基金种类进行合并，之后再汇入代理和信托基金财务报表。代理和信托基金财务报表中的各基金种类都是相对独立的会计主体。代理和信托基金财务报表一般没有各基金种类的合计栏目，即各基金种类的数据一般不进行相加。

在代理和信托基金资产负债表中，应收款项一般按照扣除坏账准备后的净额列示。应收款项可以再分别列示应收税款、应收账款、应计利息等项目。投资应当按照市价计价，并且可以再分别列示债券投资、股票投资等项目。养老信托基金一般拥有独立的资本资产。资本资产通常按照扣除累计折旧后的净额列示。在投资信托基金中，应付内部投资信托参与者款负债项目是指投资信托基金应付政府内部的其他基金的款项。投资信托资产减去投资信托负债后的差额即投资信托净资产，仍然表示投资信托基金中属于外部参与者的净资产。在投资信托基金资产负债表中，应付内部投资信托参与者款负债项目也可以不予列示。此时，有关的资产项目应当按比例予以减少，减少的数额即为应付内部投资信托参与者款负债项目的数额。投资信托净资产的数额仍然不变。将应付内部投资信托参与者款列入资产负债表中或者不列入资产负债表中，各有其解释。将应付内部投资信托参与者款列入资产负债表中的解释可以是：资产负债表是根据日常会计记录结果编制的，应付内部投资信托参与者款项目是日常"应付其他基金款"会计记录的结果；除此之外，应付内部投资信托参与者款项目还与政府内部其他基金中的"在投资信托基金中的权益"记录相对应。不将应付内部投资信托参与者款列入资产负债表中的解释可以是：投资信托基金属于信托基金中的一个基金，而信托基金反映政府以信托人的身份为其他政府、组织或个人开展的业务活动及其结果，其受益人是其他政府、组织或个人；政府内部的其他基金不属于其他政府、组织或个人，而属于政府本身。不论是否将应付内部投资信托参与者款列入投资信托基金资产负债表中，投资信托基金资产负债表中的净资产数据都不会改变。

在信托净资产变动表中，养老信托基金、投资信托基金和私人目的信托基金净资产的增加可以表现为信托人的投入与投资收益两大部分。信托人的投入可以表现为向养老金计划缴款、投资信托参加者存款和私人捐款。投资收益可以再区分投资市价的变动以及股利或利息收入分别列示。养老信托基金、投资信托基金和私人目的信托基金净资产的减少可以表现为支付养老金利益、向终止养老金计划的成员退款、向投资信托参加者付款、向私人目的的受益人付款、支付管理费用等。向投资信托参加者付款可以根据需要再区分为投资信托参加者收回存款、向投资信托参加者支付投资收益等。向私人目的的受益人付款也可以根据需要再区分为捐款本金的支付和投资收益的支付等。

代理和信托基金资产负债表中的信托净资产数额与信托净资产变动表中的期末净资产数额存在钩稽关系。

四、预算比较表

(一) 预算比较表的格式

预算比较表是针对存在法定预算的基金而编制的财务报表。普通基金一般存在法定预算,因此,需要编制预算比较表。特种收入基金、资本项目基金、偿债基金等如果存在法定预算,也需要编制预算比较表。编制预算比较表的目的,主要是反映法定预算的完成情况,解除财政受托责任。普通基金预算比较表的格式可如表10-12所示。

表 10-12　普通基金预算比较表

	最初预算	最终预算	实际数额 (预算基础)	实际数额与 最终预算的差异
收入:				
税收收入	$ 822 300	$ 822 300	$ 821 300	$ (1 000)
证照收费收入	275 400	276 100	276 300	200
上级政府补助收入	95 420	95 420	95 420	-
服务费收入	297 100	296 600	296 400	(200)
罚没收入	315 500	315 500	315 600	100
其他收入	29 500	29 500	28 900	(600)
以前年度结余	22 300	22 300	-	(22 300)
收入合计	1 857 520	1 857 720	1 833 920	(23 800)
支出:				
当期支出:				
一般公共服务	369 600	369 600	367 400	(2 200)
公共安全	632 900	633 800	631 200	(2 600)
公共工程	265 300	265 300	265 500	200
公共卫生	195 500	196 700	196 500	(200)
公共文化	65 700	65 700	62 600	(3 100)
基金间转账支出	(26 600)	(26 900)	(26 600)	300
支出合计	1 502 400	1 504 200	1 496 600	(7 600)
收入超过支出的差额	$ 355 120	$ 353 520	$ 337 320	$ (16 200)

(二) 预算比较表的编制方法

预算比较表比较收入和支出以及收入超过支出的差额或结余。预算比较表总体上说主要根据收入明细账和支出明细账中的数据编制。收入和支出的最初预算数、最终预算数、实际数额以及实际数额与最终预算的差异应当分栏列示。其中,最初预算数与最终预算数的差额为预算修改数。实际数额与最终预算的差异反映预算完成情况。实际数额栏目应当按照预算基础反映。按照预算基础反映的数额与按照会计基础反映的数额可能会存在差异。差异情况应当通过编制调节表的形式调节相符。

(三) 按照会计基础计算的收入和支出与按照预算基础计算的收入与支出的调节

按照会计基础计算的实际收入和实际支出反映在有关基金的收入支出表中。按照预算基础计算的实际收入和实际支出可能与按照会计基础计算的实际收入和实际支出存在差异。两者之间的调节表可如表10-13所示。

表10-13 会计基础与预算基础收支调节表

按会计基础计算的收入	$1 833 920
加:债券发行收入	-
基金间转账收入	-
按预算基础计算的收入	1 833 920
按会计基础计算的支出	1 530 400
加:基金间转账支出	26 900
当年支出保留	198 210
减:支付以前年度的支出保留	258 910
按预算基础计算的支出	$1 496 600

在上表10-13中,债券发行收入和基金间转账收入在编制预算时都作为预算收入处理;但在会计核算时都不作为会计收入处理,而作为其他资金来源处理。基金间转账支出在编制预算时作为预算支出处理;但在会计核算时不作为会计支出处理,而作为其他资金运用处理。当年支出保留视同当年预算支出,减少当年预算结余;但在会计核算时不作为会计支出处理,而作为支出保留处理。支付以前年度的支出保留不视同当年预算支出,不减少当年预算结余;但在会计核算时仍然作为会计支出处理。如果按会计基础计算的支出中不包含由支付以前年度的支出保留所形成的会计支出,那么,调节表中也不需要对支付以前年度的支出保留项目进行调整。表10-13中按会计基础计算的收入、按会计基础计算的支出以及按预算基础计算的收入、按预算基础计算的支出项目的数据分别与普通基金收入支出表、普通基金预算比较表中的相应数字存在对应关系。

以上例示的政府层面财务报表和基金财务报表为州和地方政府最低要求的对外通用财务报表,即基本财务报表。概括地说,州和地方政府最低要求的对外通用财务报表包括2张政府层面财务报表和7张基金财务报表,共9张财务报表。其中,7张基金财务报表包括2张政务基金财务报表、3张权益基金财务报表和2张代理和信托基金财务报表。根据政府会计准则委员会的要求,州和地方政府的预算比较表可以纳入基本财务报表体系,也可以不纳入基本财务报表体系,而纳入要求提供的补充信息。要求提供的补充信息主要包括非主要基金联合财务报表和单个基金财务报表,其中包括非主要政务基金联合财务报表、非主要公用事业基金联合财务报表、非主要特种收入基金财务报表、非主要资本项目基金财务报表、非主要偿债基金财务报表等。州和地方政府的基本财务报表需要经过审计,并由审计师出具审计意见。要求提供的补助信息可以纳入审计的范围,也可以不纳入审计的范围。

第三节　财务报表注释和管理讨论与分析

一、财务报表注释

财务报表注释是对财务报表的内容以文字或表格的形式所作的进一步解释和说明,是财务报表的有机组成部分。州和地方政府财务报表注释通常包括以下内容。

1. 重要会计政策汇总说明

该部分内容通常包括对政府财务报告主体的说明、政府层面和基金层面财务报表的说明、计量重点和会计基础的说明、主要基金的说明、主要资产负债和净资产项目的说明等内容。

(1) 对政府财务报告主体的说明。财务报告主体一般包括主要政府机构以及单独列示的组成单位。主要政府机构包括政务活动和商务活动。单独列示的组成单位为法律上独立、财务上依赖于报告政府的组成单位。混合列示的组成单位应当予以说明。混合列示的组成单位是指与主要政府机构的业务活动难以区分的组成单位,其数据混合在主要政府机构的政务活动或商务活动中。在政府财务报告主体的说明内容中,通常还包括相关单位的说明。相关单位是指法律和财务上都独立于报告政府的其他有关政府单位。学区政府、公园区政府、公交公司等通常为普通目的政府的相关政府单位。

(2) 政府层面和基金层面财务报表的说明。通常对纳入财务报表内容的范围以及列示方法等作一说明。例如,政府层面财务报表报告政府所有非代理和信托活动的财务信息,政务活动的财务信息和商务活动的财务信息分别单独列示。政务基金、权益基金、代理和信托基金分别编制财务报表。政务基金中的主要基金、公用事业基金中的主要基金在基金财务报表中予以单独列示。

(3) 计量重点和会计基础的说明。通常对政府层面财务报表和基金层面财务报表分别采用的计量重点和会计基础作一说明。例如,政府层面财务报表、权益基金财务报表、代理和信托基金财务报表采用经济资源计量重点和权责发生制会计基础。收入在已经赚得时确认,费用在负债发生时确认。政务基金采用当期财务资源计量重点和修改的权责发生制会计基础确认。收入在可以计量并可以利用时确认。财产税收入在财政年度结束后60天内可以收到视为可以利用。其他收入在财政年度结束后90天内可以收到视为可以利用。

(4) 主要基金的说明。通常对在政务基金财务报表和权益基金财务报表中作为主要基金列示的基金作一说明。例如,普通基金核算所有除了要求在其他基金中核算的财务资源。1号道路建设资本项目基金核算所有由1号道路建设资本项目所引起的债券发行收入和工程建设支出等资金来源和资金运用。

(5) 主要资产负债和净资产项目的说明。通常对财务报表中的主要资产、负债和净资产项目作一说明。例如,资本资产包括房屋和建筑物、机器和设备、基础设施资产等。资本资产的原始成本在$5 000以上,使用年限在2年以上。道路基础设施资产的折旧计提年限在10年至25年之间。

2. 政府层面财务报表与基金层面财务报表差异情况的说明

该部分内容通常包括对政府层面资产负债表和政务基金资产负债表的差异的说明、对政府层面业务活动表与政务基金收入支出表的差异的说明等。例如,在对政府层面业务活动表与政务基金收入支出表的差异进行说明时,对由资本资产的处理而引起的差异通常可以通过编制如表 10-14 所示的调节表进行详细说明。

表 10-14 资本资产处理差异的调节表

政务基金中的资本支出	$401 900
折旧费用	(386 740)
处置资本资产损失	(15 160)
对政府层面业务活动表中净资产变动的影响	$46 960

3. 遵守预算情况的说明

该部分内容通常包括对年度支出预算执行情况的说明、会计基础与预算基础数据的调节、单个基金完成预算或未完成预算情况的说明等。

4. 限制性资产情况的说明

该部分内容对限制性资产的情况进行说明,通常对限制性资产中的投资进行详细说明。例如,政务基金和权益基金中的限制性投资有多少,养老信托基金中的投资有多少;投资于联邦政府公债的数额有多少,投资于公司债券的数额有多少,投资于公司股票的数额有多少;1 年内到期的投资有多少,1 至 5 年内到期的投资有多少,6 至 10 年内到期的投资有多少等。

5. 财产税征收情况的说明

该部分内容对财产税征收情况进行说明。例如,本市政府的财产税对应税财产具有留置权。本市政府的应税财产由郡政府负责评估。评估后按评估价值乘以分类的财产税税率如住宅类财产税税率、商用类财产税税率等计算应交纳的财产税数额。

6. 基金间待结算款项和基金间转账收支情况的说明

该部分内容对基金间待结算款项即基金间应收应付款项以及基金间转账收入和基金间转账支出的情况进行说明。基金间待结算款项的说明通常可以通过编制如表 10-15 所示的基金间应收应付款项表进行。

表 10-15 基金间应收应付款项表

	应收其他基金款	应付其他基金款
政务活动:		
普通基金	35 400	23 200
1 号道路建设资本项目基金	-	14 500
Q 种债券偿债基金	33 200	-
非主要政务基金	15 900	26 100
商务活动:		
供水公用事业基金	980	65 410
国际机场公用事业基金	630	26 840
非主要公用事业基金	240	9 640
代理和信托活动:		

续表

	应收其他基金款	应付其他基金款
代理基金	—	23 560
信托基金	—	19 680

7. 资本资产的说明

该部分内容对资本资产的情况进行详细说明。说明的内容一般包括资本资产增减情况的说明以及政务活动中使用的资本资产的折旧费用在政府职能中分配情况的说明等内容。资本资产增减情况的说明通常区分政务活动中使用的资本资产与商务活动中使用的资本资产。资本资产增减情况的说明通常可以通过编制如表10-16所示的资本资产增减明细表进行。政务活动中使用的资本资产的折旧费用在政府职能中分配情况的说明通常可以通过编制如表10-17所示的政务活动资本资产折旧费用分配表进行。

表10-16 资本资产增减明细表

	期初余额	本年增加	本年减少	期末余额
政务活动：				
不计提折旧的资本资产：				
土地	$ 658 700	$ 1 420	$ (1 720)	$ 658 400
艺术品和历史文物	98 600	98 600	(98 600)	98 600
在建工程	488 600	89 600	(79 200)	499 000
不计提折旧的资本资产合计	1 245 900	189 620	(179 520)	1 256 000
计提折旧的资本资产原值：				
房屋和建筑物	2 322 100	156 400	(168 100)	2 310 400
机器和设备	685 500	27 800	(14 600)	698 700
基础设施	3 469 800	28 790	(30 490)	3 468 100
计提折旧的资本资产原值合计	6 477 400	212 990	(213 190)	6 477 200
计提的累计折旧：				
房屋和建筑物	491 100	7 810	(3 310)	495 600
机器和设备	118 800	6 970	(3 370)	122 400
基础设施	822 100	35 600	(19 500)	838 200
计提折旧的资本资产净值：				
房屋和建筑物	1 831 000	148 590	(164 790)	1 814 800
机器和设备	566 700	20 830	(11 230)	576 300
基础设施	2 647 700	(6 810)	(10 990)	2 629 900
计提折旧的资本资产净值合计	5 045 400	162 610	(187 010)	5 021 000
政务活动资本资产合计	6 291 300	352 230	(366 530)	6 277 000
商务活动：				
不计提折旧的资本资产：				
土地	759 700	49 800	(12 700)	796 800
在建工程	635 400	45 230	(153 430)	527 200
不计提折旧的资本资产合计	1 395 100	95 030	(166 130)	1 324 000
计提折旧的资本资产原值：				

续表

	期初余额	本年增加	本年减少	期末余额
房屋和建筑物	5 631 000	472 300	(869 300)	5 234 000
机器和设备	3 247 000	724 500	(74 500)	3 897 000
计提折旧的资本资产原值合计	8 878 000	1 196 800	(943 800)	9 131 000
计提的累计折旧:				
房屋和建筑物	1 014 000	112 300	(5 300)	1 121 000
机器和设备	1 521 400	124 700	(20 100)	1 626 000
计提折旧的资本资产净值:				
房屋和建筑物	4 617 000	52 640	(556 640)	4 113 000
机器和设备	1 725 600	678 900	(133 500)	2 271 000
计提折旧的资本资产净值合计	6 342 600	731 540	(690 140)	6 384 000
商务活动资本资产合计	7 737 700	826 570	(856 270)	7 708 000
资本资产总计	$14 029 000	$1 178 800	$(1 222 800)	$13 985 000

表 10-17 政务活动资本资产折旧费用分配表

	资本资产折旧费用分配额
政务活动:	
一般公共服务	$324 500
公共安全	385 200
公共工程	369 700
公共卫生	256 700
公共文化	120 100
政务活动资本资产折旧费用合计	$1 456 200

8. 资本资产租赁情况的说明

该部分内容对资本资产的租赁情况进行说明。说明的内容一般包括经营租赁情况的说明、融资租赁情况的说明、应付长期租赁款情况的说明等。

9. 长期债务情况的说明

该部分内容对长期债务的情况进行说明。说明的内容一般包括期初长期债务余额、本期长期债务增加数、本期长期债务减少数、期末长期债务余额、一年内到期的长期债务数额、未来年度偿债资金需求等。政务活动中的长期债务情况与商务活动中的长期债务情况通常分开说明。本期新发行的长期债务情况通常需要进行详细说明。未来年度偿债资金需求明细表的格式可如表 10-18 所示。

表 10-18 未来年度偿债资金需求明细表

	普通信用担保债券	
	本金	利息
2008 年	$137 500	$252 100
2009 年	189 800	235 400
2010 年	233 500	252 100
2011 年	186 400	232 700

续表

	普通信用担保债券	
	本金	利息
2012 年	178 200	223 200
2013 至 2017 年	921 870	978 450
2018 至 2022 年	956 320	854 670
2023 至 2027 年	917 540	785 420
2028 至 2032 年	856 720	542 630
2033 至 2037 年	712 450	325 620
2038 至 2042 年	256 420	223 240
2043 至 2047 年	56 400	3 240
合计	$ 5 603 120	$ 4 908 770

10. 养老金计划情况的说明

该部分内容对养老金计划的情况进行说明。如果政府有多种养老金计划，一般需要对每种养老金计划都进行详细的说明。

11. 风险管理情况的说明

该部分内容对政府风险管理的情况进行说明。其中包括政府采用的保险政策的说明等。

12. 承诺和或有事项的说明

该部分内容对政府承诺的事项以及政府的或有事项进行说明。

13. 期后事项的说明

该部分内容对资产负债表日后事项进行说明。

以上财务报表注释的具体内容，因各州和地方政府的业务内容不同而有所不同。

二、管理讨论与分析

管理讨论与分析是政府综合地运用文字和表格的形式对财务运行情况和结果所作的讨论和分析，其内容通常全面而简要。管理讨论与分析独立于政府财务报表。审计报告、管理讨论与分析、基本财务报告、联合财务报表和单个基金财务报表等内容构成政府综合年度财务报告中的财务部分。财务部分是政府综合年度财务报告中的最主要部分。概述部分、财务部分和统计部分这三部分内容共同构成政府综合年度财务报告的内容。

管理讨论与分析通常包括如下主要内容：

1. 财务数据概览

该部分内容对财政年度内的财务信息作一高度浓缩的讨论和分析。财务数据概览通常包括如下主要内容。

(1) 对政府整体财务状况的讨论和分析。例如，在政府层面资产负债表中，资产合计数为 $ 19 613 000，负债合计数为 $ 12 121 700，净资产合计数为 $ 7 491 300。在净资产合计数 $ 7 491 300 中，资本资产投资（扣除相关负债）为 $ 3 026 000，限制性净资产为 $ 3 794 500，非限制性净资产为 $ 670 800。政府层面资产负债表中的资产、负债、净资产及其数额关系可以反映政府整体财务状况。

(2) 对政府资产总数增加或减少情况的讨论和分析。例如，政府资产总数比去年增加 $592 000。在政府资产总数增加 $592 000 中，$423 000 属于资本资产购建的增加，$112 300 属于由债券发行收入引起的限制性现金和投资的增加。债券发行收入用于资本资产购建目的。政府资产总数反映在政府层面资产负债表中。该数额反映政府拥有的所有经济资源的数额，表示政府的经济实力。

(3) 对政务活动中可用财务资源数额及其增减情况的讨论和分析。例如，政务基金中的可用财务资源为 $4 225 340。该数额比去年增加 $68 700。政务基金中的可用财务资源包括政务基金收入支出表中的收入、债券发行收入、基金间转账收入等。该数额表示政府在当年可用于开展政务活动的财务资源数额，或表示政府在当年可用于开展政务活动的财力。

(4) 对普通基金中基金余额数额的讨论和分析。例如，普通基金中的基金余额为 $325 120。该数额比去年增加 $4 800。增加的原因是当年的收入和其他资金来源超过当年的支出和其他资金运用。在普通基金余额 $325 120 中，$207 030 为已作保留数，$118 090 为未作保留数。未作保留数 $118 090 比去年增加 $1 350。普通基金中的基金余额数尤其是未作保留的基金余额数，表示政府可以自主安排的财务资源数额，属于政府结余的机动财力。

(5) 对普通信用担保债券增减情况的讨论和分析。例如，政府发行在外的普通信用担保债券当年减少 $98 000。减少的原因主要是使用出售专营权的收入提前偿还普通信用担保债券本金。政府普通信用担保债券是政府的长期债务负担，它会在未来很长时间内给政府提出征税要求。

2. 财务报表概览

该部分内容对财务报表的内容作一综合的讨论和分析。财务报表概览通常包括如下主要内容：

(1) 对政府层面财务报表的讨论和分析。例如，政府层面财务报表提供政府概要的财务信息，包括政府层面资产负债表和政府层面业务活动表。政府层面资产负债表反映政府的资产、负债和净资产。通过对历年政府净资产增减变动情况进行分析，可以了解政府的财务状况是在逐年改善还是在逐年恶化。政府层面业务活动情况表反映政府当年净资产的增减变动情况，同时还反映专项职能收入弥补费用的情况。

(2) 对基金财务报表的讨论和分析。例如，政府使用基金会计可以确保遵守财经法规的要求。政府所有的基金分成政务基金、权益基金以及代理和信托基金三大类。政务基金反映政府短期可支用财务资源流动的信息。这些信息对于评价政府短期的财务需求是有用的。由于政务基金财务报表与政府层面财务报表采用不同的计量重点和会计基础，因此，将政务基金财务报表与政府层面财务报表中的政务活动进行比较和调节是有必要的。本政府共设置了 18 个政务基金。其中，3 个政务基金被确定为主要基金。它们是普通基金、1 号道路建设资本项目基金和 Q 种债券偿债基金。权益基金反映主要以收取服务费用维持日常运行的业务活动，包括公用事业基金和内部服务基金。由于公用事业基金财务报表采用与政府层面财务报表相同的计量重点和会计基础，因此，公用事业基金财务报表就不需要单独与政府层面财务报表中的商务活动进行比较和调节。本政府共设置了 6 个公用事业基金。其中，3 个公用事业基金被确定为主要基金。它们是供水公用事业基金和国际机场公用事业基金。代理和信托基金反映受益人为其他政府、组织或个人的业务活动，包括代理基金和信托基金。代理和信托基金的业务内容不反映在政府层面财务报表中。

3. 对政府整体的财务分析

该部分内容对政府整体即政府层面财务报表作一综合的分析。对政府整体的财务分析通常包括对政府层面资产负债表的分析和政府层面业务活动表的分析。分析时通常区分政务活动和商务活动。

(1) 对政府层面资产负债表的综合分析。例如,政府层面比较资产负债表的简要内容如表 10-19 所示。根据表 10-19 中的数据,2008 年政务活动净资产总数为 \$4 555 900,比 2007 年增加 \$20 700(4 555 900－4 535 200)。在 2008 年政务活动净资产总数 \$4 555 900 中,\$3 955 500(1 465 000＋2 490 500)为资本资产投资(扣除相关负债)和限制性净资产,只有 \$600 400 为非限制性净资产。2007 年政务活动中非限制性净资产为－\$96 500。这并不表示政府没有可用的资源支付次年的应付账单。它表示政府此时的长期责任超过可用资源。当长期责任到期或需要偿付时,政府会将到期或需要偿付的责任列入该年预算。

表 10-19 政府层面比较资产负债表的简要内容

	政务活动		商务活动		合 计	
	2008 年	2007 年	2008 年	2007 年	2008 年	2007 年
资产						
流动资产和其他资产	\$3 493 600	\$3 494 500	\$2 134 400	\$2 131 200	\$5 628 000	\$5 625 700
资本资产	6 277 000	6 272 400	7 708 000	7 708 700	13 985 000	13 981 100
资产合计	9 770 600	9 766 900	9 842 400	9 839 900	19 613 000	19 606 800
负债						
流动负债和其他负债	402 700	401 400	760 000	752 400	1 162 700	1 153 800
长期负债	4 812 000	4 830 300	6 147 000	6 148 600	10 959 000	10 978 900
负债合计	5 214 700	5 231 700	6 907 000	6 901 000	12 121 700	12 132 700
净资产						
资本资产投资(扣除相关负债)	1 465 000	1 442 100	1 561 000	1 560 100	3 026 000	3 002 200
限制性净资产	2 490 500	3 189 600	1 304 000	1 269 840	3 794 500	4 459 440
非限制性净资产	600 400	(96 500)	70 400	108 960	670 800	12 460
净资产合计	\$4 555 900	\$4 535 200	\$2 935 400	\$2 938 900	\$7 491 300	\$7 474 100

(2) 对政府层面业务活动表的综合分析。例如,政府层面比较业务活动表的简要内容如表 10-20 所示。根据表 10-20 中的数据,2008 年政务活动收入合计数为 \$767 600,费用合计数为 \$724 000。政务活动收入超过费用的数额为 \$43 600(767 600－724 000)。这表明 2008 年政务活动本身没有发生亏绌。在政务活动收入合计数 \$767 600 中,专项职能收入为 \$157 500,占 21%;一般收入为 \$610 100,占 79%。这表明政务活动收入主要来源于一般收入,专项职能收入只占一小部分。在政务活动费用合计数即政务活动总成本 \$724 000 中,一般公共服务职能为 \$184 500,占 25%;公共安全职能为 \$193 200,占 27%。这表明一般公共服务和公共安全这两项职能费用占所有职能费用的一半以上。2008 年政务活动收入合计数低于 2007 年政务活动收入合计数,低于的数额为 \$8 080。2008 年政务活动费用合计数超过 2007 年政务活动费用合计数,超过的数额为 \$13 710。2008 年政务活动和商务活动合计的收入大于合计的费用,大于的数额为 \$54 100。

表 10-20 政府层面比较业务活动表的简要内容

	政务活动		商务活动		合　计	
	2008 年	2007 年	2008 年	2007 年	2008 年	2007 年
收入：						
专项职能收入	$ 157 500	$ 154 230	$ 410 300	$ 387 400	$ 567 800	$ 541 630
一般收入	610 100	621 450	2 200	2 340	612 300	623 790
收入合计	767 600	775 680	412 500	389 740	1 180 100	1 165 420
费用：						
一般公共服务	184 500	185 230	-	-	184 500	185 230
公共安全	193 200	195 210	-	-	193 200	195 210
公共工程	163 500	162 450	-	-	163 500	162 450
公共卫生	85 400	86 200	-	-	85 400	86 200
公共文化	76 200	71 500	-	-	76 200	71 500
债务利息费用	21 200	9 700	-	-	21 200	9 700
供水活动	-	-	169 000	165 700	169 000	165 700
供电活动	-	-	138 000	138 120	138 000	138 120
机场运行活动	-	-	95 000	73 300	95 000	73 300
费用合计	724 000	710 290	402 000	377 120	1 126 000	1 087 410
活动间转账等前净资产变动	43 600	65 390	10 500	12 620	54 100	78 010
留本捐赠收入	268 700	-	-	-	268 700	-
特殊项目	897 000	-	-	-	897 000	-
活动间转账	1 400	2 840	(1 400)	(2 840)	-	-
非常项目	(6 800)	-	-	-	(6 800)	-
净资产的变动	1 203 900	68 230	9 100	9 780	1 213 000	78 010
期初净资产	3 352 000	3 283 770	2 926 300	2 916 520	6 278 300	6 200 290
期末净资产	$ 4 555 900	$ 3 352 000	$ 2 935 400	$ 2 926 300	$ 7 491 300	$ 6 278 300

再如，2008 年政务活动费用与专项职能收入的比较如图 10-1 所示，政务活动的收入来源如图 10-2 所示；商务活动费用与专项职能收入的比较如图 10-3 所示，商务活动的收入来源如图 10-4 所示。根据图 10-1 和图 10-3 中的数据，政务活动中的专项职能收入都不能完全弥补相应职能的费用，商务活动中的专项职能收入一般都能完全弥补相应活动的费用。根据图 10-2 和图 10-4 中的数据，政务活动中的收入主要来源于税收收入。除此之外，服务收费收入、日常运行补助和捐助、资本补助和捐助也占一定份额。商务活动中的收入主要来源于服务收费收入。资本补助和捐助也占一定份额。

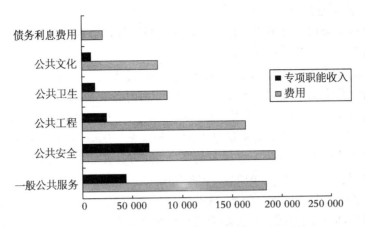

图 10-1　政务活动费用与专项职能收入的比较

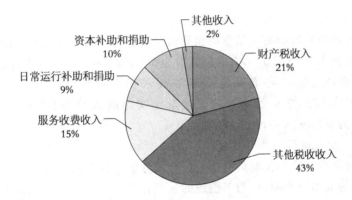

图 10-2　政务活动收入的来源

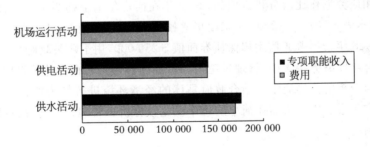

图 10-3　商务活动费用与专项职能收入的比较

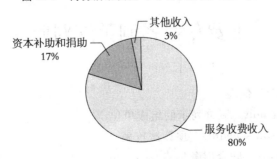

图 10-4　商务活动收入的来源

4. 对政府有关基金的财务分析

该部分内容对基金层面财务报表作一综合的分析。该部分内容通常包括对政务基金的财务分析和对权益基金的财务分析。

（1）对政务基金的财务分析。例如，政务基金提供可支用财务资源的流入、流出和余额的信息。未作保留的基金余额是对财政年度末政府可用财务资源的有用计量。2008年末政务基金中的基金余额为 \$3 099 600。其中，\$590 270 为未作保留的基金余额，另外 \$2 695 830 为已作保留的基金余额。普通基金是最基本的政务基金。2008年末普通基金中的基金余额为 \$325 120。其中，\$118 090 为未作保留的基金余额，另外 \$207 030 为已作保留的基金余额。2008年普通基金的基金余额净增加 \$283 140。

（2）对权益基金的财务分析。例如，权益基金提供的财务信息与政府层面财务报表提供的财务信息相类似，但比政府层面财务报表提供的财务信息更详细一些。2008年公用事业基金净资产净增加 \$1 596 300。

5. 对普通基金预算执行情况的分析

该部分内容对财政年度内有关基金的预算执行情况作一综合的分析。例如，2008年普通基金最初收入预算数为 \$1 857 520，支出预算数为 \$1 502 400。2008年6月，议会对普通基金预算进行了一次修改。2008年普通基金最终收入预算数为 \$1 857 720，支出预算数为 \$1 504 200。2008年按预算基础计算的普通基金实际收入数为 \$1 833 920，完成预算的98%；实际支出数为 \$1 496 600，完成预算的99%。

6. 对资本资产和长期债务的分析

该部分内容对资本资产和长期负债作一综合的分析。其中包括当年购建完成的资本资产项目、期末仍在建的资本资产项目、当年偿还的长期债务、当年新增加的长期债务等内容。对资本资产和长期负债有关内容的分析，一般都区分政务活动和商务活动分别分析，并通常将当年数据与去年相应数据作比较分析。例如，2008年在西华尔街上购买了一幢楼房用于政府听证目的，购买成本为 \$287 000；2008年末南华盛顿大道的改建工程尚未完工，工程预算总成本为 \$143 600；2008年新增普通信用担保债券面值 \$250 000，用于购买政府听证楼房一幢。

在政府综合年度财务报告中，管理讨论与分析的内容通常列在审计报告后、基本财务报表前。管理讨论与分析的内容通常会结合政府具体的经济环境进行较为综合性的讨论与分析，而不仅仅是对财务报表中的数据作简单的比率或比较分析。管理讨论与分析部分的内容一般不纳入审计范围。

主要专业名词英汉对照

Balance sheet　资产负债表
Blended component unit　混合列示的组成单位
Budgetary comparison schedule　预算比较表
Combining statements　联合财务报表
Component unit　组成单位

Comprehensive annual financial report　综合年度财务报告
Discretely presented component unit　单独列示的组成单位
Individual fund statements　单个基金财务报表
Major fund　主要基金,重要基金
Management's discussion and analysis　管理讨论与分析
Nonmajor fund　非主要基金,非重要基金
Notes to the financial statements　财务报表注释
Primary government　主要政府机构
Related organization　相关单位
Required supplementary information　要求提供的补充信息
Statement of activities　业务活动表
Statement of cash flows　现金流量表
Statement of changes in fiduciary net assets　信托净资产变动表
Statement of net asset　资产负债表,净资产表
Statement of revenues, expenditures, and changes in fund balances　收入支出表,收入支出和基金余额变动表
Statement of revenues, expenses, and changes in fund net assets　收入费用表,收入费用和基金净资产变动表

第十一章 非营利组织会计

第一节 概 述

一、非营利组织会计的概念

非营利组织会计是核算非营利组织经济业务、反映非营利组织财务信息的一门专业会计。非营利组织会计通常独立于政府会计,也独立于营利性企业会计。

在美国,非营利组织一词通常指民间非营利组织。非营利组织的例子通常包括慈善组织、医疗机构、高等院校、宗教组织、基金会、科研机构、文艺团体、中小学、博物馆、文化馆、行业协会、工会、政党组织等。在以上非营利组织中,诸如医疗机构、高等院校、文化馆、中小学等也存在着对应的公办组织。这些公办组织可以称为公立非营利组织,从而与民间或私立非营利组织相对应。但这些公办组织也可以直接视为政府单位。例如公立高等院校可以直接视为特种目的政府,或普通目的政府负有财务责任的组成单位。公立中小学可能会联合成立学区特种目的政府,也可能会成为与普通目的政府混合编制财务报表的组成单位。公立文化馆可能直接是政府公共文化职能的一个组成部分。本章在介绍非营利组织会计时,着重介绍民间非营利组织会计。公立非营利组织会计的内容可以直接参照政府会计的内容。

与政府单位、营利性企业组织相比,非营利组织具有如下主要特征:

1. 大部分收入来源于社会各界的捐赠收入

捐赠者是非营利组织的重要经济资源提供者。捐赠者在向非营利组织提供经济资源时,并不期望从非营利组织那里得到等比例数额的金钱回报。政府单位的大部分收入来源于税收收入。营利性企业组织的大部分收入来源于交换性交易收入。政府对非营利组织实行的免税政策,也为非营利组织提供了相应数额的经济资源。但非营利组织本身不能取得税收收入。会费收入、服务费收入、投资收益也是非营利组织收入的来源渠道。

2. 业务运行的目的不是为了营利

非营利组织在开展业务活动时,其根本目的不是为了营利。非营利组织在向物品或服务的接受者提供物品或服务时,通常并不准备从物品或服务的接受者那里收回物品或服务的全部成本,或从物品或服务的接受者那里获得营利。非营利组织在向物品或服务的接受者提供物品或服务时,通常出于慈善、公共利益或部分的公共利益、推广信仰、满足精神需求等目的。出于慈善目的的非营利组织如红十字会,出于公共利益或部分公共利益目的的非营利组织如癌症研究会、注册会计师协会,出于推广信仰目的的非营利组织如教堂,出于满足精神需求目的的非营利组织如博物馆、艺术馆等。营利性企业业务运行的目的是为了营利,也即能否获取利润是营利性企业在开展业务活动时首先要考虑的问题。

3. 不存在明确的所有者权益

在非营利组织中,资产减去负债后的差额为净资产。非营利组织的经济资源提供者对非营利组织的净资产不存在明确的要求权。捐赠者作为非营利组织经济资源的重要提供者,其在向非营利组织提供经济资源时,不享有相应份额的所有者权益或业主权益。捐赠者在向非营利组织提供经济资源时,可以对其所提供的经济资源限定用途。非营利组织应当按照捐赠者的限定用途使用由其提供的经济资源。在此之后,非营利组织即解除了由此形成的经济资源使用责任。营利性企业的出资人,对营利性企业享有相应份额的所有者权益。

非营利组织的以上主要特征在很大程度上影响了非营利组织会计核算的基本内容和基本方法。

二、非营利组织会计准则

在美国,民间非营利组织的会计准则由财务会计准则委员会负责制定。州和地方政府举办的非营利组织执行由政府会计准则委员会制定的会计准则。民间非营利组织会计与公办非营利组织会计之间存在不少差别。

根据财务会计准则委员会制定发布的有关非营利组织的会计准则,非营利组织在进行会计核算时应当遵循如下主要的要求:

(1) 会计平衡等式采用"资产=负债+净资产",其中,净资产区分成非限制性净资产、暂时限制性净资产和永久限制性净资产三个种类。非限制性净资产是指捐赠人对其所捐赠的经济资源未作暂时或永久限制的净资产,也即非营利组织可以自主安排使用的净资产。暂时限制性净资产是指捐赠人对其所捐赠的经济资源作了暂时限制的净资产。其中,限制可以包括用途限制、时间限制等。用途限制如只能用于购买机器设备、只能用于支持某项业务活动等。时间限制如只能在次年使用、只能在下个季度使用等。暂时限制性净资产一旦有关限制条件得到满足,如按照捐赠人的要求购买了相应的机器设备等,就转入非限制性净资产。永久限制性净资产是指捐赠人对其所捐赠的经济资源作了永久限制的净资产。永久限制性净资产的业务通常为捐赠人要求永久保留其捐赠本金,本金上的投资收益可以用于支持非营利组织的业务活动。限制性净资产中的限制条件通常在捐赠条款中予以明确说明。在非营利组织的净资产中,没有诸如营利性企业所有者权益中的实收资本,也没有诸如州和地方政府净资产中的资本资产投资。

(2) 计量重点和会计基础采用经济资源计量重点和权责发生制会计基础。非营利组织的对外财务报表应当按照经济资源计量重点和权责发生制会计基础进行编制。由此,非营利组织的对外财务报表应当报告资本资产和长期负债,应当报告费用而不是支出。非营利组织的资本资产应当计提折旧。

(3) 对外财务报表应当将非营利组织作为一个整体进行报告。非营利组织在接受捐赠人的限制性捐赠时,为证明非营利组织对这些捐赠所履行的责任,可以采用基金会计。一般来说,非营利组织接受的限制性捐赠越多,采用基金会计越有必要。基金会计在加强对限制性捐赠的财务控制以及证明受托责任方面可以起到积极的作用。但在非营利组织中,基金会计只能用于内部控制目的。非营利组织编制的对外通用财务报表不能采用基金会计的模式进行报告,而应当将非营利组织作为一个整体进行报告。

第二节 收 入

一、收入的概念和种类

收入是非营利组织在开展业务活动中取得的经济资源的流入。非营利组织的收入主要有如下种类:

1. 捐赠收入

捐赠收入是指由捐赠人向非营利组织提供捐赠而形成的经济资源的流入。捐赠收入是非营利组织重要的收入来源,也是非营利组织特殊的收入来源。非营利组织取得的捐赠收入可以视为是一种公众资助,它具有如下主要特征:(1)捐赠收入的取得是非交换性的。即非营利组织不会因为取得捐赠收入而导致相应资产的流出或负债的产生。这一点有别于商品销售收入,也有别于服务收费收入。(2)捐赠收入是自愿性的。即捐赠人向非营利组织提供捐赠是自愿的,不是强迫的。这一点有别于税收收入。(3)捐赠收入的取得不会产生权益份额。即捐赠人向非营利组织提供捐赠不属于权益性投资,捐赠人不会因此而以所有者身份或业主身份在非营利组织中发挥作用。这一点有别于所有者出资。

非营利组织取得的捐赠收入,可能会是现金,也可能会是材料物资或资本资产,还可能会是提供的劳务。无论是现金、实物资产还是劳务,非营利组织在取得捐赠时一般都通过捐赠收入进行核算。

捐赠人在向非营利组织提供捐赠时,可能会提出限制条件,也可能会不提出任何限制条件。提出的限制条件可能会是暂时的,即这些限制条件会随着时间的推移或非营利组织相应行为的发生而解除;也可能会是永久的,即这些限制条件不会因为时间的推移或非营利组织发生相应的行为而解除。由此,非营利组织的捐赠收入可以再区分为非限制性捐赠收入、暂时限制性捐赠收入和永久限制性捐赠收入三个种类。非营利组织对捐赠收入的这种分类直接导致非营利组织对净资产的分类,即非营利组织的净资产也分成非限制性净资产、暂时限制性净资产和永久限制性净资产。

非营利组织包括暂时限制性收入和永久限制性收入在内的限制性收入,是指由诸如捐赠人等外部单位或个人对其向非营利组织提供的资源提出使用限制条件而形成的收入。非营利组织的董事会或管理当局也可能会对资源的使用施加限制条件。但这属于内部限制条件,可以由董事会或管理当局随时予以解除。由非营利组织董事会或管理当局对资源的使用施加限制条件不构成非营利组织的限制性收入,也不构成非营利组织的限制性净资产。它仍然属于非营利组织的非限制性收入,或非限制性净资产。

2. 专项筹资活动收入

非营利组织经常会举办一些专项筹资活动,如专项义卖、专项宴会、专项演出等活动。在这些专项筹资活动中,参加者可能可以得到一些物品,如义卖品、晚餐、文艺节目等,但参加者通常会按高于得到物品价值的价格取得相应的物品。这是一种不等价交换,而且参加者有时会提供很高的价格,超过所得物品价值的部分作为对非营利组织的捐助。非营利组织在这种专项筹资活动中取得的收入可以称为专项筹资活动收入。专项筹资活动收入通常伴有相应的直接成本发生,如义卖品成本、晚餐成本、场地租用成本等。专项筹资活动收入通常作为一种与捐赠收入相并列的收入种类反映,而不包含在捐赠收入中。在专项筹资活动中,如果非营利组织事先明确申明筹资用途或筹资目的,那么,所取得的专项筹资活动收入应当作为限制性专项筹资活动收入处理;如果非营利事先没有明确申明筹资用途或筹资目的,那么,取得的专项筹资活动收入可以作为非限制性专项筹资活动收入处理。

3. 会员费收入

有些非营利组织实行会员制度,如历史学会、会计学会等。也有些非营利组织尽管不实行会员制度,但也存在相对固定的会员。例如,博物馆可能会邀请市民成为会员。市民每年向博物馆交纳固定数额的会费。之后,这些市民在年内可以无限次地参观博物馆。博物馆如果有什么活动,如文物讲座活动、会员联谊活动等,或者新到什么文物,都将通知这些作为会员的市民。会员费收入通常是这些非营利组织的相应固定的收入来源。

会员费体现了非营利组织与会员的关系。这种关系有可能是一种交换关系,也有可能是一种非交换关系,还有可能是一种部分交换、部分捐赠的关系。如果会员在向非营利组织交纳了会员费后,非营利组织需要向会员提供等价的服务,如需要向会员邮寄学会会刊、需要组织会员开展相应的活动等,那么,非营利组织与会员的这种关系为交换关系。如果会员在向非营利组织交纳了会员费后,非营利组织不需要向会员提供任何直接的服务,那么,非营利组织与会员的这种关系为非交换关系。在这种情况下,会员向非营利组织交纳的会员费,如同会员给非营利组织的捐赠。如果会员在向非营利组织交纳了会员费后,非营利组织需要向会员提供相应的服务,但服务的价值低于会员费的数额,那么,非营利组织与会员的这种关系为部分交换、部分捐赠的关系。会员费在非营利组织与会员的关系上,并不总是非常清楚的。例如,博物馆邀请市民成为会员,会员在交纳固定会员费后,在年内可以无限次免费参观博物馆。在该例中,就比较难以确定会员费中多少属于交换关系,多少属于捐赠关系。会员费中属于交换关系的数额和属于捐赠关系的数额在会员费收入的确认方法上是不一样的。会员费收入通常作为非限制性收入或非限制性净资产的增加处理。

4. 服务收费收入

服务收费收入是指非营利组织在向物品或服务的接受者提供物品或服务时,从物品或服务的接受者那里取得的经济资源的流入。服务收费收入属于非营利组织与物品或服务的接受者之间的交换性交易收入。非营利组织服务收费收入的例子如高等院校向学生收取的学费、医院向病人收取的医疗费等。博物馆等向游客收取的门票收入可以作为服务收费收入。有些博物馆在门票价格上说明的是参考捐赠价格,而且价格有上下浮动,由游客自愿选择。此时,门票价格收入也可以视为是一种捐赠收入。非营利组织的服务收费应当是成本价或低于成本的价格。主要原因是非营利组织除了可以取得服务收费收入外,还可以取得捐赠收入。政府对非营利组织实行的免税政策实际上也为非营利组织提供了不少收入,或节约了不少支出。

除此之外,政府通常对某些非营利组织如博物馆等提供常规性的日常运行资助,对某些非营利组织如高等院校等提供经常性的专项资助。非营利组织向社会提供的物品属于准公共物品。非营利组织的成本补偿机制总体上是社会公众捐赠一部分,政府补助或捐助一部分,受益者承担一部分。不同的非营利组织,社会公众、政府、受益者之间分担成本的比例有所不同。

服务收费收入通常作为非限制性收入或非限制性净资产的增加处理。

5. 投资收益

投资收益是指非营利组织利用暂时闲置的经济资源进行对外投资所取得的收益,如债券投资的利息收入、股票投资的股利收入等。投资收益通常作为非限制性收入或非限制性净资产的增加处理。但如果捐赠人对投资收益提出了明确的限制条件,那么,投资收益应当作为限制性收入或限制性净资产的增加处理。

在非营利组织中,收入通常与利得有区别。收入是指非营利组织在其开展的主营业务或核心业务活动中取得的经济资源的流入。收入具有持续发生的特征。利得是指非营利组织在其边缘业务活动中取得的经济资源的流入。利得具有偶尔发生的特征。非营利组织处置资本资产过程中取得的处置收入大于资本资产净值的部分,通常作为利得处理。已实现或未实现的长期投资涨价收益也通常作为利得处理。专项筹资活动中取得的经济资源的流入应当区分情况确定是收入还是利得。如果专项筹资活动是常规发生的经济业务,即是非营利组织的主营业务或核心业务,那么,专项筹资活动中取得的经济资源的流入属于专项筹资活动收入。如果专项筹资活动是偶尔发生的经济业务,即是非营利组织的边缘业务,那么,专项筹资活动中取得的经济资源的流入属于专项筹资活动利得。根据财务会计准则委员会的要求,收入和利得在财务报表中的列示方法有所不同。收入应当按照总额列示,相应的直接成本或费用应当单独列示。利得可以按照扣除了直接成本或费用后的净额列示,如按照筹得资金总数扣除专项宴会成本后的净额列示。利得也需要按照是否存在限制条件区分为非限制性利得、暂时限制性利得和永久限制性利得三类。

在非营利组织中,经济资源的来源有时也可以区分为捐助、收入和利得三个种类。其中,捐助指由非交换性交易取得的经济资源的流入,主要是捐赠人提供的捐赠收入。收入指由交换性交易取得的经济资源的流入,主要是向受益人收取的服务收费收入。政府补助通常属于捐助,即属于非交换性交易中取得的经济资源的流入。如果政府向非营利组织购买物品或服务,那么,非营利组织由此取得的经济资源的流入属于收入,不属于捐助。会员费可能会一部分属于收入,一部分属于捐助。捐助和收入都属于非营利组织在开展主营业务或核心业务活动中取得的经济资源的流入。利得是非营利组织在边缘业务中取得的经济资源的流入。按照这种分类方法,捐赠和利得需要进一步区分非限制性、暂时限制性和永久限制性三个种类,收入则直接属于非限制性净资产的增加。按照财务会计准则委员会例示的非营利组织财务报表的格式和内容,非营利组织的业务活动表不需要单独计算主营业务或核心业务的经营收益,也不需要单独计算主营业务或核心业务的经济资源流入合计数,非营利组织所有经济资源的流入包括捐助、收入和利得等的合计数,减去所有经济资源的耗用包括费用和损失等的合计数,等于非营利组织净资产的变动。因此,在非营利组织中,经济资源的流入在捐助、收入和利得之间的区分并不显得非常重要。但经济资源的流入在限制性与非限制性之间的区分显得非常重要。

二、收入的确认

非营利组织的收入应当按照权责发生制会计基础确认。非营利组织在运用权责发生制会计基础确认收入时,针对不同的收入种类需要解决一些具体的问题。

1. 捐赠收入的确认

捐赠收入应当在非营利组织收到捐赠人提供的捐赠资产或者收到捐赠人将无条件提供捐赠的承诺时予以确认。非营利组织在收到捐赠人提供的捐赠资产时,确认的捐赠收入表现为现金、材料物资或资本资产等。其中,现金不存在计价问题;材料物资或资本资产应当按照接受捐赠时的公允市价计价。相应的捐赠收入,应当按照捐赠人是否对捐赠资产提出限制条件区分为非限制性捐赠收入、暂时限制性捐赠收入或永久限制性捐赠收入。非营利组织在收到捐赠人将无条件提供捐赠的承诺时,确认的捐赠收入表现为应收捐赠款这样一种债权。如果捐赠人明确表示将于本会计年度内向非营利组织实际提供捐赠,那么,捐赠收入可以按照捐赠人承诺的捐赠金额予以确认。如果捐赠人明确表示将在未来会计年度向非营利组织实际提供捐赠,那么,捐赠收入应当按照捐赠人承诺捐赠金额的现值予以确认。非营利组织对于将在未来会计年度内收到的捐赠收入,应当作为限制性捐赠收入处理。其中的限制条件至少有时间限制。非营利组织在未来会计年度实际收到捐赠收入时,如果实际收到的数额大于当初确认的数额,其差额仍然应当作为捐赠收入处理,不能作为利息收入处理。非营利组织在将无条件捐赠承诺确认为捐赠收入时,应当以捐赠人出具或者签署的捐赠承诺书面凭证为依据,或者以捐赠人所作的公开无条件捐赠申明为依据。尽管如此,由于捐赠承诺缺乏强制执行的法律效力,因此,非营利组织对于无条件捐赠承诺在确认应收捐赠款和捐赠收入的同时,仍然计提应收捐赠款坏账准备。

非营利组织确认接受劳务捐赠收入的标准比较严格。具体标准为:(1)该项劳务需要特殊的技术,如法律知识、工程设计、会计报表审计、医疗等特殊的技术;(2)该项劳务是由掌握了这些特殊技术的人提供的,如是由律师、工程师、会计师、医师等提供的;(3)如果不能取得该项劳务捐赠,那么,非营利组织必须去购买该项劳务,即该项劳务为非营利组织所必需。根据以上标准,许多志愿人士向非营利提供的一般劳务捐赠,如协助非营利组织同客户进行交往等,都不能作为劳务捐赠收入确认。

非营利组织对于捐赠人提出的有条件捐赠承诺不作为捐赠收入确认。有条件捐赠承诺是指捐赠人提出某种条件,如要求非营利组织能够从其他有关方面也取得相应数额的捐赠等,非营利组织只有在满足了捐赠人提出的条件后,捐赠人才能向非营利组织提供捐赠。因此,在有条件捐赠承诺情况下,非营利组织能否取得捐赠收入,在非营利组织满足捐赠人提出的条件之前,具有不确定性。有条件捐赠承诺的具体情况,可以在财务报表注释中进行详细说明。对于有条件的捐赠承诺,如果非营利组织满足了捐赠人提出的有关条件,那么,有条件的捐赠承诺即转化为无条件的捐赠承诺。此时,非营利组织可以确认相应的捐赠收入。

捐赠收入无论是否存在限制条件,包括用途限制条件和时间限制条件等,都应当在取得捐赠资产或者取得无条件捐赠承诺时予以确认。

2. 会员费收入的确认

会员费收入的确认视会员费是属于交换关系还是属于捐赠关系而有所不同。如果会员费是属于交换关系,那么,会员费收入应当在非营利组织向会员提供相应的利益或服务时予以确认。如果非营利组织在会计年度初一次性向会员收取了会员费,那么,收取的会员费应当在以后非营利组织向会员提供相应的利益或服务时,逐期确认会员费收入。如果会员费是属于捐赠性质,那么,会员费收入应当在非营利组织收到会员费时予以确认。在有些非营利组织中,会员费收入部分体现交换关系,部分体现捐赠关系。此时,会员费收入应当区分体现交换关系的部分和体现捐赠关系的部分,进行分别确认。有些非营利组织向会员收取不需偿还的初始会员费。在这种情况下,如果非营利组织估计未来分期收到的会员费可以弥补未来向会员提供服务的成本,那么,初始会员费就视同捐赠关系,应当在收到时作为会员费收入确认。如果非营利组织估计未来分期收到的会员费不足以弥补未来向会员提供服务的成本,那么,初始会员费就视同交换关系,应当在未来期间逐期确认为收入。未来期间的长短可以根据会员与非营利组织存在正式关系的平均时间或其他合适的方法来确定。

三、收入的核算

(一) 收入核算的方法

收入的日常核算过程既是如实反映非营利组织平时收入的实现过程,也是为年终财务报表中收入的报告积累数据的过程。由于非营利组织年终业务活动表中的收入需要区分非限制性、暂时限制性和永久限制性三个种类分别报告捐赠收入、专项筹资活动收入、会员费收入、服务收费收入、投资收益和利得等收入种类,因此,非营利组织在平时核算收入时,需要为此积累相应的数据。非营利组织可以将收入首先区分为非限制性收入、暂时限制性收入和永久限制性收入三个种类,然后,在其下再区分捐赠收入、专项筹资活动收入、会员费收入、服务收费收入、投资收益和利得等收入种类。非营利组织也可以将收入首先区分为捐赠收入、专项筹资活动收入、会员费收入、服务收费收入、投资收益和利得等种类,然后,在其下再区分非限制性收入、暂时限制性收入和永久限制性收入三个种类。两种收入的日常核算方法都可以采用。非限制性收入、暂时限制性收入和永久限制性收入年终结账时分别转入非限制性净资产、暂时限制性净资产和永久限制性净资产。

(二) 主要收入核算举例

1. 捐赠收入的核算

例1 NA非营利组织2008年收到捐赠人捐赠的现金 $56 400。根据捐赠契约的规定,在该捐赠的现金数额中,$52 000限定用于支持KP地区自然灾害救助工作,其余$4 400由NA非营利组织自主安排使用。NA非营利组织应编制如下记录收到现金捐赠的会计分录:

```
借:现金                                    56 400
    贷:非限制性收入——捐赠收入              4 400
        暂时限制性收入——捐赠收入           52 000
```

在以上例1中,非营利组织收到的现金捐赠,无论是否存在限制条件,都应当作为收入确认。其中,收到的$52 000现金为存在用途限制的捐赠,应当作为暂时限制性收入确认;收到的$4 400现金为不存在限制条件的捐赠,应当作为非限制性收入确认。在以上例1中,非营利组织贷方记录的会计科目及其金额也可以为"捐赠收入——非限制性"＄4 400和"捐赠收入——暂时限制性"＄52 000。在非营利组织收到的现金捐赠中,通常会有相当一部分数额存在限制条件,尤其存在用途限制条件。用途限制条件表示捐赠人的捐赠意图或捐赠目的。该捐赠意图或捐赠目的与非营利组织的具体业务目标相一致。非营利组织也会收到不存在限制条件的现金捐赠。非营利组织在使用不存在限制条件的现金捐赠时,也需要与其预先确定的总体目标或使命相一致。

例2 NA非营利组织2008年收到捐赠人捐赠的药品一批计＄74 500。根据捐赠人提出的要求,该批药品应当用于对本州范围内孤儿院儿童疾病的治疗目的。NA非营利组织应编制如下记录收到实物捐赠的会计分录:

借:材料物资　　　　　　　　　　　　　　　　　　　74 500
　　贷:暂时限制性收入——捐赠收入　　　　　　　　　　　　74 500

在以上例2中,非营利组织收到的实物捐赠应当按照收到实物的公允市价计价。非营利组织经常会收到实物捐赠,如衣服和日常生活用品、药品和食品、家具和电器、期刊和书籍等。非营利组织在收到实物捐赠时,有些会有明确的限制条件,如限制用于某受灾地区市民发生的临时生活困难、限制用于存在生活困难的老年人、限制在次年才能使用等。这些有明确限制条件的实物捐赠应当作为限制性捐赠收入处理。限制性捐赠收入在非营利组织按照捐赠人提出的用途使用时,或在捐赠人提出的可以使用的时间到达时,有关限制条件即得到满足,限制性捐赠收入应当转入非限制性捐赠收入。如果捐赠人没有提出明确的限制条件,那么,这些实物捐赠应当作为非限制性捐赠收入处理。

非营利组织在接受捐赠时,捐赠人提出的用途限制条件可以是非营利组织已经设置的业务活动主要项目,如自然灾害救灾项目、社会突发事件援助项目、老年人援助项目、少年儿童援助项目、药品援助项目、国际援助项目、科学知识普及项目等。也可以是捐赠人要求开设的新的业务活动项目,如对重大疾病患者援助项目等。捐赠人在向非营利组织提供实物捐赠时,如果只是一般地说应当用于支持非营利组织的业务活动,那么,这种实物捐赠应当作为非限制性捐赠收入处理。捐赠人向非营利组织提供用途限制条件的捐赠,可以直接实现捐赠人的具体捐赠意图。捐赠人向非营利组织提供无限制条件的捐赠,可以实现捐赠人广泛意义上的捐赠意图。非营利组织定期向社会公布的捐赠人名单及其捐赠数额,是激励捐赠人向非营利组织提供捐赠的精神力量。当然,非营利组织所从事的事业本身,是吸引捐赠人提供捐赠的根本力量。

例3 NA非营利组织2008年收到捐赠人提供的书面无条件捐赠承诺,捐赠人承诺在2008年末前向非营利组织捐赠一台价值＄18 900的机器设备,该机器设备应当用于非营利组织的日常业务活动。NA非营利组织应编制如下记录取得无条件捐赠承诺的会计分录:

借:应收捐赠款　　　　　　　　　　　　　　　　　　18 900
　　贷:非限制性收入——捐赠收入　　　　　　　　　　　　　18 900

在以上例3中,非营利组织收到资本资产的无条件捐赠承诺。相应的捐赠属于无限制条件的捐赠。如果捐赠人提出非营利组织应当首先获得一项配套设备的捐赠,或者非营利组织应当首先利用可支配经济资源自己购买一项配套设备,然后,才能向非营利组织捐赠该台机器设备,那么,此项捐赠属于有条件的捐赠。有条件捐赠在有关条件尚未满足前不予确认。在有关条件满足时,应当作为捐赠收入确认。如果捐赠人提出捐赠的机器设备应当在明年才能使用,那么,该项捐赠属于有时间限制条件的捐赠,应当作为暂时限制性捐赠收入确认。该暂时限制性捐赠收入应当在次年时间限制条件解除时转入非限制性捐赠收入。如果该机器设备存在用途限制,如限制用于支持某项业务活动,那么,该项捐赠收入为限制性捐赠收入。该限制性捐赠收入随着该机器设备的使用逐渐解除用途限制,逐年转入非限制性捐赠收入。逐渐解除用途限制的衡量方法通常为每年计提的折旧费用数额。即用途限制资本资本每年计提的折旧费用数额通常视为每年解除用途限制的数额,或每年应当从限制性净资产中转出至非限制性净资产的数额。

在以上例 3 中,如果 NA 非营利组织收到捐赠人提供的无条件现金捐赠承诺,那么,非营利组织一般需要根据以往的经验估计应收捐赠款坏账准备。所作的会计分录应当为借记"应收捐赠款"账户,贷记"应收捐赠款坏账准备"、"非限制性收入——捐赠收入"账户。如果非营利组织承诺将在下个会计年度提供无条件现金捐赠,那么,非营利组织一般还需要以捐赠人承诺的现金捐赠的现值为基础计算所取得的捐赠收入的数额。

例 4 NA 非营利组织 2008 年收到某律师捐赠的劳务收入计 $2 800。该律师免费为非营利组织提供法律援助服务。如果该律师不为非营利组织免费提供法律援助服务,非营利组织需要到市场上去聘请相应的律师提供法律援助服务,相应的市场公允价格即为 $2 800。NA 非营利组织应编制如下记录收到劳务收入的会计分录:

借:管理费用　　　　　　　　　　　　　　　　　　　　2 800
　　贷:非限制性收入——捐赠收入　　　　　　　　　　　　　　　2 800

在以上例 4 中,非营利组织收到的劳务收入符合劳务收入的确认标准。管理费用的增加和非限制性收入的增加使得非限制性净资产不受影响。接受劳务捐赠也可能会增加资本资产。例如,非营利组织接受某建筑设计师捐赠建筑设计服务。该建筑设计师为非营利组织计划新建的业务用房屋提供免费建筑设计。如果该建筑设计师不为非营利组织提供免费建筑设计服务,那么,非营利组织需要到市场上去聘请相应的建筑设计师进行设计。此时,该建筑设计师向非营利组织提供的免费设计服务即捐赠的劳务市场价值应当记入资本资产账户,而不是管理费用账户。非限制性净资产由此也得到增加。

例 5 NA 非营利组织 2008 年将收到的限定用于 KP 地区自然灾害救助工作的捐赠款项 $52 000 用于 KP 地区自然灾害的救助工作。NA 非营利组织应编制如下记录使用限制性捐赠收入业务的会计分录:

借:业务费用——自然灾害救助项目　　　　　　　　　52 000
　　贷:现金　　　　　　　　　　　　　　　　　　　　　　　52 000

同时:

借:暂时限制性净资产——解除限制转出　　　　　　　52 000
　　贷:非限制性净资产——解除限制转入　　　　　　　　　　52 000

在以上例 5 中,非营利组织使用限制性捐赠收入使得暂时限制性净资产减少,非限制性净资产增加。在非营利组织业务活动表中,"非限制性净资产——解除限制转入"与各种非限制性收入如非限制性捐赠收入、非限制性专项筹资活动收入、非限制性投资收益等列在一起,作为非限制性收入的增加项目,共同计算出非限制性收入的合计数。"暂时限制性净资产——解除限制转出"与各种暂时限制性收入如暂时限制性捐赠收入、暂时限制性专项筹资活动收入、暂时限制性投资收益等列在一起,作为暂时限制性收入的减少项目,共同计算出暂时限制性收入的合计数。"暂时限制性净资产——解除限制转出"项目与"非限制性净资产——解除限制转入"项目存在对应关系。

例6 NA非营利组织2008年收到捐赠人捐赠现金＄65 000。根据捐赠契约的规定,捐赠的现金＄65 000应当作为本金永久保留,本金上的投资收益应当用于非营利组织开展相应的主营业务活动。NA非营利组织应编制如下记录收到永久限制性捐赠收入的会计分录：

借：现金——留本限制　　　　　　　　　　　　　　　　65 000
　　贷：永久限制性收入——捐赠收入　　　　　　　　　　　　65 000

在以上例6中,永久限制性收入是与暂时限制性收入、非限制性收入相并列的一个收入的种类。永久限制性收入也可以称为留本收入。永久限制性收入上的投资收益可能有限制条件,也可能没有限制条件,具体由捐赠者确定。永久限制性收入中收到的现金应当区别于非限制性收入中收到的现金,在非营利组织的财务报表中也应当单独列示。永久限制性收入中收到的现金可以用于对外投资,由此形成的投资资产仍然属于永久限制性资产。

例7 NA非营利组织在2007年收到现金捐赠收入＄6 300。根据捐赠契约的规定,该笔捐赠收入应当在2008年才可以由非营利组织安排使用。NA非营利组织应在2008年可以安排使用该笔捐赠收入时编制如下会计分录：

借：暂时限制性净资产——解除限制转出　　　　　　　　　6 300
　　贷：非限制性净资产——解除限制转入　　　　　　　　　　6 300

在以上例7中,非营利组织在2007年收到捐赠现金时确认"暂时限制性收入——捐赠收入",会计分录为借记"现金"账户,贷记"暂时限制性收入——捐赠收入"。在2008年可以使用收到的捐赠现金时确认"非限制性净资产——解除限制转入",会计分录如上所示。在以上例7中,借记"暂时限制性净资产——解除限制转出"账户表示暂时限制性收入解除限制条件,或者表示暂时限制性净资产减少。非营利组织在2007年年终结账时,已经将"暂时限制性收入——捐赠收入"账户结转至"暂时限制性净资产"账户中。会计分录中"暂时限制性净资产——解除限制转出"的账户名称不宜采用"暂时限制性支出——捐赠支出"这样的账户名称,以免产生非营利组织将收到的捐赠款项再转捐赠给别人,或者非营利组织向捐赠人退回捐赠收入的错误理解。会计分录中贷记"非限制性净资产——解除限制转入"账户表示非限制性收入的增加。这是一种较为特殊的非限制性收入的增加。暂时限制性收入在限制条件满足时转出至非限制性收入,这会分别影响暂时限制性净资产和非限制性净资产的数额,但不会影响整个非营利组织净资产的合计数额。

在以上例7中,如果非营利组织在2007年收到捐赠人提供的现金捐赠时,捐赠人同时提出了时间限制条件和用途限制条件,时间限制条件如限制在2008年使用,用途限制条件如限制用于对自然灾害救助方法的研究项目,那么,非营利组织在2008年可以使用捐赠的现金时仍然不能确认"非限制性净资产——解除限制转入",因为该笔捐赠的现金尽管时间限制条件已经解除,但用途限制条件还没有解除。非营利组织应当在该笔捐赠现金的全部限制条件都解除时,才能确认"非限制性净资产——解除限制转入",即确认非限制性收入。非营利组织应当尽早将接受捐赠的现金按照限制的用途进行使用,从而尽早将暂时限制性净资产转入非限制性净资产。

2. 专项筹资活动收入的核算

例8 NA非营利组织2008年举办专项筹资宴会。该专项筹资宴会的直接成本为

$1 600。在专项筹资宴会上,非营利组织共筹集到业务活动用资金$125 000。NA 非营利组织每年固定举办类似的专项筹资活动。NA 非营利组织应编制如下记录取得专项筹资活动收入的会计分录:

  借:现金   125 000
   贷:非限制性收入——专项筹资活动收入   125 000
  同时:
  借:专项筹资活动直接成本   1 600
   贷:现金   1 600

在以上例8中,由于非营利组织每年固定举办类似的专项筹资活动,因此,在专项筹资活动中取得的捐赠资金作为专项筹资活动收入处理。如果非营利组织不是每年固定举办类似的专项筹资活动,而是偶尔举办一次专项筹资活动,那么,在专项筹资活动中取得的捐赠资金应当作为专项筹资活动利得处理。如果非营利组织在举办专项筹资活动时明确说明本次专项筹资活动是为某项已经存在的业务活动项目筹集资金,或为开拓某项新的业务活动项目筹集资金,那么,筹集到的资金应当作为暂时限制性收入或永久限制性收入处理。事实上,非营利组织在专项筹资活动中取得的收入也是一种捐赠收入。可能是出于集中反映该类活动筹资成果的目的,包括集中反映筹资总额和筹资直接成本以及筹资总额减去筹资直接成本后的筹资净额的相关信息,专项筹资活动收入从一般的捐赠收入中分离出来,单独成为一个收入的种类。

  3. 会员费收入的核算

  例9 NA 非营利组织2008年收到会员交纳会费$4 420。非营利组织计划使用其中的$2 000组织会员进行一次联谊活动,使用其中的$600为会员订阅有关报刊资料。NA 非营利组织应编制如下记录收到会员交纳会费的会计分录:

  借:现金   4 420
   贷:非限制性收入——会员费收入   1 820
     递延收入   2 600

在以上例9中,非营利组织向会员收取的会费比向会员提供服务的价值多$1 820。该$1 820视为会员向非营利组织提供的捐赠,应当在收到时作为会员费收入确认。非营利组织计划使用会员交纳的会员费中的$2 600(2 000+600)向会员提供相应的服务,包括组织一次联谊活动和为会员订阅有关报刊资料。该$2 600可视为非营利组织欠会员的负债,属于非营利组织与会员之间的交换性交易。该负债应当在非营利组织向会员提供相应服务时予以注销,同时,确认会员费收入和相应的费用或成本。例如,非营利组织在使用会员交纳的会员费组织会员进行了一次联谊活动并支付了相应的联谊活动费用时,应当借记"递延收入"账户,贷记"现金"账户;同时,借记"会员服务直接成本"或"会员服务费用"账户,贷记"非限制性收入——会员费收入"账户。非营利组织在使用会员交纳的会员费为会员提供服务时,收入和费用或成本同时增加,净资产不发生变动。在以上例9中,尽管在会员交纳的会员费中有一部分数额属于交换性交易,非营利组织最终仍然将收到的全部会员交费作为会员费收入处理,而不是将其中属于交换性交易的部分作为服务收费收入处理。非营利组织使用会员交纳的会员费组织会员进行联谊活动以及为会员订阅有关报刊资料等,有利于会员之间增进了解,并有利于会员拓展视野、了解社会、增加知识、丰富精神生活,对会员具有相当的吸引力。

4. 服务收费收入的核算

例10 NA非营利组织2008年向服务接受者提供服务,应收服务费收入$4 520。根据以往经验,在应收服务费收入$520中,估计有$220不能收到。NA非营利组织应编制如下记录应收服务费收入的会计分录:

借:应收账款　　　　　　　　　　　　　　　　　　　　　　4 520
　　贷:非限制性收入——服务收费收入　　　　　　　　　　　4 300
　　　　应收账款坏账准备　　　　　　　　　　　　　　　　　　220

在以上例10中,如果非营利组织向服务接受者预收了相应的服务费,如学校向学生预收了学费、专业学会或协会向杂志订阅人预收了杂志订阅费等,那么,预收的款项应当作为预收账款即作为一项负债处理,而不能作为收入处理。非营利组织从服务接受者处取得的服务收费收入一般都可以自主安排使用,因此,属于非限制性收入。

5. 投资收益的核算

例11 NA非营利组织2008年收到永久限制性捐赠收入的投资利息收入$1 400。根据捐赠协议的规定,该投资利息收入限制用于购买一台办公设备。NA非营利组织应当编制如下记录取得投资利息收入的会计分录:

借:现金——限制用于购买资本资产　　　　　　　　　　　　1 400
　　贷:暂时限制性收入——投资收益　　　　　　　　　　　　1 400

在以上例11中,永久限制性捐赠收入的投资收益为暂时限制性收入。当非营利组织按照用途限制条件购买了办公设备时,该用途限制条件就得到解除。永久限制性捐赠收入的投资收益也可以是非限制性收入,具体视捐赠人是如何规定投资收益应当怎样使用的。

6. 利得或损失的核算

例12 NA非营利组织2008年报废一台机器设备。该机器设备的原始成本为$17 850,累计折旧为$11 330,账面净值为$6 520,残值出售收入为$7 640,处置利得$1 120(7 640－6 520)为非限制性收入。NA非营利组织应编制如下记录机器设备处置利得的会计分录:

借:现金　　　　　　　　　　　　　　　　　　　　　　　　7 640
　　累计折旧　　　　　　　　　　　　　　　　　　　　　　 11 330
　　贷:机器设备　　　　　　　　　　　　　　　　　　　　　17 850
　　　　非限制性利得——处置资本资产利得　　　　　　　　　1 120

在以上例12中,非营利组织处置资本资产的利得也可能会存在用途限制条件,如限制用于购买新的资本资产。此时,会计分录中贷方利得账户应为"暂时限制性利得——处置资本资产利得"。

7. 收入年终结账的会计处理

例13 NA非营利组织2008年末进行年终结账。有关收入和利得账户的年末贷方余额为:"非限制性收入——捐赠收入"$545 230,"非限制性收入——专项筹资活动收入"$186 470,"非限制性收入——会员费收入"$24 510,"非限制性收入——服务收费收入"$69 870,"非限制性收入——投资收益"$4 520,"非限制性净资产——解除限制转入"$203 550,"非限制性利得——处置资本资产利得"$540;"暂时限制性收入——捐赠收入"$156 350,"暂时限制性收入——专项筹资活动收入"$197 470,"暂时限制性收入——投资收益"$6 800,"暂时限制性利得——处置资本资产利得"$1 540;"永久限制性收入——捐赠收入"$88 550,"永久限制性利得——长期投资涨价利得"$2 420。有关收入账户的借方余额为:"暂时限制性净资产——解除限制转出"$203 550。NA非营利组织应编制如下收入年终结账的会计分录:

借:非限制性收入——捐赠收入　　　　　　　　　　545 230
　　非限制性收入——专项筹资活动收入　　　　　　186 470
　　非限制性收入——会员费收入　　　　　　　　　 24 510
　　非限制性收入——服务收费收入　　　　　　　　 69 870
　　非限制性收入——投资收益　　　　　　　　　　　4 520
　　非限制性净资产——解除限制转入　　　　　　　203 550
　　非限制性利得——处置资本资产利得　　　　　　　　540
　　贷:非限制性净资产　　　　　　　　　　　　　1 034 690
同时:
借:暂时限制性收入——捐赠收入　　　　　　　　　156 350
　　暂时限制性收入——专项筹资活动收入　　　　　197 470
　　暂时限制性收入——投资收益　　　　　　　　　　6 800
　　暂时限制性利得——处置资本资产利得　　　　　　1 540
　　贷:暂时限制性净资产　　　　　　　　　　　　　158 610
　　　　暂时限制性净资产——解除限制转出　　　　203 550
同时:
借:永久限制性收入——捐赠收入　　　　　　　　　 88 550
　　永久限制性利得——长期投资涨价利得　　　　　　2 420
　　贷:永久限制性净资产　　　　　　　　　　　　　 90 970

在以上例13中,非营利组织在编制收入年终结账会计分录时,非限制性收入、暂时限制性收入和永久限制性收入账户的余额应当分别结转至非限制性净资产、暂时限制性净资产和永久限制性净资产账户。

第三节　费　　用

一、费用的概念和种类

费用是指非营利组织在开展业务活动过程中发生的经济资源的消耗。非营利组织的费用按照功能可以区分为项目费用和辅助费用两大类。项目费用也可以称为业务活动费用,是指非营利组织在开展主营业务活动或核心业务活动过程中发生的费用。辅助费用也可以称为支持性活动费用,是指非营利组织在开展支持主营业务或核心业务活动过程中发生的费用。

项目费用是非营利组织为完成其组织目标或使命而直接发生的费用。不同的非营利组织有其不同的组织目标。这些组织目标通常还可以区分成若干个主营业务项目。每一个主营业务项目犹如非营利组织向社会提供的一个准公共物品。例如,社会慈善组织的项目费用通常可以包括抗灾救灾项目费用、紧急援助项目费用、老弱病残援助项目费用、科学知识普及项目费用等。高等学校的项目费用通常可以包括教学项目费用、科学研究项目费用等。医院的项目费用通常可以包括门诊项目费用、住院项目费用等。辅助费用一般包括管理费用和筹资费用两个种类。管理费用是指非营利组织在综合管理各项日常事务过程中发生的费用,如编制预算的费用、财务会计部门发生的费用、法律服务费用、管理部门发生的费用等。筹资费用是指非营利组织在日常筹集资金活动过程中发生的费用。筹资费用与专项筹资活动直接成本在概念上存在一些区别。专项筹资活动直接成本是指非营利组织在专项筹资活动中直接发生的财务资源的消耗,如直接支付的筹资宴会的食品费用。专项筹资活动直接成本针对的是已经存在的或比较明确的捐赠人。筹资费用是指非营利组织在日常筹资活动过程中发生的费用,如平时为筹集资金而印刷的宣传材料费用、支付的日常广告费用、邮寄费用等。筹资费用针对的是潜在的或并不十分明确的捐赠人。筹资费用与管理费用的主要区别是:筹资费用发生的目的是为了取得捐赠收入,管理费用发生的目的是为了日常管理。项目费用与辅助费用之间的比例通常可以用来衡量非营利组织的业绩。也即非营利组织主要通过接受捐赠筹集的资金,多少直接用在了组织目标或受益人上,多少用在了组织管理上,这是捐赠人、社会公众等非常关心的财务指标。

非营利组织的费用按照经济性质通常可以分为工资费用、材料物资费用、通讯费用、租金费用、印刷费用、差旅费用、折旧费用等。按照经济性质区分的费用种类与按照功能区分的费用种类之间是可以相互联系的。例如,项目费用如抗灾救灾业务活动项目费用下可以再区分工资费用、材料物资费用、印刷费用、差旅费用、折旧费用等;辅助费用如管理费用下也可以再区分工资费用、材料物资费用、印刷费用、差旅费用、折旧费用等。

在非营利组织中,费用通常与损失进行区别。费用是指非营利组织在其开展的主营业务或核心业务活动及其辅助业务活动中消耗的经济资源。费用具有持续发生的特征。费用不区分限制性费用和非限制性费用,所有费用均作为非限制性净资产的减少,即均为非限制性费用。损失是指非营利组织在其边缘业务活动中消耗的经济资源。损失具有偶尔发生的特征。非营利组织处置资本资产过程中取得的处置收入小于资本资产净值的部分,通常作为损失处理。已实现或未实现的长期投资跌价也通常作为损失处理。损失也可以区分成非限制性、暂时限制性和永久限制性三个种类,即可以分别属于非限制性净资产的减少、暂时限制性净资产的减少或永久限制性净资产的减少。

二、费用的确认

非营利组织的费用应当按照权责发生制会计基础确认。非营利组织在确认费用时存在一些具体的问题需要解决。例如,某些共同费用需要分摊,如折旧费用等。非营利组织应当选择系统合理的方法对有关的共同费用在项目费用、管理费用、筹资费用之间进行分摊。再如,某些费用需要确定属性,如组织目标宣传费用等。非营利组织经常会进行组织目标的宣传活动,例如本组织的目标是实行人道主义援助、本组织的目标是促进历史文物知识的普及等。非营利组织在进行组织目标宣传活动时,其中可能既包含了普及科学知识的成分,也包含了募集资金的成分。而普及科学知识可能是非营利组织的一个主营业务项目,募集资金属于非营利组织支持性活动中的筹集活动。此时,非营利组织在进行组织目标宣传活动时发生的费用,究竟应当归入项目费用还是应当归入筹资费用就需要进行判断。在实务中,一般的判断标准是:(1)如果在开展主营业务活动项目时包含了筹资目的,那么,与筹资目的相关部分的费用应当作为筹资费用处理。(2)发生的同时具有筹资目的和主营业务活动项目目的的费用,应当采用合理的方法在筹资费用与项目费用之间进行分摊。(3)在区分筹资费用和项目费用时应当参考目的标准、对象标准和内容标准这三个标准。其中,目的标准是指开展某项活动的根本目的是什么,是实现某种公共利益或某个主营业务项目的目标,还是向公众募集资金;对象标准是指某项活动向谁开展或者选择的活动对象属于哪一类人,这些人是会因为参加了该项活动而受益,还是会因为参加了该项活动而向非营利组织捐赠;内容标准是指活动的内容包含什么,是仅包含实现主营业务活动项目目标的内容,还是同时包含了吸引捐赠的内容。非营利组织应当在财务报表注释中对共同费用的分摊方法以及某些特殊费用属性的确定方法进行说明。

三、费用的核算

(一) 费用的核算方法

费用的日常核算过程既是如实反映非营利组织平时费用的发生过程,也是为年终财务报表中费用的报告积累数据的过程。根据财务会计准则委员会的要求,非营利组织的费用应当全部在非限制性净资产中报告,限制性净资产中不报告费用的内容。也即费用全部作为非限制性净资产的减少处理;暂时限制性净资产的变动中没有费用的内容,非营利组织在使用暂时限制性净资产时,在暂时限制性净资产中作为净资产解除限制转出处理;永久限制性净资产由于永久不能使用,因此,不仅不会产生费用,而且也不会解除限制转出。为满足财务报表中费用的列示要求,非营利组织在平时核算费用时应当将费用按功能区分为项目费用和辅助费用两大类,并进行分别核算。存在多种主营业务活动项目的非营利组织,还应当为每一种主管业务活动项目独立核算费用。辅助费用还应当区分为管理费用和筹资费用,并进行分别核算。主管业务活动项目费用、管理费用和筹资费用下还应当将费用按经济性质区分为工资费用、材料物资费用、通讯费用、租金费用、印刷费用、差旅费用、折旧费用等,并进行分别核算。所有费用在年终结账时应当全部转入非限制性净资产。

(二) 主要费用核算举例

1. 业务活动项目费用的核算

例1 NA 非营利组织 2008 年向发生自然灾害的地区提供日常生活用品援助计 $47 500,提供伙食和交通援助 $24 500。NA 非营利组织向受灾地区提供的日常生活用品援助是通过接受社会实物捐赠取得的,NA 非营利组织向灾民提供的伙食和交通援助是通过接受社会现金捐赠后购买的。NA 非营利组织应编制如下记录发生项目费用的会计分录:

借:业务费用——自然灾害救助项目　　　　　72 000
　　贷:现金　　　　　　　　　　　　　　　　　　24 500
　　　　材料物资——生活用品　　　　　　　　47 500

在以上例 1 中,NA 非营利组织通过接受社会捐赠取得捐赠收入。之后,再将取得的捐赠收入向社会上需要取得帮助的人提供援助。这种类型的非营利组织通常可以称为社会慈善组织,或称为自愿健康和福利组织。在以上例1中,"业务费用——自然灾害救助项目"账户下可以再根据费用的经济性质进行分类,设置"材料物资援助费"、"伙食和交通援助费"等明细分类账户。

例2 NA非营利组织2008年向发生突发事件的受害人群提供药品援助计＄8 700。NA非营利组织应编制如下记录发生项目费用的会计分录：

借：业务费用——突发事件援助项目　　　　　　　　　　8 700
　　贷：材料物资——药品　　　　　　　　　　　　　　　　　　　8 700

在以上例2中,NA非营利组织的突发事件援助项目可能是一直以来都开设的业务项目,也可能是由于社会上突然发生严重事件、造成相应的受害人群急需得到帮助而临时开设的业务项目。非营利组织可以根据社会日常需求开设一些相对比较固定的业务项目,以满足社会对相应业务的常规需求。同时,非营利组织也可以根据社会急需临时开设一些业务项目,以对社会急需的业务作出及时的反应。非营利组织业务项目开设的好坏,一方面,可以反映非营利组织的业务能否满足社会需求;另一方面,也直接影响非营利组织能否取得社会捐赠收入,从而直接影响非营利组织的业务能否取得发展。有些非营利组织只有一个业务活动项目,此时,"业务费用"账户下就不需要再设置项目名称作为明细分类账户。

2．筹资费用的核算

例3 NA非营利组织2008年委托专业广告机构制作广告宣传制品,同时,与电视台签订广告播放合同,共支付相应的款项＄2 310。该广告宣传业务活动的目的是为了向社会筹集资金,以进一步发展相应的主营业务活动项目。NA非营利组织应编制如下记录支付筹资费用的会计分录：

借：筹资费用　　　　　　　　　　　　　　　　　　　　2 310
　　贷：现金　　　　　　　　　　　　　　　　　　　　　　　　　2 310

在以上例3中,如果NA非营利组织所作的广告仅仅是对非营利组织一般信息的介绍,如非营利组织的使命、非营利组织的主营业务活动项目等,那么,所发生的费用应当作为管理费用处理。非营利组织向社会维护组织形象的支出,一般应当作为管理费用处理。只有是具有明确的筹资目的的支出,才作为筹资费用处理。

3．管理费用的核算

例4 NA非营利组织2008年在日常管理活动过程中发生如下费用：通讯费＄520,邮寄费＄230,租金费＄470,水电费＄350,差旅费＄370,会议费＄620,宣传品费＄410。以上费用合计为＄2 970,以现金支付。NA非营利组织应编制如下记录支付管理费用的会计分录：

借：管理费用　　　　　　　　　　　　　　　　　　　　2 970
　　贷：现金　　　　　　　　　　　　　　　　　　　　　　　　　2 970

在以上例4中,支付的诸如通讯费、邮寄费等费用如果是为筹资目的而发生的,那么,应当作为筹资费用处理;如果是在开展主营业务活动项目的过程中发生的,那么,应当作为业务活动项目费用处理。

4．工资费用

例5 NA非营利组织2008年应计工作人员的应付工资合计为＄161 500。其中,自然灾害救助项目工作人员的应付工资为＄89 500,突发事件援助项目工作人员的应付工资为＄45 700,灾害预防和救助知识普及项目工作人员的应付工资为＄14 500,管理部门工作人员

的应付工资为 $8 560,筹资部门工作人员的应付工资为 $3 240。NA 非营利组织应编制如下记录应付工资的会计分录：

借：业务费用——自然灾害救助项目	89 500
业务费用——突发事件援助项目	45 700
业务费用——灾害预防和救助知识普及项目	14 500
管理费用	8 560
筹资费用	3 240
贷：应付工资	161 500

在以上例 5 中，非营利组织的工资费用应当按职能区分业务活动项目费用、管理费用和筹资费用分别计算和记录。事实上，非营利组织的所有费用一般都需要首先按职能区分成业务活动项目费用、管理费用和筹资费用。然后，再在各职能下按性质进行区分，如工资费用、材料物资费用等。非营利组织在计算员工的应付工资时，还需要同时计算员工的应付个人所得税，并将员工的应付个人所得税同时作为费用和应付政府款或应交税金记录。非营利组织为员工缴纳的养老金也需要作为费用进行记录。

5. 资本资产折旧费用的核算

例 6　NA 非营利组织 2008 年为限制用于灾害预防和救助知识普及项目的机器设备计提折旧费用 $5 500。其他非限制性资本资产计提折旧费用的情况为：属于自然灾害救助项目使用的资本资产的折旧费用为 $57 420，属于突发事件援助项目使用的资本资产的折旧费用为 $24 530，属于灾害预防和救助知识普及项目使用的资本资产的折旧费用为 $13 450，属于管理部门使用的资本资产的折旧费用为 $15 420，属于筹资部门使用的资本资产的折旧费用为 $2 480。NA 非营利组织应编制如下记录资本资产折旧费用的会计分录：

借：业务费用——自然灾害救助项目	57 420
业务费用——突发事件援助项目	24 530
业务费用——灾害预防和救助知识普及项目	18 950
管理费用	15 420
筹资费用	2 480
贷：累计折旧	118 800

同时：

借：暂时限制性净资产——解除限制转出	5 500
贷：非限制性净资产——解除限制转入	5 500

在以上例 6 中，资本资产在计提折旧时增加费用。费用全部作为非限制性净资产的减少处理。限制性资本资产在计提折旧时也增加费用，但同时增加"非限制性净资产——解除限制转入"，因此，非限制性净资产总数不发生变化。但暂时限制性净资产的数额随着确认"暂时限制性净资产——解除限制转出"而减少。因此，净资产总数还是相应减少。限制性资本资产限制条件解除的一种表现即是计提的折旧费用，它表示限制性资本资产已经按照限制条件进行使用了的那一部分。

6. 损失的核算

例 7　NA 非营利组织 2008 年非限制性长期投资市价下跌 $540。NA 非营利组织应编制如下记录长期投资未实现损失的会计分录：

借:非限制性损失——长期投资跌价损失　　　　　　　　　　　　540
　　贷:长期投资——非限制性　　　　　　　　　　　　　　　　　　540

在以上例7中,"非限制性损失——长期投资跌价损失"减少非限制性净资产的数额。如果是暂时限制性长期投资市价下跌或永久限制性长期投资市价下跌,那么,会计分录中的借记账户应为"暂时限制性损失"或"永久限制性损失",结果是减少暂时限制性净资产或永久限制性净资产的数额。在非营利组织中,长期投资的市价变动通常与利息收入和股利收入进行区分。利息收入和股利收入一般作为投资收益处理。投资收益属于非营利组织收入的一个种类,具体也区分非限制性、暂时限制性和永久限制性。其中,永久限制性等同于增加长期投资留本金额。部分投资收益作为永久限制性投资收益,可以增加长期投资的留本金额,从而不断增加部分可以使用的投资收益。如果全部投资收益都作为永久限制性投资收益,那么,非营利组织就没有可以使用的投资收益。这对非营利组织似乎并没有什么实际意义。长期投资的市价变动一般作为利得或损失处理。利得或损失不属于收入的一个种类。在非营利组织中,费用全部为非限制性净资产的减少,但损失仍然区分非限制性损失、暂时限制性损失和永久限制性损失三个种类,从而分别减少非限制性净资产、暂时限制性净资产和永久限制性净资产。

7. 对附属单位补助的核算

例8 NA非营利组织2008年根据其与附属单位的协议,向附属单位补助＄2 300。NA非营利组织应编制如下记录对附属单位补助的会计分录:

借:对附属单位补助　　　　　　　　　　　　　　　　　　　　2 300
　　贷:现金　　　　　　　　　　　　　　　　　　　　　　　　　　2 300

在以上例8中,对附属单位补助可以作为与项目费用、辅助费用相并列的一个费用的种类进行处理。如果非营利组织发生了向总部或上级单位缴款的业务,也可以通过设置"上缴上级单位款项"账户进行处理。上缴上级单位款项也可以作为与项目费用、辅助费用相并列的一个费用项目进行处理。

8. 费用年终结账的会计处理

例9 NA非营利组织2008年末进行年终结账。有关费用和损失账户的年末借方余额为:"业务费用——自然灾害救助项目"＄687 450,"业务费用——突发事件援助项目"＄124 520,"业务费用——灾害预防和救助知识普及项目"＄76 840,"管理费用"＄89 650,"筹资费用"＄9 870,"专项筹资活动直接成本"＄2 650,"非限制性损失——长期投资跌价损失"＄540,"对附属单位补助"＄2 300。NA非营利组织应编制如下记录费用年终结账的会计分录:

借:非限制性净资产　　　　　　　　　　　　　　　　　　　993 820
　　贷:业务费用——自然灾害救助项目　　　　　　　　　　　　687 450
　　　　业务费用——突发事件援助项目　　　　　　　　　　　　124 520
　　　　业务费用——灾害预防和救助知识普及项目　　　　　　　76 840
　　　　管理费用　　　　　　　　　　　　　　　　　　　　　　89 650
　　　　筹资费用　　　　　　　　　　　　　　　　　　　　　　9 870
　　　　专项筹资活动直接成本　　　　　　　　　　　　　　　　2 650
　　　　非限制性损失——长期投资跌价损失　　　　　　　　　　540
　　　　对附属单位补助　　　　　　　　　　　　　　　　　　　2 300

在以上例 9 中,所有的费用账户借方余额,包括专项筹资活动直接成本账户借方余额,都结转至非限制性净资产账户的借方。非限制性损失和对附属单位补助账户的借方余额也结转至非限制性净资产账户的借方。暂时限制性损失和永久限制性损失账户如果有借方余额,应当分别结转至暂时限制性净资产和永久限制性净资产账户的借方。

非营利组织在年终结账时也可以将收入和费用账户的余额同时结转至净资产账户。如此,NA 非营利组织应编制如下年终结账的会计分录:

借:非限制性收入——捐赠收入	545 230
非限制性收入——专项筹资活动收入	186 470
非限制性收入——会员费收入	24 510
非限制性收入——服务收费收入	69 870
非限制性收入——投资收益	4 520
非限制性净资产——解除限制转入	203 550
非限制性利得——处置资本资产利得	540
贷:业务费用——自然灾害救助项目	687 450
业务费用——突发事件援助项目	124 520
业务费用——灾害预防和救助知识普及项目	76 840
管理费用	89 650
筹资费用	9 870
专项筹资活动直接成本	2 650
非限制性损失——长期投资跌价损失	540
对附属单位补助	2 300
非限制性净资产	40 870

同时:

借:暂时限制性收入——捐赠收入	156 350
暂时限制性收入——专项筹资活动收入	197 470
暂时限制性收入——投资收益	6 800
暂时限制性利得——处置资本资产利得	1 540
贷:暂时限制性净资产	158 610
暂时限制性净资产——解除限制转出	203 550

同时:

借:永久限制性收入——捐赠收入	88 550
永久限制性利得——长期投资涨价利得	2 420
贷:永久限制性净资产	90 970

第四节 净 资 产

一、净资产的概念和种类

净资产是指非营利组织资产减去负债后的差额。非营利组织的净资产由于取得收入和利得而增加,由于发生费用和损失而减少。非营利组织的净资产区分成非限制性净资产、暂时限制性净资产和永久限制性净资产三个种类。非限制性收入加上非限制性利得,减去费用和非限制性损失等于非限制性净资产的增减变动。暂时限制性收入加上暂时限制性利得,减去暂时限制性损失等于暂时限制性净资产的增减变动。永久限制性收入加上永久限制性利得,减去永久限制性损失等于永久限制性净资产的增减变动。暂时限制性净资产在满足限制条件时转入非限制性净资产。捐赠人不能以业主或出资人的身份对净资产提出要求权。非营利组织也不会向捐赠人分配净资产。

二、净资产的核算

在以上介绍收入和费用的核算时,已经涉及了不少净资产的核算内容。这里再举几例进一步介绍净资产的核算内容和核算方法。

例1 NA非营利组织2007年收到捐赠人捐赠的款项＄86 500。根据捐赠人提出的要求,该捐赠的款项限制在2008年用于购买一台专用设备。该专用设备在购买后限制用于自然灾害救助项目。NA非营利组织应编制如下记录收到捐赠款项的会计分录:

借:现金　　　　　　　　　　　　　　　　　　　　　86 500
　贷:暂时限制性收入——捐赠收入　　　　　　　　　　　　　86 500

在以上例1中,NA非营利组织收到的捐赠款项既存在时间限制条件,又存在用途限制条件。非营利组织在收到存在限制条件的经济资源时,尽管可能当年不能使用收到的经济资源,但仍然需要确认收入。

例2 NA非营利组织2007年末将收到的暂时限制性收入＄86 500结转至暂时限制性净资产账户。NA非营利组织应编制如下记录年终收入结账的会计分录:

借:暂时限制性收入——捐赠收入　　　　　　　　　　　　86 500
　贷:暂时限制性净资产　　　　　　　　　　　　　　　　　　86 500

在以上例2中,暂时限制性收入在收到当年限制条件尚未解除,年末结转至暂时限制性净资产中。

例3 NA非营利组织2007年收到的捐赠款项＄86 500在2008年初已经可以使用。NA非营利组织不编制时间限制条件解除的会计分录。主要原因是2008年初尽管时间限制条件已经解除,但用途限制条件尚未解除。因此,2007年收取的捐赠款项＄86 500在2008年初仍然属于暂时限制性净资产。

例4 NA非营利组织2008年按照限制条件购买了一台专用设备计＄86 500。NA非营利组织应编制如下记录购买专用设备的会计分录：

  借：机器设备   86 500
    贷：现金   86 500

  在以上例4中，尽管NA非营利组织已经按照限制条件购买了一台专用设备，但由于捐赠人要求该台专用设备限制用于自然灾害救助项目，因此，购买行为的发生还不代表限制条件全部解除。捐赠人捐赠的款项 $86 500 至此仍然全部反映在暂时限制性净资产账户中。即该笔款项至此还不能转出至非限制性净资产中。

  例5 NA非营利组织2008年末对使用接受捐赠的 $86 500 款项购买的一台专用设备计提折旧费用计 $17 300。NA非营利组织应编制如下记录资本资产折旧的会计分录：

  借：业务费用——自然灾害救助项目   17 300
    贷：累计折旧   17 300
  同时：
  借：暂时限制性净资产——解除限制转出   17 300
    贷：非限制性净资产——解除限制转入   17 300

  在以上例5中，NA非营利组织按照限制条件将购买的一台专用设备用于自然灾害救助项目。由此产生的折旧费用计入相应的业务费用。同时，与折旧费用相匹配的数额从暂时限制性净资产中转出至非限制性净资产中。

  例6 NA非营利组织2008年末进行年终收入和费用的结账工作。"业务费用——自然灾害救助项目"账户借方余额为 $17 300，"暂时限制性净资产——解除限制转出"账户借方余额为 $17 300，"非限制性净资产——解除限制转入"账户贷方余额为 $17 300。NA非营利组织应编制如下记录年终结账的会计分录：

  借：非限制性净资产——解除限制转入   17 300
    贷：业务费用——自然灾害救助项目   17 300
  同时：
  借：暂时限制性净资产   17 300
    贷：暂时限制性净资产——解除限制转出   17 300

  在以上例6中，非限制性净资产的数额没有发生变动，暂时限制性净资产的数额减少。此时，专用设备的净值数额 $69 200（86 500－17 300）仍然反映在暂时限制性净资产的数额中。从某种意义上讲，非营利组织限制性净资产的数额越大，财务受托责任就越大。

第五节 资产和负债

一、资产

（一）资产的概念和种类

  资产是指非营利组织拥有或者控制的经济资源。按照流动性分类，非营利组织的资产可以分为流动资产和长期资产两大类。其中,流动资产可以包括现金、短期投资、应收账款、应收捐赠款、材料物资等;长期资产可以包括资本资产、长期投资等。按照限制性分类,非营利组织的资产可以分为限制性资产和非限制性资产。限制性资产再可以分为暂时限制性资产和永久限制性资产。一般来说,在非营利组织中,限制性或者非限制性主要是针对净资产的,不是针对具体的资产的。因此,非营利组织的资产主要还是按照流动性分类为流动资产和长期资产。

在非营利组织尤其是博物馆这种非营利组织中,收藏品资产是一种性质比较特殊的资产。收藏品资产的种类如历史文物、艺术品等。财务会计准则委员会对收藏品资产制定了如下三个标准:(1)持有的目的是为了公共展览、公共教育和公共研究,提供公共服务,而不是为了获取财务利益;(2)受到保护,不受损坏,得到保管和保存;(3)根据组织政策,其出售收入应当用于购买其他收藏品。非营利组织可以不对收藏品进行资本化,仅对其在财务报表注释中进行说明;也可以对收藏品进行资本化,将其纳入财务报表中进行报告。非营利组织对于不满足以上三个标准的历史文物、艺术品等,不能将其作为收藏品资产处理,应当将其进行资本化。收藏品资产一般不需要计提折旧。主要原因是收藏品资产的经济价值消耗得非常慢,它们的估计使用寿命非常长。而且,有些收藏品的文化价值和历史价值还可能会随着时间的推移而逐年增加。如果非营利组织选择对收藏品进行资本化,那么,非营利组织在接受捐赠收藏品时,应当在确认一项收藏品资产的同时,再确认一项捐赠收入。年终收入结账时,将捐赠收入转入相应的净资产账户中。如果非营利组织选择不对收藏品进行资本化,那么,非营利组织在接受捐赠收藏品时,不需要作会计分录。但非营利组织需要在财务报表注释中对接受捐赠收藏品的情况进行披露。

非营利组织的对外投资在会计核算上也有特殊性。根据财务会计准则委员会的要求,非营利组织应当对所有债权性证券投资和权益性证券投资都按照公允市价计价,不能按照原始成本、成本与市价孰低法计价。投资的公允市价变动,无论是已实现的还是未实现的,都作为利得或损失处理。债权性证券投资的利息收入和权益性证券投资的股利收入作为投资收益处理。非营利组织应当对投资的情况作全面的披露。例如,各种主要投资种类如权益性投资、共同基金投资、联邦政府国库券投资、公司债券投资、不动产投资等在投资总额中所占的比重,各种主要投资种类的投资收益如权益性投资的投资收益、公司债券投资的投资收益等在投资收益总额中所占的比重等。

(二) 资产的核算

非营利组织资产核算的内容和方法在前面介绍收入、费用和净资产时已经涉及了不少。这里再举几例进一步介绍资产核算的内容和方法。

例1 NA 非营利组织 2008 年收到捐赠人捐赠现金 \$42 600。根据捐赠人的要求,该笔现金应当用于购建办公用房。NA 非营利组织应编制如下记录收到捐赠现金的会计分录:

借:现金——限制用于购买资本资产　　　　　　　　　　42 600
　　贷:暂时限制性收入——捐赠收入　　　　　　　　　　　　42 600

在以上例1中,非营利组织收到捐赠人捐赠的限制用于购买资本资产的现金 \$42 600。该笔现金属于限制性现金,它不同于非营利组织可以自主安排使用的非限制性现金。因此,会计分录中借记"现金——限制用于购买资本资产"账户,以区别于借记"现金"账户。

例2 NA 非营利组织 2008 年收到捐赠人捐赠一批材料物资计 \$5 230。根据捐赠人的

要求,该批材料物资限制用于灾害预防和救助知识普及项目。NA 非营利组织应编制如下记录收到捐赠材料物资的会计分录:

借:材料物资 5 230
　　贷:暂时限制性收入——捐赠收入 5 230

在以上例 2 中,非营利组织收到捐赠人捐赠的限制用于灾害预防和救助知识普及项目的材料物资计 $5 230。该批材料物资属于限制性材料物资,它不同于非营利组织可以自主安排使用的非限制性材料物资。尽管如此,非营利组织在记录收到该批材料物资时也可以仅使用借记"材料物资"账户,而不使用借记"材料物资——限制用于灾害预防和救助知识普及项目"账户。当然,非营利组织也可以使用"材料物资——限制用于灾害预防和救助知识普及项目"账户,但在编制财务报表时,限制性材料物资和非限制性材料物资可以不进行区分,而混合在一起进行报告。非营利组织对于取得的每一笔收入,需要严格区分非限制性、暂时限制性和永久限制性三个种类。但与收入相对应的资产可以不进行严格区分限制性和非限制性。在非营利组织中,非限制性、暂时限制性和永久限制性并不是三个各自相互独立的会计主体,它们不需要编制各自独立完整的财务报表。尽管在业务活动表中需要区分非限制性、暂时限制性和永久限制性分别报告收入、费用和净资产,但在资产负债表中并不要求区分非限制性、暂时限制性和永久限制性分别报告资产和负债。

例3 NA 非营利组织 2008 年收到捐赠人捐赠的收藏品一件,经评估价值为 $16 900。NA 非营利组织对收藏品采用资本化的会计核算方法。NA 非营利组织应编制如下记录收到收藏品的会计分录:

借:收藏品 16 900
　　贷:非限制性收入——捐赠收入 16 900

在以上例 3 中,非营利组织在收到包括收藏品在内的实物资产时,都应当先通过收入账户进行核算。然后,再由收入账户转入相应的净资产账户。

例4 NA 非营利组织 2008 年将收到的永久限制性现金 $22 000 进行对外长期投资。NA 非营利组织应编制如下记录对外长期投资的会计分录:

借:长期投资——留本限制 22 000
　　贷:现金——留本限制 22 000

在以上例 4 中,非营利组织可以对永久限制性资产或留本限制性资产进行单独标识。一般情况下,非营利组织可以对限制用于取得资本资产的现金、应收捐赠款、投资以及限制用于留本目的的现金、投资等资产种类进行单独标识,以区别于非限制性资产。

例5 NA 非营利组织 2008 年长期投资公允市价上升 $1 550。在该公允市价上升的数额中,$500 根据捐赠人的要求限制用于增加长期投资的留本数额,其余 $1 050 由非营利组织自主安排使用。NA 非营利组织应编制如下记录长期投资公允市价上升的会计分录:

借:长期投资——永久限制性 500
　　长期投资——非限制性 1 050
　　贷:永久限制性利得——长期投资涨价利得 500
　　　非限制性利得——长期投资涨价利得 1 050

在以上例 5 中,非营利组织的永久限制性长期投资,其涨价利得通常情况下是一部分用于增加永久限制性长期投资留本金额,以不断增加留本数额或抵销通货膨胀因素的影响;另一部分由非营利组织自主安排使用或限制用于特定目的。

例6 NA非营利组织2008年以现金购买日常办公用品$240。NA非营利组织应编制如下记录购买日常办公用品的会计分录：

借：物料用品　　　　　　　　　　　　　　　　　　240
　　贷：现金　　　　　　　　　　　　　　　　　　　　　240

在以上例6中，非营利组织购买的日常办公用品可以作为物料用品进行核算。非营利组织接受的需要转交给受益人的实物捐赠可以作为材料物资进行核算。非营利组织接受的可自己使用的实物捐赠可以作为材料物资或机器设备等进行核算，或作为物料用品或机器设备等进行核算。非营利组织购买的需要向受益人进行援助的财产物资可以作为材料物资进行核算。非营利组织应当通过建立相应明细账的方法，对可以自己使用的以及需要转交给受益人的财产物资进行明细登记，并对自己购买的以及捐赠人捐赠的财产物资进行明细登记。非营利组织在费用明细账中可以对自己耗用的财产物资以及援助给受益人的财产物资进行区分反映，分别形成物料用品耗用费以及材料物资援助费等费用明细类别。

二、负债

（一）负债的概念和种类

负债是指非营利组织在开展业务活动过程中承担的需要以资产偿还的债务。按照流动性分类，负债可以区分为流动负债和长期负债两大类。流动负债的例子如应付账款、应付票据、应付利息、递延收入、应付工资、应付联邦个人所得税等。长期负债的例子如应付抵押贷款、应付债券等。非营利组织较小采用发行债券的方式取得长期资金。

（二）负债的核算

非营利组织负债核算的内容和方法在前面介绍费用时已经有所涉及。这时再举几例进一步介绍负债核算的内容和方法。

例1 NA非营利组织2008年向物品供应商购买日常办公用品$2 760，款项尚未支付。NA非营利组织应编制如下记录赊购物料用品的会计分录：

借：物料用品　　　　　　　　　　　　　　　　　2 760
　　贷：应付账款　　　　　　　　　　　　　　　　　2 760

在以上例1中，非营利组织在向供应商购买物料用品时，购买的价格中通常包括销售税的数额。非营利组织在购买了物料用品后，通常可以向政府申请退税。

例2 NA非营利组织2008年计算应从员工工资总额中扣除的联邦个人所得税共计$10 990，其中，自然灾害救助项目工作人员的应付联邦个人所得税为$4 520，突发事件援助项目工作人员的应付联邦个人所得税为$2 230，灾害预防和救助知识普及项目工作人员的应付联邦个人所得税为$3 450，管理部门工作人员的应付联邦个人所得税为$510，筹资部门工作人员的应付联邦个人所得税为$280。NA非营利组织应编制如下记录应付联邦个人所得税的会计分录：

借：业务费用——自然灾害救助项目　　　　　　　4 520

业务费用——突发事件援助项目	2 230
业务费用——灾害预防和救助知识普及项目	3 450
管理费用	510
筹资费用	280
贷：应付联邦政府款	10 990

在以上例2中，如果NA非营利组织存在应向联邦政府缴纳联邦社会保险税、应向州政府缴纳员工个人所得税等业务，那么，NA非营利组织在计算出相应数额但尚未缴纳相应款项时，也会形成欠联邦政府或州政府的相应的负债。在以上例2中，会计分录中的应付联邦政府款账户也可以称为应付联邦政府工资税或应付联邦政府个人所得税等。

例3 NA非营利组织2008年向物品和服务的接受者预收一笔款项计 $ 4 620。之后，NA非营利组织应向物品和服务的接受者提供相应的物品和服务。NA非营利组织应编制如下记录预收款项的会计分录：

借：现金	4 620
贷：递延收入	4 620

在以上例3中，非营利组织向物品和服务的接受者预收款项的业务经常发生在高等院校中，如高等院校向学生预收学费等。医院也可能会向病人预收医疗费用。高等院校或专门的研究机构经常从政府或其他社会机构取得课题研究的合同项目。高等院校或专门的研究机构在预收到相应的研究经费时，可以将预收的款项作为递延收入处理，或作为应付合同款处理。

例4 NA非营利组织2008年为开展业务活动的需要从银行取得抵押贷款 $ 6 800。NA非营利组织应编制如下记录取得抵押贷款的会计分录：

借：现金	6 800
贷：应付抵押贷款	6 800

在以上例4中，NA非营利组织对于取得的抵押贷款应当在年末计算应计利息，并将应计利息作为负债予以记录。

在非营利组织的日常会计核算中，资产与负债并没有太多的特殊性。非营利组织日常会计核算的特殊性主要体现在收入、费用和净资产中。

第六节 财务报表

一、资产负债表

（一）资产负债表的格式

非营利组织的财务报表包括资产负债表、业务活动表和现金流量表三张主表。社会慈善组织或自愿健康和福利组织还需要编制职能费用表，其他非营利组织自愿提供职能费用表。资产负债表是反映非营利组织资产、负债和净资产及其关系的财务报表。非营利组织资产负债表的参考格式可如表11-1所示。

表 11-1 资产负债表

资产:	
现金	$ 56 320
短期投资(按市价计)	46 250
应收账款(净额)	2 840
应收捐赠款(净额)	14 520
存货(按成本与市价孰低计)	38 470
待摊费用	5 640
限制性资产:	
限制用于购建资本资产:	
现金	14 560
投资(按市价计)	32 410
应收捐赠款(净值)	2 870
留本限制:	
现金	185 000
投资(按市价计)	386 000
资本资产(净值)	467 520
长期投资(按市价计)	25 640
资产合计	1 278 040
负债:	
应付账款	32 430
应付票据	42 150
应付利息	1 240
应付联邦政府款	11 240
递延收入	28 750
应付抵押贷款	22 450
负债合计	138 260
净资产:	
非限制性	440 310
暂时限制性	128 470
永久限制性	571 000
净资产合计	1 139 780
负债和净资产合计	$ 1 278 040

(二) 资产负债表的编制方法

非营利组织的资产负债表总体来说应当根据日常会计记录的结果进行编制。其中,资产部分按照流动性由强至弱列示。对于重要的限制性资产可以单独列示。限制用于购建资本资产的现金、投资、应收捐赠款等,以及永久限制性资产或留本限制性资产等通常可以作为重要的限制性资产进行单独列示。永久限制性资产可以表现为现金、投资等货币性资产,也可以表现为艺术品、土地等永久限制用于专门目的并且不可以出售的实物资产。负债部分也按照流动性由强至弱列示。净资产部分分别列示非限制性、暂时限制性和永久限制性三个种类。一般来说,留本限制性资产或永久限制性资产的数额与永久限制性净资产的数额存在对应关系。非营利组织应当在财务报表注释中对暂时限制性净资产和永久限制性净资产的内容进行详细说明。

非营利组织的资产负债表可以采用两年数据进行比较的方式编制。即在数据栏可以同时列示当年的数据和去年的数据。采用两年数据进行比较的方式编制资产负债表，有利于反映非营利组织的财务状况是有所改善还是有所恶化，或者是保持在原来的基础上。

二、业务活动表

（一）业务活动表的格式

业务活动表是反映非营利组织收入、费用以及净资产变动情况的财务报表。非营利组织业务活动表的参考格式可如表 11-2 所示。

表 11-2　业务活动表

	非限制性	暂时限制性	永久限制性	合　计
收入、利得和捐助：				
捐赠收入	$ 623 250	$ 168 540	$ 184 560	$ 976 350
专项筹资活动收入	214 230	214 850	-	429 080
减：专项筹资活动直接成本	15 230	16 840	-	32 070
专项筹资活动净收入	199 000	198 010		397 010
会员费收入	35 620	-	-	35 620
服务收费收入	89 650	-	-	89 650
投资收益	7 560	8 650	1 420	17 630
其他收入	870	-	-	870
利得	1 650	1 740	-	3 390
解除限制净资产：				
项目限制条件解除	86 450	(86 450)	-	-
购建资本资产限制条件解除	213 350	(213 350)	-	-
时间限制条件解除	7 240	(7 240)	-	-
收入、利得和资助合计	1 264 640	69 900	185 980	1 520 520
费用和损失：				
业务费用：				
自然灾害救助项目	745 320	-	-	745 320
突发事件援助项目	224 530	-	-	224 530
灾害预防和救助知识普及项目	145 210	-	-	145 210
业务费用合计	1 115 060	-	-	1 115 060
辅助费用：				
管理费用	184 450	-	-	184 450
筹资费用	142 360	-	-	142 360
辅助费用合计	326 810	-	-	326 810
损失	840	-	650	1 490
对附属单位补助	2 530	-	-	2 530

续表

	非限制性	暂时限制性	永久限制性	合　　计
费用和损失合计	1 445 240	-	650	1 445 890
净资产的变动	(180 600)	69 900	185 330	74 630
期初净资产	620 910	58 570	385 670	1 065 150
期末净资产	$ 440 310	$ 128 470	$ 571 000	$ 1 139 780

（二）业务活动表的编制方法

非营利组织的业务活动表总体来说也应当根据日常会计记录结果进行编制。其中，收入、利得和资助以及费用和损失都需要区分非限制性、暂时限制性和永久限制性三个种类。净资产的变动、期初净资产和期末净资产也都需要区分非限制性、暂时限制性和永久限制性三个种类。所有的收入、利得和资助排列在一起，计算出收入、利得和资助合计数。所有的费用和损失排列在一起，计算出费用和损失合计数。收入、利得和资助合计数减去费用和损失合计数等于净资产的变动。解除限制净资产列入收入、利得和资助栏目中，同时作为非限制性收入、利得和资助的增加和暂时限制性收入、利得和资助的减少处理。所有的费用，包括业务费用和辅助费用，都列入非限制性栏目。暂时限制性和永久限制性栏目中没有费用。解除限制净资产中的三个种类分别表示三种情况的限制条件的解除。项目限制条件解除表示非营利组织已经按照捐赠人的要求将接受捐赠的财产用在了限制项目或限制用途上。狭义的限制项目包括自然灾害救助项目、突发事件援助项目、灾害预防和救助知识普及项目等主营业务活动项目。广义的限制项目也可以包括日常管理活动中的项目。购建资本资产限制条件解除表示非营利组织已经按照捐赠人的要求将接受捐赠的资金用在了购建资本资产上。购建完成的资本资产可能继续存在用途限制，也可能不再存在用途限制。时间限制条件解除表示非营利组织已经到达了由捐赠人限制的可以使用接受捐赠财产或资金的时间。时间限制条件解除可能代表所有限制条件都已经解除，也可能还存在用途等其他限制条件。非营利组织只有在所有限制条件都已经解除时，才能将暂时限制性净资产转出至非限制性净资产。

在非营利组织的业务活动表中，专项筹资活动直接成本应当作为专项筹资活动收入的减项列示，以计算专项筹资活动的净收入。暂时限制性和永久限制性栏目中由于没有费用的内容，因此，如果损失的数额为零，那么，净资产变动的数额即为收入、利得和资助的合计数额。

业务活动表中的期末净资产数与资产负债表中的净资产数之间存在数字钩稽关系。

业务活动表中的净资产的变动数据不足以衡量非营利组织的业绩。从原理上说，非营利组织应当没有盈余，或没有净资产的净增加。但非营利组织出于某些原因，也可能会需要有一些盈余。这些原因如需要保持一定数额的营运资金、需要重置或增置资本资产、需要偿还到期债务、需要将某项只取得初始资金的业务活动项目持续下去等。

三、现金流量表

（一）现金流量表的格式

现金流量表是反映非营利组织现金流入和现金流出情况的财务报表。现金流入和现金流出区分经营活动、投资活动和筹资活动分别反映。非营利组织现金流量表的参考格式可如表 11-3 所示。

表 11-3 现金流量表

经营活动现金流量：	
捐赠人捐赠收到现金	$ 875 450
应收捐赠款收到现金	457 420
服务收费收到现金	142 230
会员费收入收到现金	47 520
取得投资收益收到现金	14 560
其他收入收到现金	870
向员工支付的现金	(214 560)
向供应商支付的现金	(1 324 560)
向附属单位支付的现金	(2 350)
经营活动现金净流量	(3 420)
投资活动现金流量：	
出售投资收到现金	45 630
购买机器设备支付的现金	(8 640)
购买投资支付的现金	(35 640)
投资活动现金净流量	1 350
筹资活动现金流量：	
收到如下捐赠的限制性现金：	
限制用于购建资本资产的现金	14 560
限制用于未来经营活动的现金	4 260
永久限制性现金	185 000
其他筹资活动收到和支付的现金：	
收到限制用于购建资本资产的投资收益	6 250
偿付长期负债支付的现金	(158 960)
筹资活动现金净流量	51 110
现金净增加或净减少	49 040
期初现金	7 280
期末现金	56 320
净资产的变动与经营活动现金净流量之间的调节：	
净资产的变动	74 630
调整项目：	
折旧费用	68 540
应收账款的减少	36 410
应收捐赠款的增加	(8 810)
材料物资的减少	32 140
应付账款的增加	5 640
限制用于长期目的的捐赠	(203 820)
限制用于购建资本资产的投资收益	(6 250)
净利得	(1 900)
经营活动现金净流量	$ (3 420)

(二)现金流量表的编制方法

非营利组织的现金流量表总体来说应当根据资产负债表、业务活动表中的数据以及其他相关日常会计记录结果进行编制。非营利组织的现金流量表不需要区分非限制性、暂时限制性和永久限制性分别列示。即非营利组织的现金流量表将非营利组织作为一个整体进行编制。非营利组织在编制现金流量表时可以采用直接法,也可以采用间接法。如果采用间接法,应当列示净资产的变动与经营活动现金净流量之间的调节部分。在调节部分,净资产的变动为非营利组织净资产总数的变动,而不仅是非限制性净资产的变动。在非营利组织的现金流量表中,收到的非限制性现金捐赠在经营活动现金流量部分列示;收到的暂时限制性和永久限制性现金捐赠在筹资活动现金流量部分列示;收到的限制性投资收益也在筹资活动现金流量部分列示。由于限制性现金捐赠及其限制性投资收益增加净资产的数额,但不增加经营活动现金流量,因此,在净资产的变动与经营活动现金净流量之间的调节部分,调节项目包括限制用于长期目的的捐赠和限制用于购建资本资产的投资收益这样的项目。

现金流量表中的净资产的变动数与业务活动表中的净资产的变动合计数之间存在数字钩稽关系。现金流量表中的期末现金数与资产负债表中的现金数之间存在数字钩稽关系。

四、职能费用表

(一)职能费用表的格式

职能费用表也可以称为功能费用表,它是反映非营利组织业务费用和辅助费用构成情况的财务报表。非营利组织职能费用表的参考格式可如表 11-4 所示。

表 11-4 职能费用表

	业务费用				辅助费用			费用合计
	自然灾害救助项目	突发事件援助项目	灾害预防和救助知识普及项目	小计	管理费用	筹资费用	小计	
工资和工资税	$224 740	$78 540	$45 620	$348 900	$58 740	$42 560	$101 300	$450 200
员工福利	74 560	25 640	12 410	112 610	12 410	9 870	22 280	134 890
工资和相关费用小计	299 300	104 180	58 030	461 510	71 150	52 430	123 580	585 090
物料用品耗用费	5 640	3 210	4 860	13 710	35 640	14 560	50 200	63 910
电话、网络通信费	7 450	4 250	5 670	17 370	25 460	28 630	54 090	71 460
邮递、印刷费	2 540	1 870	22 350	26 760	22 450	12 430	34 880	61 640
设备维护费、租金	3 870	2 230	4 520	10 620	8 760	6 410	15 170	25 790
差旅、会议费	4 260	3 360	18 650	26 270	3 840	6 670	10 510	36 780
货币资金、材料物资援助费	346 510	77 560	17 620	441 690	1 120	5 610	6 730	448 420
折旧费用前费用合计	669 570	196 660	131 700	997 930	168 420	126 740	295 160	1 293 090
折旧费用	75 750	27 870	13 510	117 130	16 030	15 620	31 650	148 780
费用合计	$745 320	$224 530	$145 210	$1 115 060	$184 450	$142 360	$326 810	$1 441 870

（二）职能费用表的编制方法

非营利组织的职能费用表总体来说应当根据有关费用的总分类账户和明细分类账户的记录结果进行编制。非营利组织平时在作费用的会计记录时，需要将有关的费用按照职能进行分类，并在各职能下对有关的费用再按经济性质作进一步分类。对于跨职能的费用，应当采用系统合理的方法进行分配。在职能费用表中，工资以及员工福利的项目需要单独列示，并单独加出小计数。工资以及员工福利的小计数表示非营利组织使用在工作人员上的费用。折旧费用前费用合计可以单独列示，也可以不单独列示。业务费用和辅助费用需要单独加出小计。业务费用与辅助费用之间的比例是考核非营利组织业绩的重要指标。为此，非营利组织通常要求员工详细地记录他们的工作时间，以便正确地分配工资和员工福利费用；房屋折旧费用通常也需要按照业务部门和管理部门各自的房屋使用面积在业务费用和辅助费用之间进行分配。一般认为，在社会慈善非营利组织中，业务费用合计数至少应当占费用总额的 60%。也即社会慈善非营利组织至少应当将一半以上的经济资源用在其主营业务活动项目上，或用在实现其使命上。

职能费用表中各职能的费用合计数与业务活动表中相应职能的费用合计数之间存在数字钩稽关系。

社会慈善组织被要求编制职能费用表的主要原因，是该类非营利组织主要依靠社会捐赠取得经济资源。社会在向该类非营利组织提供捐赠时，大多数捐赠会被限制用于除该非营利组织之外的其他社会受益人，如灾民等，而不会被限制用于改善非营利组织工作人员的工资和福利水平。但社会慈善非营利组织除了需要完成向受益人提供物品或服务的任务外，其自身也需要保持持续正常的运行，即自身也需要使用相应部分的经济资源。非营利组织依靠社会捐赠的程度越大，其编制职能费用表的必要性也越大。

五、财务报表注释

尽管财务会计准则委员会为非营利组织的财务报表例示了基本格式，但非营利组织在具体编制财务报表时，仍然可以有很多的灵活性。由于不同种类非营利组织的业务活动内容可能存在较大差异，因此，财务报表注释的内容是理解财务报表的重要内容。财务报表注释是财务报表的有机组成部分。非营利组织财务报表注释的内容一般可以包括重要会计政策汇总、应收捐赠款的构成、资本资产的构成、债务情况、净资产的构成、留本基金情况、投资情况、养老金计划、承诺和或有事项、风险和不确定性、期后事项等方面。非营利组织在财务报表注释的重要会计政策汇总中一般可以对组织的概况和使命作一简要描述，对组织的主营或核心业务活动项目作一简要介绍，对组织的资产计价方法、收入确认方法等作一简要说明等。

主要专业名词英汉对照

Charitable organization　慈善组织
Collection　收藏品
Conditional promise to give　有条件捐赠承诺
Contribution　捐赠
Donated land, building and equipment　资本资产捐赠
Donated materials and services　材料物资和劳务捐赠
Donor　捐赠人
Donor-imposed restriction　捐赠人限制
Expiration of time restriction　时间限制条件解除
Financial accounting standards board　财务会计准则委员会
Functional expense　职能费用,功能费用
Fund-raising activity　筹资活动
Fund-raising expense　筹资费用
Gain　利得
Gifts in kind　实物捐赠
Governmental health care organization　公立医疗机构
Management and general expense　管理费用
Membership due　会员费收入
Net asset released from restriction　解除限制净资产
Nongovernmental not-for-profit entity　非政府举办的非营利组织,私立非营利组织
Not-for-profit health care organization　非营利医疗机构
Not-for-profit organization　非营利组织
Permanently restricted net asset　永久限制性净资产
Private college and university　私立高等院校
Private foundation　私立基金会
Private school　私立中小学
Professional and trade association　行业协会
Program expense　业务费用,业务活动项目费用
Program service fee　服务收费收入
Promise to give　捐赠承诺
Public college and university　公立高等院校
Religious organization　宗教组织
Revenue　收入
Satisfaction of equipment acquisition restriction　购置设备限制条件解除

Satisfaction of program requirement　业务活动项目限制条件解除
Support　资助,捐助
Support expense　辅助费用,支持性费用
Tax-exempt entity　免税组织
Temporarily restricted net asset　暂时限制性净资产
Unconditional promise to give　无条件捐赠承诺
Unrestricted net asset　非限制性净资产
Voluntary health and welfare organization　社会慈善组织,自愿健康和福利组织
Volunteer　志愿者

第三编 国际公共部门会计准则

第十二章 国际公共部门会计准则简介

第一节 国际公共部门会计准则概述

一、国际公共部门会计准则的制定机构及其工作目标

(一) 国际公共部门会计准则的制定机构

国际公共部门会计准则的制定机构是国际公共部门会计准则委员会。国际公共部门会计准则委员会隶属于国际会计师联合会。国际会计师联合会是一个世界性的会计职业组织,其会员来自世界 118 个国家和地区,共有 155 个会计职业团体。中国注册会计师协会于 1997 年正式加入国际会计师联合会,成为其会员。国际公共部门会计准则委员会的成员由国际会计师联合会任命。国际公共部门会计准则委员会的成员共有 18 人。其中,15 人由国际会计师联合会的会员提名;另外 3 人可以由其他任何个人或组织提名。国际公共部门会计准则委员会的每个成员首次任期最多为 3 年,到时可以连任 2 年。除非被任命为委员会的主席,委员会的成员最多只能连续任职两个 3 年,即 6 年。国际公共部门会计准则的制定和发布需要至少得到三分之二的成员投赞成票。国际公共部门会计准则委员会是一个独立的会计准则制定机构。由国际公共部门会计准则委员会制定和发布的国际公共部门会计准则,供国际会计师联合会的会员机构在编制公共部门通用财务报表时使用。国际会计师联合会至少每三年对国际公共部门会计准则委员会的工作作一次考评。

国际公共部门会计准则委员会在研究制定国际公共部门会计准则时,通常从其顾问小组及其发布的公告中寻求帮助。这些顾问小组包括:国际会计准则委员会,各国会计准则、法律法规制定机构,各国会计职业团体,其他对公共部门财务报告感兴趣的组织。

（二）国际公共部门会计准则委员会的工作目标

国际公共部门会计准则委员会的工作目标,是制定和发布国际公共部门会计准则,并努力促使这些会计准则在世界范围内具有普遍的可接受性,从而提高各国公共部门通用财务报表的质量,增加各国公共部门通用财务报表之间的可比性,实现公共部门会计准则的国际协调。

二、国际公共部门会计准则的适用范围和权威性

（一）国际公共部门会计准则的适用范围

国际公共部门会计准则适用于中央政府、州政府或省政府、市政府和镇政府等各级政府,以及各级政府的组成部门。各级政府的组成部门如部、局、委员会等。国际公共部门会计准则不适用于各级政府举办的企业。各级政府举办的企业适用由国际会计准则委员会制定发布的国际财务报告准则。国际公共部门会计准则主要针对通用财务报表的编制。通用财务报表是指为那些不能够取得财务信息以满足其特定信息需求的使用者编制的财务报表。这些使用者如市民、选举人、纳税人、缴费人、信贷人、媒体、政府员工、物品供应商等。与通用财务报表相对应的是特种财务报表。特种财务报表主要是为诸如立法机构、监察机构等编制的满足其特殊信息需要的财务报表。国际公共部门会计准则不适用于不重要的经济事项。

（二）国际公共部门会计准则的权威性

每个国家和地区都制定有相关的法律和法规,对其管辖范围内的公共部门的通用财务报表作出规范。国际公共部门会计准则委员会承认这些国家和地区的相关机构为公共部门的通用财务报告制定的相应规范。国际公共部门会计准则委员会没有权力要求这些国家和地区执行国际公共部门会计准则。但是国际公共部门会计准则委员会相信,这些国家和地区如果采用国际公共部门会计准则,这会有助于其提高公共部门通用财务报表的质量,进而有助于其更好地作出资源分配决策,解除财务受托责任。

国际公共部门会计准则委员会很愿意与各国公共部门会计准则制定机构进行合作。如果有些国家已经制定了相应的公共部门会计准则,国际公共部门会计准则委员会可以帮助它们开发新的会计准则,或者帮助它们进一步完善已经制定发布的会计准则。如果有些国家尚未制定公共部门会计准则,国际公共部门会计准则委员会推荐它们可以考虑使用国际公共部门会计准则。国际公共部门会计准则委员会强烈鼓励各国采用国际公共部门会计准则,或者各国制定发布的公共部门会计准则与国际公共部门会计准则尽可能进行协调。有关国家只有完全按照国际公共部门会计准则的要求编制了其公共部门通用财务报表,才能将其所编制的公共部门财务报表描述为是按照国际公共部门会计准则的要求进行编制的。

国际公共部门会计准则的权威性主要来自于其具有广泛的认可程度,能够被众多国家的公共部门在编制通用财务报表时所采用。国际公共部门会计准则在提高公共部门通用财务报表的信息质量、增加各国公共部门通用财务报表间的可比性等方面所发挥的作用,会直接影响其被世界各国广泛认可的程度。提高公共部门通用财务报表的信息质量、增加各国公共部门

通用财务报表间的可比性等符合世界各国的公共利益。

三、国际公共部门会计准则的构成体系

国际公共部门会计准则分别权责发生制会计基础下的公共部门通用财务报表和收付实现制会计基础下的公共部门通用财务报表构建体系。权责发生制会计基础下的会计准则按照准则公告的专题，内容分别涉及财务报表的呈报、现金流量表、会计政策和会计估计的变更、汇率变动的影响、借款成本、合并财务报表和单个财务报表、联营单位投资、在合资单位中的利益、交换性交易收入、恶性通货膨胀下的财务报告、建造合同、存货、租赁、期后事项、金融工具、不动产投资、资本资产、分部报告、或有负债和或有资产、相关单位、非现金资产减值、一般公共服务部门的信息披露、非交换性交易收入、财务报表中预算信息的反映等。收付实现制会计基础下的会计准则按照准则公告的专题只有一个，即是收付实现制会计基础下的财务报告。收付实现制会计基础下的财务报告准则包括要求执行的部分和鼓励采用的部分这两部分内容组成。

国际公共部门会计准则委员会在制定权责发生制会计基础下的国际公共部门会计准则时，主要参考了国际会计准则委员会制定发布的国际财务报告准则。对于国际财务报告准则中适用于国际公共部门财务报告的内容，国际公共部门会计准则委员会采用尽量引用的方法将其引入国际公共部门会计准则。国际公共部门会计准则委员会采用这种处理方法的主要原因，是为了使其制定的国际公共部门会计准则与国际会计准则委员会制定发布的国际财务报告准则在合适的范围内尽可能达成协调。同时，国际公共部门会计准则委员会也可以节省在相关领域进行重复研究的时间和资源。对于国际会计准则委员会未曾涉及的属于国际公共部门特有的会计专题，国际公共部门会计准则委员会则单独进行研究和开发，并在此基础上制定和发布相关的国际公共部门会计准则。

国际公共部门会计准则委员会将其主要精力集中在制定和发布权责发生制会计基础下的国际公共部门会计准则。国际公共部门会计准则委员会鼓励公共部门采用权责发生制会计基础下的国际公共部门会计准则，鼓励采用收付实现制会计基础编制财务报告的公共部门转向采用权责发生制会计基础编制财务报告。

国际公共部门会计准则委员会除了不断地在根据新的情况制定和发布新的会计准则外，还及时地根据需要对已经制定和发布的会计准则进行修订。例如，国际公共部门会计准则委员会于2000年5月制定发布国际公共部门会计准则公告第1号"财务报表的呈报"。2006年12月，国际公共部门会计准则委员会对国际公共部门会计准则公告第1号"财务报表的呈报"进行了全面的修订，并重新予以发布。再如，国际公共部门会计准则委员会于2003年制定发布国际公共部门会计准则"收付实现制会计基础下的财务报告"。国际公共部门会计准则委员会于2006年对国际公共部门会计准则"收付实现制会计基础下的财务报告"进行了修订。

第二节 权责发生制会计基础下的通用财务报表

一、通用财务报表的目标和种类

(一) 通用财务报表的目标

公共部门编制通用财务报表的目标,是为了向诸如纳税人、缴费人、市民、选民、信贷人、物品供应商等广泛的信息使用者提供有用的信息,以帮助他们作出相应的决策。同时,公共部门在此过程中也得以解除相应的受托责任。为实现以上目标,公共部门的通用财务报表应当提供如下主要信息:(1)财务资源的来源、分配和使用的信息;(2)评价公共部门筹资能力和偿债能力有用的信息;(3)反映公共部门财务状况及其变动的信息;(4)评价公共部门财务业绩有用的信息。

虽然公共部门财务报表的目标是向广泛的信息使用者提供决策有用的信息,但公共部门的财务报表在某些方面还是难以达到为其设定的所有目标。公共部门是一种不以营利为目的的组织。公共部门既需要实现财务目标,也需要实现提供公共服务的目标。为此,信息使用者在评价公共部门的成绩时,可能同时需要财务信息和非财务信息。公共部门在向信息使用者提供财务报表时,也需要采用提供补充信息的方法,向信息使用者提供有关的非财务信息。

(二) 通用财务报表的种类

权责发生制会计基础下的通用财务报表的种类包括财务状况表、财务业绩表、现金流量表和净资产变动表。

采用法定预算的公共部门,可以再独立编制一张预算与实际比较表,也可以在有关通用财务报表中增加一列预算数据的栏目,以实现预算比较的目的。

二、合并财务报表和个别财务报表

公共部门应当为整个经济实体编制合并财务报表。经济实体中可能会存在控制与被控制关系的多个实体。被控制实体处在控制实体的控制之下。在一个经济实体中,只可能存在一个控制实体,但可能存在多个被控制实体。例如,政府通常举办一些企业,称为政府企业。尽管政府企业适用国际财务报告准则,不适用国际公共部门会计准则,但政府在作为一个经济实体编制整个经济实体的财务报表时,需要将政府企业的个别财务报表与政府本身的个别财务报表进行合并,编制合并财务报表。再如,中央政府的中央银行、国防部、交通部、卫生部等通常是政府的重要组成部门。这些部门可以单独编制其个别财务报表。中央政府在编制整个经济实体或整个中央政府的财务报表时,需要将各组成部门的个别财务报表进行合并,编制合并财务报表。政府的有关部门如交通部门、卫生部门、教育部门、建设部门等本身也可能是一个经济实体,其中存在一个控制主体和多个被控制主体。如交通部门可能控制着多个交通运输公司、教育部门可能控制着多所学校、卫生部门可能控制着多所医院、建设部门可能控制着多个廉租房屋住宅小区等。此时,政府的有关部门如交通部门、卫生部门等除了需要编制其本身的个别财务报表外,也还需要编制整个经济实体的合并财务报表。一级政府在编制整个政府的合并财务报表时,需要将由其所控制的有关政府企业、部门以及由政府企业、部门所控制的实体的个别财务报表都纳入合并财务报表的编制范围。合并财务报表由经济实体中的控制主体编制和呈报。

并不是所有的控制主体都需要编制和呈报合并财务报表。例如,A控制主体本身也是一个被控制主体,它被B控制主体完全控制,或它是B控制主体完全拥有的被控制主体。A控制主体编制的合并财务报表由此可能并不明显地存在相应的信息使用者。有关信息使用者的信息需求可以通过其B控制主体编制的合并财务报表得到满足。此时,A控制主体可以不必编制合并财务报表。A控制主体属于一个中间控制主体。例如,省卫生厅属于最终控制主体。此时,各地方卫生局就可能属于中间控制主体。在每个行政区域,受托责任和财务报告的有关要求需要明确指出哪些主体需要编制合并财务报表,哪些主体不需要编制合并财务报表。在没有明确指出的情况下,中间控制主体应当编制合并财务报表。国际公共部门会计准则对于许多被完全拥有或部分拥有的控制主体,不免除其需要编制合并财务报表。因为这些主体可能存在某些信息使用者,整个政府的合并财务报表可能并不能够满足他们对有关具体财务信息的需求。

控制主体在编制合并财务报表时,有些被控制主体也需要排除在外。例如,C控制主体控制D被控制主体。但C控制主体计划将D被控制主体出售,并且计划在取得D被控制主体后的未来12个月份内将其出售。此时,C控制主体控制D被控制主体属于临时控制。C控制主体在编制合并财务报表时不需要将D被控制主体纳入其中。临时控制的情况可以由于控制主体购买被控制主体而发生。例如,C控制主体购买了E被控制主体。但E被控制主体本身也是一个控制主体,其下有一个D被控制主体。由于D被控制主体的业务与C控制主体的业务不相配,因此,C控制主体需要将D被控制主体出售。临时控制的情况也可以由于转让而发生。例如,中央政府决定将其所控制的G主体转让给地方政府。一旦转让协议不可随意撤销,G主体即成为中央政府的临时被控制主体。根据国际公共部门会计准则的要求,如果被控制主体在12个月份内没有被处置,那么,它仍然需要纳入合并范围。取得被合并主体当期的合并财务报表需要重新表述。

政府企业的业务与政府政务活动的业务存在不少区别。尽管如此,政府企业的个别财务报表仍然需要纳入一级政府作为一个经济实体编制的合并财务报表。为反映不同种类业务的具体情况,一级政府可以根据情况编制分部报告。

政府合并财务报表中的控制概念有其特定的含义。政府只有在所有权或任命权上直接决定另外一个主体的财务方针和运行方针,并且能够从中获利或需要承担责任,才能称为控制另外一个主体。政府一般意义上的行政管理不是编制合并财务报表中控制的概念。例如,某组织由于违反有关的法律法规,政府对其进行行政和经济处罚,这不构成政府对该组织控制的概念。政府不需要将该组织纳入合并财务报表的范围。

三、财务报表编制的总体要求

公共部门在编制财务报表时应当遵循如下总体要求:

(1) 公允反映。指财务报表按照有关要求如实地反映了交易或事项的结果。

(2) 持续经营。指财务报表应当以报告主体能够持续经营为基础进行编制,除非报告主体有意要进行清算或停止经营。如果财务报表是基于清算基础上编制的,这一情况应当予以说明。在公共部门中,预测或决定单个主体如政府的某个组成部门是否需要或能够持续经营是可以的。但政府作为一个整体是不预测是否能够持续经营的。

(3) 前后一致。指财务报表的编制方法前后各个会计期间应当保持一致。财务报表中的各个栏目应当同时反映前后两个会计期间的数据,以利于对前后两个会计期间所有相应栏目的数据在报表上进行直接比较。

(4) 重要项目单独反映。指财务报表应当对性质或功能重要的项目单独反映。该总体要求也指如果某项信息不重要,国际公共部门会计准则中的有关具体揭示要求可以不必满足。

(5) 按总额反映。指财务报表中的资产、负债、收入和费用应当按照总额反映,不能按照相关项目抵销后的净额反映。资产按净值计量,如资本资产按减去累计折旧后的净值反映、应收账款按减去坏账准备后的净值反映等不属于相关项目抵销的范围。处置资本资产的利得或损失可以以一个处置收入、账面净值、处置费用相抵后的数据进行反映,因为整个业务具有一体性。

(6) 财务报表至少应当每年呈报一次。如果财务报表的呈报时间发生改变,或者财务报表覆盖的会计期间长于或短于一年,应当予以说明。公共部门应当在会计年度结束后的 6 个月内编制完成并呈报财务报表。

四、财务状况表

(一) 财务状况表的要素及其排序

财务状况表也可以称为资产负债表或净资产表。财务状况表的要素包括资产、负债和净资产三个。其中,资产是指由过去的事项而形成的由主体控制的资源。资产可以给主体带来未来经济利益或服务潜力。这些经济利益或服务潜力预计可以流入主体。负债是指由过去的事项而引起的由主体承担的现行责任。负债的偿还预计会使得包含有经济利益或服务潜力的资源流出主体。净资产也可以称为净权益,它是主体中资产减去负债后的剩余利益。

在财务状况表中,资产一般应当区分流动资产和非流动资产排序列示。流动资产是指符合如下任何一个条件的资产:(1)预期在主体正常经营周期中被消耗或被销售;(2)持有的目的是为了进行交易;(3)预期能够在报告期后 12 个月内实现其价值;(4)现金或现金等价物,除非被限制至少 12 个月以上才能用作交易。除流动资产外的其他所有资产均为非流动资产。流动资产的例子通常有现金、应收税款、应收账款、应收利息、存货等。流动资产还包括非流动金融资产的本期到期部分。非流动资产的例子通常有房屋和建筑物、机器和设备、长期性质的金融资产等。

在财务状况表中,负债一般应当区分流动负债和非流动负债排序列示。流动负债是指符合如下任何一个条件的负债:(1)预期在主体正常经营周期内偿还;(2)持有的目的是为了进行交易;(3)在报告期后 12 个月内到期并需要偿还;(4)主体不能够无条件将偿还时间推迟 12 个月份以上。除流动负债外的所有其他负债均为非流动负债。流动负债的例子通常有应付转移款、应付工资、应付账款等。流动负债还包括非流动金融负债的本期到期部分。非流动负债的例子如长期性质的金融负债如长期贷款等。

将资产和负债区分成流动与非流动的主要目的,是为了可以了解有多少资产预期在本经营周期内可以实现其价值,有多少负债需要在同样的经营周期内予以偿偿;在净资产总额中,流动资产减去流动负债后的营运资本是多少,长期资产减去长期负债后的非营运资本又是多少。这些信息有助于评价公共部门的财务状况。公共部门的经营周期是指投入资源至产出结果的时间。公共部门将资源投入使用,目的是将这些资源转化成公共物品或服务,从而实现预期的社会、政治和经济的目标。如果公共部门正常的经营周期难以确定,那么,就设定为 12 个月。

对有些公共部门来说,财务状况表中的资产和负债如果按照流动与非流动进行区分可能并不十分合理。例如,作为公共部门的金融机构,资产和负债按照一般意义上的流动性进行区分和排序可以提供更加可靠和更加相关的信息。因为这类主体没有一个明确的提供公共物品或服务的经营周期。

在财务状况表中,净资产需要区分属于控制主体业主的净资产和属于少数股权人的净资产。属于控制主体业主的净资产还可以区分投入资本和累积盈余。在公共部门的财务状况表中可能会存在属于少数股权人的净资产。例如,一级政府在编制合并财务报表时需要将被其控制的政府企业纳入其中。而有些政府企业可能已经被部分地私有化了。这样,在这些政府企业的个别财务报表中就存在少数股权的内容。由此,一级政府编制的合并财务报表中也就存在了少数股权的内容。再如,政府可能会利用多余财务资源进行对外合资经营投资。一旦政府的投资在合资经营企业中达到了可以控股的程度,该合资企业就需要纳入政府编制的合并财务报表中。此时,合资经营企业财务报表中的少数股权也会转入政府编制的合并财务报表中。在公共部门编制的财务状况表中还可能会存在投入资本这样的净资产项目。例如,中央政府所属的中央银行是一个公共部门。中央银行的最初资本可能是由中央政府全额投资的。由此,中央银行可能是中央政府的一个全资子主体。中央政府对中央银行的投资在中央银行的财务报表中形成投入资本。国际公共部门会计准则委员会对公共部门净资产的分类,在很大程度上借用了国际会计准则委员会为营利性企业制定的国际财务报告准则。

(二) 财务状况表中至少应当列示的项目

根据国际公共部门会计准则的要求,公共部门在财务状况表中至少应当单独列示如下项目:

(1) 固定资产或资本资产;
(2) 不动产投资;
(3) 无形资产;
(4) 金融资产[除在(5)、(7)、(8)和(9)中列示的外];
(5) 使用权益法核算的投资;

(6) 存货;

(7) 非交换性交易中取得的应收款项(如应收税款、应收转移款);

(8) 交换性交易中取得的应收款项;

(9) 现金和现金等价物;

(10) 应付税款和应付转移款;

(11) 交换性交易中产生的应付款项;

(12) 预提费用;

(13) 金融负债[除在(10)、(11)和(12)中列示的外];

(14) 少数股权,在净资产部分列示;

(15) 属于控制主体业主的净资产。

国际公共部门会计准则没有规定以上项目的列示顺序或列示方法。国际公共部门会计准则委员会认为,以上项目只是因为其性质或功能比较重要,因此,有必要单独列示。

(三) 财务状况表的参考格式

国际公共部门会计准则委员会没有对公共部门财务状况表的格式作出权威规定。表12-1是国际公共部门会计准则委员会例示的公共部门财务状况表的参考格式。

表 12-1　财务状况表

	2002 年	2001 年
资产:		
流动资产:		
现金和现金等价物	×	×
应收款项	×	×
存货	×	×
预付款项	×	×
其他流动资产	×	×
流动资产合计		
非流动资产:		
应收款项	×	×
对联营单位投资	×	×
其他金融资产	×	×
基础设施资产、机器和设备	×	×
土地和建筑物	×	×
无形资产	×	×
其他非金融资产	×	×
非流动资产合计	×	×
资产合计	×	×
负债:		
流动负债:		
应付款项		
短期借款	×	×

续表

	2002 年	2001 年
长期借款的本期到期部分	×	×
短期预提费用	×	×
员工利益	×	×
养老金	×	×
流动负债合计	×	×
非流动负债:		
应付款项	×	×
长期借款	×	×
员工利益	×	×
养老金	×	×
非流动负债合计	×	×
负债合计		
净资产/权益:		
投入资本	×	×
保留	×	×
累计盈余	×	×
少数股权	×	×
净资产/权益合计	×	×

五、财务业绩表

(一) 财务业绩表的要素

财务业绩表也可以称为收入费用表或收益表。财务业绩表的要素有收入和费用两个。其中,收入是指报告期间内经济利益或服务潜力的总流入。收入会导致净资产的增加。但净资产的增加除了收入外,还可以有业主投入。费用是指报告期间内经济利益或服务潜力的减少。费用可以表现为资产的流出或消耗,或负债的发生。费用会导致净资产的减少。但净资产的减少除了费用外,还可以有向业主分配。收入减去费用后的差额为盈余。在公共部门中,差错更正、会计政策变更的影响、资产重估增值、外币财务报表换算损益等不作为收入或费用处理,因此,也不转入盈余。

在财务业绩表中,费用可以按照性质分类,也可以按照功能分类。费用按照性质分类的例子如折旧费用、交通费用、材料费用、工资费用、广告费用等。费用按照功能分类的例子如医疗费用、教育费用、经济事务费用、环境保护费用、一般公共服务费用等。对信息使用者来说,费用按照功能分类比按照性质分类更具有相关性。但费用按照功能分类存在很多的主观分配因素。例如,折旧费用需要在各功能之间进行分配等。费用如果按照功能分配,主体应当在财务业绩表中列示每一个主要的功能。费用采用按功能分类在财务业绩表中报告的主体,仍然需要通过揭示附带信息的方法反映费用按性质分类的情况,其中应当包括折旧费用、摊销费用、员工利益费用等。

(二）财务业绩表中至少应当列示的项目

根据国际公共部门会计准则的要求，公共部门在财务业绩表中至少应当单独列示如下项目：
(1) 收入；
(2) 财务成本；
(3) 在采用权益法核算的联营组织和合资单位中分享的盈余份额；
(4) 处置终止经营单位资产和负债的税前利得或损失；
(5) 盈余或亏损。

财务业绩表还应当揭示如下两个项目：(1)属于少数股权的盈余；(2)属于控制主体业主的盈余。

(三）财务业绩表的参考格式

国际公共部门会计准则委员会没有对公共部门财务业绩表的格式作出权威规定。表 12-2 和表 12-3 是国际公共部门会计准则委员会例示的公共部门财务业绩表的参考格式。

表 12-2 财务业绩表

（费用按功能分类）

	2002 年	2001 年
收入：		
税收收入	×	×
服务费、罚没、证照收费收入	×	×
交换性交易收入	×	×
其他政府主体转移收入	×	×
其他收入	×	×
收入合计	×	×
费用：		
一般公共服务	×	×
国防	×	×
公共秩序和安全	×	×
教育	×	×
卫生	×	×
社会保护	×	×
住宅和社区福利设施	×	×
娱乐、文化和宗教信仰	×	×
经济事务	×	×
环境保护	×	×
其他费用	×	×
财务成本	×	×
费用合计	×	×
在联营组织中的盈余份额	×	×
本期盈余	×	×
属于控制主体业主的本期盈余	×	×
属于少数股权的本期盈余	×	×

表 12-3　财务业绩表

（费用按性质分类）

	2002 年	2001 年
收入：		
税收收入	×	×
服务费、罚没、证照收费收入	×	×
交换性交易收入	×	×
其他政府主体转移收入	×	×
其他收入	×	×
收入合计	×	×
费用：		
工资和员工福利	×	×
补助和其他转移支付	×	×
物料用品消耗	×	×
折旧和摊销费用	×	×
资本资产减值	×	×
其他费用	×	×
财务成本	×	×
费用合计	×	×
在联营组织中的盈余份额	×	×
本期盈余	×	×
属于控制主体业主的本期盈余	×	×
属于少数股权的本期盈余	×	×

六、净资产变动表

(一) 净资产变动表及其应列示的项目

净资产变动表是反映净资产增减变动情况的报表。净资产变动表应当列示如下项目：

(1) 当期盈余或亏损；

(2) 当期直接作为净资产增减变动确认的收入和费用；

(3) 当期确认的总收入和总费用合计，分别按照属于控制主体的业主部分和属于少数股权部分列示。

(二) 净资产变动表的参考格式

国际公共部门会计准则委员会没有对公共部门净资产变动表的格式作出权威规定。表 12-4 是国际公共部门会计准则委员会例示的公共部门净资产变动表的参考格式。

表 12-4 净资产变动表

	属于控制主体的业主					少数股权	净资产合计
	投入资本	其他保留	换算保留	累计盈余	合计		
2000 年 12 月 31 日余额	×	×	(×)	×	×	×	×
会计政策变更				(×)	(×)	(×)	(×)
重新表述后的余额	×	×	(×)	×	×	×	×
2001 年净资产的变动：							
资产重估利得		×			×	×	×
投资重估损失		(×)			(×)	(×)	(×)
外币换算差异			(×)		(×)	(×)	(×)
直接在净资产中确认的净收入		×	(×)		×	×	×
当期盈余				×	×	×	×
2001 年确认的总收入和总费用合计		×	(×)	×	×	×	×
2001 年 12 月 31 日余额（结转下期）	×	×	×	×	×	×	×
2001 年 12 月 31 日余额（承上期）	×	×	×	×	×	×	×
2002 年净资产的变动：							
资产重估损失		(×)			(×)	(×)	(×)
投资重估利得		×			×	×	×
外币换算差异			(×)		(×)	(×)	(×)
直接在净资产中确认的净收入		(×)	(×)		×	×	×
当期亏损				(×)	(×)	(×)	(×)
2002 年确认的总收入和总费用合计		(×)	(×)	(×)	(×)	(×)	(×)
2002 年 12 月 31 日余额	×	×	(×)	×	×	×	×

在表 12-4 中，公共部门净资产的变动分成属于控制主体的业主和属于少数股权两部分。属于控制主体的业主部分再分成投入资本、其他保留、换算保留和累计盈余四个部分。其中，投入资本部分反映同一个经济实体中两个主体间的资金转移。在这种资金转移过程中，转出方以业主身份对转入方的净资产享有利益。例如，G 政府以业主身份向其组成部门 H 局转移资金。G 政府和 H 局都是独立的会计主体，它们处在同一个经济实体中。G 政府是控制主体，H 局是被控制主体。此时，H 局将收到的转移资金作为投入资本处理。反之，如果 H 局以剩余净资产向 G 政府转移资金，那么，H 局就将这种转移资金的业务作为向业主分配处理。其他保留部分可以单独列出保留的内容，如资产重估保留、投资重估保留等。换算保留是指将主要以外币记录经济业务的主体的财务报表换算成本币时形成的差异。累计盈余部分反映确认的收入和确认的费用相减后的余额。诸如资产重估利得和投资重估损失等称为直接作为净资产增减变动确认的收入和费用。这样，在公共部门中，收入和费用就有广义和狭义之分。会计政策变更对净资产的影响在属于控制主体的业主部分作为累计盈余反映。直接在净资产中确认的净收入可以包括资产重估利得或损失、投资重估利得或损失、外币换算差异等。确认的总收入和总费用中包括了直接在净资产中确认的净收入和当期盈余或当期亏损。公共部门的净资产变动表也需要编制连续两年的数据，以利于作前后两期的比较。

七、现金流量表

(一) 现金流量表的有用性

现金流量表可以帮助信息使用者预测主体未来对现金的需求,以及主体在未来取得现金以满足其对现金需求的能力。现金流量表还可以帮助信息使用者评价不同主体的业务活动成绩。在现金流量表中,不同主体对于相同的经济业务或事项采用相同的处理方法,从而减少了在财务状况表、财务业绩表中可能存在的不同主体对于相同的经济业务或事项采用不同的处理方法所带来的信息内涵差异。

(二) 现金流量表中现金流量的分类

现金流量表中的现金流量分成经营活动现金流量、投资活动现金流量和筹资活动现金流量三个种类。其中,投资活动现金流量是指由购置和处置长期资产以及不包括在现金等价物中的其他投资所带来的现金流入和现金流出。筹资活动现金流量是指由导致主体投入资本的规模和结构发生变动以及主体借款的业务所带来的现金流入和现金流出。经营活动现金流量是指由不属于投资活动和筹资活动的业务所带来的现金流入和现金流出。

(三) 现金流量表的参考格式

国际公共部门会计准则委员会没有对公共部门现金流量表的格式作出权威规定。表 12-5 是国际公共部门会计准则委员会例示的直接法下的公共部门现金流量表的参考格式。

表 12-5　现金流量表(直接法)

	2002 年	2001 年
经营活动现金流量:		
现金流入:		
税收收入	×	×
物品和服务销售收入	×	×
补助收入	×	×
利息收入	×	×
其他收入	×	×
现金流出:		
员工成本支出	(×)	(×)
养老金支出	(×)	(×)
物品供应商支出	(×)	(×)
利息支出	(×)	(×)
其他支出	(×)	(×)
经营活动现金净流量	×	×
投资活动现金流量:		
购买机器设备支出	(×)	(×)
销售机器设备收入	×	×

续表

	2002 年	2001 年
出售投资收入	×	×
购买外币证券支出	(×)	(×)
投资活动现金净流量	(×)	(×)
筹资活动现金流量：		
借款收入	×	×
偿还借款支出	(×)	(×)
向政府分配支出	(×)	(×)
筹资活动现金净流量	×	×
现金和现金等价物净增加	×	×
期初现金和现金等价物	×	×
期末现金和现金等价物	×	×

如果公共部门采用直接法编制现金流量表，那么，它应当在现金流量表的注释中对现金流量表中的经营活动现金净流量与财务业绩表中的本期盈余进行调节，并达到相符。表 12-6 是国际公共部门会计准则委员会例示的经营活动现金净流量与业务活动本期盈余调节表的参考格式。

表 12-6　经营活动现金净流量与业务活动本期盈余调节表

	2002 年	2001 年
盈余或亏损	×	×
非现金变动：		
折旧	×	×
摊销	×	×
坏账准备增加	×	×
应付款项增加	×	×
借款增加	×	×
与员工成本相关的准备增加	×	×
处置资本资产利得	(×)	(×)
出售投资利得	(×)	(×)
其他流动资产增加	(×)	(×)
投资重估增值	(×)	(×)
应收款项增加	(×)	(×)
经营活动现金净流量	×	×

国际公共部门会计准则委员会还列示了间接法下的公共部门现金流量表的参考格式。间接法下的现金流量表的参考格式与直接法下的现金流量表的参考格式的主要区别，是对经营活动现金净流量列示方法的不同。在间接法下，现金流量表中的经营活动现金净流量的列示方法即为如表 12-6"经营活动现金净流量与业务活动本期盈余调节表"所示的内容。间接法下的投资活动现金净流量和筹资活动现金净流量的列示方法，与直接法下的相应内容的列示方法一样。

八、财务报表注释

财务报表注释可以帮助信息使用者更好地理解财务报表的内容。公共部门财务报表注释通常可以按照如下顺序排列和反映：
(1) 遵守国际公共部门会计准则的情况说明；
(2) 运用的重要会计政策汇总说明；
(3) 在财务报表中列示的项目的补充信息；
(4) 其他信息，如或有负债、主体的财务风险、主体的管理目标和管理政策等。

第三节 收付实现制会计基础下的通用财务报表

一、收付实现制会计基础下财务信息的种类及其有用性

(一) 收付实现制会计基础下财务信息的种类

收付实现制会计基础下财务信息的种类主要有现金收入、现金支出和现金结余。其中，现金是指库存现金、活期银行存款以及现金等价物。现金等价物是指具有高流动性的短期投资，这种短期投资可以随时转换成为金额比较确定的现金数额，其价值不会产生重大变动。

收付实现制会计基础下的报告主体可以有整个政府、政府部门和其他主体。整个政府如中央政府、省政府、市政府等。政府部门如教育部、交通部等。其他主体如政府举办的学校、医院等。各报告主体报告的现金既包括由其控制的现金，也包括不由其控制、而由第三方为其收付的现金。由主体控制的现金是指主体可以直接用于经营活动的现金，其他主体不能直接涉入。主体可以控制的现金一般存放在主体自己的银行存款账户中。不由主体控制而由第三方为主体收付的现金是指主体不能直接用于经营活动的现金，该现金由第三方为主体实施控制。不由主体控制而由第三方为主体收付的现金一般存放在第三方的银行存款账户中。在实行国库单一账户的情况下，整个政府的收入存放在国库单一账户中。政府的国库部门通过国库单一账户直接为政府部门和其他主体向物品和劳务供应商支付款项。此时，对政府部门和其他主体来说，它们视同同时收到了现金和支付了现金。但这是由第三方即政府的国库部门为其支付的现金。这样处理，有利于全面反映政府部门和其他主体实际的现金来源和现金用途。一级政府通常为其他政府代收有关的税收。如果一级政府将代收的税款存入自己的银行存款账户，之后，将代收的税款通过自己的银行存款账户划拨至其他政府的银行存款账户，那么，一级政府也将存放在其自己的银行存款账户上的代收税款作为能够控制的现金处理。如果一级政府将代收的税款存入信托账户，然后，由信托账户单位根据信托协议直接将款项划拨至最终现金收款人，或者一级政府将代收的税款直接存入最终现金收款人账户，那么，一级政府就不将代收的税款作为能够控制的现金处理。主体可以控制的现金和由第三方代为收付的现金都需要列入主体的通用财务报表，但在通用财务报表中应当分开反映。

为报告主体向物品和服务供应商支付款项的第三方可能与报告主体处在同一个经济实体中,也可能与报告主体不处在同一个经济实体中。前者如一级政府的国库部门为该级政府的教育部门向物品供应商支付货款的业务;后者如中央政府直接向县政府提供专项补助的业务。

报告主体有时会收到过渡资金或转手资金。例如,省级政府收到中央政府的专项拨款,根据中央政府的要求,该项拨款应当如数转拨给有关的市政府,用于专项目的补助或一般补助。在这种情况下,省级政府只是短时间的控制过渡资金。过渡资金也应当在通用财务报表中作为现金收入和现金支出报告。

在收付实现制会计基础下,现金收入和现金支出应当进行适当的分类。常用的现金收入可以包括税收收入或拨款收入、补助和捐赠收入、借款收入、资本资产处置收入、提供物品和服务收入等种类。常用的现金支出种类可以包括向其他政府或主体转移资金支出、偿还债务支出、购置资本资产支出、物料用品消耗支出等种类。现金结余中如果存在限制性现金结余的情况,如存在时间限制或用途限制的现金结余,那么,限制性现金结余应当单独报告。

在收付实现制会计基础下,各单个主体需要编制通用财务报表,控制主体需要编制整个政府作为一个经济实体的合并通用财务报表。合并通用财务报表应当将经济实体中各报告主体间的交易全部抵销。

在收付实现制会计基础下,有关非现金的财务信息,如应收款项、应付款项、资本资产、长期负债等,应当在财务报表注释中予以补充说明。国际公共部门会计准则委员会鼓励将非现金的财务信息纳入财务报表中进行报告。

(二)收付实现制会计基础下财务信息的有用性

收付实现制会计基础下的财务信息可以帮助信息使用者评价公共部门现金的来源和用途,以及公共部门未来取得现金的能力。收付实现制会计基础下的财务信息也可以帮助公共部门解除与现金收入、现金支出和现金结余直接相关的受托责任。

二、收付实现制会计基础下的通用财务报表

收付实现制会计基础下的财务报表是现金收入和支出表。采用法定预算的公共部门,可以再独立编制一张预算与实际比较表,也可以通过在通用财务报表中增加一列预算数据栏目的方法进行预算比较。

国际公共部门会计准则委员会没有对公共部门现金收入和支出表的格式作出权威规定。国际公共部门会计准则委员会分别以下三种情况例示了现金收入和支出表的参考格式:(1)整个政府;(2)有自己银行账户的政府主体;(3)国库单一账户下的政府部门,国库部门统一进行现金收支。

(一)整个政府的通用财务报表

整个政府的合并现金收入和支出表的参考格式如表12-7所示。

表 12-7　合并现金收入和支出表

	200×年		200×-1年	
	由主体控制的收入或支出	由第三方支付	由主体控制的收入或支出	由第三方支付
现金收入：				
税收收入：				
所得税	×		×	
增值税	×		×	
财产税	×		×	
其他税收	×		×	
税收收入小计	×		×	
补助和援助收入：				
国际机构	×	×	×	×
其他补助和援助	×	×	×	×
补助和援助收入小计	×	×	×	×
借款收入：				
借款收入	×	×	×	×
资本资产处置收入：				
处置资本资产收入	×	×	×	×
交易活动收入：				
来自交易活动的收入	×	×	×	×
其他收入	×	×	×	×
现金收入合计	×	×	×	×
现金支出：				
经营活动支出：				
工资和员工福利	(×)	(×)	(×)	(×)
物料用品	(×)	(×)	(×)	(×)
经营活动支出小计	(×)	(×)	(×)	(×)
转移支出：				
补助	(×)		(×)	
其他转移支付	(×)		(×)	
转移支出小计	(×)		(×)	
资本支出：				
购建资本资产	(×)	(×)	(×)	(×)
购买金融工具	(×)		(×)	
资本支出小计	(×)	(×)	(×)	(×)
偿还贷款和利息支出：				
偿还贷款	(×)		(×)	
利息支出	(×)		(×)	
偿还贷款和利息支出小计	(×)		(×)	
其他支出	(×)		(×)	
现金支出合计	(×)	(×)	(×)	(×)

续表

	200×年		200×-1年	
	由主体控制的收入或支出	由第三方支付	由主体控制的收入或支出	由第三方支付
现金增减变动	×		×	
年初现金	×		×	
现金增减变动	×		×	
年末现金	×		×	

在表 12-7 中,整个政府的现金收入区分成税收收入、补助和援助收入、借款收入、资本资产处置收入、交易活动收入和其他收入等种类。整个政府的现金支出区分成经营活动支出、转移支出、资本支出、偿还贷款和利息支出以及其他支出等种类。所有现金收入和现金支出都需要列示连续两年的比较信息,即 200×年和 200×-1 年,如 2006 年和 2005 年等。所有现金收入和现金支出都需要区分由主体控制的现金收入和现金支出以及由第三方支付的现金收入和现金支出两部分分别列示。

整个政府应当在财务报表注释中对有关现金收入和支出表的重要内容进行说明。例如,本财务报表为中央政府的合并财务报表,其中包括中央政府的各职能部门以及由中央政府控制的政府企业。本合并财务报表包括所有由中央政府控制的主体,具体情况为:A 主体,在 E 行政区域;B 主体,在 F 行政区域;C 主体,在 G 行政区域等。再如,本财务报表中的现金包括库存现金和银行存款×元,短期投资×元;其他收入包括收费收入、罚没收入和杂项收入等;其他支出包括股利或分配支出、诉讼支出和杂项支出等。

如果整个政府采用单独编制预算与实际比较表,那么,所编制的整个政府的预算与实际比较表的参考格式如表 12-8 所示。

表 12-8 预算与实际比较表

(支出按功能分类)

	实际数	最终预算数	最初预算数	最终预算数与实际数的差异
现金收入:				
税收收入	×	×	×	×
援助协议收入:				
国际机构	×	×	×	×
其他补助和援助	×	×	×	×
进款:借款	×	×	×	×
进款:处置资本资产	×	×	×	×
交易活动收入	×	×	×	×
其他收入	×	×	×	×
现金收入合计	×	×	×	×
现金支出:				
卫生	(×)	(×)	(×)	(×)

续表

	实际数	最终预算数	最初预算数	最终预算数与实际数的差异
教育	(×)	(×)	(×)	(×)
公共秩序/安全	(×)	(×)	(×)	(×)
社会保护	(×)	(×)	(×)	(×)
国防	(×)	(×)	(×)	(×)
住宅和社区福利设施	(×)	(×)	(×)	(×)
娱乐、文化和宗教	(×)	(×)	(×)	(×)
经济事务	(×)	(×)	(×)	(×)
其他	(×)	(×)	(×)	(×)
现金支出合计	(×)	(×)	(×)	(×)
现金净收入	×	×	×	×

在表12-8中,实际数栏目中的数据既包括由主体控制的现金,也包括由第三方为主体支付的现金。"最终预算数与实际数的差异"栏目为非要求的栏目。现金支出按功能进行分类,分成卫生、教育、公共秩序等。

(二) 有自己银行账户的政府主体的通用财务报表

有自己银行账户的政府主体的合并现金收入和支出表的参考格式如表12-9所示。

表12-9 合并现金收入和支出表

	200×年			200×-1年		
	由主体控制的收入或支出	由其他政府主体支付	由外部第三方支付	由主体控制的收入或支出	由其他政府主体支付	由外部第三方支付
现金收入:						
预算拨款	×	×		×	×	
其他收入	×			×		
补助和援助			×			×
现金收入合计	×	×	×	×	×	×
现金支出:						
工资和员工福利	(×)			(×)		
租金	(×)	(×)		(×)	(×)	
资本支出	(×)	(×)	(×)	(×)	(×)	(×)
转移支出	(×)	(×)	(×)	(×)	(×)	(×)
现金支出合计	(×)	(×)	(×)	(×)	(×)	(×)
现金增减变动	×	×	×	×	×	×
年初现金	×			×		
现金增减变动	×			×		
年末现金	×			×		

在以上表 12-9 中，假设该政府主体拥有自己的银行账户，同时，也从第三方为其支付款项中获益。

政府主体应当在财务报表注释中对有关现金收入和支出表的重要内容进行说明。例如，本财务报表为 AB 政府主体的合并财务报表，其中包括 AB 政府主体的财务报表以及为 AB 政府主体所控制的主体的财务报表。为 AB 政府主体所控制的重要主体包括：E 主体，在 L 行政区域；F 主体，在 M 行政区域。再如，AB 政府主体的主要业务活动是向选民提供 P 种类的服务。AB 主体拥有自己的银行账户。有关的预算拨款和其他现金收入存入 AB 主体自己的银行账户中。AB 主体的控制主体是 R 政府。AB 主体从控制主体 R 政府和其他政府主体为本主体支付款项中获益。AB 主体还从外部第三方为本主体支付款项中获益。外部第三方是指不属于 AB 主体所在经济实体的其他有关主体。由外部第三方为本主体支付的款项在合并现金收入和支出表中的"由外部第三方支付"专栏反映。

政府主体还可以编制补充报表，将支出按照功能分类，分成功能 A 或项目 A、功能 B 或项目 B、功能 C 或项目 C 等。政府主体支出按功能分类的补充报表的参考格式如表 12-10 所示。

表 12-10　支出按功能分类表

	200×年			200×-1 年		
	由主体控制的收入或支出	由其他政府主体支付	由外部第三方支付	由主体控制的收入或支出	由其他政府主体支付	由外部第三方支付
现金支出：						
功能 A	×	×	×	×	×	×
功能 B	×	×	×	×	×	×
功能 C	×	×	×	×	×	×
其他支出	×	×	×	×	×	×
现金支出合计	×	×	×	×	×	×

（三）国库单一账户下的政府部门的通用财务报表

国库单一账户下政府部门的现金收入和支出表的参考格式如表 12-11 所示。

表 12-11　现金收入和支出表

	200×年		200×-1 年	
	国库账户/单一控制账户	由外部第三方支付	国库账户/单一控制账户	由外部第三方支付
现金收入：				
预算分配/核定预算	×		×	
其他收入	×		×	
援助		×		×
现金收入合计	×	×	×	×
现金支出：				
工资和员工福利	(×)		(×)	

续表

	200×年		200×-1年	
	国库账户/单一控制账户	由外部第三方支付	国库账户/单一控制账户	由外部第三方支付
租金	(×)		(×)	
资本支出	(×)	(×)	(×)	(×)
转移支出	(×)	(×)	(×)	(×)
现金支出合计	(×)	(×)	(×)	(×)

在以上表12-11中,假设该政府部门没有自己的银行账户,整个政府集中运行单一账户。同时,该政府部门也从第三方为其支付款项中获益。

政府部门应当在财务报表注释中对有关现金收入和支出表的重要内容进行说明。例如,该财务报表是为EF政府部门编制的,EF政府部门按照法规规定是一个报告主体。EF政府部门由中央政府控制。EF政府部门的主要业务活动是向选民提供K种类的服务。EF政府部门没有自己的银行账户,中央政府集中运行国库单一账户。国库单一账户为所有的政府部门集中支付现金。国库单一账户为EF政府部门支付的现金在财务报表的"国库账户"栏目中反映。EF政府部门还从外部第三方为本政府部门支付现金中获益。外部第三方是指不属于中央政府的其他主体。由外部第三方为EF政府部门支付的现金在财务报表的"由外部第三方支付"栏目中反映。再如,分配给EF政府部门的核定预算由国库部门通过国库单一账户统一管理。EF政府部门不能控制核定预算中的货币数额,但按照有关文件规定,核定预算中的货币数额应当由国库单一账户管理人员安排使用在EF政府部门的业务活动上。在现金收入和支出表中报告的预算分配或核定预算的数额,是国库部门已经安排使用在EF政府部门的业务活动上的数额。

政府部门还可以编制补充报表,将支出按照功能分类,分成功能D或项目D、功能E或项目E、功能F或项目F等。政府部门支出按功能分类的补充报表的参考格式如表12-12所示。

表12-12 支出按功能分类表

	200×年		200×-1年	
	国库账户/单一控制账户	由外部第三方支付	国库账户/单一控制账户	由外部第三方支付
现金支出:				
功能D	×	×	×	×
功能E	×	×	×	×
功能F	×	×	×	×
其他支出	×	×	×	×
现金支出合计	×	×	×	×

主要专业名词英汉对照

Accounting basis   会计基础
Accounting policy   会计政策
Accrual basis   权责发生制会计基础
Annual budget   年度预算
Appropriation   核定支出
Asset   资产
Budgetary basis   预算基础
Cash balances   现金结余,现金余额
Cash basis   收付实现制会计基础,现金制会计基础
Cash flow statement   现金流量表
Cash payments   现金支出
Cash receipts   现金收入
Centralized single account   国库单一账户
Consolidated financial statements   合并财务报表
Contributions from owners   业主投资
Controlled entity   被控制主体
Controlling entity   控制主体
Current assets   流动资产
Current liabilities   流动负债
Deficit   亏损,亏绌
Distributions to owners   向业主分配
Economic entity   经济实体
Entity   主体
Expense   费用
Financing activities   筹资活动
Function   功能
Going concern   持续经营
Government business enterprises   政府企业
Governmental department   政府部门
Governmental entity   政府主体
International accounting standards board   国际会计准则委员会
International federation of accountants   国际会计师联合会
International financial reporting standards   国际财务报告准则
International public sector accounting standards   国际公共部门会计准则

International public sector accounting standards board　国际公共部门会计准则委员会
Investing activities　投资活动
Liability　负债
Materiality　重要性
Minority interests　少数股权
Nature　性质
Net assets/equity　净资产/权益
Non-current assets　非流动资产
Non-current liabilities　非流动负债
Operating activities　经营活动
Payments by third parties　由第三方支付
Property, plant and equipment　资本资产,固定资产
Public sector entity　公共部门主体
Reporting entity　报告主体
Revenue　收入
Separate financial statements　单个主体财务报表,个别财务报表
Statement of cash receipts and payments　现金收入和支出表
Statement of changes in net assets　净资产变动表
Statement of financial performance　财务业绩表
Statement of financial position　财务状况表
Surplus　盈余
Transfer　转移

主要参考文献

1. 中华人民共和国财政部制定:《财政总预算会计制度》、《行政单位会计制度》、《事业单位会计准则(试行)》、《事业单位会计制度》、《行政单位财务规则》、《事业单位财务规则》、《预算外资金财政专户会计核算制度》、《民间非营利组织会计》。

2. 中华人民共和国财政部、中国人民银行制定:《政府采购资金财政直接拨付管理暂行办法》、《政府采购资金财政直接拨付核算暂行办法》、《财政国库管理制度改革试点方案》、《财政国库管理制度改革试点会计核算暂行办法》、《〈财政国库管理制度改革试点会计核算暂行办法〉补充规定》、《中央部门基本支出预算管理试行办法》、《中央部门项目支出预算管理试行办法》、《关于修改事业单位事业支出核算内容的通知》、《预算外资金收入收缴管理制度改革方案》、《中央单位预算外资金收入收缴管理改革试点办法》、《财政部关于财政国库管理制度改革单位年终结余资金额度处理有关问题的通知》、《财政国库管理制度改革单位年终结余资金账务处理暂行规定》、《农村义务教育经费保障机制改革中央专项资金支付管理暂行办法》、《农村义务教育经费保障机制改革中央专项资金会计核算暂行办法》、《行政事业单位工资和津贴补贴有关会计核算办法》、《中央部门财政拨款结余资金管理办法》、《2008 年政府收支分类科目》、《关于政府收支分类改革后事业单位会计核算问题的通知》、《政府收支分类改革后财政总预算会计预算外资金财政专户会计核算问题的通知》、《行政事业单位工资和津贴补贴有关会计核算办法》。

3. 中华人民共和国财政部与国家有关部委联合制定:《中小学财务制度》、《高等学校财务制度》、《广播电视事业单位财务制度》、《文化事业单位财务制度》、《医院财务制度》、《科学事业单位财务制度》、《文物事业单位财务制度》、《体育事业单位财务制度》、《中小学会计制度》、《高等学校会计制度》、《医院会计制度》、《科学事业单位会计制度》。

4. 王庆成主编:《政府和事业单位会计》,中国人民大学出版社 2004 年 1 月版。

5. 新编预算会计编写组:《新编预算会计》,经济科学出版社 2004 年 9 月版。

6. 财政部国库司:《政府收支分类改革预算执行培训讲解》,中国财政经济出版社 2006 年 3 月版。

7. 财政部预算司:《政府收支分类改革问题解答》,中国财政经济出版社 2006 年 3 月版。

8. 赵建勇主编:《预算会计》(第三版),上海财经大学出版社 2007 年 10 月版。

9. 全国预算会计研究会主办:《预算管理与会计》杂志 2000 年至 2007 年各期。

10. Freeman, Shoulders, Allison. *Governmental and Nonprofit Accounting*, *Theory and Practice*, 8th Edition. Prentice Hall, 2006.

11. Wilson, Kattelus, Reck. *Accounting for Governmental and Nonprofit Entities*, 14th Edition. McGraw-Hill, 2007.

12. Engstrom, Copley. *Essentials of Accounting for Governmental and Not-for-profit Organizations*, 7th Edition. McGraw-Hill, 2004.

13. Wilson, Kattelus, Reck 著, 赵建勇改编:《政府与非营利组织会计》(*Accounting for Governmental and Nonprofit Entities*), 第 14 版, 中国人民大学出版社 2007 年 10 月第 1 版。

14. Governmental Accounting Standards Board. *Codification of Governmental Accounting and Financial Reporting Standards*, June 30, 2005.

15. City of Chicago. *Comprehensive Annual Financial Report for the Year Ended*, December 31, 2005.

16. The American Red Cross. *Consolidated Financial Statements*, June 30, 2004.

17. International Federation of Accountants. 2007 *IFAC Handbook of International Public Sector Accounting Standards Board Pronouncements*.

图书在版编目(CIP)数据

政府与非营利组织会计(第二版)/赵建勇主编. —上海:复旦大学出版社,2008.10(2014.6 重印)
(复旦博学·21世纪高等院校会计专业主干课系列)
ISBN 978-7-309-06291-5

Ⅰ. 政… Ⅱ. 赵… Ⅲ. 单位预算会计-高等学校-教材 Ⅳ. F810.6

中国版本图书馆 CIP 数据核字(2008)第 143218 号

政府与非营利组织会计(第二版)
赵建勇　主编
责任编辑/王联合

复旦大学出版社有限公司出版发行
上海市国权路 579 号　邮编:200433
网址:fupnet@fudanpress.com　　http://www.fudanpress.com
门市零售:86-21-65642857　　团体订购:86-21-65118853
外埠邮购:86-21-65109143
同济大学印刷厂

开本 787×1092　1/16　印张 26.25　字数 655 千
2014 年 6 月第 2 版第 6 次印刷
印数 17 501—20 600

ISBN 978-7-309-06291-5/F·1426
定价:40.00 元

如有印装质量问题,请向复旦大学出版社有限公司发行部调换。
版权所有　　侵权必究